Reinhard Bauer · Ernst Piper

MÜNCHEN

Die Geschichte einer Stadt

Reinhard Bauer · Ernst Piper

MÜNCHEN

Die Geschichte einer Stadt

Unter Mitarbeit von
Elisabeth Lukas-Götz

Mit 110 Abbildungen
und Karten

Piper
München Zürich

Verfasser der einzelnen Kapitel:
I, II, III, V, VI, X, XI, XX, XXI: Reinhard Bauer
IV: Reinhard Bauer und Peter Moser
VII, VIII, IX: Elisabeth Lukas-Götz
XII, XIII, XIV, XV, XVI, XVII, XVIII, XIX: Ernst Piper

ISBN 3-492-03182-X

Gesetzt aus der Garamond-Antiqua
Gesamtherstellung: Jos. C. Huber KG, Dießen
Printed in Germany

Inhalt

I. Der Münchner Raum

Topographie

München sei ein »goldener Sattel auf magerem Pferd«, soll der Schwedenkönig Gustav Adolf gesagt haben, als er 1632 als Sieger in die Stadt einzog [1]. Treffend charakterisierte er damit die prächtigen Bauten der kurfürstlichen Residenz und im Gegensatz dazu die Armut des Umlandes, bedingt durch die geringe Fruchtbarkeit.

München liegt auf 48°8'23" nördlicher Breite und 10°34'28" östlicher Länge in einer durchschnittlichen Höhe von 530m über dem Meeresspiegel. Das natürliche Gefälle innerhalb des Stadtgebietes geht von 580m im Süden bis 480m im Norden [2]. Die flach geneigte »Münchner Schotterebene« wird durch drei von Südwesten nach Nordosten verlaufende Flußtäler gegliedert: Das Tal der Würm im Westen grenzt gegen moorige Gebiete ab. Das im Süden schluchtartige Isartal teilt das Münchner Gebiet in zwei Hälften. Schließlich das Tal des Hachinger Baches, eine geologische Besonderheit, weil das Wasser versickert und streckenweise unterirdisch verläuft. Dieser Bach tritt bei Deisenhofen als Quelle zutage und verschwindet beim Michaelibad dann endgültig im Untergrund [3]. Im Norden verläuft zwischen Isar und Würm die Moosach (heute Reigersbach/Feldmochinger Mühlbach); sie bildet die Grenze zwischen dem Dachauer Moos und der Garchinger Heide.

Daneben gibt es auch kleine natürliche Geländeerhebungen, die aber wegen der dichten Bebauung teilweise kaum noch als solche erkennbar sind, z. B. die flachen Tertiärrücken der Aubinger Lohe und die Erhebung am östlichen Isarufer zwischen Ramersdorf und Ismaning. Auch das Hasenbergl im Norden Münchens ist ein natürlicher Lehmhügel, der allerdings teilweise abgetragen und auch durch Siedlungsmaßnahmen stark verändert wurde [4].

Die natürlichen Bodenschätze des Münchner Untergrundes sind

bis heute wichtig für die Stadt. Aus dem Lehm wurden Ziegel gebrannt, Kies und Sand bleiben unentbehrliche Baustoffe. Das Tiefenwasser mit seiner guten Qualität wird immer noch u. a. dazu genutzt, das wichtigste Lebenselixier dieser Stadt zu brauen, das Münchner Bier.

Geologischer Aufbau

Die geologischen Voraussetzungen für die Entstehung der Münchner Schotterebene gehen ins Zeitalter des Tertiär (etwa 60 Mio. – 1 Mio. Jahre v. Chr.) zurück, während die Alpen bereits in der davorliegenden Kreidezeit (130–60 Mio. Jahre) entstanden. Aus einem 150 km breiten See mit dicken lehmartigen Ablagerungsschichten, die als Flinz oder Molasse bezeichnet werden, bildete sich die Schotterebene[5]. Auf der wasserundurchlässigen Flinzschicht fließt noch heute das Grundwasser nach Norden ab und dringt dort teilweise in den Mooren empor. Aus den Ablagerungen dieser Zeit wurden Knochen von Urelefanten zutage gefördert. Reste der Flinzschicht werden im Norden an der Amper sichtbar, wo die Schotterebene vom tertiären Hügelland begrenzt wird. Gesteine aus der Zeit des Tertiär sind nur am Isar-Steilhang und in der Aubinger Lohe zu erkennen.

Über diesen Gesteinen sind die jüngeren Ablagerungen der verschiedenen Eiszeiten aufgeschichtet. Die nach dem Ende des Tertiär einsetzende Abkühlung, verbunden mit starken Niederschlägen, führte zur Gletscherbildung im Alpenraum. In den Eiszeiten, zwischen denen wärmere Perioden lagen, schoben die Gletscher ungeheure Massen von Geröll und Sand mit großem Druck über das Land. Die Endmoränen der Rißeiszeit kamen am weitesten nach Norden, nahe an München heran. Der letzte Kälteeinbruch, die Würmeiszeit, deren Gletscher bis zum Ausgang des durch sie geschaffenen Starnberger Sees (Würmsee) reichten, endete um 10 000 v. Chr.[6] Die Wasser der schmelzenden Eismassen schoben das Geröll, besonders Schottersteine, nach Norden und füllten die Täler damit aus. Die ältesten Schotterschichten werden als Hochterrassenschotter bezeichnet, die tiefer gelegenen, erst in der Würmeiszeit abgelagerten, als Niederterrassenschotter. Letztere bedecken den größten Teil der Münchner Ebene. Winde bliesen in den Kaltzeiten Staub aus den Alpen in das Vorland. Dort bildete dieser den kalkreichen Löß und wurde zu Lehm, der teilweise noch in einer Decke von bis zu 4 Metern über der Schotterschicht erhalten ist[7].

Nach der Eiszeit sind die auch ineinander übergehenden Terrassen westlich der Isar durch die Wassermassen des Flusses mit Eintiefungen und Abtragungen entstanden. Die »Grünwalder Terrasse« ist von Thalkirchen über Sendling, die Theresienhöhe und das Maßmannbergl bis zum Luitpoldpark deutlich erkennbar. Tiefer liegt die »Altstadtterrasse«, die als schmaler Uferstreifen bei Thalkirchen beginnt und sich gegen Norden zu einer gut 2 km breiten Fläche ausdehnt. Auf ihr liegt der größte Teil der Münchner Altstadt mit dem Petersbergl über dem Tal. Die »Giesinger Terrasse« auf der östlichen Flußseite reicht von Harlaching bis zum Ostbahnhof[8]. Diese Geländemerkmale bestimmten wesentlich den Verlauf der alten Straßen und somit auch das Leben bis heute.

Der Grundwasserspiegel ist, im Vergleich zur nach Norden schiefen Schotterebene, waagerecht. Dies bewirkt, daß man im Süden der Stadt rund 40 Meter, in Sendling 12 Meter und im Norden der Stadt (Feldmoching) nur wenige Meter graben muß, um auf Wasser zu stoßen. An vielen Stellen sinkt allerdings der Stand des Grundwassers durch Baumaßnahmen. Das Dachauer Moos und das Erdinger Moos im Norden Münchens mit ihren Torfböden sind erst nach der letzten Eiszeit entstanden. Die Schotterauflage über dem wasserstauenden Flinz ist hier so dünn, daß das Grundwasser an die Oberfläche gedrückt wurde und es so zur Moorbildung kam. Auch diese Moore sind aber von zunehmender Trockenlegung, z.B. durch den neuen Flughafen München »Franz Josef Strauß«, bedroht[9].

Klima und Wetter

Klimatische Einflüsse sind ein wesentlicher Faktor für Entstehung, Entwicklung, Lebensweise und Bautätigkeit in einer Stadt. Der Schweizer Dichter Gottfried Keller, der in München Kunst studierte, illustrierte dies 1840 in einem Brief an seine Mutter:

> *»Die Münchner sagen zwar, wenn einer gleich anfangs sich ans Biertrinken halte, so werde man weniger krank, und das habe ich mir hinter die Ohren geschrieben. Indessen ist das Klima sehr ungesund hier; wenn den ganzen Tag die unerträgliche Hitze ist und es regnet ein wenig auf den Abend, so tritt auf einmal empfindliche Kälte ein; und die meiste Zeit über herrscht hier feuchtes, kaltes Wetter. Daher trägt man hier die Mäntel den ganzen Sommer hindurch, und ich bin sehr froh über den meinigen«.*[10]

Ein Reiseführer aus dem 19. Jahrhundert sieht die Sache aber anders:

> *»Über das Clima München's verlauten vielfache, theils schlimme Gerüchte, man glaubt aber mit Unrecht, daß aus einem leichten Unwohlseyn gleich Schleimfieber und Typhus hervorgehen«.*[11]

Münchens Klima ist durch seine zentrale Lage in der Mitte des Kontinents und die Nähe zu den Alpen geprägt. Es herrscht ein Übergangsklima zwischen dem westlichen vom Meer bestimmten und dem östlich-kontinentalen sowie dem nördlich-subpolaren und dem südlich-subtropischen Klima. Die Alpen, die schon 50 km südlich der Stadt beginnen, bewirken gelegentlich schnelle Wetterumschwünge und eine Rauheit des Klimas. Bezeichnend sind starke Temperaturstürze innerhalb von wenigen Stunden[12]. Die Durchschnittstemperatur im Jahr liegt bei 7,5°C und schwankt von 35°C bis −35°C. Die Niederschläge sind, bedingt durch die Nähe der Alpen, mit durchschnittlich 1000 mm pro Jahr relativ hoch[13]. Meist gibt es im Frühjahr oder im beginnenden Sommer ausgedehnte Regenperioden, im Sommer öfters Gewitter und Hagel. Bei Dauerregen und besonders bei Schneeschmelze in den Alpen führt die Isar starkes Hochwasser, sie macht dann ihrem Namen ›die schnell Fließende‹ alle Ehre. Vor der Begradigung und Eintiefung des Flußbettes im Stadtgebiet am Ende des 19. Jahrhunderts kam es dabei oft zu großen Schäden (z.B. Brückeneinsturz). Ursprünglich änderte der Fluß bei Überschwemmungen vielfach sein Bett, wie man an unbegradigten Stellen beim Flaucher im Süden der Stadt noch beobachten kann[14]. Nebel tritt häufig im Herbst und Winter, besonders in der Nähe von Gewässern und in den moornahen Bereichen im Norden und Westen der Stadt auf. Normalerweise scheint die Sonne im Herbst lange, und selbst im Dezember und Januar kann es zeitweise durch Föhn sehr mild sein.

Eine Besonderheit des bayerischen Alpenvorlandes ist der Föhn, ein trockener, warmer Südwind, der oft überraschend einsetzt. Er entsteht durch Luftdruckgegensätze zwischen Oberitalien und Oberbayern. Die feuchtwarme Luft aus dem Süden wird nach Norden gesaugt und regnet sich in den Alpen ab. Es entsteht eine warme Luft mit klarer Fernsicht[15]. Elektromagnetische Wellen, die durch den Föhn ausgelöst werden, wirken auf Menschen. Während Fremde kaum betroffen sind, klagen viele Einheimische bei entsprechender Wetterlage über Kopfschmerzen oder Kreislaufbeschwerden; die Zahl der Verkehrsunfälle nimmt zu. Das Phänomen Föhn hat natürlich auch einen Niederschlag in der Literatur gefunden. Erwähnt sei hier nur der 1974 erschienene Roman »Föhn« von Martin Gregor-Dellin[16]. Föhn und Westwinde machen die Inversionswetterlage erträglich, die 80% des Jahres vorherrscht.

In den letzten Jahrhunderten sind beträchtliche Klimaschwankungen zu beobachten. So gab es im 14. Jahrhundert Kälteeinbrüche, die jahrelang zu Mißernten und Hungersnöten führten[17]. Am Ende des Mittelalters war es dagegen im Münchner Raum wärmer, so daß man an der Isar und bis zum Ammersee Wein anbauen konnte, wie noch zahlreiche Flurnamen bezeugen[18].

Vegetation

Boden und Klima bedingen die natürliche Vegetation. Der ursprüngliche Pflanzenbewuchs, wie er sich vor den Eingriffen durch den Menschen entwickelt hatte, ist daher im Münchner Raum je nach Untergrund verschieden.

In den Tälern und Niederungen gab es ausgedehnte Auenwälder, die zum Teil noch heute im Englischen Garten zu sehen sind. Wo im Norden der Stadt das Grundwasser nahe an der Oberfläche ist, konnten sich Lohwälder aus Eichen, Birken, Eschen und Hasel herausbilden, wie sie sich nur in kleinen Resten (z. B. nördlich von Aschheim) erhalten haben. Sonst überwog ein Eichen-Hainbuchenwald (Reste im Nymphenburger Park), der in der Neuzeit durch schnellwachsende Fichtenkulturen, wie sie jetzt über 90% des

Holzbestandes bilden, ersetzt wurde[19]. Im Westen, Norden und Osten (Menzinger Heide, Gfild, Garchinger Heide, Perlacher Heide) herrschte eine durch den Kalkmagerboden auf den trockenen Schotterzungen gebildete baumarme Heidelandschaft vor. Im Westen, Nordwesten und Nordosten schließlich gab es die Moore mit Pflanzen, die aus den Alpen und dem Osten (bis vom Schwarzen Meer) kamen[20].

Im Stadtgebiet liegen heute der Allacher Forst und das Schwarzhölzl im Norden; weiter gibt es mit dem Forstenrieder Park und dem Ebersberger Forst ausgedehnte Waldgebiete mit wichtigen ökologischen Funktionen im Süden und Südosten Münchens.

Der Pflanzenbewuchs hatte natürlich Auswirkungen auf Nutzung und Siedlungstätigkeit auf dem jeweiligen Gelände.

II. Vorgeschichte

Steinzeit

Das Voralpengebiet war zunächst durch die Gletscher und später wegen des dichten Waldbewuchses unwirtlich, der nach dem Abtauen der Gletscher entstanden war. Die Erwärmung am Ende der mittleren Steinzeit (um 7500 v. Chr.) schuf dann bessere Voraussetzungen für die menschliche Ansiedlung. Erst in der Jungsteinzeit (5700–2000 v. Chr.) entwickelten sich hier aber die herumziehenden Sammler und Jäger zu Viehzüchtern und Ackerbauern. Sie wurden um 4000 in Südbayern seßhaft, d.h. sie nahmen Land dauerhaft in Besitz und bauten Häuser. Da die einzelnen Kulturstufen eine unterschiedliche Keramik hervorgebracht haben, werden sie nach diesen für uns greifbaren Überresten oder nach einzelnen Orten, wo gesicherte Siedlungsspuren gefunden wurden, benannt[1].

In einer ursprünglich besonders fruchtbaren Gegend des Münchner Raumes, der heute zur Ziegelgewinnung weitgehend abgebauten Lehmzunge bei Unterföhring, wurden Funde der mittleren Jungsteinzeit gemacht: Keramik von Siedlungsgruben der »Oberlauterbacher Gruppe« und der »Münchshöfener Kultur«. Die erstere ist nach einem Fundort in Landshut benannt. Sie gehört dem Kulturkreis der Bandkeramik an, der weite Teile des Ostens und Südostens von Bayern mit München als südlichstem Zipfel umfaßte. Wir wissen wenig über Siedlungsweise, Leben und Gräberfelder dieser Zeit[2].

Für die Münchshöfener Kultur ist eine Fundstelle in Niederösterreich namengebend. Sie war bis weit nach Südosten (Ungarn) verbreitet. Im Raum um München begegneten sich zwei verschiedene Kulturen. Von der in der Jungsteinzeit in Südbayern sonst vorherrschenden »Altheimer Gruppe« (benannt nach Altheim bei Landshut) wurden bisher im Münchner Raum noch keine Spuren gefunden. Möglicherweise liegt dies aber daran, daß die fruchtbarsten Flächen zur Lehmgewinnung abgetragen wurden und eventuelle Siedlungsreste dadurch zerstört sind[3].

Glockenbecherkultur

Einen auffälligen Kulturwandel in der Spätsteinzeit (2000–1800 v.Chr.) brachten die Glockenbecherleute. Sie bestatteten ihre Toten mit angezogenen Beinen in »Hockergräbern«, wie sie im Münchner Raum mehrfach ausgegraben wurden (z.B. Berg am Laim, Moosach, Pasing, Sendling). Wir kennen von dieser Kultur nur Gräber und ihre Beigaben. Daß keine Siedlungen gefunden wurden, läßt auf eine unseßhafte Lebensweise dieser Menschen als Jäger und Krieger schließen. Die Keramik, nach der sie benannt sind, ein glockenförmiger Becher, unterscheidet sich in der Form völlig von der Hinterlassenschaft anderer Gruppen. Offenbar sind die Träger dieser Kultur aus dem Westen zugewandert. Die Skelette der Glockenbecherleute weisen auf eine Herkunft aus Spanien oder gar Nordafrika hin. Auch die glockenförmige Keramik taucht zuerst in diesem Raum auf. München ist der südlichste Punkt des Alpenvorlandes, von dem man Funde dieser Kultur kennt. Die Männer waren, wie Grabbeigaben zeigen, mit Pfeil und Bogen bewaffnet. Es finden sich Pfeilspitzen aus Feuerstein und durchbohrte Platten aus Stein, die den Unterarm vor dem Zurückschnellen der Bogensehne schützten. Die Glockenbecherleute bearbeiteten aber auch schon Metall, wie dreieckige Kupferdolche beweisen. Die Begräbnissitte mit den Beigaben zeigt eine ausgeprägte Religion, die den Glauben an ein Weiterleben im Jenseits einschließt. In den grundsätzlich in Nord-Süd-Richtung angelegten Hockergräbern liegen Männer mit dem Kopf nach Norden, Frauen hingegen haben den Kopf nach Süden gerichtet; die Gesichter sind immer nach Osten gewendet[4].

Die zweite große Gruppe der Becherkulturen, die wohl ursprünglich in Südrußland beheimatete »Schnurkeramikkultur«, ist im Raum München dagegen nur durch wenige Gräber belegt. Einzelne sorgfältig bearbeitete Steinäxte, die wohl als Opfergaben der Erde anvertraut wurden, und stempelverzierte Becher vom

»Typ Geiselgasteig« gehören in diesen Umkreis. Die Stein- und die Bronzezeit gehen hier teilweise ineinander über; man spricht für den Zeitraum von 2000–1800 v. Chr. auch von der Kupferzeit[5].

Bronzezeit

Seit dem 18. Jahrhundert v. Chr. setzte sich Bronze, eine harte Legierung aus Kupfer und Zinn, als Werkstoff durch. Die Kultur der frühen Bronzezeit erscheint noch durch die Glockenbecherleute mit ihrer Metallverarbeitung geprägt. Die Hockerbestattung mit der unterschiedlichen Ausrichtung von Frauen und Männern blieb ebenso vorherrschend wie die Becherform. Vom Erdinger Moos bis hin zum Ammersee und zum Karwendelgebirge wurde der Münchner Raum in dieser Epoche offenbar von einer einheitlichen Bevölkerungsgruppe bewohnt. Entsprechende Funde kennen wir besonders aus den Flußtälern von Isar, Moosach und Würm (z. B. Geiselgasteig, Moosach, Sendling). Diese »Isargruppe« wird der nach dem Hauptfundort benannten »Straubinger Kultur« zugerechnet. Die Grabbeigaben, auch Metallgegenstände, stammten überwiegend aus heimischer Produktion. Metall wurde aus dem Salzburger Raum importiert. Bronzebarren in Ring- oder Spangenform, die in Depots gefunden wurden, sind außer Gräbern die wichtigste Hinterlassenschaft der frühen Bronzezeit. Ein solcher Barrenfund wurde beispielsweise im Schwabinger Luitpoldpark gemacht, wo er wohl nicht als Vorrat, sondern als Opfergabe der Erde anvertraut wurde. Siedlungen dieser Zeit bestanden wahrscheinlich auf dem Schloßberg in Landsberg am Lech und auf dem Domberg in Freising über der Isar[6].

Älteste Flußnamen: Isar und Würm

Die Namen der meisten größeren Flüsse in Europa stammen aus der Zeit um 1500 v. Chr. Sie sind einer indogermanischen Sprache zuzuordnen, die vor der Ausbildung der einzelnen Sprachstämme in Europa verbreitet war[7]. So hat die Isar, der München sein Entstehen verdankt, über 20 Verwandte (z. B. *Eisack, Isen, Isère, Oise*) und ihr

Name im Jahr 755, (Abschrift im Jahre 824) als *Isura*[8] überliefert, ist zur indogermanischen Wurzel **is-* ›(sich) schnell bewegen‹[9] gebildet. Die Würm, nach der eine Eiszeit benannt ist, kommt aus dem Starnberger See (früher Würmsee) und mündet bei Dachau in die Amper; sie durchfließt den Westen des Stadtgebietes, die Isar fließt von Süden nach Norden. Der Name ist 722 (Abschrift im Jahre 829) als *Uuirma*[10] überliefert und enthält die indogermanische Wurzel **uer-* ›Wasser‹[11]. Die in der Literatur immer wiederkehrende Behauptung, diese Namen seien keltischen Ursprungs, ist nur insofern richtig, als sie auch durch den Mund von Kelten gegangen sind. Ihre Wurzeln reichen aber rund 1000 Jahre weiter zurück. Die Flußnamen zeigen, daß seit 3500 Jahren im Münchner Raum Menschen gelebt haben, die die Namen weitergaben, auch wenn Kulturen und Sprachen vergingen.

Hügelgräberbronzezeit

Eine veränderte Bestattungsform markiert den Kulturwandel in der Bronzezeit: In der mittleren Bronzezeit (1200–750 v. Chr.) wurden Tote unter künstlichen Hügeln beigesetzt, die teilweise heute noch erkennbar sind. Diese Sitte läßt Einflüsse der mitteldeutschen und böhmischen »Schnurkeramikkultur« erkennen. Meist wurden die Toten dabei in ausgestreckter Lage beerdigt, Brandbestattungen sind dagegen selten. Für das Jenseits wurden Männer mit Waffen, Frauen mit Schmuck und alle mit Verpflegung in Gefäßen aus Ton ausgestattet. Die Grabhügel haben etwa 8 bis 10 Meter Durchmesser, der Körper der Toten war mit einer Lage von Steinen bedeckt. Da solche Grabhügel weithin sichtbar waren und somit leicht ausgeraubt werden konnten, sind nur wenige unversehrt. Außerdem waren sie später beim Ackerbau im Weg und wurden vielfach beseitigt. Sie haben sich fast nur in Wäldern oder moorigem Weideland erhalten. Die heute bekannte Verbreitung spiegelt daher keineswegs die ursprüngliche Anzahl der Grabhügel wider. Im Münchner Raum kennen wir aber zahlreiche Funde (z.B. Fasanerie), die zeigen, daß hier ein bevorzugtes Siedlungsgebiet lag[12]. Siedlungsspuren dieser Kultur sind dagegen kaum bekannt. Die wenigen gründlich erforschten Gräber lassen eine Gesellschaft von

Ackerbauern und Viehzüchtern erkennen. Jagd und Fischfang waren vergleichsweise wenig bedeutend. Die Besiedlung war aber nicht dicht, und manches läßt auf häufigen Wechsel der Wohnsitze schließen[13].

Urnenfelderzeit

Ein Kennzeichen der späten Bronzezeit ist es, daß die Körper der Toten nicht mehr beerdigt, sondern verbrannt und in Urnen beigesetzt werden. Die Kultur der Urnenfelderzeit ist aus der vorangegangenen Hügelgräberbronzezeit erwachsen. Die Brandbestattung und die Opfersitten deuten auf einen Fortbestand religiöser Vorstellungen hin. Wir kennen im Münchner Raum ein Dutzend Urnenfelder, die meist südlich der Stadt lagen und in denen bis zu 1000 Menschen auf diese Weise bestattet wurden; die Besiedlung war also relativ dicht. Die flachen, etwa einen Quadratmeter großen Grabgruben waren rund oder eckig und gelegentlich auch durch ovale Begrenzungen eingefaßt. Neben dem Leichenbrand enthielten die meisten Urnen kleine Gefäße und bronzene Nadeln als Beigaben, die Speise und Trank sowie Kleidungszubehör für den Weg ins Jenseits darstellten, während Schmuck oder Waffen selten in den Urnen waren.

Die Münchner Urnenfelder waren bemerkenswert häufig mit Metallgegenständen bestückt, die wahrscheinlich aus den Kupferminen der Alpen stammten. Die Beigabe von Schwertern war eine Besonderheit dieses Raums, die zu dieser Zeit sonst nicht vorkam. Es scheint, daß sich hier ein Adel herausgebildet hatte, der in einer Zeit kriegerischer Auseinandersetzung und Eroberungen mit dem Schwert herrschte. Berge wurden besiedelt und befestigt, wie z.B. der Domberg von Freising. Vielleicht gab es hier sogar eine Art Königsherrschaft wie im mykenischen Griechenland. Eine in Grünwald gefundene Fibel aus Bronzedraht ist mit Golddraht verziert und zeigt die Kunstfertigkeit der Handwerker. Anhänger mit Vögelköpfen deuten auf einen Sonnenkult hin und lassen Beziehungen nach Ungarn erkennen. Neben seiner Funktion als Waffe besaß das Schwert offenbar schon eine mythische Bedeutung als Kultgegenstand und als Herrschaftssymbol. Die dörflichen Siedlungen bestanden aus schlichten Pfostenhäusern mit Fachwerk. Die größten bekannten Begräbnisplätze liegen bei Englschalking, Grünwald und Unterhaching[14].

Hallstatt- und Latènezeit (Keltenzeit)

Das schon am Ende der Urnenfelderzeit zu Zierzwecken benutzte Metall Eisen setzte sich wegen seiner Härte als Hauptwerkstoff, besonders für Waffen, durch. Die früheste Eisenzeit, die von 800 bis 500 v. Chr. angesetzt wird, ist nach dem bedeutendsten Fundort, dem Gräberfeld bei Hallstatt im oberösterreichischen Salzkammergut mit 2000 teilweise reich ausgestatteten Gräbern, benannt[15]. Die »Hallstattzeit«, deren Kultur auch im Münchner Raum durch Funde nachzuweisen ist (z. B. Pullach, Riem) zeichnet sich durch Grabhügel mit kostbaren Beigaben aus. Bei den Formen zeigen sich Einflüsse aus dem Osten. Statt mit Schwertern wurden die Toten mit Dolchen und statt mit Nadeln mit Fibeln (Broschen als Schließnadeln) ausgestattet. Wahrscheinlich hatten sich auch die religiösen Vorstellungen gewandelt. Diese Kultur ist noch keinem uns bekannten Volk eindeutig zuzuordnen. Möglicherweise handelt es sich bereits um Kelten[16].

Nach 500 v. Chr. finden wir in Südbayern Spuren der Kultur der »Latènezeit«, benannt nach einem Fundplatz am Neuenburger See in der Schweiz. Diese Kultur ist eindeutig den Kelten zugeordnet, einem indogermanischen Volk, das damals weite Teile Europas beherrschte. Es war der Stamm der Vindeliker, der sich im südbayerischen Raum niedergelassen hatte. Mächtige Städte entstanden, wie z. B. das »Oppidum« an der Paar bei Manching[17], südlich von Ingolstadt, oder die von der Mangfall umgebene »Fentbachschanze«[18] im Landkreis Miesbach. Als sichtbare Zeugen für die Religion der Spätlatènezeit sind im Raum München zahlreiche »Keltenschanzen« (Temenos) zu erkennen. So z. B. bei Aubing, Feldmoching, Grünwald, Deisenhofen, Langwied, Neubiberg, Perlach, Holzhausen oder Buchendorf[19]. Die vielfach noch gut sichtbaren, im Rechteck angeordneten Wälle und Gräben umgaben einst Heiligtümer. In der Mitte der ausgegrabenen Anlage bei Holzhausen fanden sich Reste hölzerner Tempel mit Brandopferaltar und Opferschächten[20]. Siedlungsspuren der Kelten sind dagegen im Münchner Raum kaum bekannt. Gefunden wurden aber Gräber mit Schmuck und Waffen oder auch Einzelstücke wie z. B. ein mit Scheibe und Halbmond aus Gold verziertes Schwert (Untermenzing). Typisch für diese Epoche sind kleine Goldmünzen, die »Regenbogenschüsselchen«. Warum der Stamm der Vindeliker um 50 v. Chr. Südbayern verließ, ist noch nicht eindeutig geklärt. Möglicherweise war die Bedrohung durch Germanen von Norden der Grund, aus dem sie ihre Siedlungsgebiete aufgaben und wohl nach Westen zogen[21].

Römerzeit

Im Jahr 15 v. Chr. überschritten die Stiefsöhne des Kaisers Augustus, Drusus und Tiberius die Alpen mit ihrem Heer und verleibten das Land bis zur Donau dem Imperium Romanum ein. Nennenswerten Widerstand gab es keinen. Augsburg (*Augusta Vindelicum*)[22] wurde Hauptstadt der Provinz Rätien (*Raetia secunda*), die nun fast fünf Jahrhunderte als Pufferzone zu den Germanen diente[23]. Militäreinheiten aus dem römischen Reich waren hier stationiert, um Rom gegen Norden zu schützen. Dafür war es wichtig, das Gebiet durch Heerstraßen zu erschließen. Entlang dieser Straßen wurden dann Gutshöfe (*villae*) errichtet, um landwirtschaftliche Produkte zu erzeugen.

Zwei dieser gut befestigten Römerstraßen führten im Norden bzw. Süden am heutigen Stadtgebiet in Ost-West-Richtung vorbei; eine auf der Höhe von Oberföhring (Augsburg – Wels in Oberösterreich), die andere bei Grünwald (Augsburg – Salzburg)[24]. Daneben gab es wahrscheinlich auch Nord-Süd-Verbindungen entlang dem Hachinger Bach, der Isar und der Würm. Vom Handelsplatz am Würmübergang Gauting, südwestlich von München, ist aus dem 4. Jahrhundert der keltoromanische Name *Bratananio* überliefert[25]. In der Nähe der Straßen fanden sich auch einige Gräber und Gegenstände (besonders Keramik und Münzen). Römische Siedlungen, meist aus der mittleren Kaiserzeit, wurden bei Aubing, Berg am Laim, Englschalking und Denning entdeckt. Grabungen haben z. B. gezeigt, daß in Denning (Insterburgerstraße) vom 1. bis zum 4.

Jahrhundert ein römischer Gutshof stand[26]. Alles deutet auf einen relativen Wohlstand der aus dem ganzen Weltreich bunt zusammengemischten Bewohner hin.

Seit dem 3. Jahrhundert begann das Leben durch Alemanneneinfälle gefährlicher zu werden. Eine Militarisierung des öffentlichen Lebens prägte daher diese Zeit der römischen Herrschaft bis um 400. Der Großteil der Bevölkerung floh in sicherere Gebiete, während im Lande hauptsächlich Sklaven, Arme oder Angehörige bestimmter Völker oder Berufe (Winzer, Goldwäscher, Bergleute) geblieben sein dürften. Die letzten Amtsträger des Imperiums zogen sich auf Befehl von Kaiser Odowakar, der aus dem germanischen Stamm der Skiren stammte, um 480 nach Italien zurück[27]. Romanische Bevölkerung (Walchen) hielt sich besonders um die großen Städte Augsburg, Regensburg und Salzburg und an einigen Stellen im Alpenraum (z. B. Wallgau) auf[28]. Wir können sie fast nur noch durch Personen- und Ortsnamen nachweisen. Der Raum München birgt an seinem östlichen Rand in den Namen Aying (romanisch-germanischer Mischname: bei Agius und seinen Leuten)[29] und Peiß (lateinisch: **Bitianum* ›Landgut des Bitius‹)[30] Hinweise auf ein Fortleben der romanischen Bevölkerung, die dann bis ins 9. Jahrhundert im Stamm der Bajuwaren aufging. Die Gegend um München war im 5. Jahrhundert wohl weitgehend entvölkert.

Keltisches Bonzearmband, gefunden in Moosach

III. Frühes Mittelalter

Die Bajuwaren

Seit der 2. Hälfte des 5. Jahrhunderts ließen sich Germanen südlich der Donau und so auch im Münchner Gebiet nieder. Wir können dies durch die Auswertung von Grabfunden, bajuwarischen Reihengräbern, nachweisen [1]. Die Germanen hatten den Brauch, ihre Toten einzeln nebeneinander mit dem Kopf nach Osten gerichtet in bis zu 2 m tiefen Gruben in die Erde zu legen und die Körper mit Beigaben auszustatten. Neben der Kleidung erhielten Männer Waffen und Frauen Schmuck; man glaubte offenbar auch hier an ein Leben nach dem Tod, in dem irdische Güter benötigt werden. Wir kennen zahlreiche solcher Gräberfelder in unserem Raum, die größten und ältesten sind bei Aubing, Feldmoching und Sendling [2]. Leider wurden die meisten Gräber, oft bald nach den Bestattungen, geöffnet und brauchbare Beigaben entnommen.

Die sachlichen Überreste der Bajuwaren, die meisten Namen und die Sprache sind von denen der benachbarten Alemannen ursprünglich nicht zu unterscheiden. Der Name Bajuwaren, wohl aus **Boiaheimvarii* [3] entstanden, läßt darauf schließen, daß ein wesentlicher Teil des Stammes aus Böhmen (**Boiaheim*) zugewandert ist. Es fand aber sicher eine Vermischung mit verschiedenen germanischen Stammessplittern und romanischer Restbevölkerung statt. Die *Baioras* oder *Baiouari(i),* die erstmals 551 genannt werden [4], sind in dieser Zeit bereits ein geschlossener Stamm unter einem Herzog aus dem Hause der Agilolfinger. »Hauptstadt« war das noch von der römischen Steinmauer geschützte Regensburg. Das Gesetzbuch aus dem 7. Jahrhundert, die Lex Baiuvariorum, gibt Aufschlüsse über Verfassung, Recht und Alltagsleben [5]. So wurde z. B. Grabraub mit schweren Strafen bedroht, aber offenbar mit wenig Erfolg. Mord und die meisten anderen Delikte konnten durch Geldbußen gesühnt werden. Die Gesellschaft war streng nach Klassen geordnet; Unfreie (Sklaven) galten sozusagen als Sachwerte.

Christianisierung und Kirche

Das Christentum, das bereits offiziell Staatsreligion war, wurde seit 700 wohl auf Druck der fränkischen Oberherren, im ganzen Land rigoros durchgesetzt. Die Toten wurden nicht mehr mit Beigaben in Reihengräbern außerhalb der Siedlungen bestattet; man legte sie nun in die Friedhöfe, die rings um die neu erbauten Holzkirchen entstanden. Einer der Missionare Bayerns war der westfränkische Wanderbischof Korbinian, den die Bayernherzöge 715 nach Freising riefen; 739 wurde dann in der dortigen Burg durch Bonifatius das dem Erzbistum Salzburg zugerechnete Bistum Freising gegründet[6]. Zu diesem Episkopat gehörte auch München, bis 1817 das Erzbistum München-Freising mit Sitz in der Landeshaupt- und Residenzstadt entstand.

Die Kirche mit ihren Bistümern, Klöstern und Pfarreien entwikkelte sich von nun an zum wichtigen Macht- und Wirtschaftsfaktor. Um ihrer und der Familien Seelenheil willen waren Grundherren bemüht, Kirchen zu gründen und zu fördern. Bald waren selbst in kleinsten Orten Gotteshäuser zu finden[7].

Im Münchner Raum gab es auch ausgedehnten Herzogbesitz, so z. B. in Aubing, Feldmoching, Oberföhring und Aschheim. Herzöge und Hochadelige waren in der Lage, Klöster zu stiften und damit auch ihre Macht zu festigen. Hier waren im frühen Mittelalter besonders die Mönche von Benediktbeuern, Polling, Schäftlarn und Tegernsee wichtig. Sie folgten der Regel des Hl. Benedikt: *ora et labora* (bete und arbeite!). Die Arbeit neben dem Gebet bestand aus Versorgung von Reisenden, Alten und Kranken sowie der Gründung neuer Siedlungen durch Rodung[8]. Die Klöster betrieben selbst Landwirtschaft oder verliehen die Höfe an Hörige.

Die »Freisinger Traditionen«

Klöster und Bistümer bekamen bei ihrer Gründung eine Ausstattung an Gütern, und sie erhielten noch im Laufe des Mittelalters viele Besitzungen geschenkt. Grundherren übereigneten Ländereien und Sklaven zum Heil ihrer Seele, aber auch aus materiellen Gründen, z.B. um im Alter versorgt zu sein, an die Kirche. Im Freisinger Dom verwahrte man seit dem Jahr 744 Pergamentzettel, auf denen Güterschenkungen an die hl. Maria, die Patronin des Bistums, verzeichnet waren, sorgfältig auf. Zwar war der Schwur der Zeugen, die zur Bekräftigung und um die Erinnerung an den Vorgang zu vertiefen, oft noch an den Ohren gezogen wurden, ein nachdrückliches Beweismittel bei Rechtshandlungen. Man erkannte aber, daß eine schriftliche Verewigung von Schenkungen nützlich sein könne. Bereits im Jahr 824 wurden die einzelnen sogenannten Traditionsnotizen, die bis dahin vorlagen, vom Mönch, Priester und Notar *Cozroh* buchstabengetreu in karolingischer Minuskelschrift in ein Pergamentbuch eingetragen[9]. Dieser Codex wurde laufend weitergeführt und ist im Bayerischen Hauptstaatsarchiv in München noch im Original erhalten. In diesen »Freisinger Traditionen« finden wir nun die frühesten Belege für viele Orte im Münchner Raum aus der Zeit um 800. Daneben gibt es dann auch Traditions- und Urkundenbücher von Klöstern, in denen Siedlungsnamen stehen. Ein Beispiel für eine solche Traditionsnotiz (in Übersetzung) ist diese Schenkung, die Besitz in Schwabing und Sendling betrifft[10]:

»Die Schenkung des Altpolt *und seines Sohnes* Huasuni *Schwabing. Die Aufforderung des Evangeliums durchhallt den Erdkreis, die die Gläubigen ermahnt, das Vergängliche zu verachten und nach der ewigen Vaterheimat zu streben, damit sie sich im Dahinkommen einen Schatz erwerben. Wie der Evangelist vom Mund der Wahrheit verkünden läßt: »Sammelt Euch Schätze im Himmel!« Unter den Hörern dieser Worte war ein frommer, von Gottesfurcht beseelter Mann namens Alpolt und sein Sohn Huasuni. Diese übergaben und schenkten ihr Erbe an einem Ort, Schwabing* [Suuapinga] *genannt, und an einem anderen Ort namens Sendling* [Sentilingas] *dem Kloster des heiligen Märtyrers Christi Dionysius* [= Schäftlarn], *gelegen an einem in jähem Lauf*

vorbeiströmenden Fluß, den die Bauern jenes [Klosters] *Isar* [Isura(m)] *nennen. Was sie an diesen Orten besaßen, persönlich ererbt und erworben, bebaut und unbebaut, beweglich und unbeweglich, Wälder, Felder, Wiesen, Weideplätze, Quellen oder das ausfließende Bächlein mit Häusern und den ganzen Nebengebäuden sowie mit allem Gesinde an Knechten und Mägden, wie sie es ererbt hatten von Eltern und Großeltern –, all das brachten sie Gott dar, um dafür mit dem ewigen Leben belohnt zu werden und um der Angst vor dem Höllenfeuer zu entrinnen. Und damit keiner von den Verwandten und deren Miterben die Möglichkeit haben solle, die Übergabe ungültig zu machen, bestimmen wir auch, daß weder wir selbst noch unsere Nachfolger –, was wir nicht im mindesten glauben – wenn einer von denen, die wir erwähnt haben, in irgendeiner Weise ungerecht vorzugehen versuchen würde, so soll er dem Zorn anheimfallen und sei schuldig mit dem Athleta Christi* [= hl. Dionysius als Schutzpatron des Klosters Schäftlarn] *seine Abrechnung zu haben und er sei unter die Böcke verwiesen. Folgende sind die Ohrenzeugen:* Ezzilo, Lautpercht, Oadalrich, Cundhart *und wir selbst, die wir geschenkt haben,* Alpolt *und* Oasuni [...]«

Ortsnamen

Die Siedlungen sind natürlich älter als der Zeitpunkt, für den sich ihre erste Nennung erhalten hat. So finden wir bis zum Jahr 1000 in zeitlicher Reihenfolge folgende Siedlungsnamen im heutigen Münchner Stadtgebiet bezeugt:

Heutiger Name:	Jahr der Erstnennung: Historische Form: Deutung
Allach:	774: *Ahaloh:* [11] Lichter Wald am Fluß
Baumkirchen:	870: *Pouminunchirichen:* [12] Kirche an Obstbäumen
Berg am Laim:	812: *ad Perke:* [13] An der Anhöhe (beim Lehm)
Bogenhausen:	776/779: *Pubenhusen:* [14] Bei den Häusern des *Pubo*
Daglfing:	839: *Tagolfingas:* [15] Bei den Leuten des *Tagolf*
Feldmoching:	790/803: *Feldmohinga:* [16] Bei den Leuten des *Mocho* am Feld (waldfreie Fläche)
(Ober-, Unter-) Föhring:	750: *ad Feringas:* [17] Bei den Leuten des Fährmanns
Freimann:	948/957: *Frienmannun:* [18] Bei den freien Männern

Fröttmaning:	815: *Freddimaringa:*[19] Bei den Leuten des *Fredumar*
Giesing:	790/809: *Kyesinga:*[20] Bei den Leuten des *Kiso*
Haidhausen:	808: *Heidhusir:*[21] Bei den Häusern auf der Heide
Johanneskirchen:	815: *ecclesia s. Johannis:*[22] Kirche des *hl. Johannes*
Lochhausen:	948/955: *Lohhusa:*[23] Häuser am lichten Wald
(Ober-, Unter-) Menzing:	nach 782: *Menzinga:*[24] Bei den Leuten des *Manzo*
Moosach:	nach 782: *Mosaha:*[25] Fluß am Moor
Pasing:	763: *Pasingas:*[26] Bei den Leuten des *Paso*
Perlach:	790/809: *Peralohc:*[27] Lichter Wald mit (Sau)bären
Riem:	957/972: *Riêma:*[28] Am riemen(förmigen Land)
Schwabing:	um 782: *Suuapinga:*[29] Bei den Leuten des *Swapo*
Sendling:	779/806: *Sentilingas:*[30] Bei den Leuten des *Sentilo*
Trudering:	772: *Truhtheringa:*[31] Bei den Leuten des *Truhther*

Wie weit Entstehung eines Ortes und ältester Beleg auseinander liegen kann, zeigt das Beispiel von Aubing. In einer Königsurkunde wird es erstmals im Jahr 1010 als *Ubingun*[32] erwähnt. Reihengräber, der Ortsname und historische Indizien sprechen aber dafür, daß Aubing bereits um 500 gegründet wurde und wahrscheinlich schon damals den Namen **Ubingas* erhielt ›bei *Ubo* und seinen Leuten‹. Die Güter im Ort waren wohl überwiegend im Besitz des Landesherrn, so daß es keine Aufzeichnungen von Schenkungen an die Kirche geben konnte.

Siedlungsgeschichte

Die in Oberbayern häufigen Ortsnamen auf *-ing* kennzeichnen hier älteste germanische Siedlungen. Bei diesem Wortbildungselement, das Zugehörigkeit ausdrückt, sind im ersten Teil fast ausschließlich (männliche) Personennamen zu finden. Es sind dies die Namen der Leute, nach denen die Nachbarn den Ort nannten, also wahrscheinlich die Gründer der Siedlung[33].

Die frühesten Ansiedlungen wurden an Stellen gegründet, wo möglichst oberirdisch Wasser zur Verfügung stand, die aber nicht hochwassergefährdet waren. Sie lagen auch bevorzugt verkehrsgünstig in der Nähe von Altstraßen. Weiter wählte man fruchtbare Böden und sonstige günstige Bedingungen für Ackerbau und Viehzucht. Diese ältesten Orte, die meist mit *-ing* oder -heim (wie z.B. (Ober-, Unter-) Schleißheim, 775 *Sliuuesheim*[34], ›Wohnstätte des

Sliwo‹) gebildete Namen tragen, bestanden ursprünglich wohl aus ein bis fünf Höfen. Die Bevölkerung wuchs aber stark an, so daß Siedlungen laufend erweitert und neue Orte angelegt werden mußten. Bis um 800 entstanden so die Kerne der meisten heutigen Münchner Ortsteile. Bei Neuhausen (1164 *Niwenhusen)*[35] ›Bei den neuen Häusern‹ aber zeigt schon der Name, daß es sich um eine, im Vergleich zu den Siedlungen der Umgebung, jüngere Siedlung handeln muß[36]. Auch Milbertshofen (1140/1152 *Ilmungeshoven*)[37] ist wohl erst um 900 entstanden; all diese ländlichen Siedlungen sind aber älter als die Stadt München.

Von den Agilolfingern zu den Wittelsbachern

Im frühen hohen Mittelalter lag der Münchner Raum abseits der großen historischen Entwicklungen. Seit dem 6. Jahrhundert herrschten die Agilolfinger, das älteste bayerische Herzogsgeschlecht. Der »letzte« Agilolfinger war Herzog Tassilo III. (ca. 741–794). Er hatte eine vom König beinahe unabhängige Herrschaft (748–788) errichtet. Nachdem er mit einem Aufstand gegen seinen fränkischen Oberherrn und einem Bündnis mit den Awaren seinem Vetter Karl dem Großen mehrmals in den Rücken gefallen war, wurde er abgesetzt und zu lebenslanger Klosterhaft in Frankreich verurteilt. Auch seine Familie wurde gefangen gesetzt[38].

Karl der Große (747–814) soll der Sage nach in der Reismühle bei Gauting, wo die Karolinger einen großen Fronhof hatten, geboren sein[39]. Seit 768 König von Franken und seit 774 auch der Langobarden, gliederte er Bayern 788 ganz in das Karolingerreich ein. Es war nun fränkische Provinz, entwickelte sich aber im 9. Jahrhundert zum Kernland des deutschen Reiches. Zum Zeichen der Verbundenheit mit den Franken wurden auch im Münchner Raum Kirchen gestiftet, die den Reichsheiligen Martin als Patron erhielten (z. B. in Moosach, Riem und Untermenzing). Der ostfränkische König Karlmann († 876) nannte sich »rex Bawariorum«; unter seinem Sohn König Arnulf von Kärnten († 896) war Regensburg die erste feste Hauptstadt des Landes[40]. Herzog Arnulf der Böse von Bayern († 937) führte ständige Auseinandersetzungen mit den deutschen Königen[41]. Dafür, daß er die Oberhoheit Heinrich I. als König anerkannte, erhielt er von diesem außerordentliche Rechte zugestanden, z. B. die Gewalt über die Kirche im Herzogtum. Seinen Beinamen erhielt Arnulf von der Geistlichkeit, da er nach den Ungarneinfällen auch Klostergüter im Münchner Raum, besonders von Benediktbeuern, enteignete und unter seine Gefolgsleute verteilte. Die Ungarneinfälle konnten erst 955 mit der Schlacht auf dem Lechfeld beendet werden, wo unter Führung von König Otto I., dem Großen († 973), Bischof Ulrich von Augsburg, dem Heiligen († 973) und Herzog Heinrich I., dem Bruder des Königs, der dann an den Folgen einer im Kampf erlittenen Verletzung starb, ein Sieg errungen wurde[42]. Bayern sank zu einem »Amtsherzogtum« herab, das von den mit der Königsfamilie eng verbundenen Liudolfingern und Luitpoldingern verwaltet wurde[43].

In der Folgezeit kam es aber wieder zu Auseinandersetzungen zwischen dem Bayernherzog Heinrich dem Zänker († 955), der mit den östlichen Nachbarn Bündnisse schloß, und König Heinrich I. Dessen gleichnamiger Sohn wurde 955 Herzog und dann 1002 als Heinrich II. († 1024) deutscher König. Er richtete das Bistum Bamberg ein und ließ mit seiner Frau Kunigunde dort den Dom errichten; beide wurden heilig gesprochen[44].

Im Jahr 1070 errang mit Welf I. († 1101) das in Oberschwaben (Ravensburg/Weingarten) beheimatete Geschlecht der Welfen die Herzogswürde in Bayern[45]. Dessen Urenkel Heinrich XII., der Löwe († 1195), Herzog von Sachsen, wurde 1156, nach dem Rücktritt von Heinrich XI., Jasomirgott, auf dem Reichstag in Regensburg auch Herzog von Bayern[46]. Er stand in Auseinandersetzungen mit seinem Vetter, Kaiser Friedrich I. Barbarossa († 1190) und dessen Onkel Bischof Otto von Freising († 1158). Der Streit mit dem Kaiser, dem er Waffenhilfe verweigert hatte, endete mit der Absetzung des Herzogs (1180) und seiner Verbannung nach England, der Heimat seiner Frau, im Jahr 1182[47].

Friedrich Barbarossa ernannte 1180 den Pfalzgrafen Otto von Wittelsbach († 1183) zum Herzog von Bayern. Die Wittelsbacher waren ein Geschlecht, das seinen Stammsitz bei Unterwittelsbach (Aichach) hatte und es verstand, seinen Machtbereich auf weite Teile Altbayerns auszudehnen[48].

Das mächtigste Geschlecht in Bayern aber war am Ende des 12. Jahrhunderts das der Andechser[49]. Seit dem 9. Jahrhundert sind sie im südwestlichen Oberbayern nachzuweisen. Sie hatten 1157 ihren Stammsitz in Dießen dem von ihnen dort gegründeten Kloster überlassen und bei dem heutigen Kloster Andechs eine neue Burg errichtet. 1173 wurden sie Markgrafen von Istrien, 1180 Herzöge von Kroatien, Dalmatien und Meranien sowie 1208 von Burgund. Angehörige der Familie waren Hedwig die Heilige, Herzogin in Schlesien, und Agnes, Königin von Ungarn. Ihre Tochter, die heilige Elisabeth, war mit dem Landgraf von Thüringen verheiratet. Die Grafen von Andechs besetzten auch die Bischofsstühle von Bamberg und Brixen sowie das Patriarchat Aquileia. Städte wie Bayreuth, Innsbruck und Kulmbach wurden von ihnen gegründet. Ein Anteil an der Entstehung Münchens ist für sie nicht nachzuweisen; sie hatten aber als Vögte des Klosters Tegernsee großen Einfluß in diesem Raum[50]. Aus einem wahrscheinlich um 1190 in München vollzogenen Rechtsakt »*coram duce Perhtoldo de Meran*« (= im Beisein des Herzogs Berthold von Andechs-Meranien) ist nicht zu schließen, daß die Andechser die Stadtherrschaft innehatten[51]. Der Niedergang dieser Familie wurde 1208 eingeleitet, als Pfalzgraf Otto von Wittelsbach, ein Vetter von Herzog Ludwig I. († 1231), den deutschen König Philipp von Schwaben in Bamberg ermordete. Die Andechser Bischöfe Ekbert und Heinrich von Istrien wurden der Mithilfe bei der Tat bezichtigt und geächtet. Eine drei Jahre später erfolgte Rehabilitation half den Andechsern wenig. Zwar wurde die Stammburg der Wittelsbacher zerstört, es gelang diesen aber, die Herzogswürde zu behalten und von ihren Andechser Rivalen, die 1248 im Männerstamm ausstarben, die Besitzungen in Oberbayern zu übernehmen[52]. Die Macht der Wittelsbacher war dann wesentlich für den Aufstieg Münchens, ihrer Hauptstadt.

Bajuwarische Scheibenfibel aus Sendling

IV. Gründung und Aufstieg Münchens

Die Gründung des Marktes München

Die nicht übermäßig fruchtbare Münchner Schotterebene hatte eine wichtige Bedeutung als Verkehrsknotenpunkt. Von Süden (Alpen) nach Norden (Freising, Donau) verlief die Isar, die mit Flößen schiffbar war[1], und an ihrem Westufer befand sich ein Fernhandelsweg, der Italien mit der Ostsee verband. Ihn kreuzten die alten Römerstraßen in Ost-West-Richtung, die noch weit ins Mittelalter hinein in Gebrauch waren. Besonders wichtig war der Hallweg, die Salzstraße, die bei Oberföhring, auf Herrschaftsgebiet des Freisinger Bischofs, die Isar überquerte. Diese Straße war der Transportweg für das im Mittelalter so bedeutsame Handelsgut Salz[2].

An der Brücke bei Oberföhring war die Zolleinnahmestelle, die dem Bischof Otto von Freising Geld und Einfluß sicherte. Heinrich der Löwe, Herzog von Bayern und Sachsen, machte dem Bischof diese Stellung streitig, indem er auf seinem Land weiter südlich, *»apud Munichen«*, eine Brücke bauen ließ und den Salzhandel umleitete. Der darauf folgende Streit zwischen dem Bischof und dem Herzog wurde von Kaiser Friedrich I., Barbarossa, auf dem Reichstag in Augsburg im Jahre 1158 entschieden. Pikanterweise war der Bischof ein Onkel und der Herzog ein Vetter des Kaisers.

In der Kaiserurkunde, die als Augsburger Schied (Schiedsspruch) in die Geschichte eingegangen ist, wird München (*apud Munichen*) erstmals genannt (übersetzt aus dem Lateinischen)[3]:

»C[hrismon]. *Im Namen der heiligen und unteilbaren Dreifaltigkeit.*

Friedrich durch Gottes gütige Huld Kaiser der Römer und allzeit erhabener Herrscher an seinen geliebten Onkel Otto, Bischof von

Urkunde Kaiser Friedrich Barbarossas vom 14. Juni 1158, in der München erstmals erwähnt ist

Freising, und dessen durch kanonische Wahl zu bestellende Nachfolger in Ewigkeit:
Da wir durch Gottes Güte die Leitung des Römischen Reiches in Händen haben, ist es angemessen, daß wir mit dessen Hilfe nach besten Kräften für die Ruhe der Zeiten und den Frieden der Kirchen vorausschauend Sorge tragen. So erhoffen wir den uns anvertrauten Erdkreis in der Gegenwart friedvoll zu regieren und in der Zukunft als Lohn ewige Vergeltung vom König der Könige geschenkt zu erhalten. Deshalb haben wir den Streit, der um den Markt bei Föhring [Feringa = Oberföhring] *und München* [Munichen] *zwischen Dir, teuerster Onkel, der Du gegenwärtig die Würde des Bischofs von Freising trägst, und unserem hochedlen Vetter Heinrich, Herzog von Bayern und Sachsen, bekanntlich ausgetragen wird, bei unserem Zusammensein mit den Fürsten auf solche Weise entscheiden lassen, daß künftig zu einer Spannung jeder Anlaß beseitigt sein dürfte, der dieser Sache wegen zwischen Euch auftauchen könnte. Die gegenwärtigen Geschlechter aber und die kommenden sollen den Wortlaut der Abmachung kennen, die mit Eurer beider Zustimmung und Willen feierlich getroffen wurde:*
Der Markt, der bei Föhring [Veringen] *abgehalten zu werden pflegte, die Zollbrücke und die Münzstätte werden dort künftig nicht mehr bestehen.*
Zum Ersatz dafür hat unser Vetter Herzog Heinrich der Kirche von Freising ein Drittel des Gesamteinkommens aus seinem Marktzoll zu München [apud Munichen] *übertragen, sei es aus Abgaben für Salz, sei es für andere dort ein- oder ausgehende Groß- oder Kleinwaren. Einen eigenen Zöllner aber soll nach Gutdünken jeder von Euch haben oder, wenn das für gut erscheint, beide zusammen einen, der jedem von Euch verantwortlich sein soll.*
Mit der Münzprägestätte soll es ähnlich gehalten werden, indem ein Drittel ihrer Einkünfte der Bischof erhält, zwei Drittel aber dem Herzog zufließen. Das aber wurde vom Herzog in Treue gelobt, daß ohne List und Niedertracht diese einzelnen Anteile der Kirche von Freising ewig geleistet werden sollen.
Die Münzstätte jedoch soll nach Gutdünken des Herzogs errichtet werden können.

Die Freisinger Münzstätte soll endlich auch der Bischof nach eigenem Belieben errichten können. Von ihren Einkünften soll der Herzog nur ein Drittel erhalten und er soll diesen Anteil, er sei groß oder klein, nach dem Wunsch des Bischofs als Lehen an jemand weitergeben, wie er es auch bereits getan hat.

Wir bestimmen also und bekräftigen mit dieser Urkunde, daß die Festlegung dieser gegenseitigen Übereinkunft für alle Zeit unerschütterlich Geltung haben soll und daß jeder von Euch, was er erhalten hat, ungestört besitzen soll zu Eurer und Eurer Nachfolger dauernden Nutznießung. Damit weiter die Erinnerung an diese Abmachung nicht ausgelöscht werde, haben wir sie schriftlich niederlegen und mit dem Aufdruck unseres Siegels versehen lassen. Wir haben sie auch, wie unten zu ersehen ist, mit eigener Hand bekräftigt und die anwesenden Zeugen am Schluß aufzeichnen lassen. Ihre Namen sind: Arnulf Erzbischof von Mainz, Friedrich Erzbischof von Köln, Gebhard Bischof von Würzburg, Hermann Bischof von Verden, Konrad Bischof von Augsburg, Eberhard Bischof von Bamberg, Friedrich Herzog von Schwaben, Hermann Markgraf von Verona, Dietrich Markgraf von der Lausitz und sein Bruder Heinrich. Zeichen des Herrn Friedrich, des unbesiegten Kaisers der Römer.

[Monogramm]

Ich Rainald, Kanzler, habe an Stelle des Herrn Erzbischofs von Mainz und Erzkanzlers nachgeprüft.

Gegeben zu Augsburg, am 14. Juni im 1158. Jahr nach Christi Geburt, in der 6. Indiktion, unter der Regierung Friedrichs, des erhabenen Kaisers der Römer, im 7. Jahr seiner Herrschaft als König, im 3. als Kaiser. Amen.«

Fälschlich spricht man auch von einer »Gründungsurkunde« und dann vom Stadtgründungstag. Es handelt sich aber nur um die erste erhaltene schriftliche Bezeugung von München. Der Ort hat als kleine Ansiedlung unter diesem Namen sicher schon einige Zeit bestanden, sonst wäre in der Urkunde erwähnt, daß der Ort neu gegründet worden sei.

Die natürliche Verwendung des Namens *apud Munichen* ›bei (den) Mönchen‹, der in Bayern mehrmals vorkommt, läßt auf eine ursprüngliche Niederlassung von Mönchen schließen[4]. Wenn auch kein Kloster nachzuweisen ist, so könnten am Petersbergl über dem

Isarübergang Mönche (z. B. von Schäftlarn oder Tegernsee) gewesen sein und eine Herberge betrieben haben. Eine Siedlung, die älter als der Markt München war, lag wohl im Bereich des heutigen Altheimer Ecks, südwestlich vom Marienplatz, außerhalb der ältesten Stadtmauer. Der Name Altheim deutet, wie wir dies aus Vergleichsbeispielen erschließen können, darauf hin, daß vor der Gründung der Stadt ein Dorf bestand, das dann in ›Alter Ort‹ umbenannt wurde[5].

Das 1158 erstmals genannte *Munichen* wurde durch eine neue Verkehrsführung der Salzstraße und die Anlage des Marktes mit Markt-, Zoll- und Münzrechten durch den Herzog, auf dessen Grund es errichtet wurde, systematisch gefördert. Bei dieser Lage mußte München bald zum Zentralort aufsteigen, auch wenn noch Widerstände zu überwinden waren.

Bischof und Herzog

Trotz der Beilegung des Streites durch Friedrich Barbarossas Schiedsspruch gibt es aus der Folgezeit immer wieder Hinweise, daß die Auseinandersetzungen zwischen Herzog und Bischof um die Rechte an den Markt-, Zoll- und Münzeinnahmen damit nicht beendet waren.

Nachdem Kaiser Friedrich Barbarossa im Jahre 1180 Heinrich den Löwen abgesetzt und nach England in die Verbannung geschickt hatte, sah der Freisinger Bischof Adalbert offensichtlich eine Chance, den Fall wieder aufzurollen. Er klagte beim Kaiser, daß der »Edelmann Heinrich von Braunschweig, einst Herzog von Bayern und Sachsen«[6] den Markt in Föhring mit einer Brücke, den seine Kirche seit lange zurückliegenden Zeiten unangefochten besessen hatte, zerstört und gewaltsam in das Dorf München verlegt habe. Auf einem in Regensburg 1180 abgehaltenen Hoftag entschieden die Fürsten, daß die zwanzig Jahre zurückliegende Tat Heinrichs für rechtsungültig gelten solle, woraufhin Friedrich Barbarossa die Verlegung des Föhringer Marktes in das Dorf München widerrief und das Marktrecht mit dem Brückenzoll dem Freisinger Bischof zurückerstattete[7].

Die Zurückverlegung des Marktes nach Föhring hat jedoch nie stattgefunden. Wahrscheinlich verzichtete der Freisinger Bischof

Krönung Herzog Heinrichs des Löwen und der Herzogin Mathilde. Neben Heinrich: seine Eltern Herzog Heinrich der Stolze und Gertrud von Supplinburg, sowie deren Eltern Kaiser Lothar III. und Kaiserin Richenza. Neben Mathilde: ihr Vater Heinrich II. von England und dessen Mutter, die »Kaiserin« Mathilde (Evangeliar von Helmarshausen, um 1175)

auf eine Vollstreckung des kaiserlichen Urteils von 1180, weil er mit einer Mehrung seiner Rechte und Einkünfte aus den Münchner Einnahmen entschädigt wurde[8]. Wie ein Originaleintrag des Salbuchs des Hochstifts Freising von 1305 bezeugt, bezog der Bischof nach 1180 im Gegensatz zu den Bestimmungen des Augsburger Schieds von 1158 noch andere Einkünfte aus München als die von Zoll und Münze. Die jährlichen Abgaben an den Bischof sind dort wie folgt aufgelistet: Von der Münze erhielt er 30 Pfund Münchner Pfennige und 30 Pfund bei jeder Neuprägung, vom Kleinzoll 10 Pfund, vom Zoll der Münchner Brücke 50 Pfund und vom Stadtgericht 40 Pfund wie vom »Kathedraticum«, einer Ehrengabe des Klerus zum Zeichen der kirchlichen Unterordnung, etwa 24 Pfund[9].

Und doch scheinen die Auseinandersetzungen zwischen Herzogtum und Freisinger Kirche weitergegangen zu sein. Denn auch in einem Mandat Papst Gregors IX. von 1231 ist von der Willkür des bayerischen Herzogs die Rede, der sich die Rechte des Freisinger Bischofs in München unrechtmäßig aneigne. Der Papst beauftragt in dieser Urkunde den Salzburger Erzbischof, gegen den Herzog Kirchenstrafen zu verhängen, falls dieser nicht von der Bedrückung der Freisinger Kirche ablassen und entsprechenden Schadenersatz leisten würde[10].

Noch bis in das 14. Jahrhundert hinein mußten sich die Herzöge die Herrschaftsrechte im Raum München mit den Freisinger Bischöfen teilen. Ein wichtiges Recht, welches das Hochstift Freising innehatte, war das der Zollherrschaft. Die tatkräftige Ausübung dieses Rechtes ist in mehreren Urkunden aus dem 13. Jahrhundert belegt: In den Jahren 1237 und 1286 wird das Kloster Rott von den Entrichtungen des Zolls in München durch die Freisinger Bischöfe befreit[11], und am 1. Juli 1288 gewähren dieselben dem Kloster Tegernsee Abgabenfreiheit an der Brücke bei München[12]. Aber schon in den beiden letztgenannten Urkunden wird deutlich, daß die Bischöfe die Zollherrschaft in München nicht mehr ganz unangefochten ausübten. Aus dem um 1280 niedergeschriebenen zweitältesten Herzogsurbar (Urbar = Güter- und Abgabenverzeichnis) geht im Gegensatz zu dem ältesten aus dem Jahre 1231 hervor, daß inzwischen auch der Herzog in München Einkünfte aus dem Zoll hatte[13].

Gleich in den ersten Jahrzehnten nach der Markterrichtung im Jahr 1158 erfuhr München durch den Salzhandel einen rasanten Aufschwung. Bereits für das erste Viertel des 13. Jahrhunderts ist die Nennung Münchens als Stadt (*civitas*) anstelle der früheren Bezeichnung Dorf (*villa*) bezeugt[14].

Nachdem Kaiser Friedrich II. 1232 mit dem »*Statutum in favorem principum*«[15] die sogenannten Regalien wie die Erteilung des Markt- oder Stadtrechtes, die Errichtung von Befestigungsanlagen, Gericht, Geleit, Münze und Zoll auf die jeweiligen fürstlichen Landesherren übertragen hatte, überstiegen die Einkünfte des Herzogs in München die des Freisinger Bischofs bereits im 14. Jahrhundert um ein Vielfaches. Aus einem um 1340 abgefaßten summarischen Verzeichnis geht hervor, daß die Einnahmen des Herzogs aus den Münchner Zöllen über 5000 Pfund (Münchner Pfennige) betrugen. Hinzu kamen noch andere Erträge wie z. B. von der Stadtsteuer (600 Pfund), von den Mühlen (200 Pfund) oder von den Brauern (50 Pfund)[16].

Die Landesherren sorgten nun tatkräftig für die wirtschaftlichen Belange der Stadt München. Dazu gehört auch, daß 1280 König Rudolf I. auf die Bitte des Wittelsbacher Herzogs Ludwig II. von Bayern den Bürgern von München in seinem ganzen Reich die gleichen Handelsfreiheiten zubilligte, wie sie die Bürger von Regensburg genossen[17].

Steuern

Die Steuern, die von den Münchner Bürgern an ihre Stadtherren zu zahlen waren, stellten eine wichtige Einnahme des Herzogs dar; König Ludwig der Bayer ermäßigte sie 1315 auf 600 Pfund Münchner Pfennige[18]. Andererseits förderte der Herzog die Einkünfte der öffentlichen Hand der Stadt München. So verfügte Ludwig II. 1265, daß kein Münchner Bürger von den an ihn zu leistenden Steuern und anderen Abgaben und Diensten ausgenommen sein soll mit Ausnahme der herzoglichen Beamten, nämlich des Richters und des Kastners[19].

Die Güter der geistlichen Institutionen blieben unbesteuert, und die Stadt München erlitt durch Seelgerätstiftungen ihrer Bürger an Klöster und Gotteshäuser (Seelgerät = Vermögen, das zum Heile der Seele der Kirche oder den Armen zugewandt wurde) erhebliche Steuerausfälle, so daß die Bürger um so härter belastet werden mußten. Daher ordnete Kaiser Ludwig der Bayer 1345 an, daß die Klöster und Gotteshäuser die ihnen in den letzten zehn Jahren als Seelgerät vermachten Häuser in München oder im Gerichtsbezirk dieser Stadt binnen Jahresfrist Bürgern zum Kauf anbieten sollen[20].

Eine weitere bedeutende Einnahmequelle, die den bayerischen Herzögen in München zur Verfügung stand, war der Schlagschatz aus der dortigen Münzstätte. Eine erhebliche Münzverschlechterung war vermutlich der Anlaß, daß die Bürger von München 1294/95 die dortige Münzschmiede zerstörten, deren Wiederaufbau ihnen Herzog Rudolf 1295 gegen Zahlung von 500 Pfund Münchner Pfennige erließ[21].

Wachstum und Residenzstadt

Im Frühjahr 1255 wurde das Herzogtum Bayern unter den Söhnen des Wittelsbacher Herzogs Otto II., Ludwig II. und Heinrich XIII., in Ober- und Niederbayern geteilt. Oberbayern gelangte dabei an Herzog Ludwig II., der sich in München seine Residenz, den sogenannten »Alten Hof«, nah an der Stadtmauer und dem Graben erbaute[22]. Der Umstand, daß München damit zur Residenzstadt erhoben wurde, brachte eine weitere Zunahme der Bevölkerung mit sich. 1271 teilte Bischof Konrad von Freising die Pfarrei St. Peter in München in zwei Teile und erhob die Marienkapelle zur selbständigen Pfarrkirche, weil die Münchner Bevölkerung »so sehr ins Unermeßliche« gewachsen war[23]. Am gleichen Tag verlieh der Bischof auch dem erstmals 1250 urkundlich überlieferten Heilig-Geist-Spital zu München Begräbnis- und Pfarrechte[24].

Die starke Bevölkerungszunahme Münchens hatte eine räumliche Erweiterung der Stadt zur Folge. In der zweiten Hälfte des 13. und in der ersten Hälfte des 14. Jahrhunderts wurde sie mit einem neuen, erheblich größeren Mauerring umgeben, der bis gegen Ende des 18. Jahrhunderts fortbestand[25]. Noch heute sind drei Tore dieser Mauern, allerdings in stark veränderter Form, erhalten: das Neuhauser Tor, das Sendlinger Tor und das Isartor.

Die Landesherren sorgten mit für eine großzügige Planung der Stadtbefestigung. 1301 überließ Herzog Rudolf der Stadt München seinen am dortigen Oberen und Unteren Tor (Kaufingertor bzw. Talburgtor, am Alten Rathaus) erhobenen Zoll, bis die Stadt mit der Mauer, deren Bau schon begonnen wurde, vollständig umgeben sei[26]. 1319 bestätigte König Ludwig der Bayer der Stadt München dieses Recht und befreite die Bürger von etwaigen von ihm und seinen Amtsleuten neu festzusetzenden Zöllen[27]. Während des Krieges um die Königsherrschaft hatte er 1315 von seinem Feldlager bei Donauwörth aus befohlen, die Stadt nach bestem Können zu befestigen[28]. Dabei sollten außerhalb der Stadt gelegene Häuser, Mühlen und Stadel, die der Verteidigung gefährlich werden könnten, sowie innerhalb der Stadt zu nahe an der äußeren Ringmauer errichtete Holz- und Steinbauten abgebrochen werden.

All diese Maßnahmen trugen mit dazu bei, daß die Entwicklung der Residenzstadt München weiter voranschritt.

Münchner Stadtrecht

Das wichtigste Charakteristikum einer mittelalterlichen Stadt stellt ein sich vom allgemeinen Landrecht abhebendes, spezielles Stadtrecht dar. Die althergebrachten Rechtssatzungen Münchens werden zuerst in einer Urkunde Herzog Rudolfs im Jahr 1294 zusammengefaßt und bestätigt[29]. Aus dieser »Rudolfinischen Handfeste« hier einige Passagen in Übersetzung aus dem mittelhochdeutschen Text[30]:

»Wir Rudolf von Gottes Gnaden Pfalzgraf zu Rhein und Herzog zu Baiern tun kund allen denen, die diesen Brief sehen oder vorlesen hören: Da wir angesehen haben den treuen Dienst und auch die Treue, die der Rat und die Gemeinde unserer lieben Bürger zu München unserem lieben Vater, dem Gott gnädig sei, und unseren Vorfahren getreulich bis zu diesem Zeitpunkt erzeigt und getan haben und auch uns, unserem lieben Bruder Ludwig, und unseren Erben noch fernerhin tun mögen, und auch zu unserer vorgenannten Stadt Frommen und Ehre, haben wir ihnen für uns und unseren vorgenannten Bruder Ludwig alle die Rechte und Satzungen, die ihnen von unseren Vordern her verschrieben sind, erneuert, wie hernach geschrieben steht, damit unsere Stadt desto besser vorwärts kommen und auch uns desto besser dienen möge:

[1] *Des ersten tun wir ihnen die Gnade, daß alle, die innerhalb oder außerhalb der Stadt sind, Äbte oder Pröbste, Arm oder Reich, die in der Stadt oder in der Umgebung, die zur Stadt gehört, Haus und Hof, Eigen oder Lehen haben (es sei Garten, Baumgarten, Hofstatt oder wie es genannt sei), mit ihnen sollen steuern und all die Pflichten leisten, die sie nach ihrem Bürgerrecht leisten sollen, ausgenommen der Stadtrichter, der Kastner und unser Rat. Dieser unser Rat soll auch von seinem eignen Haus, worin er selbst zur Herberg sein will und das doch ungeltpflichtig sein soll, keine Steuern zahlen. Wer aber mit seiner Zustimmung in dessen Haus ist, soll Gewinn und Hauptgut versteuern, wenn er fünf Pfund oder deren Wert besitzt und damit des Gewinnes wegen kaufen oder verkaufen will. Will er aber weder kaufen noch verkaufen, so soll er unter fünf Pfund, die er hat, nicht versteuern. Hat er darüber hinaus etwas, das soll er versteuern.* [...]

[7] *Da wir auch unser Gericht hingegeben haben, so haben wir über nichts zu richten als über Totschlag.*
[8] *Wir sollen auch niemand hier zu München, weder Mann noch Weib, zur ehelichen Heirat zwingen, es sei denn ihr beider Wille, die wir zusammen geben wollen.*
[9] *Wir sollen auch hier zu München weder Mann noch Weib mit einer Sonderschatzung belegen, es sei denn, daß sie es besonders verwirken.*
[...]
[17] *Wer den andern schilt mit Scheltworten, die verboten sind, der gibt dem Richter zehn Schilling und dem, der den Schaden hat, ebensoviel. Wer die Buße nimmt von einem, der ihn beleidigt hat mit Worten oder Werken, soll sofort sein guter Freund sein für das, wofür er die Buße nimmt.*
[...]
[22] *Es soll auch keine Frau, wie es von alters her Gewohnheit und Recht ist, Zeuge sein in irgend einer Sache außer bei ehelicher Heirat, Notzucht und beim letzten Geschäft beim Tod, denn bei diesen drei Dingen pflegen die Frauen allermeist zu sein.* [...]«

In den dreiundzwanzig Artikeln dieser Rechtssatzung wurden also wesentliche Fragen geregelt, die den Herzog und die Stadt betreffen. U.a. wird festgesetzt, daß der Herzog einen Stadtrichter nur nach Rat und Bitte der Bürger einsetzen soll. Auch werden den Bürgern Selbstverwaltung und eigene Gerichtsbarkeit – mit Ausnahme der über den Totschlag – zugestanden.

Diese Rechtssatzung wurde dann auf gesetzgeberischem Wege durch ein Stadtrechtsbuch erweitert, das Kaiser Ludwig der Bayer und dessen Söhne Markgraf Ludwig zu Brandenburg, Stephan, Ludwig (der Römer) und Wilhelm im Jahre 1340 den Münchner Bürgern bestätigten[31].

Zentrum des Reiches unter König Ludwig dem Bayern

Am 20. Oktober 1314 wurde Herzog Ludwig IV. von Bayern von der Mehrheit der Kurfürsten in Frankfurt am Main zum deutschen König gewählt und am 25. November 1314 vom Mainzer Erzbischof in Aachen gekrönt. Schon am 19. Oktober 1314 war aber

Herzog Friedrich von Österreich von den anderen Kurfürsten gleichfalls zum deutschen König gewählt und am 25. November 1314 vom Kölner Erzbischof in Bonn gekrönt worden[32]. Daher mußten über die Königsherrschaft nun die Waffen entscheiden.

Auch die Münchner Bürger leisteten für König Ludwig Kriegsfolge. 1316 versprach ihnen der König für die schweren und mannigfaltigen Leistungen, die sie für ihn aufgebracht hatten, und besonders für den Dienst, den sie ihm zu dieser Zeit auf dem Feld leisteten, im Falle eines glücklichen Ausgangs die Schulden der Stadt München bei deren Gläubigern zu Regensburg in Höhe von 1700 Pfund Regensburger Pfennigen zu bezahlen[33].

Mit dem Sieg bei Mühldorf am 28. September 1322 entschied Ludwig den Thronstreit zu seinen Gunsten. München gelangte durch sein Königtum als Residenzstadt seines landesfürstlichen Territoriums zu zentraler weltpolitischer Bedeutung. Es beherbergte auch von 1324 bis 1350 die vom Gegenkönig Friedrich ausgelieferten Reichskleinodien[34]. Sie wurden in der Hofkapelle aufbewahrt und rund um die Uhr von vier betenden Mönchen bewacht.

Die Stadtfarben Schwarz-Gelb entstammen dem Reichswappen (schwarzer Adler auf goldenem Grund), das Ludwig im Schilde führte, und gehen auf diese Zeit zurück. In den fast 33 Jahren seiner Regierungszeit (1314–1347) lebte der im Jahre 1328 zum Kaiser gekrönte Ludwig nachweislich über 2000 Tage in München[35]. Insgesamt konnten 138 Aufenthalte in der Stadt ermittelt werden[36].

Stadtausbau und wirtschaftlicher Aufstieg

Unter Ludwig dem Bayern wurde München bedeutend erweitert und verschönert. 1315 verfügte der König, daß der Schrannenplatz, der heutige Marienplatz, nicht durch weitere Bebauung verengt werden dürfe und die Fleischbänke zur Hofstatt beim Talburgtor verlegt werden sollen[37]. Außerdem erlaubte er den Münchner Bürgern die Verlegung der Brotbänke und des Gerichtshauses vom Schrannenplatz an andere Stellen[38].

Im Februar 1327 brach in der Nähe des Angerklosters (am heutigen Jakobsplatz) eine Feuersbrunst aus, die etwa ein Drittel der

Stadt verwüstete[39]. Die oft wiederkehrenden Stadtbrände veranlaßten den Kaiser zu der Verordnung von 1342, daß künftig in München zu errichtende Neubauten mit Ziegeln gedeckt werden sollten[40].

Mit der Vergrößerung und Verschönerung Münchens ging gleichzeitig eine Erweiterung der Gerichtshoheit und der wirtschaftlichen Grundlagen der Stadt einher. 1315 gewährte König Ludwig der Bayer den Bürgern das Recht, in seinem Herzogtum Leute, die diesen oder seinem Land Bayern schädlich wären, gefangenzunehmen und vor dem Stadtgericht abzuurteilen[41]. Im gleichen Jahr verfügte der König die rechtliche Gleichstellung der Münchner Juden mit den Augsburger Juden und erklärte die von ihm und früheren bayerischen Herzögen urkundlich verschriebenen Gnaden und Rechte, »die wider christliche Rechte sind«, für ungültig[42].

Am folgenreichsten für die wirtschaftliche Fortentwicklung Münchens aber war das durch eine auf das Jahr 1332 datierte Kaiserurkunde von Ludwig gewährte Salzhandelsmonopol[43]. Darin gebot er, daß alles im Herzogtum Bayern zwischen Landshut und dem Gebirge über die Isar westwärts geführte Salz nur bei München den Fluß überqueren dürfe und dort zum Verkauf angeboten werden müsse, wobei zur Einfuhr des Salzes in die Stadt und zum Weiterverkauf dort nur die Bürger von München und ihre Diener berechtigt seien. Außerdem nahm der Kaiser die nach München kommenden Kaufleute und deren Gut in seinen Schutz.

Am 18. Februar 1315, nur wenige Monate nach seiner Krönung zum deutschen König, gewährte er den Münchner Bürgern sowie deren Gütern und Boten Schutz und Geleit im ganzen Heiligen Römischen Reich und in den Herzogtümern Ober- und Niederbayern[44].

Ein wichtiges, den Handel von Städten förderndes Rechtsmittel stellten die Zollbefreiungen dar. 1323 verlieh König Ludwig den Münchner und den Nürnberger Bürgern gegenseitige »ewige« Zollfreiheit in Nürnberg bzw. in München[45]. Drei Tage später erkannten der Nürnberger Schultheiß Konrad Pfintzing und der Münchner Stadtrichter sowie die Räte und die Bürger der beiden Städte diese Zollfreiheit an, mit der Maßgabe, daß jedes Jahr der erste Bürger von München, der nach dem St. Michaelstag (29. September) nach Nürnberg, und der erste Bürger von Nürnberg, der nach dem

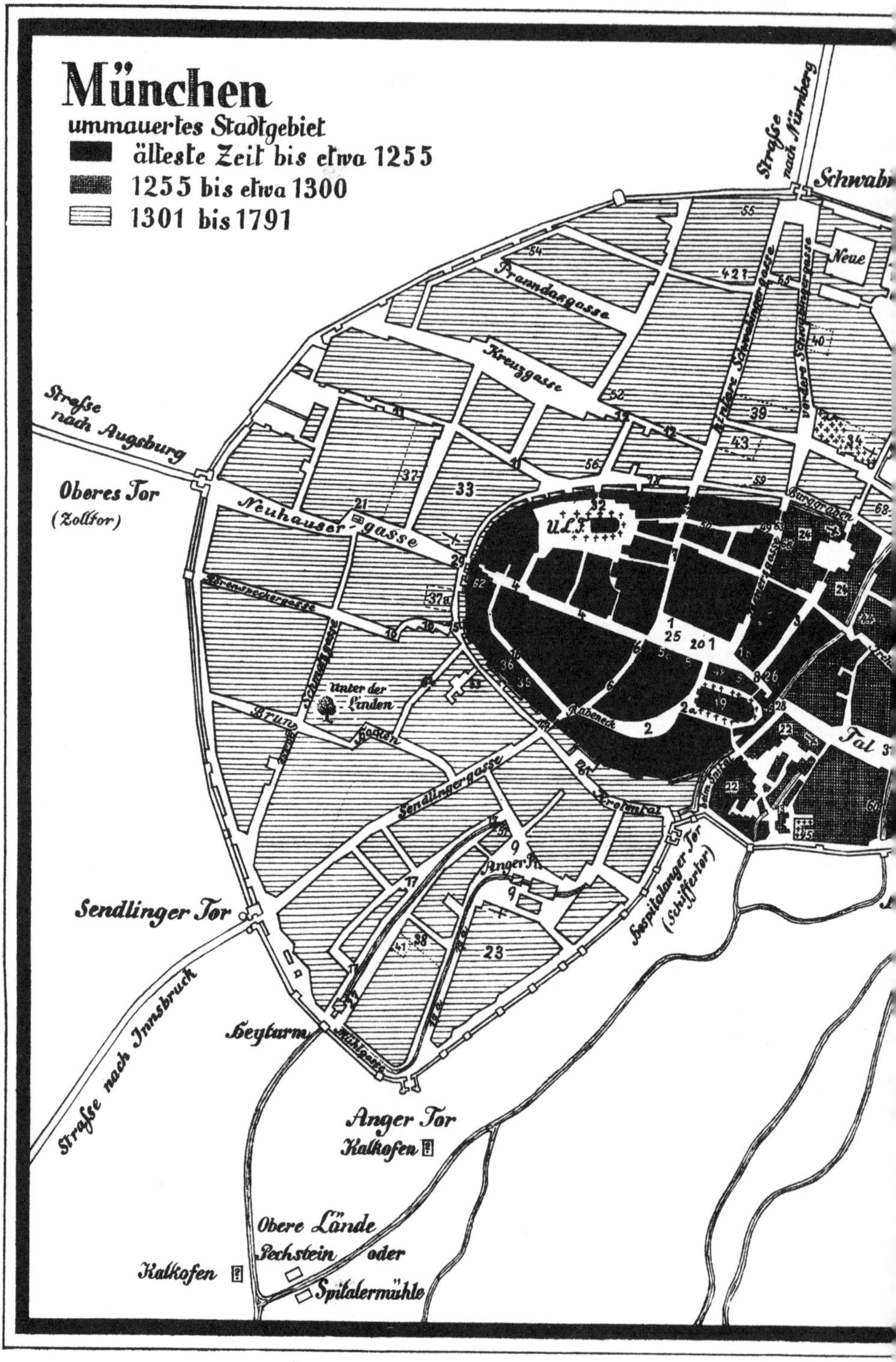

München
ummauertes Stadtgebiet
älteste Zeit bis etwa 1255
1255 bis etwa 1300
1301 bis 1791
Straße nach Nürnberg
Schwab
Neue
Pranndasgasse
Kreuzgasse
hintere Schwabingergasse
vordere Schwabingergasse
Straße nach Augsburg
Oberes Tor
(Zolltor)
Neuhauser-gasse
U.L.F.
Burggraben
Unter der Linden
Sendlingergasse
Rabeneck
Kreuzgasse
Tal
Anger
Sendlinger Tor
Hospitalanger Tor
(Schiffertor)
Heytarm
Mühlgasse
Straße nach Innsbruck
Anger Tor
Kalkofen
Obere Lände
Pechstein oder
Spitalermühle
Kalkofen

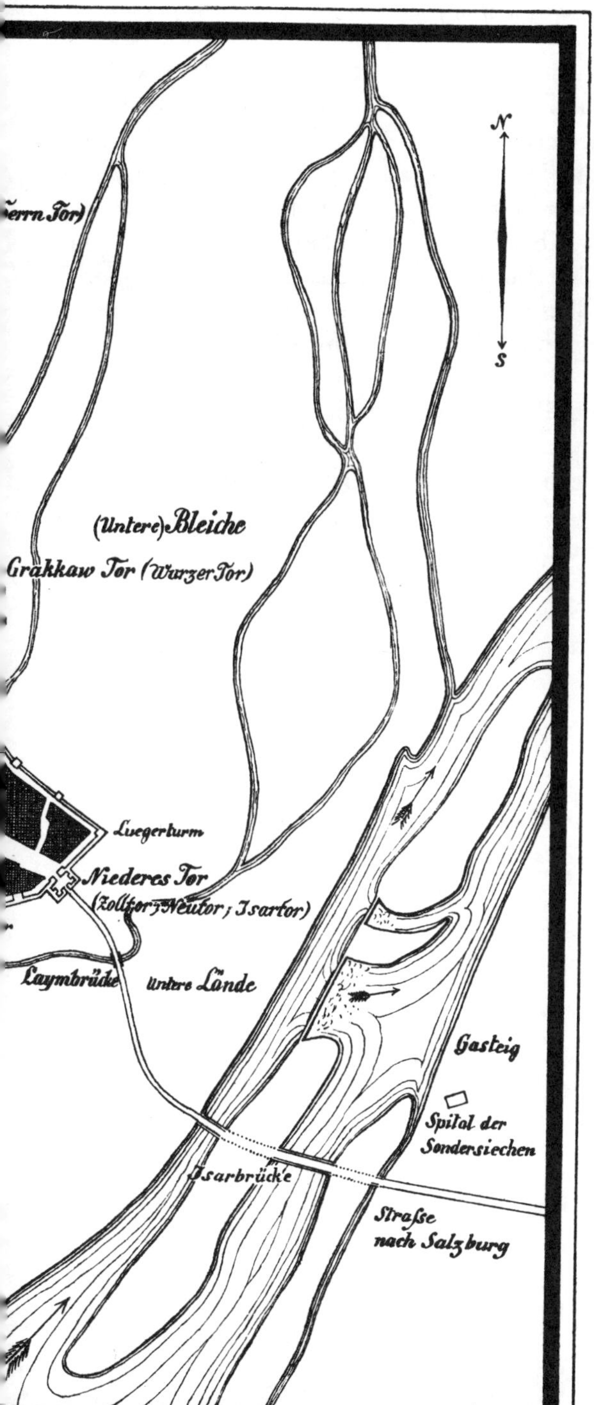

STADTGRUNDRISS

Beschriftungen nach dem Stand um 1403

Nach Angaben des Stadtarchivs und in Anlehnung an ältere Pläne gezeichnet von Erwin Henning-München

Liste der in der Zeichnung selbst nicht namentlich genannten Örtlichkeiten:

1 Kornmarkt
1 b Fragner
2 Rindermarkt
2 a Roßmarkt
3 Burgstraße
4 Kaufingergasse
5 Unter den Kramen
5 a Unter den Schustern
6 Rosengasse
7 Weinstraße
8 Püchel
9 Dultplatz
10 Altheim
11 Enge Gasse
12 Fingergasse
13 Fischergasse
14 Graggenau
15 Ellend
16 (Niederer Graben) Fürstenfeldergasse
17 (Alter) Roßmarkt (Hintere Angergasse)
17 a Vordere Angergasse
18 Schäfflergasse
19 St. Peterskirche
20 Gollierkapelle (Platz der zerstörten Münze)
21 St. Nikolaus-Kapelle
22 Heilig-Geist-Spital
23 Angerkloster (St. Clara am Anger) mit der St. Jacobskirche
24 Burg(stall) und St. Margarethenkapelle
25 Dinghaus
26 Der Bürger Hofstatt (Rathaus)
27 Mühle am Anger
28 Tal(burg)tor
29 Kaufingertor
30 Hochbrücke
31 Tor über den Chaltenpach im Tal
32 Tor beim Bad Mariä (Unser Frauen Bad)
33 Augustinerkloster
34 Minoritenkloster
35 Bernhardshof des Klosters Fürstenfeld
36 Hof des Klosters Ebersberg
37 Hof des Klosters Schäftlarn
37 a Bad des Klosters Schäftlarn
38 Tegernseer Haus
39 Pütrich-Seelhaus
40 Ridler-Seelhaus
41 Seelhaus am Anger
42 In der Kuh
43 Hof des Klosters Scheyern
44 Des Türleins Bad
45 Spitaler Freithof
46 Fronwaage
47 Teyferbrücke
48 Unter den Watmangern
49 Am Schneeberg
50 Judengasse
51 Gughanbad
52 Neu-Bad
53 Des Släspecken Hofstatt
54 Haus des Klosters Weihenstefan
55 Frauenhaus
56 Frauenbad
57 Horbruckmühle
58 Würbad
59 Des Schrammen Bad
60 Taecken-Bad; des Raetlins Bad
61 Bad im Krotental
62 Ettaler Haus
63 Tor an des Dieners Gassen; Tor do man hintz dem Parfussen get
64 Hottergäßlein auf des Släspecken Hofstatt
65 Hottergäßlein bei der Neuen Veste an der Schwabinger Gassen
66 Schreibergasse
67 Turm an der Weinstraße
68 Kastenhaus

St. Michaelstag nach München kommt, dem Zöllner der jeweiligen Ankunftsstadt ein Pfund Pfeffer, zwei weiße Handschuhe und ein weißes Stäblein zum Präsent geben sollen[46]. Diese Bestimmung sollte verhindern, daß die Rechtskraft der Zollbefreiungen durch Verschweigen und die dadurch bedingte Verjährung verlorengehen würde. Der Stab galt dabei als Rechtssymbol für den im Auftrag seiner Stadt handelnden Bürger[47]. Wie das Salzhandelsmonopol und die besagten Zollbefreiungen zeigen, beruhte die wirtschaftliche Stärke Münchens im Mittelalter zum großen Teil auf dem Fernhandel.

Unter Ludwig dem Bayern war München das Zentrum der landesfürstlichen Hausmacht eines Kaisers und somit eine Art Hauptstadt des Heiligen Römischen Reiches Deutscher Nation. Vor allem dem dadurch bedingten Repräsentationsbedürfnis des Herrschers verdankte diese Stadt ihre bedeutende räumliche Erweiterung und Verschönerung sowie ihren rasanten wirtschaftlichen Aufschwung in der ersten Hälfte des 14. Jahrhunderts[48].

V. Politik und Wirtschaft im mittelalterlichen München

Landesteilungen

In dem Zeitraum von 1255 bis 1506 war die Politik im Herzogtum Bayern durch den Umstand geprägt, daß alle Söhne in der Erbfolge gleichberechtigt waren. Wenn sich die Herzöge nicht auf eine gemeinsame Herrschaft einigen konnten, mußte das Land aufgeteilt werden; dies brachte Macht- und Geldeinbußen. So wurden 1255 erstmals Ober- und Niederbayern als Teilherzogtümer gebildet[1]. Es entstanden mehrere feste Hofhaltungen, und die Residenzstädte wurden aufwendig ausgebaut; neben München auch Ingolstadt, Landshut und Straubing. Zwischen den Herzögen kam es immer wieder zu Streit und kriegerischen Auseinandersetzungen. Ludwig dem Bayern († 1347) gelang es 1340, das ganze Land unter seine Herrschaft zu vereinen und durch Belehnungen und Heiraten die Hausmacht um Brandenburg, Tirol, Holland, Friesland und Hennegau zu erweitern. Seine drei Söhne teilten aber 1349 das Land wieder unter sich auf, und die erworbenen Besitzungen gingen bald wieder verloren[2].

Erst Herzog Stephan II. (1363–1375) erreichte es 1363, wieder alle drei Landesteile in seine Hand zu bringen. Ein Jahr nach seinem Tod wurde das Herzogtum aber unter seinen drei Söhnen in zwei Teile gerissen[3]. Die Stadt München mischte sich 1384 in Teilungsstreitigkeiten ein, was im folgenden Jahr zum offenen Konflikt mit den Herzögen Stephan »dem Kneißl« und Friedrich führte. Grund war die »erpresserische Steuerpolitik der Landesherren«[4]. Ein wichtiger Vertrauter der Herzöge, der Ratsherr Johann Impler, ein Tuchgroßhändler, wurde 1385 des Verrats bezichtigt. Man ergriff ihn und schlug ihm auf der Richtstätte am Marktplatz den Kopf ab[5]. Dies kam die Stadt teuer zu stehen: Um der blutigen Rache der erzürnten Herzöge zu entgehen, mußten sich die Bürger ergeben und Buße tun; sie waren gezwungen, waffenlos nach Dachau zu ziehen und kniefällig um Gnade zu bitten. Dann waren hohe Geldstrafen zu zahlen und die Einwilligung für die »Neue Veste« zu erteilen, die die Herzöge am nordöstlichen Stadtrand errichteten[6].

Die Streitigkeiten unter den Herzögen dauerten bis 1395 an. Dann trat vorübergehend eine Phase ein, in der sie gemeinsam friedlich regierten; man stritt sich lediglich mit den Landständen um neue Steuern. Als Herzog Johann aber am 16. Juni 1397 starb, waren sich seine Söhne Ernst und Wilhelm mit ihren Vettern Stephan und Ludwig erneut nicht einig, wer wo regieren dürfe[7].

Patrizier

In der Stadt München, die am Ende des 14. Jahrhunderts etwa 10 000 Einwohner hatte, waren die Patriziergeschlechter führend. Sie festigten seit der Stadtgründung zunehmend ihre Position und

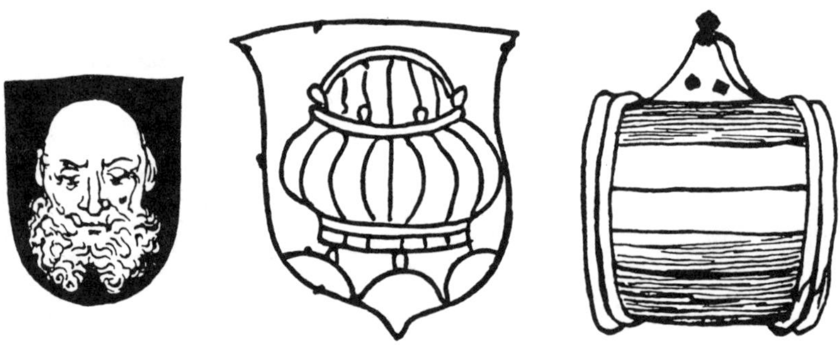

Wappen der Patrizierfamilien Barth, Pötschner und Püttrich

hatten die 12 Sitze im Inneren Rat inne. Das Münchner Patriziat entstammte ursprünglich großenteils der Adelsschicht. Es bestand hauptsächlich aus gut zwei Dutzend eng miteinander verwandten Familien, die »Geschlechter« genannt: Astaler, Barth, Diener, Eisenmann, Eßwurm, Gaggenau, Guldein, Hundertpfund, Impler, Kaufinger, Kazmair, Ligsalz, Pötschner, Pütrich, Reitmor, Ridler, Rosenbusch, Rudolf, Schluder, Schrenk, Sendlinger, Stockhammer, Stupf, Tichtl, Tulbeck, Weißenfelder, Wilbrecht[8]. Viele der

Namen der Patrizierfamilien sind uns heute durch die Straßennamen, die Ende des 19. Jahrhunderts gegeben wurden, geläufig.

Diese führenden Geschlechter waren sehr reich. So mußten z. B. im Jahr 1381 allein die 24 Mitglieder des Rats etwa ein Viertel der Steuersumme der Stadt aufbringen[9]. Nur wer über genügend Geld verfügte, konnte es sich leisten, politische Ämter zu bekleiden. Da sich die Ausübung eines Handwerks oder Straßenhandel nicht mit der Würde der Geschlechter vertrug, schlugen die Patrizier im großen Stil Salz oder Tuche um, machten Geldgeschäfte oder waren, besonders im 15. Jahrhundert, an Bergwerken beteiligt. Münchner Kaufleute standen hier in Konkurrenz zu den Fuggern und Welsern in Augsburg[10]. Natürlich wurde Geld auch in Haus- und Grundbesitz angelegt; die Oberschicht der Stadt erwarb am Ende des Mittelalters viele Güter und Hofmarken in der Umgebung und wurde so gleichsam zum Landadel[11].

Zünfte und städtische Ämter

Die Mehrheit der Stadtbevölkerung gehörte aber dem Handwerkerstand an. Er war in den Zünften organisiert, die Gewerbeangelegenheiten regelten, besaß aber ursprünglich keine politischen Rechte[12]. Die am frühesten, nämlich bereits 1290, bezeugte Zunft ist die der Schuster[13]. Die Zünfte hatten gleichzeitig Funktionen, wie wir sie von Innungen, Gewerkschaften, Versicherungsvereinen und religiösen Bruderschaften kennen. Man mußte bei ihnen Mitglied sein, um das jeweilige Gewerbe ausüben zu können, man spricht daher vom Zunftzwang. In Verordnungen wurden einzelne Fragen geregelt. So ist ein Freiheitsbrief Herzog Ludwigs II. aus dem Jahr 1290 erhalten, in dem die Gewerbe der Schuster und der Lederer mit ihren Rechten genau gegeneinander abgegrenzt wurden[14].

Die Ämter wie Stadtkämmerer und Stadthauptleute, die ursprünglich ehrenamtlich auszuüben waren, wurden jährlich (wie bei allen Wahlen) von den Räten, der Stadtregierung, vergeben. Vom Rat und vom Bürgermeister wurden hauptamtliche Stellen besetzt, die vor allem die Verwaltungsarbeit leisten mußten[15]. Zur Zeit Ludwigs des Bayern hatte München erst wenige besoldete Beamte; es handelte sich durchweg um nötige Spezialberufe: »Stadtschreiber und Bürgerknecht, Stadtarzt und Apotheker, Turmwächter und Henker«. Diese Stadtämter waren in der Hand weniger Familien[16].

Der wichtigste Mann in der Verwaltung war der Stadtschreiber, der über Rechtskenntnisse verfügen mußte und der die Ratssitzungen vorbereitete, die er protokollierte. Daneben war er auch oft als politischer Berater und Gesandter eingesetzt[17]. Das Stadtschreiberhaus aus dem Jahr 1552, der »Weinstadel« in der Burgstraße, kündet noch heute von der Bedeutung dieses Amtes.

Die Zahl der städtischen Bediensteten wuchs dann im Laufe des Mittelalters stark an. Von 1239 bis 1502 sind uns rund 60 Stadtrichter namentlich bekannt, dazu etliche Gerichtsschreiber und Stadtunterrichter[18]. Grundsatz war, daß die Dienste, die die Stadt leistete, von den Verursachern bezahlt werden mußten und die Ämter so sich selbst ernährten, ja noch Gewinn erwirtschafteten.

Nach Auseinandersetzungen wurde die Gemeindeverfassung 1318 ausgebaut. 12 Mitglieder vom Patrizierstand wurden in den »Inneren Rat« gewählt, von dem dann der »Äußere Rat« bestimmt wurde. Dieses Gremium wurde schließlich durch eine Versammlung von 300 Geschworenen, der »Gemeinde«, kontrolliert[19]. Die Stadtobrigkeit mußte dem Herzog als Stadtherren jährlich Treue schwören und ihn auch bei Streitigkeiten zuziehen. Probleme gab es naturgemäß häufig mit dem Stadthaushalt, dessen Ausgaben der Rat zu verantworten hatte[20].

Unruhen der Vierherzogzeit

Die Streitigkeiten zwischen den vier Herzögen Ernst, Wilhelm, Stephan und Ludwig trafen im Jahr 1398 mit einem Protest der Handwerker im Rat der 300 zusammen, der zunächst aus scheinbar geringem Anlaß entstanden war[21]. Die Rechnungsprüfung des städtischen Haushaltes war vom Rat hinausgezögert worden. Um ihrer Empörung Ausdruck zu verleihen, schlossen die Gemeindemitglieder die Ratsherren in ein Zimmer ein und bedrohten sie. Man einigte sich auf Verhandlungen über die Rechtmäßigkeit der Rechnungsführung, der Rat brach diese aber später ab. Die Gemeinde versammelte sich daraufhin und schickte eine Abordnung ins Rathaus, der Bürgermeister Ligsalz ohne Widerstand die Macht in der Stadt, symbolisiert durch Banner, Sturmglocken und Schlüssel zu den Stadttoren, übergab. Die Verwaltung der Stadt war nun in Händen der Bürger: Ulrich Tichtl wurde Bürgermeister, Jörg Kazmair Stadthauptmann[22].

Die drei Patrizier, denen die Verantwortung für die fragwürdige Rechnungsführung hauptsächlich zur Last gelegt wurde, flohen aus der Stadt. Da sie der Aufforderung der Gemeinde nicht nachkamen, zurückzukehren, wurde die ihnen angedrohte Enteignung und Verbannung in die Tat umgesetzt. Andere der Mißwirtschaft beschuldigte Mitglieder des alten Rates wurden zu hohen Geldstrafen verurteilt[23].

Unter dem neuen Regiment, das gegen jede Opposition streng vorging, normalisierte sich die Lage in der Stadt bald wieder. Nun begannen aber Auseinandersetzungen mit den Herzögen, die nur teilweise den neuen Rat billigten. Die Stadtregierung beschloß, den Herzögen Ernst und Wilhelm, da sie nicht alle Freibriefe bestätigten, die fällige Huldigung zu verweigern[24]. Kazmair warnte vor den Folgen und mußte aus der Stadt fliehen. Er verbündete sich mit Herzog Ernst und den geflüchteten Patriziern. Darauf schlossen die Münchner mit Herzog Ludwig ein Bündnis gegen Ernst und Wilhelm. Es begann ein Kleinkrieg mit gegenseitigen Überfällen auf Kaufleute bzw. Bauern des Gegners[25].

Über diese Zeit berichtet ausführlich Jörg Kazmair, der einem angesehenen Münchner Patriziergeschlecht angehörte, seit 1386 Mitglied des Inneren Rates der Stadt und mehrmals Bürgermeister war. In einer Abschrift der hochgebildeten Patrizierin Anna Reitmor aus dem Jahr 1563 sind uns seine Aufzeichnungen überliefert[26]. Das Regiment in München, dessen Berater der aus der Stadt geflohene Kazmair gewesen war, bedrängte seine Frau und seine Mutter. Die Frauen wurden zeitweise gefangengesetzt, widerrechtlich enteignet und schließlich von den Bürgern aus der Stadt vertrieben. Selbst die Dienerin der Familie Kazmair, Agnes, wurde gefangengenommen, öffentlich bestraft und verbannt[27].

Die vier Herzöge vertrugen sich zeitweise untereinander und schlossen offenbar auch mit der Stadt wieder Frieden[28]. Bald kam es aber erneut zu Streitigkeiten, diesmal um die Führung der Vormundschaft in Niederbayern. Schließlich fällte Pfalzgraf Ruprecht, der im gleichen Jahr deutscher König wurde, am 10. Januar 1400 in Heidelberg einen Schiedsspruch: Die Herzöge Ernst und Wilhelm wurden in ihr väterliches Erbe eingesetzt, die Gesetzesbrecher sollten bestraft werden[29]. Die Herzöge trieben aber ein doppeltes Spiel und halfen dem Münchner Rat und andererseits den von ihm Verbannten. Die Streitigkeiten und Überfälle gingen daher weiter. Eine gegen das Stadtregiment geplante Verschwörung scheiterte, und die Herzöge flohen aus der Stadt. Drei der Aufrührer wurden zum Tode durch das Schwert verurteilt, drei weitere wurden ein halbes Jahr eingesperrt und dann wurden ihnen rote Räder um den Hals gelegt zum Zeichen, *»das sy pöz wären«*[30].

Die verbannten Patrizier versuchten immer wieder, ihre Rechte einzufordern. Da aber Herzog Ernst nach vergeblichen Verhandlungen eine friedliche Beilegung der Zwistigkeiten nicht mehr für möglich hielt, überfiel er Aichach und Wasserburg, Städte seines Vetters Stephan[31]. Nun wurden wieder Beratungen, teilweise in Dachau und Moosach, aufgenommen. Nach vielen langwierigen Verhandlungsrunden in mehreren Städten einigten sich die Herzöge. Die Münchner Stadtregierung widersetzte sich aber den gefaßten Beschlüssen, an denen sie nicht beteiligt war. Der Rat verfügte nun, die Herzöge Ernst und Wilhelm nicht als Herren anzuerkennen und ihre Gefolgsleute nicht mehr in die Stadt zu lassen. Diese erklärten daraufhin der Stadt Fehde, und es drohte eine Belagerung. Die Herzöge Ernst und Wilhelm zogen mit je 1000 Reitern nach Feldmoching bzw. Moosach, um dann mit Unterstützung von Heinrich von Landshut, der am Gasteig Position bezog, die Stadt einzuschließen. Es gelang aber nicht, München zu erobern, nur die Umgebung, wie das Vorwerk in Pasing, wurde niedergebrannt[32].

Ende der Auseinandersetzungen

Schließlich einigten sich alle Beteiligten, den am 31. Mai 1403 gefällten Schiedsspruch des Burggrafen Friedrich von Nürnberg anzuerkennen und den Zustand, wie er vor den Unruhen in der Stadt herrschte, wiederherzustellen. Die Münchner Bürger spendeten den Herzögen Ernst und Wilhelm, die am 1. Juni feierlich in die

Stadt einzogen, ein Festmahl, huldigten ihnen und schworen ihnen Treue. Die verbannten Patrizier kehrten zurück und wurden wieder in den Rat oder auch als Bürgermeister gewählt. Um die Schulden, die die Stadt gemacht hatte, abzudecken, verurteilte man die für die Ausgaben Verantwortlichen zu hohen Geldbußen; so mußte Ulrich Tichtl, der Wortführer des Zunftaufstandes, 5000 Gulden entrichten, was einer Enteignung gleichkam[33].

Die Patrizier hatten wieder das Heft in der Hand, und man schuf in Zusammenarbeit mit den Fürsten eine neue Gemeindeverfassung, die in den Grundzügen bis zum Ende des Heiligen Römischen Reiches Deutscher Nation im Jahre 1803 Bestand hatte. Neben dem je aus 12 Männern gebildeten äußeren und inneren Rat war die »Gemeinde« das wichtigste Organ. Sie bestand aus allen, die ein Haus in der Stadt hatten oder wenigstens ein halbes Pfund Münchner Pfennige Steuer zahlten. Zu wichtigen Fragen wie Steuern, Kriegen, Haushaltsplänen und der Ausgabe größerer Summen mußte die Gemeinde einberufen werden. Die Macht in der Stadt hatte der Rat, der aber dem Landesherrn jährlich Treue schwören mußte und in seinen Entscheidungen von ihm abhängig war[34].

Nachdem mit Herzog Johann III. 1425 die Straubinger Linie, mit Ludwig dem Höckerigen 1440 die Ingolstädter Linie und mit Georg 1503 die Landshuter Linie der Wittelsbacher erloschen war, wurde das Herzogtum Bayern unter Albrecht IV. endgültig wieder vereint. Dieser führte 1506 die Primogenitur (= Erbrecht des Erstgeborenen) ein und sicherte damit den Bestand des Landes und den Frieden der Stadt vor Querelen im Fürstenhaus[35].

Wirtschaft

München war weniger als die meisten Städte auf Landwirtschaft gegründet, es gab kaum Ackerbürger. Der Grund wird aus einem Ratserlaß vom Jahr 1350 ersichtlich:

> »*Wan disew stat ze München auf hertem podem leit, und davon mŭz man die aecker vast* [= fest, sehr] *mysten und tungen, und mag der paẘ dew arbait nicht vergelten, und davon verdirbet manick erber man* [...]«[36]

Selbst bei härtester Arbeit und bester Düngung war dem Boden kaum genug zum Überleben abzuringen. Trotzdem gab es natürlich in und um die Stadt Gärten, Felder und Weiden. Zahlreiche Flurnamen belegen, daß auch Hopfen angebaut wurde.

Im Mittelalter gab es an sonnigen Isarhängen sogar Weinberge, so in Bogenhausen und Sendling[37]. Man trank damals auch in Bayern mehr Wein als Bier. Aber schon seit dem 13. Jahrhundert sind Bierbrauer in der Stadt bezeugt[38], und das Brauwesen entwickelte sich zum zeitweise bedeutendsten Wirtschaftszweig, immerhin gab es am Ende des 15. Jahrhunderts bereits 38 Brauereien in München, hundert Jahre später 74[39]. Die Herzöge erkannten diese Möglichkeit, einfach und dauerhaft zu Geld zu kommen und behielten sich das Recht vor – gegen gute Bezahlung –, Braulehen zu vergeben. So war man von höchster Stelle daran interessiert, den Bierkonsum nach Kräften zu fördern. Da allerdings durch schlechte Transportmöglichkeiten, mangels Kühlung und wegen der Konkurrenz die Exporte über den näheren Umkreis hinaus gering waren, blieben der Ausdehnung des Brauwesens Grenzen gesetzt.

Ein wichtiger Ausgangspunkt für die wirtschaftliche Entwicklung der Stadt war ihre verkehrsgünstige Lage, der sie ihre Entstehung verdankt: Sie lag und liegt am Schnittpunkt wichtiger Nord-Süd/Ost-West-Verbindungen in der Mitte Europas. Zum Markt kamen die Zollstätte und die Münzstätte des Herzogs.

Wie mehrmals erwähnt, war der Salzhandel für München besonders wichtig. An ihm verdienten nicht nur die Salzsender, sondern auch viele mit Transport, Lagerung und Aufbereitung beschäftigte Personen, ja die ganze Stadt profitierte[40]. Daneben war München ein Fernhandelsplatz für Wein, Tuche und Gewürze, hauptsächlich hochwertige Produkte, die aus dem Süden importiert wurden. Um 1190 wurden Kaufleute aus München erstmals urkundlich erwähnt[41], 1253 dann eine Stelle *unter den Watmangern* (Kleiderhändler), die im Bereich des heutigen Marienplatzes zu suchen ist[42]. Zwischen 1288 und 1370 trieben 75 Münchner Bürger nachweislich mit kostbaren Textilien wie Samt, Seide, Goldbrokat und Löwener Tuch Handel mit Tirol[43]. Münchner Weinhändler waren in diesem Zeitraum die größten Abnehmer von Weinen aus Südtirol. Man trieb aber auch Handel mit Metallwaren und anderen Artikeln bis nach Flandern und Ungarn. Für das Jahr 1395 ist festgehalten, daß

26 480 schwere Lastfuhrwerke mit Alltagsgütern und nur 3310 mit kostbaren Waren von Kaufleuten in die Stadt einfuhren[44].

Der Fernhandel war nicht immer gefahrlos, so lag die Stadt zwischen 1404 und 1433 ständig in Fehden mit Raubrittern[45]. Der Herzog ließ 1492 durch den Patrizier Heinrich Barth die Hesselbergstraße von Kochel zum Walchensee ausbauen, die den kürzesten Weg von München zunächst nach Mittenwald, wo ein wichtiger Markt entstand, und weiter nach Italien bildet[46].

Märkte

Für das Wirtschaftsleben der Stadt hatten Märkte einen wichtigen Stellenwert. Einige von ihnen haben sich bis heute erhalten oder tauchen wenigstens noch in Straßennamen auf. Am Beginn der Entwicklung Münchens war der Markt als Salzhandelsplatz von

Der Schrannenmarkt auf dem heutigen Marienplatz (Ölgemälde, Heinrich Adam, 1843)

größter Bedeutung. Das Salz wurde besonders in den herzoglichen Salinen bei Reichenhall gewonnen. Es wurde als »Salzscheibe« in Gestalt eines flachen Kegels oder in anderer Form auf der Salzstraße nach München transportiert und mußte hier zum Verkauf angeboten werden, bevor es nach Norden oder Westen weitertransportiert werden konnte. Die Stadt hatte nicht nur ein auf ihre Anfänge zurückgehendes Stapelrecht, sondern sogar eine verbriefte Monopolstellung[47]. Salz war bis in die Neuzeit hinein wichtigster Konservierungsstoff und das hauptsächlich verwendete Gewürz. Es war unverzichtbar und relativ kostbar. Daher ist die Menge von rund 100 000 Scheiben Salz von etwa ½ Zentner, die auf 6250 Lastwagen im Jahr 1370 in die Stadt rollte und hier zum Verkauf stand, zu erklären. Dies steigerte sich bis zum Jahr 1610 auf 168 000 Salzscheiben, die aus der Stadt transportiert wurden[48]. Bis zum Anfang des 15. Jahrhunderts wurde das Salz auf den Wochenmärkten am Hauptplatz gehandelt, dann wurden eigene Salzstadel an verschiedenen Stellen der Stadt errichtet. Eine *Salzstraße* führte im 19. Jahrhundert den heutigen oberen Teil der Arnulfstraße beim späteren Hauptbahnhof entlang, wo seit 1778 entprechende Lagerhallen standen[49].

Der wichtigste Marktplatz war seit dem 12. Jahrhundert an der Stelle des heutigen Marienplatzes. Hier wurde mit Getreide, Brot, Fleisch, allen übrigen Lebensmitteln und Wein, aber auch mit Stoffen und Schuhen gehandelt. Daneben standen das Gerichtshaus und die Münzstätte. Die Schranne auf dem Hauptmarkt wurde der bedeutendste Getreidemarkt in Süddeutschland[50]. An den Fischmarkt erinnert noch der Fischbrunnen vor dem Rathaus. Der wichtige Weinmarkt wurde wahrscheinlich ursprünglich in der in Süd-Nord-Richtung verlaufenden Weinstraße abgehalten. Am Beginn des 19. Jahrhunderts wurden all diese Lebensmittelmärkte auf den Viktualienmarkt verlegt, der im ehemaligen Hof des säkularisierten Heiliggeistspitals neu errichtet worden war[51].

Anfang des 14. Jahrhunderts wird schon ein Dultmarkt bei St. Jakob am Anger (St. Jakobsplatz), der anfangs nur drei Tage vom 24. bis 26. Juli währte, aber dann auf eine, zwei oder vier Wochen ausgedehnt war, erwähnt[52]. Daraus entwickelte sich die Jakobidult, die lange Zeit der einzige Jahrmarkt Münchens blieb. Sie wuchs im Mittelalter zu einer Messe, die auch von auswärtigen Kaufleuten besucht wurde und auf der Fernhandelsgüter im Angebot waren. Der Dultplatz wurde erst seit dem Ende des 16. Jahrhunderts mehrfach gewechselt und 1905 mit den Auer Dulten in die Vorstadt Au auf dem Mariahilfplatz zusammengelegt. Dort findet das Fest bis heute in Form der Mai-, Jakobi- (oder Sommer-) und Herbstdult statt[53].

Natürlich gab es seit dem 12. Jahrhundert auch schon Märkte, auf denen Nutztiere gehandelt wurden. So ist der Rindermarkt um 1250 erstmals an der Stelle erwähnt, wo noch heute der Name an ihn erinnert[54]. Er wurde wohl, wie auch der Roßmarkt, im 14. Jahrhundert zum Oberen Anger hin verlagert[55]. Die Münchner Metzger mußten sich aber hautpsächlich auf den Märkten der Umgebung mit Rindern eindecken. Am Ende des Mittelalters gab es Klagen über Fleischmangel in der Stadt, weil finanzkräftige Händler, besonders aus Schwaben, das Vieh wegkauften, so daß die Metzger teilweise subventioniert werden mußten[56]. Beim Altheimer Eck gab es einen eigenen Saumarkt, später wurden teilweise auch Geflügelmärkte eingerichtet[57].

Einige Bedeutung hatte auch der Holzhandel, von dem die Baum- und die Holzstraße am Glockenbach ihre Namen haben. Holz war bis in unser Jahrhundert hinein wichtigster Bau-, Werk- und Brennstoff. Die Stämme wurden meist auf der Isar nach München geflößt und z.B. an den schon 1310 genannten Isar- und Bachländen gestapelt[58]. Die Ländstraße unterhalb vom Isartor hat ihren Namen von der Floßlände, deren Holzstapel auf den ältesten Bildern der Stadt erkennbar sind[59]. Der Holzbedarf in der Stadt war groß; im Jahr 1497 wurden beispielsweise 3312 Flöße gezählt[60]. Mit dem Holz wurde dann auf kleineren Märkten in den Straßen der Stadt gehandelt.

Stadtbäche und Gewerbe

Ein wichtiger Faktor für das Gewerbe in München war die Wasserkraft, die durch die Stadtbäche zur Verfügung stand. Diese Stadtbäche waren ursprünglich natürliche Arme der Isar, die im alten Flußbett geblieben waren, während sich der Hauptstrom nach Osten verlagert hatte. Die Wasserläufe, die durch mehrere Kanalbauten unterstützt und im Lauf verändert wurden, hatten eine wichtige Bedeutung für die Entwicklung der Stadt[61].

Der »Große Stadtbach« floß unterhalb von Thalkirchen von der Isar ab. Sein Wasser wurde dann in die »inneren Bäche« und die »äußeren Bäche« aufgegliedert. Letztere strömten zwischen Stadt und Isar entlang, die inneren Bäche wurden in die Gräben der Befestigungsanlage geleitet, flossen aber auch in mehreren kleinen Wasserläufen durch die Stadt. Alle Wasserläufe wurden im Nordosten wieder zusammengeführt und eilten durch die Auwälder im Bereich des späteren Englischen Gartens wieder in die Isar. Dort und am Glockenbach können wir ihre Reste noch sehen. Sonst wurden sie verrohrt oder aufgelassen, die Rechte abgelöst und ihre Spuren beseitigt[62].

Vom Angerbach, Germbach, Kainzmühlbach, Katzenbach, Köglmühlbach, Kupferhammerbach, Lazarettbach, Malzmühlbach, Pesenbach oder Roßschwemmbach künden allenfalls noch Straßennamen. Die Gewässernamen zeigen die Hauptfunktionen an: waschen und tränken von Tieren sowie Antrieb von Mühlen. Letzterer war für Gewerbe und Handwerk unentbehrlich. In den zahlreichen Mühlen in und vor der Stadt (Dreimühlenbach) wurde nicht nur Mehl gemahlen; sie dienten zum Sägen, Schleifen, Walken und Hämmern[63]. Herzog Otto II. verlieh 1241 den zehnten Teil der Einnahmen aus seinen Mühlen in der Stadt und dem Lohstampf der Lederer an das Kloster Neustift in Freising[64]. Der Straßenname Färbergraben könnte darauf hindeuten, wie das Wasser von einem Gewerbe genutzt wurde. Man brauchte es als Rohstoff und Reinigungsmittel.

Andererseits dienten die Bäche zum Abtransport von Unrat und Fäkalien, sozusagen als Ersatz von Kanalisationssystem und Müllabfuhr. Allerdings wurde schließlich bei Strafe verboten, den Inhalt von Gruben und anderen Unflat hier ablaufen zu lassen[65]. Im 15. Jahrhundert richtete die Stadt Ziegelwerke ein, um genügend Material für ihre Bauvorhaben zu besitzen und auch den Bürgern günstig brandhemmendes Baumaterial anbieten zu können[66].

Steuern und Zinsen

München war seit seiner Entstehung stets vor größere öffentliche Aufgaben gestellt, als sie durch die normalen Steuereinnahmen gelöst werden konnten. Die Belastung durch Fehden und Kriege war besonders hoch. Die vom Landesherren beanspruchten »Steuerhilfen werden in den Schuldbriefen als Hauptursache der städtischen Verschuldung und Beanspruchung des öffentlichen Kredits genannt«[67]. Der Rat sah sich daher immer wieder genötigt, die beiden üblichen Finanzierungsmöglichkeiten auszuschöpfen: Er erhöhte die Steuern und machte Schulden. Die meisten Ausgaben wurden auf dem bequemeren Weg der Anleihen finanziert. Diese boten den Bürgern die Möglichkeit, ihr Geld »sicher und gewinnbringend anzulegen«[68]. So entwickelte sich die Kämmerei gleichsam zur Sparkasse für die Bewohner, zur größten Bank der Stadt. Die hier gebotenen Zinssätze waren aber vergleichsweise niedrig. Da es, außer bei Messen, Christen verboten war, Zinsen zu nehmen – es wurde als Wucher angeprangert –, waren im Mittelalter Geldgeschäfte hauptsächlich Sache der Juden. Der Münchner Rat gestattete es den Juden, von den Bürgern 43⅓ % und von Auswärtigen 65 % Zinsen zu fordern, dies war der Höchst-, aber offenbar auch Normalsatz[69]. Dies erklärt, wie man sich in kurzer Zeit hoffnungslos verschulden konnte.

Nöte

Das Alltagsleben in den mittelalterlichen Städten war für breite Schichten der Bevölkerung aus heutiger Sicht sicher nicht angenehm. Immerhin bot die Stadt mit Herzogshof, Geistlichkeit und Bürgern als Arbeitsgebern mehr Freiheiten und Verdienstmöglichkeiten als das Land. Außerdem waren die Münchner Bürger vor der Willkür von Adeligen rechtlich geschützt. Die Lebensumstände waren aber durch die sanitären Verhältnisse zunehmend belastet. Bezeichnend ist es, daß der Rat 1475 ein Verbot erlassen mußte, Schweine in der Stadt frei herumlaufen zu lassen. Ausgenommen waren nur eine »Antoniussau« je Stadtviertel, also 4 Schweine, die den Mönchen des hl. Antonius gehörten[70]. Die Tiere dienten sozusagen als Speise für die Armen der Stadt und wurden daher geduldet. Schweine hatten oft aber auch Funktionen der Müllentsorgung. Für 1360 ist belegt, daß der Rat die ganze Stadt auf Kosten der Gemeinde reinigen ließ[71]; 1397 wurde jemand bezahlt, *»daz er kott und mist aus der Stat für«*[72]. Den hygienischen Verhältnissen ist die Hauptschuld anzulasten, daß sich z.B. in den Jahren 1349, 1356, 1380, 1396, 1412, 1420, 1430, 1439, 1463, 1473, 1483 und 1495/96 die Pest ausbreiten konnte, an der Tausende starben[73]. Die Krankheit wurde besonders durch Ratten und deren Flöhe übertragen.

Zu den Seuchen kamen, teilweise mit diesen in Verbindung, Hungersnöte. Sie konnten auch durch Mißernten, Teuerungen oder Kriege ausgelöst werden. Eine einsetzende Kälteepoche ließ in manchen Jahren kaum Getreide reifen. Im 13. und 14. Jahrhundert gab es viele Notjahre. Das Korn (Roggen), die Hauptnahrung aller Schichten, schwankte stark im Preis, der nicht nur durch die Angebotsmengen bestimmt war[74]. Erst mit der Einführung der Kartoffel am Ende des 18. Jahrhunderts konnten durch die Natur bedingte Hungerzeiten in Bayern weitgehend verhindert werden[75].

Ein bedrohliches Problem, besonders für die Lohnempfänger, war eine dramatische Geldentwertung in der Mitte des 15. Jahrhunderts. Die in der herzoglichen Münze geschlagenen »Münchner Silberpfennige« hatten nur noch einen geringen Anteil an Edelmetall und sanken auf $1/7$ des ursprünglichen Wertes des »gemeinen Pfennigs«[76]. Die vom Volk verächtlich »Schinderlinge« genannten Münzen waren aber immerhin noch doppelt soviel wert wie die »Schinderlinge« des Kaisers aus Österreich, die noch weniger Silber enthielten. Reiche, die ihre Geschäfte mit Goldmünzen abwickelten, Schieber und Geldwechsler konnten daraus Gewinn ziehen; ein Arbeiter erhielt aber von seinem in Pfennigen ausbezahlten Tagesverdienst kaum ein Brot. Hunger, Elend und Hoffnungslosigkeit waren die Folge[77].

Außer kriegerischen Auseinandersetzungen, die allerdings nie in der Stadt direkt wüteten, waren Feuersbrünste die größte Gefahr. Brände legten z.B. in den Jahren 1221, 1327, 1407, 1418, 1429 und 1434 weite Teile der Stadt in Schutt und Asche[78]. Bei der Bauweise mit Holz und Stroh und dem offenen Feuer, das man zum Kochen,

Waschen, Heizen und für viele Gewerbe benötigte, war die Gefahr von Brandausbrüchen stets gegeben. Im Jahr 1348 verbreitete ein Erdbeben 40 Tage lang Furcht und Schrecken[79].

Prostitution

Im Mittelalter hatte man in München einen lockereren Umgang mit der gewerbsmäßigen Unzucht als heute. Da selbst Päpste, Bischöfe und Herrscher den Umgang mit der Prostitution nicht mieden und daraus Steuern zogen, stand auch die Stadt nicht zurück. Das Bordell Münchens war ursprünglich im Hause des Henkers untergebracht, wo es aber zu Exzessen kam[80]. Der Rat befürchtete 1433 eine Abwanderung der »gemeinen Töchterlein« aus München, da in der Stadt Glücksspiele um Geld verboten bzw. eingeschränkt worden waren. Man beschloß daher, »um viel Unheil an Frauen und Jungfrauen zu verhüten«, die Errichtung eines öffentlichen städtischen Freudenhauses, in dem eine geregelte Prostitution stattfinden sollte. Es wurde ein Neubau mit 12 Mädchenkammern in der Mühlgasse am Anger errichtet, der 1437 eröffnet werden konnte. Geistlichen, Juden und Ehemännern war der Zutritt zu den Hübscherinnen allerdings bei Strafe verwehrt. Die Messerschmiede untersagten aber immerhin ihren Gesellen, »täglich« im Frauenhaus zu liegen[81]. Bürgerstöchtern aus München war es ebenso verboten, ins Personal einzutreten. Diese, da sie keinen Gewinn erwirtschaften durfte, fast wohltätig zu nennende Einrichtung hielt sich bis zum Sommer 1498 ohne größere Probleme, dann mußte das Haus mit Wachen vor Handwerksgesellen geschützt werden. Sie wollten den Frauenwirt erschlagen, wohl weil sie hier die neue Lustseuche (Franzosenkrankheit, mala napoli oder Syphilis) empfangen hatten[82], ein Vorgang, der als »Gesellenaufstand« in die Geschichte einging. Am Ende des 16. Jahrhunderts erst wurde das städtische Freudenhaus für immer geschlossen – die Moral hatte sich zwar durchgesetzt, aber nicht etwa gebessert.

Juden

Schon in den Tagen der Marktgründung werden sich wohl in München Juden niedergelassen haben, um hier Handel zu treiben. Als Steuerzahler waren sie dem Landesherrn willkommen, die bayerischen Herzöge hatten das Schutz- und Steuerrecht über sie für ihr Land inne. Die erste urkundliche Nachricht stammt aber erst aus dem Jahr 1229. *Abraham de Municha* wird in Regensburg als Zeuge genannt[83]. Im Gefolge der Kreuzzüge und ihres religiösen Fanatismus entstand 1285 das Gerücht, die Juden hätten einen Ritualmord an einem Kind begangen. Die Bürger Münchens veranstalteten daraufhin ein Pogrom, dem die meisten Juden in der Stadt zum Opfer fielen. 67 Personen hatten in einem Haus, man vermutet der Synagoge, Schutz gesucht, das dann angezündet wurde. Die Namen der am 12. Oktober 1285 Verbrannten wurden aufgezeichnet und sind uns in der Handschrift des »Nürnberger Memorbuches« aus dem Jahre 1296 erhalten[84].

Bereits zwei Jahre später wurden wieder Juden in der Stadt ansässig, aber auch in den folgenden Jahrhunderten kam es immer wieder zu Verfolgungen. Die Juden waren von den Landesherren, die ständig in Geldnot waren, besonders leicht auszunehmen. So führte Ludwig der Bayer für sie eine Sonderkopfsteuer, den »güldenen Pfennig«, ein[85]. Juden wurden durch Verordnungen stets weiter gequält, diskriminiert und ausgegrenzt. 1345 wurden in München auch wieder Juden wegen eines angeblichen Ritualmordes getötet[86]. Vier Jahre später schob man die Schuld für die Pest einer jüdischen Brunnenvergiftung zu und rächte sich[87]. Im Jahr 1380 erwarb die Judengemeinde ein Haus in der Judengasse, der späteren Gruftgasse, an der damaligen Stadtmauer und richteten hier ihre Synagoge ein[88]. Zehn Jahre später erließ Kaiser Wenzel die Verordnung, daß Schulden bei Juden, für die Geldverleih (Wucher) eine Haupteinnahmequelle war, getilgt waren. Dies kam einer weitgehenden Enteignung gleich[89].

1413 wurden die Münchner Juden dann einer Hostienschändung bezichtigt und erneut verfolgt[90]. Drei Jahre später gestatteten die Herzöge den Juden, gegen vier ungarische Gulden Schutzgeld die Anlage einer Begräbnisstätte nordwestlich von der Stadt, wie einer Urkunde zu entnehmen ist. Sie war »*gelegen bey dem perg zwischen*

Mossach und dez Rennweg«[51]. Die Ortsbezeichnung deutet auf das Maßmannbergl hin, in dessen Nähe der Rennweg (Schleißheimer Straße) von dem Weg nach Moosach abzweigte. In dieser Urkunde wurde ihnen auch zugestanden, daß sie »alle Rechte und Freiheiten wie andere Juden in deutschen Ländern haben sollten«. Seit 1420 wurde das Schutzgeld auf 10 Gulden pro Familie erhöht, 1422 wurden dann 20 Gulden verlangt. Dies führte dazu, daß viele Juden wegzogen[92]. 1439 wurde außerdem von den Münchner Juden, wie im ganzen Reich, eine Sondersteuer eingetrieben. Die Summe war mit 2000 rheinischen Gulden doppelt so hoch wie z.B. in Frankfurt am Main. Trotzdem wurden sie 1442 schließlich aus München wie aus Oberbayern vertrieben. Ihre Synagoge in der ehemaligen Judengasse an der alten Stadtmauer, deren Keller »Gruft« genannt wurde, erfuhr die Umwandlung in zwei Kirchen, die untere Gruftkapelle und die Neustiftkapelle. Bis zur Säkularisation 1803 war hier eine vom Kloster Andechs betreute Wallfahrtsstätte. Nach dieser Kirche wurde die bis in unser Jahrhundert hinter dem Neuen Rathaus (am Marienhof) verlaufende Gruftgasse benannt[93].

Für Jahrhunderte lebten in der Stadt nun – von vereinzelten Ausnahmen abgesehen – keine Juden.

VI. Kulturelle Blüte

Bauten

Vom Ende des Mittelalters sind uns die frühesten Beschreibungen der Stadt erhalten, die damals ihre Blütezeit erlebte. Bereits 1433 wird München von einem burgundischen Edelmann als die »hübscheste kleine Stadt, die ich jemals sah«, gerühmt und ihr die »Palme der Schönheit zuerkannt«[1]. In der 1493 erscheinenden Weltchronik des Nürnberger Humanisten Hartmann Schedel finden wir neben der ersten Abbildung von München auch eine wohlwollende Beschreibung[2]:

München von Osten (Holzschnitt von Michael Wohlgemuth in der Weltchronik des Hartmann Schedel, 1493)

> *»München ist unter den Fürstenstädten in deutschen Landen hochberühmt und in Bayerland die namhafteste. Aber wiewohl diese Stadt für neu geachtet wird, so übertrifft sie doch die anderen Städte an edlen öffentlichen und privaten Bauten. Denn allda sind gar schöne Behausungen, weite Gassen und gar wohlgezierte Gotteshäuser. Diese Stadt ist an ein wohnsames Ort an der Isar gebaut. Daselbst haben die Kaufleute zu Zeiten ihren Durchgang*

aus welschen in deutsche Lande. Allda ist jetzt ein schönes wohlgeziertes Schloß und ein gar weiter fürstlicher Hof und Behausung mit vielen hübschen und wunderwürdigen Gemächern , Kammern, Gewölben. In dieser Stadt hat eine Löwin viel junge Löwlein gewelft.«

Herzog Heinrich der Löwe ließ den Markt München, der nur ein kleines Oval von 65 ha um den heutigen Marienplatz umfaßte, bereits um 1160 mit einer Mauer befestigen. Man bezeichnet diesen ältesten Kern als »Heinrichsstadt« oder »Leonische Stadt« (lateinisch *leo* = Löwe)[3]. Seit 1255 errichteten die Wittelsbacher im Nordosten dieser Anlage ihre Residenzburg, den Alten Hof[4], zu dem die Burgstraße führt. Unter Ludwig dem Bayern erhielt die Stadt als Zentrum des Heiligen Römischen Reiches Deutscher Nation dann den Mauerring, der bis zum Ende des 18. Jahrhunderts die Stadt umschloß. Zwischen 1318 (Schwabinger Tor) und 1337 (Isartor) wurden das Neuhauser Tor, das Sendlinger Tor und das Schiffertor mit den Befestigungsanlagen errichtet[5].

Durch den Brand im Jahr 1327[6] wurden auch Gotteshäuser zerstört und mußten neu aufgebaut werden. Die älteste Kirche Münchens, die Peterskirche, wurde 1294 als romanische Basilika vollendet und nach dem Brand 1329 im gotischen Stil neu errichtet[7]. Die von ihrer Bausubstanz älteste, noch bis nach dem Zweiten Weltkrieg großenteils erhaltene Kirche der Münchner Altstadt war St. Jakob am Anger. Die erste hier errichtete Kapelle, wohl aus dem 12. Jahrhundert, wurde um 1250 mit einer romanischen Säulenbasilika als Kirche für die Franziskaner überbaut. Später erfuhr sie dann eine Umwandlung im Stil der Gotik und des Rokoko[8]. Heute ebenfalls verschwunden – es fiel bereits der Säkularisation 1803 zum Opfer – ist das Franziskanerkloster[9]. Es stand seit dem Ende des 13. Jahrhunderts am Rande der Stadt bei der Residenz, etwa an der Stelle des heutigen Nationaltheaters. Der schlichte, langgestreckte dreischiffige Pfeilerbau war einst wichtig für das Bild der Stadt. Auch die Kirche St. Lorenz am Alten Hof, unter Ludwig dem Bayern zwischen 1319 und 1324 im gotischen Stil erbaut, wurde bereits am Anfang des 19. Jahrhunderts abgerissen[10]. Der gleichfalls gotische Bau der 1341 geweihten Augustinerkirche (an der Neuhauserstraße) überstand nach einem Umbau in der Spätrenaissance dagegen die Säkularisation[11]. Die nach dem Brand in Hallenform-

Gotischer Erker im Alten Hof, der Residenz der Herzöge

neu errichtete Heiliggeistkirche wurde um 1392 geweiht; der heutige Bau ist aber ein Werk der letzten Jahrhunderte[12].

Als zweite Pfarrkirche der Stadt wurde die »Kapelle zu Unserer Lieben Frau« 1230 bis 1271 zu einer romanischen Basilika ausgebaut und 1300 durch einen gotischen Langchor erweitert[13]. Im 15. Jahrhundert wurde die Frauenkirche dann in der heutigen Form errichtet[14]. Bedeutendster Baumeister war Jörg von Halsbach († 1488), der seit 1468 im Dienst der Stadt München stand[15]. Er wurde

»Ratsmaurermeister« oder »obrister Maurer«, und nach seinen Plänen entstanden außer der Frauenkirche das Alte Rathaus (1470/74), die Allerheiligenkirche in der Kreuzgasse (1480/85) und die Neue Veste. Vorher war Meister Jörg, der wohl aus Halsbach bei Altötting stammte und im 18. Jahrhundert irrtümlich »Ganghofer« genannt wurde, bereits in den Klöstern Ettal und Polling tätig gewesen. Der Grundstein für den Neubau der Frauenkirche war am 9. Februar 1468 von Herzog Sigmund gelegt worden. Nach neun Jahren Bauzeit konnte dann auf das Gewölbe der Dachstuhl aufgesetzt werden. Unter dem Nachfolger Jörgs im Amt des Stadtbaumeisters, Lukas Rottaler, vordem unter ihm Polier, wurde am 14. April 1494 die Kirche geweiht[16]. Sie war mit ihren monumentalen Maßen – 109 m lang – das Symbol für den Reichtum der Stadt und die Macht der Herzöge. Der Backsteinbau im spätgotischen Stil wurde das weithin sichtbare Wahrzeichen der Stadt. Den Stolz der Bürger zeigten auch die Neubauten des (Alten) Rathauses[17] und des Stadthauses (Zeughaus) am Anger (heute Stadtmuseum am Jakobsplatz)[18]. Letzteres wurde von Lukas Rottaler in den Jahren 1491/93 errichtet, der auch St. Salvator am Gottesacker der Frauenkirche baute.

Kunst

Die ältesten erhaltenen Holzplastiken des Münchner Raumes stammen von Künstlern, deren Namen nicht überliefert sind. So das um 1120/30 entstandene Kruzifix aus der Milbertshofener St. Georgskirche im Norden der Stadt, das heute im Bayerischen Nationalmuseum steht[19]. Der wohl um 1200 im Kloster Seeon geschnitzte monumentale Forstenrieder Kruzifixus zierte einst die Kirche der Burg Andechs[20]. Der Sage nach fiel er beim Rücktransport im Gnadenjahr 1392, wo er mit den Andechser Reliquien in der Herzogsresidenz ausgestellt war, in Forstenried, südlich von München, vom Wagen. Da er nicht wegzubewegen war, faßte man dies als Fingerzeig Gottes auf, und er wurde als Gnadenbild in der örtlichen Kirche aufgestellt.

Von der Mitte des 13. Jahrhunderts an sind auch einzelne Steinskulpturen, die in Münchner Kirchen gefunden wurden, bekannt.

Das bedeutendste Werk aus dem 14. Jahrhundert ist die um 1330 entstandene sitzende Muttergottes aus St. Jakob am Anger (jetzt im Bayerischen Nationalmuseum)[21]. Aus Sandstein gemeißelt ist der Schrenck-Altar in St. Peter, der im »weichen Stil«, farbig bemalt, das Weltgericht mit den Aposteln darstellt[22]. Er stammt wahrscheinlich aus der Zeit um 1406 und wurde in der Stadt gefertigt. In der zweiten Hälfte des 15. Jahrhunderts wirkten der Holzschnitzer Andre Wunhart und die Steinbildhauer Walter von München und Hans Haldner[23]. Von einem unbekannten Meister stammt der in der Frauenkirche zu bewundernde Grabstein des 1473 verstorbenen Hofmusikers Konrad Paumann[24]. Auch andere bedeutende Kunstwerke aus dieser Zeit stehen noch im Dom: das Grabmal des Kaisers Ludwig in rotem Marmor aus den Jahren 1485 bis 1490[25] und das Epitaph des 1488 verstorbenen Jörg von Halsbach[26], des Baumeisters der Kirche.

Erste bildliche Darstellungen sind uns in Handschriften aus der Kanzlei Ludwigs des Bayern aus der Zeit um 1335 erhalten; in Initialen ist der Kaiser mit seinen Söhnen gemalt[27]. Sonst kennen wir aus dem 14. Jahrhundert nur religiöse Malerei wie das jetzt auch im Nationalmuseum zu sehende Tafelbildpaar aus der Augustinerkirche[28]. Im 15. Jahrhundert wurde München Zentrum der bildeden Kunst. Ein Meister der Tafelmalerei war Gabriel Angler († 1485), der 1437 den Hochaltar in der Frauenkirche schuf. Der Nürnberger Michael Wolgemut († 1519), der Lehrer Dürers, wirkte in der Stadt und zeichnete hier die Vorlage zur Ansicht von München in der Schedelschen Chronik[29]. Bedeutend war Jan Polack († 1519), der, wie sein Name sagt, aus Polen stammte und seit etwa 1475 in München arbeitete[30]. Er konnte 1491 das Triptychon in der Kapelle von Schloß Blutenburg vollenden. Als Stadtmaler (seit 1488) schuf er daneben Altäre für die Franziskanerkirche (1492) und die Peterskirche (1490). Zu seinem Amt gehörte es aber auch, Fensterstöcke, Türen oder Fahrgestelle der Stadt anzustreichen; außerdem verzierte er die Stadttore. Auch andere Künstler wie Wolfgang Mielich wurden hier zur Fassadenbemalung mit Fresken religiösen und heraldischen Inhalts eingesetzt. Nach zeitgenössischen Berichten waren auch viele Bürgerhäuser mit Lüftlmalereien geschmückt.

Das Wappen Münchens geht nachweislich bereits auf das 13.

Münchner Stadtsiegel von 1268

Jahrhundert zurück[32]. Das Siegel zu einer Urkunde aus dem Jahr 1239 beinhaltet einen Mönchskopf unter dem Adler im Torbogen, später entwickelt sich das Wahrzeichen zur Mönchsbüste im Stadttor, das von zwei Türmen gekrönt ist; 1477 schuf schließlich Erasmus Grasser[33] das »Münchner Kindl« als Wappenschild für das (Alte) Rathaus. Dieser bedeutende Künstler der Spätgotik wurde um 1450 in Schmidmühlen bei Burglengenfeld in dem zum Herzogtum Bayern-München gehörenden Teil der Oberpfalz geboren. Nach einer Wanderzeit wurde er Geselle beim Maler und Bildschnitzer Ulrich Neuhauser, genannt Kriechpaum († 1472). Bereits 1474 bewarb sich der Zugereiste darum, als dessen Nachfolger in die Münchner Malerzunft aufgenommen zu werden. Die Kollegen in der Zunft bekämpften dies *»um daß er ein unfriedlicher, verworrener und arglistiger Knecht sei«*[34], konnten aber seine Aufnahme 1476 nicht verhindern. Grassers berühmteste, bereits zur Zeit der Entstehung sehr kostbare Werke sind die 16 Moriskentänzer (Maruskatänzer) von 1480, gefertigt für die Ausgestaltung des Rathaussaales, der zu festlichen Anlässen diente. Heute sind noch 10 von diesen Holzfiguren, die Tänzer in sarazenischen Trachten und verdrehten Posen darstellen, erhalten. Daneben schuf Grasser bis zu seinem Tod († 1518) hauptsächlich religiöse Plastiken, wie wir sie z.B. in den Altären der Peterskirche und der Pfarrkirche in Ramersdorf bewundern können. Er bekam Aufträge, auch als Baumeister, bis in die Schweiz und nach Österreich. Der Künstler stieg am Ende seines Lebens 1513 sogar zum Mitglied im Äußeren Rat auf, was auf beachtlichen Reichtum schließen läßt[35].

Geistige Auseinandersetzungen

Besonders unter König Ludwig dem Bayern wurde der Hof in München ein Zentrum , das Gelehrte und Künstler anzog. Hier entstanden »kirchenpolitische Streitschriften von geschichtlicher Bedeutung«[36] und gingen in die christliche Welt. König und Papst rangen um die Macht und lieferten sich durch ihre Denker einen Schlagabtausch. Der in Avignon residierende Papst Johannes XXII. (1316–1334) wurde zwar als Friedensstörer und Häretiker 1328 vom Kaiser als vom Stuhl Petri abgesetzt erklärt. Dies hinderte ihn aber nicht, den unter Ludwigs Einflußnahme in Rom als seinen Nachfolger installierten Nicolaus (V.) gefangenzunehmen, umgekehrt den Bayern als Ketzer zu verfluchen und den Kreuzzug gegen ihn zu predigen, allerdings ohne Erfolg[37].

Im Rahmen der Innenpolitik Ludwigs des Bayern begann sich in dessen Kanzlei die deutsche Schriftsprache zunehmend gegen die lateinische durchzusetzen. Innerhalb seiner Kanzlei wurde Ludwig besonders durch seine hochgebildeten Protonotare Magister Ulrich Wild (1324–1328) und Magister Ulrich Hofmaier von Augsburg (1331–1346) unterstützt[38]. Letzterer tat sich wahrscheinlich als Herausgeber staatstheoretischen Schriftguts gegen Papst Johannes XXII. hervor, das sich an die Anschauungen des Florentiners Dante Alighieri (1265–1321) anlehnt, der in seiner Abhandlung »De monarchia« die Ansicht vertritt, das Amt des Weltkaisers hänge unmittelbar von Gott und nicht von einem Statthalter oder Diener Gottes, dem Papst, ab.

Ludwig gelang es 1326, Marsilius von Padua († 1342)[39], den Verfasser der Schriften »Defensor Pacis« und Rektor der Universität Sorbonne in Paris, als Leibarzt nach München zu holen, wo dieser den »Defensor minor« und eine Abhandlung, die das Recht des Kaisers zur Eheschließung begründet, schrieb. Marsilius war der erste große Theoretiker der Loslösung des weltlichen Staates von dem Einfluß der Kirche. Er vertrat die Auffassung, daß das Gemeinwohl oberstes Prinzip zu sein habe und Recht und Gewalt vom Volk ausgehen müsse. Am bekanntesten wurde aber der Franziskanermönch Wilhelm von Occam[40], den der Kaiser 1328 aus Italien mitgebracht hatte. Der Theologe war um 1290 in Ockham, südlich von London, geboren und lehrte später in Oxford. Im Jahr 1324 war der kritische und streitbare Geist gezwungenermaßen am päpstlichen Hof in Avignon, um seine »Irrlehren« zu rechtfertigen. Da Occam die Trennung von Kirche und Staat forderte, stellte er die Macht des Papstes in Frage. Sein Hauptwerk hieß »Über die Macht von Kaisern und Päpsten«. Mit seiner nominalistischen Erkenntnislehre gründete er einen eigenen Zweig der Philosophie. Seine Gedanken hatten später Einfluß auf die Reformatoren Luther und Wykliff. Occam starb hochgeehrt im Jahr 1347 und wurde am Hochaltar der während der Säkularisation abgebrochenen Barfüßerkirche in München beigesetzt. Vor ihm waren seine Mitbrüder und -streiter Bonagratia von Pergamon († 1340) und der Ordensgeneral Michael von Cesena († 1342), die ihn auf seinem Weg begleitet hatten, dort beerdigt worden[41]. Zum Gelehrtenkreis am Kaiserhof gehörten auch Jean de Jandun, ehemals Rektor der Universität Sorbonne, der Minorit Ubertino di Casale aus Genua und der Theologe Nikolaus de Autrécourt[42].

Literatur und Musik

Natürlich war der Herzogshof bzw. die kaiserliche Residenz in der Zeit der Minnelyrik und der Spielleute Vortragsort für Dichter und Musiker. So ist belegt, daß Hadamar von Laber aus der Oberpfalz hier um 1335 seine Minneallegorie »Die Jagd« vortrug[43]. Im Jahr 1423 kam Oswald von Wolkenstein (1377–1445) aus Südtirol, der bedeutendste Dichter seiner Epoche, nach München und wurde hier gefeiert[44].

Um 1320 schrieb Heinrich von München seine gereimte »Weltchronik«[45]. Einige Generationen später dichtete ein Angehöriger des Münchner Patriziats, Jakob Pütrich von Reichertshausen (1400–1469), den »Ehrenbrief«, ein Gedicht in der Titurelstrophe, das einen Wolfram (von Eschenbach)-kult anfachte. Er trug somit zum Wissen um die untergegangene Ritterkultur bei, die nun von den Bürgern nachgeahmt wurde[46]. Aus einer reichen Münchner Bürgerfamilie stammte Hans Schiltberger (1390–1450), der als 15jähriger Knappe 1396 bei einem Kreuzzug in die Gefangenschaft des türkischen Sultans geriet. Er wurde dort vom Leibsklaven zum Soldaten und zog im Orient zwischen dem Kaukasus, Persien, Rußland und Ägypten umher. Dabei traf er u.a. auf den Mongolenkhan Timur den Schrecklichen. Schließlich wurde er 1427 vom Kaiser von Byzanz freigekauft und in die Heimat entlassen. Hier verfaßte er als Kämmerer am Hof Herzog Albrechts III. einen Bericht über seine Reise, der eine wichtigte Quelle über den Orient darstellt[47].

Am Ende des 15. Jahrhunderts zeichneten bereits die Geschlechter Ridler und Schrenk Chroniken auf[48]. Als erste Frau schrieb dann eine Schwester aus dem Angerkloster die Geschichte ihrer Familie Gärtner aus München[49]. Ein frühes literarisches Zeugnis einer Frau haben wir in einem aus dem Jahr 1305 erhaltenen Brief der Adeligen Elsbeth von Baierbrunn an ihre ehemalige Dienerin Diemut, die ihren Lebensabend im Kloster am Anger in München verbrachte[50]. Auch ein Universalgenie wie Ulrich Füetrer († 1496/1500)[51] aus Landshut wurde von der Residenzstadt angezogen. Hier stieg er 1460 zum »Vierer« der Malerzunft auf. Von ihm stammt das Tafelbild »Kreuzigung Christi« (1457, Alte Pinakothek) und der Bilderschmuck am und im Alten Rathaus. Erhalten sind uns aus seiner Feder aber auch Nachahmungen mittelhochdeutscher Ritterepen, Prosaromane (z. B. Buch der Abenteuer) und die »Baierische Chronik« (1478/81). Ihn verband eine Freundschaft mit dem Leibarzt Herzog Albrechts des Frommen, Hans Hartlieb († 1468), einem Naturwissenschaftler und Okkultisten, der auch Schriftsteller, Übersetzer und Herausgeber war[52]. Bekannt wurde besonders seine Übersetzung »Historie von dem großen Alexander«. Er war einer der bedeutendsten Köpfe des Spätmittelalters, der den Weg zum Humanismus wies. In der Mitte des 15. Jahrhunderts schrieb der aus einer alten Münchner Salzsenderfamilie stammende Albrecht Lesch (um 1420–um 1480) Lieder[53]. Er war ein Vertreter der Meistersinger, die eine Poeten- und Musikschule in der Stadt gründeten.

1482 wurde von Johann Schauer das erste Buch in München gedruckt, es war in lateinischer Sprache abgefaßt und trug den Titel »Mirabilia Urbis Romae« – ein Reiseführer für die ewige Stadt[54]. Die Stadt zeigte ihr Interesse für diese neue Kunst dadurch, daß sie dem Augsburger Hans Schobser[55] das Bürgerrecht schenkte, er war Buchdrucker und Verleger. In diese Entwicklung paßt auch, daß Balthasar Pötschner mit Bewilligung des Herzogs 1490 in der Vorstadt Au eine Papiermühle errichtete[56]. Papiermachen war noch als Kunst geschätzt.

Der blinde Hofmusiker und Organist Konrad Paumann († 1473) mit Schoßorgel, Laute, Blockflöte, Harfe und Geige. Darstellung auf seinem Grabstein in der Frauenkirche

Schon am Ende des Mittelalters wurde München ein Zentrum der Musik. Der herzogliche Hof, der Adel, die Bürgerschaft und der Klerus waren an Tonkunst interessiert. In den Kirchen wurde der Gregorianische Choral germanischer Prägung gesungen, als der Freisinger Bischof 1390 ein Reimoffizium auf die heilige Apollonia für die Frauenkirche genehmigte[57]. In der Peterskirche wurde 1384 eine Orgel errichtet, 1491 auch in der Frauenkirche; beide waren in

München gebaut worden[58]. Herzog Ernst gewährte 1433 dem aus Peißenberg stammenden Münchner Bürger Eberhard Schmied Steuerfreiheit *»umb seine klugheit, die er an im hat, mit orgeln zu machen«*[59]. Bedeutend war der blinde Hofmusiker und Organist der Frauenkirche Konrad Paumann (1470–1473), der aus Nürnberg stammte. Auf dem an der Frauenkirche erhaltenen Grabstein wird er *»der kunstreichist aller instrument und der musica maister«*[60] genannt und ist mit Schoßorgel, Laute, Blockflöte, Harfe und Gambe dargestellt. Er war ein virtuoser Instrumentalist, von seiner Musik ist allerdings wenig bekannt. Die Stadt hatte Musiker angestellt, deren Aufgaben es waren, von den Türmen zu blasen, vor Feuer zu warnen, Ratsveranstaltungen zu umrahmen und auf dem Markt aufzuspielen. Sie machten aber auch Tanzmusik oder begleiteten Umzüge[61].

Kirche

»Das Rom des Nordens« wurde München am Ende des 18. Jahrhunderts wegen seiner zahlreichen Kirchen, Klöster und Geistlichen genannt[62]. Die Stadt war seit dem Mittelalter tatsächlich ein Bollwerk Roms.

Die Pfarrei St. Peter wurde wohl bald nach 1158 errichtet[63], der erste urkundlich nachweisbare Pfarrer in München war der 1167/71 erwähnte *»Heribortus decanus de Munichen«*, der 1168 auch als »Priester und Dekan von Feldmoching« bezeugt ist[64]. Die kirchlichen Rechte der Neugründung mußten natürlich von den bisherigen Pfarrsprengeln übertragen werden. Die Pfarrkirche St. Peter wurde bald zu klein für die vielen Christen in der Stadt, die »ins Unermessliche«[65] wuchs. Am 14. November 1271 teilte Bischof Konrad von Freising die Pfarrei und erhob die Frauenkapelle zur zweiten Pfarrkirche[66]. Die Grenze zwischen den beiden Sprengeln bildete die Achse Tal – Neuhauser Straße.

Schon Ende des 13. Jahrhunderts wurden auch Männerklöster der Franziskaner, der Augustiner und der Klarissen sowie zwei Nonnenhäuser, benannt nach ihren Stifterfamilien Püttrich und Ridler gegründet[67]. Dazu kamen dann im Laufe des Mittelalters zahlreiche weitere Klöster und Seelhäuser; letztere gestiftet von den Familien

Kazmair, Mäusel, Rudolf, Pienzenauer, Schluder, Schrenk, Sendlinger und Wilbrecht. Außerdem hatten die Klöster des Herzogtums oft noch Häuser in der Residenzstadt. Für das Jahr 1500 geht man bei einer Einwohnerschaft von 13 477 von rund 700 Geistlichen und Pfründnern (gegenüber 600 Angehörigen des Hofes) aus, d.h. also über 5 % der Bevölkerung[68].

Neben der Pflicht, für das Seelenheil zu beten und gottgefällig zu leben, arbeiten die Ordensmitglieder auch und sicherten damit die wirtschaftliche Basis ihrer Klöster. Eine Aufgabe mancher Orden war die Fürsorge für Arme, Kranke und Alte sowie die Beherbergung von Pilgern und anderen Reisenden.

Bereits am Anfang des 13. Jahrhunderts wurde zu diesem Zweck das Heiliggeistspital gestiftet[69]. Die Brüder in diesem Haus lebten nach der Regel des hl. Antonius, später gehörten sie dem Heiliggeistorden an. Sie hatten Pfarrei- und Begräbnisrecht für die Insassen. Die Anlage war eine Stadt in der Stadt mit eigenen Maurern. In das Spital konnten Bürger nur bei entsprechender Zahlung (arme, mittlere und reiche Pfründe) eintreten, die dann dort im Alter versorgt wurden. Von der Spitalstiftung, die bis heute am Dom-Pedro-Platz in Neuhausen besteht, wurden aber auch Arme und Kranke für Gottes Lohn betreut. Ähnliche Aufgaben übernahmen das Frauenkloster am Anger und die Seelnonnenhäuser[70]. Daneben gab es auch ein privates bürgerliches Almosenwesen, um der Armut und Bettelei zu begegnen.

Für Leprakranke und andere »Sondersieche« wurden im 13. bzw. 14. Jahrhundert die Nikolaispitäler mit Kirchen am Gasteig und in Schwabing (Nikolaiplatz) gestiftet[71]. Beide lagen noch innerhalb des Burgfriedens, aber an dessen Grenze. Die hier stationierten ansteckend Kranken waren durch besondere Kleidung sowie durch Glocken gekennzeichnet. Sie durften nur an ausgesuchten Tagen in die Stadt, um sich dort Almosen zu erbetteln.

Einen besonderen Glanz für das religiöse München brachte das »Gnadenjahr« 1392. Die Herzöge hatten die auf der ehemaligen Burg Andechs 1388 wiederentdeckten Reliquien nach München bringen lassen und sie dort in der Hofkapelle St. Laurenzius vom 17. März bis 1. August 1392 ausgestellt[72]. Das »Andechser Heiligtum« bestand u.a. aus Zweigen der Dornenkrone Christi, Stücken der Lanze des hl. Longinus, dem Siegeskreuz Karls d. Großen im

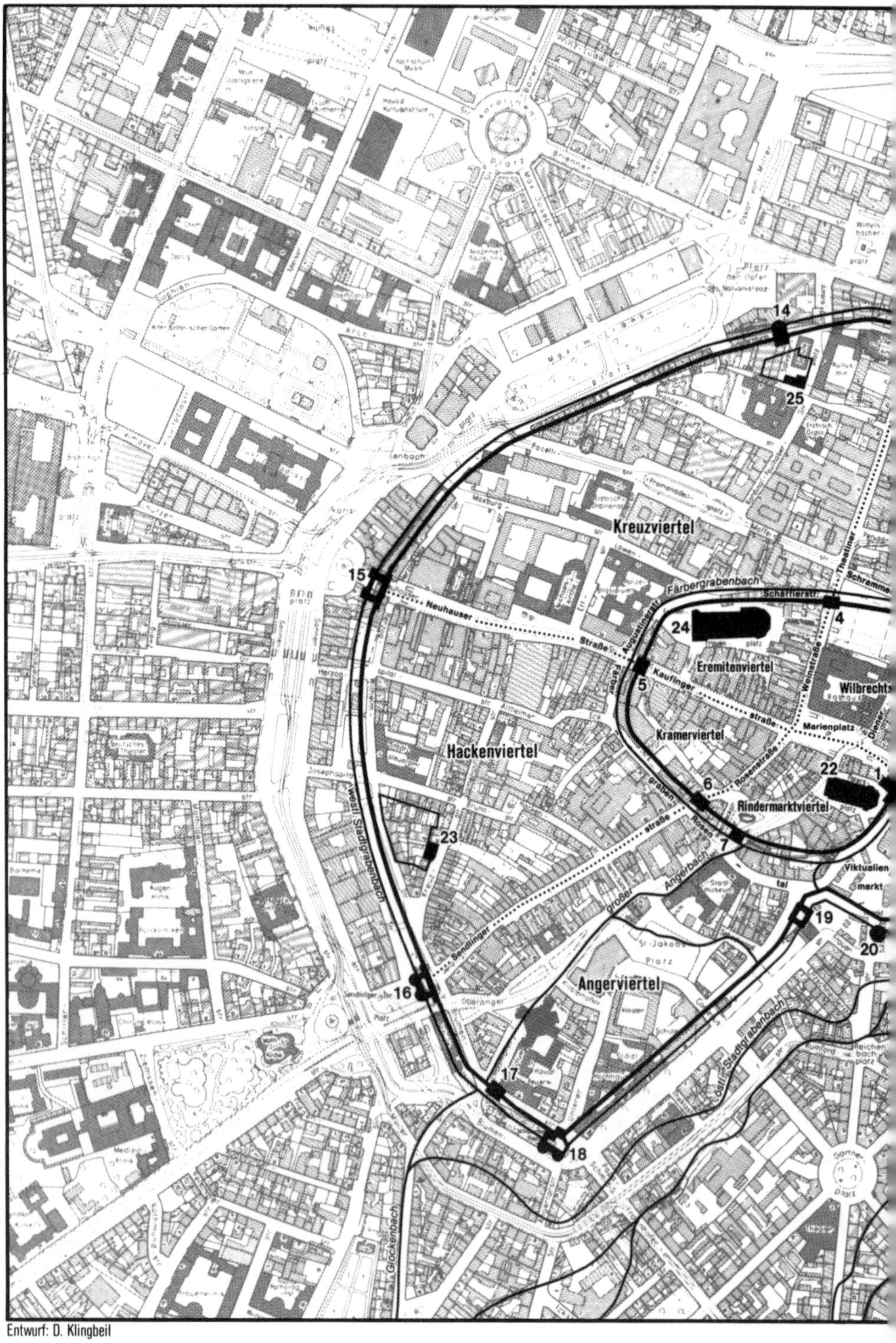

Entwurf: D. Klingbeil

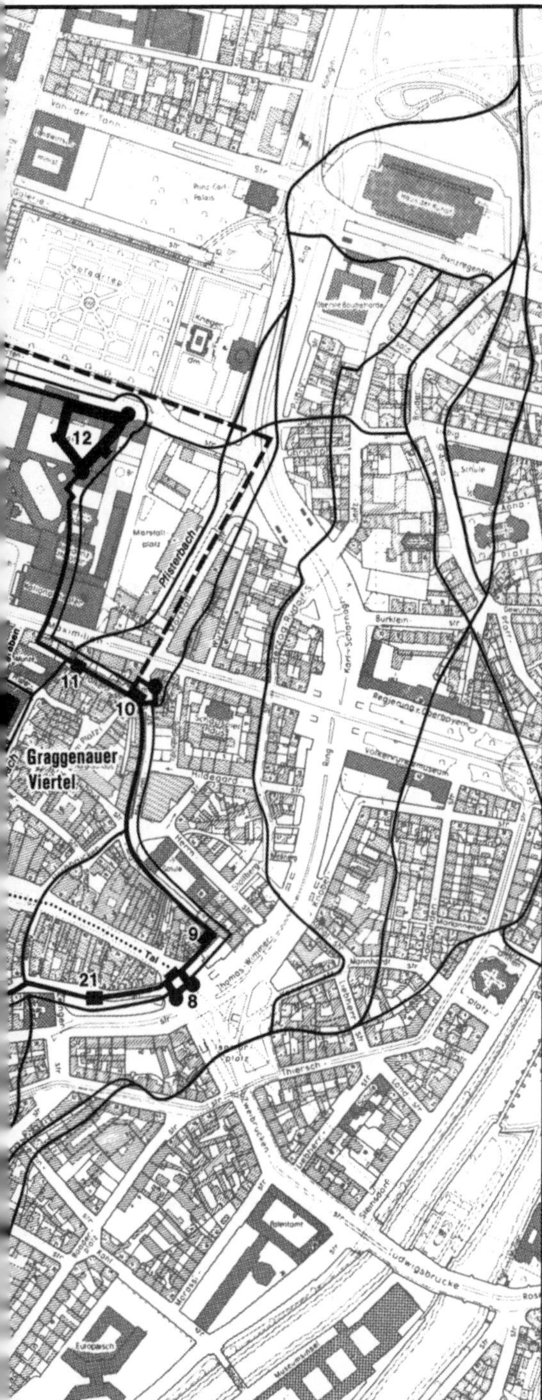

Das bürgerliche München um 1500

1 Talburgtor
2 Alter Hof
3 Krümbleinsturm (bis 1842)
4 Wilbrechtsturm oder Schäfflertor (bis (1690)
5 der Schöne Turm oder Kaufringer Tor (bis 1807)
6 Ruffiniturm oder Püttrichturm (bis 1808)
7 Löwenturm
8 Isartor (1337 bis heute)
9 Lug ins Land (bis 1807)
10 Kosttor oder Wurzertor (1324–1872)
11 Falkenturm (bis 1865)
12 Neue Feste
13 Schwabinger Tor oder Unseres Herren Tor (bis 1817)
14 Jungfernturm (1494–1804)
15 Neuhausertor oder Karlstor (1302 bis heute)
16 Sendlingertor (bis heute)
17 Heuturm (bis 1870)
18 Angertor (bis 1871)
19 Schiffertor mit Einlaß (bis 1826)
20 Rundturm (zum Schutz des Tores, bis 1893)
21 Teckentor
22 St. Peterskirche
23 Kreuzkirche und St. Peter-Friedhof
24 Frauenkirche
25 St. Salvatorkirche mit Frauenfriedhof
26 Altes Rathaus

Viertelsgliederung ....
Stadtbäche
Mauerring

Quelle:
F. Schwimbeck, Historische Heimatkarten v. München I u. II (o.J.)
Max Spindler, Bayer. Geschichtsatlas, 1969

Kartengrundlage: Stadtkarte von München, Städt. Vermessungsamt

0 100 200 300 400m

Kartographie: Geographisches Institut der TU München

Kampf gegen die Sachsen und geweihten Hostien, auf denen das Bild des Gekreuzigten erschien[73]. Der Papst Bonifaz IX. gewährte den Pilgern einen vollständigen Ablaß, eine Vergebung aller Sünden wie bei einem Besuch der heiligen Stadt Rom. Sie mußten sich dafür in München eine Woche lang täglich folgender Übung unterziehen: Besuch der vier Kirchen St. Peter, Frauenkirche, St. Jakob am Anger und Heiliggeist mit jeweils angemessenem Almosen[74].

Die Chronisten berichten von einem ungeheuren Andrang zu diesem ersten Gnadenjahr nördlich der Alpen. Man soll in manchen Wochen 60 000, an manchen Tagen 40 000 Pilger gezählt haben, also ein mehrfaches der Einwohnerzahl der Stadt[75]. Für deren Finanzen sowie für Herzog und Papst brachte dieser unerwartet große Andrang von Pilgern gute Einnahmen. Doch die Nachbarn wurden neidisch auf diesen frühen Massentourismus und der Augsburger Burkhard Zink schrieb:

> »*Es war alles nu um das geld ze thun, und man sagt für war, das kein tag vor Pfingsten bis Jakobi war, es wer ein Augsburger Mez* [Maßeinheit] *Regensburger* [Pfennig] *da gelassen worden, den jedermann wolt gen hymmel.*«[76]

Allerdings weigerte sich die Stadt am Ende des Gnadenjahres, entgegen der vorher getroffenen Vereinbarung, den Gewinn zur Hälfte mit dem Papst zu teilen. Dieser belegte daraufhin 1393 München mit seinem Bann[77]; man einigte sich aber schließlich.

Im Jahr 1479 erhielt die Stadt für den Bau der Frauenkirche vom Papst Sixtus IV. wieder einen Ablaß für die Dauer von einer Woche, ebenso in den drei folgenden Jahren. Dies brachte immerhin 15 232 Gulden für den guten Zweck ein[78].

VII. München in der Frühen Neuzeit – die Residenzstadt

Von der Bürgerstadt zur Residenzstadt

Mit Beginn des 16. Jahrhunderts setzte für München die Wandlung von der »Bürgerstadt« des 15. Jahrhunderts zur fürstlichen, kurfürstlichen und schließlich königlichen »Haupt- und Residenzstadt« ein. Die Stadt erhielt nun eine eigene Stellung im europäischen Machtgeschehen – wie sie es kurzzeitig schon einmal innegehabt hatte, 200 Jahre früher, zur Zeit Ludwigs des Bayern.

Die Entwicklung der Stadt verlief ab dem 16. Jahrhundert parallel zur Entwicklung am Hof, »der Hof und die höfische Welt wurden zum Pulsschlag der Stadt«[1] oder, wie es Georg Jacob Wolf für die folgenden Jahrhunderte formulierte: »Der Hof und die Fürsten, immer wieder der Hof: sie dominieren. Die Stadt und die Bürger kommen erst in zweiter Linie«[2].

Den Auftakt zu der neuen Entwicklung stellten die Streitigkeiten um die Einhaltung des Erbvertrags dar, der zwischen den bayerischen Teilherzogtümern geschlossen worden war und der im Fall des Aussterbens einer Linie die andere als Erbin über das eigene Territorium einsetzten sollte. Herzog Georg der Reiche (1455–1503), der Landshuter Vetter des in München regierenden Herzogs, hielt sich nicht an diese Abmachung, er setzte seine Tochter Elisabeth und seinen zukünftigen Schwiegersohn Ruprecht von der Pfalz ein.

Dies war Auslöser für den Landshuter Erbfolgekrieg, in dem der Münchner Herzog Albrecht IV. (1477–1508) nicht nur um die Einhaltung des vereinbarten Erbvertrages, sondern vor allem um die Gesamtherrschaft im Herzogtum Bayern kämpfte. Im Verlauf der Auseinandersetzungen drang der Krieg auch bis an die Tore Münchens vor. Am 12. Oktober 1504 ließ der kurpfälzische Hauptmann Jörg Wisbeck die Stadt vom Gasteig aus beschießen[3]. Albrecht IV.

gewann die Auseinandersetzung mit Hilfe des Kaisers, dafür mußte Bayern die reichen Gebiete um Kufstein, Kitzbühel und Rattenberg abgeben. Er machte seine Residenz München zur Landeshauptstadt und zementierte den Zustand des wiedervereinigten Gesamtherzogtums durch den Erlaß des Primogeniturgesetzes (Erbrecht für den Erstgeborenen), das zukünftige Gebietszerstückelungen durch Erbstreitigkeiten verhinderte. München stieg dadurch zur Hauptstadt eines der wichtigsten deutschen Territorien auf und gewann, besonders in der Folge der nachreformatorischen politischen Entwicklung, zentrale europäische Bedeutung.

Die politische Entwicklung der Stadt wurde ab dem Zeitpunkt der Hauptstadtwerdung abhängig von der des Landes, die Eigenständigkeit, die im 15. Jahrhundert, dem »eigentlichen bürgerlichen Jahrhundert«[4], erreicht wurde, wurde nun in einem gegenläufigen Prozeß wieder eingeengt, wie der Rat im Lauf des 16. Jahrhunderts immer wieder zu beklagen wußte. Zwar fällt auch in die Mitte des Jahrhunderts der sogenannte »Albertinische Rezeß«, in dem der Stadt bestimmte hoheitliche Rechte bestätigt und neu gewährt wurden, doch ist mit diesem Vertrag zwischen Herzog und Stadt gleichzeitig auch der Umschlagpunkt innerhalb einer eigenständigen Stadtentwicklung erreicht.

München hatte im Jahre 1500 eine Bevölkerung von etwa 13 500 Einwohnern; noch war der Hofstaat sehr klein – es war die Zeit vor der Wiedervereinigung des Fürstentums. 1508 umfaßte der Hof 162 Personen, er wuchs allerdings bis zur Regierungszeit Herzog Wilhelms V. (1548–1626) auf über 800 an; Wilhelms Nachfolger Maximilian I. reduzierte dann wieder bestimmte Teile des Hofstaats – so die Hofkapelle. Gegen Ende des 16. Jahrhunderts wird mit einer Bevölkerung der Stadt von 18–20 000 Einwohnern gerechnet, genaue Zahlen lassen sich, da es weder Volkszählungen noch Statistik gab, nicht ermitteln.

Gewerbe und Handel

Der lukrative Salzhandel, der äußerer Anlaß für die Gründung Münchens gewesen war, spielte auch im 16. Jahrhundert noch eine große Rolle. Es profitierten sowohl die Stadt, durch die Zoll- und

Marktabgaben, als auch die Händler und Gewerbetreibenden, die mit dem Produkt Salz zu tun hatten – hier seien nur die Schäffler erwähnt, die die Transportgefäße, die Fässer, herstellten –, vom privilegierten Salzhandel. Angesehene und wichtige Münchner Familien hatten mit dem Salzhandel gute Geschäfte gemacht; wahrscheinlich leiten sich die Namen der Ratsfamilien Ligsalz, Pötschner und Pütrich vom Salz ab.

So traf die Verstaatlichung des Salzhandels im Jahr 1587 die Münchner Salzhändler an empfindlicher Stelle. Man kann diese Maßnahme als Zeichen frühabsolutistischer Herrschaftsausübung deuten; es spielte für diesen wirtschaftsregulativen Eingriff aber auch der chronische Geldmangel Wilhelms V. eine Rolle, der sich aufgrund seiner regen Bautätigkeit finanziell übernommen hatte. Damit wurde ein bedeutender Zweig der Münchner Wirtschaft getroffen und dem privaten Unternehmertum entzogen. Mit der Veränderung im Salzhandel vollzog sich auch am Salzmarkt in der Prannergasse (heute Promenadeplatz) eine Veränderung in der Bewohnerschaft. Die Salzhändlerfamilien zogen von hier fort, Raum wurde frei für Hofangehörige, eine Personengruppe, die besonders stark in diese Gegend der Stadt drängte.

Im Gegensatz zu den Freien Reichsstädten gab es in landesherrlichen Städten, und so auch in München, kaum Unternehmertum oder eine kapitalkräftige, risikofreudige Groß- und Fernhändlerschaft. Zudem hatten sich gerade in München führende, reiche Familien aus dem Erwerbsleben – übrigens auch von den politischen Ämtern der Stadt – zurückgezogen, um entweder auf Hofmarkssitzen das Leben von Adligen zu führen, mit deren Prinzipien sich das Geschäftsleben nicht vertrug, oder den Dienst in der landesherrlichen Staatsverwaltung zu suchen. Eine Ausnahme bildete die Familie Ligsalz. Sie hatte in Antwerpen, dem nach den überseeischen Entdeckungen europäischen Zentrum für den Welthandel, eine eigene Faktorei und bildete mit der Familie Fleckhamer eine Handelsgesellschaft. Die Gesellschaft war an Darlehens- und Kreditgeschäften beteiligt; 1546 etwa gab sie den Fuggern ein hohes Darlehen[5]. Vermutlich wegen der Kreditgeschäfte ging die Fleckhamer-Ligsalz-Gesellschaft jedoch 1561 in Konkurs.

Im Lauf des 16. Jahrhunderts verlegte sich das Schwergewicht des Münchner Wirtschafts- und Gewerbelebens immer stärker auf verbrauchsorientierte (Luxus-)Warenherstellung und Dienstleistung. Viele Handwerker arbeiteten regelmäßig als Hofhandwerker oder im Auftrag für den fürstlichen Hof; besonders das Kunsthandwerk mit Malern, Bildhauern, Seidenstickern, Bortenmachern usw. nahm deutlich zu. Dazu kamen Dienstleistende wie Sänftenträger, Kutscher, Boten, Wäscherinnen, Dienstboten, deren Auskommen mit dem Vorhandensein des Hofs direkt verbunden waren.

Relativ gut ging es dem Münchner Gastgewerbe, das durch den Hof profitieren konnte, sei es als Beherbergungsstätte für Personen, die sich in geschäftlichen und behördlichen Angelegenheiten in München aufhielten, oder für Gäste, die bei den nun doch zahlreicheren gesellschaftlichen Ereignissen in der Stadt übernachteten. Reichten die Betten in den Gasthöfen nicht aus, wurden auch Privathäuser zur Einquartierung herangezogen – so etwa bei der Fürstenhochzeit von 1568.

Die in ganz Bayern spürbare, vor allem auf den stetigen Bevölkerungszuwachs zurückzuführende und sich durch Preiserhöhungen ausdrückende verschlechterte Versorgungslage machte sich auch in München bemerkbar.

In den frühen sechziger Jahren kam es in München zu Versorgungsengpässen[6]. Bevölkerungswachstum, Inflation, niedrige Arbeitslöhne, Lebensmittelknappheit in der Folge von Mißernten waren auch hier die Gründe. Getreide konnte nicht in ausreichender Menge beschafft werden, die Münchner Bäcker wandten sich an Rat und Hof mit der Bitte um Hilfe.

Nur wenige Jahre später war die Situation auf dem Fleischmarkt ähnlich desolat. Die Münchner Metzger gerieten bei ihren Versuchen, auf den umliegenden Märkten Vieh einzukaufen, in Konkurrenz mit den Augsburger Metzgern, die freier handeln konnten. Sie mußten ihren Einkaufsbereich schließlich bis Wien und zu den großen ungarischen Fleischmärkten ausdehnen. Ihren Höhepunkt fand die Krise, die nicht nur auf dem Gebiet der Lebensmittelversorgung spürbar war, in der Kipper- und Wipperzeit (durch Münzverschlechterung bewirkte Inflationszeit) der zwanziger Jahre des 17. Jahrhunderts.

Auf ein wirtschaftlich zwar nicht bedeutendes, doch über den engeren Wirtschaftsraum hinaus bekanntes Münchner Exportgut sei hingewiesen: die Lautensaiten, deren Name im zeitgenössischen

Englisch »minikin« lautete. In ihrem Reisebericht aus dem Jahre 1554 notierten Philip und Thomas Hoby: »It is a famous towne for the best lutestrings in all Germanie«[7]. Auch ein Jahrhundert später noch wies Fulvio Ruggieri, der Reisebegleiter des päpstlichen Legaten Dommendone, auf die Bedeutung der Münchner Lautensaiten hin[8].

Straßen, Plätze, Häuser

Aus dem 16. Jahrhundert gibt es für die Münchner Stadtgeschichte eine hervorragende dreidimensionale Darstellung, die den Zustand der Stadt in ihrer spätgotischen Ausprägung festhält: das 1570 von dem Straubinger Drechsler Jacob Sandtner für Herzog Albrecht V. angefertigte hölzerne Stadtmodell. Von den Neubauten des 16. Jahrhunderts, die nach der Fertigstellung des Modells errichtet

Blick über den Markt auf die Kaufingergasse mit Schönem Turm, St. Michael und Frauenkirche (Detail aus dem Sandtner-Modell, 1570)

wurden, sind der Jesuitenkomplex und die Residenz nachträglich in das Stadtmodell eingefügt worden.

Zu Beginn des 16. Jahrhunderts beeindruckte die Stadt durch die neuerrichteten großen Gebäude der Frauenkirche, des Herzogssitzes (Neuveste), der städtischen Großprojekte Zeughaus und Rathaus. Schließlich gehörte auch noch der Ausbau der Wallbefestigung zu den größeren Baumaßnahmen des ausgehenden 15. Jahrhunderts. Gegenüber den öffentlichen Baumaßnahmen blieb die private Bautätigkeit bescheiden. Fachwerkhäuser überwogen gegenüber den Steinhäusern. Haupttyp der Häuser war das Traufseithaus, seltener das Giebelhaus, das mit der Stirnseite zur Straße stand. Nur in der Inneren Stadt, dem Bereich, der durch den ersten Mauerring umschlossen war, am Marienplatz, gab es vier- und fünfstöckige Häuser, zum Stadtrand hin nahm die Höhe der Häuser ab. Dieser Zustand blieb durch das gesamte 16. Jahrhundert im wesentlichen erhalten. Nur wurde die Bebauung innerhalb der Stadtmauern durch die steigende Wohnbevölkerung dichter, auch Hinterhäuser wurden errichtet und Innenhöfe bebaut.

Ein wichtiges und – besonders in Reisebeschreibungen – vielgerühmtes Gestaltungsmerkmal in München war die Fassadenmalerei sowohl an öffentlichen als auch an privaten Gebäuden. Dabei wirkten die bekanntesten Künstler mit, so Jan Polack an der Neuveste und am Schönen Turm , dem vermutlich aufgrund seiner Bemalung so bezeichneten Neuhauser Tor. Neben der bildlichen Darstellung mit sakralen, historischen und heraldischen Themen gab es ornamentale Gestaltungen mit weiß-blauem Rautenmuster und den Stadtfarben schwarz und gelb.

Die Stadtviertel

Am Sandtnermodell läßt sich sehr gut die Viertelung der Stadt nachvollziehen, die nicht nur ein optisches Merkmal Münchens war, sondern ein inneres, soziales, gesellschaftliches und wirtschaftliches[9]. Jedes Stadtviertel besaß ein eigenes unverwechselbares Profil.

Das Zentrum der Stadt war der Marienplatz, zu dieser Zeit einfach Markt genannt. Damit ist eine Funktion des Platzes ange-

Das Hackenviertel, darüber das Kreuzviertel, im Hintergrund die Residenzanlage (Sandtner-Modell, 1570)

sprochen: In einem regelmäßigen Turnus wurde hier an den Werktagen der Markt mit Lebensmitteln, mit Wein und Getreide, Eiern, Fischen, Kräutern, Gewürzen, aber auch mit Kurzwaren usw. abgehalten. Die andere, nicht minder wichtige Funktion des Marienplatzes war die als Mittelpunkt des gesellschaftlichen Lebens. Hier wurden Turniere veranstaltet – so 1568 und 1613 im Rahmen fürstlicher Hochzeitsfeierlichkeiten – und Theater aufgeführt. Er diente auch als Gerichtsstätte – im Mittelalter hatte er diese Funktion noch regelmäßig, nun wurde er nur noch bei besonders spektakulären Fällen benutzt, so bei der Hinrichtung des angeblichen Goldmachers Marco Bragadino am 25. April 1591. Die nächtlichen Schlittenfahrten der Münchner Patrizier, die alljährlich nach Heiligdreikönig durchgeführt wurden, nahmen ihren Ausgang vom Markt.

Das Stadtviertel nordöstlich des Marienplatzes, das Graggenauerviertel, hatte eine Doppelfunktion sowohl als bürgerliches Handwerkerzentrum als auch als Sitz höfischer Institutionen und Wohngebiet von Hofangehörigen. Um die Graggenau (heute Platzl) waren lederverarbeitende Gewerbe angesiedelt, die Ircher (Gerber) und Lederer – noch heute trägt eine Straße im Graggenauerviertel den Namen »Ledererstraße« – hatten hier an den Stadtbächen ihre Werkstätten. Im Tal, das die Einfallsseite der Salzhandelsstraße war, lebten neben auffallend vielen Lodern (Lodenstoff gehörte zu den wichtigen Gewerbeprodukten der Stadt) Hufschmiede, Seiler und Wagner, die als dem Transportwesen zuarbeitende Berufe die Bedeutung des Tals als Handelsstraße unterstreichen. Weiter zum Stadtinneren hin war die Bevölkerung vornehmer: Händler, Mitglieder des städtischen Rats und Personen aus dem Hofumkreis. Letztere suchten sich ihre Wohnungen auch an der Vorderen Schwabinger Gasse (heute Residenzstraße). Das innere Tal und die Schwabinger Gasse lagen ja in unmittelbarer Nähe der herzoglichen Gebäude Alter Hof, Neuveste, Residenz. Der Alte Hof diente, nachdem die Neuveste gebaut war, nicht mehr als Wohnung. Er wurde Behördensitz, eine Funktion, die er noch heute hat.

Die Residenz, an der seit Ende des 16. Jahrhunderts gebaut wurde, reichte über die Vordere und Hintere Schwabinger Gasse (Residenz- und Theatinerstraße) in das Kreuzviertel hinein, das dann im 17. Jahrhundert zum »Münchener Marais«[10], dem bevorzugten Wohngebiet der Hofbediensteten und des Hofadels wurde. Wie schon erwähnt, vollzog sich nach der Verstaatlichung des Salzhandels ein Wandel in der Bewohnerschaft des heutigen Promenadeplatzes. Es gab im Kreuzviertel außer den Schäfflern kaum Handwerker. Diese hatten in der Schäfflergasse (heute -straße) aufgrund der Nähe zu Salzmarkt (Promenadeplatz) und Weinmarkt (Weinstraße) ihren Sitz. Die Weinstraße war der einzige Straßenzug der Stadt, der schon mit seiner zeitgenössischen Bezeichnung »Straße« hieß. Wichtiges Element in diesem Viertel war die Kirche, die hier in zahlreichen Klöstern, Kirchen und Stadthäusern auswärtiger Klöster präsent war. Die Frauenkirche mit den Kollegiatstift Zu Unserer Lieben Frau, die Friedhofskirche St. Salvator, die Kirche und das Kloster der Augustiner waren schon zu Beginn des 16. Jahrhunderts vorhanden. Die Jesuitenkirche St. Michael und das Jesuitenkolleg kamen unter Wilhelm V. hinzu, im 17. Jahrhundert siedelten sich mit den Kapuzinern, Karmeliten und Theatinern weitere Orden im Kreuzviertel an.

Das südlich der Neuhauserstraße gelegene Hackenviertel war deutlich anders strukturiert. Man kam in ein mit schmalen Gassen durchsetztes, von Obstbäumen und Gärten durchzogenes Wohn- und Handwerkerviertel. In den unsymmetrischen Straßenstrukturen um das Altheimer Eck wird eine alte vorstädtische Dorfstruktur vermutet[11]. Im Hackenviertel gab es keinen großen städtischen Platz, an dem ein Markt abgehalten werden konnte, nur der Saumarkt fand in der Nähe der oberen Fleischbänke beim Altheimer Eck statt. Der Friedhof der Pfarrei St. Peter war im 15. Jahrhundert an den Westrand des Viertels verlegt worden. In den engen Gassen des Hackenviertels hatten sich konzentriert Vertreter des Textilgewerbes (Weber, Färber und Schneider), der Lebensmittelzubereitung und des Nahrungsmittelverkaufs (Bäcker, Lebzelter, Metzger, Brauer und Gastgeben) sowie des Handels mit Lebensmitteln (Melber, Obser) angesiedelt. Die Sendlinger Gasse, die die Trennung zum vierten Stadtviertel, dem Angerviertel bildete, war ein Zentrum der – im übrigen sich erst seit dieser Zeit, aber nun kräftig etablierenden – Bierbrauer in München.

Mit dem Angerviertel ist das am stärksten städtisch geprägte Stadtviertel erreicht. Hier befanden sich die Stadtpfarrkirche St. Peter, das Heiliggeistspital, das Rathaus, das Kloster St. Jakob, der als Dultplatz genutzte städische Anger, das städtische Zeughaus, das Mang- und das Färbhaus, die unteren Fleischbänke und der Roßmarkt. Das Spektrum der Bevölkerung des Angerviertels reichte von der bürgerlichen Elite, den Patriziern am Rindermarkt und dem mit einer Bürgerlichen, Maria Pettenbeck (1573–1619), verheirateten Bruder Herzog Wilhelms V., Herzog Ferdinand (1550–1608), bis zu den Fischern am Fischerbächl. Im Angerviertel lebten auch die Außenseiter der Gesellschaft, der Scharfrichter und die Bewohnerinnen des städtischen Frauenhauses am südlichen Stadtrand direkt an der Stadtmauer.

Der Besuch Kaiser Karls V. im Jahr 1530

Zu den gesellschaftlichen Höhepunkten in der Residenzstadt in den ersten Jahrzehnten des 16. Jahrhunderts gehörte sicher der Aufenthalt Kaiser Karls V. (1500–1558) in den ersten Junitagen des Jahres

München beim Einzug Kaiser Karls V. 1530 (Holzschnitt von N. Meldemann nach Hans Sebald Beham)

1530 in München[12]. Karl V. war auf dem Weg zum Reichstag nach Augsburg und machte für einige Tage Station bei seinen wittelsbachischen Vettern. Militärische Demonstrationen wie Paraden mit allem aufzubietenden Glanz und der Vorführung der neuesten Waffen, Schaukämpfe, die Erstürmung einer vor der Stadt errichteten, nur für diesen Zweck konstruierten »potemkinschen« Burg – die acht Kämpfern das Leben kostete –, ein Fischerstechen und die Hirschjagd gehörten ebenso zum Programm des Kaiserbesuchs wie der Festgottesdienst in der Frauenkirche und die Darstellung von lebenden Bildern in den Straßen der Stadt. Der festliche Teil, das Abendessen im Kreis der vornehmsten Gesellschaft, fand der Überlieferung nach am zu dieser Zeit gewiß schönsten Ort der Stadt statt, im sogenannten Lusthaus im Hofgarten. Gegen ein Uhr nachts, nach dem 32. Gang der Menüfolge, brach der Kaiser das Essen ab, um nun noch den Ball im städtischen Rathaus zu besuchen. Nachdem am nächsten Tag noch einmal eine Jagd auf dem Programm des Kaisers und seines Gefolges stand, zu dem auch König Ferdinand von Böhmen, Herzöge, Pfalzgrafen und Markgrafen, geistliche

Würdenträger, darunter der päpstliche Legat Kardinal Campeggi, gehörten, verließen die Gäste am 14. Juni München, um über Fürstenfeld nach Augusburg weiterzureisen.

Architektur und Malerei im frühen 16. Jahrhundert

Zu Beginn der Neuzeit stand München noch ganz in der Tradition der Spätgotik, die beiden herausragenden Künstler dieser Stilepoche, Erasmus Grasser und Jan Polack, lebten und arbeiteten in München bis 1518/19. Alte und neue Kunstauffassung, Spätgotik und Renaissance existierten eine Zeitlang nebeneinander. Es waren die wittelsbachischen Landesherren, die auf dem Feld der Übernahme neuer Kunstrichtungen prägend eingriffen. Das begann mit dem von 1508 bis 1550 regierenden Wilhelm IV., dem »Mäzen neuer fürstlicher Lebenshaltung und Kunstkultur«[13]. Vom Hof, nicht von der Stadt und ihren Bürgern gingen die Impulse aus. Wilhelm IV. war ein Fürst, der mittelalterliches Ritterideal und Ideen des Humanismus und der Renaissance miteinander verband. Von ihm ist ein Turnierbuch überliefert, das alle von ihm besuchten Turniere verzeichnet[14]. Zwei Beispiele aus dem Bereich der bildenden Kunst sollen hier stellvertretend für diese Epoche stehen. Eine Besonderheit höfischer Baukunst im Deutschland des frühen 16. Jahrhunderts stellte das sogenannte Lusthaus im Hofgarten dar. Dieser zweigeschossige, tempiettoartige, als Zentralbau – Idealform in der Renaissancearchitektur – errichtete Bau lag inmitten des fürstlichen Hofgartens und diente dem Fürsten zur Rekreation und Repräsentation. Bei der Einbeziehung der Gartenanlage in die Stadtbefestigung wurde das Gebäude abgebrochen. Vermutlich für dieses Lusthaus ließ Wilhelm IV. von den bekanntesten Malern seiner Zeit – darunter Albrecht Altdorfer (1480–1538), Barthel Behaim (1502–1540), Hans Burgkmair (1473–1531) – die sogenannten Historienbilder malen, Bilder, deren Themen die »hervorragende[n] Äußerungen männlicher Tugend und Tapferkeit« sowie »Taten berühmter Frauen« waren[15]. Konzeption und Umsetzung der Arbeiten lassen auf den humanistischen Hintergrund sowohl des Auftraggebers als auch der Ausführenden schließen. Das bekannteste dieser Bilder ist Altdorfers »Alexanderschlacht«.

Herzog Albrecht V. mit Söhnen und Räten (Hans Muelich, Illustrationen zu den Bußpsalmen des Orlando di Lasso, 1560/71)

Die führende Malerpersönlichkeit in der Epoche Wilhelms IV. war Hans Muelich (1516–1573). Er kam aus München, hatte in der Werkstatt seines Vaters, des gleichnamigen Stadtmalers, gelernt und war Mitglied der Münchner Malerzunft. Bildnismalerei und Buchmalerei sind im 16. Jahrhundert ohne ihn nicht denkbar, als Beispiele seiner Kunst seien die in der Alten Pinakothek ausgestellten Bildnisse des Bürgermeisters Andreas Ligsalz und seiner Frau sowie des Erbprinzen Albrecht V. genannt. Besonders viel arbeitete er im Auftrag eben dieses Albrechts, des Sohns Wilhelms IV., der 1550 nach dessen Tod die Regierung antrat und mit dem er freundschaftlich verbunden war. In seinem Auftrag verfertigte er die Kleinodienbücher und die heute in der Staatsbibliothek befindlichen Illustrationen zu Orlando di Lassos Motetten und Bußpsalmen, die zu den Meisterwerken der bildenden Kunst gerechnet werden.

Als ein Umschlagpunkt innerhalb der städtischen Kunstentwicklung darf die Lösung in der Frage der Bedeckung der noch »hut«-losen Frauentürme angesehen werden; statt der Bekrönung mit den ursprünglich vorgesehenen gotischen Spitzhelmen[16] entschloß sich der Rat zur neuen Form der »welschen« Hauben, die 1524 aufgesetzt wurden und im Jahr darauf mit den 2 m hohen Goldknäufen bekränzt wurden. Dieses Vorhaben war die einzige größere Kunstaktion der Bürger, ansonsten setzte der Hof die Impulse. Das Bürgertum übernahm jedoch die neuen Kunstströmungen vom Hof, so etwa im Bereich der Portraitkunst: 1525 fertigte Friedrich Hagenauer (1490/1500 – nach 1546) Portraitmedaillen von Herzog Wilhelm IV. und dem Hofkapellmeister Ludwig Senftl; 1527 ließ sich das Patrizierehepaar Sebastian und Ursula Ligsalz in derselben Technik konterfeien. Ähnliches ließ sich auch bei den Bildnisportraits von Barthel Behaim beobachten.

Bis auf Hans Muelich waren es auswärtige Künstler, die das Kunstleben bestimmten, die Maler Altdorfer aus Regensburg, Hans Wertinger (1465/70–1533) aus Landshut, Wolf Huber (um 1485–1553) aus Passau, Barthel Behaim aus Nürnberg, der Bildhauer und Medailleur Friedrich Hagenauer aus dem Ober- und Mittelrheingebiet, der Hofkapellmeister Ludwig Senftl (um 1486–1542/43) aus der Schweiz, schließlich aus den Niederlanden Orlando di Lasso (1532–1594). Die Residenzstadt war nun – und in den kommenden Jahrhunderten verstärkt – Anziehungspunkt geworden für eine internationale Künstlerschaft. Eine Beobachtung, die sich innerhalb der Staatsverwaltung wiederholt: Eine Vielzahl der Hofbeamten und Amtsträger stammte aus nichtbayerischen Territorien[17].

Portraitmedaillen von Sebastian und Ursula Ligsalz (Holzmodelle, Friedrich Hagenauer, 1527)

Literatur, Musik und Theater

Von Herbst 1513 bis 1514, in der Mitte seiner Gesellenwanderschaft durch die deutschen Lande, hielt sich auch der Nürnberger Schuhmacher und spätere Meistersinger Hans Sachs (1494–1576) in München auf. Nach seinen eigenen Aussagen muß er hier seine ersten dichterischen Versuche gemacht haben:

> *»Meines alters ... im zwanzigsten jar fieng ich zu dichten an ... zu Münnichen als man zelt zwar funfzehhundert viertzehen jar / half auch daselb die schul verwalten«.*[18]

Der Hinweis auf seine Tätigkeit in der Schule – gemeint ist vermutlich die städtische Poetenschule, die 40 Jahre später mit Martin Balticus (1532–1600) einen wichtigen und weitbekannten Dichter zum Leiter erhielt – weist allerdings auf eine schon bestehende Bekanntheit des dichtenden Handwerkers hin. Nicht nur zu dichten fing Hans Sachs in München an, er erfuhr auch in München »der ersten Liebe gold'ne Zeit«:

»Als ich in meiner Jugend Stand / Zu Münichen im Bayerland / Gesellenweis mein Handwerk trieb, / Da ward gefangen ich in Lieb / Gen einer Jungfrauen fürwahr / Etwas fast auf ein ganzes Jahr.« [19]

Mit Wilhelm IV. hielt der Humanismus in München Einzug[20]. Es sei nur an Aventinus (Johannes Turmair) (1477–1534) erinnert, den Prinzenerzieher und seit 1517 Landeshistoriographen; er verfaßte die »Bairische Chronik«. Auch der Leiter der Hofkapelle, Ludwig Senftl, gehörte zum Kreis der Münchner Humanisten. Zu den Humanisten zählten auch einige der Hofräte. Über den Umweg des herzoglichen Hofs nahm man in der Stadt verstärkt Anteil an der neuen Geisteshaltung des Humanismus: 1521 wechselte die 1478 gegründete städtische Poetenschule in das Haus am Frauenplatz, 1537 erschien die erste deutsche Odysseeübersetzung (Griechenland als Bezugspunkt der Humanisten) durch den Münchner Stadtschreiber Simon Schaidenreisser (um 1500 – nach 1573), der sich in Humanistentradition lateinisch Minervius nannte. Schaidenreisser gehörte mit anderen Literaten zu dem humanistischen Gelehrtenzirkel »sodalitas litteraria«, der sich etwa 1530 um den Patrizier Bartholomäus Schrenck (1508–1576) etablierte[21]. Manche Privatbibliothek in patrizischem Haus wurde angelegt, einige Familien gingen daran, Familienchroniken zu verfassen (Schrenck, Reitmor, Rosenbusch, Ridler, Weiler, Ligsalz). Zur humanistischen Tradition ist auch Anna Reitmor zu rechnen, eine gebildete Patrizierin, die der Hofbibliothek mehrere Bücher vermachte und deren großen Verdienst es ist, daß mit ihrer Abschrift der Katzmair-Denkschrift über die städtischen Unruhen um 1400 eine äußerst wichtige Quelle zur Münchner Stadtgeschichte erhalten blieb.

Zu den wichtigsten Künstlern, die in München lebten und arbeiteten, gehörte der aus den Niederlanden stammende Hofkapellmeister und Komponist Orlando di Lasso (1532–1594). Er wurde 1556 von Albrecht V. an den Münchner Hof geholt, wo er zunächst anscheinend jedoch mit Reserviertheit empfangen wurde: Einen »Hergelaufenen« nannten ihn die Hofräte[22]. Dennoch lebte er sich bald ein, gründete eine Familie, seit 1558 war er mit Regina Wekhinger († 1600) verheiratet, und lebte in der Stadt bis zu seinem Tod 1594. Das Orlandohaus am Platzl erinnert an ihn (sein Wohnhaus war allerdings das danebenliegende Eckhaus). Unter seiner

Leitung gewann die Hofkapelle internationalen Ruhm, sie hatte in seiner Zeit auch die größte Mitgliederstärke. Orlando selbst komponierte nicht nur für den Münchner Hof, auch andere Fürsten gaben ihm Kompositionsaufträge. Sein Werk umfaßt über 2000 Kompositionen. Seine Söhne waren ebenfalls als Musiker am Münchner Hof tätig, Rudolf (um 1563–1626) als Komponist und Organist, Ferdinand (um 1560–1609) wurde nach 1602 ein Nachfolger seines Vaters als Hofkapellmeister, allerdings mit personell und finanziell reduzierten Mitteln. Für Maximilian I. spielte die Musik nicht die führende Rolle im Kanon der Künste wie für seine Vorgänger.

Zur Musik gehört auch das Theater, das im 16. Jahrhundert weniger der Ergötzung als der sittlich-moralischen Belehrung und der Erziehung diente. 1510 wurde in München ein Jedermann-Spiel aufgeführt. Aus der zweiten Jahrhunderthälfte sind die unter freiem Himmel aufgeführten, mehrere Tage dauernden Jesuitendramen bekannt (1577 kam das Stück »Esther« zur Aufführung, 1602 der »Cenodoxus« des Jacob Bidermann), die schließlich als das »Jesuitentheater« eine eigene Gattung innerhalb der Literaturgeschichte bildeten.

Auch die beliebte Aufführung von Lebenden Bildern aus dem biblischen oder mythologischen Bereich zu zahlreichen festlichen Anlässen gehört in die Rubrik der Theateraufführungen.

Der Albertinische Rezeß

1561 wurde der Stadt von Herzog Albrecht V. ein Vertrag vorgelegt, der unter anderem die Besteuerung und Rechtsstellung von Hofangehörigen regelte und Formen der städtischen Gerichtsbarkeit neu bestimmte bzw. bestätigte, der sogenannte »Albertinische Rezeß«[23]. Diese Verordnung wird als der Höhepunkt bürgerlich-städtischer Autonomie angesehen, brachte er doch der Stadt die Gerichtsbarkeit über vormals der herzoglichen Gerichtsbarkeit unterstehende Gruppen wie Brauer, Müller und Kupferschmiede. Bestätigt wurde der Stadt die Blutgerichtsbarkeit, also das Recht, auch in Gerichtsfällen auf Leben und Tod Recht zu sprechen[24]. Zum Zeitpunkt des Erlasses blieben dem Herzog tatsächlich nur wenige Rechte in der Stadt wie die Erbhuldigung bei Regierungsantritt eines Herzogs durch den Rat der Stadt, das Bestätigungsrecht des Herzogs bei der jährlichen Wahl des Inneren Rats der Stadt und dessen Treueeid, der Zoll und die regelmäßige Jahressteuer von 600 Pfund Pfennige. Doch wurde mit dem Albertinischen Rezeß gleichzeitig eine gegenläufige Entwicklung im Verhältnis von Stadt und Staat eingeleitet. Staatliche Maßnahmen griffen in der Zukunft immer stärker in städtische Belange ein, die wirtschaftspolitischen Maßnahmen wie Verstaatlichung des Salzhandels oder staatliche Monopole beim Bierbrauen sind nur ein Teilaspekt der Entwicklung. Mit dem Erstarken herzoglicher Macht, die sich auch im Anwachsen landesherrlicher Behörden äußerte, ging der Einfluß der Stadt und ihrer Bürger deutlich zurück. Seit der Mitte des 16. Jahrhunderts entwickelten sich aus ursprünglich einer Zentralbehörde, dem Hofrat, verschiedene »Ressorts« heraus: 1550 die Hofkammer, 1570 der Geistliche Rat, 1582 der Geheime Rat und Hofrat, 1583 der Kriegsrat.

VIII. Stadt in der Gegenreformation

Fürstenhochzeit 1568

Zu den kostspieligsten und glanzvollsten Festen, die München im 16. Jahrhundert erlebte, gehörten die Feierlichkeiten bei der Hochzeit Herzog Wilhelms V. (1548–1626) mit Renata von Lothringen (1544–1602) im Jahr 1568[1]. Drei Wochen dauerten die Feierlichkeiten, 6000 Gäste waren in der Stadt anwesend, die vornehmsten, unter ihnen die Erzherzöge Ferdinand und Karl, die Brautmutter Herzogin Christine und der Herzog von Vaudemont, waren beim Herzog untergebracht, ein Teil der Gäste nahm Quartier bei den Patrizierfamilien Rudolph, Weiler, Reitmor und Schrenck. 190 000 Gulden betrugen die Kosten für das Fest, deren größten Teil die

Turnier auf dem »Marienplatz« anläßlich der Vermählung Herzog Wilhelms V. von Bayern mit Renata von Lothringen (Radierung, Nikolaus Solis, 1568)

Landschaft, das Ständeparlament, bezahlte. Die Trauung fand in der Frauenkirche statt, der weltliche Teil mit Tanz, Schauessen und Turnieren wurde sowohl in der Neuveste als auch auf dem Marktplatz veranstaltet, so daß die Bevölkerung, wenn auch in erster Linie als Zuschauer, ebenfalls einen Teil der Feierlichkeiten miterleben konnte. Den Münchner Patriziern blieb es vorbehalten, als Vertreter der Stadt am Ball teilzunehmen, der am dritten Festtag auf dem Münchner Rathaus für das Brautpaar veranstaltet wurde. 15 kolorierte Radierungen (sechs davon stellen die Turniere dar) von Nikolaus Solis geben einen Eindruck wieder von dem glanzvollen Hochzeitsfest. In der Art, wie prunkvoll und aufwendig diese Hochzeitsfeier zelebriert wurde, wurde die staatspolitische Absicht sichtbar, die Welt von der Verbindung zweier katholischer Fürstentümer zu unterrichten.

Reformatorische Bewegung

Obwohl München die Hauptstadt des katholisch(st)en Herzogtums Bayern war, blieb es nicht unberührt von den religiösen Veränderungen, die, ausgelöst von Luthers Thesenanschlag, die Welt der Gläubigen in Unruhe brachte. In München gab es sehr früh und in allen Bevölkerungsschichten Anhänger der neuen Lehre. Bis an den Hof ging die Sympathie für den Mann aus Wittenberg, dem Hofkapellmeister Ludwig Senftl wird eine Freundschaft mit Luther zugeschrieben. Luthers Lehrer und Berater Johann von Staupitz (um 1468–1524), war von 1500–03 Prior im Münchner Augustinerkloster und hielt sich auch in späteren Jahren noch einige Male in München auf[2].

Die evangelische Bewegung in München läßt sich in zwei Phasen einteilen: eine frühe in den zwanziger Jahren, die als Frömmigkeits- und Protestbewegung ohne führende Persönlichkeiten und ohne Ausbildung von Gemeinden mit einer Anhängerschaft quer durch die Bevölkerung gekennzeichnet ist, und die zweite in der Regierungszeit Albrechts V. (1528–1579), die in Hausgebetskreisen, Winkelschulen und Liederkreisen Frühformen von Gemeindebildung zeigte und stärker in den oberen Gesellschaftsschichten angesiedelt war. Diese Bewegung hieß Kelchbewegung, so genannt nach dem Hauptpunkt der Forderungen, der Freigabe des »Laienkelches«, der Kommunion unter beiderlei Gestalt mit Brot und Wein.

Ihr Ende und damit überhaupt das Ende der evangelischen Bewegung bis zum frühen 19. Jahrhundert, als mit dem Gastwirt Johann Balthasar Michel der erste Protestant Bürger in München werden konnte, fand die evangelische Bewegung des 16. Jahrhunderts mit den drei Religionsverhören in den Jahren zwischen 1567 und 1571, in deren Folge einige, darunter auch vermögende Personen und Mitglieder des Äußeren Rats, der Stadt den Rücken kehrten und sich in den Reichsstädten Augsburg, Regensburg, Nürnberg und Ulm niederließen.

Gegenreformation

Zu Verfolgungen von Andersgläubigen kam es schon in den zwanziger Jahren: Nach dem ersten Religionsmandat von 1522 (Verbot der Verbreitung der Lehren Luthers) gab es auch in München Hinrichtungen. Zunächst war wohl eher die Furcht vor (politischen) Unruhen, vor »Aufruhr, Rumor und Überfall«[3] ausschlaggebend für die harte Haltung der Regierung, weniger der theologische Aspekt, daher auch das unnachgiebige Durchgreifen. Die Verfolgungen nahmen nach dem Täufermandat von 1527 zu, auf die Anzeige von Wiedertäufern und Lutheranern wurden nun Belohnungen ausgesetzt – in unterschiedlicher Höhe, die Anzeigung eines Wiedertäufers wurde mit einer höheren Prämie belohnt.

Weitere Maßnahmen gegen die Verbreitung der neuen Lehre waren neben den Religionsverhören die Durchsuchung von Drukkereien und Privatbibliotheken nach Lutherschriften, Kirchenvisitationen, die Pflicht zur Vorlage von Beichtzetteln und die vom Hof der Stadt auferlegte Anstellung und Bezahlung von Spitzeln, den sogenannten heimlichen Jüngern, die den Wandel der Bürger beobachten sollten.

Ist von Gegenreformation die Rede, denkt man an den Orden, dessen Name beinahe synonym für katholischen Glauben und katholische Erneuerung steht, den Orden der Jesuiten. Schon 1549 nach Bayern berufen, zunächst in die Universitätsstadt Ingolstadt, ließ Herzog Albrecht V. die Jesuiten 1559 nach München kommen,

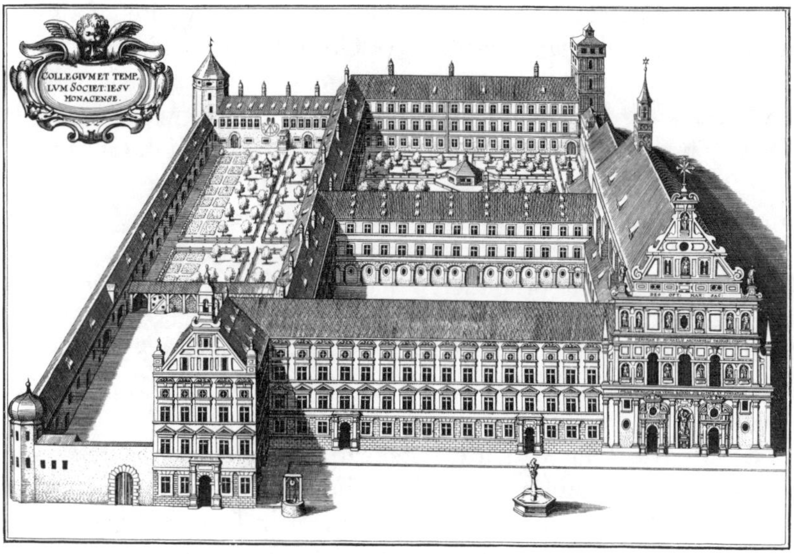

Jesuitenkolleg mit Michaelskirche (Kupferstich, Matthäus Merian d. Ä., 1644)

um ihnen den Kampf gegen die Reformation zu übertragen. Zunächst residierten sie im Augustinerkloster, wo sie sofort das Gymnasium eröffneten, das als Erziehungsanstalt ein wirksames Instrument der Glaubensvermittlung wurde. Bald überflügelte es die anderen Schulen in München: Die städtische Poetenschule mußte schließen, und die beiden kirchlichen Schulen »sanken zu Vorbereitungsschulen für das Jesuitengymnasium herab«[4].

Auch die erwachsene Bevölkerung wurde in die Glaubensarbeit einbezogen. Durch öffentliche Spiele und oft mehrtägige Theateraufführungen (das schon erwähnte Jesuitentheater) wurden in Vorwegnahme barocker Praxis die religiösen Emotionen der Bevölkerung angesprochen. Auf dem Marktplatz wurden unter großem Aufwand mit bis zu 2000 Beteiligten die Dramen »Esther« und »Konstantin« aufgeführt, ebenso Jedermannspiele. Die Tragödie »Cenodoxus, Doktor von Paris« bewegte mehrere Zuschauer, ins Kloster einzutreten. Die bekanntesten Dichter der Zeit, Jacob Balde (1604– 1668), Jacob Bidermann (1578–1639) und Jeremias Drexel (1581–1638), waren Jesuiten.

Auch der alltägliche Kultus der Gläubigen wurde von den Jesuiten besetzt, in den Kongregationen konnten die Menschen, nach gesellschaftlicher Stellung unterteilt, sich aktiv der Religionsausübung auch außerhalb der üblichen Gottesdienste widmen.

Schließlich muß das erneut aufkommende Prozessionswesen mit den Jesuiten in Verbindung gebracht werden, das – wie die anderen Aktivitäten auch – am Hof starke Unterstützung fand. Gut unterrichtet sind wir über die Gestaltung der Fronleichnamsprozession, da aus dem Jahr 1580 eine Prozessionsordnung überliefert ist, die bis ins Detail Vorbereitung und Ablauf der Prozession zeigt. Herzog Maximilian I. legte besonderen Wert auf die Teilnahme des Hofs und der Räte an der wöchentlichen Donnerstagsprozession. So weiß man aus dem Jahre 1624, daß der Kurfürst den Inneren Rat mit einer Strafe von 50 Reichstalern belegte wegen Vernachlässigung der Prozession[5].

Schon Albrecht V. hatte vorgehabt, den Jesuiten Kirche und Kolleg errichten zu lassen, er vermachte dies jedoch als testamentarische Aufgabe seinen Nachfolgern. In seinem Testament schrieb er:

»Es ist unsere ernstliche Meinung, daß die in den beiden Städten München und Ingolstadt gestifteten Jesuitenkollegien von unsern geliebten Söhnen, Erben und Nachkommen Gott dem Allmächtigen zu Lobe, Land und Leuten zu Nutzen, auch zu Pflanzung und Rettung unserer alten, wahren, katholischen Religion in beständiger Würde und Kraft erhalten, mit nichten revoziert oder abgethan werden, sondern mit der Zeit noch mehr gebessert, gemehrt und dotiert werden.«[6]

Bildende Kunst unter Albrecht V. und Wilhelm V.

Gerade auf dem Feld der Kunst ist die Epoche der Gegenreformation in besonderer Weise vertreten, lag doch in der Kunst die Möglichkeit, sowohl Herrschaftslegitimation sinnfällig zu machen als auch durch ihre Ausdrucksfähigkeit glaubensstärkend zu wirken. Gerade die Architektur bot hier die Chance, dieses Anliegen wirkungsvoll zum Ausdruck zu bringen.

In der zweiten Hälfte des 16. Jahrhunderts gingen nur vom Hof bedeutende Bauaufträge aus, die Stadt ließ außer dem Stadtschreiberhaus in der Burgstraße, dem heutigen Weinstadel – die Fassadenmalereien stammten von Hans Muelich –, keinen Neubau erstellen.

Wie schon in der ersten Jahrhunderthälfte fanden nach 1550 Ausbesserungs- und Verschönerungsarbeiten an städtischen Gebäuden statt; von den zu der Zeit noch zwei Türmen der Peterskirche wissen wir, daß sie 1587 von einem Weilheimer Maler neu gestrichen und die Schindeln ausgebessert wurden, der dafür von der Stadt 40 Gulden Lohn erhielt[7].

Münzhof, ehemals Marstallgebäude (erbaut 1563–67 von Wilhelm Egkl)

An bewußt gewählter Stelle, zwischen bürgerlichem Rathaus und fürstlicher Hofhaltung, an der Nordseite des Marienplatzes ließ die Landschaft, das Ständeparlament, in der zweiten Jahrhunderthälfte das Landschaftshaus als Versammlungsort und Repräsentationsgebäude errichten; auch hier war Hans Muelich für einen Teil der Malereien verantwortlich.

Unter Herzog Albrecht V. gab es zwei kunstgeschichtlich bedeutsame Bauprojekte: den in etwas schwerfälliger deutscher Renaissancerezeption zwischen 1563 und 1567 als Marstallgebäude errichteten Münzhof (erst 1809 wurde er staatliche Münze), der durch seine zusätzliche Funktion als Kunstkammer und Sitz der erst 1558 gegründeten Bibliothek eines der ersten Museen nördlich der

Alpen wurde; der weitere wichtige Bau war das 1569–71 gebaute, später in den Residenzkomplex integrierte Antiquarium, das von vornherein für die herzogliche Bibliothek und die sich rasch erweiternde Antikensammlung gedacht war und somit als der erste deutsche Museumsbau sowie als bedeutendster Renaissanceprofanbau nördlich der Alpen galt. Beide Bauten wurden vom Hofbaumeister Albrechts V. Wilhelm Egkl (um 1520–1588) errichtet. Bei der Planung des Antiquariums war auch Jacopo Strada (1507–1588) beteiligt, kaiserlicher Antiquarius in Wien und Kunstberater Herzog Albrechts V., von dem es ein Porträt aus den Händen Tizians gibt.

Die Bauvorhaben, die während der Regierungszeit Wilhelms V. durchgeführt wurden, waren für die Stadt sehr viel einschneidender, wurden doch dafür bedeutende Teile aus der bürgerlich-städtischen Bausubstanz herausgerissen. Für den Bau des Jesuitenkollegs und der Kirche St. Michael an der Neuhausergasse wurden im Kreuzviertel 35 Bürgerhäuser abgerissen, die sich daran anschließende Wilhelminische Veste – beides zusammen sollte Wilhelms »Escorial« werden – beanspruchte noch einmal den Baugrund von 54 Häusern[8].

St. Michael gehört zu den ehrgeizigsten Plänen der bayerischen Herzöge. Hier verbanden sich Elemente der Glaubensdemonstration mit denen der Herrscherlegitimation. So ließ Wilhelm V. an der Fassade der Michaelskirche unter dem Schutz einer in der obersten Nische aufgestellten Christusfigur eine Ahnengalerie bayerischer Herrscher anbringen, die die Ahnenreihe der Wittelsbacher Herzöge darstellte – eine ungewöhnliche Gestaltung für eine Kirche. Der Kirchenbau selbst, dessen Bauzeit sich in zwei Phasen von den ersten Maßnahmen 1581 über die Grundsteinlegung 1583 nach mehreren Schwierigkeiten bis zur Einweihung im Jahr 1597 hinzog, gilt trotz der noch vorhandenen Renaissancezüge als Beginn der Barockperiode in Bayern.

Auf dem Gelände der Residenz wurde in der Regierungszeit Wilhelms V. als herausragendes Zeugnis manieristischer Kunstauffassung der vierflüglige Grottenhoftrakt um ein »Geheimes Lust- und Residenzgärtlein«[9] mit Grotesken und Muschelverkleidung von dem fürstlichen Baumeister Friedrich Sustris (um 1540–1599) errichtet. Sustris hatte seit Wilhelms Erbprinzenzeit in

Landshut dessen besonderes Vertrauen genossen; er leitete alle wichtigen Bauvorhaben der zweiten Hälfte des 16. Jahrhunderts und blieb auch nach der Übergabe der Regierungsgeschäfte an Maximilian I. bis zu seinem Tod 1599 weiterhin Wilhelms V. persönlicher Baumeister.

Gerade die aufwendigen Baumaßnahmen seiner Regierungszeit waren es, die Herzog Wilhelm V. hohe Schulden im Staatsetat machen ließen und die ihn bewogen, seinen Sohn Maximilian schon sehr früh in die Regierungsarbeit mitaufzunehmen und ihm schließlich 1597 die Regierungsgeschäfte ganz zu übergeben. Er selbst zog sich zurück, entweder in seine Stadtresidenz, die Wilhelminische Veste, oder nach Schleißheim, einen Landsitz im Norden der Stadt mit »irdischem« Gutsbetrieb – die dort produzierten landwirtschaftlichen Produkte wurden verkauft [10] – und »geistlichen« Rückzugsmöglichkeiten – im Umkreis des Herrenhauses befanden sich neun Eremitenkapellen. Erst nach Wilhelms Tod ließ Maximilian I. dort einen Schloßbau errichten, das heutige Alte Schloß.

IX. München – Hauptstadt des Kurfürstentums Bayern

Maximilian I.

Maximilian I. (1573–1651) war anders disponiert als sein Vater. Er zeigte mehr politischen, staatsmännischen Willen, war entschiedener, in seinen persönlichen Vorlieben anders ausgerichtet. Philipp Hainhofer, bekannter Kunstagent des frühen 17. Jahrhunderts, von dessen Münchenaufenthalt Aufzeichnungen hinterlassen und veröffentlicht sind, charakterisierte Maximilian folgendermaßen:

> *»Die größte recreation vnd vnkosten dises fürsten seind die schöne pferd vnd schönes gestüed, die raiger-*[Reiher] *vnd falckhenbaiss, die gioie oder clinodia, die kunst und mahlerey vnd dass drehwerckh* [Elfenbeinschnitzerei], *wie dann ihre drt. gar schöne sachen drehen. Vberflüssigen essen vnd trinckhen, spilen, zu vilen jaden, ritterspilen vnd anderen kurtzweilen vnd vaniteten fragen ihre drt. nit nach.«* [1]

Die angesprochene Freude an der »mahlerey« äußerte sich im Bildersammeln, vor allem von Werken des 1528 verstorbenen Albrecht Dürers. Auf Maximilians Betreiben wurden u.a. der Paumgartner-Altar, die »Beweinung Christi«, die »Vier Apostel« (alle Alte Pinakothek) für München erworben. Hainhofer fuhr fort:

> *»Sie halten ein gutes Regiment, überlesen die Supplicationes und andere Schriften zum Unterschreiben selbst, korrigieren sie selbst, dekretieren oft selbst, und ich höre Ihrer Durchlaucht hohen Verstand und Judizium von Räten und andern sehr rühmen.«* [2]

Hier wird der asketische Zug und das Arbeitsethos Maximilians sichtbar, dem als Ideal fürstlichen Herrschens die Funktion als pater patriae, also Landesvater, Hausvorsteher vorschwebte, wie er in seinen »Treuherzigen Ermahnungen« schrieb[3]. Wie Hainhofer es schilderte, ist Maximilian diesem Ideal durchaus nahegekommen:

> *»An diesem Hof ist vortrefflich gute Ordnung in allen Sachen,*

schleunige Bezahlung, ein nüchternes stilles und friedliches Leben. Der regierende Herr macht sich von allen seinen Räten fürchten und lieben. Er gibt viel auf gut Fleiß, belohnt's auch reichlich, macht alles hurtig und fleißig, ist früh und spät an der Arbeit, hört alle Morgen seine Messe, und wenn er dahin oder zurück geht, nimmt er von den armen Untertanen die Supplicationes an, überliest sie, gibt sie nachher dem von Rechberg [Oberhofmeister und Oberstkämmerer] [...] *und sagt ihm, was er tun soll.«* [4]

Von einer Liebe zur Musik schreibt Hainhofer in seiner Aufzählung der fürstlichen Vorlieben nichts, und in der Tat legte der Herzog kaum Wert auf Musik. Er reduzierte die Hofkapelle, 1594 kam sogar Orlando di Lasso auf die Abdankungsliste – er starb jedoch, bevor die Entlassung realisiert wurde. Bezeichnend mag noch ein Blick in die Hofzahlamtsrechnungen sein: Rudolf di Lasso, Orlandos Sohn, bekam für einige Misere-Vertonungen 15 Gulden, ein Diener, der der Herzogin Hunde aus Lothringen überbracht hatte, bekam als Belohnung 20 Gulden überreicht [5].

Staatliche Eingriffe in Wirtschaft und Verwaltung

Maximilians Auffassung von Staatsführung als persönlicher Angelegenheit des Fürsten entsprach es, auch die Angelegenheiten seiner Hauptstadt (seit 1575 war die Bezeichnung »Fürstliche Hauptstadt« üblich) in die Kompetenz des Fürsten zu übernehmen. So häuften sich unter seiner Regierung die Fälle von Nichtbestätigung von Mitgliedern des städtischen Ratsgremiums und die Durchsetzung eigener Kandidaten für Ratsämter. 1598 und 1602 ernannte er selbst die Bürgermeister des Inneren Rats; schon Wilhelm V. hatte den monatlichen Turnus im Wechsel des Bürgermeisteramts abgeschafft [6]. Maximilian ließ die städtischen Privilegien und Handwerksordnungen auf ihre Gültigkeit überprüfen. Die staatlichen Einflußnahmen auf städtische Gerichtsangelegenheiten sowohl in Strafgerichtssachen als auch in Zivilrechtsdingen häuften sich.

Auch auf wirtschaftlichem Gebiet kam es zu stärkeren Eingriffen. Die Verstaatlichung des Salzhandels wurde schon unter Maximilians Vater durchgeführt. Nun wurden Bereiche des Brauwesens – Weißbier (1607), Bockbier (1613) – verstaatlicht, herzogliche Brauhäuser wurden errichtet. In München zeugt das 1896/97 auf dem Gelände des kurfürstlichen Weißbräuhauses errichtete Hofbräuhaus am Platzl noch davon. Besonders im Bereich des Tuchgewerbes versuchte Maximilian I. regulierend einzugreifen und den Import von ausländischem teuren Tuch zugunsten der Produktion einheimischer Tuche einzuschränken. Auch die von ihm erlassenen Kleiderordnungen sind in diesem Zusammenhang zu sehen. Im Rahmen der frühmerkantilistischen Maßnahmen wurde 1604 eine Teppichweberei gegründet.

Der Dreißigjährige Krieg setzte der Weiterentwicklung dieser staatlichen Einflußnahme auf die Wirtschaft im Lande vorerst ein Ende, unter Maximilians Nachfolger Ferdinand Maria wurden diese Maßnahmen dann wieder verstärkt fortgeführt.

Residenzausbau

Was für seinen Vater St. Michael und die Wilhelminische Veste war, die zusammen dessen ›Escorial‹ bildeten, wurde für Maximilian I. die Residenz. Jeder Herrscher hatte sein in Stein geformtes Mani-

Brunnenhof in der Residenz (Kupferstich, Johann August Corvinus nach Matthäus Disel aus dessen »Erlustierender Augen-Weyde«, um 1730)

fest, das auch der Nachwelt noch Kunde vom Willen und Credo des Regierenden übermitteln sollte. Maximilian regierte sparsamer, zielbewußter und stärker auf die außenpolitische Wirkung bedacht. Dieses Verhalten wurde 1623 mit der Übertragung der Kurwürde belohnt. Zu seiner Politik gehörte auch der Bau einer machtvoll-repräsentativen Residenz, die natürlich nicht nur auf andere Fürsten und Mächte wirken sollte (was sie auch tat, man denke nur an den Ausspruch Gustav Adolfs, der die Residenz am liebsten auf Räder gestellt und mit nach Stockholm genommen hätte), sondern auch auf die Bewohner seiner Hauptstadt.

Maximilian ließ die schon bestehenden Gebäude im Bereich der Residenz miteinander verbinden. In seiner Regierungszeit wurden die Hofkapelle, die Reiche Kapelle, der Brunnenhoftrakt mit dem Residenzturm und schließlich als bedeutendste Maßnahme in den Jahren 1612–18 die Vierflügelanlage um den Kaiserhof errichtet, die sogenannte Maximilianeische Residenz mit Kaisertreppe, Kaisersaal mit den allegorischen Darstellungen wittelsbachischer Tugenden und Ruhmestaten, Vierschimmelsaal, Steinzimmer mit den nach Entwürfen von Peter Candid in der neuerrichteten Teppichmanufaktur gefertigten Wandteppichen, Hofdamenstock, Altem Herkulessaal, Trierzimmer, Charlottengang und Großem Hirschgang. Dabei wirkten die bedeutendsten Künstler der Zeit mit. Die zu dieser Zeit mit den Künstlern Friedrich Sustris, Hubert Gerhard (um 1550–1622/23), Carlo Pallago (gest. 1604), Georg Petel (1590/93–1633/34) und besonders Hans Krumper (um 1570–1634) blühende Bronzekunst fand auch in der Residenz besondere Verwendung (Wittelsbacherbrunnen im Brunnenhof, Perseusbrunnen im Grottenhof, Madonna an der Fassade, Figur auf dem Hofgartentempel). Heute allerdings sind kaum noch Bronzen erhalten. Man hatte für sie in den nachfolgenden Jahrhunderten keine Wertschätzung; angeblich wurden für den Guß der Bavaria noch 30 lebensgroße Bronzestatuen eingeschmolzen[7]. Die Anlage des Hofgartens und die Errichtung des Hofgartentempels gehören ebenfalls in diese Phase der Residenzplanung. Schließlich wurde die Fassade an der Residenzstraße, wie sie heute im großen und ganzen wieder besteht, gestaltet, dazu gehören als wichtige Stilelemente die beiden mächtigen, mit Figuren und Wappenreliefs geschmückten Portale, die jeweils von einem Paar wachehaltenden Löwen (von Carlo Pallago) beschützt werden[8]. An zentraler Stelle, in der Mitte der Fassade zwischen den beiden Portalen, wurde die von Krumper gestaltete Marienfigur angebracht.

Mit der Residenz schuf sich Maximilian I. ein Stadtschloß, dessen Ruhm und Bedeutung weit über Bayerns Grenzen hinausging: »Sicher gab es diesseits der Alpen keinen zweiten Fürstensitz, der an Weiträumigkeit, rationeller Ordnung und maßvoller Pracht mit der Residenz des Baiernherzogs irgend verglichen werden konnte«, schrieb Georg Dehio 1926[9]. Erst unter Ludwig I. wurden an der Residenz wieder derart große Bauvorhaben und Veränderungen vorgenommen.

Kirchliche Entwicklung im 17. Jahrhundert

Nach dem Bau des Jesuitenkollegs und der Kirche St. Michael gab es unter Maximilian I. erneut eine starke Hinwendung zur Kirche. Neue Orden wurden nach München geholt: schon 1600 die Kapuziner, die 1602 in ihr Klostergebäude am heutigen Lenbachplatz zogen, das 1802 abgerissen wurde. Die Paulaner wurden 1627 nach München berufen. Sie erhielten die zunächst als Votivkirche gestiftete, 1621/23 von Hans Krumper errichtete Kirche St. Karl Borromäus in der Au als Klosterkirche; dieses architekturhistorisch bedeutsame Werk wurde 1902 abgebrochen.

Die Englischen Fräulein konnten sich – allerdings nicht ohne Schwierigkeiten – in München niederlassen, sie bekamen 1627 als Sitz ihrer Gemeinschaft das nach ihrem Vorbesitzer benannte und von diesem für fromme Zwecke bestimmte Paradeiserhaus an der Weinstraße zugewiesen, dem die Gruftkapelle benachbart lag und zu der es auch einen Zugang vom Kloster gab. 1691–97 wurde an derselben Stelle nach den Plänen Enrico Zuccallis (um 1642–1724) ein Neubau für die Englischen Fräulein errichtet. Nach der Säkularisation 1802/03 wurde in diesem Gebäude die königliche Polizeidirektion eingerichtet, nach deren Umzug in die Ettstraße kamen andere städtische Verwaltungseinrichtungen hierher, der Bau selbst wurde nach dem 2. Weltkrieg abgebrochen.

1654 wurde das Karmelitenkloster (am heutigen Promenadeplatz) gebaut. Umgestaltungen an bestehenden Kirchen wurden durchgeführt, so wurde die Augustinerkirche (heute Jagdmuseum) zwischen 1618 und 1621 neu gestaltet, ebenso 1621 das Püttrichregelhaus an der Residenz. Die Stadtpfarrkirche St. Peter, deren gotische Turmspitzen 1607 durch einen Blitzschlag zerstört worden waren, erhielt eine neue Bekrönung und wurde im Innern bis 1650 durch Hofkünstler teilweise neu gestaltet. In der Frauenkirche wurde anläßlich des Jubiläums des Landespatrons, des hl. Benno, 1603/05 der Bennobogen errichtet, ihm folgten der neue Hochaltar von Heinrich Schön († 1640) und Peter Candid (um 1548–1628) und schließlich 1619/22 das eindrucksvoll mächtige Grabmal Kaiser Ludwigs des Bayern von Hans Krumper. Innerhalb des Residenzkomplexes wurden Hofkapelle und Reiche Kapelle erweitert und reich ausgestattet. Bruderschaften und Kongregationen entstanden, 1603 die Bennobruderschaft, 1609 in St. Peter die Corporis-Christi-Bruderschaft.

Mariensäule auf dem Marktplatz (Holzschnitt, Marx Anton Hannas, nach 1641)

Marienverehrung

Maximilian förderte die Marienverehrung in Bayern. Mit der Anbringung der Marienstatue an der Residenzfassade im Jahre 1616 wurde Maria zur Beschützerin des Landes, zur Patrona Bavariae erhoben. Marienwallfahrten blühten auf, Marienkongregationen entstanden. Der Fürst vermachte als Zeichen seiner völligen Hingebung an die Gottesmutter sein Herz an die Gnadenkapelle in Altötting.

Sichtbarster Ausdruck der Marienfrömmigkeit war die Errichtung der Mariensäule am Marktplatz, dem Lebensnerv und Mittelpunkt der Landeshauptstadt und damit auch des Landes Bayern. Ihr verdankt der Platz auch den erst 1854 eingeführten Namen Marienplatz. Äußerer Anlaß für die Aufstellung der Mariensäule war ein Gelübde Maximilians I. aus dem Jahr 1635, das er zur Errettung aus der Not des 30jährigen Krieges abgelegt hatte. Er gelobte *»ein gottgefälliges Werk anzustellen, wenn die hiesige Hauptstadt München und auch die Stadt Landshut vor des Feinds endlichem Ruin und Zerstörung erhalten würden«* [10]. 1637 wurde mit dem Bau der Mariensäule begonnen. Am 8. November [11] des folgenden Jahres, dem Jahrestag der Schlacht am Weißen Berg, in der Maximilian Friedrich V. von der Pfalz (1596–1632), den Winterkönig, besiegt hatte, wurde die von Hubert Gerhart (um 1550–1622/23) geschaffene Marienfigur geweiht und die Mariensäule enthüllt. Die vier kämpfenden Heldenputten am Fuß der Säule, die den Sieg Marias über die großen Plagen der Menschheit Hunger, Krieg, Pest und Unglaube symbolisieren, sowie das Marmorgeländer wurden erst einige Zeit später hinzugefügt. In der Kunstgeschichte gilt die Mariensäule in ihrer Bedeutung als Weihemonument als »bayerische Initialleistung«, sie diente als Vorbild für nachfolgende Säulen etwa in Wien oder Prag [12].

Vor dem 30jährigen Krieg

Über das Aussehen Münchens zu Beginn des 17. Jahrhunderts sind wir durch Stadtpläne und Vogelschaupläne unterrichtet, außerdem gibt es einige Darstellungen, die zu aktuellen Anlässen – etwa dem

Einzug Gustav Adolfs in München 1632 – angefertigt wurden. Im Vergleich zum Zustand gut 100 Jahre vorher hatte sich die Stadt in manchen Teilen auffällig gewandelt. Dem auf die Stadt zukommenden Reisenden fiel die mächtige Befestigungsanlage auf, die unter Maximilian I. errichtet wurde, er wollte München neben Ingolstadt zur zweiten Landesfestung ausbauen. Unübersehbar waren die Großbauten des 16. Jahrhunderts: Jesuitenkomplex, Wilhelminische Veste, die Gebäude im Bereich der Residenz; die Frauentürme hatten ihre charakteristischen Hauben, und auch St. Peter hatte einen neuen Turm bekommen. Auch das allgemeine Erscheinungsbild der Stadt hatte sich verändert. Teile der Straßen waren nun gepflastert – 1587 waren beispielsweise über 340 Gulden für diverse Pflasterungen in der Stadt, vorzugsweise an frequentierten Orten, ausgegeben worden. Einen Eindruck gibt die Beschreibung des schon erwähnten Kunstagenten Hainhofer aus dem Jahr 1611 wieder:

> *»Die Stadt München selbst ist ziemlich groß, hat schöne, weite, luftige, saubere Gassen, zwar nicht hohe, aber hübsche, ebene, steinerne Häuser, und darunter viele gemalte. Einen schönen Markt, weite, tiefe Wassergräben, ein Rathaus all antica, das Landhaus* [Landschaftsgebäude] *gleich dabei, beide stehen auf dem Weinmarkt. Die höchsten Häuser sind von vier Gaden, sonst fast durchgehend nur von einem Gaden* [...] *Es hat viele schöne Kirchen in dieser Stadt, darunter der Jesuiter die schönste und vornehmste.«* [13]

Die Bevölkerung war im Vergleich zu 1500 um ein Drittel auf etwa 20 000 Personen gestiegen [14]. Gleichzeitig hatte die Zahl der Häuser innerhalb der Stadtmauern jedoch nicht erhöht werden können. Im Gegenteil: Für die fürstlichen Baumaßnahmen wie den Bau des Jesuitenkomplexes und der Wilhelminischen Veste waren fast 100 Bürgerhäuser abgerissen worden, bei einem Bestand von ca. 1250 Wohnhäusern in der Stadt. Zugleich waren durch die Befestigungsmaßnahmen Maximilians I. der Stadterweiterung Grenzen gesetzt worden.

Das Heer Gustav Adolfs an den Isarhängen vor München 1632 (Kupferstich, Matthäus Merian)

Stadt im Krieg

Der Dreißigjährige Krieg brachte für die Münchner Bevölkerung zahlreiche Belastungen. Noch bevor die Kriegshandlungen München selbst erreichten, waren seine Auswirkungen zu spüren. Die »Kipper- und Wipperzeit« hieß für die Münchner Bevölkerung Inflation, Vernichtung von Vermögen, Versorgungsengpässe. Nachdem schon 1627 ein sehr kaltes Jahr gewesen war mit Schnee im Juni und auch das Jahr 1628 aufgrund der ungünstigen Witterung Mißernten brachte, konnten viele Menschen der im gleichen Jahr auftretenden Pest kaum Widerstand entgegensetzen. Die 1634/35 von schwedischen Soldaten nach Bayern eingeschleppte (Pest-)Epidemie soll in München 7000 Opfer gefordert haben. Hunger und Seuchen gingen wie so oft Hand in Hand.

Am bedrückendsten war die Besetzung der Stadt durch die Schweden im Jahre 1632, die eine Brandschatzung von 300 000 Reichstalern (450 000 Gulden) gefordert hatten. Da diese nicht in ihrer Gesamtsumme gezahlt werden konnte – nur 104 000 Gulden in barem Geld und 40 000 Gulden an Geschmeide konnten aufgebracht werden –, nahmen die Schweden 42 Münchner Bürger als Geiseln mit, die 3 Jahre in schwedischem Gewahrsam blieben und erst 1635 wieder nach München zurückkehren konnten. Ein Votivbild in der Pfarrkirche von Ramersdorf erinnert an die Not der Münchner Schwedengeiseln.

Wie sehr die Kriegsereignisse 1632 das Leben in der Stadt verändert hatten, soll im folgenden kurz geschildert werden[15]. Schon seit Beginn des Jahres hielt sich der Kurfürst in Ingolstadt auf – es kursierte ein alter Spruch: *»ein LandsFürst sich zur München Nör, vnd zur Ingolstatt sich seiner Feinden wör«* [16] –, die kurfürstliche Familie war nach Salzburg geflohen. Der Kurfürst verkehrte mit dem Rat der Stadt schriftlich, er legte ihr die Verpflegung der stationierten Soldaten ans Herz, sandte ihnen einen Statthalter, Johann Christoph von Preysing, und verbot beispielsweise in einem Schreiben, das am 5. März in der Ratssitzung verlesen wurde, den *»Handels- und gewerbleiten allhie«* mit Nürnbergern zu *»correspondiren«* – Nürnberg war protestantisch –, *»was neuerer Zeittung halber geschehe, was aber ihr gewerb betrifft, sei ihnen nach Nürnberg zu schreiben unverpotten.«* Der Rat hielt seine letzte Sitzung vor dem Einmarsch der Schweden am 2. April und begann erst am 16. Juli wieder zu tagen. Die Schweden waren am 17. Mai in München eingezogen, schon Tage zuvor kamen Hunderte von Flüchtlingen und Soldaten in die Stadt, viele von ihnen waren verwundet, sie kamen aus den umliegenden Ortschaften, aus Freising, Dachau, Moosburg, Schrobenhausen. Die Soldaten lagerten auf dem Markt und in den Straßen, die Offiziere nahmen Quartier in Wohnhäusern, vor allem in den Häusern der Flüchtigen und in Wirts- und Gasthäusern. Drei Wochen blieben die Schweden. Am 7. Juni zogen sie wieder ab.

Während der Besetzung durch die Schweden ist, wie der fürstliche Hofmusiker Hellgemayr in seinen Aufzeichnungen schreibt[17], *»diser Zeith weder ordnung noch recht gehalden worden, ist ein erbarmlich Ding vnd ibls regiment gewest«*.

Im Jahr 1632 wurde keine Jacobidult abgehalten, kein Weinungeld (eine Verbrauchssteuer auf Getränke) erhoben, das normalerweise einen nicht unerheblichen Einnahmeposten für die Stadt ausmachte, und es wurde keine städtische Steuer erhoben, da die verbliebenen Stadteinwohner durch Einquartierungen und vor allem durch die Erlegung der Brandschatzungssumme ausgeblutet war. Ein Großteil der Bevölkerung war vor den Schweden geflohen, *»Maistes thaills die grosse herrn vnd reiche, alles beste guet mit sich hinwegh genomen...«*[18]. Die Stadt selbst mußte Geld aufnehmen, um ihre laufenden und die Sonderaufgaben bezahlen zu können, da auch sie ihr gesamtes verfügbares Bargeld in die Brandschatzung gegeben hatte und der Übertrag aus dem Vorjahr nach Salzburg evakuiert worden war, somit zwar nicht verloren, aber konkret nicht greifbar war, nur in Form von Wechseln.

Zu den Sonderausgaben der Stadt gehörten Extrakosten für Totengräber, die die 26 Toten, die auf den Wiesen um München gefunden worden waren, bestatten mußten. Zu diesen Toten kamen im Lauf von Herbst und Winter noch 124 Flüchtlinge *(»gar vil vertribne Paursleuth«)*, de im »Rauchhaus« vor dem Neuhausertor (ein Art Quarantänestation) verstorben waren. Für die Beseitigung des toten Viehs, das nach dem Abzug der Schweden auf den Wiesen und Äckern lag, wurden eigene Tagwerker angestellt.

Nachdem es 1633 für die Stadt einigermaßen ruhig geblieben war, kam der Krieg 1634 noch einmal nach München. In diesem Jahr drangen die Schweden erneut bis München vor. Auch diesmal war dies mit hohen Kosten verbunden. Wir wissen, daß der Hof bzw. das Hofzahlamt seine Besoldungen nur zu zwei Dritteln auszahlen konnte. Zudem brachten die fremden Truppen 1634 die Pest mit. Nach Schätzungen starben etwa 7000 Menschen, bei einer Bevölkerung von ca. 20 000 Einwohnern, zu denen noch Flüchtlinge aus der unbefestigten Umgebung der Stadt gerechnet werden müssen: also mindestens ein Viertel der Bevölkerung.

Während die Bewohner der Stadt größere Überlebenschancen hatten, wurde die Umgebung Münchens durch die Kriegswirren zum großen Teil entvölkert. Im weiten Umkreis blieb kein Haus heil stehen, die Schweden brannten ganze Dörfer nieder. Von Moosach etwa blieb außer der Martinskirche, die ganz aus Stein gebaut war, kein Haus stehen – sie diente anschließend den Schweden als Pferdestall[19]. In Zeiten wie diesen war es wichtig, eine starke Mauerbefestigung zu haben. Schon vor dem Krieg hatte Maximilian I. begonnen, München, die Landeshauptstadt, zur zweiten Landesfestung ausbauen zu lassen. Zeitweise waren bis zu 500

Arbeiter an diesem Projekt beteiligt, 1638 wurde eine Sondersteuer für den Wallausbau erhoben, bis mit dem Ende des Krieges 1648 auch die Baumaßnahmen vollendet waren. Die stetig wachsende Stadt verblieb bis zur Schleifung der Mauern Ende des 18. Jahrhunderts innerhalb dieser zunehmend als Beengung empfundenen Befestigung; die Sonnenstraße ist, wie noch heute erkennbar, auf der südlichen Wallbefestigung angelegt.

München im Jahr 1652

Um die Stadt kurz nach dem Ende des Dreißigjährigen Kriegs und zu Beginn der neuen Epoche des Barock zu zeigen, sei aus einem besonders ansprechenden Reisebericht aus dem Jahre 1652 zitiert. Verfaßt hat ihn Giacomo Fantuzzi, Generalauditor an der Warschauer päpstlichen Nuntiatur, auf seiner Rückreise nach Rom[20]:

»Sehr schön in einer Ebene gelegen, ist sie völlig mit Mauern und doppelten Gräben mit fließendem Wasser umgeben. Die Stadt betritt man durch zwei Tore, deren Abstand durch Seitenbefestigungen flankiert wird, und mittels Zugbrücken über zwei breite Gräben. In ihnen strömt ein Arm des Flusses Isar ... Die Stadt ist ziemlich groß; 20 000 Menschen wohnen in ihr. Sie könnte nicht schöner, nicht liebenswürdiger, wegen der klarsten Luft nicht leuchtender sein, was von ihrer Lage inmitten einer weit ausgedehnten strahlenden Ebene herrührt. Sie hat schöne breite, lange und ziemlich sauber gehaltene Straßen mit wundernetten bemalten Häusern. Mitten drin liegt ein schöner Marktplatz, wo sich eine sehr gefällige Säule aus italienischem Marmor erhebt und obenauf an diesem Platz zwei hübsche Brunnen mit Bronzefiguren. Die Jesuitenpatres verfügen über ein prächtiges Kolleg mit einer dem heiligen Michael geweihten Kirche. Diese ist ziemlich hoch, lang und mit einem einzigen ansehnlichen, überall stukkierten Gewölbe bedeckt. Von außen zeigt sie die herrlichste Marmorfront mit einer gefälligen Bronzestatue des heiligen Michael, und von allen Seiten des Kollegs bieten sich dem Blick prächtige Marmorflanken in bildschöner Komposition. ... Das einzigartigste Schaustück Münchens bildet der herzogliche Palast. Infolge seiner Größe, seiner Majestät, seines Reichtums von außen und

innen zählt er zu den berühmtesten und prächtigsten Europas. Er ist ganz im modernen Stil erbaut. [Dem Besucher] *weist er eine 200 Schritt lange Front mit vier Reihen großer Zimmer, eines über dem anderen liegend, mit 236 Fenstern. Die Außenseite ist marmorverkleidet, zum Schmuck dieses Palastes mit ziemlich schönen Erzstatuen versehen. Leider fehlt ihm ein freier Platz davor, wie es sich für ein derartiges großes Bauwerk schicken würde. Er hat zwei wunderschöne Portale mit flankierenden Bronzefiguren. ... Dieser Palast besitzt überaus schöne Treppenhäuser, Sälchen und Säle, ist überreich an Zimmern und königlichen Unterkünften, ausgestattet mit großer Pracht und ohne irgendeine Scheu vor Kosten gebaut. Alle sind mit verschiedenem Wandteppichwerk und reichstem Floretseidenzeug, wie man es nur in Europa sehen kann, aufs gediegenste geschmückt, alles vergoldet. Und man entdeckt hier auch reichste Malereien. Der genannte Palast ist imstande, den Kaiser mit den acht Kurfürsten des Römischen Reiches samt ihrem ganze Hofstaat und allen Hofherren, sämtliche in getrennten Quartieren und Einzelgemächern zu beherbergen, ohne daß einer vom andern in der Küche, im Stall und mit andern Bequemlichkeiten abhängig ist, alle wohl und passend unterteilt für den Dienst bei einem jeden Kurfürsten und bei jedwedem aus deren Familien ...«*

Fantuzzi schrieb in seinem Reisebericht nicht nur über Aussehen und Bedeutung der Architektur in München, sondern äußerte sich auch über die herzogliche Familie und die bayerische Bevölkerung; er gab mit seiner Beschreibung ein Beispiel für die Auswirkungen des auch in Bayern mit Maximilian I. sich durchsetzenden frühabsolutistischen Zentralismus:

»Jener Herzog [Ferdinand Maria] *umgibt sich mit großem Gepränge nach spanischem Brauch und wird in dieser Art von einigen seiner Minister beeinflußt, die Fremden gegenüber so wenig höflich sind und so Veranlassung geben, daß sie von ihnen und ihrem Herren nichts Gutes berichten können. ... Dieser neue Herzog regiert mit derselben peinlichen Geschäftsführung wie sein Vater, der verstorbene Herzog* [Maximilian I.], *der trotz des Krieges in Deutschland, den er dazu noch in seinem Lande hatte, durch seinen Eifer in verschiedenen Handelschaften viele Schätze aufgehäuft hat und weil er selbst alle Gewinne erwerben wollte,*

welche sonst alle seine Untertanen gemacht haben könnten. Darum aß man im ganzen bayerischen Staat kein anderes Brot und trank kein anderes Bier als das des Herzogs, welches er gemäß seiner Anordnung herstellen, verwalten und verkaufen ließ. ... So sind auch alle Käsewaren, die man in Bayern verzehrt und nach auswärts versendet, vom Herzog... Das bayerische Land ist im übrigen überall fruchtbar, wohlhabend und sehr schön wegen seiner vielen Städte, Schlösser und herrlichen ummauerten Plätze, in denen [noch] *ziemlich Untertanen hausen, wenn sie auch nicht überreich sind. Es sind Leute mit einem gesunden Urteil und von großer Geschäftstüchtigkeit. Aber der Herzog erlaubt ihnen nicht, daß sie dieselbe ausüben und gänzlich zu ihrem eigenen Vortheil gebrauchen.«*

X. Zwischen Absolutismus und Aufklärung – Barock und Rokoko

Italienische Einflüsse

Drei Jahre nach Beendigung des Dreißigjährigen Krieges starb 1651 Kurfürst Maximilian I. Ihm folgte sein noch unmündiger Sohn Ferdinand Maria (1636–1679) in der Regierung nach. Um Bayern dynastisch (und damit auch politisch) an Frankreich zu binden, hatte der französische Kardinal Mazarin 1647 angeregt, den bayerischen Erbprinzen mit Henriette Adelaide, der Enkelin Heinrichs IV. von Frankreich und Tochter Herzog Victor Amadeus von Savoyen, zu vermählen[1]. Am 22. Juni 1652 fand die Hochzeit statt, Henriette Adelaide (1635–1676) wurde mit einem festlichen Empfang in München begrüßt.

Bald machte die Kurfürstin den Hof in München zu einem der glanzvollsten in Europa. Dazu hatte sie aus ihrer Heimat eine Reihe von Künstlern nach Bayern mitgebracht, Maler, Architekten, Stukkateure, Sänger, Musiker. Die Musik, besonders die Oper, wurde zu einem Glanzpunkt des künstlerischen Lebens in München: 1657 wurde das schon 1651 begonnene Opernhaus am Salvatorplatz eröffnet, vermutlich »das älteste freistehende Theatergebäude Deutschlands«[2]. Hier dirigierten der Hofkapellmeister Johann Kaspar Kerll (1627–1693) und sein Nachfolger, der aus Rom stammende Ercole Bernabei (1620/22–1687)[3]. Schon 1653 hatte die erste Opernaufführung in München stattgefunden, »L'arpa festante« von G. B. Maccioni[4].

In dieser Zeit wirkte auch noch der in Moosach geborene und in der St. Peterskirche begrabene Dichter und Komponist Johann Khuen (1606–1675). Er war Jesuitenschüler und schrieb hauptsächlich Kirchenlieder.

Ferdinand Maria betrieb eine kriegerische Auseinandersetzungen vermeidende Neutralitätspolitik. Er hielt sich in seinen Ambitionen zurück und verhinderte durch den Verzicht auf die ihm angebotene Kaiserkrone einen Kampf mit den Habsburgern. Seine Friedenspolitik ermöglichte neben der Konzentration auf die Belange der inneren und wirtschaftlichen Entwicklung des Landes, die er mit Hilfe v. a. seines ›Kanzlers‹ Caspar Frhr. von Schmid (1622–1693) erreichte, die Durchführung von größeren Bauvorhaben und die aufwendige Entwicklung des gesellschaftlichen Lebens am Hof. Feste, Feiern, Theateraufführungen, an denen auch der Kurfürst teilnahm[5], fanden in und um München statt. Auf dem Starnberger See fuhr der »Bucentaur«, ein fürstliches Lustschiff nach venezianischem Vorbild[6].

Die Gelegenheit, die Baukunst zu fördern, bot sich 1662, als mit der Geburt des Erbprinzen Max Emanuel die Hoffnung des Kurfürstenpaares auf einen Erben erfüllt wurde und für Ferdinand Maria die Einlösung seines für diesen Fall getanen Gelübdes anstand. Er stiftete dem 1661 von Henriette Adelaide aus Turin nach Bayern geholten Theatinerorden die Kirche St. Kajetan und das dazugehörende Kloster der Theatiner. Als Baumeister für diesen am damaligen Rande der Stadt, jedoch der Residenz direkt gegenüberliegenden Kirchenkomplex war von der Kurfürstin, die die »Bauleitung« übernommen hatte, eigentlich Guarino Guarini vorgesehen gewesen. Nach seiner Absage wurde der Bologneser Architekt Agostino Barelli (1627–1687) 1662 beauftragt, Planung und Bau zu übernehmen. Nach dem Vorbild der römischen Mutterkirche des Ordens St. Andrea della Valle wurde dieser »1. Großbau des Hochbarocks in Deutschland«[7] bis zum Jahr 1690 nach mehreren Intrigen von Barelli, dem Theatinerpater Spinelli und schließlich Enrico Zuccalli (1642–1724) in ihrer äußeren charakteristischen, durch die Kuppel und die Türme das barocke Stadtbild prägenden Form fertiggestellt. Die für ihr heutiges Erscheinungsbild wichtige Fassade wurde allerdings erst 100 Jahre später von François Cuvilliés dem Älteren (1695–1768) unter Mitarbeit von Cuvilliés dem Jüngeren gestaltet[8].

Für den Bau des Theatinerklosters (heute Bayerisches Staatsministerium für Unterricht und Kultur) war es nötig, wie schon im 16. Jahrhundert für den Bau des Jesuitenkomplexes und der Wilhelminischen Veste, Bürgerhäuser, die diesem Vorhaben im Wege standen, abzureißen. Dies war nur eine Form staatlichen Eingriffs auf die Belange der Stadt. Ferdinand Maria nahm, wie schon sein Vater, direkten Einfluß auf die städtische Politik. So ernannte er 1673 Mathias Barbier anstelle des von Bürgern vorgeschlagenen Ferdinand Bart zum Bürgermeister und erhob ihn zum Patrizier. Durch den Einfluß des Kurfürsten wurden die sechs Bürgermeister, die den Herrschern genehm waren, zu den wichtigsten Personen in der Stadt, und schließlich wurde auch die Ratswahl von diesen beherrscht[9].

Im Zuge einer merkantilistischen Wirtschaftspolitik wurde versucht, Wirtschaft und Gewerbe stärker in die Kontrolle des Staats zu bringen. In der Au wurde eine Tuchfabrik errichtet, 1665 eine Seidenkompagnie gegründet und 1675 wurde der Tabakhandel verstaatlicht[10]. Das 1661 eingeführte »Pflichtexemplargesetz«, das der Hofbibliothek jeweils ein Exemplar der in Bayern gedruckten Schriften zuwies – eine der Grundlagen der heutigen Staatsbibliothek –, ist eine immer noch gebrauchte Verordnung[11].

Schloß Nymphenburg

Das zweite große Bauprojekt, das während der Regierungszeit Ferdinand Marias in Angriff genommen wurde, befand sich außerhalb der damaligen Stadtgrenzen. Im Nordwesten von München, hinter dem alten Dorf Neuhausen, lagen seit dem frühen Mittelalter die Orte Ober- und Unterkemnaten. Kurfürst Ferdinand Maria kaufte am 1. Juli 1663 für 10 000 Gulden die Hofmark (geschlossenes Herrschaftsgebiet eines Ortsherrn) Kemnaten und 1664 drei Höfe vom Kloster Beuerberg in Unterkemnaten. Er schenkte sie seiner Gattin Henriette Adelaide anläßlich der Geburt des Kronprinzen zur Anlage eines Landhauses[12]. Sogleich begann man, *zum churfürstlichen Neupau nachher Nymphenburg*[13] das Fundament auszuheben, und 1675 stand der Mitteltrakt des *Burgo delle Nimpfe*[14], der dem Schloß der Mutter der Kurfürstin in Aglie bei Turin nachgebildet war. Auch hier lagen Pläne von Barelli zugrunde, der 1674 als Baumeister durch Zuccalli abgelöst wurde. Stilistisch war das Gebäude des Schlosses Nymphenburg Renaissance und Barock verpflichtet. Um den Mittelbau wurden unter den Nachfolgern des Kurfürsten die übrigen Trakte des Schlosses und die Gartenanlage errichtet.

Max Emanuel und die Türken

Am 26. Mai 1679, 2 Jahre nach dem Tod seiner Frau, starb Kurfürst Ferdinand Maria im 43. Lebensjahr. Nachfolger wurde sein siebzehnjähriger Sohn Max Emanuel (1662–1726). Er stand noch ein Jahr unter der Vormundschaft seines Onkels Maximilian Philipp, Landgraf von Leuchtenberg. Dann wurde die Regierung umgebildet, das Amt des Premierministers abgeschafft, und die politische Orientierung galt nun statt wie bisher Frankreich dem habsburgischen Kaiser in Wien[15]. Auch in der Kunst wechselte der Geschmack allmählich von italienischen zu niederländisch-französischen und deutschen Einflüssen.

Das Territorium des Kurfürstentums Bayern umfaßte im 17. Jahrhundert die größten Teile von Ober- und Niederbayern, der Oberpfalz sowie das Innviertel; ein Gebiet von rund 40 600 Quadratkilometern[16]. Das Land war, verglichen mit den benachbarten

Mittelbau von Schloß Nymphenburg (Kupferstich, Michael Wening, 1701)

Territorien, arm; mehr als ⅔ der Bevölkerung war in der Landwirtschaft tätig und kämpfte um das Überleben. Rund 56% der Güter befanden sich im Besitz von Kirchen und Klöstern. Der Landesherr in München mit seinem Hofstaat, z.B. hatte er im Jahr 1705 über 1000 Dienstkräfte, konnte seine luxuriösen Aufwendungen nie durch die Abgaben und Steuern seiner Untertanen decken[17]. Die Hauptstadt war ganz dem Hof des Kurfürsten verpflichtet, da er wichtigster Kunde und Auftraggeber war.

Max Emanuels erstes Anliegen war eine Stärkung des bayerischen Heeres, um gegen die Europa bedrohenden Türken gerüstet zu sein; er führte dazu eine Sondersteuer ein. Im Jahr 1682 hielt der Kurfürst auf der Heide zwischen München und Freimann Heerschau und marschierte im Jahr darauf mit 11 300 Mann nach Österreich, um gegen die Türken zu Hilfe zu kommen, die unter dem Großwesir Kara Mustafa Wien belagerten[18]. Zusammen mit den kaiserlichen Truppen, Polen und Sachsen gelang es, die zahlenmäßig weit überlegenen Türken und die mit ihnen verbündeten Magyaren in die Flucht zu schlagen. Aus dynastischen Überlegungen heiratete 1685 Max Emanuel in Wien die Kaisertochter Maria Antonie, die bereits sieben Jahre später, bei der Geburt ihres ersten Sohnes Joseph Ferdinand, erst 23jährig, starb[19].

In den siegreichen Feldzügen zwischen 1683 und 1690 hatte das Heer des Kurfürsten viele türkische Gefangene gemacht. Diese schickte Max Emanuel teilweise nach München, um sie als Arbeiter bei der Anlage des Nymphenburger Kanals, beim Bau des von 1684–1688 errichteten Gartenschlößchens Lustheim (östlich von Schleißheim) oder als Diener einzusetzen. Es wurde Mode bei den Adeligen und Bürgern, sich von Türken bedienen zu lassen, die 1688 in München eine eigene Sesselträgerzunft gründeten[20]. Man betrieb mit Hilfe von Dolmetschern eifrig die Missionierung der Türken. Bei der Taufe erhielten sie christliche Rufnamen, von denen dann einer, wie z.B. Joseph, zum Familiennamen wurde.

Nach dem Frieden zwischen Kaiser und Sultan im Jahr 1699 konnten die Gefangenen wieder nach Hause zurückkehren, einige blieben jedoch freiwillig in München: 1700 sind noch 36 »türkische Sklaven« nachweisbar[21]. Der Kanal, der von der Residenz zum Schloß Schleißheim führen sollte, wurde erst begonnen, als keine türkischen Kanalarbeiter mehr zur Verfügung standen. Doch nannte der Volksmund diese wegen der geologischen Verhältnisse bald ausgetrocknete Wasserstraße »Türkengraben« und der Weg, der über das verfüllte Kanalbett führte, hieß später »Türkenstraße«. Die Benennung der entlang des Grabens errichteten Straßen »Kurfürstenstraße« und »Belgradstraße« ist bleibende Erinnerung an Max Emanuel und seine Eroberung von Belgrad im Jahr 1688.

Im Jahr 1691 gelang es Max Emanuel, von Spaniens König zum Generalstatthalter und Generalkapitän der spanischen Niederlande ernannt zu werden. Im Jahr darauf verlegte er seine Residenz mitsamt dem Hofstaat nach Brüssel, ein tiefer Einschnitt für die Residenzstadt München. Damit wurde auch Geld aus Bayern ab- und die Steuerschraube weiter angezogen[22].

Phantasiedenkmal für Kurfürst Max Emanuel vor der Westfassade der Residenz (Kupferstich, Johann August Corvinus nach Cosmas Damian Asam, 1715)

»Bayerisch sterben«

Joseph Ferdinand, der älteste Sohn Max Emanuels, wurde 1692 geboren; durch seine Mutter hatte er, da sie als Enkelin Philipps IV. von Spanien dessen rechtmäßige Erbin war, Anspruch auf den Thron dieses Imperiums. Karl II. von Spanien bestimmte daher auch seinen kleinen Neffen Joseph Ferdinand, den wittelsbachischen Kronprinzen, 1698 testamentarisch zu seinem Universalerben. Doch starb der Knabe schon 1699 im Alter von erst sechs Jahren[23]. Als Karl II. am 1. November 1700 schließlich starb, begann der Streit zwischen Frankreich und Österreich um sein Erbe. Max Emanuel verbündete sich dabei mit Ludwig XIV. von Frankreich, da ihm dessen Angebote (Geld, Länder und die Königskrone) attraktiver erschienen als die Herrschaft über Tirol und Mailand, die des Habsburger Kaisers Lohn für ein Bündnis war. Den Spanischen Erbfolgekrieg begann Max Emanuel 1702 mit dem Überfall auf die kaiserliche Festung Ulm. Nach wechselseitigen Scharmützeln und Überfällen wurde im Jahr darauf die blutige Entscheidungsschlacht bei Höchstädt an der Donau besiegt. Die von den Franzosen unterstützten Bayern wurden von den alliierten Österreichern, Preußen und Engländern unter dem Kommando von Marlborough vernichtend geschlagen; 40 000 Mann wurden dabei getötet. Max Emanuel floh nun über den Rhein, Bayern war den Österreichern schutzlos ausgeliefert. Das Land mit der Residenzstadt München mußte eine Besatzungsarmee aufnehmen[24]. Die Familie des Kurfürsten wurde gefangengenommen, die Bevölkerung ausgebeutet. Junge Männer wurden in die kaiserliche Armee gepreßt. 10 Jahre dauerte die Besetzung der Stadt. Während dieser Zeit wurde an der heutigen Pacellistraße die Dreifaltigkeitskirche als Votivkirche von Antonio Viscardi errichtet. Der Bau der Kirche ging auf eine Vision der Karmeliterin Anna Maria Lindmayr zurück, die eine Rettung der Stadt vor der Brandschatzung der österreichischen Besatzer 1704 vorausgesehen hatte, wenn der Heiligen Dreifaltigkeit eine Kirche in der Stadt geweiht würde[25].

Unter der Devise »Lieber bayerisch sterben, als in des Kaisers Unfug verderben«[26] erhob sich die Landbevölkerung gegen die Unterdrückung der Besatzer. Einer der Organisatoren war ein Schreiber aus dem Pfleggericht Pfarrkirchen, Sebastian Plinganser.

Unter Führung des legendären Schmieds von Kochel brachen etwa 3000 Männer aus dem bayerischen Oberland um Tölz auf, um die Residenzstadt zu befreien. Die unzureichend bewaffneten Haufen mußten sich bei Sendling, südlich von München, in der Weihnachtsnacht 1705 ergeben, über 1000 der wehrlosen Aufständischen wurden von den Österreichern niedergemetzelt. Dieses Ereignis ging als »Sendlinger Mordweihnacht« in die Geschichte ein und blieb bis heute ein Anlaß für patriotische Gedenkfeiern. Anschließend wurden am 8. Januar 1706 auch die Bauern aus Niederbayern vom kaiserlichen General Kriechbaum vor Aidenbach bei Vilshofen geschlagen[27].

Das Innviertel wurde Österreich einverleibt, und Kaiser Joseph I. wollte ganz Bayern mit Österreich vereinigen; er starb jedoch schon 1711 vor Erreichen dieses Vorhabens. Die Versuche Max Emanuels, anstelle des Kurfürstentums Bayern die Niederlande oder Sardinien und Sizilien zu erhalten und somit König zu werden, scheiterten. Nachdem die über ihn verhängte Reichsacht aufgehoben war und er 1715 wieder nach München zurückkehren konnte, wandte sich der Kurfürst erneut freundschaftlich nach Wien. Die alte Partnerschaft wurde 1722 durch die Heirat des Erbprinzen Karl Albrecht mit Marie Amalie, einer Tochter Josephs I., erneuert. Bevor Max Emanuel aber die Früchte seiner langjährigen Intrigen ernten konnte, starb er am 26. Februar 1726 im Alter von 63 Jahren[28]. Die Münchner hatten ihn mehr geliebt als er sie, die er mehr als einmal für seine eigenen Machtinteressen gern »verscherbelt« hätte.

Schlösser und Palais

Bleibendes Andenken an Max Emanuel, den »Blauen Kurfürsten«, ist das Neue Schloß Schleißheim im Norden von München, das er ab 1701 errichten ließ[29]. Der Dachauer Hofgärtnerssohn Joseph Effner (1687–1745) und der Wallone François Cuvilliés der Ältere, der 1706 als Kammerzwerg in den niederländischen Hofstaat des Kurfürsten aufgenommen worden war, wurden auf seine Kosten zu Architekten ausgebildet. Sie vollendeten maßgeblich, zusammen mit anderen Künstlern, bis 1728 Schloß und Park Schleißheim mit Lustheim sowie die Schlösser Dachau (1715/17)[30] (nordwestlich von München gelegen) und Fürstenried (1715/1717)[31], das anstelle der Schwaige Boschetsried im Süden der Stadt errichtet wurde. In Nymphenburg wurde die Gesamtanlage des Hauptschlosses mit den vier seitlichen Pavillons und den Verbindungsgängen vollendet, die Garten- und Kanalanlagen wurden nach französischem Vorbild angelegt, schließlich die Pagodenburg (1716/1719), die Badenburg (1718/21), das »erste heizbare Hallenbad seit der Antike« und 1725 die Magdalenenklause als Gartenpavillons in den Schloßpark gesetzt[32].

Die Landsitze waren für Vergnügungen, besonders Jagden bestimmt. Auch Adelige und Hofleute ließen sich in der Umgebung der Stadt Schlösser errichten wie der »Geheime Kabinettssekretär« des Kurfürsten Franz Xaver Ignaz von Wilhelm . Dieser nannte sein barockes Rittergut in Schwabing (1715/18) nach einem Exil Max Emanuels bei Paris: Suresnes (heute Sitz der Katholischen Akademie in Bayern)[33].

Nicht nur die fürstliche Hofhaltung expandierte in ungeheurem Ausmaß und ließ die künstlerische Entwicklung Münchens zu einer Vorrangstellung in Europa gelangen, auch der Hofstaat bemühte sich, mit dieser Entwicklung Schritt zu halten. Im Kreuzviertel entstanden im 17. und 18. Jahrhundert, häufig unter Zusammenlegung mehrerer Grundstücke, prächtige Adelspalais.

1723 baute Joseph Effner für den Grafen von Preysing-Hohenaschau direkt gegenüber der Residenz das Preysing-Palais, dessen Treppenhaus Einblick in die ursprüngliche Pracht der Innenausbauten gibt. Das Palais Portia an der heutigen Kardinal-Faulhaber-Straße wurde für die Familie Fugger-Kirchberg von Enrico Zuccali errichtet[34]. Cuvilliés der Ältere war der Architekt mehrerer Adelspalais im Kreuzviertel, so des Holnstein-Palais (heute Erzbischöfliches Ordinariat) oder des heute zerstörten Palais für den Grafen Piosasque de Non.

Von den 235 Häusern des Viertels waren um 1700 nur mehr 100 in bürgerlicher Hand, der größte Teil der übrigen Gebäude gehörte Adeligen, »in den Hausbesitzerfolgen ... liest es sich ... wie in einem Adelskalender«[35].

Besetzte Kaiserresidenz

»Die Residenz und andere kurfürstliche Gebäude, nebst der Brauereien, sechzehn Klöstern, Kirchen und den übrigen geistlichen Gebäuden machen fast die Hälfte der Stadt aus. Die Augustiner allein ziehen aus ihrem Besitze von etlichen Straßen jährlich bis 3000 Gulden Mietgeld« [36],

charakterisiert Johann Georg Keyßler 1739 die Hauptstadt des Kurfürsten in seinen »Reisen in Deutschland«. Diese Herrschaft mit 20 Millionen Gulden Schulden und 6 Millionen Einkünften im Jahr hatte Kurfürst Karl Albrecht (1697–1745) 1726 von seinem Vater übernommen [37]. Auch er war durch seine Herkunft in das Kräftespiel der europäischen Mächte verstrickt. Er plante, die Hauptstadt entsprechend der Bedeutung seiner Herrschaft auszubauen und dabei auch über die Stadtgrenzen hinauszugehen. Die »Reichen Zimmer« mit der »Grünen Galerie« in der Residenz wurden nach dem großen Residenzbrand 1729 von François Cuvilliés dem Älteren in seinem Auftrag eingerichtet [38]. Für seine Gattin, die jagdbegeisterte Kurfürstin Maria Amalia (von Österreich, 1701–1756) ließ Karl Albrecht von diesem Meister, unter Mitarbeit des Stukkateurs Johann Baptist Zimmermann, auch im Park von Schloß Nymphenburg die Amalienburg bauen, die in der Kunstgeschichte als das »schönste deutsche Rokokoschlößchen« gerühmt wird [39]. Die Anlage der zwischen Nymphenburg und München geplanten »Karlstadt«, einer neuen, als Idealstadt konzipierten Vorstadt, für die 1728 der Grundstein gelegt wurde, gedieh im wesentlichen über die Anfänge der Kavaliershäuser im Schloßrondell nicht hinaus. Nur einige wenige Handwerker waren dazu zu bewegen, sich beim Nymphenburger Kanal anzusiedeln. Der weite Weg in die Stadt und die strengen architektonischen Auflagen für die Häuser wirkten offenbar abschreckend [39].

Mit dem Bau der Klosterkirche St. Anna im Lehel durch Johann Michael Fischer (um 1686–1766), Cosmas Damian Asam (1686–1739) und Egid Quirin Asam (um 1692–1750) entstand in den Jahren 1727–1738 die erste Rokokokirche der Stadt [40]. Ebenfalls von J. M. Fischer wurde die Hofkirche St. Michael in Berg am Laim 1737–1758 errichtet, die ursprünglich auf freiem Feld weit östlich vor der Stadt lag. Dieses Hauptwerk des Spätbarock hatte

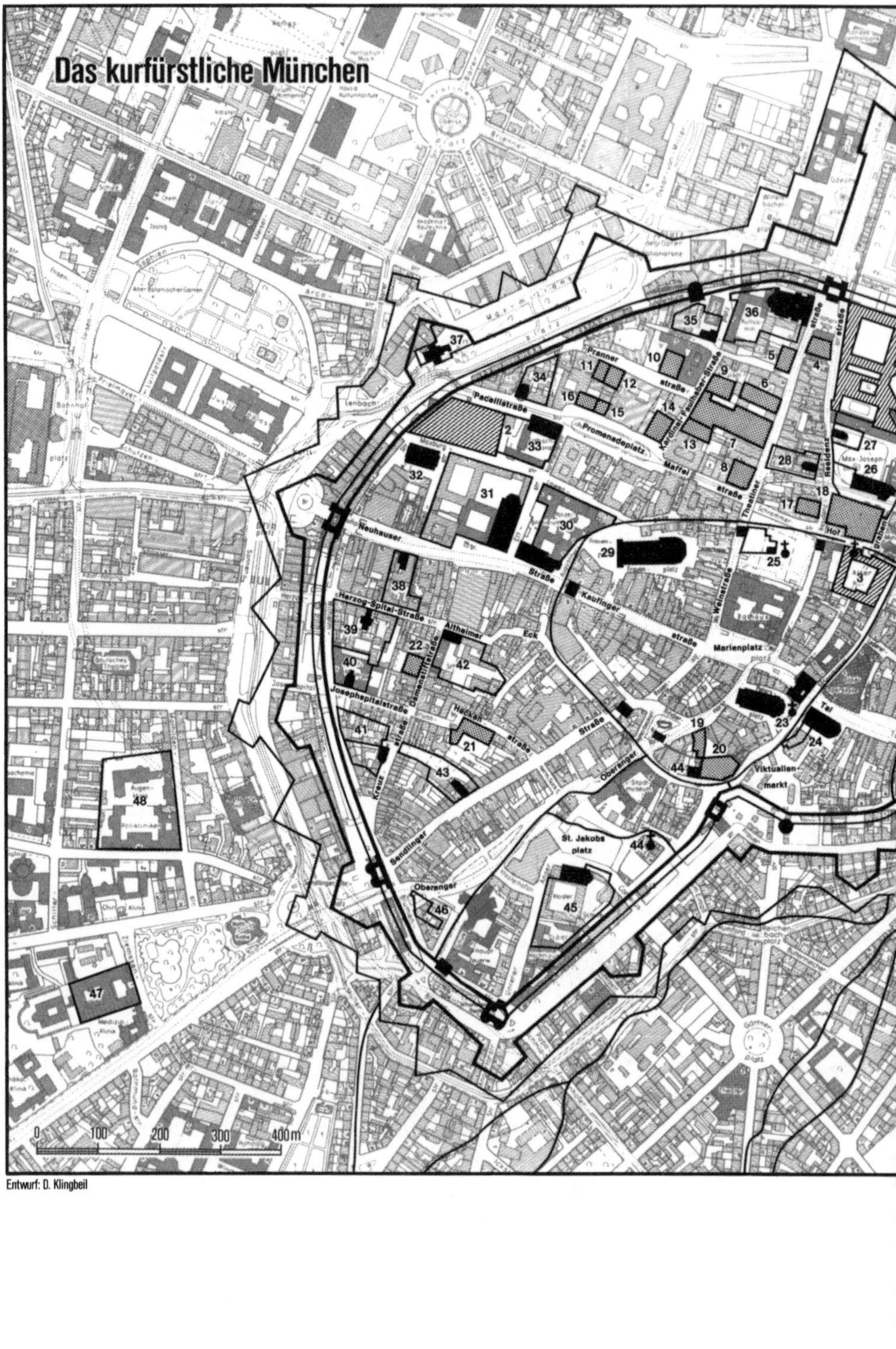

Entwurf: D. Klingbeil

Quelle: Plan der Stadt München von Merian, 1644; Karte von München und Umgebung im Jahre 1808; F. Schwimbeck, Historische Heimatkarten von München I u.II (o. J.) Max Spindler, Bayer. Geschichtsatlas, 1969; E. Schleich, die zweite Zerstörung Münchens, 1981; eigene Erhebung; Kartengrundlage: Stadtkarte von München, Städt. Vermessungsamt München

	Kurfürstliche Bauten	**Heutige Nutzung**
1	Kurfürstliche Residenz	diverse kulturelle Nutzungen
2	*Herzog-Max-Burg*	Amtsgericht
3	Herzoglicher Alter Hof	Finanzamt

	Die bedeutendsten Adelspalais	
4	Preysing Palais	Büro, Einzelhandel
5	*Berchem Palais mit Kühbogen*	Ministerium, Einzelhandel
6	*Eichthal Palais*	Büro, Einzelhandel
7	*Fugger Palais später Alte Akademie*	Bank
8	*Tattenbach Palais*	Büro, Einzelhandel
9	Holnstein Palais	Erzbischöfl. Ordinariat
10	Preysing Palais	Bank
11	Seinsheim Palais	Bayer. Städtetag, Einzelhandel
12	Palais Gise-Arco	Büros
13	Porcia Palais	Bank
14	Monteglas Palais	Hotel, Einzelhandel
15	*Maffei Palais*	Bank
16	*Herwarth Palais*	Versicherung, Einzelhandel
17	*Palais des Grafen von Wahl*	Büros, Einzelhandel
18	Törring Palais	Postamt
19	*Herzog Ferdinand Residenz*	Büros, Einzelhandel
20	*Graf Seefeld Palais*	Büros, Einzelhandel
21	Rechberg Palais	Büros, Einzelhandel
22	Lerchenfeld Palais	Städt. Bestattungsamt

	Kirchen, Klöster und Spitäler	
23	St. Peterskirche und *Wieskirche* ‡	Kirche, Freifläche
24	Hl. Geistkirche mit *Spital*	Kirche, Viktualienmarkt
25	*Gruftkirche* ‡ *und Kongregation der Englischen Fräulein*	in Planung, Freifläche
26	*Franziskanerkirche mit Klosterbezirk*	Verkehrsfläche, Nationaltheater
27	*Riedler Frauenkloster*	Residenz
28	*Bittrich Frauenkloster*	Büros, Einzelhandel
29	Frauenkirche	Kirche
30	Augustinerkirche mit *Klosterbezirk*	Polizeipräsidium, Jagd- und Fischereimuseum
31	St. Michaelkirche mit *Jesuitenkolleg*	kirchliche Einrichtungen, Statistisches Landesamt, Kaufhaus
32	*Synagoge*	Freifläche, Tiefgarage
33	Karmeliterkirche mit Klosterbezirk	Kirche, Klosterbezirk
34	Dreifaltigkeitskirche mit *Karmeliternonnenkloster*	Kirche, kirchliche Einrichtungen
35	St. Salvatorkirche mit *Frauenfriedhof*	Kirche, Parkhaus, Kultusministerium
36	Theatiner Hof- und Stiftskirche St. Kajetan mit *Klosterbezirk*	Kirche, Kultusministerium
37	*Kapuzinerkloster*	Grünanlage
38	Seminariumskirche mit Seminar	Büros, Einzelhandel
39	Herzog-Spitalhofkirche St. Elisabeth mit *Spital*	Kirche, Servitinnenkloster Büros, Einzelhandel, Wohnheim
40	*Josephspitalkirche mit Spital*	Städt. Steueramt
41	Kreuzkirche mit *St. Peter Friedhof*	Kirche, Wohnen, Gewerbe, Büros, Einzelhandel
42	Damenstiftskirche St. Anna mit *Klosterbezirk*	Kirche, Schule, Freifläche
43	St. Johann Nepomukkirche (Asamkirche) und *altes Stadtwaisenhaus*	Kirche, Wohnen, Büros, Einzelhandel
44	*Große Sebastianskirche und Kleine Sebastianskirche* ‡	Büros, Einzelhandel
45	*St. Jakob am Anger* mit Klosterbezirk	Kirche, kirchl. Einrichtungen, Schule, Stadtwerke
46	*Nockherspital*	Büros, Einzelhandel
47	*Kloster der barmherzigen Brüder*	Kliniken
48	Kloster der barmherzigen Schwestern	Kliniken
49	St. Anna Kloster (Hieronymitenkloster)	Kirche, kirchl. Einrichtungen, Schule, Wohnen, Rotes Kreuz, Einzelhandel

kursive Schrift = ursprüngliche Bauten sind heute nicht mehr vorhanden

Kartographie: Geographisches Institut der TU Münch

der Bruder des Kurfürsten, Erzbischof Clemens August von Köln (1700–1761), ein großer Bauherr und Mäzen, der St.-Michaels-Bruderschaft dort gestiftet[41]. Vorher stand hier ein von Joseph Clemens (1671–1723), dem Kurfürsten von Köln und Bruder Max Emanuels, in seiner Hofmark Berg am Laim 1690 errichtetes Wasserschlößchen, die Josephsburg.

Mit Billigung des Kurfürsten errichteten bürgerliche Bauherren, der Stukkateur und Architekt Egid Quirin Asam zusammen mit seinem Bruder, dem Maler und Architekten Cosmas Damian Asam, in der Sendlinger Straße eine eigene Kirche neben ihrem reich geschmückten Wohnhaus. Zunächst gab es Schwierigkeiten mit den Anliegern, die am liebsten selbst ein Gotteshaus erbaut hätten; doch eine Reliquie des 1729 heilig gesprochenen und zum Beschützer Bayerns bestimmten Johann Nepomuk half dem gottgefälligen Werk[42]. 1746 konnte die »Asamkirche« St. Johann Nepomuk geweiht werden, die als Kunstwerk des genialen Brüderpaares zu den bedeutendsten Bauten der Stadt zählt.

Ein weiterer Glanzpunkt ist der 1734 vollendete Hochaltar für die St. Peterskirche, der von einem Bürger mit Unterstützung des Hofs gestiftet wurde. Um eine von Erasmus Grasser geschnitzte Figur des hl. Petrus gruppierten die Brüder Asam und der Bildhauer Andreas Faistenberger (um 1646–1735) eine Gruppe unter einem Säulenbaldachin nach dem Vorbild der Peterskirche in Rom[43]. Dieses Kunstwerk sollte der ältesten Pfarrkirche der Stadt wieder größeren Schmuck verleihen, nachdem sie durch die Ausstattung der Frauenkirche mit Hochaltar, Bennobogen und Kaisergrabmal übertrumpft worden war.

Am 20. Oktober 1740 starb Kaiser Karl VI. in Wien und setzte seine älteste Tochter Maria Theresia (1717–1780) als Erbin ein. Die durch einen Erbvertrag geregelte Übergabe der Herrschaft an eine Frau war neu und ungewohnt. Kurfürst Karl Albrecht, der mit einer Schwester des Kaisers verheiratet war, machte nun Ansprüche auf diesen Thron geltend. Die juristische Lage schien nicht ungünstig, wenigstens einen Teil des Erbes zu erhalten. Karl Albrecht überfiel 1741 Passau, die Bischofsstadt, deren Diözese bis nach Ungarn reichte, und ließ sich in Linz als Erzherzog huldigen. Das Angebot von Maria Theresia, die Herrschaft über die Niederlande und Oberösterreich zu übernehmen, lehnte er siegesgewiß ab. Im glei-

Das »Asam-Haus« in der Sendlinger Straße (erbaut um 1735)

chen Jahr ließ sich Karl Albrecht zum König von Böhmen krönen und kurz darauf (Januar 1742) wurde er einstimmig zum Kaiser gewählt[44]. Diese Wahl wurde jedoch vom Haus Habsburg nicht anerkannt, es kam zum Österreichischen Erbfolgekrieg. Die Österreicher besetzten zum zweiten Mal in diesem Jahrhundert München. Die Vorstadt Lehel wurde am 6. Mai 1742 geplündert, Häuser in Brand gesteckt und Menschen ermordet[45]. Diplomatisches Kräftespiel und Kriegsglück wandten sich nun gegen Karl; er verlor Land und Armee. Maria Theresia wollte das Land Bayern dem habsburgischen Besitz einverleiben, stieß aber damit auf das Mißfallen der Nachbarn. Der Preußenkönig Friedrich II. (der Große), der wegen Schlesien mit den Österreichern in Fehde lag, die Pfalz und Hessen-Kassel verbündeten sich 1744 mit Karl Albrecht, um ihn wieder in seine Rechte einzusetzen. Der schrieb verbittert in sein Tagebuch:

> *»So stellte ich Narr des Glücks einen Kaiser vor und tat, als ob ich Frankfurt zu meiner Residenz gewählt hätte, weil es in der Mitte des Reiches liegt, in Wahrheit aber war ich ein Verbannter, der keine Heimat hatte, da mein Land vom Feind besetzt war.«* [46]

Ende Oktober 1744 konnte der Kurfürst und Kaiser wieder nach München zurückkehren, doch starb er bereits am 20. Januar 1745. Franz Stephan von Lothringen, der Gemahl Maria Theresias, wurde nun ohne Gegenkandidaten zum Kaiser gekürt.

Max III. Joseph, ein aufgeklärter Kurfürst

Max III. Joseph (1727–1777) übernahm von seinem Vater 1745 ein ausgebeutetes Land und mußte mit einem Friedensschluß den Erbfolgekrieg beenden. Der neue Kurfürst bemühte sich um die Hebung der Wirtschaft. So wurde in München die für den Handel wichtige Isarbrücke neu aus Stein erbaut, die Kaufleute erhielten neue Lagerhallen[47]. Heinrich Braun reformierte Schulwesen und Lehrerbildung[48]. Die Gassen der Stadt wurden gepflastert, 1772 erfolgte die erste Hausnumerierung in München. 1752 bauten die Barmherzigen Brüder außerhalb der Stadtmauern »links der Isar« ein Krankenhaus, ebenso die Elisabethinerinnen fünf Jahre später an der heutigen Mathildenstraße[49].

Seine Erziehung durch Johann Adam Frhr. von Ickstatt (1772–1776), einen vom Geist der Aufklärung beseelten Wissenschaftler und Staatsmann, beeinflußte den Kurfürsten stark. Er gründete 1759 mit der Hilfe des Juristen – besser Universalgelehrten – Johann Georg (von) Lori (1723–1786) gegen den Widerstand der Jesuiten die »Bayerische Akademie der Wissenschaften«[50]. Um die Armut seiner Untertanen durch Bildung zu bekämpfen, führte er 1771 die allgemeine Schulpflicht ein und organisierte 1775 einen Armenfond. Gegen die Prunksucht der einen und die daraus resultierende Verarmung der anderen wurde 1747 eine Kleiderordnung erlassen. Mit Verordnungen versuchte man auch gegen das Bettlerwesen vorzugehen (1748)[51]. Im Auftrag des Kurfürsten wurde 1751 von Wigulaeus Kreittmayr (1706–1790) das erste einheitliche Strafrecht und Strafprozeßrecht (Codex Juris Bavarici Criminalis) erarbeitet. Hier ist noch die Folter zur Wahrheitsfindung vorgesehen, aber auch erklärt, daß der Zweck des Staates »Lediglich in [all]gemeiner Wohlfahrt besteht«[52].

Auch die Kunst nahm in dieser Friedenszeit einen Aufschwung. 1754 ließ sich Ignaz Günther (1725–1775) in München nieder. Bereits zwei Jahre später wurde er Hofbildhauer und 1761 erwarb er das heute nach ihm benannte Haus am Unteranger (heute Sankt-Jakobs-Platz 15)[53]. Im Jahr 1763 wurde als Nachfolger von Ignaz Gunezrhainer (1698–1764) François Cuvilliés der Ältere Oberhofbaumeister, er gilt als Hauptvertreter des Bayerischen Rokoko. Im Auftrag des Kurfürsten baute er 1750/53 das Alte Residenztheater (Cuvilliéstheater). Sein Sohn und Nachfolger (ab 1768) François Cuvilliés der Jüngere (1731–1777) arbeitete im barocken und klassizistischen Stil und schuf 1769 die Alte Hauptwache am Marienplatz sowie 1749/98 das Ständehaus (heute Meisterschule für Mode, Roßmarkt 15)[54].

Mehrmals hielt sich Wolfgang Amadeus Mozart (1756–1791) in München auf: das erste Mal 1762, als er auf seinen Reisen an die europäischen Fürstenhöfe auch in München Station machte, um dem Kurfürstenpaar vorzuspielen. 1775 wurde in seinem Beisein seine Oper »La finta giardiniera« (Die Gärtnerin aus Liebe) in München uraufgeführt; die Hoffnungen Mozarts auf eine freie Stelle am Hof des musikliebenden und selbst komponierenden Kurfürsten erfüllten sich jedoch nicht, seine entsprechende Bitte wurde im Jahr 1777 abgelehnt. 1781 wurde Mozart vom Kurfürsten Karl Theodor noch einmal nach München eingeladen[55].

Aufklärer und Illuminaten

Am Beginn des 18. Jahrhunderts sind an der Universität Ingolstadt Versuche zu beobachten, sich einem naturwissenschaftlich geprägten Weltbild zu nähern. Die erste wissenschaftliche Zeitschrift Bayerns, der »Parnassus Boicus«, sollte von 1722 bis 1740 durch Beiträge in deutscher Sprache der Verbreitung von Erkenntnissen im Volk dienen. Herausgeber waren die Augustinermönche Eusebius Amort (1692–1775) aus Polling bei Weilheim, Agnellus Kandler und Gelasius Hieber (1671–1731) aus München[56]. 1741 wurde der Staatsrechtslehrer Christian Wolff von der Universität Würzburg in die kurfürstliche Residenz berufen, um den Prinzen Max Joseph zu unterrichten. Auf diesen Lehrer und den Jesuiten Daniel Stadler (1705–1764), der auch sein Beichtvater war, ging die Erziehung des jungen Herrschers hin zu einem aufgeklärten Absolutismus zurück[57]. In der Theorie war der Kurfürst tolerant, human und auf das Gemeinwohl hin orientiert, in der Praxis aber wurde mit Hilfe der Zensur eine absolutistische Politik betrieben. Man begann, die Rechte der Kirche einzuschränken, indem man ein staatliches Schulsystem einführte und Spenden an die Kirche begrenzte. Auch die als zu zahlreich empfundenen kirchlichen Feiertage (52 Sonntage, 19 gebotene und 53 übliche Feiertage wurden 1700 gezählt) und die ausgedehnten Wallfahrten wurden verringert[58].

In München wirkten bedeutende Vertreter der Aufklärung. Johann Franz Seraph von Kohlbrenner (1728–1783)[59] war ursprünglich im Bereich des Salz- und Forstwesens tätig und schuf eine Zollkarte für Bayern. Nach seinem Aufstieg zum »Wirklichen Hofkammer- und Kommerzienrat« 1773 wurde er 1778 auch in den Reichsritterstand erhoben. Besonderes Ansehen erwarb sich der vielseitige Kohlbrenner seit 1776 durch die Herausgabe des »Churbayerischen Intelligenzblattes«. Dies war die wichtigste aufklärerische Zeitschrift. Der Publizist kämpfte für die Einrichtung einer öffentlichen Bibliothek für München (1789 wurde dann die Hofbibliothek öffentlich zugänglich) und machte bereits 1768 den umstrittenen Vorschlag, eine Hundesteuer einzuführen, was erst Ludwig I. 1830 durchsetzte. Außerdem kämpfte Kohlbrenner gegen jeglichen Aberglauben und trat für eine patriotische Einstellung ein.

Der Münchner Rechtsgelehrte Andreas Dominikus Zaupser (1748–1795)[60] wurde 1773 Sekretär des Hofkriegsrats und 1784 Professor für Philosophie an der späteren Militärakademie. Seine kritischen theologischen Veröffentlichungen fanden große Beachtung, besonders seine 1777 erschienene »Ode auf die Inquisition«, die 1780 unter Kurfürst Karl Theodor der Zensur zum Opfer fiel. Er schrieb auch 1784 ein Wörterbuch mit dem Titel »Versuch eines bayerischen und oberpfälzischen Idioticons« und war Mitglied der Akademie der Wissenschaften.

Einer der führenden Geister seiner Zeit war der Historiker Lorenz von Westenrieder (1748–1829)[61]. Der geborene Münchner wurde nach einer Ausbildung am Jesuitengymnasium und Lyzeum (Priesterseminar) Geistlicher. Von 1773 bis 1779 lehrte er als Professor am Gymnasium in Landshut Poetik und Rhetorik. Dann war er Schulrat und leitete die Bücherzensurkommission. Schließlich wurde er 1821 Domkapitular des Bistums München-Freising. Neben seiner Tätigkeit als Herausgeber war er als Schriftsteller sehr produktiv. Bekannt wurde er besonders durch seine Werke zur bayerischen Geschichte. Durch den Kontakt zur Regierung Montgelas begann der ursprünglich aufklärerische Westenrieder eine restaurative Haltung zu entwickeln.

Kajetan Weiller (1761–1826)[62], ein Philosoph, prägte als Lehrer und Direktor der Münchner humanistischen Lehranstalten viele Schüler mit seinen freisinnigen Gedanken, so auch Johann Andreas Schmeller. Er hatte auch durch seine Publikationen Einfluß auf das geistige Leben seiner Zeit. 1823 wurde er zum Generalsekretär der Akademie der Wissenschaften berufen und damit sozusagen »kaltgestellt«, denn seine aufklärerische Richtung war suspekt geworden. An der Universität Ingolstadt wurde 1776 von dem Juraprofessor Adam Weishaupt (1748–1830)[63] der aufklärerische Geheimbund der Illuminaten (Erleuchteten) gegründet. Er verbreitete sich bald nach München und von hier aus durch Bayern ins ganze Reich und darüber hinaus. Es wurden politische und bildungsfördernde Utopien entwickelt, die großen Nachhall in einflußreichen Kreisen fanden. Die Ideale der Unabhängigkeitsbewegung in Nordamerika und der Revolutionäre in Frankreich hatten eine Vorbildaktion. Nach und nach besetzten die Anhänger der Bruderschaft wichtige Funktionen am Hof und in der Verwaltung des Kurfürstentums.

Diese Unterwanderung kam aber bald auf, und Karl Theodor veranlaßte 1783 in München erste Gerichtsverfahren, denen 1785 Verbote gegen Illuminaten und Freimaurer folgten. Bis 1787 wurde der Orden aufgelöst, er wirkte jedoch durch seine Anhänger fort, die ihre Ideale weitertrugen[64]. Die Illuminaten wurden zwar teilweise verfolgt, verhaftet oder flohen außer Landes, waren aber während der Amtszeit von Minister Montgelas nach 1799 wieder ungestört tätig.

Wirtschaftliche Probleme in Handel und Handwerk

Nach dem Ende des Dreißigjährigen Krieges war die Wirtschaftskraft der Stadt auf einen Tiefpunkt gesunken, der etwa dem Bevölkerungsrückgang entsprach. München war als eine Handelsstadt gegründet worden. Die Lage der Stadt an internationalen Fernhandelsverbindungen hatte sich jedoch nicht günstig entwickelt. Der Salzhandel nahm in der Bedeutung ab, da er von kurfürstlichen Monopolen eingeschränkt war. Die Kaufleute der Reichsstädte waren kapitalkräftiger und geschäftstüchtiger. Ausländische und nach ihrer Zulassung auch jüdische Geschäftsleute waren besser in der Lage, Geschäfte im großen Stil zu betreiben. So beschränkte sich der Markt in München weitgehend auf regionale Anbieter und ihre Bedürfnisse[65]. Während des Dreißigjährigen Krieges waren viele Handwerke stark zurückgegangen, hauptsächlich wenn sie nicht Dinge des unabdingbaren täglichen Bedarfes betrafen, z.B. die Gewerbe der Borten- oder Hutmacher. Daher begannen die Kurfürsten seit 1665 Manufakturen zu errichten[66]. Neben Tuch- und Teppichfabriken brachte es besonders die kurfürstliche Porzellanfabrik zu einiger Bedeutung. Sie wurde 1752 im Garten des Schlosses Neudeck in der Au gegründet und 1761 nach Nymphenburg umgesiedelt. Ihre Entwicklung verlief dank des hervorragenden Modelleurs Franz Anton Bustelli rasch aufstrebend. 1765 waren schon 187 Personen angestellt[67]. Die Volkszählung im Jahr 1781 ermittelte für München eine Zahl von 1020 Handwerksbetrieben in 110 verschiedenen Gewerben[68]. Deutlich angestiegen waren, gegenüber der Ausgangslage von 1650, Handwerke, die einen Luxusbedarf befriedigten wie Perückenmacher, Goldschmiede oder auch Buchdrukker. Hier zeigte sich das Anwachsen des Hofstaates, des Adels, der Geistlichkeit und des Bildungsbürgertums. Die insgesamt doch geringe Expansion der Wirtschaft wird verständlich, wenn man die vielen kriegerischen Auseinandersetzungen mit den damit verbundenen Nöten, Unsicherheiten und Sondersteuern miteinbezieht. Der Konkurrenzdruck unter den Handwerkern der Stadt war teilweise groß; besonders aber hatte man unter »Schwarzarbeitern« und Anbietern von außerhalb, z.B. aus der Vorstadt Au, zu leiden, die billiger arbeiten konnten, da sie nicht den Zunftvorschriften unterlagen. Die zünftigen städtischen Handwerker, die im Gegensatz zu ihren Konkurrenten von außerhalb im Rat der Stadt vertreten waren, achteten stets peinlich darauf, daß ihre Rechte gewahrt blieben. 1769 erreichten die Stadthandwerker, daß sie die ihnen persönlich verliehenen Gerechtigkeiten (d.h. das Recht, ein bestimmtes Handwerk ausüben zu dürfen) vererben oder weiterverkaufen konnten, wie wir dies heute z.B. noch von Taxikonzessionen kennen[69].

Karl Theodor, ein Despot aus der Pfalz

Da mit Kurfürst Max III. Joseph, der ohne legitimen männlichen Erben blieb, die altbayerische Linie der Wittelsbacher im Jahr 1777 ausgestorben war, mußte die Thronfolge neu geregelt werden. Der Kurfürst hatte, um einen erneuten Erbfolgekrieg mit Bayern als Schauplatz zu verhindern, 1771 einen Vertrag mit den pfälzischen Wittelsbachern unter Einschluß der Linie Zweibrücken geschlossen, der auch diese Frage einschloß[70]. Diese Erbfolge war aber nicht unumstritten.

Karl Theodor (1777–1799), der neue Kurfürst, wäre lieber in seiner Residenzstadt Mannheim geblieben und hatte an München nur begrenztes Interesse. Er versuchte daher, das Kurfürstentum Bayern an Österreich zu tauschen und die Niederlande dafür einzuhandeln; die jährlichen Einnahmen wären fast doppelt so hoch (zwei Millionen Gulden mehr) gewesen. Friedrich II. (der Große) von Preußen wußte aber diesen Handel, den auch viele Bayern ablehnten, zu verhindern[71]. Beim Friedensschluß, der diesen neuen bayerischen Erbfolgekrieg beendete, kam 1779 das Innviertel endgültig zu Österreich. Zeitgenossen urteilten über Karl Theodor, er trieb *»sein Regierungswesen* [...] *für Bayern eine Ewigkeit von 22 Jahren – wie ein asiatischer Despot, der seine Länder als einen von Gottes Gnaden ihm überlassenen Tummelplatz ansah«*[72].

Karl Theodor war in München nicht nur deshalb so unbeliebt, weil er aus Mannheim kam und das bayerische Kurfürstentum nur widerwillig übernommen hatte, sondern vor allem, weil er in seiner Regierungszeit die Münchner Bürgerschaft immer wieder hart brüskierte wie z. B. mit dem Kniefall, den er von seinen Magistratsherren 1791 einforderte.

Der kunstliebende Karl Theodor hatte 1777 beim Umzug seines Hofstaates aus Mannheim auch zahlreiche Künstler mit nach München gebracht. Einige sollten Stammväter von nachmals bayerischen Künstlerfamilien werden, wie Franz Kobell (1749–1822), Lorenz Quaglio (1730–1804) und Guiseppe Quaglio (1747–1828)[73]. Durch den Kurfürsten wurde auch der Zeichner Johann Georg Dillis (1759–1841)[74], ein Försterssohn aus Oberbayern, gefördert. Dieser wurde 1790 als Inspektor der neuerbauten Galerie im Hofgarten angestellt. Für die fürstliche Förderung bedankte er sich, indem er 1796/97 unter großen Gefahren 615 der bedeutendsten Gemälde vor den Franzosen rettete. Dillis wurde 1803 mit der Auswahl von Bildern aus aufgehobenen Klöstern für die Galerie betraut, die heute noch in den Münchner Museen zu sehen sind. Er wurde Professor für Landschaftsmalerei und war noch für König Ludwig I. beim Aufbau der Pinakothek tätig. Einer der Musiker, die mit dem Kurfürsten nach München kamen, war der beliebte Komponist Christian Cannabich (1731–1798)[75]. Er wurde hier 1778 Musikdirektor und hatte großen Einfluß auf Mozart, den er noch von Mannheim her kannte. Karl Theodor lud Wolfgang Amadeus Mozart ein, für ihn eine Oper zu komponieren. Im Januar 1781 fand im Hoftheater die Uraufführung der Oper »Idomeneo« statt, die aber keinen großen Erfolg brachte. Karl Theodor zeigte sich wenig interessiert an Mozart und ließ den Genius ziehen[76].

Bei der Volkszählung von 1781 wurden in der Stadt München 37 840 Einwohner registriert; von diesen waren nur 1479 Personen rechtlich Vollbürger und Steuerzahler[77]. Der Hofstaat war größer, und dessen Angehörige mußten, ebenso wie die der Klöster, in der Regel keine Steuern zahlen. Diese schwache Basis wohlhabender

Steuerzahler machte sich auch in der Wirtschaftskraft bemerkbar. Im Jahr 1779 hatte die Stadt 313 000 Gulden Schulden, die kaum noch verzinst werden konnten. Man war bei der Steuererhebung von der Regierung abhängig, die etwa 1777 beschloß, den städtischen Bierpfennig abzuschaffen und diese Abgabe künftig an die Landschaft (Ständeparlament) zahlen zu lassen[78]. Die Stadt und das Fürstentum waren in allen Bereichen in einem desolaten Zustand, der auch immer wieder zu Unruhen führte. Hilfe kam von einem Fremden.

Benjamin Thompson – ein Minister aus Amerika

Einer der Männer, die München am meisten geprägt haben, wurde am 26. März 1753 bei Boston in USA als Benjamin Thompson geboren[79]. Der technisch begabte junge Mann studierte nach einer Kaufmannsausbildung Medizin und war als Lehrer tätig, bevor er Major der britischen Krone wurde. Nach dem Unabhängigkeitskampf floh er 1776 nach England. In London war er bereits 1778 Staatssekretär für Nordamerika und wurde so schnell zu einem reichen Mann. Ein Jahr später wurde er als Naturphilosoph und -forscher zum Mitglied der Königlichen Britischen Akademie der Wissenschaften gewählt. Nach dem Friedensschluß mit den Vereinigten Staaten von Amerika wurde er, erst 30 Jahre alt, 1783 mit halbem Offiziersgehalt auf Lebenszeit pensioniert.

Benjamin Thompson entschied sich, seine Fähigkeiten in den Dienst des Kaisers in Wien zu stellen und reiste auf den Kontinent. In Straßburg wurde der französische Garnisonskommandant Herzog Maximilian Joseph von Zweibrücken, der 1799 Kurfürst von Bayern werden sollte, schon am Tag von Thompsons Ankunft bei einer Parade auf ihn aufmerksam. Er schickte Thompson mit einer Empfehlung zu seinem Verwandten Kurfürst Karl Theodor nach München. Thompson fand rasch Gefallen an der Stadt und war angenehm berührt durch das freundliche Entgegenkommen des Landesherrn. Dieser bot dem Amerikaner an, in seine Dienste zu treten, um im Land Reformen durchzuführen. Nach fünf Tagen reiste Thompson aber doch nach Wien weiter, in der Hoffnung, sich im Krieg gegen die Türken militärisch auszeichnen zu können. Der in Österreich herrschende Friede heilte ihn nach eigenen Worten rechtzeitig von seinem »kriegerischen Wahnsinn«[80]. Er beschloß, künftig dem Fortschritt und nicht mehr der Vernichtung von Menschen zu dienen und schrieb daher umgehend nach München, daß er das Angebot des Kurfürsten annehmen werde. Der englische König Georg III. gewährte ihm 1784 die Bitte, in die Dienste Bayerns treten zu dürfen und schlug ihn zum Ritter.

Im Frühjahr 1784 kam Sir Benjamin Thompson in das Kurfürstentum Bayern, ein durch Kriege völlig verarmtes Land, und wurde zunächst Oberst eines Kavallerieregiments. Vier Jahre hatte er nun Gelegenheit, die Sprache zu lernen und sich umfassend über Land und Leute zu informieren. Er wohnte in der Hinteren Schwabinger Gasse (heute Theatinerstraße) und behielt Kontakt zum Kurfürsten. Der katastrophale Zustand in vielen Bereichen, besonders in der Armee, inspirierte den 1785 zum Kammerherrn und 1787 zum Geheimen Rat aufgerückten Thompson im Jahr 1788 zu einem umfangreichen Gutachten mit ungewöhnlichen Lösungsvorschlägen. Dem Kurfürsten gefiel das Memorandum, und so ernannte er den Engländer, unter Zurücksetzung bisheriger Amtsträger, zum Kriegs- und Polizeiminister, Generalmajor und Staatsrat[81]. Daß Neuerungen kaum schaden könnten, war damals allgemeine Ansicht, und da sowohl der Beamtenapparat als auch die Geistlichkeit annahmen, der neue Mann, der noch dazu landfremd und Protestant war, würde ohnehin bald scheitern, wurde er anfangs kaum befehdet.

Reformen und Erfindungen

Die Bekämpfung der Armut und Unwissenheit der Bevölkerung sollte zunächst über die Armee erfolgen, die bisher viele Bettler und Vagabunden hervorgebracht hatte. Militärgemüsegärten wurden angelegt, aus denen sich die Soldaten selbst mit frischer, gesunder Nahrung versorgen sollten. Kohlrüben, Klee und besonders die bisher vielfach noch für giftig gehaltene Kartoffel wurden nun von München aus über das Militär in Bayern flächendeckend propagiert. Eine Militärakademie wurde in der Stadt errichtet, die begabten Knaben aus allen Bevölkerungskreisen eine Ausbildung ermöglichen sollte. Nun terrorisierten keine Uniformierten mehr bettelnd die Stadt; sie waren ein wichtiger Ordnungsfaktor geworden[82].

Besonders betroffen war Sir Benjamin von der Not und der Kriminalität der Bettler, die München in großer Zahl bevölkerten. Um die Stadt von dieser Plage zu befreien und gleichzeitig den armen Menschen zu helfen, richtete er im ehemaligen Paulanerkloster in der Au (heute Gefängnis Neudeck) eine Fabrik mit Wohnungen ein. 1790, am 1. Januar, dem Tag des alljährlichen Almosengebens, wurden die Bettler Münchens (angeblich über 200, bei einer Einwohnerzahl von knapp 40 000) genau registriert und ins Arbeitshaus gebracht. Alle wurden nun nach ihren Möglichkeiten beschäftigt, z. B. damit, Uniformen für die Armee anzufertigen. Obwohl die Arbeiter, unter ihnen auch Behinderte und Kinder, nicht nur beherbergt und beköstigt wurden, sondern auch Lohn erhielten, warf das gut organisierte Unternehmen bald Gewinne ab[83]. Als Thompson, angegriffen durch die großen Anstrengungen seiner Arbeit und belastet durch Mißgunst, die ihn viele Höflinge und der Magistrat spüren ließen, schwer erkrankte, zogen seine Arbeitshausinsassen täglich in einer Prozession an seinem Fenster vorbei zur Frauenkirche, um dort für ihn eine Stunde zu beten. Erst nach dem Weggang des Stifters wurde das »Arbeitshaus in der Au« immer mehr zur Zwangsarbeitsanstalt. Um die Erziehung begabter, aber unbemittelter Mädchen und Knaben zu ermöglichen, gründete der Minister auch eine Bildungseinrichtung, die er »Haus der Industrie« nannte[84].

Eines der Interessengebiete des Forschers Thompson war stets die Frage nach der richtigen Ernährung. Hunger und Fehlernährung waren Hauptprobleme dieser Zeiten. Für das Arbeitshaus erfand er neue Speisen, so die »Rumfordsuppe«, einen Eintopf aus Wasser, Sauerbier, geriebenen Kartoffeln, Brot, Perlgraupen und Erbsen[85]. Mit der aus den Münchner Erfahrungen geschöpften, in London erschienenen Arbeit »Über die Auswahl und Zubereitung von Speisen, insbesondere für die Armen« half Thompson später in England eine Hungerkatastrophe abzuwenden.

Wichtig für die Ernährung war auch die Erfindung eines neuartigen Kochherdes, den Thompson im »Arbeitshaus« einführte. Dieser Herd verbrauchte wesentlich weniger Brennstoff und war schneller betriebsbereit als herkömmliche Öfen[86]. Der Minister

Die von Rumford eingerichtete Suppenanstalt zur Armenspeisung 1792

bemühte sich, auch bei Hausfrauen und Köchen für seine Ideen zu werben. Daneben erfand er noch Kochgeschirr und Lampen, mit denen Energie gespart werden konnte. Der Polizeiminister kümmerte sich auch um andere Dinge des Alltags. Um die Opferbüchsen in den Kirchen vor Diebstahl zu schützen, erdachte er ein wirksames System. Beim Bohren eines Kanonenrohres im Münchner Zeughaus (heute Stadtmuseum) im Jahr 1797 machte er grundlegende Experimente zum Problem der Wärme. Im Januar 1798 wurde seine »Abhandlung über die Wärme«, die als seine größte wissenschaftliche Leistung gilt, bei der Londoner »Royal Society« zum Vortrag gebracht. Thompson beschrieb darin, daß Wärme keine Substanz ist, sondern durch die Bewegung von Molekülen entsteht[87].

Der Englische Garten

Ein weiteres Anliegen war Thompson die Landeskultivierung und -pflege. Die von ihm propagierten und angelegten Militärgärten dienten neben der Versorgung der Soldaten auch diesem Ziel. Am 21. Februar 1789 veröffentlichte er Richtlinien zu einem »neuanzulegenden militärischen Garten«[88]. Bereits am 24. März 1789 forderte Karl Theodor den Stadtmagistrat von München auf, für die Verwirklichung eines Militärgartens einen geschützten Platz ausfindig zu machen. Nach des Kurfürsten Willen und Order vom 21. September 1789 sollten diese Militärgärten *»nicht nur allein zum Vortheil und Ergötzung des Militaires, sondern auch zum allgemeinen Gebrauch als ein öffentlicher Spaziergang sowohl für das Civile als das Militaire dienen«*[89].

Karl Theodor residierte zu dieser Zeit in Mannheim, weil er mit dem Münchner Magistrat im Streit lag. Da es der Stadtverwaltung mit der Durchführung des Planes, den Thompson entworfen hatte, nicht eilig war, schritt der Minister selbst zur Tat. Er hielt die Gegend um den Hirschanger vor dem Schwabinger Tor, bisher ein nur zur Jagd genütztes Stück Land, für am besten geeignet und begann daraufhin bereits im Juli 1789, die für die Anlage des Gartens nötigen Grundstücke, die nassen Wiesen zwischen der heutigen Königinstraße und dem Eisbach, zu erwerben. Auf diesem Areal wurden 18 Morgen einer Beetfläche geplant. Noch vor den ersten Spatenstichen brach am 14. Juli die Französische Revolution aus. Dies förderte wohl den Gedanken, den ursprünglich projektierten Militärgarten zu einem großen Volkspark auszuweiten[90].

Thompson begann mit aller Macht und größter Eile den Plan zu verwirklichen; ein Armeekorps stand hierfür zur Verfügung. Be-

Der Chinesische Turm im Englischen Garten (Aquarell 1789)

reits am 7. August 1789 wurde der in England ausgebildete Gartenbaumeister Friedrich Ludwig von Sckell (1750–1823) nach München berufen, um unter der Leitung des Ministers »Entwürfe zur Anlage des Gartens« zu machen. Sckell brachte sogleich seine »Vorschläge zu einem englischen Garten bei dieser Residenzstadt« zu Papier; die ersten Pflanzungen wurden ausgesteckt. Am 13. August 1789 gab der Kurfürst dann per Dekret bekannt, daß er *»den hiesigen Hirsch-Anger zur allgemeinen Ergötzung für dero Residenz-Stadt München herstellen zu lassen und diese schönste Anlage der Natur dem Publikum in ihren Erholungs-Stunden nicht länger vorzuenthalten gnädigst gesonnen«*[91] sei. Karl Theodor war von Thompsons Projekt so begeistert, daß er keine Kosten scheute und diese aus der Kasse des »Hofkriegsraths« vorschießen ließ. Das Gelände wurde entwässert, Brücken, Straßen und Wege wurden angelegt, dazu Grotten und Tempel. Pflanzungen verschiedenster Art, ein See und allerlei Vergnügungsstätten wurden gebaut: Glanzpunkt war der »Chinesische Turm«. Bei diesem entstand ein Bauernhof mit Schwaige als Muster für Zuchtviehhaltung. Die »Vieharznayschule« (heute Tierärztliche Fakultär der Universität in der Veterinärstraße) war bereits am 1. Mai 1790 eröffnet worden. Am 25. Mai inspizierte dann der Kurfürst erstmals in Begleitung Thompsons die gesamte Anlage. Noch war der Garten für die Öffentlichkeit gesperrt; erst im Frühling 1792 durfte sie ihn betreten[92].

Der verjagte Retter

Die Stadtväter dankten Thompson seinen Englischen Garten nicht. Sie warfen ihm Eigenpropaganda »hinter dem Rücken der bürgerlichen Obrigkeit«[93] vor und wollen sogar Bürger bestrafen, die dem Kurfürsten eine Dankschrift für dessen Reformen schrieben. Der Magistrat sah sich in seinen Rechten verletzt und begehrte gegen den Kurfürsten auf. Karl Theodor entfernte daraufhin die Magistratsherren aus ihren Ämtern und ließ sie am 21. Mai 1791 knieend vor seinem Bild um Verzeihung bitten, was als ungeheure Schmach galt und einen Tiefpunkt in der Geschichte des städtischen Ratsgremiums darstellte. Nachdem weiter gegen den »Fremdling« opponiert wurde, widerrief der Kurfürst die Absetzung nicht, sondern er sprach den Stadtvätern 1791 auf Lebenszeit die bürgerlichen Ehrenrechte ab – eine Entscheidung, die auch vor dem politischen Hintergrund der Französischen Revolution gesehen werden muß[94]. Als Karl Theodor dann 1792, nach dem Tod Kaiser Leopolds, kurzzeitig das Reichsvikariat innehatte, nutzte er diese Macht, um Sir Benjamin Thompson seine besondere Gunst zu zeigen und ihn zum Grafen des Heiligen Römischen Reiches Deutscher Nation zu erheben. Nach dem ehemaligen Namen der Stadt in Amerika, in der er seine Karriere begonnen hatte, nannte Thompson sich nun »Graf Rumford«[95]. Nach einem Erholungsaufenthalt in Italien fand bei seiner Rückkehr ein Volksfest für 30 000 Menschen im Englischen Garten statt, auch 1800 Insassen des »Arbeitshauses« waren unter den Gästen. Anschließend fuhr Rumford nach England und Irland, um zu forschen und auch dort die Armut zu bekämpfen.

Doch schon Ende Juli 1796 wurde Graf Rumford plötzlich von Karl Theodor aus London nach München zurückgerufen[95]; er fuhr umgehend ab und erreichte über Hamburg und Leipzig unter vielen Mühen die bayerische Hauptstadt. Das Kurfürstentum bemühte sich verzweifelt, seine Neutralität im Krieg zwischen Österreich und Frankreich zu wahren. München lag zwischen den Heeren und drohte zum Schlachtfeld zu werden. Rund 14 000 bayerische Soldaten waren in der Stadt zusammengezogen. Die »Interimsregierung« mit dem Geheimen Ratskanzler Friedrich von Hertling (1729–1808) an der Spitze war hilflos, wenn auch, wie Lorenz von Westenrieder für den 22. August in seinem Tagebuch vermerkte, das Publikum hoffte, sie würde *»die entsetzliche Vermehrung der Juden, die Vermehrung der Kaffee- und Bierhäuser, die Volksvermehrung mit Lumpenleuten, das Lumpen und Tanzen und Spazierengehen* [...] *abstellen«*[96]. Karl Theodor, inzwischen 77 Jahre alt, stattete Rumford mit umfassenden Vollmachten aus, ernannte ihn zum Oberbefehlshaber der Armee und zum Führer des Regentschaftsrates, dann floh er mit seiner jungen Frau Maria Leopoldina nach Sachsen.

Rumford übernahm das Kommando und ließ die Stadttore schließen. Er verwehrte sowohl der am 24. August 1796 bei Friedberg geschlagenen österreichischen Armee als auch den sie verfolgenden Franzosen erfolgreich den Zugang nach München. Er konnte beide davon überzeugen, daß es besser sei, wenn Bayern neutral bliebe. Beide Armeen zogen ab, ohne daß der Stadt etwas geschehen war[97]. Die Bürger feierten Rumford jubelnd als Retter Münchens, und der Kurfürst konnte zurückkehren. Er ernannte seinen erfolgreichen Sachwalter nun abermals zum Polizeiminister. In dieser Funktion veranlaßte Rumford die Beseitigung von Befestigungsanlagen, die der sich ausbreitenden Stadtentwicklung im Wege waren[98].

Doch die Stadtregierung, die sich zurückgesetzt fühlte, erreichte 1798 beim Kurfürsten, daß Rumford München wieder verließ. Er wurde als bayerischer Gesandter nach London geschickt. 1810 kam Rumford, der nun bei Paris wohnte, auf Einladung von König Max I. Joseph noch einmal besuchsweise nach München. Er kassierte seine Pension ein (wegen des Krieges bekam er in Frankreich weder sein ihm zustehendes Geld aus England noch aus Bayern) und freute sich an der Pracht des Englischen Gartens, zu dessen Verschönerung keine Ausgaben gescheut wurden. Trotz des offenkundigen Interesses, das Kronprinz Ludwig an ihm bekundete, kehrte er wieder nach Frankreich zurück. Rumford starb am 21. August 1814 in Auteuil in Frankreich[99].

Stadterweiterungspläne

Die Bevölkerung der Stadt München, die innerhalb des alten Mauerringes lebte, war von 1650 von rund 15 000 Personen bis 1781 auf 37 840 Personen angestiegen[100]. War die Stadt noch bis in das 17. Jahrhundert hinein teilweise locker bebaut und mit Gärten zwischen den Häusern versehen, so wurden diese zunehmend überbaut. Vorhandene Gebäude wurden aufgestockt und Hinterhäuser errichtet. Besonders groß war der Anstieg der Haushalte im Verlauf des 18. Jahrhunderts; von 2266 im Jahre 1704 auf 8829 im Jahr 1781[101]. Man war gezwungen, auf immer enger werdendem Raum zusammenzuleben. Bereits im 18. Jahrhundert begann eine rege Bautätigkeit vor den Toren der Stadt. Patrizier und Adelige ließen sich hier Schlößchen und Gärten errichten. Auch der Bereich der Befestigungsanlagen wurde zunehmend verbaut. Der Isar zu entstanden Floßländen, Wirtschaftsbetriebe und Gasthäuser, an den Hängen rings um die Stadt die Kühlkeller der Brauereien. Auch

Klöster begannen ihre Niederlassungen außerhalb der Mauern anzulegen. Aus dem Lehen des Grafen Tattenbach entstand im Nordosten eine Vorstadt, die bald *Lehel* genannt wurde. Hier bestand eine Ansiedlungsmöglichkeit für ärmere Personenkreise. 1791 lebten schon über 10% der Stadtbevölkerung außerhalb der Mauern Münchens[102].

1781 veröffentlichte Lorenz von Westenrieder eine Traumvision, wie er sich München in 300 Jahren vorstellte:

»Ich erkannte die Hauptstadt vermöge der zwei Türme, die sich in schweigender Majestät gegen die Wolken emporhoben, ein prächtiges Werk! Aber weiter war mir alles fremd und unkenntlich. Ich sah nichts mehr von den Wällen und Mauern, womit die Stadt ehemals umgeben war, sondern an deren Stelle standen rings um dieselben niedliche Gebäude [...] *ungemein prächtige Hauptstraßen* [...] *Die Gassen führten überall durch geräumige, äußerst reinliche Plätze, und München war, was es längst hätte seyn können, eine der schönsten Städte, die Menschen bewohnen können.«*[103]

Diese Idee sollte eher Gestalt annehmen, als sich dies der Aufklärer träumen ließ.

Mit der von Graf Rumford begonnenen, von Kurfürst Karl Theodor am 18. März 1791 angeordneten Niederlegung der Bastion vor dem Neuhauser Tor setzte eine Stadterweiterung ein, die München grundlegend umgestalten sollte. Die alten Befestigungsanlagen, die von Fuhrwerken nur auf verschlungenen Pfaden durchfahren werden konnten, waren militärisch nutzlos geworden. Ihr Unterhalt war teuer und sie wurden als Verkehrs- und Bauhindernis empfunden[104]. Während die stolze Reichsstadt Nürnberg ihren Mauerring behielt und pflegte, brach man in München die Torbauten größtenteils ab. Der Protest von Geschichtsschreibern und romantischen Künstlern gegen solche Maßnahmen verhallte weitgehend ungehört. Die »Denkmalpflege«, unterstützt durch Kronprinz Ludwig, setzte wenigstens durch, daß drei der Haupttore, wenn auch teilweise in veränderter Form, erhalten oder wieder errichtet wurden[105]. Das Isartor, das noch die mittelalterliche Stadtbefestigung in ihren Ausmaßen erahnen läßt, wurde gegen den Willen des städtischen Magistrats von König Ludwig durch Friedrich von Gärtner restauriert. Der von Rumford beauftragte Architekt Franz Thurn schuf bereits 1791 die Pläne für das Karlstor und den neuen *Karlsplatz,* wie die Stelle bei der 1755 eröffneten Wirtschaft des Eustachius Föderl nun heißen sollte[106]. Der Name nach dem wenig beliebten Kurfürsten Karl Theodor konnte sich in den letzten 200 Jahren nur teilweise durchsetzen; die Münchner Bevölkerung nennt den Platz vor dem Karlstor noch immer *Stachus.* Ein Ring von Wohnhäusern sollte die Stadt umschließen, da mittelalterliche Stadtmauern angesichts neuer Belagerungstechnik keinen militärischen Schutz mehr bieten konnte. Diese Pläne[107] wurden nur teilweise in die Tat umgesetzt. Neben Thurn legten auch Ludwig von Sckell, Leo von Klenze, François de Cuvilliés d.J., Nikolaus Schedel von Greifenstein und Ulrich Himbsel Erweiterungspläne für die Stadt vor. Die großen Planungen der Vorstädte (Max- und Ludwigsvorstadt) und ihre Umsetzung in die Realität wurden jedoch erst im 19. Jahrhundert durchgeführt[108]. Die Bautätigkeit und die Erhöhung der kulturellen Attraktivität unter Karl Theodor wurde in Stadtbeschreibungen, wie bei Westenrieder, sehr positiv gewürdigt. Allerdings verdoppelten sich in dieser Zeit auch die Mietpreise[109].

Das Schwabinger Tor (Federzeichnung, Johann Georg von Dillis, 1788)

XI. Das neue München

Hauptstadt eines Königreiches

Als Kurfürst Karl Theodor am 16. Februar 1799 verstorben war, trat Maximilian Joseph IV. von Pfalz-Zweibrücken-Birkenfeld auf Grundlage der Hausverträge der Wittelsbacher das Erbe seines Onkels an[1]. Der neue Kurfürst bestellte seinen Berater Maximilian von Montgelas (1759–1838) zum Minister. Dieser Mann aus savoyardischer Familie, dessen Vater bayerischer General gewesen war, hatte eine Erziehung in Freising, Nancy, Straßburg und Ingolstadt genossen und mußte 1785 wegen der Illuminatenverfolgung aus Bayern nach Zweibrücken fliehen. Er sollte der »Vater des modernen Bayerischen Staates« werden[2], der die Verwaltung des Landes nach französischem Vorbild neu und zentralistisch organisierte.

Bei Regierungsantritt waren über 100 000 Soldaten des österreichischen Bundesgenossen im Kurfürstentum stationiert, denn Bayern befand sich im »Zweiten Koalitionskrieg« gegen Napoleon[3]. Bayern stand durch die vernichtende Niederlage der Österreicher gegen die Franzosen am 3. Dezember 1800 bei Hohenlinden, östlich von München, auf der Verliererseite, erlitt hohe Verluste und sollte nun an Frankreich Kriegskontributionen zahlen, die höher als die jährlichen Staatseinnahmen waren. Man schloß einen Frieden mit Frankreich und erhielt die Zusage für eine Entschädigung für die auf linker Rheinseite von den Franzosen annektierten kurpfälzischen Gebiete.

Das Ziel Napoleons war eine Oberhoheit über überschaubare leistungsfähige, mittelgroße Staaten in Deutschland, die sich an Paris orientieren sollten[4]. Diesem Zweck diente die Mediationsakte, die 1802 zwischen Frankreich und Rußland verabschiedet und 1803 dem deutschen Reichstag vorgelegt wurde. Der Reichsdeputationshauptschluß sah die Aufteilung aller kirchlichen Herrschaftsgebiete an weltliche Herren vor. Daraufhin rückten die bayerischen Truppen in die Gebiete des Reiches und der Hochstifte (bischöflichen Herrschaften) Freising, Augsburg, Eichstätt, Passau, Bamberg und Würzburg ein[5]. Das heute den Nordosten des Münchner Stadtgebietes bildende Dorf Oberföhring war bis dahin Teil des Hochstifts Freising, und somit Ausland, und wurde erst 1803 bayerisch; ebenso z.B. das Werdenfelser Land um Garmisch-Partenkirchen.

Max Joseph verbündete sich 1805 mit den Franzosen, nutzte die Gunst der Stunde und ließ sich am 1. Januar 1806 zum ersten König von Bayern ausrufen. Dieses Ereignis wurde mit Napoleon, der sich 1804 zum Kaiser gekrönt hatte, in München gefeiert. Zur Besiegelung der Freundschaft mit Frankreich wurde die älteste Tochter des Königs, Amalie Auguste, am 14. Januar 1806 Eugène Beauharnais, dem Stiefsohn Napoleons und Vizekönig von Italien, angetraut[6].

Bayern mußte den französischen Bundesgenossen bei ihrem Rußlandfeldzug 1812 Beistand leisten. Von den rund 35 000 Soldaten, die gegen Osten marschiert waren, kehrten nur 5000 zurück[7]. König Max, beraten durch Montgelas, erkannte, wo Erfolg zu erzielen war, wechselte noch vor der Völkerschlacht bei Leipzig 1813 die Fronten und stand wieder auf der Siegerseite. Er konnte das neue Königreich dadurch nicht nur in seinem Besitzstand fast erhalten, sondern noch um die vorher an Frankreich abgetretenen linksrheinischen Pfalz erweitern.

München wurde am Beginn des 19. Jahrhunderts zu einem Zentrum der an antiken Vorbildern orientierten klassizistischen Architektur. Der »Generalplan zur Stadterweiterung« mit der Gestaltung der Maxvorstadt, der von dem an Palladio geschulten Karl von Fischer (1782–1820) und von Ludwig von Sckell konzipiert worden war, teilte das Neubaugebiet in große Quadrate; dabei wurde seit Beginn auch die Errichtung von repräsentativen Plätzen geplant[8]. Bereits als junger Mann hatte der Mannheimer Fischer 1802 mit dem Gewinn eines Wettbewerbs für die Neugestaltung des Nationaltheaters Erfolg; dessen Bau zog sich wegen Geldmangel von 1812 bis 1818 hin[9]. Der erste Bauauftrag in München war 1803 das Prinz-Karl-Palais am Rande des Englischen Gartens. Weitere Palaisbauten folgten, so am Karolinenplatz das Törring-Palais, dessen Gestaltung zu den Hauptwerken Fischers in München gehört (an seiner Stelle befindet sich heute die Staatliche Lotterieverwaltung) und das Palais Hompesch (nach Umbau heute Bayernversicherung). Er wurde dann 1808 als Professor an die neu gegründete Akademie der Bildenden Künste in München berufen und stieg zum königlichen Baurat auf. Fischer, der das Gesicht Münchens mit geprägt hat, erwuchs Konkurrenz in dem durch Kronprinz Ludwig 1813 von Kassel nach München berufenen Hofbaumeister Leo von Klenze (1784–1864)[10].

Die Klostersäkularisation 1802/1803

»Kein Volk ist schwerer zu beherrschen als das bayerische, welches unter dem Einfluß fanatischer Bettelmönche steht«[11], schrieb der Pfarrer an der Frauenkirche Johann Baptist Dornhofer 1802. Im Jahr 1781 lebten in den 20 klösterlichen Gemeinschaften in der Stadt München 686 Mönche und Nonnen, dies entsprach 1,8 % der Bevölkerung[12]. Der Reichtum der Klöster, die einen großen Teil des Grund- und Hausbesitzes innehatten, war sprichwörtlich. Einerseits wurden die Mönche wegen ihres Aufwandes, ihrer Unproduktivität oder ihres Sittenverfalls herb kritisiert; man sah besonders in den Bettelorden gefährliche Verbreiter von Aberglauben und Unwissenheit. Andererseits mußte anerkannt werden, daß die Klöster in den Bereichen von Seelsorge, Schulwesen, Betreuung von Alten und Kranken sowie der Armenfürsorge wertvolle Arbeit leisteten.

Den Ausschlag für die Aufhebung der Klöster und die Einziehung ihrer Besitzungen gab letztendlich die Hoffnung auf finanziellen Gewinn für die Regierung. Bereits mit einer Instruktion vom 25. Januar 1802 wurden daher in München die Bettelorden aufgelöst und die Verwendung ihres Eigentums für die Versorgung der Angehörigen und Finanzierung von Schulen angeordnet[13]. Die Aufhebung der Klöster stieß überraschenderweise weder bei den Geistlichen noch in der Bevölkerung der Stadt auf aktiven Widerstand, obwohl viele Menschen dadurch ihre Arbeitsstellen und die materielle Versorgung einbüßten. Auch die von den Mönchen betriebenen bzw. unterhaltenen Brauereien, Apotheken, Schulen und Bibliotheken waren ja betroffen.

Einige Klostergebäude wurden abgerissen wie das bedeutende *Franziskanerkloster*[14], das zur Zeit Kaiser Ludwigs des Bayern als Sitz der geistigen Elite Europas Bedeutung gehabt hatte und nun dem Residenzausbau und dem Nationaltheater weichen mußte.

Das Franziskanerkloster am heutigen Max-Joseph-Platz (Kupferstich, Michael Wening, 1701, Ausschnitt)

Andere Bauten wurden weltlichen Zwecken zugeführt, wie das *Augustinerkloster*[15], dessen Gebäude als Mauthalle dienten; sie wurden teilweise abgebrochen und der Platz für das Polizeipräsidium genutzt. Die Kirche bot nach Kriegszerstörungen den Protestanten und heute dem Deutschen Jagd- und Fischereimuseum Unterkunft. Beider Namen leben noch in Bierwirtschaften fort. Das Paulanerkloster hat neben einer Biersorte auch einer Örtlichkeit den Namen gegeben: dem *Paulanerplatz*. Für München war die Aufhebung der Klöster und die Verbannung der Mönche und Nonnen ein wesentlicher Einschnitt, der den Charakter der Stadt sehr veränderte.

Da man 1807 den Mönch im Stadtwappen als ein Symbol ansah, das »*unschicklich für die heutigen Zeiten ist, da selbes noch zu sehr an die Mönchsbarbarei erinnert und das Andenken erneuert*«, fiel auch dies im Jahr darauf der Säkularisierung zum Opfer. Der Mönch wurde durch einen klassizistischen Triumphbogen mit einem schwerttragenden bayerischen Löwen ersetzt. Ludwig I., der das katholische Glaubensleben erneuerte, einige Klöster wiederbelebte und neue gründete, gab durch königliche Verfügung am 24. Februar 1835 dem Wappen der Stadt seine geistliche Gestalt wieder[16].

Protestanten und Juden

»*München gehörte zu den exklusiv katholischen Städten Deutschlands. Den Protestanten war eine Ansiedlung dortselbst bis zum Beginne dieses Jahrhunderts unmöglich; dagegen war Alles, was den Schein der »Ketzerei« nicht vermied, geradezu aus dem Weichbilde verbannt. In ähnlicher Weise verfuhr man mit den Juden, obwohl sie – wenigstens etwas – glimpflicher behandelt wurden als die protestantischen Religionsgenossen*«,

schrieb Eduard Fentsch 1860 in seiner »Ethnographischen Beschreibung der Stadt München«[17].

Bereits im 18. Jahrhundert war aber eine leichte Abweichung von diesen Grundsätzen zu erkennen. Neben Soldaten, Handwerkern und Reisenden anderer Bekenntnisse hielten sich auch Gesandte von evangelischen Staaten wie Preußen oder Sachsen in der Residenzstadt auf, denen man nicht die Religion vorschreiben konnte. Verstorbene Protestanten wurden bis 1782 auf einem eigenen lutherischen Friedhof an der »oberen Lände« bestattet, beim Militär gab es sogar eigene protestantische Pfarrer[18]. Der Geist der Aufklärung förderte Toleranz, und man sah einen Grund für die Rückständigkeit Bayerns zum Teil auch in der Religion.

Doch es dauerte bis zum Amtsantritt von Max IV. Joseph im Jahre 1799, bis eine Änderung der staatlichen Haltung in Gang kam. Der Kurfürst aus Zweibrücken war zwar katholisch – sein Vater war aus politischen Gründen vom Calvinismus konvertiert –, doch seine Frau, Karoline von Baden (nach der der Karolinenplatz benannt ist), war evangelisch. Sie hatte bei ihrer Heirat vereinbart, daß sie und ihr Hofstaat den Glauben frei ausüben dürften[19]. Die protestantische Hofgemeinde umfaßte 150 Seelen. Mit Dr. Ludwig Schmidt brachte die Kurfürstin auch ihren eigenen evangelischen Pfarrer nach München mit, der am 12. Mai 1799 im Schloß Nymphenburg den ersten offiziellen protestantischen Gottesdienst seit der Reformationszeit abhalten konnte[20]. Nicht nur am Hof, auch in der Stadt selbst kam es nun zu Änderungen. 1801 durfte gegen den Widerstand des Stadtmagistrats mit Johann Balthasar Michel aus Mannheim der erste Protestant Bürger von München werden. Es war allerdings ein Befehl des Kurfürsten mit Hinweis auf die Verfassung nötig gewesen, um dem Weinhändler den Kauf einer Wirtschaft (Rosengasse 64) zu ermöglichen[21].

Am 10. Januar 1803 wurde im Religionsedikt die Gleichberechtigung der protestantischen Konfession verankert[22]. Durch die Erweiterung Bayerns um zahlreiche evangelische Gebiete nahm der Anteil der Protestanten auch in der Haupt- und Residenzstadt seit 1803 sprunghaft zu. So wurde die Hofkapelle für die Gottesdienste zu klein, und auch die Salvatorkirche, die der nun eingerichteten protestantischen »Stadtpfarrei« am 11. Dezember 1806 überlassen worden war, reichte bald nicht mehr aus[23]. Es wurde auch eine evangelische Schule in einem Privathaus eingerichtet[24]. Doch war die allgemeine Stimmung gegenüber den Protestanten in der Stadt nicht gut. So überlebte der Sprachwissenschaftler Friedrich von Thiersch (1784–1860) 1811 nur knapp einen Mordanschlag, und auch der Jurist Anselm Ritter von Feuerbach (1775–1833), der Schöpfer des bayerischen Strafgesetzbuches, wurde bedroht[25]. 1826 machen die 6000 Gemeindemitglieder immerhin bereits fast 10% der Bevölkerung aus[26]. Diese Zahl stieg stetig an: 1885 waren für die Betreuung der 34 763 Protestanten (13,2% der Einwohner) 12 Pfarrer in zwei Kirchen (Matthäus- und Markuskirche) und einem Betsaal zuständig[27].

Im Jahr 1798 lebten in der Stadt 220 Personen jüdischen Glaubens, die erst seit 1813 nach dem Gesetz in Gewerbefreiheit und politischen Rechten den anderen Bürgern gleichgestellt wurden[28]. Man verstand es aber in München, diese Bevölkerungsgruppe durch Verordnungen zahlenmäßig klein zu halten. Im Jahr 1825 gab es 607 Juden in der Stadt, um 1840 bekannten sich 1432 Menschen, 1,7%

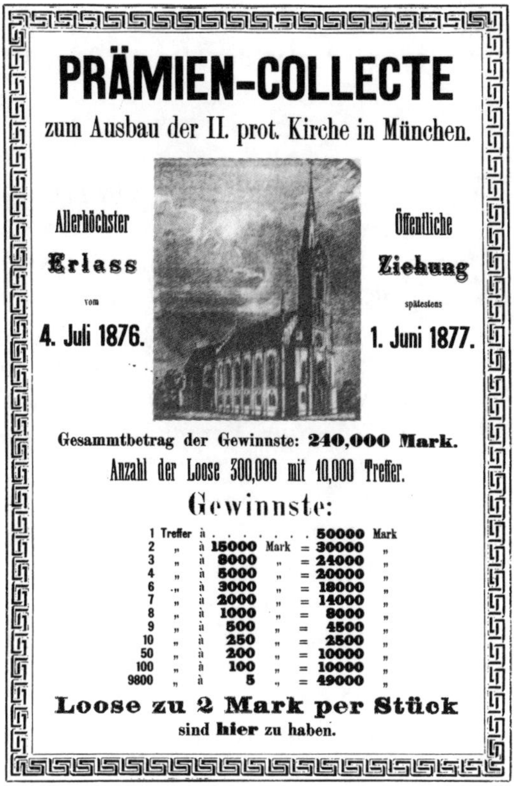

Um den Bau der Markuskirche zu finanzieren, wurde 1876 eine Lotterie veranstaltet

der Bevölkerung[29], zum mosaischen Glauben. Sie waren besonders im Handel und im Bankgeschäft tätig.

Unter großen finanziellen Opfern und mit Hilfe von König Max konnte 1826 in der heutigen Westenriederstraße eine erste Synagoge mit 320 Sitzplätzen errichtet werden; König Ludwig demonstrierte seine Verbundenheit durch Teilnahme bei der Einweihung[30]. Das Gotteshaus reichte aber am Ende des Jahrhunderts nicht mehr aus, denn 1861 hatte der Landtag die Beschränkung von Gewerbe- und Niederlassungsfreiheit aufgehoben, und 1867 war die Zahl der jüdischen Einwohner auf 2067 Personen angestiegen, 1880 lebten 4144 jüdische Bürger in der Stadt[31]. Man begann daher 1884 mit dem Bau einer neuen großen Synagoge auf dem Gelände hinter der Maxburg, die 1887 fertiggestellt war. Das alte Gotteshaus konnte abgebrochen werden, und bereits fünf Jahre später errichteten die orthodoxen Juden an der Herzog-Rudolf-Straße eine zweite Synagoge[32].

Armut und Hunger

In seiner »Reise durch den bairischen Kreis«, die 1784 in Salzburg und Leipzig erschienen, in Bayern aber durch die Zensur verboten war, gibt der Aufklärer Johannes Pezzl[33] ein kritisches Bild der Zustände seiner Zeit. Er stellt die ungerechte Bedrückung und finanzielle Aussaugung der Landbevölkerung dar und fährt fort: *»Bei diesen schlechten Verhältnissen der Auflagen gegen die Kräfte desjenigen, der sie tragen muß, ist es kein Wunder, wenn so viele Höfe in Baiern öde werden und man sich vergebens sie wieder aufzurichten bemüht«*[34]. Die Hungernden drängten in die Städte: *»Von Mangel der Nahrung ist die auffallend große Menge der Bettelleute ein überzeugender Beweis«*[35].

Seit dem 19. Jahrhundert ist die Mehrheit der Münchner nicht in der Stadt geboren. Als Beispiel für das Schicksal derer, die es vom Land nach München verschlug, sei der Lebensweg des Sprachwissenschaftlers Johann Andreas Schmeller skizziert, der das »Bayerische Wörterbuch« geschaffen hat:[36] Am 6. August 1785 wurde Schmeller in Tirschenreuth (Oberpfalz) geboren, als fünftes von acht Kindern eines Kleinhäuslers, von denen einige schon früh starben. Bereits zwei Jahre später zog die Familie, hauptsächlich wohl wegen wirtschaftlicher Schwierigkeiten, nach Rinnberg bei Pfaffenhofen an der Ilm. Hier erwarb sie um 300 Gulden ein Häuschen. Nur durch die harte Mitarbeit aller Kinder war es möglich, eine kleine Landwirtschaft aufzubauen. Da dem kleinen Andreas die Bauernarbeit, besonders das Viehhüten, wenig Spaß machte und er sich sonst geschickt zeigte, wollten ihn die Eltern ein Handwerk lernen lassen. Das Anwesen hätte ohnehin nicht alle Kinder ernähren können. Doch der Knabe, dem sein Vater Lesen und Schreiben beigebracht hatte, wollte mehr. Er setzte es sich in den Kopf, Pfarrer zu werden. Unter vielen Schwierigkeiten besuchte er das Klosterseminar von Scheyern und das Gymnasium in Ingolstadt. Schließlich ging er nach München ins Wilhelms-

Gymnasium und in das Lyceum (theologische Hochschule). Obwohl ihn seine Hofmarksherrin unterstützte, mußte er, um zu überleben, viele Nachhilfestunden geben. Am 2. Juli 1801 begann Schmeller, seine Erlebnisse und Gedanken einem Tagebuch anzuvertrauen. In diesen Aufzeichnungen beschrieb er seine ärmliche Lage und wie schmerzlich ihm seine niedere Herkunft und die daher rührenden Demütigungen bewußt waren. Am 5. Juli 1801 hieß es: *»Heute war Sonntag: Ich hatte kein ordentliches Kleid anzuziehen. Armuth, die an Mangel gränzt ist keineswegs wünschenswert. Sie macht trübe, verdrüslich, und nicht selten zu Geschäften untauglich«* [37].

Auch die Hälfte der Handwerker lebte in München, wie in anderen Städten zu Beginn des 19. Jahrhunderts, trotz bescheidenster Ansprüche am Rande des Existenzminimums [38]. Die noch unter den Folgen der napoleonischen Kriege leidende Bevölkerung wurde 1816 von einer Hungerkatastrophe heimgesucht. Ein verregneter Sommer hatte eine Mißernte zur Folge, aber schon im Jahr davor war das Getreide knapp gewesen [39]. Die Bevölkerung Münchens nahm aber rund 70 Prozent der Kalorien traditionell in Form von Getreideprodukten (einschließlich Bier) zu sich. Obwohl die Regierung dem Mangel durch Ankäufe in Österreich entgegenzusteuern versuchte, stieg der Brotpreis auf das Fünffache. Statt Brot aß man teilweise Moos und Baumrinden oder Graswurzelgemüse. Einige Spekulanten (Großbauern, Bäcker, Getreidehändler) gewannen in dieser Mangelsituation in kurzer Zeit ein Vermögen. Die Anzahl der Bettler wuchs durch die Hungersnot 1816/17 stark an [40]. Zwar war 1817 Bettelei verboten und das Armenwesen neu geregelt worden, die zuständigen Gemeindebehörden konnten aber kaum wirkungsvoll helfen. Bis zur Mitte des Jahrhunderts stieg die Zahl der Bewohner, die von der Stadt unterstützt werden mußten, auf 5 % an [41]. Vielfach sicherten nur Almosen das Überleben. Gelegentlich halfen auch Bürgermeister und Distriktsvorsteher Notleidenden aus eigener Tasche [42].

1844 kam es wieder zu einer Teuerung, die in München einen Krawall auslöste, bei dem rund 2000 Männer 30 Wirtshäuser demolierten. Schmeller vermerkt am 6. Mai 1844:

»[...] *wo ich mich selber von den bey Knorr, und so fast allen Bierbrauern der Stadt angerichteten Zerstörungen überzeugte. Man*

Die Roßschwemme (Kupferstich, um 1820)

hat das Sommerbier auf 6 ½ Kreuzer erhöht, zu gleicher Zeit aber dem Militär den halben Kreuzer Theuerungszulage genommen, und den Arbeitern bey königlichen Bauten den bisherigen Taglohn von 48 Kr. auf 44 Kr. herabgesetzt. Die dadurch am empfindlichsten betroffenen haben, da sie sonst keine Stimme haben, sich handgreiflich ausgesprochen, wenig Rücksicht nehmend auf die hohen Gäste und Feste dieser Tage [...]«. Der Teuerungskrawall brachte einen Erfolg: »*Am 4ten stand an allen Ecken angeschlagen die magistrati-*

sche Bekanntmachung, daß die Brauer erklärt hätten, ihr Getränk für 6 Kr. netto zu geben«.[43]

Eine weitere Hungersnot mit Teuerung brach 1846/47 über das Land herein. Hierin lag auch eine der Ursachen für die Rebellion in München im darauf folgenden Jahr 1848, durch welche sich König Ludwig I. zur Abdankung genötigt sah[44]. Unter seinem Sohn und Nachfolger Max II. richtete man verstärkt das Augenmerk auf die soziale Frage, und die Lage entspannte sich[45]. Das Regierungspräsidium Oberbayern gab 1849 in einem Bericht an, daß *»1500 Individuen in München in Beschäftigungs-Anstalten«* untergebracht gehörten und *»der Arbeiterstand Münchens und seiner Umgebung nie bittere Not erlitten«* habe[46].

Geburten und Krankheiten

Die Belastung der Landgemeinden mit der sozialen Fürsorgepflicht, der sie finanziell nicht gewachsen waren, führte bereits im 18. Jahrhundert zu unmenschlichen Verordnungen. So wurde häufig die Zustimmung zur Verehelichung mit Frauen, die keine Gemeindebürgerinnen waren, verweigert, wenn diese nicht reich waren oder wenn wegen ihrer Jugend die Gefahr zahlreicher Geburten bestand. Da nach zehn Jahren Ansässigkeit ein Recht auf Heimat bestand, wiesen Gemeinden mißliebige oder jüngere Leute vorher aus[47]. Besonders häufig wurden schwangere Frauen aus ihrer »Heimat« verjagt, da die Gemeinden fürchteten, für deren Kinder zahlen zu müssen. So drängten besonders Menschen in Not in die Landeshauptstadt.

Erst durch die Verabschiedung eines neuen Heimatgesetzes im Jahre 1825 wurde für jeden Staatsbürger in Bayern »ein Recht auf Heimat« geschaffen[48]. Ein weiteres Gesetz erleichterte die Verehelichung, da man sich jetzt durch Bevölkerungszuwachs auch eine Vermehrung von Reichtum und Macht für den Staat versprach. Diese neue Regelung zeigte Wirkung: Die Zahl der Eheschließungen verdoppelte sich. Die Bevölkerung von München wuchs in den zehn Jahren von 1824 bis 1834 um rund 26 000 auf 89 000 Menschen an[49].

Im Jahr 1834 wurde das Gemeindeedikt abermals geändert, um

den Bevölkerungsanstieg nun wieder einzudämmen. Man erschwerte die Ansässigmachung von Arbeitern in den Städten und führte wieder Ehebeschränkungen ein[50]. Die Auswanderung, z.B. nach Nordamerika, wurde dagegen begünstigt. Die Anzahl der unehelichen Geburten stellte, besonders in München, wohin viele schwangere Mädchen vom Lande flohen, ein großes Problem dar. So waren um 1823 rund 40% der Geburten unehelich[51]. Neben sozialen Ursachen wurden auch das schlechte Beispiel der höheren Stände, ein »Schwinden der Religiosität« oder Vergnügungssucht als Gründe für diese gewandelte Sexualmoral angenommen.

Die Kindersterblichkeit, der am Beginn des Jahrhunderts mehr als die Hälfte der Neugeborenen im ersten Lebensjahr zum Opfer fiel, war noch um 1865 in Oberbayern sehr hoch: 42% der Kinder erlebten nicht ihren ersten Geburtstag. In Preußen dagegen war die Prozentzahl nicht halb so hoch[52]. Schwere, oft tödlich endende Krankheiten, waren ständige Wegbegleiter der Menschen. Die Ansteckungsgefahr war durch das Zusammenleben auf engstem Raum und die schlechten hygienischen Verhältnisse immer vorhanden. So befanden sich häufig Trinkwasserbrunnen direkt neben Fäkaliengruben. Die Erkenntnisse der Medizin waren noch nicht ausgereift, und eine ärztliche Versorgung war nur für wenige erschwinglich. Besonders die Cholera, eine aus Asien eingeschleppte Brechruhr, forderte in der Mitte des 19. Jahrhunderts in Deutschland Tausende von Toten. Das Jahr 1836 wurde für München durch diese Krankheit zu einem Schreckensjahr. Am 30. November 1836 vermerkt Schmeller in seinem Tagebuch: *»Warmer Sciroccohauch weht über die etwas verblüffte Stadt zu mir her ins Kämmerlein. Gottlob, ein paar kleine Mahnungen ausgenommen, habe ich selbst mit den Meinigen noch nichts gekostet von dem Kelche, der über diese 80–90 000 Menschen ausgegossen ist. Unter den 15–27 Opfern, die täglich fallen, aber ist mancher der mir nahe geht.«*[53] Am 6. Dezember zeigte sich aber bei der Tochter Emma *»Diarrhöe, die gewöhnliche Vorläuferin des jetzigen Würg-Engels«*. Auch die Mutter des Kindes erkrankte; aber beide überstanden die Cholera dank guter ärztlicher Versorgung und aufopfernder Pflege. Mancher, der es sich leisten konnte, verließ, wie der Apotheker und Maler Carl Spitzweg mit seiner Familie in den Jahren 1836, 1854 und 1873, die Stadt beim Herannahen der Krankheit[54]. Sozial Benachteiligte waren den Seuchen mehr ausgeliefert, besonders Tagelöhner und Frauen. So starben allein in den Monaten November und Dezember 1836 in München (mit der Au) rund 740 Menschen an »epidemischer Brechruhr«[55]. Auch Schmeller, nach einem Oberschenkelhalsbruch 1847 behindert und geschwächt, fiel dieser Seuche am 27. Juli 1852 zum Opfer[56]. Erst zwei Jahrzehnte später gelang es Max Pettenkofer, dem Begründer der experimentellen Hygiene, den Seuchen in München durch den Bau eines Kanalisationssystems Einhalt zu gebieten[57].

Die große Cholerawelle 1854 erfaßte München zu einem Zeitpunkt, als die Stadt von Fremden überfüllt war. Die Industrie- und Gewerbeausstellung im neuerbauten Glaspalast und das kulturelle Rahmenprogramm hatten Gäste aus ganz Europa angelockt. Sie wurden durch das Auftreten der Krankheit schlagartig in die Flucht getrieben. *»Im Glaspalast blieben fast nur noch Wärter, Bilder und Gerätschaften«*[58]. Unter den Opfern der Epidemie war auch die Königinmutter Therese, die Frau von Ludwig I.

Kronprinz Ludwig – ein Dichter und Kunstliebhaber in der Mitte des 19. Jahrhunderts

Am 25. August 1786 kam in Straßburg der erste Sohn des späteren Herzogs von Zweibrücken, Maximilian Joseph, und seiner Frau Auguste Wilhelmine Maria von Hessen-Darmstadt zur Welt. Nach seinen Paten, dem französischen König Louis XVI. und dem Onkel Herzog Karl August, wurde das Kind Ludwig Karl August genannt[59]. Der Pate Louis verlieh ihm den Ehrentitel eines Obersten der französischen Armee. Man dachte an der Isar offenbar bereits an die zu erwartende Thronfolge, denn eine Abordnung von Münchner Bürgern kam an den Rhein, um dem Herzog zur Geburt des Sohnes zu gratulieren. Bereits 1789 mußte die junge Familie wegen den Auswirkungen der französischen Revolution Straßburg verlassen. Maximilian wurde 1795, nach dem Tode seines Bruders Karl II. August, nominell regierender Herzog von Pfalz-Zweibrükken, das zu diesem Zeitpunkt allerdings bereits von den Franzosen besetzt war. Man hielt sich daher abwechselnd in Darmstadt, der Heimat der Mutter, und Mannheim, dem Stammsitz von Kurfürst

Karl-Theodor, auf; die Sommermonate verbrachte die Familie in Schloß Schwetzingen. Ludwig hatte noch einen Bruder, Karl, und zwei Schwestern. Die Mutter starb 1796, und Max Joseph heiratete in zweiter Ehe Karoline Friederike Wilhelmine von Baden, mit der er sieben weitere Kinder bekam[60].

Ludwig dachte, im Gegensatz zu seinem Vater und dessen Berater Maximilian Graf Montgelas, »teutsch«; er lehnte daher die enge Verbindung mit Frankreich ab. Seine gefühlsmäßigen religiösen Neigungen wurden besonders von Joseph Anton Sambuga (1752–1815) geprägt[61]. Dieser war seit 1797 sein Religionslehrer und Beichtvater; er führte Ludwig in seinen aufgeklärten katholischen Glauben ein und bemühte sich, den Knaben zu einem moralischen Menschen zu erziehen. Auch die Vorstellung des Monarchen, er sei Stellvertreter Gottes auf Erden, wurde von Sambuga entscheidend beeinflußt, der Ludwig 1799 nach München begleitete und im Friedhof von Neuhausen begraben liegt. 1803 hörte Ludwig an den Universitäten in Landshut und in Göttingen Rechtswissenschaften und Theologie. In Landshut beeindruckte ihn besonders der Theologieprofessor und spätere Regensburger Bischof Johann Michael Sailer (1751–1832), der ein Ratgeber Ludwigs wurde[62].

1804 brach Ludwig zu seiner großen Italienreise, der Grand Tour, auf; sie führte ihn über Venedig und die Städte Oberitaliens nach Rom. Er hielt sich fast ein Jahr lang in Italien auf. Insgesamt war er im Laufe seines Lebens 77 mal in Rom, das er besonders liebte[55]. Er durchstreifte hier Straßen, Ruinen, Museen und Kirchen, er lebte zusammen mit deutschen Künstlern, er sammelte Kunst – besonders die aus seiner Sicht qualitätvollen Antiken. Die meisten bedeutenden Kunstwerke erwarb er in den Jahren zwischen 1811 und 1819[64]. Die Ergebnisse dieser Sammelleidenschaft lassen sich in der Glyptothek bewundern. Sein Künstlerfreund und Kunstagent, der Archäologe, Bildhauer und Maler Johann Martin Wagner, der auch den »Barberinischen Faun« für Ludwig erwarb, wechselte mit ihm rund 1500 Briefe[65]. Der Geschmack des Kronprinzen wurde von den italienischen Vorbildern geprägt; an ihnen orientierte sich auch seine Bautätigkeit in München.

Die 1808 in München gegründete Kunstakademie lockte viele Maler in die Stadt. Das Interesse an den Künstlern dokumentierte sich im Münchner Kunstverein, der 1844 bereits über 3000 Mitglieder hatte[66]. In dieser Zeit lebten im Isar-Athen rund 400 Künstler, mehr als 1 % der Bevölkerung. Durch die Förderung Ludwigs wurde München besonders zu einem Zentrum der romantischen Malerei. Karl Rottmann (1797–1850)[67] kam 1820 nach München und reiste von hier nach Italien. Seine Ansichten von Italien, Griechenland und den oberbayerischen Alpen, die der König bewunderte, sind in der Neuen Pinakothek ausgestellt. Nach dem Maler, der in der Briennerstraße wohnte, wurde sogar ein Ort benannt, die Rottmannshöhe am Starnberger See, wo er sich besonders gerne aufhielt. In der Schackgalerie findet man wichtige Gemälde des aus Wien stammenden Moritz von Schwind (1804–1871)[68], der 1827 nach München zog. Er malte nicht nur Fresken in der Münchner Residenz (1832/34) und in der Burg Hohenschwangau (1835), sondern auch in der Wartburg (1853) und im Wiener Opernhaus. Ein Freund von Schwind war der gebürtige Münchner Carl Spitzweg (1808–1885)[69], von Beruf eigentlich Apotheker. Der Autodidakt entdeckte 1833 zufällig sein künstlerisches Talent und wurde einer der am meisten geschätzten Maler Münchens. Auf Ablehnung stieß 1839 die Ausstellung seines Gemäldes »Der arme Poet« beim Münchner Kunstverein. Man vermutete wohl, die Dichtkunst, der auch der König, der sich für einen bedeutenden Dichter hielt, huldigte, solle lächerlich gemacht werden. Die scheinbaren Idyllen des Malers deckten schonungslos die Spießigkeit der Biedermaierzeit auf. Die Gesellschaftskritik wurde hier in eine skurrile und nach außen heile Form gegossen. Die Genres Münchens und Oberbayerns bevorzugte Karl von Enhuber (1811–1867)[70] in seinen von den Zeitgenossen sehr geschätzten Gemälden.

Ludwig wurde am 12. Oktober 1810 in der Hofkapelle mit der Prinzessin Therese von Sachsen-Hildburghausen getraut. Die Braut war, obwohl protestantisch, wegen ihrer Schönheit und Freundlichkeit ausgewählt worden[71]. Am 17. Oktober wurde nach dem Vorbild der 400 Jahre vorher stattgefundenen Hochzeitsfeier von Herzog Albrecht III. ein Pferderennen veranstaltet und die Festwiese »Theresienwiese« benannt. Dies war die Geburtsstunde des Oktoberfests[72]. Am 28. November 1811 wurde dann bereits der Thronerbe geboren, der nach dem Großvater und Paten Maximilian Joseph getauft wurde.

Die Bautätigkeit Ludwigs in München

Ein erklärtes Ziel von Ludwig war es, seine Residenzstadt zu einem Ort zu machen, *»der Teutschland zur Ehre gereichen soll, daß keiner Teutschland kennt, wenn er nicht München kennt«*[73]. Dies erreichte er überzeugend. Ludwig Richter, der 1812 auf dem Weg nach Italien München besuchte, empfand dieses »noch sehr unscheinbar und altfränkisch«[74]. Bald waren sich die Reisenden aber überwiegend einig, daß München die schönste Stadt Deutschlands sei; dadurch wurde Bayern ein kulturell anziehendes Land.

Schon als Kronprinz ließ sich Ludwig 1812 inoffiziell die Leitung der Bauangelegenheiten des Königreichs übertragen und begann Planung und Bau seiner neuen Stadt[75]. Sein erstes Gesamtkunstwerk war die 1828 nach dem König benannte Ludwigstraße, die von der Stadt nach Norden führte[76]. Ab 1814 wurde Leo von Klenze für die Planungen gewonnen. Das Schwabinger Tor (auf dem Gelände des heutigen Odeonsplatzes) wurde 1816 abgerissen und die Gräben der Stadtbefestigung zugeschüttet. Der Kronprinz stellte seine eigenen Mittel zur Verfügung, bemühte die Stadt und gewann Privatleute, um seinen Prachtboulevard zu errichten. Der Staat war so hoch verschuldet, daß er hier zunächst keine Unterstützung erhielt. Ludwig bestimmte mit Klenze die genauen Einzelheiten, wie die Gebäude an der Straße auszusehen hatten[77]. Der erste Privatmann, der als Bauherr gewonnen werden konnte, war der Schwager des Prinzen, Napoleons Stiefsohn Eugène Beauharnais (1781–1824), der Herzog von Leuchtenberg. Sein Palais entstand 1817 am heutigen Odeonsplatz und beherbergt jetzt das Bayerische Ministerium der Finanzen[78]. Als Gegenstück ließ Ludwig einen Konzertsaal, das Odeon, auf der anderen Seite des Platzes bauen[79]. Heute ist das im Krieg schwer zerstörte Gebäude Sitz des Bayerischen Ministeriums des Inneren. Als Kriegsministerium wurde 1827–1830 das Gebäude Ludwigstraße 14, an der Ecke zur Schönfeldstraße, errichtet, das nun vom Hauptstaatsarchiv genutzt wird[80]. In Anspielung auf diese Art von Bautätigkeit wurde vom zweiten Bürgermeister Jakob Klar (1783–1833) 1829 beklagt, daß Paläste erbaut würden, wo man Wohnhäuser bräuchte[81].

Wie der bayerische Landtag war auch die Stadt München von Ludwigs Bauwut wenig begeistert, mußte sie doch für Grundstückserwerbungen an der Ludwigstraße 750 000 Gulden aufbringen. Turbulenzen gab es besonders um die 1829 geplante Ludwigskirche[82]. Sie sollte den glänzenden Abschluß der Löwenstraße (später Schellingstraße) bilden, der König stellte für ihren Bau 100 000 Gulden aus seinem Privatvermögen zur Verfügung. Die hochverschuldete Stadt sollte ihrerseits eine ungeheure Summe für die Erbauung dieser Pfarrkirche in einem noch kaum bewohnten Stadtteil, der Maxvorstadt, aufbringen. Als sie sich weigerte, für eine Kirche »in den Wiesen, wo man nur den Schafen predigen könne«, so viel Geld auszugeben, drohte Ludwig, seine Residenz nach Nürnberg zu verlegen und auch die Universität von München abzuziehen[83]. Dies hätte so schwerwiegende wirtschaftliche Folgen für die Stadt gehabt, daß sie sich dem Druck des Königs beugte, der sagte: »Ich leide keinen Widerspruch«[84]. So wurde 1829 der Grundstein für die Kirche gelegt, und selbst durch widrigste Umstände ließ sich Ludwig nicht vom Weiterbau abbringen. Die dreischiffige Basilika nach italienischen Vorbildern vom Architekten Friedrich von Gärtner (1792–1847) mit den Fresken von Peter von Cornelius (1783–1867) wurde schließlich 1842 fertiggestellt, sie kostete allein die Stadt München 877 538 Gulden[85]. Um die Lücke zwischen dem

Kriegsministerium und seiner Kirche zu schließen, ließ der König hier nach dem Vorbild des florentinischen Palazzo Ruspoli die monumentale Staatsbibliothek (1832–1842) errichten. Die Unzweckmäßigkeit des Bauwerkes mit seinen Schießscharten wurde schon von Zeitgenossen kritisiert[86]. Die königliche Bibliothek war durch die Säkularisierung der Klosterbibliotheken zu einer der größten der Welt geworden.

Auf der westlichen Seite der Straße wurden Bauwerke aufgeführt, die weder Ludwig selbst noch der Staat zahlen mußten, wie die Blindenanstalt, das Damenstift (1840), das Max-Joseph-Stift (1838) und die Salinenverwaltung (1840)[87]. In diesen Institutionen hatte der König den Vorsitz, und so konnte er die Bauten anordnen. Den Höhepunkt bildete die Universität (1835–1840 erbaut)[88] mit dem gegenüberliegenden Georgianum (Priesterseminar). Die bayerische Landesuniversität, die 1472 in Ingolstadt gegründet und 1800 nach Landshut verlegt worden war, wurde 1826 von Ludwig nach München geholt und vorübergehend in der Alten Akademie, dem ehemaligen Jesuitengebäude (Neuhauser Str. 51) untergebracht[89]. Das neue Universitätsgebäude war für 1500 Studenten geplant und wurde seitdem ständig erweitert.

Schließlich wurde an der Stadtseite der Straße die Feldherrnhalle (1840–44), eine vergrößerte Kopie der Loggia dei Lanzi in Florenz[90], errichtet. Das Gegenüber bildete das 1843–1852 entstandene Siegestor, ein Denkmal zum Ruhm des bayerischen Heeres nach dem Vorbild des Konstantinbogens in Rom[91]. Hier war nach Ludwigs Plänen die Grenze der Stadt erreicht, die heutige Adalbertstraße ließ er »Letzte Straße« nennen[92].

Am 12. 10. 1825 starb der vom Volk geliebte König Max, und der erstgeborene Sohn trat das Erbe an. Nach seiner Krönung begann Ludwig mit einem standesgemäßen Ausbau der Residenz. Orientiert an den Palazzi Pitti und Rucellai in Florenz entstand der Königsbau im Hochrenaissance-Stil am Max-Josephs-Platz[93], der mit dem 1835 enthüllten Denkmal von Max I. neu gestaltet wurde.

Ludwig ließ in München noch weitere Kirchen errichten: Der Grundstein für die Allerheiligen-Hofkirche in der Residenz wurde 1826 gelegt. Klenze sollte sich hierfür die Capella Palatina in Palermo und byzantinische Motive von St. Marco in Venedig zum Vorbild nehmen[94]. Das Gebäude wurde im Zweiten Weltkrieg zerstört und wird als letzter Teil der Residenz restauriert. Die Mariahilfkirche in der Vorstadt Au wurde in den Jahren 1831 bis 1839 von den Architekten Daniel Ohlmüller (1791–1839) und Georg Friedrich Ziebland (1800–1873) als »Wiedergeburt des gotischen Sakralbaus«[95] erstellt. Ein Lieblingsprojekt schließlich war auch die im romanischen Stil geplante St. Bonifatius-Basilika mit dem Klostergebäude in der Karlstraße beim Königsplatz. Die Gebäude wurden von 1835 bis 1850 von Ziebland errichtet[96]. Ludwig verfügte, daß sein Körper und der seiner Gemahlin, die ihm im Tod vorausging, in dieser Kirche ewige Ruhe finden sollte. Im Krieg schwer getroffen und nur teilweise wieder aufgebaut, ist das Kloster St. Bonifaz heute ein wichtiges religiöses Zentrum der Stadt.

Enthüllung des Monuments von König Max I. Joseph vor dem Nationaltheater am 13. Oktober 1835 (Steinzeichnung, Gustav Kraus)

Ludwig I. schwärmte für Griechenland und ließ sich diese Neigung viel kosten. So erreichte er, daß sein zweitgeborener Sohn Otto (1815–1867) 1832 König der Hellenen wurde[97]. Sichtbares Zeichen seiner Leidenschaft ist der Königsplatz in der Maxvorstadt. Die dortigen Museumsbauten stießen auf wenig Gegenliebe bei den

Zeitgenossen. Bereits als Kronprinz legte Ludwig 1816 den Grundstein für die Glyptothek, die er aus seinen privaten Mitteln als öffentlichen Museumsbau für seine Sammlung von Steinplastiken errichten ließ[98]. Nach Klenzes Plänen, die auf Entwürfe von Karl von Fischer zurückgingen, entstand hier bis 1830 im klassizistischen Stil nach griechischen Vorbildern ein Gebäude von bedeutendem Rang. Auf der anderen Seite des Königsplatzes schuf Georg Friedrich Ziebland dann zwischen 1838 und 1848 das »Kunst- und Industrie-Ausstellungsgebäude« (heute: Staatliche Antikensammlung). Den Abschluß dieses Ensembles bildeten die wieder von Klenze nach dem Vorbild der Athener Akropolis von 1848 bis 1860 errichteten Propyläen[99]. Dieses Bauwerk war, wie das Siegestor, als symbolisches Stadttor geplant. 1826 wurde von Klenze mit dem Bau der 1836 im Stil der Hochrenaissance vollendeten »Alten Pinakothek«[100] in der Barerstraße begonnen. Man hielt damals ein Museum in so großer Entfernung von der Stadt für unzweckmäßig und bezeichnete es spöttisch als »Dachauer Gemäldegalerie«. Ludwig war von dem Gedanken beseelt, der Anblick von schönen Kunstwerken würde die Menschen bessern, und die Museen waren

Die Neue Pinakothek (erbaut 1846–1853) mit den Fresken von Wilhelm von Kaulbach

daher bei freiem Eintritt öffentlich zugänglich. Die »Neue Pinakothek«[101], die von 1846 bis 1853 nördlich der Alten von August Voigt errichtet wurde, war der Kunst des 19. Jahrhunderts gewidmet. Die Fassade zierten Gemälde von Wilhelm von Kaulbach. Das 1944 im Krieg beschädigte Gebäude wurde 1949 beseitigt und an der gleichen Stelle von 1975 bis 1981 nach Plänen von Alexander von Branca eine neue »Neue Pinakothek« im postmodernen Stil errichtet.

Bavaria mit Ruhmeshalle oberhalb der Theresienwiese

Eine technische Sensation war der Guß des von Klenze konzipierten und von Ludwig Schwanthaler entworfenen Bavaria-Standbildes in der königlichen Erzgießerei in der Sandstraße durch Johann Baptist Stiglmayer (1701–1841) und dessen Neffen Ferdinand von Miller 1843–1850[102]. Die in Ludwigs Auftrag von 1843 bis 1853 errichtete Ruhmeshalle über der Theresienwiese sollte Büsten der *»edelsten und besten aus dem Volke«* enthalten, *»damit an der ewigen Leuchte ihres Wirkens das bayerische Volk sich fort und fort erwärme* [...]«[103]. Der König schenkte dieses Bauwerk mit der Bavaria seinem Volk. Ludwig ließ auch andere Denkmäler errichten wie den Obelisken am Karolinenplatz, der an die 30 000 im Rußlandfeldzug Napoleons 1812 umgekommenen bayerischen Soldaten erinnern soll[104]. Der von einer Säulenreihe umgebene Rundtempel

Monopteros wurde von Klenze auf einem künstlichen Hügel aus dem Schutt der Anlagen am Max-Joseph-Platz, Schwabinger Tor und Karlstor 1837/38 im Englischen Garten erbaut [105]. Er sollte das Gedenken an Kurfürst Karl Theodor aufrechterhalten, unter dessen Herrschaft der Park angelegt worden war.

Der Obelisk am Karolinenplatz

Die Bautätigkeit des Königs diente nicht nur der Ankurbelung des »Tourismus«; sie war gleichzeitig ein »Konjunkturförderungsprogramm« [106], das Tausenden von Handwerkern und Künstlern über Jahrzehnte hinweg Arbeit und Verdienst bot.

Fast alle Bauten, die Ludwig schuf, wurden mehr oder weniger durch Bomben zerstört, nach dem Zweiten Weltkrieg jedoch restauriert oder wiedererrichtet. Obwohl nach griechischen oder italienischen Vorbildern konzipiert, wurden sie doch im Lauf der Zeit zu charakteristischen Merkmalen Münchens.

Ludwig I. und die Religion

Obwohl Ludwig I. eine evangelische Mutter, Stiefmutter und Frau hatte, wurde er, angeleitet durch seine Erzieher, ein Gegner des Protestantismus. Die Wiedereinrichtung und der Neubau von Klöstern wie St. Bonifaz mit dem Wirtschaftsgut Andechs war für Ludwig eine Herzenssache, die er nach Kräften auch aus seinem Vermögen förderte. Demgegenüber hatte er für den Bau evangelischer Kirchen weniger übrig und erfüllte hier nur seine verfassungsmäßige Pflicht als »Summus episcopus«, bischöfliches Oberhaupt der protestantischen Gemeinden. Für die spätere Matthäuskirche in der heutigen Sonnenstraße (bei der Schwanthalerstraße) wurde bereits 1827 der Grundstein gelegt; sie konnte aber erst am 25. August 1833 eingeweiht werden[107]. Das Gebäude, im klassizistischen Stil von Johann Nepomuk Pertsch entworfen, fiel dann 1938 Hitlers Stadtausbauplänen zum Opfer.

Ludwig war stets in enger Verbindung mit dem Vatikan, hielt sich für den größten Förderer der Kirche und verschrieb sich immer mehr den intoleranten klerikalen Kräften, die sich im Ordinariat des Bistums Freising, das er 1821 nach München holte[108], konzentrierten. Einflußreich war hier besonders ein konservativer Kreis um den zum Katholizismus konvertierten Publizisten Joseph von Görres (1776–1848), der 1827 als Geschichtsprofessor nach München kam[109]. Am 14. August 1838 erließ Ludwig den Befehl, daß alle Soldaten und Landwehrmänner bei Prozessionen u.ä. vor dem Allerheiligsten (geweihte Hostie) niederzuknien hätten[110]. Dieser »Kniebeugeerlaß« führte zu Problemen. So blieben in München Soldaten stehen und wurden dafür arrestiert. Mit den Worten »Ein König weicht nicht« blieb Ludwig bei seinem Erlaß, mußte ihn aber 1845 doch aufheben[111]. Der mit einer evangelischen Frau verheiratete Katholik Johann Andreas Schmeller beschwerte sich noch 1846 in seinem Tagebuch über *»commandirte Kirchgänge«: »In Folge eines an alle hiesigen Behörden ergangenen fulminanten Ministerrescripts, wonach sämtliche Angestellte angewiesen werden sollten, sich bei der nächsten Fronleichnamesprocession einzufinden* [...]«, läßt sich der Bibliotheksangestellte entschuldigen. *»Trifft mich nun die höchste und Allerhöchste Ungnade – ich kann nicht anders, will ich nicht mich selbst verachten«*[112].

Als Ludwigs Stiefmutter, die protestantische Königswitwe Karoline, am 13. November 1841 starb, wurde bei der Beisetzung in der Theatinerkirche ihrem Pfarrer der Zutritt verwehrt, man brüskierte die Trauergemeinde und damit auch den König auf Betreiben des ultrakatholischen Innenministers von Abel[113]. Den Streit gegen Abel mußte der Pfarrer und Dekan von München (1830–1849), Dr. Christian Friedrich von Boeckh, führen, der auf des Königs Wunsch auf diesen Posten berufen worden war[114].

Eine Tänzerin stürzt Regierungen

Lola Montez, eigentlich Maria Dolores Gilbert (1820–1861)[115], wurde in Schottland als Tochter eines Offiziers und einer Südamerikanerin geboren. Sie heiratete 1837 einen Leutnant James, mit dem sie nach Indien zog. 1840 verließ sie ihren Mann, ging nach Paris und reiste von hier aus als Tänzerin durch Europa. 1846 kam sie nach München, um im Hoftheater aufzutreten. Da ihr dies nicht gestattet wurde, kämpfte sie sich bis zu König Ludwig vor und überzeugte ihn von ihren Qualitäten durch eine in München »vielseitig erzählte Szene«. Sie habe sich, *»als der König einigen Zweifel über die Realität der ersichtlichen Wölbung ihres Busens andeutete, eine Schere von des Königs Schreibtisch genommen und sich damit das Kleid vor der Brust aufgeschnitten. Von diesem Moment an soll die Anknüpfung des jetzigen Verhältnisses datieren«*[116].

Die Zeitgenossen witzelten natürlich über die Schöne. So trug Schmeller in sein Tagebuch ein, als er am 16. November 1846 die Oper besuchte: *»Gerade hinter uns hatten wir die viel besprochene Sirene Maria Dolores Lola Montes. Als der König, salonmachend, bei ihr stehen blieb und in italisirendem Spanisch mit ihr sich unterhielt, waren alle Augen auf sie und ihn gerichtet«*[117]. Am 16. 2. 1847: *»Dem neuen Erzbischof soll bei seiner Aufwartung König Ludwig gesagt haben, er möge sich bekümmern um den Loyola und nicht um Lola«*. Am 28. 2.: *»Lola Montez finis Bavariae«*[118] [das Ende Bayerns]. Senora Montez interessierte sich auch für Literatur, denn Schmeller vermerkte am 27. 5., daß sie in der Bibliothek war, um die sonst verschlossenen Erotica zu betrachten. Der König hatte eigenhändig befohlen, ihr alles zu geben, was sie verlangen würde[119].

Ludwig zeigte seine Verehrung für Frauen offen in der »Schönheitengalerie«, die heute in Schloß Nymphenburg zu bewundern ist. Hierfür ließ Ludwig, als er König geworden war, von dem Hofmaler Joseph Karl Stieler (1781–1858) 38 Porträts besonders anmutiger Frauen malen[120]. Die Modelle wurden »ohne Rücksicht auf Rang und Stand, lediglich nach der äußeren Erscheinung«[121] ausgewählt; so kamen zum Erstaunen der Zeitgenossen neben der Königin und seinen Mätressen auch eine jüdische Bankierstochter und ein Dienstmädchen zu dieser Ehre. Ludwig I., der stotterte, ein blatternnarbiges Gesicht hatte und linkisch auftrat, war als Frauenheld allgemein bekannt, und die Zahl seiner unehelichen Kinder kann nur geschätzt werden. Obwohl dieser Lebenswandel in Anbetracht seiner Ehe mit Therese sicher nicht den religiösen und moralischen Maximen der Zeit entsprach, stieß auch die Affäre mit Lola kaum auf Hindernisse. Die Schwierigkeiten begannen erst, als Ludwig seine Favoritin zur »Gräfin Landsfeld« erheben wollte. Die Voraussetzung war das Heimatrecht für Lola in einer Gemeinde Bayerns, zu dessen Verleihung aber keinerorts Bereitschaft bestand[122]. Ludwig mußte daher ein königliches Dekret erlassen. Der zuständige Staatsrat lehnte aber am 9. 2. 1847 das Ansinnen des Monarchen ab, und Innenminister Abel gab die für den König wenig schmeichelhafte Begründung von Staatsrat und Ministerium auch an die Presse. Ludwig wechselte daraufhin das Ministerium aus und ernannte den liberalen Georg Ludwig von Maurer (1790–1872) zum Nachfolger[123]. Nun wurde Lola Bayerin, und der König konnte ihr den Titel Gräfin von Landsfeld verleihen. Diese Vorgehensweise brachte kirchliche und sogar reaktionäre monarchische Kreise gegen den König auf. Man mißbilligte die Mätressenwirtschaft – die beliebte Landesmutter Therese lebte schließlich noch.

Doch auch Minister Maurer fiel Lola zum Opfer; da er sich weigerte, mit der neuen Gräfin gesellschaftlich zu verkehren, wurde er mit seinem Kabinett am 1. Dezember 1847 vom König entlassen[124].

Die Revolution von 1848

Ab März 1847 gab es ständig Unruhen wie überall im Reich. Die Bürger forderten ihre Bürgerrechte. In München brachte die Affäre um Lola Montez das Faß zum Überlaufen. Die Unruhen erreichten ihren Höhepunkt, nachdem der König die meisten der von ihm eingesetzten Professoren ihrer Ämter enthoben hatte, weil die Universität dem Minister Abel für seine Haltung gegen Lola ihren Dank ausgesprochen hatte[125]. Man setzte Militär gegen Demonstranten ein, und selbst in der Residenz wurden Fensterscheiben eingeworfen. Am 9. Februar 1848 ließ der König sogar die Universität schließen und wollte die Studenten aus der Stadt verbannen. Dies brachte nun die Münchner Bürger auf, auch weil sie wirtschaftliche Einbußen fürchteten. Nur ein persönliches Eingreifen des Königs verhinderte Plünderungen. Der Monarch sprach: *»Man kann mir mein Leben nehmen, aber den Willen nicht«*, und doch sah er sich gezwungen, die Wiedereröffnung der Universität zu versprechen[126].

Die Bürger Münchens forderten Reformen wie eine neue Gemeindewahlordnung sowie die Öffentlichkeit der Sitzungen politischer Gremien. Die sogenannten Märzforderungen, die auch ein gerechteres Wahlrecht, die Abschaffung der Zensur und die Einrichtung von Geschworenengerichten enthielten, sollen 10 000 Bürger im Rathaus unterschrieben haben[127]. Erst die am 4. März verkündete Nachricht, der König wolle sofort den Landtag einberufen, verhinderte die blutige Revolution der Bürger, die bereits in bewaffneten Zügen zur Residenz stürmten. In den nächsten Tagen wurden die Truppen in München weiter verstärkt, und die Unruhe nahm zu. Nun enttäuschte auch der vom König als Nachfolger Maurers ernannte Innenminister Fürst Ludwig zu Oettingen-Wallerstein (1791–1870) durch Formulierungshilfen für die »Aufrührer« und die Äußerung, an diese gewandt: »Wäre ich nicht Minister, so würde ich in Ihren Reihen stehen« seinen Förderer[128]. Der Minister verfaßte eine königliche Proklamation, in der alle Märzforderungen genehmigt wurden und wurde daraufhin am 11. März von Ludwig wegen »unerhörter Eigenmächtigkeiten« entlassen[129]. Am selben Tag mußte Gräfin Landsfeld aus der Stadt fliehen.

Die lokalen Ereignisse in München müssen in Zusammenhang mit revolutionären Entwicklungen im ganzen Reich gesehen werden. So kam es in anderen Städten wie Berlin und Wien gleichzeitig zu Auseinandersetzungen, die viele Todesopfer forderten[130]. Am 20. März trat der König zurück, wohl auch, um auf »seine Münchener« nicht schießen lassen zu müssen und ein Blutvergießen zu vermeiden. Er konnte sich aber auch nicht sicher sein, ob seine Soldaten zur Gewaltanwendung bereit wären; er befahl, das Heer auf die Verfassung zu vereidigen und hob die Pressezensur auf. Das Nachgeben gegenüber dem Volkswillen entsprach nicht Ludwigs Auffassung vom Stellvertreter Gottes auf Erden. *»Statt Sklave zu werden, wurde ich Freyherr«*, soll er seinen Rücktritt kommentiert haben[131].

Das Jahr 1848 brachte eine Politisierung der Bürgerschaft Münchens. Es bildeten sich mehrere politische Vereine und es wurden zahlreiche Versammlungen abgehalten, um die Wahl von Abgeordneten vorzubereiten. »Die Straßen-Ecken waren überfüllt von Placaten« schreibt der Archivar Ulrich von Destouches in seine Stadtchronik[132]. Im Jahr darauf war das politische Interesse in der Bürgerschaft wieder abgeflaut. Das erste deutsche Parlament in der Frankfurter Paulskirche war gescheitert und Einheit und Demokratie in weite Ferne gerückt[133].

Die sozialen und politischen Triebkräfte der Revolution werden aus Sicht des Innenministeriums im Jahr 1849 so geschildert:

»In München fehlte es auch nicht an kommunistischer Beimischung, es stellten sich hier zumeist Leute dieser Farbe an die Spitze der Bewegung, Leute, die zu wenig gelernt haben, um sich gut fortbringen zu können, oder die sonstwie mit dem Leben uneins oder quitt geworden sind – schlecht genährte, oder aufgeblasene Literaten, abgehauste Bürger [...] *und hinter ihnen darein der feile Pöbel als Hilfskorps mit dimittirten oder fanatischen Studenten und anderen arbeitsunlustigen Strolchen* [...] *Im Ganzen ist die arbeitende Klasse in Oberbayern eine ruhige und zufriedene, für politische Tendenzen wenig zugänglich, und ein schönes bemerkenswertes Beispiel gab die Vorstadt Au, der Hauptsitz der vielen Arbeiter Münchens, welche den Demonstrationen, wozu die deutsche Frage ihnen den Vorwand lieh, abhold blieben und nicht weiter in Bewegung geriethen, als die Staatsre-*

gierung durch die Verheißungen der März-Errungenschaften selbst den Anstoß dazu gab. [...]
Die Bevölkerung Münchens besteht aus ganz eigenthümlichen Elementen, die in anderen Städten Bayerns gar nicht gekannt, oder doch in demselben Umfange nicht vorhanden sind [...]
In München standen an der Spitze der Bewegung die Juden, sie waren die ersten und beredtesten Helfer. Diese Volksklasse erkannte in dem Umsturze ihren Messias und zwar für ihre politischen Rechte und für den daraus und aus der Bewegung zu ziehenden Gewinn. Die Umwälzungsparthei stellte Gleichheit der Rechte oben an, es mußten also den Juden alle Rechte anderer Staatsangehöriger werden. [...] Ihnen schloß sich, aber aus ganz anderen Gründen, auch ein Theil der Studierenden und der Künstler an. Diese meist jungen genialen Leute werden von den großen Ideen eines einigen starken Deutschlands beseelt, welches in seiner Kraft ganz Europa befehlen könnte. [...]
Weiter schlossen sich an die meisten praktischen Aerzte. Auch diesen ist die Nothwendigkeit einer Regierungsform fremd. [...]
Den Aerzten folgten Advokaten, Conzipisten, Rechtspraktikanten – Die Unabhängigkeit vom Staate, die Wirte besitzen, oder zu besitzen vermeinen, zieht sie gar leicht in politische Strömungen hinein. [...]
Zur Ehre Münchens sey es aber gesagt, daß hinter der sich kundgebenden kleinen Umsturzpartei gewiß zwei Drittheile Nicht-Altbayern waren, und daß das eine Drittel aus ganz allgemeinen Leuten, meist Söldlingen, bestand, die Umsturzpartei aber nicht den zwanzigsten Theil der Bevölkerung ausmachte. Die höhere Bevölkerung war fast gar nicht betheiliget, die mittlere, wohin auch Studierende, Praktikanten, Künstler, Aerzte, Advokaten und eingeheiratete Bürger zu zählen, etwa mit dem 100then Theile der ganzen Bevölkerung. Die niedere, gekaufte Parthei, welche beiläufig aus 3000 Menschen bestand, waren meist Gesellen, Lehrjungen, Handarbeiter, wovon gewiß 5/8 Nicht-Bayern.« [134]

Maximilianstil

»Bayern, Eine neue Richtung hat begonnen, eine andere als die in der Verfassungsurkunde erhaltene, in welcher Ich nun im 23. Jahre geherrscht. Ich lege die Krone nieder zugunsten Meines geliebten Sohnes, des Kronprinzen Maximilian [...]«[135]

Maximilianstraße, Blick auf das Maximilianeum

Mit diesen Worten an sein Volk trat Ludwig I. am 20. März 1848 zurück. Max II., der bis 1864 regierte, bemühte sich, aus dem Schatten seines Vaters zu treten. Er versuchte, ihn als Bauherrn zu übertrumpfen und prägte mit dem Wittelsbacher Palais, der Maximilianstraße, dem Hauptbahnhof und dem Maximilianeum den »Maximilianstil«[136]. Das Wittelsbacher Palais, das Max II. als Kronprinz nach seinen Vorstellungen von Gärtner errichten ließ, diente dann Ludwig nach seiner Abdankung als Münchner Wohnung. Dieser konnte sich mit dem Gebäude, das nach wechselvoller Geschichte im Zweiten Weltkrieg zerstört und dann abgetragen wurde, aber nie anfreunden[137]. Auch die 1860 errichtete Max-II.-Kaserne zwischen Neuhausen und dem Oberwiesenfeld (im Gebiet der heutigen Leonrod-, Albrecht-, Lazarett- und Dachauerstraße) wurde ein Opfer der Bomben. Die panische Angst des Königs vor einer Erhebung des Volkes, wie sie sich 1848 angedeutet hatte, bewirkte die Form der Anlage: eine Festung, um die herum im Abstand eines Gewehrschusses keine Deckung vor Geschützen möglich sein sollte[138]. Dies war eine Umsetzung des durch Wilhelm Heinrich Riehl überlieferten Ausspruchs von Max: »Ich liebe mein Volk, aber in gehöriger Distanz.« Im übrigen war der Monarch von ganz und gar »unkriegerischer Natur«[139].

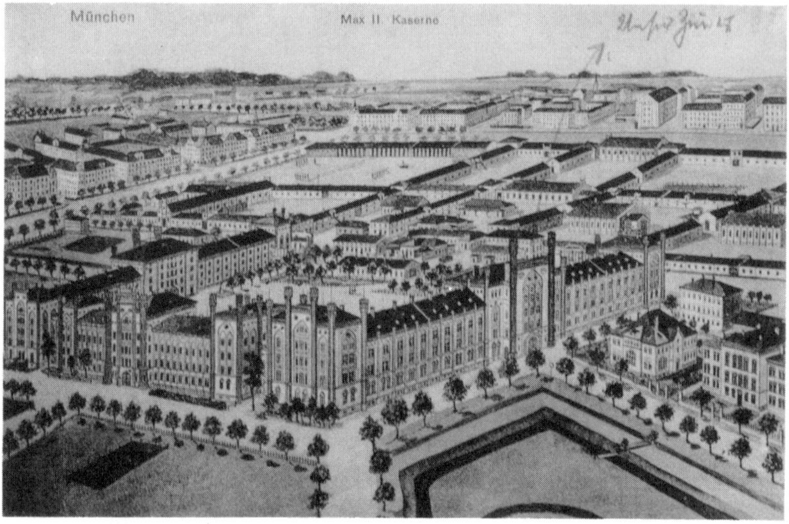

Blick über Max-II.-Kaserne von der Dachauer Straße gegen Westen nach Neuhausen (Postkarte um 1910)

Der Architekt Friedrich Bürklein (1813–1872) prägte wesentlich den Maximilianstil. Die Meinungen über diesen gingen bei den Zeitgenossen auseinander, er wurde jedoch überwiegend kritisch gesehen. Der Engländer Edward Wilberforce schrieb dazu 1860:

»Der gegenwärtige König hätte durch den Anblick der Ludwigstraße gewarnt sein sollen, die Maximilianstraße in der gleichen Einförmigkeit zu planen. In Wahrheit jedoch ist die neue Straße mit noch mehr Mängeln behaftet als die alte. Sie ist sehr hübsch mit Gärten und Bäumen vor den Gebäuden angelegt, und die Häuser treten zurück. Aber die Folge ist, daß [...] *man durch Schlamm waten* [...] *muß, wenn man sie erreichen will.* [...]«[140]

17 Jahre später urteilt der Architekt Jacob Burckhardt aus der Schweiz in einem Brief:

»Heute Morgen aber, als ich Einkäufe machen mußte, wagte ich mich bis in die Maximilianstraße. [...] So unter allem Knaster hatte ich mir die Sache doch nicht vorgestellt. Aber im Erdgeschoß winken überall verheißungsvoll Restaurationen und Photographieläden. Auch wachsen jetzt die Bäume bereits so heran, daß man die Gebäude nicht mehr überall zu sehen braucht.« [141]

Seinen Sinn für Modernität bewies Max mit dem Bau des »Glaspalast« genannten Industrie- Ausstellungsgebäudes, das 1854 nach dem Vorbild des Londoner Kristallpalastes aus Stahl und Glas für eine »Allgemeine Deutsche Industrie-Ausstellung« an der Nordseite des Alten Botanischen Gartens errichtet wurde[142]. Es diente bis zu seiner Zerstörung durch einen Brand im Jahr 1931 für Ausstellungen aller Art.

Nordlichter

Max II. war seit seiner Jugend an Wissenschaft und Literatur interessiert und zog daher Forscher und Dichter nach München. Da sie überwiegend aus den nördlich gelegenen Ländern Deutschlands kamen, bezeichnete man sie als »Nordlichter«[143]. Dies war aus Sicht der konservativen Münchner nicht freundlich gemeint; hauptsächlich die evangelische Konfession der Zugereisten stieß auf Ablehnung. Als Thronfolger schrieb Max bereits 1832 seine Maxime in sein Tagebuch:

»Den Gebieten der Kunst und Wissenschaft will ich durch Forschung in allen Weltteilen die größtmögliche Ausdehnung zu geben suchen und diese mit dem höheren geistigen Leben meiner Nation in mächtigem Zusammenhang und Wechselwirkung bringen – so die Völker ihrer ewigen Bestimmung näher bringen, daß von Deutschland das Licht ausgeht, das die Völker erleuchtet.« [144]

Wie sein Vater wollte er den Ruhm Münchens über Deutschland hinaus verbreiten. Als König war Max II. daher immer persönlich um die Berufung der besten Professoren bemüht. So veranlaßte er, daß 1852 der Chemiker Justus von Liebig (1803–1873)[145] aus Gießen, der dann der Landwirtschaft mit seinen Forschungen half, an die Universität München kam. Max von Pettenkofer (1818–1901)[146] aus Neuburg a.d. Donau wurde zum Begründer der modernen Hygiene, die vom Münchner hygienischen Institut in die Welt wirkte. Dessen Seuchenforschungen veranlaßte die Anlage der modernen Kanalisation. Der in Würzburg geborene Karl Theodor von Siebold (1804–1884), ein Mediziner und Naturwissenschaftler, wurde Konservator der anatomischen Anstalt[147].

Auf Widerstand der mächtigen katholischen Kreise stieß der 1856 nach München berufene protestantische Historiker Heinrich von Sybel (1817–1895)[148], der 1848 ein liberales Mitglied der hessischen Ständeversammlung gewesen war. Er wurde Sekretär der »Münchner Historischen Kommission« und gründete die »Historische Zeitschrift«. Den ständigen politischen Intrigen, die seine wirkungsvolle Tätigkeit in München begleiteten, entzog er sich 1871 durch die Annahme eines Rufes an die Universität Bonn.

Die besondere Neigung des Königs galt den Dichtern. So holte der gezwungenermaßen sparsame Monarch 1852 auf seine persönlichen Kosten den Lyriker Emanuel von Geibel (1815–1884) aus Lübeck als Vorleser nach München und machte ihn auf dessen Wunsch zum unbezahlten Honorarprofessor für deutsche Literatur und Ästhetik. Weiter rief er 1854 den Berliner Paul Heyse (1830–1914), der dann 1911 als erster Deutscher den Nobelpreis für Literatur erhielt, an seinen Hof. Heyse gründete die literarische Gesellschaft »Krokodil«[149] und war mit Geibel Haupt des »Münchner Dichterkreises«. Zu diesem Kreis gehörten auch die universell gebildeten, von Max II. nach München gezogenen Friedrich von Bodenstedt (1819–1892) und Adolf Graf von Schack (1815–1894), der Stifter der »Schackgalerie«[150]. Ein Autor, der während der 48er-Revolution anonym als politischer Dichter der »Lieder eines kosmopolitischen Nachtwächters« tätig war, Franz Frhr. von Dingelstedt (1814–1881)[151] aus Hessen, wurde 1850 an das Hoftheater gerufen. Dieses führte er als Intendant zur Weltgeltung, wich aber dann vor Anfeindungen nach Weimar. Bayern wie Hermann von Lingg (1820–1905) oder urmünchnerische Dichter wie der Hofzeremonienmeister Franz Graf von Pocci (1807–1876) und Franz Ritter von Kobell (1803–1882), die großen Einfluß auf den König hatten, genossen Ansehen in der Bevölkerung[152].

Solche Geister lud der König seit 1854 wöchentlich zu »Abendunterhaltungen« oder »Symposien« zu sich ein[153]. Es wurde dabei über Themen aus verschiedenen Bereichen referiert und diskutiert. Bekannte Persönlichkeiten, die sich auf der Durchreise befanden, wie 1859 Theodor Fontane[154], erhielten vom König eine Audienz oder wurden zu seinen Symposien geladen. Der von Heyse 1856 nach München geladene Viktor von Scheffel, populär durch seine Dichtungen »Der Trompeter von Säckingen« (1854) und »Ekkehard« (1855), wäre vielleicht in München geblieben, wenn er hier nicht seine Schwester durch die Cholera verloren hätte. Er charakterisierte das Leben in der Stadt mit den Worten, *»die offiziellen und nicht offiziellen Poeten wimmeln hier in großer Anzahl«*, und: *»Es ist hier eine so anregende, künstlerisch reine Atmosphäre, in einer großen Stadt, wo jeder nachgehen kann, was ihn fördert und freut«*[155].

Diese Intellektuellen in der bayerischen Haupt- und Residenzstadt wurden von Zeitgenossen unterschiedlich bewertet. Was Joseph von Eichendorff spöttisch als »Kleindichterbewahranstalt«[156] bezeichnete oder in einer anonymen Flugschrift »Ferrara-Weimar an der Isar«[157] geschmäht wurde, sah der 1848 als Staatsrechtler nach München berufene Schweizer Johann Caspar Bluntschli (1808–1881) positiv: *»Das Leben wurde bewegter, interessanter, geistiger, das Grau des finsteren Lebens wurde durch helle Farbtöne verschönert«*[158].

Volkskunde

An der Erforschung von Bayerns Sprache und Kultur nahm Max II. regen Anteil. So besuchte er 1844, noch als Kronprinz, den Schöpfer des Bayerischen Wörterbuches, Johann Andreas Schmeller (1785–1852), in der königlichen Bibliothek und sagte ihm, daß er schon lange gewünscht habe, ihn persönlich kennenzulernen. Der Fürst versprach, ihm bei der Fortführung seiner Forschungen zu helfen. Schmeller schreibt dazu weiter in seinem Tagebuch: *»Von ihm geht ja der jüngste Verein zur Herstellung wohlfeiler landwirtschaftlicher und gewerblicher Schriften für das Volk aus. Des Volkes Sprache kennen, heiße das Volk selbst erst recht kennen, war ein Wort, das er selbst aussprach«*. Schließlich sagte Max zum Forscher:

»Dem Kronprinzen müßten alle Männer von Verdienst persönlich bekannt seyn«[159].

Einen bedeutenden Einfluß auf die kulturelle Entwicklung in der Stadt hatte die Berufung des Kunsthistorikers und Schriftstellers Wilhelm Heinrich von Riehl (1823–1897)[160] als Professor für Staatswissenschaften (1854) und dann Kulturgeschichte (1859) an die Universität München. Dieser wurde 1885 auch als Direktor des Bayerischen Nationalmuseums (ursprünglich im Gelände des heutigen Völkerkundemuseums in der Maximilianstraße) berufen und gilt als Begründer der wissenschaftlichen Volkskunde. Er betreute auch die von Max angeregten und geförderten Bände der »Bavaria. Landes- und Volkskunde des Königreiches Bayern« (1860–67). Bei dieser Ethnographie, für die langwierige Vorarbeiten und Erhebungen in ganz Bayern nötig waren, wirkten neben Riehl besonders Felix Dahn (1834–1912), Eduard Fentsch (1814–1877) und Joseph Friedrich Lentner (1813–1852) mit. Modern mutet die Zielsetzung des Werkes an, die auch die *»Darstellung des sozialen Zustandes der Angehörigen der verschiedenen Volksklassen Bayerns«*[161] enthalten sollte. Die Beiträge über die »Ethnographie der Stadt München« und das »Gewerbewesen« von Fentsch konnten in das Werk nicht aufgenommen werden und wurden erst 1989 veröffentlicht[162].

Bürgerschaft und Gewerbe

Von alters her war das Braugewerbe eine der wichtigsten Stützen der Wirtschaftskraft Münchens. Bereits in der Biedermeierzeit setzte ein Brauereisterben ein. Waren es 1819 noch 62 Betriebe gewesen, blieben davon 23 Jahre später nur noch 38 übrig, die allerdings einen wesentlich größeren Ausstoß hatten[163]. In dieser Zeit begann auch die Kühlung des Bieres mit Hilfe von Natureis, das im großen Stil gewonnen wurde. Die Bauern der Umgebung brachen es im Winter von den Gewässern und verkauften es an die Brauereien, die es in eigens dafür angelegten Eiskellern einlagerten. Beliebte Treffpunkte aller Schichten waren die vielfach am Stadtrand unter schattigen Kastanien bei den Kellern angelegten Biergärten[164].

Am 9. November 1818 erhielt die Stadt München durch das Gemeindeedikt eine neue Ordnung. Statt des 1810 eingerichteten

Munizipalrates residierte wieder ein Magistrat[165]. Erster Bürgermeister blieb Franz Paul Edler von Mittermayr (1766–1836). Die Stadt war nun wieder offiziell befugt, ihre inneren Angelegenheiten selbst zu regeln. Die Polizeiaufgaben behielt sich aber der König vor, der auch in allen anderen Fragen, die ihn interessierten, in die Stadt hineinregierte. Eigentliches Zentrum der Macht, auch in kommunalen Fragen, blieb die Residenz.

An den kommunalen Wahlen konnte nur teilnehmen, wer das Bürgerrecht besaß. Dieses erhielt, wer über Grundbesitz oder Vermögen verfügte oder Gewerbesteuern zahlen mußte, was nur auf 5 % der Bevölkerung zutraf – natürlich ausschließlich Männer. Diese Bürger durften dann demokratisch bei den Wahlen der Gemeindebevollmächtigten mitbestimmen. Passives Wahlrecht hatte aber nur das reichste Drittel der Steuerzahler. Auch die Angehörigen des Hofstaates und die Geistlichkeit hatten in München kein Bürgerrecht und konnten an der innerstädtischen Demokratie nicht mitwirken, mußten aber auch an die Stadt keine Steuern zahlen[166]. Als Nachfolger von Bürgermeister Mittermayr, der dieses Amt 30 Jahre bekleidet hatte, wurde 1836 Joseph von Teng (1786–1837) gewählt. Ihm folgte 1838 Dr. Jacob Bauer (1787–1854), der sich nicht scheute, im Interesse der Stadt Konflikte mit dem König auszutragen. Er legte mit dem Magistrat Wert auf das Nützliche und Notwendige und war bemüht, die Verschönerung und Vergrößerung der Stadt in Grenzen zu halten[167]. Sein Nachfolger Kaspar Ritter von Steinsdorf (1797–1879) hatte sich bereits mit dem rasanten Wachstum der Stadt abgefunden[168]. Diese erlebte einen wirtschaftlichen und kulturellen Aufschwung, der die Abhängigkeit vom Hof deutlich verringerte. Seit 1848 waren, erkämpft durch die Revolution, die Sitzungen von Magistrat und Gemeindebevollmächtigten öffentlich zugänglich[169]. Mehr als die Kommunalpolitik bewegten allerdings, wie die Staatsregierung 1863/64 feststellte, übergeordnete Probleme die Münchner: die Frage der deutschen Einheit, wie man die Kleinstaaten zu einem Reich zusammenführen könne und die Erreichung der Gewerbefreiheit, die den Berufszwang beseitigen sollte. Solche Probleme wurden hauptsächlich im Bayerischen Landtag, der seinen Sitz in der Prannerstraße hatte, diskutiert[170].

Die Mehrheit im Münchner Magistrat wollte ihre Privilegien

wahren und verteidigte die bestehenden Gewerbegesetze. Aber 1868 wurden doch in Angleichung an die anderen Länder liberale Regelungen eingeführt: Auch Juden durften nun endlich jedes beliebige Gewerbe betreiben. Nur Apotheker und Gasthäuser bedurften eigener Konzessionen[171].

Das Stadtgebiet war in Distrikte eingeteilt, die jeweils einige Straßen umfaßten. Die hier zur Aufsicht bestellten ehrenamtlichen Distriktsvorsteher hatten sich um soziale Probleme und andere kommunale Fragen ihres Bezirkes zu kümmern, um die Stadtverwaltung zu entlasten[172]. Einen großen Aufschwung nahm in der Biedermeierzeit das Vereinswesen. Diese Vereine dienten hauptsächlich der Geselligkeit und der Bildung. Teilweise standesübergreifend war um die Jahrhundertmitte die Mehrzahl der ortsansässigen Männer in ihnen integriert[173].

Industrialisierung

Ludwig I. liebte seinen Kanalbau, den Vorläufer des Main-Donau-Kanals, der allerdings ein wirtschaftlicher Mißerfolg war. Wie sein Gedicht »Die Dampfbahnen«[174] zeigt, lehnte er dagegen die Eisenbahn innerlich ab, konnte aber deren Vordringen nicht aufhalten. Im Jahr 1839 entstand auch in München am Marsfeld, östlich der heutigen Donnersbergerbrücke, ein Bahnhof. Die erste Linie war eine Privatbahn, die 1840 über Pasing und Lochhausen nach Augsburg führte[175]. 1844 wurden alle Strecken in die königlich-bayerischen Staatsbahnen integriert, mit denen man 1854 nach Starnberg, 1857 nach Lenggries und 1860 bis nach Wien reisen konnte. München wurde ein Knotenpunkt im Nord-Süd- und West-Ostverkehr. Durch die Eisenbahn wurden problemlos Fernreisen möglich und der Gütertransport in größeren Mengen über Land rentabel. Erst so wurde, da die Isar kaum schiffbar war, das Wachstum Münchens zur Großstadt eingeleitet. 1847 wurde an der heutigen Stelle der Hauptbahnhof errichtet und 1857 um zwei Flügelbauten erweitert[176]. 1879 erhielt die neue vierschiffige Halle sogar, was in Deutschland erstmalig war, eine elektrische Beleuchtung[177]. 1850 war in München schon eine Gasbeleuchtung in Betrieb genommen worden[178].

Einsteighalle des Hauptbahnhofs in München (Federzeichnung von Rudolf Wilhelm Gottgetreu)

Die Bahnlinien zogen Industriebetriebe an, ja ermöglichten sie vielfach erst. Joseph Anton von Maffei erwarb 1837 den mit Wasserkraft betriebenen ehemaligen Lindauerschen Hammer in der Hirschau bei Schwabing, nördlich vom Englischen Garten[179]. Hier wurden ab 1841 Lokomotiven hergestellt, die dann auf Fuhrwerken zum Bahnhof transportiert werden mußten. Man produzierte bis 1900 mit rund 1000 Beschäftigten auch Maschinen für Industrie und Landwirtschaft, Dampfkessel und Dampfschiffe. Andere wichtige Werke waren die aus einer Schmiede 1852 hervorgegangenene Wagenfabrik Josef Rathgeber[180] in der Marsstraße und die 1866 gegründete Gießerei von Georg Krauss am Südbahnhof, die hauptsächlich Lokomotiven produzierte[181]. Großbetriebe und Brauereien waren zunehmend auf die Nähe von Bahnlinien angewiesen.

Viele Menschen, die Arbeit und Verdienst suchten, strömten in die Stadt. Die Zunahme von Industrie, Gewerbe und Handel bewirkte die Verfünffachung der Einwohnerzahl Münchens zwischen 1830 und 1890 von rund 78 000 auf 350 000 Personen[182]. Dies hatte natürlich Auswirkungen auf das soziale Gefüge der Stadt.

Die soziale Frage

»Max II. war in seiner Anlage mehr Professor als König. Aufklärung und Bildung des Volkes waren ihm ein echtes Herzensbedürfnis«[183]. Er war auch stets an Zeiterscheinungen und Zeitgeist interessiert; bereits 1847 hatte er daher mit dem Historiker und Staatswissenschaftler Wilhelm von Doenniges (1814–1872) ein Gespräch über »Das Junge Deutschland, Communismus und Radicalismus«[184]. Ab 1856 beschäftigte sich der König auch in seinen »Abendunterhaltungen« mit den politischen, sozialen und nationalen Bewegungen der Zeit[185]. Dies war eine Reaktion auf ein verschärftes Sichtbarwerden sozialer Probleme mit der Industrialisierung. Hatten sich zwischen 1839 und 1846 die Anzahl der Industriearbeiter verdoppelt, so sanken zugleich die Reallöhne[186].

König Max II. war seit seinem Amtsantritt um soziale Reformen in allen Bereichen bemüht, die der herrschenden Not entgegenwirken sollten. Er stellte in einem öffentlich ausgeschriebenen Ideenwettbewerb die Preisfrage *»Durch welche Mittel kann der materiellen Noth der untern Klassen der Bevölkerung Deutschlands und in Sonderheit Bayerns am zweckmäßigsten und nachhaltigsten abgeholfen werden*?«[187] Ein wichtiges Anliegen war die Verhinderung der zunehmenden Verelendung der Beamtenschaft. Schon 1849 erhöhte daher der König die Gehälter der am schlechtesten besoldeten Staatsdiener, so wurde der Sold der Soldaten verdoppelt. 1854 wurde eine sozial gestaffelte Teuerungszulage gewährt[188].

Drei Jahre später forderte der Oberstleutnant und spätere General Karl Spruner von Mertz (1803–1892), der auch als Schriftsteller, Geograph, Kartograph und Politiker hervortrat, in einer Denkschrift die Errichtung von Arbeiterwohnungen in München. Durch die Preissteigerungen hätten die Mieten eine Höhe erreicht, die es *»dem Arbeiter, der von der Hand in den Mund lebt, nahezu unmöglich macht, eine auch nur den bescheidensten Ansprüchen genügende Wohnung zu finden«*. Die *»finsteren Spelunken«* in den Vororten Au, Haidhausen und Lehel sollten verschwinden[189].

Noch im Jahr seiner Regierungsübernahme schuf Max II. das »Staatsministerium des Handels und der öffentlichen Arbeiten«, das helfen sollte, die soziale Frage zu entschärfen[190]. Auch zur Arbeitsbeschaffung sollten Heime und Krankenhäuser (wie z.B. das

Gasteigspital 1862) errichtet werden. Gesetze für die Betreuung hilfsbedürftiger Menschen und zum Arbeitsschutz konnten durchgesetzt werden. Mehrere Initiativen wurden erst nach dem Tod des Königs († 1864) unter Ludwig II. in die Tat umgesetzt. Verantwortlich war hier besonders der Minister Gustav von Schlör (1820–1883), der von 1866 bis zur Auflösung des Ressorts am 1. Januar 1872 dieses Amt innehatte[191]. Auf dessen Antrag hin wurde auch 1868 die Technische Hochschule in München errichtet. Im gleichen Jahr wurde eine neue liberale Gewerbeordnung erlassen und das restriktive Gesetz über Heimatrecht, Verehelichung und Aufenthalt in Gemeinden neu gefaßt[192]. Im folgenden Jahr konnte dann die Armen- und Krankenpflege durch ein neues Gesetz geregelt werden. Die öffentliche Sozialversicherung, die eine tiefgreifende Reform auf dem Weg zu einem Sozialstaat bedeutete, wurde aber erst vom Reichstag in Berlin 1883 eingeführt, als Bayern bereits ein Bestandteil des Deutschen Reiches war.

Wohnen um 1860

Daß in München auch schon in der Mitte des letzten Jahrhunderts Wohnungsnot herrschte, zeigen die Aufzeichnungen des Engländers Edward Wilberforce (1834–1914), der einige Jahre in der Stadt lebte und 1863 das Buch »Social life in Munich« veröffentlichte:

> *»Schon seit einiger Zeit übersteigt in München die Nachfrage nach Wohnraum das Angebot, und die üblichen Folgen eines unterversorgten Marktes sind entstanden. Die Mieten stiegen überproportional im Verhältnis zu anderen Preisen; Hausbesitzer wurden unverschämt und tyrannisch; Spekulanten haben schlechte Gebäude hochgezogen und unmoralisch hohe Gewinne gemacht; und Familien waren allen ausgeliefert: den Mieten, den Hausbesitzern und den Spekulanten. Außerdem ist in München das Recht auf der Seite des Besitzers, und der Mieter hat keine Möglichkeit, sein Recht zu bekommen. Nun endlich hat man Schritte eingeleitet, ein viel größeres Wohnungsangebot zu schaffen und die mieterfeindlichen Gesetze zu ändern.*
>
> [...] *Die Nachteile und Mängel von Münchner Wohnungen und Häusern beruhen nicht auf diesem oder jenem Baukonzept, sondern auf mangelhaften Gesetzen, bösartigen Hauswirten und*

miserabler Bauausführung, wobei alle drei in gewissem Umfang eine Folge des bayerischen Nationalcharakters sind.

Beginnen wir mit den Hauswirten. Die Macht, die sie durch den Wohnungsmangel erhalten haben, ließ sie in höchstem Maße despotisch und anmaßend werden. Meiner Meinung nach ist diese Spezies Mensch allgemein unbeliebt. [...] *Hier stellen die Hausbesitzer ihren Mietern die absurdesten Bedingungen. Man sieht Anzeigen, daß Wohnungen nur an kinderlose Familien zu vermieten sind, als ob eine Familie ihre Kinder kurzfristig loswerden könnte, nur um dem Hauswirt und seiner Laune zu gefallen. Für möblierte Wohnungen mit wertvollen Teppichen und eleganten Einrichtungen kann man ja solche Vertragsbedingungen noch verstehen, aber für Münchner Häuser sind solche übertriebenen Feinheiten besonders unangebracht. Ich habe schon zum zweiten Mal von einem Hauswirt gehört, der seinem Mieter kündigte, weil sich die Frau des Mieters nicht vor der Frau des Hauswirtes verbeugte. Und diese Männer sind nicht nur arrogant und grob, sie lassen auch ihre eigenen Häuser verkommen.*

Welche Reparaturen auch immer nötig werden, man braucht nicht zu erwarten, daß sie der Hauswirt ausführen wird. Das erste Wort, wenn man ein Haus besichtigt, ist: ›Ich richte nichts.‹ Und wenn die Dielen brechen, die Farbe abblättert, die Tapete herabhängt, man braucht von ihm keine Abhilfe zu erwarten. Hat man vor, selbst etwas beizutragen, um das Haus komfortabler zu machen, Vorsicht! Anstatt Ihnen seine Dankbarkeit zu erweisen, daß Sie sein Eigentum reparieren und seine Pflichten erfüllen, erhöht Ihnen der Hauswirt augenblicklich die Miete.

[...] *Im Münchner Gesetz gibt es eine kleine Klausel, die besagt: Kauf bricht Miete. Ein bewundernswerteres Instrument, um den Mieter zu quälen, kann man sich kaum ausdenken. Wenn jemand das Haus kauft, in dem Sie wohnen, kann er Ihre Miete auf der Stelle erhöhen und, wenn Sie sich weigern, mehr zu zahlen, Sie innerhalb von zwei Wochen auf die Straße setzen. Sie mögen einen Mietvertrag über eine beliebige Anzahl von Jahren haben: Er ist null und nichtig. Und der besondere Nachteil für Sie ist in diesem Fall, daß Sie mitten im Quartal keine andere Wohnung finden, wenn Sie mit einer Frist von zwei Wochen das Haus verlassen müssen.*

Dieser Mißstand ist so offensichtlich geworden und hat zu so unerträglichen Spannungen geführt, daß viele Münchner eine Petition an den letzten Landtag verfaßten und darum bettelten, diese Gesetzesklausel abzuschaffen. Man kann sich leicht vorstellen, was für ein Betätigungsfeld hiermit schurkischen Spekulanten bereitgestellt wurde. Ein Mann zieht ein Haus hoch, wenn dafür ein Bedarf besteht, und vermietete alle Wohnungen zu einem bestimmten Preis. Sobald alle vermietet sind (die Mieten in einem neuen Haus sind im allgemeinen nicht besonders hoch), verkauft er das Haus an einen anderen. Der zweite Mann sucht alle Mieter auf und erhöht unter wortreichen Entschuldigungen sämtliche Mieten. Er erzählt von den riesigen Auslagen, die er hatte, und dem hohen Kaufpreis des Hauses usw. Die Mieter überschlagen, was es kosten würde, samt ihrem Mobiliar umzuziehen und welche sonstigen Ausgaben und Nachteile ein Umzug mit sich brächte, und stimmen der Mieterhöhung zu. Der Mann geht nun sofort daran, das Haus an einen Dritten zu verkaufen, wobei er natürlich einen höheren Preis einsteckt, als er selbst gezahlt hat, weil das Haus ja durch die Mieterhöhung im Wert gestiegen ist. Und das geht so weiter, bis die Geduld der Mieter erschöpft ist.« [193]

Arbeiterbewegung und Sozialistengesetz

Seit der Mitte des 19. Jahrhunderts trafen sich Arbeiter Münchens in Versammlungen, über die wir durch Berichte von Polizeiagenten gut unterrichtet sind. Aus diesen Treffen ging später auch hier die »Sozialdemokratische Deutsche Arbeiterpartei« hervor. Das bayerische Vereinsgesetz von 1850 ermöglichte es, Vereine mit sozialdemokratischen und gewerkschaftlichen Tendenzen zu unterdrücken. Auf Mitgliederversammlungen mußte man verzichten, um den Repressalien zu entgehen; aber z.B. 1876 wurden immerhin 59 »Volksversammlungen« organisiert [194].

Nach gescheiterten Attentaten von »Nihilisten« auf Kaiser Wilhelm I. sah Bismarck eine gute Möglichkeit, die umstürzlerischen Sozialdemokraten zu verbieten. Die bayerische Regierung unterstützte dies und forderte sogar schärfere Gesetze als der Reichskanzler [195]. Am 21. Oktober 1878 trat das »Gesetz gegen die gemeingefährlichen Bestrebungen der Sozialdemokratie«, das mit

221 gegen 149 Stimmen angenommen wurde, in Kraft. In München wurde sogleich die sozialdemokratische Tageszeitung »Zeitgeist« verboten und die Bibliothek des sozialistischen Lesevereins beschlagnahmt; verdächtige Arbeiter wurden verfolgt. Die Polizei führte Hausdurchsuchungen, Verhaftungen und Ausweisungen durch; »fast ausschließlich Norddeutsche oder Ausländer« waren noch aktiv[196]. Besonders Polizeidirektor Maximilian Alexander Frhr. von Feilitzsch (1834–1913), der 1881 zum Bayerischen Innenminister aufstieg, tat sich in der Verfolgung von »Radikalen« hervor[197]. Er wurde Ehrenbürger und 1891 Namenpatron einer Straße und des zentralen Platzes (heute: Münchener Freiheit) in Schwabing. Ein 1877 begründeter »Münchner sozialdemokratischer Arbeiterverein«, der 265 Mitglieder hatte, wurde 1878 mit den Sozialistengesetzen wieder verboten[198]. Kaiser Wilhelm I. war seinem Innenminister gegenüber des Lobes voll, daß der Polizeidirektor »in München mit den Roten gründlich aufgeräumt«[199] habe. Trotz vieler Repressalien und des ungerechten Wahlsystems brachten die Reichstagswahlen von 1878 in den beiden Münchner Wahlkreisen für die Sozialdemokraten 14 % bzw. 13 % Stimmen. Auch Agitation und die Verbreitung von Druckschriften konnten die Behörden nie ganz verhindern. 1880 nahm die Sozialdemokratie, wie auch Polizeiberichte erkennen lassen, einen erheblichen Aufschwung. Ab 1881 stand mit der von dem vorher aus Berlin und Leipzig ausgewiesenen Louis Viereck herausgegebenen »Süddeutschen Post« wieder eine Zeitung zur Verfügung. Diese wurde allerdings 1883 vorübergehend und 1884 endgültig verboten[201]. Auch sozialdemokratische Zeitschriften für andere Teile Deutschlands (Thüringen, Harz, Ostpreußen, Rheinland) wurden nun in München gedruckt. Sie wurden nicht verboten, weil sie die Gesetzgebung Bismarcks wohlwollend kommentierten und für den »Durchschnittsarbeiter nur in geringem Maße verständlich« seien. 1885 gründete der Verleger Viereck eine »Münchener Abendzeitung mit Lokalanzeiger«, die »Thüringer Waldpost« wurde die Vorläuferin der »Münchner Post«[202].

Die regelmäßigen Strafen wegen Verstößen gegen die Vereinsgesetze erforderten von den Mitgliedern sozialdemokratischer Parteien, wie z. B. dem Regenschirmhändler Ferdinand Pröbstl, große Standfestigkeit. Neben Viereck traten besonders Ignaz Auer

Die Schauspielerin Adele Spitzeder (1832–1895) ruinierte mit der Pleite der von ihr gegründeten Bank, bei der sie sehr hohe Zinsen bot, 1872 viele Gläubiger. Sie trat aber auch als Wohltäterin auf und richtete eine »Volksküche« ein

(1846–1907), der Journalist und Reichstagsabgeordnete Georg von Vollmar (1850–1922) und der Gastwirt Georg Birk in Erscheinung[203]. Bei den Reichstagswahlen von 1884 konnten erhebliche Gewinne verbucht werden. Von Vollmar wurde durch seine gemäßigten Aussagen in der Stichwahl im Wahlkreis München II (rechts der Isar) Sieger[204]. 1890 konnte dieser Erfolg wiederholt werden, und Georg Birk gewann auch noch die Mehrheit in München I (Innenstadt). Nach der Entlassung von Reichskanzler Bismarck durch Kaiser Wilhelm II. ließ man die Sozialistengesetze am 30. 9. 1890 auslaufen und erneuerte sie nicht[205].

Ein junger Märchenkönig

Durch den überraschenden und frühen Tod seines Vaters wurde der Kronprinz am 10. März 1864 mit 18 Jahren als Ludwig II. König von Bayern. Das Volk liebte den schönen Jüngling und dieser die Kunst. Er hatte, wie schon sein Vater, eine wenig erfreuliche Jugend mit einer strengen Erziehung durchlitten. Max II. war von seinem Sohn enttäuscht und äußerte sich über ihn: *»Was soll ich mit dem jungen Herrn sprechen? Es interessiert ihn nichts, was ich anrege«* [206]. Ludwig kümmerte sich weniger um die praktischen Dinge und das Volk als sein Vater. Er schwebte in höheren Sphären und zog Kunst, Literatur und Musik vor. Die Meinungen der Zeitgenossen über ihn gingen weit auseinander. Der Theologe Ignaz von Döllinger (1799–1890) bemerkte zu Beginn des Jahres 1865: *»Von unserem König erzählt man sich fortwährend viel Gutes; er ist geistig begabter als sein Vater, allem Gemeinen entschieden abhold, religiös und zu stiller, einsamer Zurückgezogenheit geneigt«* [207]. Andere stellen *»übertriebenes Selbstgefühl, Eigenwilligkeit und Rücksichtslosigkeit«* [208] fest.

Ludwig verlobte sich zwar mit seiner Kusine Sophie, der Schwester der Kaiserin Elisabeth von Österreich (Sisi), löste sich aber bald aus dieser Bindung [209]. Eine konsequente Haltung, wenn man sieht, wie er für Wagner seelenvoll schwärmte, dem er am 9. März 1867 folgenden Brief schrieb:

»Einzig geliebter Freund! Mein Erlöser! Mein Gott!
Ich juble vor himmlischem Entzücken, ich rase vor Wonne; als ich heute meiner Sophie Ihren göttlichen Brief mitteilte, der mir Ihr Kommen meldet, erglühten ihre Wangen in Purpurröte, so innig fühlte sie meine Freude mit. – O, nun bin ich glücklich, nicht mehr verlassen in trostloser Öde, da ich den Einzigen in meiner Nähe weiß; o bleiben Sie nun da, Angebeteter, für den einzig ich lebe, mit dem ich sterbe.
O Tag des Heiles! Wonnezeit. In ewiger Liebe, in unerschütterlicher Treue
Ihr Eigen Ludwig« [210]

Der junge König schwärmte für die Musik Richard Wagners, der auf der Flucht vor seinen Gläubigern am Karfreitag 1864 in München »kränklich und leidend« Rast machte. Der Komponist schreibt darüber:

[Ich] *»durchschlich einige Straßen der Stadt* [...] *es war rauhes, trübes Wetter. Ein Volk in Trauer wogte auf den Plätzen, aus den Kirchen. In einem Seitengäßchen erblickte ich am Fenster eines Bilderladens zum erstenmal das Bild des jugendlichen Nachfolgers des soeben geschiedenen Monarchen. Mich fesselte die unsägliche*

Anmut dieser unbegreiflich seelenvollen Züge. Ich seufzte. ›Wäre er nicht König, den möchtest Du wohl kennenlernen‹, sagte ich mir. ›Nun ist er König, er kann von Dir nichts erfahren!‹ Schweigend und einsam wanderte ich weiter.« [211]

Akademie der Bildenden Künste. Errichtet nach den Plänen von Gottfried Neureuther 1874–1885

Wagner wurde kurz darauf der Schwarm Ludwigs, der ihn so verehrte, daß er sogar abdanken wollte, um bei ihm leben zu können[212]. Er hielt seinen Genius fürstlich aus und wollte, daß die Münchner von dem Baumeister Gottfried Semper (1803–1879) ein Opernfestspielhaus über dem Isarufer beim heutigen Friedensengel errichten lassen[213]. Als diese aber nicht so viel Geld ausgeben wollten, wurde ihm die Stadt verhaßt. Ludwig mied München von nun an und ebenso öffentliche Auftritte. Die Bevölkerung und die veröffentlichte Meinung verübelten ihm dies, und der König war darüber empört. Als der Polizeidirektor der Stadt es in einem Bericht »wünschenswert« nannte, daß sich der König in der Stadt häufiger sehen lasse, verfügte Ludwig sofort seine Strafversetzung[214].

Haß auf die Hauptstadt

Ludwigs Lebensinhalt wurde nun seine Bautätigkeit an den Königsschlössern Linderhof, Neuschwanstein und Herrenchiemsee am Alpenrand südlich von München[215]. Friedrich von Ziegler, Vertrauter des Königs, der 1876 als Kabinettschef berufen wurde, schrieb über seinen Herrn, der ihm sehr nahestand:

> *»Nach Ablauf des Hohenschwangauer Winteraufenthaltes nach München zurückzukehren, war für Seine Majestät immer fürchterlich, entsetzlich. Deshalb wurde der Aufenthalt in Hohenschwangau immer weiter ausgedehnt.* [...] *In München angekommen, verließen Seine Majestät mehrere Tage die Zimmer in der Residenz nicht und klagten über Unwohlsein und Kongestionen.* [...] *Seine Majestät ergingen sich in Ausdrücken des tiefsten Hasses gegen die Stadt München. Oft mußte ich hören, wie schön es wäre, wenn man das verfluchte Nest an allen Ecken anzünden könnte.«*[216]

Die Freigiebigkeit des Königs, der Wagners luxuriöse Eskapaden aus der Kabinettskasse finanzierte, führte zum Fiasko. Als der vom König 1864 eingesetzte Minister Ludwig von der Pfordten (1811–1880) 1865 mit dem Rücktritt drohte, wenn Richard Wagner, der sich in der Briennerstraße (gegenüber der Einmündung der heutigen Richard-Wagner-Straße) niedergelassen hatte, nicht aus der Stadt verschwände, gab Ludwig nach[217]. Wagner mußte 1866 München verlassen und verwirklichte seine großen Pläne in Bayreuth. Über den König schrieb er, nachdem er sich mit ihm überworfen hatte, daß er *»Widerwillen gegen ernstliche Beschäftigung mit Staatsinteresse«* habe, die *»Familie, der ganze Hof«* seien ihm *»widerwärtig, das Armee- und Soldatenwesen verhaßt, der Adel lächerlich, die Volksmasse verächtlich«*, über das *»Pfaffenwesen«* sei er *»klar und vorurteilslos«*[218]. In die Regierungszeit des Königs fielen drei einschneidende politische Ereignisse: der Krieg mit den bundestreuen Ländern gegen Preußen 1866, der zu einer Niederlage führte und zur Abhängigkeit Bayerns von Preußen; weiter der Krieg gegen Frankreich 1870/71, an dem das bayerische Heer siegreich teilnahm ; schließlich die Gründung des Deutschen Kaiserreiches. Die offizielle schriftliche Aufforderung des Königs an seinen Vetter, Wilhelm von Preußen, die deutsche Kaiserkrone anzunehmen, brachte Ludwig 5 Millionen Reichsmark für seine Bauvorhaben ein, die ihm Bismarck in Jahresraten schickte. Der Vermittler, Oberststallmeister Graf von Holstein, erhielt 10% dieser Summe[219]. Wenn die Zeitgenossen diese Hintergründe gekannt hätten, wäre der Märchenkönig wohl nicht so beliebt geworden.

Ankunft des Leichenzugs von König Ludwig II. an der St. Michaelskirche (Photo 1886)

Legenden bildeten sich um den mysteriösen Tod des »Kini«. Ludwig wurde 1886 entmündigt und nach Schloß Berg am Starnberger See gebracht. Dort ertrank er, zusammen mit seinem 62jährigen Nervenarzt, Prof. Dr. Johann Bernhard von Gudden, den er wohl mit in den Tod riß, am 13. Juni 1886 im See[220]. Die Faszination, die von Ludwig II. ausging und bis heute nachwirkt, ist aus den Merkwürdigkeiten seines Lebens zu erklären.

Eingemeindungen und Bautätigkeit

Das schnelle Bevölkerungswachstum machte München bereits 1850 zu einer Großstadt mit 100 000 Einwohnern; nur Berlin, Hamburg und Breslau waren in Deutschland größer[221]. Zur weiteren Ausdehnung waren Eingemeindungen erforderlich. Die Vorstadt Au, südöstlich am gegenüberliegenden Isarufer, war seit 1808 offiziell eine eigenständige Stadt[222]. Hier nur konnten die Bürger der Stadt seit dem Mittelalter die billigen Arbeitskräfte, die sie brauchten, wohnen lassen, ohne ihnen Rechte geben zu müssen, und so war ein Armeleuteviertel entstanden. Im Jahr 1854, bei der Eingemeindung in die Stadt München, wohnten hier rund 10 000 Menschen, darunter viele Unterstützungsempfänger. Im gleichen Jahr wurden auch die bis dahin selbständigen Gemeinden Giesing und Haidhausen eingemeindet. Dadurch verdoppelte sich auf einen Schlag das Gebiet der Stadt[223]. Dies hatte verschiedene Auswirkungen. Die Anzahl der »Bürger«, die über Grundeigentum und somit Mitbestimmungsrechte verfügten, wuchs erheblich. Der Grund- und Hausbesitz war in den Vorstädten breiter gestreut. Hier gab es »Herbergen«, eine Art früher Eigentumswohnanlagen, an denen ärmere Leute Besitzanteile hatten[224]. Außerdem waren weitere Ausdehnungsmöglichkeiten für den Wohnungsbau auf noch günstigem Baugrund gegeben. Ein Hauptgrund für die Eingemeindung Haidhausens waren die Pläne von König Max II., als Endpunkt seiner Straße hier das spätere Maximilianeum errichten zu lassen[225].

Einen Ausbau innerhalb der Stadt stellte die Errichtung des Gärtnerplatzviertels auf dem »Eichthalanger« dar. Der Hofbankier Karl Freiherr von Eichthal (1813–1880), Sohn von Simon, eines Gründers der Bayerischen Hypotheken- und Wechselbank, belebte dessen Plan von 1830 wieder; er ließ auf dem Grund, den seine Familie auf dem Heiliggeistanger erworben hatte, ab 1861 Mietshäuser bauen, die er mit Gewinn verkaufte[226]. Der Aufwertung dieser Gegend diente der Bau des ›Münchner Aktien-Volkstheaters‹ durch Franz Michael Reifenstuel im Stil der italienischen Neurenaissance in den Jahren 1864/65. Nach dem Bankrott wurde es 1868 von Ludwig II. aufgekauft und königliches Volkstheater, später Bayerische Staatsoperette, heute, nach zahlreichen Umbauten, Staatstheater am Gärtnerplatz[227].

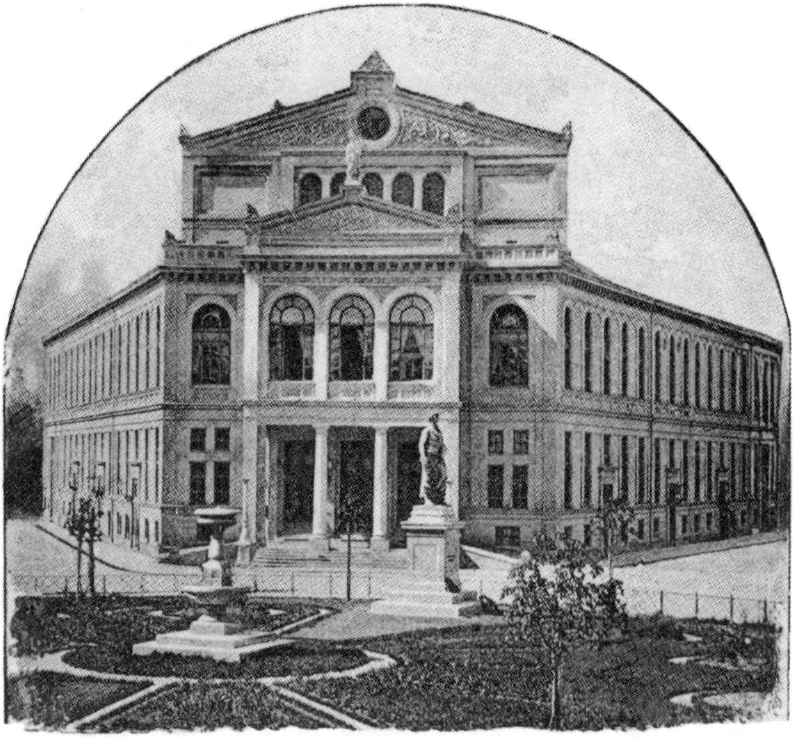

Gärtnertheater um 1900

Das westlich des 1872 errichteten Ostbahnhofes gelegene Quartier in Haidhausen, das mit seinen Straßennamen Belfort-, Gravelotte-, Orleans-, Paris-, Sedan- und Wörthstraße volkstümlich als Franzosenviertel bezeichnet wurde, verdankt seine Entstehung dem Krieg 1870/71[228]. Hier wurden teilweise mit Krediten, die von französischen Reparationszahlungen gedeckt wurden, nach Entwürfen von Stadtbaurat Anton Zenetti (1824–1891) ausgedehnte Miethausquartiere erbaut. Die neuen Wohnungen waren allerdings relativ teuer, weshalb häufig eine Wohnung unter mehrere Arbeiterfamilien aufgeteilt wurde[229].

Weiter wurde 1864 Ramersdorf eingemeindet und 1877 Sendling, wo auch bald große Neubaugebiete entstanden. In den 70er Jahren wurde durch den Bauboom eine Spekulationswelle bis dahin unge-

Alte Dorfkerne in München

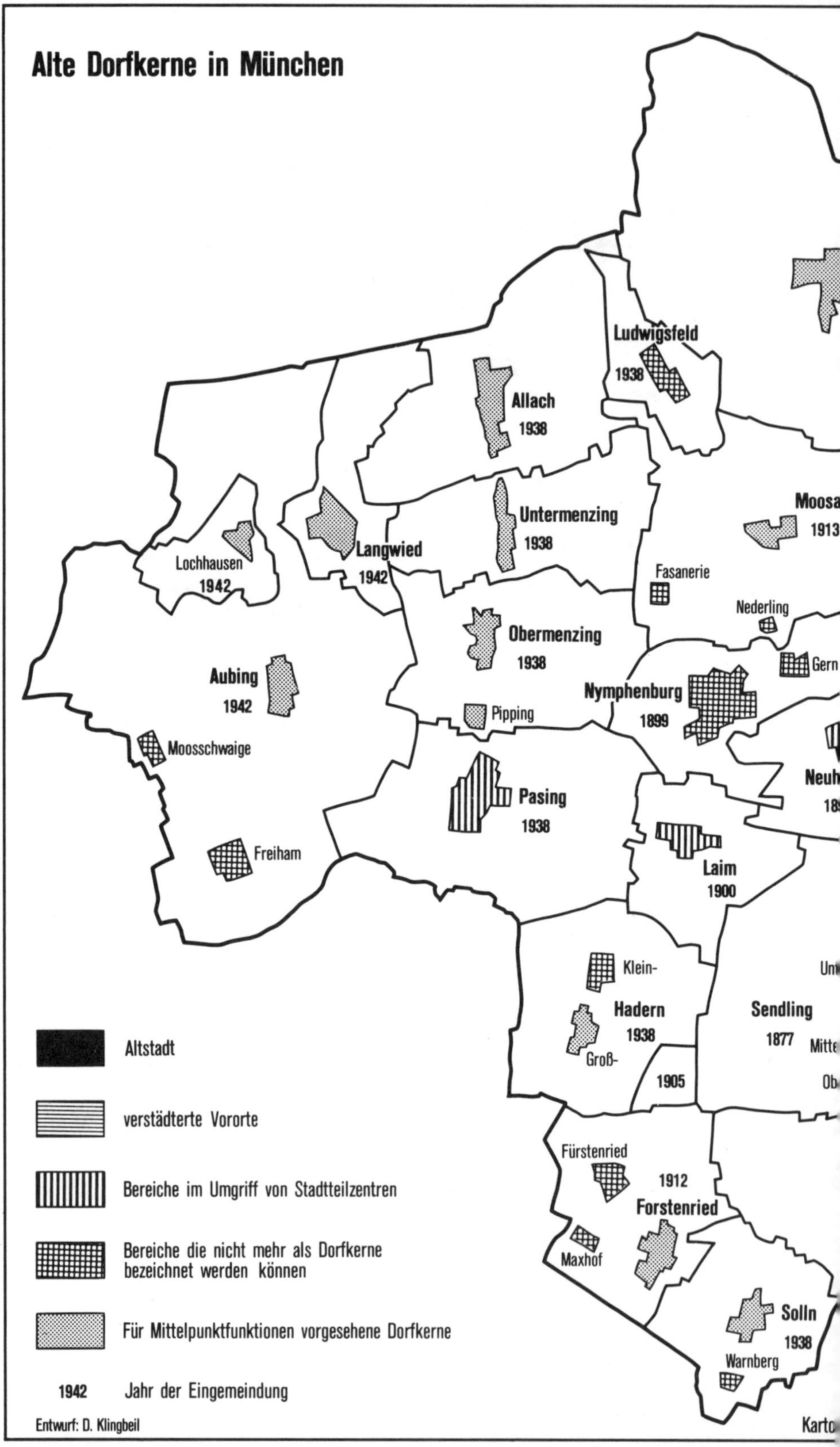

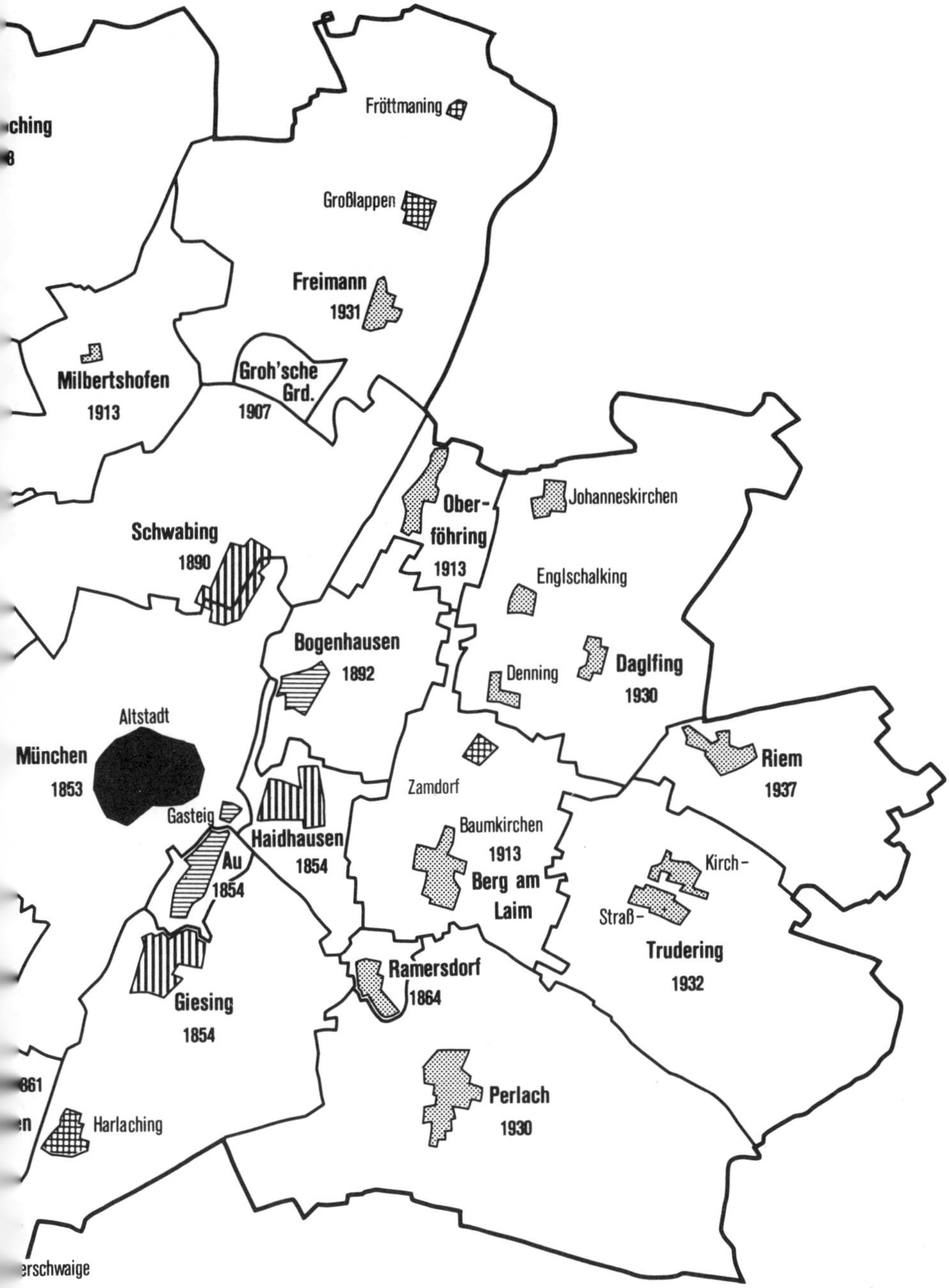

r. Inst. d. TUM

Quelle: Landeshauptstadt München Dörfliche Bereiche mit Mittelpunktfunktion im Stadtgebiet München

kannten Ausmaßes ausgelöst. Wegen billiger und schlampiger Bauweise kam es auch gelegentlich zum Einsturz von Neubauten.[230]

Eine weitere Ausdehnung erfuhr München durch die Einverleibung von Neuhausen und der Stadt Schwabing im Jahre 1890. Bis zur Jahrhundertwende folgten noch Bogenhausen (1892), Nymphenburg (1899), Laim und Thalkirchen (1900). Auch Forstenried (1912), die Stadt Milbertshofen, Berg am Laim, Oberföhring und Moosach (1913) wurden aufgenommen[231]. Ausschlaggebend für die Eingemeindungen im Jahr 1913 war das starke Bevölkerungswachstum in diesen Orten, ausgelöst durch die der Ringbahn folgende Industrieansiedlung. Künftig sollten nur noch im Norden und Osten der Stadt störende und belastende Betriebe errichtet werden[232].

Die schnell angewachsenen kleinen Gemeinden vor der Stadt konnten keine ausreichende Infrastruktur bereitstellen. Neben Wohnungsbau, Schulwesen und Wohlfahrtspflege waren Kanalisation und Verkehrsanbindung Aufgaben, die von einem großen Gemeinwesen mit funktionierender Verwaltung besser zu lösen waren.

Die Entwicklung Münchens zu einer modernen Großstadt wurde ab 1893 durch das von Stadtbaurat Theodor Fischer eingerichtete »Stadterweiterungsbüro«, das auch über die Stadtgrenzen hinaus planen konnte, vorangetrieben. Mit der Erarbeitung einer Staffelbauordnung wurden hier bereits Planungsgrundlagen geschaffen, die bis heute fortwirken[233].

Ein wichtiges Problem für die wachsende Stadt war die Wasserversorgung und Abwasserbeseitigung, da die Versorgung durch öffentliche Brunnen und Hausbrunnen sowie die Entsorgung mit Gruben gesundheitsgefährdend war[234]. Trotz der Forschungen Pettenkofers seit 1865 war hier wenig geschehen, so daß 1873 aus sanitärer Hinsicht ausdrücklich abgeraten wurde, die Stadt zu besuchen[235]. Schon 1874 sprach sich eine Kommission dafür aus, eine Quellwasserversorgung aus dem Mangfalltal anzustreben und für alle Stadtteile eine Schwemmkanalisation einzuführen[236]. Bereits 1883 konnte das Wasser über 50 km in das Leitungsnetz eingespeist werden. Anfang der 90er Jahre ging dann auf Betreiben von Pettenkofer, Baurat Zenetti und Bürgermeister Alois von Erhardt (1831–1888) auch die Kanalisation in Betrieb. Bis ins 20. Jahrhundert wurden die Abwässer allerdings ungeklärt nördlich der Stadt in die Isar geleitet[237].

Musikstadt im 19. Jahrhundert

Durch die Säkularisation und Mediatisierung wurden am Beginn des 19. Jahrhunderts vielen kleinen musikalischen Zentren im Lande die Basis entzogen, die Kultur konzentrierte sich nun noch mehr in der Hauptstadt[238].

Im Mittelpunkt des öffentlichen Musikinteresses stand im ersten Viertel des 19. Jahrhunderts die Oper. In dem 1818 fertiggestellten Nationaltheater wurden neben italienischen Komponisten besonders Mozart, die Hofkapellmeister Franz Danzi (1763–1826) und Peter von Winter (1754–1825) sowie Carl Maria von Weber (1786–1826)[239] gespielt. Letzterer besuchte München oft und wurde hier freundlich aufgenommen[240]. Zur Favoritin des Publikums wurde u. a. die Sängerin Klara Metzger-Vespermann, die 1822 als Agathe in Webers »Freischütz« großen Erfolg hatte. Sie war ein armes Mädchen aus der Au, dessen Stimme entdeckt wurde, als es mit einem blinden Geiger in Wirtsgärten auftrat[241].

Nachdem das Nationaltheater 1823 abgebrannt war, wurde es von Ludwig I. bereits zwei Jahre später in altem Glanz eröffnet[242].

Aus einem Privattheater entwickelte sich 1811 das »Königliche Hoftheater an dem Isartor«, in dem hauptsächlich Wiener Opern geboten wurden. Bis zur Schließung wegen Sparmaßnahmen unter Ludwig I. 1825 waren hier 2724 Aufführungen von 591 verschiedenen Stücken gelaufen[243].

Die meisten Münchner Komponisten dieser Zeit, die auch Hofkapellmeister waren, wie Johann Nepomuk Frhr. v. Poißl (1783–1865), Joseph Hartmann Stuntz (1793–1859) oder Johann Kaspar Aiblinger (1779–1867), sind heute weitgehend vergessen[244]. Felix Mendelssohn Bartholdy (1809–1847), der auch öfters an die Isar kam, schrieb am 22. Juni 1830 an seinen Lehrer Professor Karl Friedrich Zelter nach Berlin:

»[...] *Hier in München machen es die Musiker nun ganz wie der Organist; sie meinen, gute Musik sei allerdings eine Gottesgabe, aber nur so in abstracto; denn sobald sie etwas spielen, so ist es das dümmste, abgeschmackeste, was sie nur finden können, und wenn das den Leuten dann wie natürlich nicht gefällt, so meinen sie, es läge nur daran, daß es noch zu ernsthaft wäre. [...] Da habe ich denn nun mehrere male gespielt und die Zuhörer so ungemein empfänglich und auffassend gefunden, daß ich mich doppelt über jene Frivolitäten ärgerte;* [...]«[245]

Wichtige Impulse wurden durch die Berufung von Franz Lachner (1803–1890) aus Mannheim als Hofkapellmeister 1836 gegeben[246]. Er war nicht nur ein begnadeter Dirigent, sondern auch ein angesehener Komponist. Es gab allerdings auch Alltagssorgen: Nicht nur wegen Auseinandersetzungen mit Lachner oder Fernbleiben vom Dienst wurden Musiker tagelang ins Gefängnis gesteckt, selbst wenn sie nur mit Erlaubnis des Magistrats und nicht der ihres Dienstherrn, des Königs, heirateten[247].

Richard Wagner (1813–1883), dessen »Zukunftsmusik«[248] ab 1852 von Lachner aufgeführt wurde, kam auf Wunsch von Ludwig II. 1864 nach München. Hier erlebten mehrere seiner Opern ihre Uraufführung: *Tristan und Isolde* (1865), *Die Meistersinger von Nürnberg* (1868) und (gegen den Willen ihres Schöpfers) *Rheingold* (1869) sowie *Die Walküre* (1870)[249]. Wagner war der Komponist, der die meisten Menschen in seinen Bann zog. Zwischen 1867 und 1892 wurden unter dem Intendanten der Hofoper Karl von Perfall (1824–1907) und dem Dirigenten Hermann Levi (1839–1900) 731 mal Werke von ihm aufgeführt. »Die Anziehungskraft Münchens als Wagnerstadt steigerte den Eine-Million-Umsatz des Hof- und Nationaltheaters um glatte 250.000 Goldmark«[250]. Wenn Wagner auch erst mit dem Prinzregententheater 1901 ein Opernhaus geweiht wurde, verdankte er München neben der finanziellen Unterstützung wesentliche Anregungen. Hier lernte er auch seiner spätere Gattin Cosima (1837–1930), die Tochter von Franz Liszt und bis 1869 offiziell Frau Hans von Bülows (1830–1894), des Dirigenten und Hofpianisten (1864/69) von Ludwig II., kennen und lieben. Die Pflege der Musik Wagners machte München zum Zentrum für die »Neudeutschen«[251].

Auch die Kirchenmusik in München hatte nachhaltigen Einfluß. So erweckte der Organist an St. Michael, Kaspar Ett (1788–1847)[252] Orlando di Lassos Werke und Musik des 15., 16. und 17. Jahrhunderts aus alten Klosterhandschriften zu neuem Leben. Diese Tradition wurde durch den in Vaduz geborenen Joseph Gabriel Rheinberger (1839–1901)[253] fortgesetzt. Nach dem Studium am 1867 gegründeten Konservatorium (1874 kgl. Musikschule, 1892 Akademie der Tonkunst) stieg er vom Organisten zum Professor auf. Schließlich wurde er 1877 auch Hofkapellmeister und Dirigent. Während seine Opern und Symphonien vergessen sind, wird seine Kirchenmusik noch gespielt.

Bereits in der ersten Hälfte des Jahrhunderts hatte sich die Hausmusik in bürgerlichen Kreisen verbreitet, und Musik- wie Gesangsvereine hatten starken Zulauf[254]. Die große Mehrheit der Bevölkerung erlebte volkstümliche Musik in öffentlichen Konzerten, wie sie von Militärkapellen geboten wurden, in Festhallen, auf dem Oktoberfest, in Gaststätten und Biergärten oder beim Fasching. Hier war besonders Peter Streck (1797–1864)[255] bekannt, der neben zahlreichen eigenen Kompositionen Märsche, Tanzmusik und Opernarrangements spielte. Weiter bildete sich ab den 1870er Jahren eine Volkssängerszene heraus, die in Cafés und Vergnügungsetablissements wie dem Apollotheater oder dem Café Oberpollinger auftrat. Beliebt wurden hier besonders Jakob Geis (1840–1908), »Papa Geis« genannt, Gustl Junker und Anderl Welsch mit ihren Couplets[256]. In der Tradition dieser Volkssänger standen Karl Valentin und Weiß Ferdl.

XII. Industrialisierung und Modernisierung

Industrialisierung und geistiges Klima

Auf den Stufen der Lenbach-Villa stehend, appellierte Otto von Bismarck am 24. Juni 1892 an die Münchner Studentenschaft, »daß wir das Deutsche Reich, welches unter dem alten Kaiser in Verbindung mit Ihrem erhabenen Prinzregenten, unserm erlauchten Kriegskameraden, ... begründet wurde, daß wir dieses Reich mit eisernen Klammern festhalten«[1]. Der zwei Jahre zuvor gestürzte Reichskanzler war in München, zumal in liberalen Kreisen, ungleich populärer als der neue Kaiser. 1895 wurde er sogar zum Ehrenbürger ernannt. Die Münchner Moderne pflegte, ähnlich der bayerischen Regierung, einen »lebfrischen Liberalismus reichsfrommer Observanz« (Thomas Mann). Man stand der Reichseinigung positiv gegenüber, identifizierte diese aber viel lieber mit dem »Eisernen Kanzler« als mit dem Kaiserhaus. Auch der sogenannte Kulturkampf Bismarcks gegen den katholischen Klerikalismus, die »Ultramontanen«, hatte bei den Vorkämpfern der Moderne und der künstlerischen Freiheit ein positives Echo gefunden.

Aber nun hatte eine neue Epoche begonnen, die des Wilhelminismus. Wilhelm II. war ein labiler Egozentriker mit stark ausgeprägtem Geltungsdrang. Dem Imperialismus der großen Kolonialmächte England und Frankreich hatte er im wesentlichen nur schneidige Reden entgegenzusetzen. Gleichzeitig trug sein halbabsolutistisches Regime wenig dazu bei, die von Bismarck hinterlassenen gravierenden sozialen Probleme der Industrialisierung zu lösen. Für den Versuch, der wachsenden Arbeiterbewegung erneut vor allem mit polizeilichen Mitteln zu begegnen, fand sich im Reichstag jetzt allerdings keine Mehrheit mehr. Der wilhelminische Cäsarismus, der außenpolitisch auf den Flottenbau, innenpolitisch auf konservative Sammlung und Schutzzölle für die Ostelbier setzte, ließ die inneren Gegensätze so stark werden, daß nur der Ausbruch des Ersten Weltkriegs schwerste soziale Konflikte zunächst verhinderte, die dann 1918/19 um so heftiger aufbrachen.

In Bayern übernahm nach dem Tod Ludwigs II. der drittgeborene Sohn König Ludwigs I., Luitpold (1821–1912), die Regentschaft anstelle seines geisteskranken Neffen, König Otto. Die »Prinzregentenzeit« war die Epoche, in der München wesentliche Neuerungen erlebte und zu einem kulturellen Innovationszentrum wurde. Luitpold regierte 26 Jahre lang, und damit länger als selbst sein Vater. Er wurde durch seine volkstümliche Art und seine Wohltätigkeit der populärste Wittelsbacher.

Die Industrialisierung machte Deutschland in den Jahren vor dem Ersten Weltkrieg zu einer wirtschaftlichen Großmacht. Die Bevölkerung nahm in den 30 Jahren vor dem Krieg um fast 50 % zu; gleichzeitig verdoppelte sich das Pro-Kopf-Einkommen beinahe, doch der erwirtschaftete Reichtum konzentrierte sich in den Händen Weniger. Die Stadt München nahm an dieser Entwicklung teil, wenn auch mit der ihr eigenen Gemächlichkeit. Von 1880 bis 1910 stieg die Einwohnerzahl von 230 000 auf 596 000, was einer Zunahme um 159 % entsprach. In Düsseldorf betrug der Zuwachs

Hauptbahnhof und Kaufhaus Tietz (Photo um 1910)

im gleichen Zeitraum 277%, in Köln sogar 305%[2]. Um die Jahrhundertwende waren in München 48% der Erwerbstätigen in Industrie und Gewerbe tätig, in Nürnberg dagegen 55% und in Dortmund oder Chemnitz lag der Anteil sogar deutlich über 60%[3]. München erhielt sich in starkem Maße seinen Charakter als Residenz- und Handelsstadt. Das Gremium der Gemeindebevollmächtigten, in dem zwar auch Vertreter der Münchner Wirtschaft saßen, vor allem Brauereibesitzer, das aber von Handwerkern, Händlern und Kaufleuten dominiert war, stand Industrieansiedlungen sehr reserviert gegenüber. So war das Wirtschaftsgefüge, anders als etwa in Berlin, durch die Vorherrschaft von Klein- und Mittelbetrieben geprägt. Auch die Staffelbauordnung von 1904 wirkte bremsend auf beabsichtigte Industrieansiedlungen.

Natürlich wurde auch in München die Stadtmauer geschleift, wurde ein großer Bahnhof für die sich machtvoll entwickelnde Eisenbahn gebaut, gab es rauchende Fabrikschornsteine. Prägend aber blieb der Mythos vom Isarathen, während Walter Rathenau, damals Vorstandsmitglied der AEG und nach dem Krieg Außenminister, in bezug auf Berlin mit Stolz feststellte: »Spreeathen ist tot und Spreechicago wächst heran.«[4] Der an überkommenen Werten orientierte süddeutsche Liberalismus, der zunächst auch in München dominierte, das, wie fast ganz Bayern, zu 90% katholisch war, befand sich gegenüber dem preußisch-protestantischen Konservatismus in einer hoffnungslos unterlegenenen Position. Doch mit einiger Verbissenheit hielt man an der alten Gemütlichkeit fest, die dann nach dem Krieg, wie Thomas Mann es im »Doktor Faustus« so treffend formuliert hat, endgültig in eine Gemütskrankheit umschlug. Die zahmen Neuerungen wie etwa die Eröffnung der ersten Nachtbar 1898 im Hotel Vier Jahreszeiten gingen vielen schon zu weit. Ludwig Thoma besang die »liebe, alte Zeit« und beklagte die »verschwundenen Herrlichkeiten«, die München seine Eigenart gegeben hätten, das sich nun an den Bedürfnissen amerikanischer Snobs orientiere. Thoma, der die Euphorie der Gründerzeit als einen großen Schwindel ansah, wählte den skandalumwitterten Bau des Deutschen Theaters 1895/96 als Hintergrund für seinen Roman »Münchnerinnen«[5]. Frank Wedekind parodierte das gewagte Unternehmen, das in einer gewaltigen Pleite endete, in seinen »Münchner Szenen«, die 1899 im ersten Jahrgang der »Insel«

abgedruckt wurden. Josef Ruederers »Münchner Satire« (1903) entlarvte eine künstlerische Initiative als Bauspekulation; schließlich siegte die »Bierstadt« über die »Kunststadt«[6]. Heinrich Manns im gleichen Jahr erschienener Roman »Die Jagd nach Liebe« nahm den Lyriker, Mäzen und »Insel«-Verleger Alfred Walter Heymel als Repräsentanten einer dekadenten Bohème aufs Korn. Die, wenn auch verhaltene, Entwicklung zur Metropole, der immer mehr schwindende dörfliche Charakter Münchens und das damit einhergehende spekulative Moment, vor allem im Bausektor, waren auch das Thema von Michael Georg Conrads Roman »Was die Isar rauscht«, von Wedekinds Drama »Der Marquis von Keith« und zahlreichen anderen literarischen Werken. Ein durchgehendes Element war die Klage über die schwindende dörfliche Idylle, die den »Steinwüsten« (Thoma) der »Spekulationsbauten« (Conrad) weichen mußte.

Die Bauspekulation wie auch die Entstehung der ersten Großbanken und der ersten Warenhausketten gaben dem damals ohnehin gesellschaftsfähigen Antisemitismus neue Nahrung, der sich, von Berlin ausgehend, in jener Zeit auch parteipolitisch artikulierte. So trägt der Intendant Ernst von Possart in Ruederers »Münchner Satire« den Namen »Rabbi von Sichel«, was auf seine Geldgier hinweisen sollte. Den antisemitischen Parteien war im Vorkriegs-München kein Erfolg beschieden. Gleichwohl begegnete man den Juden, die weniger als 2 % der Bevölkerung ausmachten, mit Spott, wie auch viele Karikaturen des Simplicissimus zeigen, oder jedenfalls mit Distanz[7]. Verschiedene satirische Wochenblätter, wie z. B. der »Grobian« (1904–1912), machten den Antisemitismus sogar zu ihrem Hauptthema[8]. Auch im »Münchener Beobachter«, der seit 1887 erschien und später »Völkischer Beobachter« hieß, war er immer präsent. Damals entwickelte sich auch der Begriff der »Rassehygiene«, der der traditionellen Eugenik eine sozialdarwinistische Stoßrichtung gab. Einer der prominentesten Vertreter dieses wissenschaftlich verbrämten Rassismus war der Münchner Arzt und Privatgelehrte Alfred Ploetz, der ab 1904 das »Archiv für Rassen- und Gesellschaftsbiologie« herausgab. Der Jenaer Zoologe Ernst Haeckel, durch den viele Deutsche erstmals von Darwin gehört hatten, versuchte Wandervögel, Kosmiker, Pantheisten, Verehrer der germanischen Göttin Ostara und andere für eine völkische

Naturphilosophie zu vereinen. In München zählten zu seinen Anhängern Georg Hirth, Franz von Stuck, der Rassebiologe Wilhelm Schallmayer (»Vererbung und Auslese im Lebenslauf der Völker«) und so unterschiedliche Literaten wie Otto Julius Bierbaum, Richard Dehmel und Gustav Landauer[9]. Die große Gefährlichkeit dieses ideologischen Sumpfes sollte erst nach 1918 erkennbar werden.

Die Stadt wuchs in jener Zeit weniger durch den Geburtenüberschuß als durch Zuwanderung und vor allem Eingemeindungen. Letztere schufen auch die Grundlage für eine vorausschauende Stadtplanung. 1893 wurde der erste gesamtstädtische Stadterweiterungswettbewerb ausgeschrieben. Theodor Fischer wurde mit der Leitung des neueingerichteten Stadterweiterungsbüros beauftragt. Natürlich gelang es am ehesten, in den neuerschlossenen Gebieten städtebauliche Akzente zu setzen. Während die Wohnbevölkerung in der Altstadt bereits spürbar zurückging, waren Haidhausen,

Der Justizpalast um 1900

Schwabing, Neuhausen, Nymphenburg und Laim die wichtigsten Wachstumsbezirke[10]. So wie in der ersten Hälfte des 19. Jahrhunderts die Ludwigstraße entstanden war und in der zweiten die

Maximilianstraße, war die zentrale neue Achse der Zeit um die Jahrhundertwende die Prinzregentenstraße mit Nationalmuseum, Friedensengel, Villa Stuck und Prinzregententheater, die zwischen 1894 und 1901 entstanden. 1897 wurden zwei Gebäude vollendet, die wichtige innerstädtische Akzente setzten, der Justizpalast und das Hofbräuhaus, wobei manchmal nicht leicht zu entscheiden war, in welchem der beiden die folgenreichere Politik gemacht wurde.

Soziale Infrastruktur

In jener Zeit bildeten sich auch die ersten Grundlagen einer sozialen Infrastruktur aus, wie sie für eine moderne Großstadt unverzichtbar ist. 1895 wurde das Städtische Arbeitsamt eröffnet, das die erste unentgeltliche Vermittlungsstelle der Welt war. 1901 war die Elektrifizierung des Straßenbahnnetzes abgeschlossen, im selben Jahr wurde das Müllersche Volksbad eröffnet, 1909 wurde der (Neue) Botanische Garten angelegt, 1910 das als vorbildlich geltende Schwabinger Krankenhaus fertiggestellt und im Jahr darauf das »Deutsche Museum von Meisterwerken der Naturwissenschaft und Technik« eingeweiht. Dieses in seiner Art einzigartige Museum ging wesentlich auf die Initiative von Oskar von Miller (1855–1934) zurück, des zehnten Sohnes des Erzgießers Ferdinand von Miller, der unter anderem die Bavaria gegossen hatte. Miller hatte 1882 die erste Elektrizitätsausstellung in München durchgeführt, war dann sechs Jahre Direktor bei der Berliner AEG, bevor er sich dauerhaft in München niederließ. Nach dem Krieg legte er mit dem Bau des Walchenseekraftwerks die Grundlagen für die Münchner Stromversorgung.

Verbanden sich schon mit der Errichtung des Deutschen Museums auch volkspädagogische Absichten, so ist es für den Bereich des städtischen Bildungswesens vor allem Georg Kerschensteiner (1854–1932), dessen Wirken überragende Bedeutung hatte. Er wurde 1895 zum Stadtschulrat berufen. Dieses Amt hatte er bis 1919 inne, als er eine Professur an der Universität übernahm. Kerschensteiner begann sofort nach seinem Amtsantritt mit einer gründlichen Reform des gesamten städtischen Schulwesens. 1906 begründete er den Bayerischen Volksbildungsverband, noch im gleichen Jahr nahm die Münchner Volkshochschule ihre Arbeit auf. Kerschensteiner schuf auch das moderne System der Berufsschulen. Außerdem war er politisch engagiert und vertrat von 1912 bis 1919 die Fortschrittliche Volkspartei im Reichstag.

Daß der Gemeinderat von großbürgerlichen Interessen beherrscht war, machte sich besonders beim Wohnungsbau bemerkbar. Es wurde ganz bewußt der Bau von Luxuswohnungen gefördert, da die Stadt vor allem am Zuzug von möglichst wohlhabenden Leuten interessiert war. Aus der Innenstadt wurde die Wohnbevölkerung zunehmend abgedrängt, sie wandelte sich, wie ein Zeitgenosse bemerkte, mehr und mehr »in einen einzigen Markt, dessen Plätze sich ziemlich gleichmäßig zwischen Engros-Handel, einschließlich der Banken, und elegantem Detail-Handel verteilen.«[11] Zwischen 1885 und 1910 wurden zwar 70 000 Wohnungen gebaut, die aber zum größten Teil für die Bevölkerung, insbesondere die Arbeiterschaft, viel zu teuer waren. 1907 verdienten 85,9% der Steuerzahler weniger als 2000 Mark im Jahr[12]. Sie konnten kaum die 30 Mark im Monat aufbringen, die damals die Münchner Durchschnittsmiete darstellten[13]. Ludwig Thoma dagegen bezahlte für seine Zehn-Zimmer-Wohnung 150 Mark monatlich. Max Halbes Wohnung in der Wilhelmstraße kostete sogar 217 Mark, trotzdem mußten die beiden Dienstboten mit einem elf Quadratmeter großen Raum vorliebnehmen[14].

Arbeiterleben

Eine vierköpfige Arbeiterfamilie hatte normalerweise weniger als 30 Quadratmeter zur Verfügung, was meist einer Ein-Zimmerwohnung entsprach[15]. Etwa die Hälfte der Wohnungen hatte eine eigene Toilette, die Bewohner der anderen Hälfte mußten Gemeinschaftstoiletten benutzen[16]. Auch an diesen fehlte es aber immer wieder. Für etliche Wohnungen stand nur ein Kübel zur Verfügung. Wo auch diese minimale sanitäre Einrichtung nicht vorhanden war, mußte das nächste Wirtshaus benutzt werden, was den Betreffenden in dessen »Bierhörigkeit« brachte, so daß er dort sein Bier kaufen mußte[17]. Die viel zu kleinen Wohnungen befanden sich zudem oft in einem schlechten Zustand. Es mangelte an Licht und frischer

Luft, so daß auch die Kindersterblichkeit in den Arbeitervierteln mehr als doppelt so hoch war wie in besseren Wohngegenden[18], wozu natürlich auch noch andere Umstände beigetragen haben. Besonders plastisch schilderte Karl Valentin die Wohnungsnot in seinem Stück »Der Umzug«, ein Thema, das ihm durch den Beruf seines Vaters – er war Spediteur – vertraut war. Die neunköpfige Familie haust in einem Zimmer und ist bereits seit sechs Jahren beim Wohnungsamt vorgemerkt. Auch der Bezirkskommissar schaltet sich ein, doch das Wohnungsamt vermag nicht für Abhilfe zu sorgen, obwohl diese dringend geboten wäre:

»Das einzig Schöne, was wir in der Wohnung ham, ist das laufende Wasser – das lauft Tag und Nacht über'd Wänd runter, so feucht ist's in unsrer Burg. Und ein Leben ist drin! Alle acht Tag werden die Schulkinder klassenweise in unsere Wohnung geführt, und der Herr Lehrer erklärt den Kindern bei uns das Leben und Treiben des Hausungeziefers.« [19]

Angesichts der offensichtlichen Mißstände drängte sogar der bayerische Innenminister die Stadt, etwas zu unternehmen, doch die Lobby der Haus- und Grundbesitzer war stärker. 1898 führten schließlich die katholischen Arbeitervereine und die Gewerkschaften eine private Erhebung durch. Die treibende Kraft war dabei der Zentrums-Landtagsabgeordnete Karl Schirmer. Diese Aktion schuf endlich den nötigen öffentlichen Druck. 1899 wurde der »Verein zur Verbesserung der Wohnungsverhältnisse« gegründet, in dem sich nicht nur Wohnungssuchende, sondern auch bürgerliche Sozialreformer, fortschrittliche Zentrumspolitiker wie der Bürgermeister Wilhelm von Borscht und Mäzene zusammenfanden. Zu den Mitgliedern gehörten der Nationalökonom und »Kathedersozialist« Lujo Brentano, der auch den Verein für Sozialpolitik ins Leben gerufen hatte, der Hygieniker Max von Gruber, der Direktor des Statistischen Amtes Karl Singer und Ika Freudenberg, die Vorsitzende des Vereins für Fraueninteressen. 1904/07 kam es dann doch zu einer städtischen Wohnungsenquete, und in den folgenden Jahren wurden verschiedene Baugenossenschaften gegründet, unter deren Regie sich in den letzten Jahren vor dem Krieg fast die Hälfte des gesamten Wohnungsbaus vollzog[20].

Obwohl es in München keine so klassischen Arbeiterviertel gab wie etwa im »steinernen Berlin«, so war doch die soziale Ausgrenzung als Folge der Industrialisierung um die Jahrhundertwende schon deutlich ausgeprägt. Zur vornehmen Gegend entwickelte sich, neben einigen innenstadtnahen Bereichen, vor allem Bogenhausen, wo bereits jede Wohnung über ein Bad verfügte, während in Giesing und in der Au nur jeder Dreißigste eine Badewanne hatte. Ein typisches Arbeiterviertel entstand im Westend, ausgehend vom Hauptbahnhof und den ihm angegliederten Betrieben. Zwischen 1880 und 1900 verdreifachte sich hier die Einwohnerzahl, was einem fast doppelt so starken Wachstum wie in der Gesamtstadt entsprach. Andere typische Wohnviertel für Arbeiter waren Sendling, Giesing und die Au.

Die meisten Arbeiterfamilien bewegten sich, selbst bei größtem Fleiß aller Familienmitglieder und äußerster Sparsamkeit, ständig am Rande der nackten Not. Mehr als die Hälfte des Verdienstes mußte für Nahrungsmittel aufgewendet werden, etwa 15–20% für die Miete. Vom restlichen Geld mußten alle übrigen Aufwendungen, unter anderem die erheblichen Beiträge zu den Sozialkassen, bestritten werden. Jeder Einnahmeausfall, etwa durch Arbeitslosigkeit oder Krankheit, konnte das sorgsam geplante Budget durcheinanderbringen. Bei einem Stundenlohn von 40 Pfennigen war auch eine Bierpreiserhöhung von 26 auf 28 Pfennige (für eine Maß) schon ein harter Schlag. Eine der von Else Conrad im Auftrag des Statistischen Amtes untersuchten Familien verzeichnete als einzige Vergnügungsausgabe während eines ganzen Jahres 20 Pfennig für ein Kindertheaterbillet. 20 Pfennig war auch der Monatsbeitrag für den Arbeiterbildungsverein, und drei Pfund Brot kosteten ebensoviel. Eine andere Familie besuchte einen Faschingsball, was 10 Pfennig Eintritt kostete, und gab dort 52 Pfennig aus, wofür man in einem einfachen Wirtshaus einen Gansbraten bekam.

Die politische Organisation der neuentstandenen Arbeiterklasse wurde in einem ständig wachsenden Maße die SPD; 1906 waren von 6700 Mitgliedern 77% Lohnarbeiter[21]. Der populärste bayerische Führer der Sozialdemokraten war der Münchner Georg von Vollmar (1850–1922). Er kam aus einer katholischen Beamtenfamilie und vertrat seit 1884 den Wahlkreis München II im Reichstag. 1890, als die SPD im Deutschen Reich schon die nach Stimmen stärkste Partei war, eroberte sie mit dem Gastwirt Georg Birk auch den anderen Münchner Wahlkreis. Sehr viel schwerer als bei den

Reichstagswahlen, bei denen alle volljährigen Männer stimmberechtigt waren, tat sich die SPD bei den Kommunalwahlen. Hier war nur wahlberechtigt, wer das Bürgerrecht erworben hatte. Ein Arbeiter mußte dafür etwa einen halben Monatslohn aufwenden, was viele sich nicht leisten konnten[22]. So betrug die Zahl der Wahlberechtigten bei Gemeindewahlen nur einen Bruchteil derer, die den Reichstag wählen konnten. Das Mehrheitswahlrecht und die Einteilung der Stimmbezirke bevorzugte die herrschenden Liberalen noch zusätzlich. 1893, als die Sozialdemokraten in München bereits auf 22 % der Stimmen kamen, stellten sie mit Georg Birk erstmals einen der 50 Gemeindebevollmächtigten; bis zum Krieg sollte sich diese Zahl auf zehn erhöhen. 1899 wurde mit Eduard Schmid, der nach dem Krieg dann Bürgermeister wurde, der erste Sozialdemokrat Magistratsrat. (Der Magistrat vertrat die Gemeinde nach außen und wurde von den Gemeindebevollmächtigten gewählt.)

Anfänge der Frauenbewegung

Kaum Berührungspunkte gab es zwischen der Arbeiterbewegung und der fast gleichzeitig entstehenden Frauenbewegung. Die Sozialdemokraten traten in ihrem Programm zwar für das Frauenstimmrecht ein, doch ihre Ansichten in Sexual- und Familienfragen waren absolut konservativ. In der Parteipresse war sogar die Werbung für Verhütungsmittel verboten[23]. In der Frauenbewegung andererseits gab es kaum Arbeiterinnen. Es dominierten Frauen aus dem Bürgertum, die finanziell unabhängig waren. Das bedeutete aber keineswegs, daß die Interessen ihrer weniger wohlhabenden Geschlechtsgenossinnen ihnen fremd oder gar gleichgültig waren. So wurde im Mai 1889 auf Initiative von Betty Naue und Gräfin Butler-Haimhausen der »Frauenverein Arbeiterinnenheim« ins Leben gerufen, der nach vier Wochen bereits mehr als 500 Mitglieder hatte[24]. Das Heim in der Schellingstraße 109 bot Nachtlager, Nahrung, Ausbildung und Unterstützung für Zehntausende von ratsuchenden Frauen.

1887 war das »Atelier Elvira für künstlerisches Lichtbild« eröffnet worden, das erste von Frauen geleitete Fotoatelier, das sowohl

Anita Augspurg, Marie Stritt, Lily von Gizycki, Minna Cauer, Sophia Goudstikker im Atelier Elvira (Photo um 1894)

kunstgeschichtlich von Bedeutung war als auch als Kristallisationspunkt der Frauenbewegung. Geleitet wurde es von zwei Juristinnen, der Holländerin Sophia Goudstikker (1865–1924), die ab 1908 die erste in München zugelassene weibliche Strafverteidigerin war, und Anita Augspurg (1857–1943), die auch international in der Frauenbewegung eine wichtige Rolle spielte. Augspurg begann 1891 mit der Organisation von Vorlesungsabenden, die unter anderem von Schriftstellern der »Gesellschaft für modernes Leben« bestritten wurden. 1894 faßte die bürgerliche Frauenbewegung ihre Organisationen im »Bund deutscher Frauenvereine« zusammen, der im Jahr darauf seine erste Generalversammlung in München abhielt. Im selben Jahr wurde auch der später so genannte »Verein für Fraueninteressen« gegründet, dem ab 1896 Ika Freudenberg (1859–1912) vorstand. Seit 1898 lebte Freudenberg mit Sophia Goudstikker zusammen, die auch die Rechtsschutzstelle des Vereins begründete. Anita Augspurg ging gleichzeitig eine Lebensgemeinschaft mit Lida Gustava Heymann (1868–1934) ein. Beide waren 1899 unter den Gründerinnen des radikalliberalen »Verbands fortschrittlicher Frauenvereine« und drei Jahre später des »Deutschen Vereins für Frauenstimmrecht«. Die Wahlberechtigung war nur ein Nahziel auf dem Weg zu weiterreichenden gesellschaftlichen Veränderungen.

Im Wintersemester 1903/04 erreichten die Frauen die volle Immatrikulationsfreiheit an der Universität München. Drei Jahre später gab es 100 Frauen unter den 6000 Studenten. 1906 genehmigte nach zwölfjährigem Kampf das Unterrichtsministerium die Errichtung eines Mädchengymnasiums, und im Jahr darauf wurde das später so genannte Luisengymnasium eröffnet[25]. Erwähnt sei schließlich Ellen Ammann (1870–1932), die 1897 die katholische Bahnhofsmission und 1904 den Katholischen Frauenbund Bayern ins Leben rief. Von 1919 bis zu ihrem Tod vertrat sie außerdem die BVP im Bayerischen Landtag.

Umzug für das Frauenstimmrecht am Siegestor 1912

XIII. Kulturelles und geistiges Leben vor dem Krieg

Literarisches Leben

München war neben Berlin und Wien der dritte Hauptort der Moderne, wenngleich das kulturelle Leben in diesen drei Städten jeweils ein ganz unterschiedliches Profil gewann. War das Wien der Jahrhundertwende eine »Versuchsstation Weltuntergang«, wo die bedeutendsten modernen Architekten und Designer wirkten, von wo der moderne Antisemitismus ebenso seinen Ausgang nahm wie eine radikal moderne Musik, wo, um es mit Joachim Riedl zu sagen, das Geniale ebenso zu Hause war wie das Gemeine[1], setzte München, wo der Nobelpreisträger Paul Heyse eine Hymne auf das Bockbier schrieb und wohin Otto Erich Hartleben jedes Jahr zum Salvatoranstich anreiste, andere Schwerpunkte. Auch hier gab es eine Moderne, doch man vertraute mehr dem Gewohnten, Bodenständigen. Will man Michael Georg Conrad glauben, war durch »Verjudung« in Wien und Berlin »die Rassenkraft des Blutes und der Scholle am tiefsten gesunken«[1a].

Die Protagonisten der Moderne versuchten, die tradierte feudalistisch-bürgerliche Kultur zu überwinden, wie sie sich z. B. in der Zeitschrift »Die Gartenlaube« manifestierte, und soziale, industrielle und urbane Phänomene in ihrer Arbeit zu berücksichtigen.

Der Unterfranke Conrad (1846–1927), der als Hauptvertreter des süddeutschen Naturalismus gilt, wurde zum ersten Vorkämpfer der Münchner Moderne. Nachdem er längere Zeit in Italien und Paris gewesen war, lebte er seit 1882 in München. Drei Jahre später wurde er Redakteur der neugegründeten Monatsschrift »Die Gesellschaft«, die in den ersten Jahren als führendes Organ des Naturalismus galt und bis 1903 in München erschien, wobei kein einziger Münchner mitarbeitete. Im Dezember 1890 gründeten führende Vertreter der Avantgarde, unter ihnen Otto Julius Bierbaum,

Hanns von Gumppenberg, Georg Schaumberg, der Leiter der Münchner Stadtzeitung, und Julius Schaumberger, der Chefredakteur des »Münchner Theaterjournal«, die »Gesellschaft für modernes Leben«. Vorsitzender wurde Conrad, der bei der ersten öffentlichen Veranstaltung das Grundsatzreferat »Die Moderne« hielt, in dem er für Brückenschläge zwischen Altem und Neuem eintrat und die Moderne als selbstlose moralische Instanz im Gegensatz zur am Eigennutz orientierten Kulturindustrie sah. Die in Bayern mächtige katholische Presse warf dem Protestanten Conrad gleichwohl Atheismus und Materialismus vor sowie geistige Impotenz und »Sozialdemokratenthum im Frack«[2], wogegen Conrad, der 1893 bis 1898 die Deutsche Volkspartei im Reichstag vertrat, sich entschieden verwahrte. Bei diesen Auseinandersetzungen wurde schon die mehrfache Frontstellung der Münchner Moderne deutlich. Auf der einen Seite die Konkurrenz zu den Wienern und Berlinern, die München allenfalls als mehr oder weniger idyllischer Kunststadt Bedeutung zugestehen wollten. In diesem Zusammenhang ist die entschiedene Opposition gegen das wilhelminische Preußen und die Hauptstadt Berlin zu sehen. Auf der anderen Seite der ständig zu Zensurmaßnahmen und anderen Repressionen bereite bayerisch-katholische Traditionalismus, dem vor allem das Künstlerviertel Schwabing, ein Ort immerwährender Atelierfeste und erotischer Freizügigkeit wie auch Heimstatt für Anarchistenzirkel, esoterische Geheimlehren, Spiritisten und »Schlawinern« der unterschiedlichsten Observanz, alles andere als geheuer war.

Im November 1889 trat die illustrierte Wochenrundschau »Münchener Kunst« in Konkurrenz zur »Gesellschaft« mit dem Ziel, die »bloße Schönheitsanschauung und Anbetung vergangener Tage« zu überwinden und eine »realistische Kunstanschauung« an ihre Stelle treten zu lassen[3]. Der Stammtisch der »Ungespundeten«, der sich um diese Zeitschrift bildete, ist der eigentliche Ausgangspunkt der Münchner Moderne[4]. Tatsächlich spielten Stammtische, »die Hauptform der Münchner Geselligkeit«[5], und literarische Vereine, die oft auch zu dem Zweck gegründet wurden, vor geschlossener Gesellschaft verbotene Theaterstücke aufzuführen, damals für das kulturelle Leben eine sehr große Rolle. Hier trafen sich neben Münchnern wie Becher, Feuchtwanger und Ruederer und Bayern wie Bernus, Conrad, Dauthendey, Graf, Gumppenberg und Lautensack vor allem auch die vielgeschmähten »Zugereisten« wie Bierbaum, George, Halbe, die Brüder Mann, Mühsam, Panizza, Rilke, Reventlow und Wedekind. Auch die wichtigsten Verleger der Moderne wie Alfred Walter Heymel, Georg Hirth, Albert Langen, Georg Müller und Reinhard Piper waren sämtlich nicht in Bayern geboren.

Die »Gesellschaft für modernes Leben« löste sich schon im Februar 1893 wieder auf. An ihre Stelle trat die zu ihr und auch zu den etablierten Kreisen um Lenbach, Kaulbach und Heyse in Opposition stehende »Nebenregierung«, eine Gruppierung um Josef Ruederer (1861–1915), die ihren Stammtisch in der »Dichtelei« in der Türkenstraße hatte, sich aber auch im Café Minerva gegenüber der Akademie traf. Eine vermittelnde Position zwischen den verschiedenen Gruppierungen nahm der populäre Schriftsteller Ludwig Ganghofer (1855–1920) ein, der durch sein umgängliches und weltläufiges Wesen zu einer Integrationsfigur wurde. Der Mitarbeiter der »Gartenlaube« und Verfasser vielgelesener Heimatromane lebte seit 1894 erneut in München und gründete mit dem ebenfalls aus Berlin zurückgekehrten Ernst von Wolzogen 1897 die

Blick durch die Franz-Josef-Straße auf den Elisabethplatz (Postkarte um 1910). Dieser Teil Schwabings war damals neu erbaut. Hier wohnten in dieser Zeit u.a. Frank Wedekind und Thomas Mann

»Literarische Gesellschaft«, deren Vorsitzender er auch war. Mit Ganghofer befreundet war Ludwig Thoma (1867–1921), der seit 1897 in München lebte und als Redakteur beim Simplicissimus arbeitete. Ein Jahr zuvor war Frank Wedekind (1864–1918) nach München gekommen, der auch Thomas Vorgänger in der Redaktion der satirischen Zeitschrift war. Wedekind gilt als Ahnherr des expressionistischen Dramas. 1898 arbeitete er als Dramaturg am Schauspielhaus und veranstaltete im Oktober die Uraufführung seines Stückes »Erdgeist«, die ebensoviel emphatischen Beifall wie Ablehnung hervorrief. Wedekind ließ den Naturalismus weit hinter sich. In seinem Stück »Frühlings Erwachen« kritisierte er die lügnerische Prüderie der bürgerlichen Erziehung. Wedekind war der von der Zensur am meisten verfolgte deutsche Dramatiker vor 1914.

Ein krasser Gegner des Naturalismus war Stefan George (1868–1933). Seine Ideale waren priesterliche Reinheit und festliche Schönheit, er strebte nach dem Weihevollen und Exklusiven. Er inszenierte um seine Person einen exzessiven Kult mit homoerotischen Zügen. Zum George-Kreis gehörten Friedrich Gundolf, der »Prophet» Ludwig Derleth, der fanatische Antisemit Alfred Schuler, der Privatgelehrte Ludwig Klages, der Schriftsteller Karl Wolfskehl, der wegen seiner jüdischen Abstammung später emigrieren mußte, sowie der Buchkünstler Melchior Lechter. Die Zeitschrift des George-Kreises waren die »Blätter für die Kunst«, die von 1892 bis 1919 erschienen. George reiste sehr viel, Zentrum seines Wirkens war aber doch München, das er dem »Berliner mischmasch von unterbeamten, juden und huren«[6] entschieden vorzog. Man traf sich meist in der Wohnung von Hanna und Karl Wolfskehl in der Römerstraße, wo auch George lebte. Dort fanden die Maskenfeste des George-Kreises ebenso statt wie die Versammlungen der »Kosmiker«. Man übte sich in kultischen Festen, orphischen und korybantischen Tänzen, antikischen Ritualen und orgiastischen Gastmählern mit vergoldeten Speisen. Die Kosmiker glaubten, der jüdische-christliche Glaube habe die natürlichen Traditionen des Blutes verschüttet. Propagiert wurde ein Neuheidentum, die Erneuerung der schöpferischen Kräfte der Antike. Lechter, der die Publikationen des Kreises maßgeblich gestaltete, verwendete dabei bevorzugt das alt-arische Symbol des Hakenkreuzes.

Die hieratische Gemeinschaft empfand sich als Kreis von Auserwählten, die Vorboten eines kommenden Reiches von Göttergleichen waren, was heftige Auseinandersetzungen, die auch zum Ausscheiden einiger Kosmiker führten, nicht ausschloß.

Von Anfang an vergeblich war Georges Werben um den jungen Hugo von Hofmannsthal, der sich vielmehr der Zeitschrift »Insel« anschloß, die im Sommer 1899 gegründet wurde und in der legendären Insel-Wohnung in der Leopoldstraße 4 ihren Sitz hatte. Der Mäzen und Lyriker Alfred Walter Heymel (1878–1914) hatte die Wohnung angemietet und für den sagenhaften Betrag von 115 000 Mark umbauen lassen. An der Neueinrichtung der Wohnung wirkten mit der Schriftsteller und Innenarchitekt Rudolf Alexander Schröder, der Maler, Graphiker und Kunsthandwerker Heinrich Vogeler, der bedeutende Jugendstilarchitekt und Begründer einer Kunstgewerbeschule Henry van de Velde und der spätere NS-Architekt Paul Ludwig Troost. Die Redaktion der »Insel« bildeten Otto Julius Bierbaum und Rudolf Alexander Schröder. Die Zeitschrift bestand nur drei Jahre, ihr Wirken war dennoch folgenreich. Sie wollte eine »künstlerische Monatsschrift vornehmsten Charakters« sein, im Stil des »Pan«, »doch mit größerer Betonung des literarischen Teils und zu einem Preise, der das Abonnement nicht ausschließlich auf Kapitalistenkreise beschränkt«[7].

Im Jahr 1911 wurde in der Kurfürstenstraße 39 der Verlag Heinrich F. S. Bachmair gegründet, der sich ganz der Literatur des anbrechenden expressionistischen Jahrzehnts widmete. Hier erschienen unter anderem die ersten Werke Johannes R. Bechers, der auch als Lektor fungierte. Bachmair verlegte auch »Die Neue Kunst«, die »erste größere Zeitschrift, die sich entschieden für die expressionistische Dichtung einsetzte«[8]. Der Expressionismus suchte Naturalismus, Jugendstil, Neuromantik und Neoklassizismus gleichermaßen zu überwinden.

Seit 1909 lebte Erich Mühsam (1878–1934) in München, der wohl von allen Dichtern der politischste war. Er arbeitete für verschiedene anarchistische Zeitschriften, was ihm immer wieder Geld- und Haftstrafen einbrachte. Er war Mitarbeiter der bei Bachmair erscheinenden »Revolution«, begründete aber auch selbst 1911 die pazifistisch-revolutionäre »Kain. Zeitschrift für Menschlichkeit«, die bei Kriegsausbruch verboten wurde. Mühsam stand in Verbindung mit verschiedenen der im Münchner Exil lebenden russischen Revolutionäre. Zusammen mit Gustav Landauer, Oskar Maria Graf, dem Maler Georg Schrimpf und anderen versuchte er, mit der Gruppe »Tat« ein Sprachrohr für das Subproletariat zu schaffen. Mühsam gehörte auch dem »Neuen Verein« an, der 1903 als Nachfolgeorganisation des »Akademisch-dramatischen Vereins« gebildet wurde, nachdem dieser nach einer Aufführung von Schnitzlers »Reigen« verboten worden war. Der »Neue Verein« führte häufig verbotene Stücke des hochverehrten Wedekind auf und setzte sich für viele junge Autoren ein. Der radikale Flügel innerhalb des »Neuen Vereins«, zu dem auch Mühsam gehörte, wollte ihn in eine »Vereinigung zur Förderung allerjüngster Dichtung«[9] umwandeln, doch der Krieg machte den Auseinandersetzungen ein Ende.

Theater und Kabarett

1890 gab es nur vier Bühnen in München, das Nationaltheater, das Residenztheater und das Gärtnerplatztheater, die unter der Aufsicht des Königshofes standen, sowie ein privates Volkstheater, das seinen Spielplan auf belanglose Volksstücke beschränkte. Den modernen Autoren stand keinerlei Aufführungsmöglichkeit zur Verfügung. Die »Gesellschaft für modernes Leben« konstituierte im Mai 1891 nach Berliner Vorbild einen »Verein Freie Bühne«. Doch während in Berlin nicht nur eine Freie Bühne spielte, sondern außerdem auch eine Freie Volksbühne, die sich sogar große Anerkennung erwarb (und heute noch besteht), war den Münchner Bestrebungen kein Erfolg beschieden, wobei Conrads Ablehnung einer Zusammenarbeit mit der SPD und den Arbeiterbildungsvereinen das ihre dazu beigetragen haben dürfte. Als Ersatz wurde im November 1891 der »Akademisch-Dramatische Verein an der Ludwig-Maximilians-Universität zu München« gegründet, zu dessen Mitgliedern Ernst von Wolzogen und Josef Ruederer sowie die Studenten Otto Falckenberg und Arthur Kutscher zählten.

In den folgenden Jahren kam es dann zu einer Vielzahl von Theatergründungen, und auch viele literarische Vereine führten Stücke auf, insbesondere solche, deren öffentliche Vorführung verboten war. Max Halbe (1865–1944), dessen Stück »Jugend« ihn ungeheuer populär gemacht hatte, war der Hauptinitiator des »Intimen Theaters«, das über zwei Inszenierungen im Jahr 1895 nicht hinauskam. Immerhin war eine von ihnen die erste Strindberg-Inszenierung in Bayern und die andere Büchners »Leonce und Lena«. 1896 wurde das Deutsche Theater eröffnet, im Jahr darauf das Schauspielhaus in der Neuturmstraße, 1901 das Prinzregententheater, 1903 das Volkstheater in der Josefspitalstraße, 1907 das Kleine Theater in der Türkenstraße, 1908 das Künstlertheater im Ausstellungspark und 1911 das Lustspielhaus in der Augustenstraße, das im Jahr darauf den Namen »Kammerspiele« annahm und dessen Oberspielleiter 1914 Otto Falckenberg wurde.

Mit Ausnahme der »Kammerspiele«, deren große Zeit erst nach dem Krieg begann, ging von diesen Theatern meist wenig Innovatives aus. Die Münchner Naturalisten hatten nicht viel Dramatisches zu bieten. Und der ewig von der Zensur verfolgte Wedekind wurde meist ebenso hinter verschlossenen Türen, in den Hinterzimmern von Künstlercafés oder bei Atelier- und Gartenfesten aufgeführt wie heute so berühmte Autoren wie Ibsen, Strindberg oder Hauptmann, dessen »Vor Sonnenuntergang« Conrad nicht einmal in der »Gesellschaft« publizieren wollte[10].

Tatsächlich ereignete sich Wesentliches oft außerhalb der offiziellen Bühnen. Insbesondere die Gruppe der Elf Scharfrichter ist hier zu nennen. Dieses künstlerische Kabarett folgte den Vorbildern der Szene auf dem Pariser Montmartre. Sein künstlerischer Leiter war Marc Henry. Er gab auch die »Revue franco-allemande« heraus und warb, ebenso wie der Verleger Albert Langen, für den Ausgleich mit dem großen Nachbarland Frankreich. Um der Zensur zu entgehen, gründete man einen Verein und erhob auch von Gästen keinen Eintritt, statt dessen mußte eine Garderobengebühr entrichtet werden. Die elf Gründungsmitglieder bekamen Scharfrichternamen: Dionysius Tod (Leo Greiner), Kaspar Beil (Ernst Neumann), Frigidus Strang (Robert Kothe), Max Knax (Max Langheinrich), Serapion Grab (Willi Örtel), Gottfried Still (Victor Frisch), Willibaldus Rost (Willi Rath), Till Blut (Wilhelm Hüsgen), Hannes Ruch (Hans Weinhöppel), Peter Luft (Otto Falckenberg) und Baltasar Starr (Marc Henry). Das »Künstlerbrettl« trat in der Gaststätte zum Goldenen Hirschen in der Türkenstraße 28 auf. Die erste Vorstellung war am 12. April 1901, drei Jahre später löste sich die Gruppe wegen finanzieller Probleme wieder auf. Bis dahin hatte man eine große Zahl beachtlicher und beachteter Abende gestaltet. Die »Elf Scharfrichter« trugen anspruchsvolles Kabarett mit gesellschaftskritischen Chancons moderner und auch klassischer Lyrik vor, wobei die meisten Texte von Gumppenberg, Bierbaum, Dehmel und Greiner kamen. Die Vertonungen stammten meist von Weinhöppel. Star und »Wahrzeichen« der Bühne war die Sängerin Marya Delvard, eine Musikstudentin aus Elsaß-Lothringen, die mit Henry zusammenlebte. Ein besonderes Erlebnis war es auch, wenn Wedekind selbst zur Laute seine Chansons vortrug, die oft die bürgerliche Sexualmoral verspotteten. Diese Auftritte trugen entscheidend zum Ruhm des Kabaretts bei, sie hatten den Ruf, einzigartige Ereignisse zu sein, von, in den Worten Heinrich Manns, »nahezu schauriger Niegesehenheit«[11].

In der Wohnung des Schriftstellers und Publizisten Alexander von Bernus (1880–1965), der 1903 nach München kam, wurden 1907 die »Schwabinger Schattenspiele« aus der Taufe gehoben, die fünf Jahre lang im Kleinen Theatersaal in der Ainmillerstraße 32 auftraten. Die Bühne distanzierte sich von der bei den Scharfrichtern vorgestellten Schattenbühne des Pariser Kabaretts »Chat Noir« und rekurrierte statt dessen auf die schwäbische Romantik. Rolf von Hoerschelmann, Ernst Moritz Engert, Karl Thylmann, Emil Preetorius und Dora Polster, die Frau von Hans Brandenburg, die an Hermann Obrists und Wilhelm von Debschitz' »Lehr- und Versuchsateliers für angewandte und freie Kunst« ausgebildet worden war, schnitten Figuren. Bernus und Wolfskehl schrieben für die »Schwabinger Schattenspiele«, es wurden aber auch Stücke von Pocci, Kerner und Tieck aufgeführt[12].

Schließlich muß natürlich Karl Valentin (1892–1948), eigentlich Valentin Ludwig Fey, erwähnt werden, der bedeutendste Münchner Volkssänger, der darüber hinaus als Autor, Darsteller, Filmemacher und Sammler außerordentliche Bedeutung gewonnen hat. In der Au geboren, erlernte er zunächst das Schreinerhandwerk, übernahm dann die väterliche Transportfirma, konstruierte den Musikapparat »Das lebende Orchestrion«, der jedoch ein kommerzieller Mißerfolg wurde, und hatte 1908 seinen ersten, sogleich erfolgreichen Auftritt mit eigenen Texten beim »Baderwirt«. Er erhielt daraufhin ein Engagement an die Volkssängerbühne im Frankfurter Hof. 1912/13 drehte er seine ersten Filme. Seit 1910 arbeitete Valentin mit Liesl Karlstadt (1892–1960), eigentlich Elisabeth Wellano, zusammen, und ab 1915 trat das Paar in allen wichtigen Münchner Kabaretts auf.

»Alpensängerterzett« mit Karl Valentin (zweiter von links) und Liesl Karlstadt, Adolf Gondrell (rechts) als Conferencier

Zensur

Immer wieder ist die Rede gewesen von der Zensur. Sie trat in mehrerlei Gestalt auf. Zum einen mußten Theaterstücke der Zensur vorgelegt werden, bevor sie öffentlich aufgeführt werden konnten, wie überhaupt alle allgemein zugänglichen Veranstaltungen, von der Gedichtrezitation bis zur politischen Versammlung, im Kaiserreich der Überwachung unterlagen. Wurde die Aufführung untersagt, konnte das Theaterstück zwar im Druck erscheinen, war aber dann natürlich immer noch, wie auch alle anderen Druckerzeugnisse, den diversen Strafrechtsbestimmungen ausgesetzt, deren wichtigste den Tatbestand der Majestätsbeleidigung betrafen. Majestätsbeleidigung zählte damals, wie Hochverrat und Landesverrat, zu den »politischen Verbrechen«. Der Straftatbestand wurde durch die Gerichte interpretatorisch ständig erweitert und führte jährlich zu Hunderten von Verurteilungen, von denen vor allem die sozialdemokratische Presse betroffen war[13].

Als Hanns von Gumppenberg im März 1891 in der »Gesellschaft für modernes Leben« sozialkritische Gedichte des Berliner Karl Henckel vortrug, darunter auch das Gedicht »An die deutsche Nation«, in dem Kritik am Kaiserthron geübt wurde und damit indirekt auch an dessen Inhaber, trug ihm das nicht nur scharfe Angriffe der ultramontanen (katholischen) Presse ein, sondern auch eine Verurteilung zu sechs Monaten Festungshaft wegen Majestätsbeleidigung. Kurz darauf wurde »Modernes Leben«, eine Anthologie der Münchner Naturalisten, beschlagnahmt, jedoch schließlich ohne Anklageerhebung wieder freigegeben. Einer der Hauptgründe für die Beschlagnahme war eine Erzählung Oskar Panizzas gewesen, die sich mit Selbstbefriedigung beschäftigte. Panizza (1853–1921), der aus Bayreuth stammte, war zum Medizinstudium nach München gekommen, wo er zunächst als Nervenarzt arbeitete. Nach dem frühen Tod des katholischen Vaters wollte die evangelische Mutter die Kinder protestantisch erziehen, was der bayerische Staat mit allen Mitteln, selbst unter Einschaltung des Königs, zu verhindern suchte. Kein Wunder, daß Panizza als Schriftsteller immer wieder die katholische Kirche mit Hohn und Spott bedachte. Seine Bücher »Die unbefleckte Empfängnis der Päpste« (1893) und »Der teutsche Michel und der römische Papst« (1894) wurden verboten. 1894 kamen seine beiden Theaterstücke »Der heilige Staatsanwalt« und »Das Liebeskonzil« heraus. Letzteres war eine harsche Kritik an den Zuständen in der Kirche, die unter anderem das Treiben der Renaissance-Päpste und das Ausbrechen der Syphilis in Europa in Zusammenhang brachte. Obwohl »Das Liebeskonzil« in Zürich, also im Ausland, erschienen war und sich nur Polizeibeamte als in ihren Gefühlen verletzte Leser finden ließen, wurde Panizza zu einem Jahr Gefängnis verurteilt, was sehr viel unangenehmer als die bei Pressevergehen übliche Festungshaft war und vor allem als entwürdigend galt. Panizzas satirische Studie

»Psichopatia criminalis« (1898) brachte ihm erneut eine Anklage ein, ebenso sein Gedichtband »Parisjana« (1900). Die letzten 17 Lebensjahre verbrachte er schließlich in einer Nervenheilanstalt.

Auch auf Reichsebene gab es Versuche, gegen die gerne mit öffentlicher Unsittlichkeit in Zusammenhang gebrachte Kunst und Literatur vorzugehen. Seit 1892 lag ein Gesetzentwurf im Reichstag, aus dem nach acht Jahre währenden Debatten schließlich die Lex Heinze wurde. Der Namengeber Heinze war ein wegen Dirnenmords verurteilter Zuhälter. Zentrum des Widerstands gegen die Lex Heinze, dem es tatsächlich auch gelang, den Entwurf entscheidend zu entschärfen, war München. Am 8. März 1900 versammelten sich 3000 Menschen, um gegen das geplante Gesetz zu demonstrieren; Hauptredner war der Verleger Georg Hirth. Bei einer weiteren Kundgebung, am 22. März im Münchner Kindl-Keller, kamen sogar 6000 Menschen zusammen. Inzwischen war der »Goethebund zum Schutze freier Kunst und Wissenschaft« ins Leben gerufen worden. Den Vorsitz teilten sich Hirth, Halbe und Friedrich August von Kaulbach, weitere Vorstandsmitglieder waren Korfiz Holm und Otto Falckenberg. Das Ehrenpräsidium übernahm Paul Heyse. Auch die Gegenseite blieb nicht untätig. Im Mai 1906 wurde der »Münchner Männerverein zur Bekämpfung der öffentlichen Unsittlichkeit« gegründet, dem sich nur einige hundert Mitglieder, unter ihnen allerdings zahlreiche prominente Zentrumspolitiker, anschlossen.

Um der ständigen Kritik, einerseits der literarischen Öffentlichkeit und andererseits der Sittlichkeitsvereine, entgegenzutreten, berief die Münchner Polizeidirektion 1908 einen Zensurbeirat, der die zur Aufführung vorgesehenen Stücke begutachten sollte. Das Gremium war sehr ausgewogen besetzt, hatte allerdings nur beratende Funktion. Dem Zensurbeirat gehörten Lehrer, Professoren, Künstler, Schriftsteller und Vertreter der Theater an, unter ihnen der Hoftheater-Indendant Ernst von Possart, Stadtschulrat Kerschensteiner und die Autoren Ruederer, Halbe und Thomas Mann. Prominentestes Opfer der Theaterzensur war Wedekind, was sich unter anderem in seinem Einakter »Zensur« niederschlug. 1912 beschäftigte sich sogar der Bayerische Landtag mit dem »Massenverbot der Wedekindschen Stücke«[14]. Im Jahr darauf kam es zu heftigen Auseinandersetzungen im Zensurbeirat wegen Wedekinds

Tragödie »Lulu«. Während der reaktionäre Publizist Josef Hofmiller befand, das Stück stehe »künstlerisch tief unter dem rohesten Kino«[15], konnte Thomas Mann nichts sittlich Beanstandenswertes finden und bescheinigte dem Werk hohen künstlerischen Rang. Das Stück wurde trotzdem verboten, und Mann, der erst im Vorjahr in das Gremium berufen worden war, trat aus dem Zensurbeirat, der noch bis 1918 existierte, wieder aus.

Treffpunkte: Salons, Cafés und der »Simpl«

Das literarische Leben vollzog sich in München in den letzten Jahrzehnten vor dem Ersten Weltkrieg in einem dichten Geflecht, das aus zahllosen, mehr oder weniger wichtigen Vereinigungen, Kabarettbühnen, privaten Salons, Festlichkeiten, Stammtischen und Zeitschriftenredaktionen bestand. Man konnte sich ebenso gut im Haus von Max Halbe in der Wilhelmstraße 7 oder in der »Insel«-Wohnung treffen wie im Café Stefanie, genannt Café Größenwahn, in der Amalienstraße 14, bei den Elf Scharfrichtern oder im Kabarett von Papa Benz im Café Luitpold, wo auch Wedekind seinen Kreis zu versammeln pflegte. Conrad hatte seinen Stammtisch im Hofbräuhaus, kam aber ebenso in die Osteria Bavaria in der Schellingstraße, wo später auch Adolf Hitler verkehrte. Die Münchner literarische Gesellschaft traf sich im Hotel Vier Jahreszeiten und der Dramatische Klub des Arbeiterbildungsvereins im Wirtshaus »Zur Lacke« in der Holzstraße 9. Mitarbeiter des Simplicissimus konnte man in der Odeon-Bar finden, Schriftsteller wie Rilke, Schnitzler, Hauptmann und Thomas Mann im Hotel Continental in der Max-Josef-Straße. Andere beliebte Treffpunkte waren das Englische Café am Maximiliansplatz, das Café Heck am Odeonsplatz, das Café Noris in der Leopoldstraße 41 und die Torgelstuben am Platzl.

Die berühmteste Künstlerkneipe aber war der nach der satirischen Zeitschrift »Simplicissimus« benannte legendäre »Simpl«, den Kathi Kobus 1903 in der Türkenstraße 57 eröffnete, wo er noch heute besteht. Der »Simpl« diente auch als Kabarettbühne, ohne daß es ein festes Ensemble gab. Der prominenteste Künstler, der hier auftrat, war lange Jahre Joachim Ringelnatz. Er hielt dem »Simpl« bis zu seinem Auftrittsverbot 1933 die Treue. Eine sehr

Kathi Kobus (links) mit Gästen im Simplicissimus (um 1920)

schöne Schilderung der Räumlichkeiten der Künstlerkneipe, die wohl für die Zeit insgesamt typisch ist, gibt Karl Kurt Wolter in seinen Erinnerungen:

»In einem schäbigen Wohnblock, bei dem an manchen Stellen hinter dem abfallenden Verputz die rote Backsteinmauer hervortrat, verbarg sich das äußerlich unansehnliche Lokal mit dem berühmten Namen. Kam man herein, so stieß man rechterhand vor einem Monstrum von gußeisernem Ofen auf die Garderobe. Sie beherrschte die eine Längsseite des vorderen Gastraumes, in dem man Bier bekam und ohne Eintrittskarte sitzen durfte. Ein schmaler Gang, der ›Darm‹ genannt, verband den vorderen Raum mit dem ›Magen‹, dem eigentlichen Mittelpunkt des Kabaretts. Hier, halb verdeckt neben einem eckigen Pfeiler, stand das Podium des Simpl, denn die Bezeichnung ›Bühne‹ für diese beschränkte Fläche von etwa vier Metern im Quadrat, die obendrein durch ein Klavier vermindert wurde, wäre reichlich hochtrabend. Wir sprechen auch nur vom ›Nudelbrett‹.« [16]

An den fünf größeren und den beiden kleinen Tischen war Platz für

40 Gäste, doch Kathi Kobus brachte, mit dem Schlachtruf »Ruckt's halt z'samm!«, oft doppelt so viele unter. Natürlich verkehrten auch die Mitarbeiter des »Simplicissimus« im »Simpl«. Th. Th. Heine entwarf für Kathi Kobus eigens eine Version des roten französischen Bully, in der der Hund, der eigentlich das Wahrzeichen der satirischen Zeitschrift war, versuchte, mit den Zähnen eine Sektflasche zu öffnen. Verleger Langen hatte sich erweichen lassen, den Namen seiner Zeitschrift für das Lokal zu Verfügung zu stellen, nachdem er zunächst überrumpelt worden war.

»Simplicissimus«

Als der Berliner Avantgarde-Verleger Samuel Fischer Knut Hamsuns Roman »Mysterien« ablehnte, war dies für Albert Langen (1869–1909) der Anlaß gewesen, selbst verlegerisch aktiv zu werden. Sitz des neuen Verlages war zunächst neben Köln Paris, wo Langen die letzten drei Jahre verbracht hatte. Im Dezember 1893 kam die deutsche Übersetzung der »Mysterien« heraus. Schon im folgenden Jahr verlegte Langen seinen Verlag nach Leipzig; 1895 fand das Unternehmen seine endgültige Adresse in München, zuletzt in der Kaulbachstraße 154a, wo Langen auch wohnte. (Heute residiert daneben das Standesamt München I, jetzt Mandlstraße). Das Programm konzentrierte sich vor allem auf französische und skandinavische Autoren, unter ihnen den damals überaus erfolgreichen Dramatiker Björnstjerne Björnson, dessen Tochter Dagny Langen heiratete. Wichtiger als alle Bücher aber wurde die Zeitschrift »Simplicissimus«, deren erstes Heft am 1. April 1896 herauskam. Sie folgte dem Vorbild des französischen Witz- und Karikaturenblattes »Gil Blas illustré«. Der »Simplicissimus« teilte mit anderen Zeitschriften das große Format, die künstlerischen Beilagen, Dichtung und Prosa. Das ganz Besondere, das ihn bald in ganz Deutschland berühmt und, in den entsprechenden Kreisen, berüchtigt machte, war die Zuspitzung. Die, oft politische, Karikatur trat an die Stelle des Genrebildes. Allgemeine Betrachtungen traten zurück zugunsten sozialkritischer Satiren. Der »Simplicissimus« wurde bald zum populärsten gesellschaftskritischen Organ in

Deutschland, wobei die Kritik sich weniger gegen die Monarchie an sich als gegen den preußischen Wilhelminismus richtete. Albert Langen selbst definierte sein Programm so: »Wir bekämpfen den übertriebenen deutschen Chauvinismus, den maßlosen Militarismus, den Spießbürger, unseren geheimen Feind, die preußischen Konservativen und das protestantische Muckertum«[17]. Besonders war Langen am »Frieden mit Frankreich« gelegen, wie er mitten in der Marokkokrise ein Heft betitelte, das ganz dieser Idee gewidmet war und dem sogar französische Übersetzungen der Textbeiträge beigelegt waren. Langen versammelte mit Bruno Paul, Eduard Thöny, Th. Th. Heine, Olaf Gulbransson und Ferdinand von Reznicek die bedeutendsten Illustratoren, die damals in Deutschland tätig waren, um seine Zeitschrift. Sie kamen unter anderem aus Norwegen, Österreich und dem Rheinland. Die Redaktion tagte in der Kaulbachstraße 91. Der einzige Bayer in der Runde war der Schriftsteller Ludwig Thoma (1867–1921), der meist unter dem Namen Peter Schlemihl schrieb. Seine beißenden Satiren kamen unter dem bezeichnenden Titel »Grobheiten« auch als Buch heraus. Thoma war 1900 in die Redaktion eingetreten als Nachfolger von Wedekind, mit dem Langen sich überworfen hatte.

Wedekind, der aus Hannover stammte, hatte als Reklamechef von Maggi, Journalist, Zirkussekretär, Dramaturg und Schauspieler ein bewegtes Leben hinter sich, bevor er als Dramatiker zu Ruhm und Anerkennung kam. Seit dem Sommer 1897 arbeitete Wedekind beim »Simplicissimus« mit, wobei seine Gedichte, die unter ganz verschiedenen Namen erschienen, von allen die politischsten waren. Ein Jahr später, nach diversen kleineren Beschlagnahmungen, Verkaufsverboten und anderen obrigkeitlichen Drangsalierungen kam es zum großen Eklat. Im Oktober 1898 unternahm Wilhelm II. eine Reise nach Palästina, über die sich der »Simplicissimus« durch eine Karikatur Th. Th. Heines auf dem Umschlag und ein langes Gedicht Wedekinds im Inneren des Blattes lustig machte. Die Empörung darüber war groß. Die gesamte Auflage wurde sofort beschlagnahmt. Gegen Langen, Heine und Wedekind wurde Anklage wegen Majestätsbeleidigung erhoben. Langen floh nach Frankreich und übergab die Leitung des Verlages seiner Frau und Korfiz Holm. Heine floh zunächst ebenfalls, stellte sich aber dann und erhielt sechs Monate Gefängnis, die auf Grund einer von zahlreichen

Faschingsfest der Zeitschrift »Simplicissimus« (1906): Am Boden vorne sitzend Verleger Albert Langen; unter den sitzenden Damen: Helene Taschner (ganz links), Frau Paul (in der Mitte), Marion Thoma (ganz rechts); die Herren hinten (v.l.n.r.): Ignatius Taschner, Ferdinand von Reznicek, Eduard Ziegler, Rudolf Wilke, Hans Casper Gulbransson, Eduard Thöny, Joseph Wackerle, Ludwig Thoma, Bruno Paul, unbekannt, unbekannt, Eduard Beyrer

Prominenten aus allen Lagern unterzeichneten Petition in Festungshaft umgewandelt wurde. Wedekind stellte sich nach kurzer Flucht ebenfalls und erhielt eine Strafe von sieben Monaten. Er ließ sich nicht von der Überzeugung abbringen, daß Langen ihn denunziert habe, so daß eine weitere Zusammenarbeit ausgeschlossen war. Der Majestätsbeleidigungsprozeß steigerte die Bekanntschaft des »Simplicissimus« ganz außerordentlich. Die Auflage kletterte von weniger als 20 000 Exemplaren auf fast 100 000, was, nach einer außerdem notwendigen Preiserhöhung, den Verleger aller Geldsorgen enthob. Langen selbst kehrte nach fünf Jahren Exil und Ableistung einer erheblichen Geldstrafe nach München zurück, wo er aber nur noch sechs Jahre zu leben hatte. Am 30. April 1909 war er im offenen Auto dem Zeppelin nachgefahren und hatte sich eine tödliche Mittelohreiterung zugezogen. Der »Simplicissimus« war damals bereits seit drei Jahren eine GmbH, deren Gesellschafter die Mitarbeiter des Blattes waren.

Jugendstil

1896, im gleichen Jahr wie der »Simplicissimus«, wurde auch die »Jugend« gegründet, mit dem Untertitel »Münchner Illustrierte Wochenschrift für Kunst und Leben«, ein Unternehmen, das ebenfalls weitreichende Wirkungen haben sollte. Die »Jugend« war gleichzeitig modern und volkstümlich. Sie besetzte den Raum zwischen der rettungslos spießigen »Gartenlaube«, den elitären Journalen »Insel« und »Pan« und dem politischen »Simplicissimus« und hatte damit großen Erfolg. Ihr Verleger war Georg Hirth (1841–1916), der 1872 aus Thüringen nach München gekommen war. Drei Jahre später gründete er mit seinem Schwager Thomas Knorr die Druckerei Knorr & Hirth, die bedeutende Kunstdrucke herstellte, aber auch die Münchner Neuesten Nachrichten (MNN), die damals noch Hirths Schwiegervater gehörten, der 1881 starb. Damit begann der Aufstieg der MNN, in denen Hirth einen »Panzerturm zum Schutze der Rechtsgleichheit, der Gewissensfreiheit, des zeitgemäßen Fortschritts und der nationalen Ideale« [18] sah, zum meistgelesenen Blatt Süddeutschlands. 1884 begann der Verleger im neuerbauten »Hirthhaus« in der Luisenstraße einen Salon zu führen. Der Kronprinz verkehrte hier, der Nachbar Paul Heyse, die Künstler Böcklin und Menzel, Klinger und Lenbach, Musiker, Schauspieler und viele andere. Hier schuf Hirth viele der Verbindungen, die später der »Jugend« zugute kamen, in der schon in den ersten Jahren fast 300 verschiedene Künstler mitwirkten, unter ihnen Weisgerber, Liebermann, Uhde, Slevogt, Wilke, Heine, Christiansen, Eckmann und Behrens, aber auch Ausländer wie Steinlen, Vallotton, Nicholson und Larsson. Die Namen deuten schon an, daß Hirth nicht einer bestimmten Richtung verpflichtet sein wollte. Trotzdem gab seine Zeitschrift einer bald weitverbreiteten Stilrichtung den Namen, dem Jugendstil. Der Jugendstil wurde prägend für die zwei Jahrzehnte bis zum Kriegsausbruch. Er verband Architektur, angewandte Kunst, Malerei, Graphik, Buchgestaltung, Mode, Schmuck, Bildhauerei, Literatur, Musik und Theater. München wurde in Deutschland sein wichtigstes Zentrum.

Der Jugendstil setzte auf das Junge und Neue, auf das Vitale und Ursprüngliche. Während Wilhelm II. am 18. Dezember 1901 erklärte: »Eine Kunst, die sich über die von mir bezeichneten

Gesetze und Schranken hinwegsetzt, ist keine Kunst mehr«, setzten Georg Hirth und die Seinen auf die Freiheit der Entwicklung, auf die »Umwertung aller Werte« (Nietzsche). Als »Lebens-Kunst« war der Jugendstil antiexklusiv, versuchte die Grenzen zwischen »hoher« und »niederer« Kunst zu überschreiten und die verschiedenen modernen Bestrebungen zu vereinen. Der Malerfürst Franz von Stuck und der Schriftsteller Rudolf Alexander Schröder entwarfen Möbel, der Architekt Henry van de Velde engagierte sich für das Kunsthandwerk, viele Künstler schufen Buchschmuck oder entwarfen Plakate.

Vielleicht der Genialste unter den Münchner Jugendstil-Künstlern war Hermann Obrist (1863–1927), der Sohn einer schottischen Aristokratin und eines Schweizer Arztes. Er hatte ursprünglich Medizin studiert. 1892 eröffnete er in Florenz eine Kunststickerei, die er drei Jahre später nach München verlegte. Bei der Pariser Weltausstellung reüssierte er mit Keramik und Möbeln. Später begann er zu bildhauern. Berühmt ist sein Wandbehang »Peitschenhieb«. Das bedeutendste Werk der Jugendstil-Architektur war die Fassade des Atelier Elvira in der Von-der-Tann-Straße, die Adolf Hitler später abschlagen ließ. Sie stammte von August Endell (1871–1925), der 1892 aus Berlin nach München kam. Er entwarf Möbel, Stuckfriese, Wandteppiche und Zeitschriftenvignetten. 1897 debütierte er auf der siebten Internationalen Kunstausstellung im Glaspalast, zusammen mit Obrist, Peter Behrens, Bernhard Pankok, Richard Riemerschmid, Otto Eckmann und Fritz Erler. Diese Gruppe begründete 1898 die »Vereinigten Werkstätten für Kunst und Handwerk«, die erstmals in Deutschland Ideen der Arts-and-Crafts-Bewegung realisierten und noch heute bestehen. Im selben Jahr wurde Endell Mitglied im Verein für Fraueninteressen und erhielt von Goudstikker den Auftrag zum Neubau des Atelier Elvira.

Am 5./6. Oktober 1907 wurde in München, unter dem Vorsitz von Theodor Fischer, der Deutsche Werkbund gegründet. Er vereinigte Künstler, Architekten, Industrielle und Handwerker, die den Qualitätsgedanken in der gewerblichen Arbeit fördern wollten. Bis zu seiner Zerschlagung durch die Nazis 1933 übte der Werkbund erheblichen Einfluß aus auf die Formentwicklung von Einrichtungsgegenständen, Möbeln, Häusern und Wohnsiedlungen.

Das neue Rathaus mit dem von 1889 bis 1908 errichteten Erweiterungsbau (Photo 1903)

Die öffentliche Bautätigkeit wurde in München dagegen vor dem Weltkrieg noch völlig von historisierenden Stilen beherrscht. Bedeutendster Vertreter dieser Richtung war der Architekt Gabriel Seidl (1848–1913), der unter anderem das Künstlerhaus, den Franziskaner-Keller, das Bayerische Nationalmuseum und das Deutsche Museum errichtete. Georg Hauberrisser (1841–1912) baute zwischen 1867 und 1908 in drei Etappen das neugotische Neue Rathaus.

Bildende Kunst

In der bildenden Kunst neigte sich Münchens große Zeit zur Jahrhundertwende schon beinahe dem Ende zu. Von Hans Rosenhagen wurde »Münchens Niedergang als Kunststadt« sogar offen beim Namen genannt[19]. Die bedeutendsten deutschen Impressionisten – Liebermann, Slevogt und Corinth – lebten damals allesamt in Berlin, nachdem sowohl Liebermann als auch Corinth vergeblich versucht hatten, in München Fuß zu fassen. Hier war man stolz, »daß gerade die eigentliche Münchner Tradition – im Gegensatz zu Berlin – dem Eindringen des Impressionismus zähen Widerstand geboten hat«[20]. Man schwor lieber auf die alten Größen wie Franz Lenbach (1836–1904), den Bauernsohn aus Schrobenhausen, der mit 22 Jahren nach München gekommen war und sich mit Zähigkeit und Geschick zum »Malerfürsten« emporgearbeitet hatte. 1879 malte er das erste von etwa 80 Bismarck-Porträts. 1887 heiratete er eine Gräfin Moltke, was ihm den Zugang zu höchsten Kreisen sicherte. Lenbach wurde in den persönlichen Adelsstand erhoben, außerdem stellvertretender Vorstand des Königlich Bayerischen Maximilianordens und mit zahllosen Orden und Medaillen geehrt. Lenbach war das Oberhaupt der Tradition und beherrschte den gesamten etablierten Kunstbetrieb. 1887 ließ er sich von Gabriel Seidl eine Neorenaissance-Villa mit Blick auf die Propyläen bauen. Die Pracht dieser Künstlervilla hatte in Deutschland wohl kaum ihresgleichen[20a].

Glaspalast vom Karlsplatz aus gesehen, links der Justizpalast (Photo um 1910)

Seit 1879 war Lenbach Vorsitzender der sechs Jahre zuvor gegründeten Künstlervereinigung »Allotria«, die bei allen städtischen Festen eine wichtige Rolle spielte. Lenbach dominierte aber auch die »Münchner Künstlergenossenschaft« (MKG), die sich 1858 gebildet hatte, auch wenn er erst 1896 ihr Präsident wurde. Die MKG führte jährlich eine große Ausstellung durch. Ab 1889 fand diese »Jahresausstellung von Kunstwerken aller Nationen« im repräsentativen Glaspalast auf dem Gelände des Alten Botanischen Gartens statt. Drei Jahre später kam es zur Secession. 78 der etwa 1000 Mitglieder verabschiedeten sich aus der von Lenbach immer autokratischer geführten MKG, unter ihnen Peter Behrens, Lovis Corinth, Th. Th. Heine, Max Liebermann, Franz Stuck, Hans Thoma und Wilhelm Trübner. Sie gründeten mit etlichen weiteren den »Verein bildender Künstler München e.V. Secession«. Zum ersten Vorstand wurde Bruno Piglheim gewählt, zum zweiten Hugo von Habermann. Die Münchner Presse begrüßte ganz überwiegend die Gründung dieser ersten, immerhin gemäßigt modernen Künstlerformation; eine wesentliche Rolle spielte dabei Georg Hirth, dessen MNN für die Ziele des neugegründeten Vereins eintrat.

Der »Seelenkaiser« aber des Münchner Künstlerlebens um die Jahrhundertwende war einer, der in Italien lebte wie einst König Ludwig I., der Schweizer Maler Arnold Böcklin (1827–1901). Insbesondere, nachdem Kaiser Wilhelm I. 1877 den Ankauf weiterer Böcklin-Bilder durch die Berliner Nationalgalerie untersagt hatte, war dieser Maler einer idealen Welt im klassischen Sinne, dessen Bilder gegenüber preußischer Prüderie einen mythischen Schönheitsbegriff verkörperten, Gegenstand höchster Verehrung. Otto Julius Bierbaum schrieb über Böcklin:

> *»Man sollte von diesem Meister eigentlich nur in Versen reden, nur rhythmisch an den Zauber seiner Offenbarungen rühren, die nicht zergliedert, nicht untersucht, nicht verstandspedantisch examiniert, sondern gefühlt, genossen sein wollen mit andächtiger Herzenshingabe.«* [21]

Als Böcklin 1901 in San Domenico, in der Nähe von Florenz, starb, versammelten sich im Münchner Künstlerhaus die Maler aller Richtungen und mit ihnen Schriftsteller, Musiker und andere Vertreter des kulturellen Lebens. Selbst die politische Prominenz, bis hin zum Unterrichtsminister, fehlte nicht. Diese Trauerfeier war das »machtvolle Bekenntnis deutscher Künstler zum Maler jener erotischen Mythen, in denen sich Zivilisationsflucht und künstlerische Moderne seltsam mischten.«[22]

Das letzte Jahrzehnt vor dem Ersten Weltkrieg sollte entscheidend werden für die Entwicklung der modernen Kunst in Europa. Im Pariser Herbstsalon traten die Fauves um Matisse erstmals an die Öffentlichkeit, im gleichen Jahr gründeten Kirchner, Heckel und Schmidt-Rottluff in Dresden die Künstlergemeinschaft »Brücke«. Beckmann war gerade von seiner großen Parisreise zurückgekehrt und hatte sich in Berlin niedergelassen, wo er 1909 in den Vorstand der Berliner Secession gewählt wurde. Braque und Picasso setzten sich mit dem Kubismus auseinander. De Chirico, der Begründer der Pittura Metafisica, studierte 1906/07 in München. Die Stadt spielte in diesem Jahrzehnt eine wesentliche Rolle; für einen historischen Moment war München der wichtigste Ort der Avantgarde in Deutschland. Der einzige Münchner, der dabei eine Rolle spielte, war allerdings Franz Marc (1880–1916); Kandinsky, Jawlensky und Werefkin waren 1896 aus Rußland gekommen. 1898 kamen Paul Klee aus der Schweiz und Alfred Kubin aus dem böhmischen Leitmeritz, 1901 die gebürtige Berlinerin Gabriele Münter aus Bonn und 1904 Kanoldt und Erbslöh, die später den konservativen Flügel in der Neuen Künstlervereinigung anführten, aus Karlsruhe.

1901 eröffnete Wassily Kandinsky (1866–1944) gemeinsam mit drei anderen Künstlern – den Bildhauern Waldemar Hecker und Wilhelm Hüsgen und dem Maler und Graphiker Rolf Miczky – in Fortführung einer bereits bestehenden Bildhauerschule die Kunstschule »Phalanx«. Kandinsky war auch Präsident der die Schule tragenden Künstlervereinigung. In nur drei Jahren führte er fast ein Dutzend Ausstellungen durch, die nicht nur Wegmarken für die moderne, offiziell nicht anerkannte Kunst setzten, sondern gleichzeitig mit schon bekannten Künstlern in internationalen Kontext treten sollten; eine Ausstellung war den »Elf Scharfrichtern« gewidmet. Die Malschule »Phalanx« unterschied sich in vielfacher Weise vom herrschenden Akademiebetrieb. Sie nahm auch Frauen als Schüler auf, die sogar am Aktzeichnen teilnehmen durften. Außerdem legte Kandinsky großen Wert auf die Arbeit in der Natur, was damals noch ganz unüblich war. Gerne zog er mit seinen Schülern

»Malschule« von Anton Ažbe in der Georgenstraße. Der Künstler, der viele bedeutende Schüler hatte, steht in der Bildmitte (mit Hand auf der Schulter) (Photo 1895)

auf Fahrrädern durch die bayerische Landschaft; dabei fiel ihm Gabriele Münter (1877–1962) auf, die dann für entscheidende zwölf Jahre seine Lebensgefährtin wurde.

Im Januar 1909 setzten sich einige jüngere Maler vor der allzu konservativen Münchner Sezession ab, die über Impressionismus und Jugendstil keinesfalls hinausgehen wollte, und gründeten im Salon von Marianne Werefkin die »Neue Künstlervereinigung München« (NKVM). Vorsitzender wurde Kandinsky, weitere Mitglieder waren Münter, Jawlensky, Werefkin, Kanoldt, Erbslöh und Kubin. Die NKVM veranstaltete insgesamt drei Ausstellungen, deren wichtigste die zweite war. Sie fand vom 1. bis 14. September 1910 in der Galerie Tannhauser statt. Diese erste wirklich radikal moderne Ausstellung in München rief heftiges Unverständnis hervor. Die Münchner Neuesten Nachrichten schrieben:

»Diese absurde Ausstellung zu erklären, gibt es nur zwei Möglichkeiten: Entweder man nimmt an, daß die Mehrzahl der Mitglieder und Gäste der Vereinigung unheilbar irrsinnig ist oder aber, daß man es mit schamlosen Bluffern zu tun hat, denen das Sensationsbedürfnis unserer Zeit nicht unbekannt ist und die die Konjunktur zu nutzen versuchen.« [23]

Franz Marc dagegen schrieb einen enthusiastischen Brief an die Künstlergruppe, was zugleich den Beginn seiner Freundschaft mit Kandinsky darstellte.

Kandinsky ging in der folgenden Zeit zielstrebig weiter den Weg zur Abstraktion. Im Januar 1911 legte er den Vorsitz der NKVM nieder, da er die »prinzipielle Verschiedenheit der Grundansichten« klar erkannte. Die letzte Ausstellung der Vereinigung fand bereits ohne Kandinsky, Marc, Münter, Jawlenksy und Werefkin statt, die gleichzeitig unter dem neuen Namen »Der Blaue Reiter« auftraten. Genauso hieß auch der Almanach, den die Gruppe im Mai 1912 bei Piper herausbrachte. »Der Blaue Reiter«, herausgegeben von Marc und Kandinsky, gilt heute als die bedeutendste künstlerische Programmschrift des 20. Jahrhunderts. Er setzte nicht auf eine Elite wie der George-Kreis, auch nicht auf eine einheitliche Stilbildung wie die »Brücke«. Sein Ziel war die künstlerische Synthese, die offene Verständigung der künstlerischen Avantgarde. »Der Blaue Reiter« markiert zugleich die Geburtsstunde der Abstraktion.

Musik

Ganz im Gegensatz zur bildenden Kunst war München für die Musik nicht der Ort, an dem sich entscheidende Entwicklungen vollzogen. Während in Wien Mahler und mehr noch Schönberg, Berg und Webern die Bahnen des musikalischen Schaffens des 19. Jahrhunderts in revolutionärer Weise hinter sich ließen, war München um die Jahrhundertwende die Hochburg der sogenannten Neudeutschen, deren Œuvre von einer so durchschlagenden Bedeutungslosigkeit war, daß ihre Namen heute sämtlich vergessen sind. Max Reger (1873–1916) dagegen, der die neudeutsche Schule eine »Aktiengesellschaft für angewandte Impotenz« [24] nannte, erlebte gerade in den Münchner Jahren, zwischen 1901 und 1907, seinen

Der Kaimsaal, ab 1905 Tonhalle, Ecke Türken-/Prinz-Ludwig-Straße

großen internationalen Durchbruch, wurde in seiner Wahlheimat aber so angegriffen, daß er der Stadt schließlich den Rücken kehrte. Die Geringschätzung Regers ging so weit, daß die Stadt München es nach dem Krieg ablehnte, sein Arbeitszimmer und das Archiv von der Witwe als Geschenk anzunehmen[25]. Mit Hans Pfitzner (1869–1949) verhielt es sich gerade umgekehrt. Er lebte bis 1907 in Berlin, hatte aber seine großen Erfolge in München. 1904 erschien aus der Feder des nationalistischen Publizisten Paul Nikolaus Cossmann die erste Pfitzner-Monographie. Pfitzner unterstützte die deutsche Kriegspolitik durch Kompositionen. Seine »Zwei deutschen Gesänge« widmete er 1916 Großadmiral Tirpitz. Gegen die im italienischen Feindesland wirkenden Futuristen polemisierte er heftig[26]. Im Frühjahr 1918 wurde in München der »Hans-Pfitzner-Verein für deutsche Tonkunst« aus der Taufe gehoben, doch in die Stadt, die ihn als den »nationalsten (Tondichter) ... unter den Lebenden«[27] feierte, zog er erst 1929.

Richard Strauss (1864–1949), als einziger aller genannten Komponisten in München geboren und mütterlicherseits mit der Brauereidynastie Pschorr verwandt, verließ seine Heimatstadt schon 1898 endgültig und wurde Hofkapellmeister in Berlin. Mit Strauss, einem der bedeutendsten Musikdramatiker des 20. Jahrhunderts, fand die klassisch-romantische Tradition ihren Abschluß.

Von dem umnachteten König Ludwig II., der die Stadt immer gehaßt hatte, hatten die Münchner gleichwohl die Begeisterung für Richard Wagner (1813–1883) übernommen. Neben Bayreuth entstand hier das wichtigste Zentrum der Wagner-Verehrung. 1900/01 wurde dafür sogar eine eigene Spielstätte, das Prinzregententheater,

Plakat von Rolf v. Hoerschelmann (1908)

geschaffen. Zu Wagners zehntem Todestag führte Ernst von Possart, Intendant der Hofoper, die ersten Münchner Wagnerfestspiele durch. Bis 1892 hatte es an der Hofoper bereits 731 Wagner-Aufführungen gegeben. Die Opern von Wolfgang Amadeus Mozart, dem am zweithäufigsten gespielten Komponisten, wurden im selben Zeitraum gerade 237 mal aufgeführt[28].

München hatte damals auch schon ein philharmonisches Orchester, dessen Gründung 1893 auf den Klavierfabrikanten Franz Kaim zurückging. Er ließ auch zwei Jahre später in der Türkenstraße 5 den Kaimsaal errichten, der ab 1905 Tonhalle hieß. 1908 trennte sich das Orchester von seinem Mäzen. 1924 wurde es von der Stadt übernommen und erhielt vier Jahre darauf seinen heutigen Namen Münchner Philharmoniker.

So populär Wagner war, so sehr galt der Blaue Reiter im München der Vorkriegszeit als bizarres Randphänomen. Verehrt wurden die Malerfürsten Kaulbach, Lenbach und Stuck, deren Bilder heute zu Recht in den Hintergrund getreten und deren bedeutendste Hinterlassenschaft ihre herrlichen Villen sind[28a]. Doch das ahnte damals noch niemand, in jenem München, wie es Thomas Mann erlebte,

> *»mit seinen Wachtparade-Konzerten in der Feldherrnhalle, seinen Kunstläden, Dekorationspalästen und Saison-Ausstellungen, seinen Bauernbällen im Fasching, seiner Märzenbier-Dicktrunkenheit, der wochenlangen-Monstrekirmes seiner Oktoberwiese ..., München mit seiner stehengebliebenen Wagnerei, seinen esoterischen Koterien, die hinter dem Siegestor ästhetische Abendfeiern zelebrierten, seiner in öffentliches Wohlwollen gebetteten und grundbehaglichen Bohème.«*[29]

XIV. München im Ersten Weltkrieg

Kriegsausbruch

Am 31. Juli 1914 verhängte König Ludwig III. über Bayern den Ausnahmezustand. München hatte damals 645 000 Einwohner; ihre Zahl sollte bis Kriegsende um über 40 000 zurückgehen. Fast 13 000 Münchner fielen an den Fronten, die dieser Krieg geschaffen hatte, der als besseres Manöver (»kostenloser Ausflug nach Paris«) gedacht war und sich tatsächlich zu dem bis dahin größten Massensterben in der Menschheitsgeschichte entwickelte. Von den kriegsführenden Mächten wurden insgesamt mehr als 65 Millionen Soldaten mobilisiert, von denen 8,5 Millionen getötet und 21 Millionen verwundet wurden. Ganze Armeen verkeilten sich in sinnlosen Stellungskriegen. Das von der Haager Landkriegsordnung verbotene Giftgas wurde im großen Maßstab als Kampfmittel eingesetzt. Zum ersten Mal erlebten viele Menschen, was Krieg wirklich bedeutete: namenloses Grauen und sinnloses Blutvergießen, Hunger, Elend und Tod für Millionen. Die Welt war nach seinem Ende nicht mehr die gleiche. In Deutschland und in Rußland führte der Krieg in eine Revolution, die in beiden Staaten zum Ende der Monarchie und in Rußland auch zu einer vollständigen Umwälzung des Gesellschaftssystems führte.

Der Erste Weltkrieg war der letzte, den man in der alten Weise zu führen gedacht hatte, mit blankgeputzten Stiefeln und klingendem Spiel. Das Deutsche Reich war seit langem auf eine kriegerische Auseinandersetzung, auch an zwei Fronten, vorbereitet gewesen. Die Kriegserklärung wurde von weiten Teilen der Bevölkerung mit Begeisterung begrüßt, das Wort vom Hurrapatriotismus machte die Runde. Auch fast alle Künstler und Wissenschaftler wurden von dieser Stimmung erfaßt[1]. Sie schrieben patriotische Hymnen,

Das Schwere-Reiter-Regiment holt im August 1914 seine in der Residenz verwahrte Standarte ab und zieht vom Hofgarten durch die Briennerstraße

zeichneten Kriegsanleihen, verfaßten Kriegszielresolutionen und eilten in großer Zahl zu den Fahnen.

Als am 25. Juli 1914, also noch fast eine Woche vor Kriegsausbruch, der Wirt des Café Fahrig am Stachus das Abspielen patrotischer Lieder einstellte, um die überbordende Stimmung zu dämpfen, erreichte er gerade das Gegenteil, und das Café wurde schwer demoliert. In den folgenden Tagen mahnte der Polizeipräsident mehrmals eindringlich zur Besonnenheit. Dennoch wurden immer wieder Ausländer oder fremdländisch aussehende Personen auf der Straße angegriffen. Schließlich rief der kommandierende General des Ersten Armeekorps zur Ritterlichkeit gegenüber wehrlosen Angehörigen feindlicher Nationen auf und warnte vor der übertriebenen Furcht vor Spionen.

Der Erste Weltkrieg war der erste Krieg, in dem das 1871 gegründete Deutsche Reich als kriegsführende Nation auftrat. Die kleindeutsche Einheit mit dem preußischen Kaiser war mit mancherlei Zugeständnissen erkauft worden. Das Heer gliederte sich in vier Kontingente: ein preußisches, ein sächsisches, ein württembergisches und ein bayerisches. Jeder dieser vier Bundesstaaten hatte auch ein eigenes Kriegsministerium. Kaiserlich war lediglich die Marine, die als ein Prestigeobjekt ersten Ranges in den Jahren vor dem Krieg mit gewaltigem finanziellen Aufwand aufgebaut worden war.

Gemeindewahlen 1914

Im November und Dezember 1914 wurden trotz des Krieges nach einigem Hin und Her die anstehenden Gemeindewahlen in Bayern durchgeführt. Die Sozialdemokraten und das Zentrum erzielten Stimmengewinne auf Kosten der Liberalen. Das konservativ-katholische Zentrum war die wichtigste Stütze der bayerischen Regierung. Auf Grund der ungerechten Stimmkreiseinteilung, die die einwohnerschwachen ländlichen Gebiete stark bevorzugte, hatte die Partei die absolute Mehrheit der Sitze im Landtag. Die SPD, die sich vor allem auf die städtische Arbeiterschaft stützte, wurde immer mehr zur wichtigsten Oppositionspartei. Seit 1907 wurden im Landtag die zwölf Münchner Wahlbezirke durch acht sozialdemokratische und vier liberale Abgeordnete vertreten. Bei den Gemeinderatswahlen am 23. 12. 1914 wurde die SPD in München erstmals stärkste Partei. Sie erreichte 22 von 60 Sitzen (zuvor 19), die Liberalen kamen auf 18 (24), das Zentrum auf 17 (14) und die Partei der Hausbesitzer stellte unverändert drei Stadträte. Erster rechtskundiger Bürgermeister blieb Wilhelm von Borscht, der dieses Amt seit 1893 innehatte, aber die Sozialdemokraten stellten nun den Ersten Gemeindevorstand [2].

Mangel, Not und Unmut

Im Sommer 1915 ging der Krieg in sein zweites Jahr. Der erhoffte schnelle Sieg war nicht eingetreten, und man mußte sich auf einen langen und schweren Kampf einrichten. Im März 1915 wurden Lebensmittelkarten eingeführt. Es begannen die Jahre des ständigen Kampfes um Nahrungsmittel und Brennmaterial. Die Unzufriedenheit mit der Ernährungssituation, den starken Preissteigerungen, dem Mangel, der ungerechten Verteilung des Vorhandenen, den Ernteerschwernissen durch die Einberufungen und den Unzulänglichkeiten der Nahrungsmittelbewirtschaftung durch die Berliner Zentralbehörden war das Hauptproblem für die bayerische Regierung in den Kriegsjahren. Lebensmittel wurden nicht nur rationiert, die Rationen wurden zudem laufend herabgesetzt. Schon 1916 gab es in München nur noch 125 Gramm Butter pro Woche. Auch Zucker, Seife und Kleidung waren nun rationiert. Um Energie zu sparen, wurde die Sommerzeit eingeführt. Das Färben von Ostereiern war verboten, und es gab nur noch Dünnbier. Als Wildbret bot der Markt Fleisch von Eichkätzchen, Kaninchen und Dachsen. Es gab keine Semmeln mehr. Gleichzeitig mußte Bayern als Bundesland mit agrarischer Überschußproduktion Getreide an das Reich abführen. An der allgemeinen Unzufriedenheit der Bevölkerung setzte auch die politische Tätigkeit von Georg Heim an, einem der populärsten Führer des Bayerischen Bauernbundes. Am 14. Januar 1916 legte er eine Denkschrift vor, in der er auch nachdrücklich auf die zu befürchtende Benachteiligung der bayerischen Bauern hinwies, denn die Tätigkeit der Reichsernährungsstelle komme einer »Prämierung aller Spekulanten und Lumpen« gleich[3]. In München kam es erstmals im Juni 1916 zu einer großen Demonstration auf dem Marienplatz gegen die Not, in die der Krieg die Menschen gestürzt hatte[4]. Noch wagte die Obrigkeit, bewaffnete Ordnungskräfte einzusetzen, steigerte die Erregung dadurch aber erheblich, wobei auch Schimpfworte wie »Preußenknechte« zu hören waren[5].

Ludwig III., Kanzlersturzbewegung und Friedenssehnsucht

Ludwig III., zunächst wie sein Vater Prinzregent, war 1913 vom Landtag zum König proklamiert worden, was ihm vielfach als »Throndiebstahl« an dem kranken Otto ausgelegt wurde und seinem Ansehen nachhaltig schadete. Zudem stieß seine Hofhaltung in Zeiten der Kriegsnot auf Kritik, auch verdächtigte man ihn heimlicher Sympathien für Preußen. Dabei bemühte sich Ludwig durchaus, bayerische Interessen zur Geltung zu bringen. Auf seine persönliche Intervention bei Wilhelm II. war die Berücksichtigung Münchens beim Ausbau der Kriegsindustrie zurückzuführen. 1916 begann Krupp mit dem Bau eines Zweigwerkes in Freimann. Auch die Bayerischen Flugzeugwerke und die Rapp-Motorenwerke (später BMW) wurden erheblich ausgebaut.

Offene Prüfstände der Rapp-Motorenwerke, später BMW, auf der Rückseite des Geländes an der Schleißheimer Straße 288 (in Milbertshofen) während des Krieges

Gleichzeitig war Ludwig III. zunächst extrem annexionistisch eingestellt, d.h. er wollte Belgien nach dem erwarteten Sieg Bayern einverleiben, womit er sich nicht unbedingt im Einklang mit der Grundstimmung in der bayerischen Bevölkerung befand. Im Juni 1915 scheiterte eine erste Friedensinitiative des bayerischen Ministerrats am Veto des Königs. Im Jahr darauf gewährte er dagegen einer Delegation der sogenannten Kanzlersturzbewegung eine Audienz. Diese Bewegung, die, zunächst erfolglos, den Rücktritt des Reichskanzlers Bethmann-Hollweg forderte, hatte in München ihr Zentrum. Hier bildete sie den »Volksausschuß für eine rasche Niederkämpfung Englands«, zu deren Aktivisten z.B. der nationalistische Verleger Lehmann und der spätere Oberbürgermeister Karl Scharnagl gehörten. Bei ihrem Plädoyer für den unbeschränkten

U-Bootkrieg fand die Kanzlersturzbewegung so unterschiedliche Verbündete wie die Bauernbundführer Heim und Schlittenbauer und den Münchner Erzbischof Kardinal Bettinger, die sich davon eine Abkürzung des Krieges versprachen[6]. Die Kriegsmüdigkeit konnte so eine aggressive Wendung nehmen, doch in den Großstädten hatte die Propaganda der Kanzlersturzbewegung nur geringe Resonanz. Zudem wirkte die Berufung der Generäle von Hindenburg und Ludendorff in die Oberste Heeresleitung beruhigend auf die erhitzten Gemüter.

Gegen die Kanzlersturzbewegung standen die Staatsregierung, die Sozialdemokraten, ein Teil der Liberalen, einzelne Zentrumspolitiker und Teile der bürgerlichen Presse, so etwa die Münchner Neuesten Nachrichten. Die entschiedenste Gegenposition war natürlich die der Pazifisten. Deren wichtigste Organisation war die »Deutsche Friedensgesellschaft«, deren Vorsitzender seit 1914 der liberale Münchner Landtagsabgeordnete und Historiker Ludwig Quidde war, der 1927 den Friedensnobelpreis erhielt[7]. Der Münchner Gruppe gehörten unter anderen auch Kurt Eisner, der Pädagoge Friedrich Wilhelm Foerster und Wilhelm Herzog an. Letzterer gab die Zeitschrift »Das Forum« heraus, die im Herbst 1915 verboten wurde, als das bayerische Kriegsministerium begann, sich systematischer mit dem zunehmend gefürchteten Pazifismus auseinanderzusetzen. Ludwig Quidde und auch Annette Kolb erhielten Publikationsverbot[8]. Die Sozialistin und Pazifistin Lida Gustava Heymann, Vorsitzende des »Münchner Vereins für Frauenstimmrecht«, wurde mit einem Aufenthaltsverbot für Bayern belegt[9].

Der Diskussionskreis um Kurt Eisner, der bis zu 100 Teilnehmer umfaßte, traf sich seit Dezember 1916 im »Goldenen Anker« in der Schillerstraße.

Ende 1916 legte Georg Heim noch einmal eine Denkschrift vor: »Ein Hilferuf der deutschen Landwirtschaft«. Er wies drastisch auf die zahlreichen Probleme, vor allem auch auf die Gefährdung der Bestellung der Felder im kommenden Frühjahr hin. Heim setzte sich auch über die Militärzensur hinweg, indem er berichtete, daß inzwischen fast die gesamte Zuckerproduktion für Glyzerin bei der Herstellung von Munition verbraucht werde. Die Ernährungsdebatte hatte sich angesichts weiterer Kürzungen der Lebensmittelrationen, verbunden mit ständigen Preissteigerungen, im Herbst 1916 weiter verschärft. Im Dezember 1916 wurde nun ein bayerisches Kriegswucheramt gegründet, das den zunehmenden Unmut gegen die Zentralisierung der Kriegswirtschaft in Berlin aber nicht zu dämpfen vermochte.

Im Sommer 1917 verschlechterte sich die Lage weiter. Dem schon lange bestehenden Schlachtverbot für Bauern folgte das Verbot der Selbstversorgung für Metzger. Zum Fleischmangel kam der Mangel an Milch, die die Bauern in der Not zunehmend als Bierersatz konsumierten. Die Kriegsmüdigkeit wuchs allenthalben. Im ganzen Reich kam es zu Hunderten von Streiks, die völlig ungenügende Besteuerung der Kriegsgewinne wurde immer mehr zu einem sozialen Konfliktstoff [10]. Diese Entwicklungen schlugen sich auch in den Gemütern der Intellektuellen nieder. Manch einer war angesichts der Kriegsgreuel zum Pazifisten geworden. Besonders eindrucksvoll hat Ernst Toller diese Wandlung in seinem Buch »Eine Jugend in Deutschland« beschrieben. Auch die in München ansässige Redaktion des »Simplicissimus« blieb von Auseinandersetzungen nicht verschont. Zu Kriegsbeginn hatte insbesondere Ludwig Thoma dafür plädiert, das Satireblatt ganz einzustellen. Die Mehrheit entschied sich anders und schlug unter Leitung von Th. Th. Heine einen betont nationalen Kurs ein. So besuchten die »Simplicissimus«-Zeichner im Sommer 1915 die Kriegsgefangenenlager Puchheim und Lechfeld »zwecks Studien zu Typen der gegen uns im Feld stehenden Völker« [11]. Doch im Mai 1917 kam es zu einem offenen Konflikt in der Redaktion, und der sich zunehmend radikal chauvinistisch gebärdende Thoma schied aus [12]. Als im Herbst 1917 unter Führung von Großadmiral v. Tirpitz und dem Alldeutschen Wolfgang Kapp die Deutsche Vaterlandspartei gegründet wurde, stellte sich ihr Ludwig Thoma als Agitator zur Verfügung [13], was ihn aber seine zuvörderst bayerischen Ziele nie aus den Augen verlieren ließ. So schloß er sich 1919 dem eindeutig rechtsradikalen »Miesbacher Anzeiger« an, charakterisierte aber dort in einem Artikel das Regiment Wilhelms II. als »blind, leichtsinnig, töricht« [14].

Die Friedenssehnsucht war nicht nur seit 1915 stetig gewachsen, sie hatte sich auch in steigendem Maße mit antipreußischen Emotionen verbunden. Im Dezember 1916 forderte ein Passauer Bürger den König auf, in »Anbetracht der vielen Familienväter und Söhne, die ihr Leben für den preußischen Größenwahn lassen müssen ..., unser schönes Bayernland vor dem Ruin zu retten«[15]. Diese Stimmung richtete sich aber im Verlauf des Krieges mehr und mehr auch gegen den König, der vielen als ein verlängerter Arm Preußens erschien. Die Kriegswirtschaft beeinträchtigte vor allem auch den Mittelstand. In München gab es zahlreiche neue Antiquitätengeschäfte, in denen die in der Not verkauften Familienstücke feilgeboten wurden[16]. In vielen Eingaben an das Königshaus hieß es, gerissene Geschäftsleute und Trusts hätten mit Hilfe der Berliner Zentralstellen das gesamte Wirtschaftsleben unter ihre Kontrolle gebracht, Bayern sei an Preußen verkauft[17]. Es kam das Gerücht auf, die Bayern würden bevorzugt als Sturmtruppen eingesetzt. Fronturlauber forderten ihre Verwandten auf, durch Produktionseinschränkungen und Ablehnung der Kriegsanleihen das Kriegsende herbeizuzwingen. Der stark angewachsene Touristenstrom aus dem Norden trug 1916 und mehr noch 1917 sehr zur Mißstimmung bei. Die »Berliner Kriegsgewinnler« trieben die Preise hoch und äßen den Einheimischen die Nahrung weg. Solche Meinungen wurden selbst von Beamten, wie z. B. dem bayerischen Kriegsminister, geteilt[18]. Die starke Wiederbelebung antipreußischer Emotionen in Verbindung mit der Kritik am Königshaus bereitete in erheblichem Maße den Boden für die Novemberrevolution.

Das letzte Jahr

Zu Beginn des Jahres 1918 herrschte eine sehr angespannte Atmosphäre. Die Enttäuschung über die ergebnislosen Verhandlungen mit Rußland, die Erbitterung über die ständige Verteuerung der wenigen Lebensmittel und der Unwille der herrschenden Klasse, auf dem Wege der Verfassungsreform die Bevölkerung an der politischen Macht partizipieren zu lassen, waren die wichtigsten Gründe dafür. Im Januar kam es in Nürnberg und München zu Streiks, von denen gerade auch die Rüstungsbetriebe betroffen waren. Am 31. Januar 1918 wurde auf einer großen Kundgebung im »Schwabinger Bräu« eine Resolution verabschiedet, die mit den Worten begann:

»Die streikenden Arbeiter Münchens, voran die Krupp-Werke, entbieten ihren brüderlichen Gruß den belgischen, französischen,

englischen, russischen, italienischen, amerikanischen, serbischen Arbeitern. Wir fühlen uns mit Euch eins in dem feierlichen Entschlusse, dem Krieg des Wahnsinns und der Wahnsinnigen sofort ein Ende zu bereiten.« [19]

Die USPD (Unabhängige Sozialdemokratische Partei), die sich während des Krieges aus pazifistischen Sozialdemokraten gebildet hatte, versuchte, die Bewegung zu einem Generalstreik auszuweiten, doch deren Führer Kurt Eisner wurde noch am selben Tage verhaftet. Der Streik wurde am 3. Februar abgebrochen, nachdem die bayerische Regierung zugesichert hatte, eine Delegation der Arbeiter zu empfangen. In den folgenden Monaten suchte die Regierung ihr Heil einerseits in Sonderzulagen für die Rüstungsarbeiter, andererseits in verschärften Überwachungsmaßnahmen. Erich Mühsam hielt sich nicht an das ihm auferlegte Betätigungsverbot und wurde nach Traunstein verbannt[20].

Im Juni 1918 gab es erneut Unruhen, die von den Soldaten in der Türkenkaserne ausgingen, die dort gesammelt worden waren, um an die Front abkommandiert zu werden. Ende Juli kam es zu einer großen Demonstration von Frauen auf dem Marienplatz gegen den Lebensmittelmangel. Dies wiederholte sich in den kommenden Wochen noch zweimal, ohne daß die Polizei es wagte, dagegen vorzugehen. Als Schutzleute versuchten, eine der Anführerinnen zu verhaften, wurden sie von der Menge daran gehindert[21]. Am Tag der zweiten dieser Kundgebungen, am 7. August 1918, vernichtete, nachdem die letzte deutsche Offensive an der Westfront gescheitert war, eine englische und französische Gegenoffensive sieben deutsche Divisionen. Der Krieg war für das Deutsche Reich nicht mehr zu gewinnen. Dies war auch der Tenor einer Denkschrift des bayerischen Kriegsministers vom 12. August, der vor allem auch die verheerende Wirkung der Gegenoffensive auf die Moral der Truppe betonte.

Auch Ludendorff erklärte am 1. Oktober die Niederlage für unvermeidlich[22], zwei Tage später richtete die deutsche Regierung eine erste Note an Wilson, und am 10. Oktober richtete König Ludwig III. einen Aufruf an das bayerische Heer, in dem er seinen Dank für das in den vergangenen vier Jahren Geleistete aussprach.

Am 2. November war auch die bayerische Staatsregierung so weit, an die Umwandlung Bayerns in eine parlamentarische Demokratie zu denken, nachdem sie eine entsprechende Landtagsinitiative der SPD im Vorjahr noch weitgehend abgelehnt hatte. Doch nun war es zu spät. Die Ereignisse gingen über diese Entwicklung hinweg. Am 2. November wurde die Einführung des allgemeinen Wahlrechts, des uneingeschränkten Verhältniswahlrechts und anderes mehr beschlossen. Der neuen Regierung sollte auch ein SPD-Minister angehören. Der König ratifizierte diese Beschlüsse unverzüglich. Am 6. November stimmte die Abgeordnetenkammer der Verfassungsreform zu, am 8. November sollte die Kammer der Reichsräte folgen, doch am 7. November begann die Revolution.

XV. Kriegsende und Räterepublik

Revolution: Die Ereignisse überstürzen sich

Die sich abzeichnende militärische Niederlage war für die meisten Menschen im ausgebluteten Deutschen Reich ein ungeheurer Schock, der sehr weitreichende Empfindungen auslöste – Enttäuschung, Empörung und den Wunsch nach tiefgreifenden Veränderungen. Vier Jahre lang hatte die Führung des Staates Siegeszuversicht verbreitet. Um so schmerzlicher war die Erkenntnis, daß alle Kämpfe, Entbehrungen und Verluste umsonst gewesen waren. Ludendorff, dessen Konzept eines »Siegfriedens« völlig gescheitert war, erzwang am 26. Oktober 1918 seine Entlassung und retirierte nach Schweden. Am Tag darauf machte die österreichische Regierung den Alliierten ein Waffenstillstandsangebot. Wieder einen Tag später meuterten die Matrosen der deutschen Hochseeflotte in Kiel, um ein Auslaufen der Schiffe zu verhindern. In den folgenden Tagen griff der Aufstand auf viele Städte des Reiches über. In der Nacht vom 7. auf 8. November konnten die Münchner auf den Plakatsäulen lesen:

»Unter dem fürchterlichen Druck innerer und äußerer Verhältnisse hat das Proletariat die Fesseln mit gewaltiger Anstrengung zerrissen und sich jubelnd befreit! Ein Arbeiter- und Soldatenrat ist gegründet, der die Regierung in sicherer Hand hat.« [1]

Am folgenden Morgen wurde von den Revolutionären unter Führung von Kurt Eisner, der »Freistaat Bayern« ausgerufen. Der bayerische König brachte sich auf dem Jagdschloß seines Oberstallmeisters vor seinem Volk in Sicherheit.

Nun war es auch in Berlin so weit. Der Reichskanzler Prinz Max von Baden gab, ohne Kaiser Wilhelms Entscheidung abzuwarten, dessen Rücktritt bekannt, und der Sozialdemokrat Philip Scheidemann rief die Republik aus. Wie in Bayern übernahmen auch im

Reich die Mehrheitssozialdemokraten gemeinsam mit der USPD die Regierungsgeschäfte. Der deutsche Kaiser floh in die Niederlande, der österreichische in die Schweiz. Damit waren das Deutsche Reich, Österreich und das nunmehr souveräne Ungarn ihrer gekrönten Häupter ledig.

Kurt Eisner

Am 13. November entband König Ludwig III. die bayerischen Beamten von dem ihm geleisteten Eid, was allgemein als Thronverzicht verstanden wurde. Zu diesem Zeitpunkt hatten die neuen Kräfte sich längst etabliert. Kurt Eisner war Vorsitzender des Arbeiter- und Soldatenrates und gleichzeitig Ministerpräsident und Außenminister. Erhard Auer (SPD) wurde Innenminister. Insgesamt stellten die USPD zwei Minister, die Mehrheitssozialdemokraten (MSPD) vier, und zwei waren parteilos. Diese Regierung

Kurt Eisner (mit Hut und Bart in der Mitte) mit seiner Frau und seinem später von den Nazis ermordeten Sekretär Felix Fechenbach (links) bei einer Demonstration in der Sendlinger Straße, Januar 1919

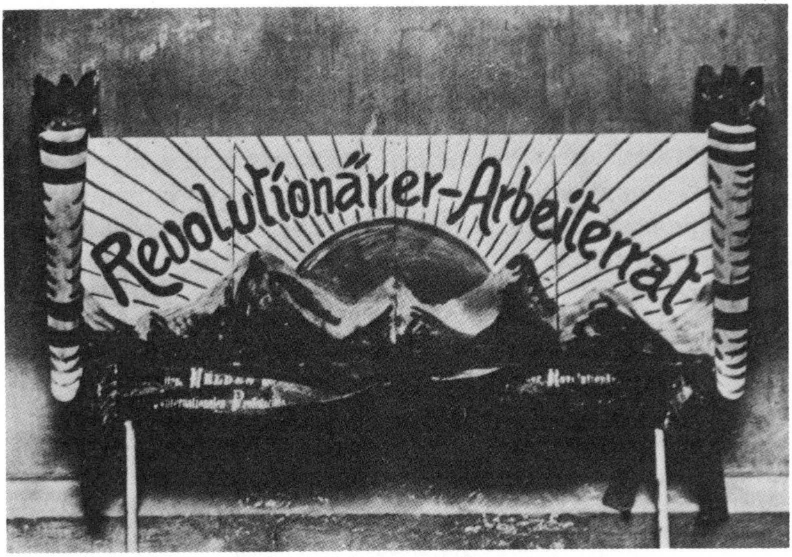

Emblem des Revolutionären Arbeiterrates (1919)

wurde am 8. November vom »provisorischen Nationalrat« bestätigt, der aus je 50 Vertretern des Arbeiter-, Soldaten- und Bauernrates bestand, sowie den bisherigen Landtagsfraktionen der SPD und des Bauernbundes sowie drei Vertretern der Liberalen [2], unter ihnen Ludwig Quidde, der der pazifistisch-republikanischen Strömung bei den Liberalen zum Durchbruch verhalf [3]. Der provisorische Nationalrat tagte erst wieder am 13. Dezember, eine Woche, nachdem die Regierung Eisner die Durchführung von Landtagswahlen am 12. Januar 1919 festgesetzt hatte. Die Unabhängigen und Mehrheitssozialdemokraten in der Regierung waren sich einig, daß die Räte gegenüber dem Parlament nur eine beratende und ergänzende Funktion haben sollten. Eisner selbst führte in der Ministerratssitzung vom 5. Dezember aus:

> *»Der Arbeiterrat hat nur beratende und kontrollierende Tätigkeit, keinerlei Gesetzgebung, das wäre Bolschewismus. ... Das Parlament kann nicht reaktionär regieren schon mit Rücksicht auf die Arbeiter in München. Das soll aber seine Souveränität nicht einschränken. Ich bin gegen die Diktatur der Räte und für die Souveränität des Parlaments.«* [4]

Kurt Eisner (1867–1919) war, ebenso wie andere führende Revolutionäre, ein »Zugereister«. Er stammte aus Berlin, war also das, was gewisse bayerische Kreise gern einen »Havelschlawiner« nannten. Von 1889 bis 1898 hatte er für die »Frankfurter Zeitung« gearbeitet, war dann in die Schriftleitung des »Vorwärts« gewechselt und 1905 als »Revisionist« entlassen worden. Ab 1907 leitete er die »Fränkische Tagespost« in Nürnberg, 1910 übersiedelte er nach München und arbeitete für die »Münchner Post«. Nach Ausbruch des Weltkrieges wurde er bald zum radikalen Pazifisten, verließ die SPD und nahm im April 1917 beim Gründungsparteitag der USPD in Gotha teil. Eisner war einer der Führer des Januarstreiks gewesen und war nach der großen Kundgebung am 31. Januar 1918 verhaftet und in Untersuchungshaft festgehalten worden. Als die USPD ihn im Herbst für die in einem Münchner Wahlkreis fälligen Wahlen zum Reichstag als Kandidaten nominierte, wurde er am 14. Oktober vom Reichsgericht auf freien Fuß gesetzt. Bei den folgenden Wahlkundgebungen erwies sich, daß die Monate im Gefängnis Eisners Popularität bei den Arbeitern außerordentlich gesteigert hatten.

Trotz des erbittert zwischen den Bruderparteien geführten Wahlkampfes riefen MSPD und USPD für den 7. November um 15 Uhr zu einer gemeinsamen Friedensdemonstration auf der Theresienwiese auf. Am Vormittag rückten Truppenverbände in die Stadt ein, doch waren sie bereits »völlig unzuverlässig« und machten der Münchner Bevölkerung deutlich, daß sie nicht auf sie schießen würden[5]. Am Nachmittag strömten nach verschiedenen Schätzungen zwischen 100 000 und 200 000 Menschen auf der Theresienwiese zusammen. Eine Resolution wurde angenommen, die die Grundideen des sozialdemokratischen Wahlprogramms aufnahm: Abdankung des Kaisers, Annahme der alliierten Waffenstillstandsbestimmungen, Demokratisierung Deutschlands, Einführung des Achtstundentages. Nach Beendigung der Kundgebung zog Erhard Auer mit den Anhängern der MSPD zum Friedensengel, während die USPDler mit dem Ruf »Soldaten! Auf in die Kasernen! Befreien wir unsere Kameraden! Es lebe die Revolution!« zu den Kasernen zogen, die alle kampflos eingenommen wurden. Am Abend wurden im Mathäser-Bräu die Arbeiter- und Soldatenräte konstituiert, gegen Mitternacht kam es dann zur offiziellen Gründung des Arbeiter-, Soldaten- und Bauernrates. Als tags darauf Erhard Auer für die MSPD die Bereitschaft erklärte, in die Revolutionsregierung einzutreten, war das Schicksal der Monarchie und des alten Regimes besiegelt.

Kurt Eisner wurde zum Ministerpräsidenten gewählt. Er war der Mann der Stunde. Ein Sozialist mit hohen Idealen, träumte er davon, Marx mit Kant zu versöhnen. Er glaubte, daß eine Demokratisierung der Gesellschaft dem Guten im Menschen zum Durchbruch verhelfen müsse. In Eisners am 16. November veröffentlichten Regierungsprogramm hieß es:

»Die revolutionäre Regierung des Volksstaates Bayern ist zu dem großen Versuch entschlossen, die Umwandlung des alten Elends in die neue Zeit in vollkommener verbürgter Freiheit und in sittlicher Achtung vor den menschlichen Empfindungen durchzuführen und damit ein Vorbild zu geben für die Möglichkeiten einer Politik, die auf Vertrauen zu dem Geist der Massen, auf der festen und klaren Einsicht in die Notwendigkeiten und Mittel der Entwicklung auf der freimütigen Offenheit und Wahrhaftigkeit beruht.« [6]

Neben dem Arbeiter-, Soldaten- und Bauernrat wurde noch ein Frauenrat und ein »Rat geistiger Arbeiter« gegründet[7]. Eisners Intentionen entsprach es, die Freiheit der Presse vollkommen zu respektieren mit dem Resultat, daß er bald die gesamte veröffentlichte Meinung gegen sich hatte. Er stand im Kreuzfeuer der bürgerlichen Presse zum einen und der sozialdemokratischen und kommunistischen Zeitungen zum anderen. Auch für Vorurteile war er eine ideale Zielscheibe mit seiner bohèmehaften Erscheinung, der Berliner Herkunft und dem intellektuellen Habitus. Mehr noch verübelte man ihm seine jüdische Abstammung[8].

Als der Ministerrat am 5. Dezember beschloß, am 12. Januar 1919 Landtagswahlen abzuhalten, kämpfte Eisner schon mit dem Rücken zur Wand. Den Linken war er zu bürgerlich, die Sozialdemokraten lehnten ihn als realitätsfernen Schwärmer und Idealisten ab, und für die bürgerlichen Kräfte verkörperte er das Schreckgespenst der Räteherrschaft. Die USPD verfügte außerhalb Münchens kaum über eine Organisation, und der Partei fehlte noch immer eine eigene Zeitung. Wenige Tage nach der Ankündigung der Wahlen gründete sich eine Gruppe des kommunistischen Spartakusbundes. Die Spartakisten hatten zuvor als Protest gegen die »Pressehetze«

Zeitungshäuser gestürmt, die Eisner wieder räumen ließ. Auf der anderen Seite versuchten die Mehrheitssozialdemokraten in Verbindung mit Reichswehroffizieren eine konterrevolutionäre Bürgerwehr aufzustellen, was ebenfalls am Eingreifen Eisners scheiterte.

Die Landtagswahlen brachten für Kurt Eisner eine vernichtende Niederlage. Ganze drei Sitze entfielen auf seine USDP, dagegen 61 auf die Mehrheitssozialdemokraten und 66 auf die Bayerische Volkspartei. Die liberale Deutsche Volkspartei kam auf 25 Abgeordnete, der Bayerische Bauernbund auf 16 und die Mittelpartei auf neun. Die Spartakisten hatten zum Boykott der Wahl aufgerufen. (Bei den Wahlen auf Reichsebene eine Woche später schnitt die USDP mit 22 von 421 Sitzen nicht viel besser ab.) Am 21. Februar befand sich Eisner auf dem Weg zur konstituierenden Sitzung des neugewählten Landtags in die Prannerstraße, um dort den Rücktritt seiner Regierung zu erklären. Als er gerade den Promenadeplatz überquert hatte, wurde er von dem jungen Anton Graf Arco hinterrücks erschossen. Josef Hofmiller notierte tags darauf in seinem Tagebuch: »Eisner forderte durch sein ganzes Verhalten zu seiner gewaltsamen Entfernung heraus.«[9] So dachten gewiß viele Angehörige des Bürgertums, die der neuen Republik, und nicht nur dem Experiment der Räte, mehr als distanziert gegenüberstanden. In der Gerichtsverhandlung, im Januar 1920, bescheinigte der Staatsanwalt dem Grafen Arco:

»Wahre, tiefe, innerlich wurzelnde Vaterlandsliebe war es, die den Angeklagten zu seiner Tat veranlaßte, und ich stehe nicht an hinzuzufügen: Wäre unsere Jugend insgesamt von solch glühender Vaterlandsliebe beseelt, wir hätten Hoffnung, mit froher Zuversicht der Zukunft unseres Vaterlandes entgegenzusehen.«[10]

Und der Richter fügte in seiner Urteilsbegründung hinzu:

»Von einer Aberkennung der bürgerlichen Ehrenrechte konnte natürlich keine Rede sein, weil die Handlungsweise des jungen politisch unmündigen Mannes nicht niedriger Gesinnung, sondern der glühendsten Liebe zu seinem Volke und Vaterlande entsprang und ein Ausfluß seines Draufgängertums und der in weiten Volkskreisen herrschenden Empörung gegen Eisner war ...«[11]

Mehr Verständnis und menschliche Wärme sind wohl selten einem Mörder vor Gericht entgegengebracht worden. Da überrascht es nicht, daß schon am Tag darauf Justizminister Ernst Müller-Meiningen den nur notgedrungen zum Tod verurteilten Graf Arco zu lebenslänglicher Festungshaft begnadigte, die wenig später auf 15 und schließlich auf vier Jahre reduziert wurde. Außerdem richtete man für Arco eine eigene, besonders angenehme Haftanstalt auf der Festung Landsberg ein. Es ist dieselbe Festung, auf der später Adolf Hitler und seine Freunde nach ihrem gescheiterten Putsch ihre kurzen Haftstrafen absaßen. [12]

Machtvakuum

Doch so weit war es noch nicht. Noch war die Stunde der Gegenrevolution nicht gekommen. Die Nachricht von der Ermordung Eisners verbreitete sich wie ein Lauffeuer in der Stadt. Sie löste überall große Erregung und zumindest in der Arbeiterschaft auch große Empörung aus. Im Landtag hatte es nach dem Anschlag auf den Ministerpräsidenten noch ein Attentat gegeben. Durch die Schüsse des Metzgers Alois Lindner wurden mehrere Abgeordnete und Ministerialbeamte getroffen. Unter anderem wurde Erhard Auer schwer verletzt, so daß beide sozialdemokratischen Parteien auf einen Schlag ihrer führenden Köpfe beraubt wurden. Der Landtag lief auseinander. Alle Geschäfte wurden geschlossen, der Verkehr ruhte, die Arbeiter verließen die Betriebe und versammelten sich zur Abwehr befürchteter gegenrevolutionärer Aktionen zu einer großen Kundgebung auf der Theresienwiese. Ein dreitägiger Generalstreik wurde durchgeführt. Die bürgerlichen Zeitungshäuser wurden besetzt, die Zeitungen erschienen nicht. Ihre Hetze gegen Eisner wurde weithin als Ursache dafür angesehen, daß der friedliche Versuch einer Demokratisierung Bayerns ein so blutiges Ende genommen hatte. Als die Zeitungen nun wieder herauskamen, unterstanden sie einem Zensurrat. Für ihn waren unter anderem der Schriftsteller Oskar Maria Graf [13] und der Verleger Heinrich Franz Bachmair tätig.

In dem politischen Machtvakuum etablierte sich noch am Tage von Eisners Ermordung ein Zentralrat, in dem die beiden sozialdemokratischen Parteien, die Kommunisten, die Arbeiter-, Soldaten- und Bauernräte und die Gewerkschaften zusammenarbeiteten [14]. Die Beerdigung Kurt Eisners auf dem Ostfriedhof am 26. Februar

»Rache für Eisner!« – Die große Protestdemonstration nach der Ermordung des Ministerpräsidenten. Hier die Ludwigstraße, links das Bayer. Kriegsministerium

wurde zur größten politischen Kundgebung, die München je gesehen hatte. Hunderttausende, die sich von seinem Wirken Fortschritt und Besserung erhofft hatten, gaben ihm das letzte Geleit. Die verschiedenen politischen Kräfte der Arbeiterschaft stellten ihre Differenzen nun hintan. Der Zentralrat verkündete schon am 24. Februar die »Einheitsfront des Sozialismus« mit folgendem Programm: Beibehaltung der Räte als berufsständische Vertretung, Bildung einer sozialistischen Regierung, Wiedereinberufung des rechtmäßig gewählten Landtags, Entlassung des stehenden Heeres und Aufbau einer republikanischen Schutzwehr, Wiederherstellung der Pressefreiheit[15]. Von diesem Programm wurden vor allem der zweite und der dritte Punkt verwirklicht. Am 17. März trat der Landtag im ruhigeren Bamberg wieder zusammen und wählte eine Regierung unter Vorsitz des Mehrheitssozialdemokraten Johannes Hoffmann. Die Ministerliste war zehn Tage zuvor im sogenannten Nürnberger Kompromiß von den beiden sozialdemokratischen Parteien und dem gemäßigten Flügel des Bauernbundes ausgehandelt worden. Für diesen Kompromiß hatte sich auch im Münchner Zentralrat eine Mehrheit gefunden, wenngleich weite Teile der USPD hier dagegen gestimmt hatten. Der Landtag übernahm die

Ministerliste mit einigen Veränderungen. Neben Hoffmann gehörten dem Kabinett zwei Unabhängige und vier Mehrheitssozialdemokraten an sowie ein Bauernbündler und zwei Parteilose.

Die erste Münchner Räterepublik

Die Lage hatte sich scheinbar stabilisiert. Da geschahen zwei Dinge, die die Gemüter in München aufs neue erregten. Am 21. März wurde in Ungarn die Räterepublik ausgerufen. Am 4. April kam eine Abordnung der Augsburger Arbeiter- und Soldatenräte nach München und forderte auch für Bayern die Etablierung einer Räterepublik, d.h. eines Staatswesens auf der Grundlage des Rätesystems. Tags darauf erklärte die Vollversammlung der Münchner Kasernenräte einstimmig:

> *»Bei einem in München ausbrechenden Generalstreik erklärt die Garnison Münchens, daß ihre Sympathien auf der Seite der Arbeiter liegen. Die Garnison bleibt neutral. Bereitschaften, wenn solche gestellt werden, dienen in erster Linie dazu, die Arbeiterschaft zu schützen und Plünderungen zu verhüten.«* [16]

Ein Schutz des Landtags wurde ausdrücklich abgelehnt. In der Nacht vom 6. auf den 7. April beschloß der Zentralrat nach langen Debatten mit großer Mehrheit die Ausrufung der Räterepublik. Gleichzeitig wurden für die verschiedenen Ressorts Volksbeauftragte berufen; sie bildeten faktisch eine Gegenregierung zur Regierung Hoffmann in Bamberg. Insgesamt wurden zwölf gleichberechtigte Volksbeauftragte ernannt, von denen fünf der USPD und zwei dem Bauernrat angehörten. Die übrigen waren parteilos. Die bekanntesten Persönlichkeiten unter ihnen waren der Schriftsteller und undoktrinäre Sozialist Gustav Landauer, der Volksbeauftragter für Volksaufklärung wurde, und der in Belgien geborene Finanztheoretiker Silvio Gesell, der für das Finanzwesen verantwortlich war. Die Räteregierung befand sich in einer ähnlichen Lage wie einige Monate zuvor die Regierung Eisner. Die Mehrheitssozialdemokraten beteiligten sich zwar an dem Unternehmen, waren aber eigentlich dagegen. Die KPD lehnte das Experiment in ihrer Mehrheit ganz entschieden ab. Der Kommunist Richard Müller z.B. schreibt in seinen Memoiren: »Das Ausrufen der Räterepublik war nichts anderes als elende gewissenlose Revolutionsspielerei politischer Streber und Caféhausliteraten ...«[17] In diesen Worten, die so ähnlich auch von einem rechtsradikalen Autor stammen könnten, kommt der alte kommunistische Standpunkt zum Ausdruck, daß eine Revolution immer nur dann stattfinden darf, wenn die kommunistische Partei stark genug ist, in ihr die führende Rolle zu übernehmen.

Die erste Räteregierung entwickelte in ihrer nur eine Woche dauernden Amtszeit zahllose Sozialisierungspläne, für den Bergbau, die Presse, die Banken, die Industrie und die Landwirtschaft. Praktische Arbeit leistete vor allem der Volksbeauftragte für das Wohnungswesen, der Jurist Wadler, der auch der zweiten Räteregierung angehörte. Er versuchte durch Beschlagnahmen, Umsetzungen von wohnungslosen Arbeiterfamilien, Aufteilungen von Bürgerhäusern usw. die große Wohnungsnot in München zu mildern. Doch die Tage der Räteregierung waren gezählt. Unternehmer, Mittelstand und Beamtenschaft standen der Regierung der Volksbeauftragten durchweg ablehnend gegenüber. Vor allem aber stellte sich auch der im Bauernbund organisierte fortschrittliche Teil der Landbevölkerung auf die Seite der Regierung Hoffmann. Bayern war das einzige Land, wo es neben Arbeiter- und Soldaten- auch Bauernräte gab. Aber ihnen ging die Entwicklung nun zu weit. Sie wollten, daß wieder Ruhe ins Land einkehrte und mißbilligten vor allem die antiklerikale Programmatik der Räterepublik. In der Woche vom 6. bis 13. April, in der die erste Räterepublik regierte, verließen die meisten Mitglieder des Zentralbauernrates München und kehrten in ihre Heimatorte zurück. Dies verstärkte die auf dem Lande vorhandene Stimmung noch weiter, daß es nicht die Aufgabe der Bauern sei, die Unruhestifter in der Landeshauptstadt zu ernähren. Die Nahrungsmittelversorgung Münchens wurde von Tag zu Tag prekärer. In den letzten Wochen vor der Eroberung Münchens gab es kaum noch Lebensmittel außer Eiern und Brot, und auch dies von schlechter Qualität und streng rationiert.

In dieser Situation kam es am 13. April zu dem ersten gewaltsamen Versuch, die Herrschaft der Räte zu beenden. Ein Teil der Republikanischen Schutztruppe putschte mit Billigung der Regierung Hoffmann, aber auch der Münchner Mehrheitssozialdemokraten. Mehrere Mitglieder der Räteregierung und des Zentralrates, unter ihnen auch Erich Mühsam, wurden verhaftet. Doch noch am selben Tag gingen Einheiten der sich seit einigen Wochen formierenden Roten Armee zum Gegenangriff über und besiegten in einem blutigen Gefecht die Putschisten, die sich im Hauptbahnhof verschanzt hatten. Diese erfolgreiche militärische Aktion hatte zur Folge, daß die Sympathien eines Großteils der Münchner Arbeiterschaft jetzt auf die KPD übergingen. Der für den folgenden Tag ausgerufene Generalstreik »bis der volle Sieg gesichert ist«[18] wurde deshalb auch allgemein befolgt.

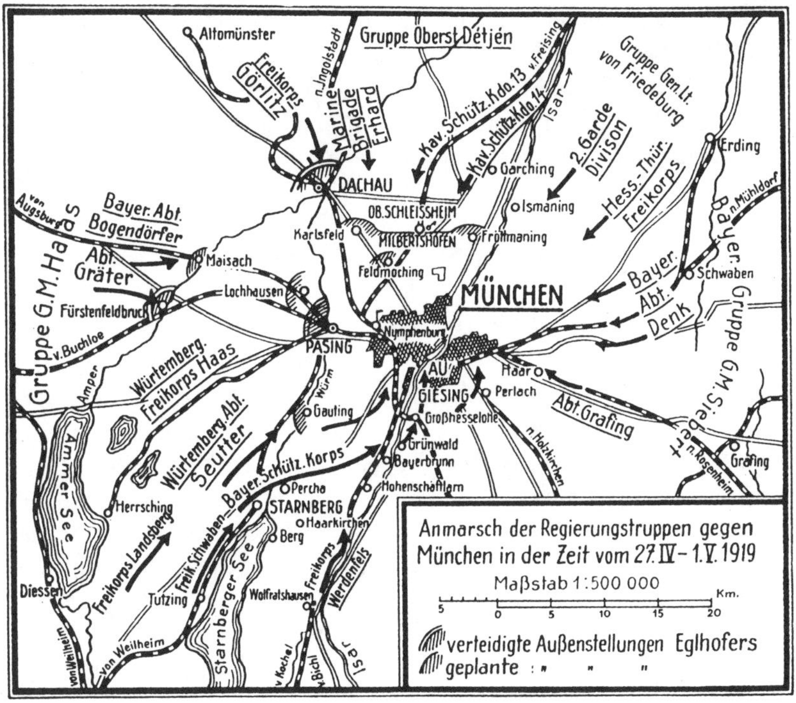

»Karte der Einschließung von München« (aus einer nationalsozialistischen Darstellung)

Jetzt war es soweit, daß auch die Regierung Hoffmann auf die militärische Intervention von außen als letztes Mittel setzte. Die Reichsregierung lehnte das bayerische Räteexperiment noch weit entschiedener ab; Reichswehrminister Gustav Noske hatte schon am 4. April für eine gewaltsame Beendigung plädiert und die Entsendung von Reichstruppen angeboten, aber Hoffmann und sein Militärminister Schneppenhorst hatten abgelehnt, weil sie eine Beschädigung der bayerischen Militärhoheit befürchteten. Noske ließ trotzdem, hinter dem Rücken der bayerischen Landesregierung, ein »Bayerisches Freikorps für den Grenzschutz Ost« aufstellen, dessen Kommando er niemand anderem als Oberst Ritter von Epp übertrug, Hitlers späterem Reichsstatthalter in Bayern. Hatte Hoffmann Noskes Hilfsangebot am 4. April noch rundweg abgelehnt, so bat er zehn Tage später telefonisch die Reichsregierung, »alle Vorbereitungen zu treffen, um Reichstruppen nach Bayern werfen zu können«[19]. Während die Rote Armee noch in Dachau Siege über die Weiße Garde feierte, zogen die preußischen, württembergischen und bayerischen Truppen, insgesamt etwa 46 000 Mann, den Belagerungsring um München bereits immer enger.

Die zweite Münchner Räterepublik

Die zweite Räterepublik, an deren Spitze unter anderem Ernst Toller, Eugen Leviné, Ernst Niekisch und wiederum Gustav Landauer standen, war wesentlich militanter als die erste. Der »rote Stadtkommandant« Rudolf Egelhofer verfügte, daß alle Bürger innerhalb von 12 Stunden ihre Waffen abliefern mußten, andernfalls drohte ihnen die Erschießung. Die »in Hotels, Pensionen und in den Häusern der Besitzenden«[20] noch vorhandenen Lebensmittel wurden rigoros requiriert. Anstelle der Zeitungen erschienen nun »Mitteilungen des Vollzugsrates der Betriebs- und Soldatenräte«. Gleichzeitig wurde die Lage in München noch schwieriger. Die Stadt war von allen Lebensmittelzufuhren abgeschnitten. Selbst an Kranke wurde nur noch bei unmittelbarer Lebensgefahr Milch ausgegeben[21]. Außerdem herrschte ein akuter Banknotenmangel, da die Münchner Reichsbankfiliale alle Bargeldvorräte und Notenprägestöcke entfernt hatte, so daß keine Löhne ausgezahlt werden konnten. Gleichzeitig rückten die Interventionstruppen weiter voran und die Stadt war erfüllt von den wildesten Gerüchten. In dieser Lage brachen die alten Gegensätze wieder auf. Die Unabhängigen Sozialdemokraten plädierten dafür, mit der Regierung Hoff-

Die Eroberer am 2. Mai in München (Photo: Heinrich Hoffmann, 2. Mai 1919)

mann zu verhandeln, während die Kommunisten für den bewaffneten Kampf eintraten. In den fast permanent tagenden Räteversammlungen wurden erbitterte Kontroversen ausgetragen. Erst traten Toller, Maenner und Klingelhöfer zurück, dann, nachdem sie keine Mehrheit erreichten, ihre Gegenspieler, die Kommunisten Levien und Leviné. Die daraufhin geführten Verhandlungen Tollers mit der Regierung Hoffmann verliefen naturgemäß ergebnislos, da diese ihr Schicksal längst in die Hände der Reichsregierung gelegt hatte. Am 28. April stürmten die Spartakisten das Polizeipräsidium. Tags darauf wurde ein neuer Generalstreik ausgerufen in der verzweifelten Hoffnung, so den Gegner wirksam zu treffen. Am 30. April wurden im Luitpold-Gymnasium acht Mitglieder der antisemitischen Thule-Gesellschaft zusammen mit zwei kriegsgefangenen Offizieren erschossen. Wenngleich diese »Geiselerschießung« gewiß ein Resultat der zunehmenden Verwirrung und Desorganisation in München war und von den Räten sofort verurteilt wurde, diente sie doch später als Symbol für den »roten Terror«, der in der Zeit der Räte angeblich geherrscht hatte.

Am 1. Mai begann der Einmarsch der Exekutionstruppen in München. Einer der führenden Männer war Franz Xaver Ritter von

Epp (1868–1946), der ein eigenes Freikorps befehligte. Er hatte 1900 als Offizier an der Niederschlagung des Boxeraufstands teilgenommen, 1904 in Südwestafrika an der Abschlachtung der Hereros. Im Ersten Weltkrieg war er Kommandeur des bayerischen Infanterie-Leibregiments gewesen. Ab 1928 sollte er die NSDAP im Reichstag vertreten. Das Freikorps Epp und die anderen Truppen stießen bei der Eroberung Münchens nur vereinzelt auf Widerstand und hatten keine großen Verluste zu beklagen. Trotzdem richteten sie ein Blutbad an, das in diesem deutschen Bürgerkrieg ohne Beispiel war. Durch Gerüchte aller Art erzeugten die Drahtzieher des weißen Terrors eine regelrechte Pogromstimmung unter den Besatzungstruppen. Diese schossen eine Woche lang auf alles, was spartakistisch aussah, und das traf im Zweifel jeden Arbeiter, wobei die Soldaten sich, zu Recht oder zu Unrecht[22], durch einen Schießbefehl Noskes gedeckt fühlten. Auch eine Proklamation der Kommandeure der Besatzungstruppen, daß jeder Angehörige der Roten Armee als Feind des bayerischen Volkes anzusehen sei, öffnete der Willkür Tür und Tor. Erst als am 6. Mai 21 Mitglieder des Katholischen Gesellenvereins St. Joseph als angebliche Spartakisten niedergemetzelt worden waren, bemächtigte sich jähe Ernüchterung des Bürgertums und der neuen Machthaber. Da hinter dem Gesellenverein die Bayerische Volkspartei stand, wurden die Mörder sogar bestraft, während sonst durchweg Freisprüche erfolgten, soweit überhaupt Anklage erhoben wurde.

Laut amtlicher Statistik wurden in den Tagen nach der »Befreiung« Münchens 557 Menschen getötet, von den vielen Verletzten nicht zu reden. In Wirklichkeit dürfte die Zahl der Toten etwa doppelt so hoch gewesen sein[23]. General von Oven, der die militärische Operation geleitet hatte, blieb noch bis zum 12. Juli in München. Reichswehrminister Noske sprach ihm seine Anerkennung für die »umsichtige und erfolgreiche Leitung der Operation« aus[24]. Das Standrecht wurde erst am 1. August wieder aufgehoben, der seit 1914 bestehende Kriegszustand sogar erst am 1. Dezember 1919. Der Preis, den die Regierung Hoffmann für die Zerschlagung der Räterepublik bezahlte, war das Ende jeder bayerischen Eigenständigkeit in militärischen Dingen und die Beerdigung ihres Plans, das bayerische Wehrwesen nach demokratischen Prinzipien neu zu ordnen.

Württemberger Truppen vor dem Karlstor (Photo: Heinrich Hoffmann, Mai 1919)

Der Ausgang der großen Krise des Jahres 1919 besiegelte vielleicht noch nicht das Schicksal der Weimarer Republik, aber er zeigte doch deutlich, woran sie einmal scheitern würde. Die SPD war die einzige unter den Weimarer Parteien, der es mit der Demokratisierung des Deutschen Reiches wirklich ernst war. Gleichzeitig lieferte sie sich bedingungslos ihren Feinden aus, den alten Machteliten in Heer und Verwaltung, um ihre Rivalen niederzuringen. Die verschiedenen politischen Strömungen der Arbeiterbewegung blieben als Folge dieser Auseinandersetzung um den richtigen Weg bis in den Untergang der Weimarer Republik und darüber hinaus tödlich zerstritten. Den Männern der Münchner Räterepublik mag man mangelnde politische Praxis vorwerfen, an der Lauterkeit ihrer Absichten kann niemand zweifeln. Und die Realpolitiker, nicht nur der »Bluthund« Noske, taten alles, um das prophezeite Scheitern Wirklichkeit werden zu lassen.

Fünf Juden wirkten an führender Stelle in der Münchner Räterepublik mit: Kurt Eisner wurde auf offener Straße erschossen. Gustav Landauer wurde von fanatisierten Soldaten im Hof des Gefängnisses Stadelheim zu Tode getrampelt. Eugen Leviné wurde nach der Eroberung Münchens zum Tode verurteilt und hingerichtet. Erich Mühsam wurde 1934 im Konzentrationslager Oranienburg ermordet. Ernst Toller wurde in der Einsamkeit des New Yorker Exils, in das er vor den Nazis geflohen war, das Sterben leichter als das Leben.

XVI. Die Jahre der Weimarer Republik

Die große Not

Wenn München jemals eine gemütliche Stadt gewesen ist, so war sie das nach dem Ende des Ersten Weltkrieges jedenfalls nicht mehr. Die Not der Bevölkerung war ungeheuer groß. Die Preise waren in

Notunterkunft einer Arbeiterfamilie in der Alten Heide (Photo 1929)

den Kriegsjahren ungleich stärker gestiegen als die Löhne, so daß viele Menschen nicht einmal ihre Grundbedürfnisse an Nahrung und Kleidung befriedigen konnten. Der Wohnungsbau war zum Erliegen gekommen; die chronische Wohnungsnot hatte katastrophale Ausmaße angenommen. »Hier schreit am lautesten die Wohnungsnot«, schrieb Joachim Ringelnatz in der »Weltbühne«[1]. Waren 1914 noch 703 neue Wohnungen errichtet worden, waren es zwei Jahre später noch ganze 23[2]. Die Not der Menschen verschärfte sich durch eine drückende Arbeitslosigkeit, da die ganz auf die Kriegswirtschaft eingestellte Industrie sich nur sehr schwer umstellen konnte, zumal es an allen Rohstoffen, ja selbst an Kohlen fehlte. Allein BMW entließ im Dezember 1918 3400 Arbeiter. Zu Beginn des Jahres 1919 waren fast 45 000 Münchner arbeitslos[3], bei einer Gesamtbevölkerung von 630 000 Einwohnern. Die Ernährungslage war, trotz zahlreicher Volksküchen, katastrophal. Von 100 Säuglingen starben 17 im ersten Lebensjahr.

Diese große Not prägte auch die folgenden Jahre. Zwar ging die Arbeitslosigkeit zurück, doch es blieben die extreme Wohnungsnot und die völlig ungenügende Versorgung mit Lebensmitteln. Die Denkschrift »Die Not in München« des BVP-Stadtrates Michael Gasteiger aus dem Jahre 1923 ist ein erschütterndes Dokument[4]. Er berichtet, daß der Milch- und Fleischkonsum pro Kopf der Bevölkerung 1923 weniger als halb so hoch war wie 1913, wobei er nach dem Krieg stetig weiter abgenommen hatte. Brennmaterial war so unerschwinglich teuer geworden, daß selbst große Teile des Mittelstandes es sich nicht leisten konnten, im Winter ihre Wohnung zu heizen. In manchen Stadtvierteln waren bis zu 50% der Schulkinder erheblich unterernährt. In fast jedem fünften der untersuchten Haushalte gab es Tuberkulosekranke, die meist auf engstem Raum mit den anderen Familienmitgliedern zusammenlebten, denn am schlimmsten von allem war die Wohnungsnot. 1923 kamen auf 240 neu gebaute Wohnungen 30 000 Wohnungssuchende. Selbst vier- und fünfköpfige Familien hatten häufig nur einen Raum zur Verfügung, der in manchen Fällen nur vier oder fünf Quadratmeter maß. Mehr als einmal kam es vor, daß kleine Kinder nachts starben, weil sie während des Schlafes infolge der Beengung erstickten. Gasteigers Denkschrift endete mit einem Appell an die Landbevölkerung, hinter der glitzernden Fassade der Großstadt die Not ihrer Bewohner nicht zu übersehen und eine »Not-, Brot- und Schicksalsgemeinschaft zwischen Stadt und Land« zu schaffen[5].

Politische Zerrissenheit

Tatsächlich trug die politische Zerrissenheit nicht unwesentlich zu der bestehenden Notlage bei. Die Zeit der Räterepublik hatte den bestehenden Stadt-Land-Gegensatz erheblich verschärft. Das Räteexperiment war von der großen Mehrheit der Landbevölkerung abgelehnt worden[5a], was sich sowohl in der Teilnahme verschiedener bayerischer Schützenverbände und Einwohnerwehren an der Niederschlagung der Räterepublik ausgedrückt hatte, vor allem aber auch in der Verweigerung notwendiger Lebensmittellieferungen, die auch jetzt nur zögernd und in ungenügendem Umfang die Landeshauptstadt erreichten. Dieser Stadt-Land-Gegensatz wurde überlagert durch den traditionellen Nord-Süd-Gegensatz innerhalb des Deutschen Reiches, der im Laufe des Krieges, mit schwindendem Kriegsglück und wachsenden Versorgungsschwierigkeiten, erheblich an Brisanz gewonnen hatte. Zu den Mentalitäts- und Konfessionsunterschieden gesellte sich nun auch ein politischer. Das »rote Preußen« hatte eine energische, sozialdemokratisch geführte Regierung, und auch in der Reichshauptstadt Berlin waren die Sozialdemokraten die führende politische Kraft, während der Süden mehrheitlich konservativ-klerikal war.

In Bayern tummelten sich, unbehelligt von der Obrigkeit, wenn nicht sogar gefördert, Monarchisten und andere Anhänger der alten Ordnung, großdeutsche Revisionisten, entlassene Soldaten und Freischärler, Völkische und Antisemiten und nicht zuletzt die zunächst nur in München existierende NSDAP. Hinzu kam eine weitere entscheidende Schwächung der ersten deutschen Demokratie. Während insbesondere aus bayerischer Sicht zwischen Kommunisten und Sozialdemokraten eigentlich kein Unterschied bestand, hatte in Wirklichkeit die blutige Unterdrückung des sogenannten Spartakus-Aufstandes in Berlin, der Münchner Räterepublik und anderer Versuche zur sozialen Neugestaltung der gesellschaftlichen Verhältnisse eine tödliche Feindschaft zwischen den beiden Flügeln der Arbeiterbewegung entstehen lassen. In ihr ist einer der Haupt-

Reichspräsident Ebert, Reichswehrminister Noske und Oberst von Epp besuchen die siegreichen »weißen« Truppen nach der Eroberung Münchens, Mai 1919

gründe für das Scheitern der Weimarer Republik zu sehen. Die Enttäuschung der Arbeiter über das Bündnis, das die Sozialdemokraten mit den alten Führungseliten in Militär, Jusiz und Verwaltung eingegangen waren – symbolisiert in der Gestalt des »Bluthundes« Gustav Noske –, schlug sich auch im Ergebnis der ersten Münchner Kommunalwahlen nieder[6].

Kommunalpolitische Entscheidungen

Die USPD, die Partei des ermordeten Ministerpräsidenten Eisner, die das Räteexperiment maßgeblich mitgetragen hatte, wurde bei der ersten Münchner Kommunalwahl im Juni 1919 überraschend stärkste Partei. Sie erhielt 16 von 50 Sitzen im Münchner Stadtrat, während die Mehrheitssozialdemokraten nur auf zehn Stadträte kamen. Dieser knappen Mehrheit der beiden Arbeiterparteien stand ein bürgerliches Lager gegenüber, in dem mit 15 Sitzen die Bayerische Volkspartei (BVP), die sich als Nachfolgeorganisation der Zentrumspartei aus katholisch-konservativen Kreisen gebildet hatte, dominierte. Sieben Sitze fielen auf die Demokratische Partei, je einer auf die liberale Bürgerpartei und die Liste der Haus- und Grundbesitzer. Diese Gruppierung hatte einen beträchtlichen Einfluß, da der Haus- und Grundbesitz in der Kommunalpolitik natürlich eine erhebliche Rolle spielte. Josef Humar, seit 1906 Vorsitzender des Münchner Hausbesitzer-Vereins, hatte dessen Interessen schon während des Krieges im Kollegium der Gemeindebevollmächtigten vertreten. Außerdem hatte er die Münchner Hausbesitzerbank gegründet und war Vorsitzender des »Hilfsbundes der Münchner Einwohnerschaft«, der die militärische Intervention gegen die Räterepublik tatkräftig unterstützt hatte.

Erstmals gehörten dem Stadtrat auch Frauen an, da die Weimarer Verfassung ihnen endlich das aktive und passive Wahlrecht gebracht hatte. Fünf der 50 Stadträte waren 1919 Frauen, die interessanteste unter ihnen die Vertreterin der Demokratischen Partei Luise Kiesselbach (1863–1929). Nach dem Tode ihres Mannes, der in Erlangen Medizin gelehrt hatte, war sie in München in der Frauenbewegung aktiv geworden. Sie wurde Vorsitzende des »Vereins für Fraueninteressen« und gründete den »Stadtbund Münchner Frauen«. Später wurde sie auch Vorsitzende des Hauptverbandes Bayerischer Frauenvereine und des Paritätischen Wohlfahrtsverbandes. Sie setzte sich vor allem für soziale Belange ein. Auf ihre Initiative gingen z.B. der Bau des Altersheimes an der Äußeren Wienerstraße und die Gründung eines Mädchenwohnheims zurück.

Eine andere Neuerung neben dem Frauenwahlrecht war die Direktwahl des Ersten Bürgermeisters, die allerdings bei den nächsten Kommunalwahlen schon wieder abgeschafft wurde. Alle Parteien hatten Kandidaten aufgestellt. Die Stimmenverhältnisse waren ähnlich wie bei der Stadtratswahl, so daß keiner auf die absolute Mehrheit kam. Eine Stichwahl war nicht vorgesehen, so mußte schließlich doch wieder der Stadtrat entscheiden. Da die stärkste Partei, die USPD, ihren Kandidaten zurückzog, kam überraschend der Mehrheitssozialdemokrat Eduard Schmid zum Zuge, obwohl er bei der Volkswahl nur Dritter geworden war. Schmid (1861–1933), von Beruf Möbelschreiner, hatte sich schon frühzeitig politisch und vor allem auch gewerkschaftlich engagiert. Nachdem er seinen Arbeitsplatz verloren hatte, wurde er 1891 Redakteur der SPD-Zeitung »Münchner Post«. 1899 war er in den Magistrat gewählt worden, 1907 in den Bayerischen Landtag; nach Kriegsende wurde er sogar dessen Präsident. Er verfügte also über eine reiche politische Erfahrung. In seinen Jahren als Bürgermeister, von 1919 bis 1924, setzte sich Schmid vor allem für soziale Belange und den Ausbau des nichtkonfessionellen Schulwesens ein. Der von seiner Partei damals noch laut vorgetragene Ruf nach Verstaatlichung bzw. Kommunalisierung wichtiger Produktionsmittel führte lediglich zur Übernahme der Straßenreinigung und des Rettungsdienstes durch die Stadt, Maßnahmen, die selbst von der BVP mitgetragen wurden. Eduard Schmid verstand sich als Bürgermeister aller Münchner. Er versuchte, ausgleichend zwischen den divergierenden Kräften zu wirken. Tatsächlich ist die erste Nachkriegsperiode des Münchner Stadtrats durch eine vergleichsweise konstruktive Atmosphäre gekennzeichnet, zumal die offenkundige Not weiter Teile der Bevölkerung die Kommunalpolitiker immer wieder zu gemeinsamem Handeln zwang.

Die Fraktion der USPD wies einen besonders großen Anteil an Künstlern und Intellektuellen auf. Der bedeutendste von ihnen war wohl der Fraktionsvorsitzende Hans Ludwig Held (1885–1954). Wegen seines schlechten Gesundheitszustandes vom städtischen Dienst beurlaubt, hatte er sich besonders der Volksbildung verschrieben. Schon vor dem Krieg hatte er verschiedene kulturpolitische Zeitschriften ins Leben gerufen, außerdem 1911, gemeinsam mit Thomas Mann, Frank Wedekind und anderen, den »Schutzverband Deutscher Schriftsteller« gegründet, dessen Geschäftsführung er auch übernahm. 1921 berief ihn der Stadtrat zum Stadtbibliothekar. In dieser Position leistete er Außerordentliches.

Als Held sein Amt antrat, betrug der Bestand der Münchner Stadtbibliothek etwas mehr als 47 000 Bände. Zehn Jahre später waren es 170 000 Bände, darunter die neugegründete Monacensia-Abteilung mit 15 000 Bänden. Held schuf fünf Volksbüchereien, vier Lesehallen mit Zeitungen und Zeitschriften sowie 14 Kinderlesestuben. Er erfand die Bibliotheksbusse (»Wanderbücherei«), die auch schlecht versorgte Wohngebiete erreichten. Außerdem hatte er großen Anteil am Aufbau der Volkshochschule. Noch kurz zuvor hoch geehrt, wurde Held 1933 von den Nazis zwangsweise in den Ruhestand versetzt. Später erhielt er auch als Autor Berufsverbot. Es gelang ihm vor seiner Entlassung noch, die Bestände an verfemter

Literatur in Sicherheit zu bringen, so daß München hier nur geringe Verluste zu beklagen hat[7].

Bei der Wahl des zweiten rechtskundigen Bürgermeisters ging die MSPD ein Bündnis mit dem bürgerlichen Lager ein, so daß der seit 1917 amtierende Hans Küfner in seinem Amt bestätigt wurde. Als national gesinnter Burschenschaftler und Träger mehrerer militärischer Auszeichnungen war er ein typischer Vertreter des von der Kaiserzeit geprägten Berufsbeamtentums. Auch der weit überwiegende Teil der Referatsleiter (ihnen entsprechen heute die berufsmäßigen Stadträte) wurde in seinen Ämtern bestätigt. Ausschlaggebend war dabei nicht zuletzt die finanzielle Belastung, die die vorzeitige Pensionierung dieser Beamten für die Stadt mit sich gebracht hätte. Diese Entscheidungen zeigen, daß die Stärken und Schwächen der Weimarer Republik auch auf lokaler Ebene sichtbar wurden. Zum einen blieb die kaiserliche vordemokratische Beamtenschaft weitgehend unbehelligt, so daß nur wenige Staatsdiener dem neuen System aus innerer Überzeugung dienten. Zum anderern gab es immer wieder Ansätze zur Zusammenarbeit bei den die Weimarer Verfassung tragenden politischen Kräften links und rechts der Mitte.

Landespolitik

Ganz anders entwickelten sich die Verhältnisse im Lande. Zwar war am 17. März 1919 der Pfälzer Sozialdemokrat Johannes Hoffmann, der schon der Regierung Eisner als Kultusminister angehört hatte, vom Bayerischen Landtag einstimmig zum Ministerpräsidenten gewählt worden. Dennoch entstand in seiner Amtszeit die »Unordnungszelle Bayern«, wie Wilhelm Hoegner es später einmal genannt hat, ein Netz aus monarchistischen Beamten, klerikalen Loyalitäten, Femegerichten, Geheimgesellschaften, völkischen Schutz- und Trutzbünden, vagabundierenden Freikorps und bürgerlichen paramilitärischen Verbänden. Dagegen konnte die Landesregierung, die zudem vom Wohlwollen des Militärs abhing, nur eine schwache Autorität entfalten. Als es im Januar 1920 an der Münchner Universität zu großen Demonstrationen für den verurteilten Eisner-Attentäter Graf Arco kam, die vom Militär und dem Münchner Polizeipräsidenten mit unverhohlener Sympathie begleitet wurden, kommentierte der Ministerpräsident bitter: »Bei uns in Bayern hat die Regierung an der Reichswehr, Polizeiwehr und Einwohnerwehr eine Stütze, wenn es gegen links geht. Geht es gegen rechts, ist die Regierung mit der sozialdemokratischen Spitze und wegen ihr vollständig schutzlos.«[8]

Die innenpolitischen Auseinandersetzungen des Jahres 1919 verschoben die Gewichte ganz entscheidend. Ausgerechnet der pazifistische Sozialist Hoffmann hatte die Reichswehr nach Bayern geholt, um dem ersten Versuch einer an den Interessen der Arbeiterklasse orientierten Gesellschaftsordnung den Garaus zu machen. Sein anschließender Aufruf an die Münchner Arbeiter »Kehrt zurück zum Sozialismus unserer großen Führer Marx und Engels«[9] war absurd und wirkungslos. Was Hoffmann tatsächlich erreichte, war ein Scheitern seines eigenen »Volkswehrkonzeptes«. Durch die Reichsintervention verlor Bayern endgültig seine Militärhoheit. Das bayerische Militär war nun Teil der Reichswehr, deren Führung in Berlin saß. Die Militärs setzten Hoffmann sehr stark unter Druck, seinen sozialdemokratischen Kriegsminister Schneppenhorst zu entlassen und Oberst von Epp zum Chef der neuen bayerischen Reichswehr-Schützenbrigade zu ernennen. Letzteres forcierte auch Reichswehrminister Noske. Hoffmann wehrte sich gegen diese Pläne verzweifelt. Doch Ende Mai mußte er sein Kabinett umbilden. In die zuvor rein sozialdemokratische Regierung traten nun auch Minister ein, die der DDP und der BVP angehörten. Jetzt war die Ernennung Epps nicht länger zu verhindern. Schneppenhorst trat zurück. Hoffmann mußte erkennen, daß seine Regierung unwillentlich den durch den Krieg diskreditierten Kräften wieder zu Macht und Ansehen verholfen und damit zugleich die Position der eigenen Partei irreparabel untergraben hatte.

Gleichzeitig entstand neben dem Militär noch ein weiteres antidemokratisches Machtzentrum, die bayerischen Einwohnerwehren. Der Forstrat Georg Escherich begann im Februar 1919 mit ihrer Organisation, wobei er die ausdrückliche Unterstützung Gustav Noskes genoß[10]. Bereits nach einem Jahr hatte die Organisation fast 300 000 Mitglieder, davon etwa 25 000 in München. Das riesige Waffenarsenal, über das sie verfügte, hätte noch für ein Mehrfaches

Mitglieder der Bayerischen Einwohnerwehr geben vor der Residenz ihre Waffen ab

dieser Zahl ausgereicht. Einer ihrer Führer sah damals in den Einwohnerwehren »die wohl einzige absolut verlässige Macht in Bayern«[11]. Erst 1921 mußte, gegen den erbitterten Widerstand Gustav von Kahrs, die Organisation offiziell aufgelöst werden, im Zuge der von den Alliierten verfügten Entwaffnung des Deutschen Reiches. Aber viele Wehrmänner werden es so gemacht haben wie der Historiker Karl Alexander von Müller, der in der Nazizeit Präsident der Bayerischen Akademie der Schönen Künste wurde: »Auch ich versteckte mein Militärgewehr mißmutig hinter den Büchergestellen.«[12]

Der Kapp-Putsch und die Folgen

In München herrschte während der Auseinandersetzungen um Epp noch immer das Standrecht (bis Ende November 1919). Die Sieger vom Mai 1919 nutzten die Gunst der Stunde zu einer radikalen Säuberung von Militär, Polizei und Beamtenapparat. Die

»Crême des gegenrevolutionären Kahr-Bayern«[13] kam jetzt ans Ruder. Ernst Pöhner, Nazi der ersten Stunde, wurde Polizeipräsident, Wilhelm Frick, der 1933 Reichsinnenminister und 1946 in Nürnberg zum Tode verurteilt wurde, wurde Pöhners Adlatus und Leiter der Politischen Abteilung. Hans Ritter von Seißer, beim Hitler-Putsch als Polizeiminister vorgesehen, wurde Chef der Landespolizei und Ernst Röhm wurde von Oberst von Epp in den Generalstab der bayerischen Reichswehrbrigade berufen.

Ein Jahr später, im März 1920, folgte der Kapp-Putsch, der erste Versuch der reaktionären Kräfte auf nationaler Ebene, das Rad der Geschichte wieder zurückzudrehen. Der Putschversuch brach infolge der entschlossenen Gegenwehr der Arbeiterschaft und ihrer Organisationen rasch in sich zusammen, zumal große Teile der Reichswehrbefehlshaber das Unternehmen nicht unterstützten, so auch der bayerische General von Möhl[14]. Trotzdem bedeutete der Kapp-Putsch einen weiteren schweren Rückschlag für die Kräfte, die versuchten, in Deutschland eine stabile Demokratie zu errichten. Noske wurde durch Otto Geßler als Reichswehrminister ersetzt, und General von Seeckt wurde Chef der Heeresleitung. Diese Männer wurden maßgeblich für den Neuaufbau der Reichswehr als »Staat im Staate«. Die propagierte politische und weltanschauliche Neutralität bedeutete in der Praxis, daß die Reichswehr nicht zu einer Unterstützung des demokratischen Systems von Weimar bereit war.

In Bayern verlangte General von Möhl von der Regierung Hoffmann die Übertragung der Vollzugsgewalt, da nur so die Aufrechterhaltung von Ruhe und Ordnung gewährleistet sei. Hoffmann wehrte sich heftig, heftiger als sein Kabinett. De facto kam es zu einem »kalten Staatsstreich«[15], General von Möhl wurde zum Staatskommissar für München-Stadt und München-Land ernannt und übertrug die »Sicherheitsmaßnahmen« Oberst von Epp. Als Vorwand dafür dienten gerade die großen Demonstrationen der Münchner Arbeiterschaft gegen den antidemokratischen Kapp-Putsch. Regierungskommissar wurde der Regierungspräsident von Oberbayern, Gustav von Kahr. Diese drei Männer – Möhl, Epp und Kahr – übten nunmehr faktisch die Macht in Bayern aus. Ministerpräsident Hoffmann trat zurück, nachdem ihn sogar die eigene

Partei im Stich gelassen hatte. Am 16. März 1920 wurde mit 92 von 134 Stimmen Gustav von Kahr zu seinem Nachfolger gewählt. Die SPD hatte sich als über politischen Einfluß verfügende Kraft selbst abgemeldet.

Kahr (1862–1934) stützte sich auf ein breites Bündnis aus bürgerlichen, christlich-sozialen, zum Teil demokratischen Kräften, Reichswehr, Einwohnerwehren und Rechtsradikale der verschiedensten Couleur. Vor allem seine Innenpolitik hatte einen »jeder politischen Klugheit wiedersprechenden obrigkeitsstaatlichen und sogar ostentativ reaktionären Zug«[16]. Die sofortige Aufhebung der Arbeiterräte durch Justizminister Christian Roth, der später der NSDAP beitrat, hatte demonstrativen Charakter.

Eldorado für antidemokratische Kräfte

In dieser Situation war es kein Wunder, daß München zum Eldorado für antidemokratische Kräfte aller Art wurde. Der in Berlin steckbrieflich gesuchte Brigadeführer Ehrhardt reiste nach München und richtete für seine Terrororganisation in der Franz-Josef-Str. 3 ein Büro ein. Von Polizeipräsident Pöhner war er mit mehreren falschen Pässen ausgestattet worden[17]. Das Freikorps Oberland hatte sein Hauptquartier im Hotel Adelmann am Isartorplatz, ganz in der Nähe des Sterneckerbräus, wo die NSDAP tagte. Die Münchner Polizei, die fest in der Hand der Nazis Pöhner und Frick war, unterstützte alle diese Aktivitäten. Es wurden Akten gefälscht oder vernichtet, Anzeigen unterschlagen, »Inkognito-Pässe« ausgegeben, Fememörder gedeckt. Die sozialdemokratische Führung der Stadt war demgegenüber machtlos. Die Folge waren eine zunehmende Zahl tätlicher Angriffe gegen Sozialdemokraten, antisemitische Ausschreitungen und Terrorakte gegen demokratische Kräfte. Als 1921 der USPD-Abgeordnete Karl Gareis vor seiner Wohnung in Schwabing erschossen wurde, protestierte die Arbeiterschaft mit einem dreitägigen Generalstreik, doch die Polizei untersuchte den Fall nur äußerst widerwillig.

Typisch für die Stimmung der reaktionären Kreise war die Haltung des Schriftstellers und Publizisten Ludwig Thoma, der das Attentat auf Ministerpräsident Kurt Eisner, die bestialische

Ermordnung Gustav Landauers sowie den Überfall auf den Sexualwissenschaftler Magnus Hirschfeld im Miesbacher Anzeiger mit den Worten kommentierte:

»In München haben wir doch mit der Hinrichtung des Eisner und der Prügelstrafe. gegen den Magnus Spinatfeld den Nachweis geliefert, daß es uns nicht an Temperament fehlt. Die Berliner werden auch dankbar anerkennen müssen, daß wir ihnen den Landauer durchgetan haben.« [18]

Die Weimarer Demokratie hatte er kurz zuvor als verachtenswertes »Affenwerk« bezeichnet[19]. Thoma, ursprünglich als Verfasser bissiger Satiren gegen den Wilhelminismus bekannt geworden, hatte sich im Ersten Weltkrieg zu den Alldeutschen bekannt, die annexionistische Kriegsziele verfolgten. Durch den Kriegsverlauf und die nachfolgenden gesellschaftlichen Veränderungen wurde deutlich, daß Thoma zwar ein scharfzüngiger Kritiker bestimmter Erscheinungen der wilhelminischen Gesellschaft, im Grunde aber ein entschiedener Anhänger der alten Ordnung, besonders in Bayern, war. Der Miesbacher Anzeiger war schon 1874 gegründet worden. Sein Herausgeber gehörte zum bäuerlich-föderalistischen Flügel der BVP. Durch Thomas (anonyme) Mitarbeit von 1920/21 vervielfachte sich die Auflage der bis dahin unbedeutenden Provinzzeitung[20]. 1936 erschien aus Anlaß seines 15. Todestages eine Sondernummer des »Simplicissimus«. Dort wurde Thoma als Vorkämpfer gegen Juden, Kommunisten, Kaffeehausliteraten und »alle inneren und äußeren Feinde Deutschlands« gewürdigt[21]. Thomas publizistische Tätigkeit, der erst in den letzten Jahren die verdiente Aufmerksamkeit zuteil wurde, macht deutlich, daß der ganze Spott gegen die wilhelminische Gesellschaft vielmehr antipreußischen Regungen als reformerischen oder gar linken politischen Positionen entsprang, weswegen es dem »Simplicissimus« später auch mühelos gelang, in der Nazizeit seine Rolle als führendes Karikaturenblatt beizubehalten[22].

Das Münchner Bürgertum stand den Umwälzungen nach dem Ersten Weltkrieg in seiner großen Mehrheit zunächst abwartend-passiv, später scharf ablehnend gegenüber. Dabei mischten sich die grundsätzliche Ablehnung der Weimarer Republik, die politische Gegnerschaft gegen die Sozialdemokraten, die man in erster Linie für den »Schandfrieden« von Versailles verantwortlich machte, antipreußische Ressentiments und ein handfester Antisemitismus. Diese Atmosphäre blieb nicht ohne Wirkungen.

Zentrum des Antisemitismus

München war ein frühes Zentrum des Antisemitismus. Eine zentrale Rolle spielte in diesem Zusammenhang der Verleger Julius Friedrich Lehmann (1864–1935). In Zürich geboren, kam er 1900 nach München, wohin ihn sein Vetter Bernhard Spatz gerufen hatte, der Schriftleiter der »Münchner Medizinischen Wochenschrift« war. Lehmann übernahm die Zeitschrift; es gelang ihm, die Abonnentenzahl von 1500 auf mehr als das Zehnfache zu steigern. Schon um die Jahrhundertwende war die MMW die auflagenstärkste deutsche medizinische Wochenzeitung, wobei das ungeschriebene Gesetz galt, daß kein Jude mitarbeiten durfte[23]. Lehmanns Verlag spezialisierte sich auf die Gebiete Medizin, »völkische Politik mit besonderer Betonung der reinen Kampfschriften während des Weltkrieges«, »Rassenhygiene und Vererbungsforschung« sowie »Rassenkunde«[24]. Hier wurde ein erheblicher Teil des späteren nationalsozialistischen Gedankengutes erstmals entwickelt, z.B. trat Lehmann immer wieder für die Zwangssterilisierung von »Minderwertigen« ein[25]. 1909 erschien in seinem Verlag die erste von zahllosen rassenpolitischen Schriften: »Deutsche Rassenpolitik und die Erziehung zu nationalem Ehrgefühl« von Hauptmann a.D. Eberhard Meinold. Lehmann stand mit Alfred Ploetz' Deutscher Gesellschaft für Rassenhygiene, deren Vorstand er auch angehörte und die wie die MMW in der Paul-Heyse-Straße residierte, ebenso in Verbindung wie mit Richard Wagners Schwiegersohn Houston Stewart Chamberlain, dessen rassenpolitische Schriften großen Einfluß auf die Nazis hatten. Der wichtigste Autor auf diesem Gebiet wurde aber Hans F. K. Günther (1891–1968), der »Rasse-Günther«, von dem 15 Bücher bei Lehmann erschienen, darunter 1922 die »Rassenkunde des deutschen Volkes«, die Jahr für Jahr in großen Stückzahlen nachgedruckt wurde und 1933 bereits in der 16. Auflage war. Lehmann hatte das Werk bei dem damals noch ganz unbekannten jungen Lehrer in Auftrag gegeben. Von dem außerordentlichen Erfolg profitierten beide in erheblichem Maße. Günther war der erste, der die rassenpolitischen Ideen der Nazis zu einer konsistenten Theorie zusammenfaßte und ihnen damit eine pseudowissenschaftliche Form gab. Als die Nationalsozialisten 1930 in die Thüringische Landesregierung eintraten, wurde er mit einer Professur an der Universität Jena belohnt[26].

Lehmann verlegte außer der MMW noch eine Vielzahl weiterer Zeitschriften, unter anderem »Im Kampf ums Deutschtum«, die Flugschriften der Alldeutschen, deren eifriges Mitglied er war, sowie die »Wartburg«, das Kampfblatt der antiklerikalen Los-von-Rom-Bewegung, schließlich seit 1917 »Deutschlands Erneuerung«, »eine der ganz wenigen Zeitschriften, die sich zum Nationalsozialismus bekannte«[27]. Nach dem Ersten Weltkrieg traten noch »Volk und Rasse« und die »Zeitschrift für Rassenhygiene« hinzu[28]. Lehmann war außerdem aktives Mitglied zahlloser vaterländischer Verbände, vom Flotten-Verein über den Deutschen Sprachverein bis zum Kampfbund für die Grenzmarkdeutschen. Erst im Dezember 1931 entschloß er sich zum Eintritt in die NSDAP. 1934 wurde Lehmann zu seinem 70. Geburtstag von Adolf Hitler mit dem Adlerschild des Deutschen Reiches ausgezeichnet, und die medizinische Fakultät der Universität München ernannte ihm zum Ehrendoktor.

»Der Boden wird bereitet«

Zu Beginn der 20er Jahre kamen viele »rechtsstehende Persönlichkeiten von großem Namen aus der Geschichte der kaiserlichen und preußischen Monarchie und des Krieges«[29] nach München, da sie in Bayern eine optimale Operationsbasis für ihre restaurativen Bestrebungen sahen. Unter ihnen war z. B. Großadmiral Tirpitz, der im Ersten Weltkrieg der von ihm hochgepäppelten deutschen Kriegsflotte hatte zu Ruhm verhelfen wollen und nach seinem erzwungenen Rücktritt 1917 mit dem späteren Putschisten Kapp die Deutsche Vaterlandspartei gegründet hatte. Der prominenteste Zuwanderer war gewiß der so ganz und gar unbayerische General Ludendorff.

Erich Ludendorff (1865–1937), der im Ersten Weltkrieg vergeblich versucht hatte, die Ideen der Alldeutschen wie »Gewinnung von Lebensraum im Osten« und »Siegfrieden« militärisch zu realisieren und dann angesichts der drohenden Niederlage das Weite gesucht hatte, war 1920 nach Deutschland zurückgekehrt und ließ sich im damaligen Münchner Vorort Solln auf der Prinz-Ludwigs-Höhe nieder. In München lernte Ludendorff auch Mathilde von Kemnitz (1877–1966) kennen, seine spätere zweite Frau. Sie hatte 1913 mit einer Arbeit über den »asthenischen Infantilismus des Weibes« promoviert und betrieb in der Ludwigstraße eine psychiatrische Praxis[30]. Die Agitation des Ehepaares Ludendorff hatte etwas andere Schwerpunkte als die Lehmanns. Sie kämpften vor allem gegen die »überstaatlichen Geheimmächte« der Freimaurer, Katholiken, Juden und Bolschewisten, die sich gegen die nordische Rasse verschworen hatten und insgeheim die deutsche Volkskraft zersetzten[31]. Ludendorff schloß sich zunächst den Nazis an, aber 1926 trennte er sich von Hitler, da dieser sich nicht am Kampf gegen Rom beteiligen wollte. Er sammelte seine Anhänger im Tannenbergbund und stellte sich gegen alle Formen des Christentums, auch gegen die nationalsozialistischen Deutschen Christen. Statt dessen propagierten die Ludendorffs das »Deutschvolk«, dessen Anerkennung als Religionsgemeinschaft sie vergeblich zu erwirken versuchten. Außerdem betrieben sie in der Romanstr. 7 eine Verlagsbuchhandlung, in der seit 1929 »Ludendorffs Volkswarte« erschien, zu der später noch die Beilage »Am Heiligen Quell deutscher Kraft« kam.

Auch die Ludendorff so sehr verhaßte katholische Kirche hatte in München seit 1917 mit dem Kardinal Michael von Faulhaber (1869–1952), zuvor Bischof in Speyer, einen entschiedenen Antidemokraten an der Spitze. Kaum in München angekommen, rief er die bayerischen Feldgeistlichen zusammen, beauftragte sie, für die Kriegsanleihen zu werben, und besuchte selbst die bayerischen Truppen an der Ostfront[32]. Auf dem ersten Münchner Katholikentag 1919 bezog Faulhaber entschieden Stellung gegen die nachmonarchistische Verfassung und beklagte, daß »die Angst vor dem sozialistischen Staat die Tatkraft der bürgerlichen Kreise [lähmte]«[33]. Wie viele andere kirchliche Würdenträger sehnte Faulhaber sich zurück nach den wohlgeordnet hierarchischen Verhältnissen des Wilhelminismus, nach der Allianz zwischen Thron und Altar. Er war der führende Kopf der antirepublikanischen Kräfte innerhalb der katholischen Kirche in Bayern[34]. Am 14. September 1919 ermahnte die Bayerische Bischofskonferenz die Priester, sich »das Gewissen rein und frei gegenüber einer Republik und ihrer Verfassung [zu halten], die aus der Sünde der Revolution und damit aus dem Fluch geboren sind.«[35] Faulhaber schrieb 1920 in seinem Hirtenbrief zur Fastenzeit:

> *»Die Kirche hat ohne militärische Machtmittel als Hierarchie von Gottes Gnaden die Umwälzungen von 1900 Jahren überstanden und wird ihren monarchischen Grundcharakter bis zum Ende der Zeiten bewahren.«*[36]

1922, beim zweiten (diesmal nationalen) Münchner Katholikentag, kam es zu der berühmt gewordenen Auseinandersetzung zwischen Faulhaber und Konrad Adenauer, damals Oberbürgermeister von Köln. Adenauer, der Präsident des Katholikentages war, begann seine Entgegnung auf die antidemokratischen Äußerungen Faulhabers, der »Meineid und Hochverrat« als Ausgangspunkt der Weimarer Republik bezeichnet hatte, mit den Worten:

> *»Es sind hie und da Äußerungen gefallen, die man sich aus Verhältnissen örtlicher Natur erklären kann, hinter denen aber die Gesamtheit der deutschen Katholiken nicht steht.«*[37]

Er führte im folgenden aus, daß die Zeit reif gewesen sei für das Abtreten der gekrönten Häupter. Faulhaber wollte die Veranstaltung aus Protest verlassen, konnte aber seinen Hut nicht finden, Georg Heim, der Führer des separatistischen Flügels der Bayerischen Volkspartei, rief: »Schmeißt den Kerl doch raus!», und eine Eskalation der Situation konnte nur durch rasches Absingen des »Te deum« verhindert werden. Faulhaber blieb unbelehrbar und rühmte sich noch 1936 bei einem Besuch Hitlers auf dem Obersalzberg seines damaligen Auftretens[38]. In seiner Stellungnahme gegenüber Rom drängte Faulhaber vor allem darauf, daß von dort keine Billigung der Regierungskoalition erfolgte, die das katholische Zentrum mit der SPD eingegangen war[39]. Außerdem erreichte Faulhaber, daß Adenauer der päpstliche Orden, den der Kirchentagspräsident normalerweise bekam, nicht verliehen wurde. Als elf Jahre später die Nazis an die Macht kamen, waren vom Münchner Kardinal keine kritischen Töne zu hören. Vielmehr erklärte er, daß das Hitler-Regime »rechtmäßig wie noch keine Revolutionspartei in den Besitz der Macht gelangte«[40]. Als Hitler im November 1939 dem Bürgerbräuattentat entging, hielt Faulhaber einen Dankgottesdienst für die »wunderbare Errettung des Führers« ab. Obwohl Faulhaber persönlich kein Antisemit war, konnte er sich zu einer Stellungnahme zu den Judenverfolgungen zu keinem Zeitpunkt entschließen.

Die bayerische Regierung verfolgte in den Jahren 1921 bis 1923, zwischen Kapp-Putsch und Hitler-Putsch, eine Politik der bedenkenlosen Toleranz gegenüber allen rechtsradikalen Kräften, solange sie irgendwie den Anschein einer oppositionellen Haltung gegenüber »Berlin« erweckten. Die bayerische und die Münchner Presse, die zu über 90 % dem bürgerlich-konservativen Lager angehörten, folgten dieser Linie. Die immer lauter erhobene Forderung nach einer Rechtsdiktatur förderte auch ganz erheblich das Wachstum der NSDAP. Wirtschaftlich kontrolliert wurden die wichtigsten Zeitungen von der restaurativen Bestrebungen alles andere als ablehnend gegenüberstehenden Großindustrie. Alfred Hugenberg, der bis 1918 Vorstandsvorsitzender bei Krupp gewesen war und jetzt einen rechtsgerichteten Medienkonzern aufbaute, erwarb 1920 die München-Augsburger Abendzeitung und vorübergehend auch die Münchner Neuesten Nachrichten, die einige Jahre später von einem Konsortium der Schwerindustrie unter Führung der Gutehoffnungshütte kontrolliert wurden, dem auch der Fränkische Kurier, die wichtigste nordbayerische Tageszeitung, gehörte. Die Münchner Neuesten Nachrichten (MNN) waren die wichtigste bayerische Tageszeitung, die einzige mit einer Auflage von mehr als 100 000 Exemplaren. Vertreter der Eigentümer gegenüber der Redaktion der MNN wurde, vermutlich durch die Vermittlung von Josef Hofmiller und Oswald Spengler, der Herausgeber der Süddeutschen Monatshefte, Paul Nikolaus Cossmann. Cossmann steuerte einen entschieden nationalistisch-antidemokratischen Kurs an, so daß die Frankfurter Zeitung feststellen mußte:

> *»Seitdem auch die Münchner Neuesten Nachrichten unter den Einfluß der Kreise geraten sind, die im sogenannten Ordnungsblock die Sammlung aller reaktionären Kräfte betreiben, kommen die demokratischen Ideen ... in der bayerischen Presse nicht mehr zu Wort.«*[41]

Cossmann kämpfte vehement gegen die sogenannte Kriegsschuldlüge und »für nationale Erneuerung und gegen Sozialismus und republikanische Politik«. Noch bei den weithin vom Naziterror geprägten, kaum noch als frei zu bezeichnenden Reichstagswahlen vom März 1933 riefen die MNN dazu auf, unbedingt national zu wählen. In der SPD sah Crossmann »unseres Landes erbittertste Feindin«[42]. Wie so viele unterschätzte er Hitler und verkannte den hohen Realitätsgehalt der nationalsozialistischen Rhetorik. Er vertraute, wie viele bayerische Bürger, auf die Stärke der Regierung Held, die die MNN publizistisch immer unterstützt hatten. Die Nazis honorierten Cossmanns »bedenkenlosen Nationalismus«[43] nicht. Da er Jude war, wurde er im April 1933 sofort entlassen und später ins Konzentrationslager Theresienstadt verschleppt, wo er 1942 starb.

Es ist deutlich geworden, daß die gesellschaftlich einflußreichen Kräfte in der bayerischen Landeshauptstadt der Weimarer Demokratie meist sehr distanziert und vielfach auch feindlich gegenüberstanden. Ein wichtiger Einschnitt war hier das Jahr 1923 und der Hitlerputsch. Dieses nationalsozialistische Desperadounternehmen ließ viele Bürgerliche von den Nazis abrücken. Die grundsätzlichen Unterschiede zwischen den nationalistischen, völkischen und monarchistischen Kräften einerseits und den Nazis andererseits, die auf eine totalitäre Diktatur hinarbeiteten, die selbst im konservativ-antidemokratischen Lager keinen Raum für Pluralismus ließ, wurden jetzt offenkundiger. Die bürgerlich-föderalistisch-klerikalen Kräfte, die in Bayern den Ton angaben und vor allem von der BVP repräsentiert wurden, rückten von ihrer Politik der hemmungslosen Toleranz gegenüber dem Mordgesindel der Nazis nun doch etwas ab. Wenngleich Justiz und Polizei natürlich gegen politische Aktivitäten von links auch weiterhin mit unvergleichlich größerer Strenge und oft auch Brutalität vorgingen als gegen rechts, so lag doch der Hauptakzent nun auf der »Ordnungszelle Bayern«, in der gewissermaßen die gute alte Zeit geordneter Verhältnisse besser konserviert worden war als anderswo.

Die Ära Scharnagl

Anfang 1924 wurde auf Grund eines von der BVP initiierten Volksbegehrens der Landtag aufgelöst. Bei den Neuwahlen am 6. April 1924 verlor die BVP allerdings erheblich an Stimmen und behielt von ihren 65 Mandaten nur 46. Auch die anderen Parteien verloren an Stimmen, Gewinnerin war die Tarnorganisation der verbotenen NSDAP. Es wurde unter der Führung der BVP eine bürgerliche Koalitionsregierung gebildet, die nur über eine knappe Mehrheit verfügte, aber unter Ministerpräsident Heinrich Held, der von 1924 bis 1933 regierte, dem Land doch eine Phase relativer Stabilität bescherte. Die Linie war entschieden katholisch-konservativ, bei gleichzeitiger Abgrenzung gegen die Nazis, sowie föderalistisch; zudem gelang es auch, die in den letzten Jahren stark hochgeschaukelten Spannungen mit der Reichsregierung weitgehend abzubauen.

Im Dezember 1924 wurde auch ein neuer Stadtrat gewählt. Das Ergebnis war ganz ähnlich wie auf Landesebene, nur mit dem Unterschied, daß die in zwei Nachfolgeorganisationen gespaltenen Nationalsozialisten ihren Erfolg vom April nicht wiederholen konnten und nur je drei der 50 Stadtratssitze errangen. Die SPD verlor schwer, die Liberalen wurden fast völlig aufgerieben. Die BVP hatte mit den Parteien und Gruppen der bürgerlichen Rechten, aber unter Ausschluß der Nazis, unter dem Beifall der Presse eine »nationale Wahlgemeinschaft« gebildet, die eine relative Mehrheit erreichte. Neuer Erster Bürgermeister wurde der bisherige Fraktionsvorsitzende der BVP, Karl Scharnagl (1881–1963), der, wie Ministerpräsident Held, bis zur Vertreibung durch die Nazis nach der »Machtergreifung« im Amt blieb. Da auch die Nationalsozialisten für Scharnagl stimmten, erhielt er gleich im ersten Wahlgang die erforderliche Mehrheit. Der sozialdemokratische Gegenkandidat Eduard Schmid, der bisherige Erste Bürgermeister, hatte keine Chance, zumal die Kommunisten einen eigenen Kandidaten nominiert hatten. Die Presse jubelte darüber, »daß nicht mehr die rote Fahne auf dem Rathaus weht«[44].

Scharnagl, der eigentlich die väterliche Bäckerei in Haidhausen hätte übernehmen sollen, ging frühzeitig in die Politik und wurde bereits 1911 erstmals in den Landtag gewählt. Er war ein erklärter

Mittelstandsvertreter mit besonders starkem Rückhalt im katholischen Milieu. Scharnagl war ein entschiedener Föderalist mit deutlichen Sympathien für das bayerische Königshaus. Als eine seiner ersten Amtshandlungen ließ er in den städtischen Amtsstuben die Bilder der verflossenen Monarchen wieder anbringen. Neben dem ehrenamtlichen Bürgermeisteramt hatte er weiterhin ein Landtagsmandat inne und gehörte auch dem Landesvorstand seiner Partei an. Sein Bruder Anton Scharnagl war Professor für Kirchenrecht und wurde 1941 Münchner Weihbischof.

Erster Bürgermeister Karl Scharnagl an der Spitze der Fronleichnamsprozession am Marienplatz

Dem neugewählten Stadtrat gehörte erstmals auch der Sozialdemokrat Thomas Wimmer an, der seit 1919 beim Arbeitsamt beschäftigt war. Er war damals bereits Vorsitzender der Münchner SPD und sollte nach dem Krieg Scharnagls Amtszeit an der Spitze der Stadt noch übertreffen.

Scharnagl leitete die Geschäfte der Stadt mit einigem Geschick. Seine Haltung zur Weimarer Demokratie blieb, wie die so vieler Bürger, ambivalent, was sich symbolkräftig darin ausdrückte, daß er, als Reichspräsident Hindenburg den Eid auf die Verfassung ablegte, die städtischen Gebäude gar nicht beflaggen, bei anderen Gelegenheiten dagegen sowohl die schwarz-rot-goldene Fahne als auch die schwarz-weiß-rote des Kaiserreiches aufziehen ließ. Es war ihm immer wichtig, Bayerns historische Größe herauszustellen; so sorgte er für die Anbringung von Gedenktafeln für die militärischen Führer der letzten Kriege in der Feldherrnhalle, er betrieb auch erfolgreich Hindenburgs Ernennung zum Ehrenbürger. Gleichzeitig betonte er die Veränderungsbedürftigkeit der Weimarer Verfassung, lehnte sie aber nicht rundweg ab. 1929 veranstaltete er eine Festsitzung zu ihrem zehnjährigen Bestehen, die von DNVP, NSDAP und KPD boykottiert wurde[45].

Ein zentrales Anliegen des kommunalpolitischen Programms der BVP war die Förderung der Wirtschaft, vor allem der mittelständischen, die, gleich den städtischen Betrieben, nach der überstandenen Inflation und der Einführung der Rentenmark im Oktober 1923 an einer empfindlichen Kapitalnot litten. Die Stadt konnte kaum ihre dringendsten Aufgaben erfüllen. Die Bautätigkeit ruhte fast völlig. Der Tierpark hatte aus nackter Not seine Tiere verkaufen müssen und schloß für fünf Jahre seine Tore. Selbst elementare Dinge wie die Elektrizitätsversorgung waren mittelfristig nicht mehr gesichert. Gleichzeitig war die Not der Bevölkerung noch immer ungeheuer groß. Annähernd jeder vierte mußte durch die öffentliche Fürsorge betreut werden. Im Mai kostete eine Semmel 100 Mark, im November zehn Millionen Mark.

Scharnagl scheute in dieser Situation auch vor unkonventionellen Mitteln nicht zurück und fuhr Anfang 1926, zusammen mit einer Stadtratsdelegation, für eine Woche nach New York, wo er eine Anleihe von 8,9 Millionen Dollar für die Stadt aufnehmen konnte. Im Jahr darauf folgte eine zweite, diesmal englische Auslandsanleihe. Die Stadtspitze war bereit, auf viele Jahre hinaus eine erhebliche Verschuldung hinzunehmen, um die privatwirtschaftliche und öffentliche Infrastruktur vor einem weiteren Verfall zu bewahren. 1925 war das Deutsche Museum eingeweiht worden, im Jahr darauf das Grünwalder Stadion. 1927 gründete die Stadt die »Gemeinnützige Wohnungsfürsorge A.G.«, und die ersten Ampeln wurden installiert, um den rapide anwachsenden Autoverkehr in erträgliche

Das Technische Rathaus an der Blumenstraße (Photo um 1930)

Bahnen zu lenken. Der Wohnungsbau, der lange Jahre darniedergelegen hatte, wurde erheblich gesteigert. 1926/27 wurden durch ein Sonderprogramm fast 3000 Wohnungen finanziert. 1925/29 entstand an der Blumenstraße Münchens erstes Hochhaus, dessen Architekt Hermann Leitensdorfer war. München hatte damals etwa 690 000 Einwohner und war damit nach Berlin, Hamburg und Köln die viertgrößte deutsche Stadt. In den Jahren 1924 bis 1929 wurde von Bernhard Borst die Wohnsiedlung Borstei errichtet. Sie versuchte, die Vorteile des Einfamilienhauses mit denen der Mietwohnung zu vereinen. Auf dem fast 64 000 m^2 großen Grund entstanden 772 Wohneinheiten. Die Wohnsiedlung schloß den Autoverkehr aus, hatte ein eigenes Fernheizwerk, 14 Geschäfte, eine Apotheke, ein Postamt und zwei Kindergärten. Die Wohnblöcke umfaßten große gartenartige Höfe. Es wurde darauf geachtet, daß jedes Gebäude etwas anders aussah. Die Borstei erhob den Anspruch, die »anerkannt schönste Wohnsiedlung Deutschlands«[46] zu sein.

Die Kommunalwahlen vom 8. Dezember 1929 bescherten der SPD ihren bisher größten Erfolg. Sie erreichte 17 von 50 Stadtratssitzen und wurde damit die mit Abstand stärkste Fraktion, während die BVP wiederum Stimmen verlor und nur noch 12 Stadträte stellte. Doch die Sozialdemokraten konnten ihren Wahlerfolg nicht in politischen Einfluß ummünzen. Die BVP verfügte zusammen mit anderen Rechtsparteien über eine relative Mehrheit von 22 Stimmen; die drei Kommunisten und die acht Stadträte der NSDAP kamen für eine Zusammenarbeit nicht in Frage. Die relative Mehrheit kam gleich bei der Wahl des Ersten Bürgermeisters zum Tragen, als Karl Scharnagl gegen Eduard Schmid, bei Stimmenthaltung der Kommunisten und der NSDAP, wiedergewählt wurde. Da diese beiden Gruppierungen jede konstruktive Mitarbeit im Stadtrat ablehnten, entstand in den folgenden Jahren, der dritten und letzten demokratischen Stadtratsperiode, mehr und mehr eine eher erzwungene als erwünschte Kooperation zwischen BVP und SPD, die aufeinander angewiesen waren, wenn sie etwas erreichen wollten. Scharnagl hatte es zunächst mit einer rechten »Ausschußgemeinschaft der 22« versucht, doch hatte diese Gruppe eben keine Mehrheit, zudem driftete die DNVP immer mehr ins braune Fahrwasser ab. Die SPD andererseits, die in der zweiten Stadtratsperiode den Haushalt regelmäßig abgelehnt hatte, setzte nun mehr auf eine Zusammenarbeit mit der BVP, von der sie sich Gegenleistungen versprach, als auf eine mit den Linken und Rechten zu bildende Obstruktionsmehrheit, die nur das Eingreifen der Regierung von Oberbayern als Aufsichtsbehörde provoziert hätte.

In jener Zeit verschlimmerte sich die Not weiter Bevölkerungsteile erneut in der bittersten Weise durch die seit dem Schwarzen Freitag an der New Yorker Börse, am 24. Oktober 1929, galoppierende Weltwirtschaftskrise. 1931 war jeder zehnte der 730 000 Einwohner Münchens arbeitslos. Die städtische Wohlfahrt verschlang schließlich mehr als 30% des Haushalts, dessen Einnahmeseite durch die Krise natürlich schwer in Mitleidenschaft gezogen wurde. Die Deflationspolitik von Reichskanzler Brüning tat ein übriges, die Einnahmen der Kommunen zu beschneiden. Die 30 Suppenküchen der Stadt teilten zwar mehr als acht Millionen Essen im Jahr aus. Dennoch kam es, vor allem im Winter 1932/33, immer wieder zu Demonstrationen gegen Hunger und Arbeitslosigkeit.

Die Stadt München wirkte, da 1929 zum letzten Mal gewählt worden war und die Nazis nur eine kleinere, ziemlich isolierte Gruppe im Stadtrat darstellten, zunächst politisch noch relativ stabil. Sie konnte sich aber der allgemeinen Entwicklung nicht entziehen, die gekennzeichnet war durch Massenarbeitslosigkeit und wirtschaftliche Not, aber auch durch einen ständig wachsenden Zustrom zu den Nationalsozialisten, die sich einerseits die Unterstützung weiter Teile des Bürgertums und der Industrie für ihren Kampf gegen den »Bolschewismus« sicherten, anererseits den Arbeitern und verarmten Kleinbürgern soziale Besserung versprachen und außerdem mit ihrer rabiaten Demagogie gegen das »Weltjudentum« das Bedürfnis nach einem Sündenbock für die herrschende Misere befriedigten.

XVII. Kultur- und Geistesleben in den Weimarer Jahren

Literatur

Hatte die literarische Münchner Moderne an Bedeutung und Substanz hinter der Berliner auch zurückstehen müssen, so hatte sie aber doch eine Reihe origineller und bedeutender Schriftsteller hervorgebracht. In den Jahren von Weimar veränderte sich das literarische Leben Münchens in mehrfacher Weise. Die Schwabinger Bohème hörte mit dem weißen Terror nach dem Ende der Räterepublik weitgehend zu existieren auf. Eisner und Landauer waren tot, Toller und Mühsam saßen im Gefängnis, Klabund und Becher flüchteten sich ins tolerantere Berlin. Rilke betrat München, nachdem man ihn mit einer martialischen Hausdurchsuchung drangsaliert hatte, nie mehr. Schon vor dem Krieg waren Hartleben, Bierbaum und Heyse gestorben, 1915 Ruederer. Nun häuften sich die Todesfälle. Zwischen 1918 und 1920 starben Lena Christ, Dauthendey, Ganghofer, Lautensack, Queri, Franziska von Reventlow und Wedekind, 1921 Panizza und Thoma. Die großen Vertreter einer Literatur, die Heimatbezogenheit mit Sozialkritik zu verbinden wußten, waren damit, bis auf Oskar Maria Graf, alle tot. An ihre Stelle traten mehr und mehr Autoren wie Alverdes, Brandenburg, Britting, Billinger, Dwinger, Eckart, Johst, Kolbenheyer, Schaumann oder Wehner, die die Natur und das bäuerliche Leben mystifizierten, die Vergangenheit romantisch verklärten und Ideen wie die eines neuen Reiches, des Führerkultes, der Unterordnung des einzelnen unter Art und Volk u.ä. propagierten. Einige von ihnen waren dem Nationalsozialismus direkt verbunden wie Edwin Erich Dwinger, der 1921 als Erbhofbauer ins Allgäu ging und nach 1933 Reichskultursenator wurde. Dietrich Eckart wurde der erste Chefredakteur des Völkischen Beobachters, Paul Alverdes Herausgeber der Zeitschrift »Das innere Reich« und Hanns Johst, dem in der Nazizeit zahllose Ehrungen zuteil wurden, Präsident der Reichsschrifttumskammer.

Doch zunächst prägten noch andere Autoren das literarische Leben der Stadt und verliehen ihr Ansehen im In- und Ausland. Vor allem sind hier zu nennen Bert Brecht, Ödön von Horvath, Lion Feuchtwanger, Heinrich und Thomas Mann. Brecht, 1898 in Augsburg geboren, kam 1917 nach München, wo einige seiner berühmtesten Stücke uraufgeführt wurden. Es begann 1922, auf Vermittlung seines Freundes Feuchtwanger mit der Komödie »Trommeln in der Nacht«, die die Münchner Umsturzzeit zum Hintergrund hat und zuerst »Spartakus« heißen sollte, an den Kammerspielen. Im Jahr darauf folgte »Im Dickicht der Städte« am Residenztheater und 1924 »Leben Eduards II. von England«, eine Marlowe-Bearbeitung, die Brecht gemeinsam mit Feuchtwanger verfaßt hatte, wiederum an den Kammerspielen. In diese Zeit fällt auch Brechts Zusammenarbeit mit Karl Valentin, dessen Stück »Die Raubritter von München« ebenfalls 1924 an den Kammerspielen seine Uraufführung erlebte. Die 1911 gegründeten Kammerspiele residierten damals noch in der Augustenstraße, die Übersiedlung ins Schauspielhaus in der Maximilianstraße erfolgte erst 1926. Das Theater war unter Otto Falckenbergs Leitung Münchens führende Bühne und verfügte mit Berta Drews, Therese Giehse, Erwin Faber, Kurt Horwitz, Heinz Rühmann, Hans Schweikart u. a. über eine Fülle hervorragender Schauspieler. Eine der großen Erfolge wurde die Uraufführung der »Dreigroschenoper« 1929, mit der Musik von Kurt Weill, in der Inszenierung von Hans Schweikart.

Wie Brecht hatten auch die Dramatiker Marieluise Fleißer und Ödön von Horvath an der Münchner Universität studiert und anschließend hier gearbeitet. Alle drei verließen aber 1924/25 ebenso wie Heinrich Mann das für moderne, weltoffene Geister immer ungastlicher werdende München und zogen nach Berlin. Wenig später folgte ihnen auch Lion Feuchtwanger dorthin. Feuchtwanger (1884–1958) hatte sich vor allem mit historischen Romanen einen Namen gemacht, deren erfolgreichster »Jud Süß« war, den die Nazis später in einem antisemitischen Hetzfilm pervertierten. Der Völkische Beobachter forderte in einer verleumderischen Rezension des Buches den Autor zur Emigration auf, in der er dann 1933 tatsächlich sein Heil suchen mußte. Mit der Münchner

Gesellschaft und den bayerischen Verhältnissen der frühen 20er Jahre beschäftigte sich Feuchtwangers Roman »Erfolg. Drei Jahre Geschichte einer Provinz« (1930). Das fast 1000 Seiten umfassende Werk, dem ein bedeutender Verkaufserfolg und eine weitausstrahlende Presseresonanz beschieden war, ist ein großartiges Porträt des schwarz-braunen Sumpfes. Unter anderen treten Hitler, von Kahr, Thoma, Ganghofer, Valentin, Brecht, Feuchtwanger selbst, seine Frau und viele andere Zeitgenossen auf. Gleich zu Beginn fragte sich der Keramikfabrikant Paul Heßreiter:

»Früher hatte die schöne, behagliche Stadt die besten Köpfe des Reiches angezogen. Wie kam es, daß die jetzt fort waren, daß an ihrer Stelle alles, was faul und schlecht war im Reich und sich anderswo nicht halten konnte, magisch angezogen nach München flüchtete!« [1]

Thomas Mann in seinem Arbeitszimmer in den späten 20er Jahren

Die bedeutendsten Autoren, die in den 20er Jahren in München lebten und sich unermüdlich, jeder auf seine Weise, für die Demokratie engagierten, waren die Brüder Heinrich und Thomas Mann. Heinrich (1871–1950), der ältere, lebte von 1898 bis 1925 in München, meist in der Schwabinger Leopoldstraße. Er sah sich, der bürgerlichen Herkunft zum Trotz, als dezidiert sozialistischer Schriftsteller. Thomas Mann (1875–1955) kam erstmals 1893 zum Studium nach München, wo er sich nach längeren Auslandsaufenthalten 1898 endgültig niederließ. Durch Vermittlung seines Lübekker Mitschülers Korfiz Holm wurde er für einige Jahre Redakteur des »Simplicissimus«. In diesen Jahren schrieb er an seinem großen Roman »Buddenbrocks«, der 1901 erschien und ihn auf einen Schlag berühmt machte. 1905 heiratete er Katja Pringsheim, die Tochter einer reichen jüdischen Kaufmannsfamilie in München. Aus der Ehe gingen sechs Kinder hervor, unter ihnen Klaus und Erika, die gemeinsam mit Wedekinds Tochter Pamela Kabarettaufführungen veranstalteten. 1914 bezog die Familie das neuerbaute Haus in Bogenhausen am Herzogpark, den Mann später in »Herr und Hund« beschrieb. In den frühen Jahren war es wegen Thomas' bürgerlich-konservativer Grundhaltung zu einer Entfremdung zwischen den Brüdern gekommen, als deren Schlußpunkt Thomas' Auftreten im Berliner Beethovensaal am 15. Oktober 1922 angesehen werden kann. In seiner Rede »Von deutscher Republik«[2] bekannte er sich mit aller Deutlichkeit zur Weimarer Republik, für die er später immer wieder eintrat. In seiner »Deutschen Ansprache«[3] von 1930 plädierte er sogar für ein »Zusammenwirken von Bürgertum und Sozialismus« und warb für eine Unterstützung der Sozialdemokratie. 1929 erhielt Thomas Mann, als einziger Deutscher zwischen den Weltkriegen, den Nobelpreis für Literatur. Den Münchnern war ein solch überragender literarischer Rang und Manns weltweites Ansehen unheimlich, doch in den Jahren der Demokratie kamen sie leidlich damit zurecht. Aber sobald »die nationale Erhebung Deutschlands festes Gefüge angenommen« hatte, im April 1933, kam es zum »Protest der Richard-Wagner-Stadt München«[4], die gegen »Herr(n) Mann, der das Unglück erlitten hat, seine früher nationale Gesinnung bei der Errichtung der Republik einzubüßen und mit einer kosmopolitisch-demokratischen Auffassung zu vertauschen«[5], geiferte. Unterzeichnet war das Machwerk unter anderem von Akademiepräsidenten, Generalintendanten, vielen Professoren sowie den Komponisten Hans Pfitzner und Richard Strauss. Wenig später verfügte Reinhard Heydrich, nummehr Chef der Bayerischen Politischen Polizei:

»Diese undeutsche, der nationalen Bewegung feindliche, marxistische und judenfreundliche Einstellung gab Veranlassung, gegen Thomas Mann Schutzhaftbefehl zu erlassen, der aber durch die Abwesenheit desselben nicht vollzogen werden kann. Nach den Weisungen der Ministerien wurden jedoch sämtliche Vermögenswerte beschlagnahmt.« [6]

Gott sei Dank war Mann gerade im Ausland gewesen, als man ihn verhaften wollte, und auch von seinen Arbeitsmaterialien konnte einiges gerettet werden. Später, im amerikanischen Exil, das ein gastlicherer Ort als die Wahlheimat München war, trafen sie wieder zusammen, Brecht, Feuchtwanger und die Brüder Mann. 1926 hatte sich Thomas Mann gegen die Angriffe Hanns Johsts in den MNN mit einem Leserbrief zur Wehr gesetzt, in dem es u. a. hieß:

»Noch wohnen in dieser von Gnaden der Natur so reich begabten Stadt ein paar Gäste, die auf Grund ihrer Lebensleistung und einer Gesinnung, welche mit den dringlichsten realen und ideellen Bedürfnissen der Zeit zusammenklingt, überall sonst in der Welt wohlgelitten sind, aber durch Jahre der Verdüsterung und eines nicht mehr geleugneten Niederganges hindurch München Treue bewahrt haben.« [7]

Angesichts des organisierten Undanks suchten diese Gäste einige Jahre später erzwungenermaßen das Weite.

Eine Gesellschaft immerhin gab es, die sich im München der Weimarer Jahre der Gegenwartsliteratur verpflichtet fühlte. Das waren die 1924 gegründeten Argonauten. Ihnen gelang es, ein breites Spektrum unterschiedlicher Tendenzen zu integrieren. Zu den Gründungsmitgliedern der Argonauten gehörten Alverdes, Carossa, Wehner, der Verleger Heimeran, sein Freund Penzoldt, Thomas Mann und Eugen Roth. Bei den Veranstaltungen traten so unterschiedliche Autoren wie André Gide, Hermann Hesse, Hanns Johst und Thomas Mann auf.

Das Phänomen Schwabing hatte in den 20er Jahren eine Nachblüte. Noch lebten Halbe, Ringelnatz und Roda Roda in München. Dann gab es einige interessante jüngere Autoren wie Ernst Kreuder

Eröffnung einer Ausstellung über Münchner Literatur in der Bücherstube am Siegestor durch Oberbürgermeister Scharnagl am 1. Februar 1930. Die Dichter, die hier am Tisch sitzend ihre Werke signierten: Josef Magnus Wehner, Gottfried Kölwel, Kuni Tieml-Eggert, Eugen Roth, Ruth Schaumann, dahinter stehend: Hans Brandenburg, Willy Seidel, Ernst Penzoldt (neigt sich nach vorne) und Paul Alverdes

und Stefan Andres, die ebenso wie Willy Seidel, Georg Schwarz, Hoerschelmann, Bergengruen und Britting zum Künstlerstammtisch in der »Brennessel« am Nikolaiplatz gehörten. Dieselben und auch andere Schwabinger trafen sich im »Simplicissimus« in der Türkenstraße, wo Ringelnatz seine Gedichte vortrug, oder auch im »Zwiebelfisch« in der Barerstraße. In der Amalienstraße war der Steinicke-Saal ein Zentrum für literarische Aktivitäten. Georg Steinicke hatte zunächst 1904, gemeinsam mit Fritz Lehmkuhl, eine Buchhandlung in der Leopoldstraße gegründet und sich dann selbständig gemacht. Er war auch Mitbegründer des Bayerischen Volksbildungsverbandes und vertrat 1932/33, als seine Buchhandlung schon ein Opfer der Weltwirtschaftskrise geworden war, die BVP in Stadtrat. 1930 wurde im Haus von Fritz Reck-Malleczewen, der später im Konzentrationslager Dachau umkam, der Tukan-Verlag gegründet, der vor allem wegen des noch heute bestehenden Tukan-Kreises Bedeutung hat, den lange Jahre Rudolf Schmitt-Sulzthal leitete.

1927 wurde, vor allem auf Betreiben von Stadtbibliothekar Held, der Literaturpreis der Stadt München gestiftet, der im folgenden Jahr erstmals verliehen wurde. Einziger Schriftsteller von Rang in der Jury war, eingerahmt von verschiedenen Honoratioren[8], Thomas Mann, der seinen Favoriten Wolfskehl freilich nie durchsetzen konnte. Wolfskehl war viel zu modern, zudem Jude. Immerhin war 1928 Oskar Maria Graf im Gespräch. Gewählt wurde schließlich Hans Carossa, von allen Kandidaten der unpolitischste, der sich als Autor ganz der abendländischen Klassik verpflichtet wußte. Auch in den folgenden Jahren kamen stets Schriftsteller wie Josef Magnus Wehner oder Hans Brandenburg zum Zuge, bei denen man sicher sein konnte, daß sie nicht durch Anklänge an die Moderne oder positive Äußerungen über die Demokratie unangenehm auffielen.

Nicht unerwähnt bleiben soll schließlich, daß München eine Hochburg des schönen Buches war. Mit Paul Renner, Jan Tschichold, Georg Trump und Fritz Helmuth Ehmcke war eine große Zahl führender Typographen hier tätig. Mehrere bedeutende bibliophile Pressen wie die Bremer Presse und die Rupprecht-Presse hatten in München ihren Sitz, zudem eine Reihe wichtiger Verlage für bildende Kunst. »Eine besondere Stellung unter den Kunstverlagen nahm der 1904 von Reinhard Piper gegründete Verlag ein, der mit den wissenschaftlich fundierten Drucken der Marées-Gesellschaft neue Maßstäbe für Reproduktionstechniken und Buchausstattung setzte.«[9]

Bildende Kunst

Anders als in der Literatur hatte München in der bildenden Kunst als Ort der Moderne vor dem Krieg einen führenden Platz eingenommen, wobei nicht übersehen werden darf, daß die moderne Kunst nur die Sache einer winzigen Minderheit war. Auch hier wendeten sich die Verhältnisse in den 20er Jahren zum Schlechteren. Kandinsky hatte Deutschland 1914 als »unerwünschter Ausländer« verlassen müssen, Franz Marc fiel 1916 bei Verdun. Corinth war schon 1902 aus München weggegangen und hatte sich der Berliner Secession angeschlossen. Klee ging 1920 als Lehrer ans Bauhaus,

Edwin Scharff nahm 1923 eine Professur in Berlin an, Alexander Kanoldt ging 1925 an die Kunstakademie Breslau. Stadt und Staat taten ihr Bestes, die in München vorhandene antimodern-provinzielle Grundstimmung zu fördern. Kultusminister war bis 1926 der Volksschullehrer Hoffmann, danach der Jurist Goldenberger. Der zuständige Ministerialdirektor war Richard Hendschel, der Werke von Otto Dix oder Künstlern der »Brücke« als »bolschewistische Kunsterzeugnisse« ablehnte[10]. Der reaktionäre Kunstgewerbeverein wurde reichlich mit Geldmitteln versehen, die bis heute ungeliebte Neue Sammlung dagegen derart knapp gehalten, daß ihr Leiter schließlich 1929 nach Berlin ging[11]. Bürgermeister Scharnagl vertrat die Auffassung, Hauptaufgabe der städtischen Kunstpolitik sei die Erhaltung der »Münchner Atmosphäre«, die auf dem Gleichklang von Thron und Altar beruhe[12]. Immerhin gelang 1924 der Ankauf der von der Witwe des Malerfürsten angebotenen Lenbach-Villa, einschließlich der zugehörigen Gemäldesammlung. Hier war nun der Grundstock gelegt für eine städtische Kunstsammlung, zu deren Leiter der Stadtrat Eberhard Hanfstaengl berief. Dessen Hauptaugenmerk war, den Wünschen der Stadt entsprechend, auf die Münchner Schule gerichtet, deren künstlerische Ansprüche derart harmlos waren, daß in den Jahren des nationalsozialistischen Ikonoklasmus so gut wie nichts aus der Sammlung entfernt werden mußte. Wenn es in München moderne Kunst von Rang zu sehen gab, war das vor allem das Verdienst des Kunsthändlers Hans Goltz, der 1912 eine Galerie eröffnet hatte und noch im selben Jahr die Gruppe des Blauen Reiter ausstellte. Aber auch die »Brücke« war dort zu sehen oder de Chirico, der bis 1910 in München studiert hatte, und 1919 hatte George Grosz bei Goltz seine erste Einzelausstellung. Der Dank für die bedeutenden Initiativen waren hämische Angriffe in der Münchner Presse und anonyme Morddrohungen. In den späten Weimarer Jahren wurde der 1929 gegründete Münchner Künstlerbund »juryfreie e.v.« zum wichtigsten Zentrum der Gegenwartskunst. In seinen Ausstellungen wurde konstruktivistische und abstrakte Malerei gezeigt sowie Arbeiten von Gropius und Le Corbusier.

An der Akademie der bildenden Künste hatte die Berufung des »Expressionisten« Karl Caspar, des einzigen wenigstens gemäßigt modernen Malers, so viel Widerstand mobilisiert, daß man in der

Folge freiwerdende Professuren lieber unbesetzt ließ, als sich der Gefahr auszusetzen, Künstler zu berufen, die auch nur leisester Anklänge an eine zeitgenössische Kunstauffassung verdächtig waren[13]. 1920 hatte man mit Unterstützung des Kultusministeriums versucht, drei Künstler zurückzuholen, die in München studiert hatten und jetzt in Berlin, der ewigen Konkurrentin, tätig waren: den Maler Max Slevogt, den Einrichtungsgestalter Bruno Paul und den Architekten German Bestelmeyer. Es kam nur Bestelmeyer, und auch er nur, nachdem man ihm gewaltige Zugeständnisse gemacht hatte. Als Berufungszusage erhielt er die Planung für den Erweiterungsbau der Technischen Hochschule, der eigentlich seinem ungleich bedeutenderen Kollegen Theodor Fischer zugesagt war. Mit Kreis und Schultze-Naumburg, einem Vordenker der Nazis, gründete Bestelmeyer die antimoderne Architektenvereinigung »Block«. 1924 wurde Bestelmeyer auch Präsident der Akademie. 1928 starb Franz von Stuck, der 34 Jahre lang an der Akademie unterrichtet hatte und zweifellos zu ihren profiliertesten Vertretern gehört hatte. Er hatte eine Fülle bedeutender Schüler um sich geschart, von Hans Purrmann bis Kandinsky. Stucks Nachfolger wurde der Karikaturist Olaf Gulbransson, dessen pädagogische Fähigkeiten so bescheiden waren, daß er eine frühere Professur an der Kunstgewerbeschule verloren hatte. Gulbransson war einer der bekanntesten Zeichner des »Simplicissimus«. Er unterstützte 1933 den »Protest der Richard-Wagner-Stadt München«.

Ein besonders bestürzendes Ereignis für die Kunstwelt, das weit über München hinaus nicht wieder gutzumachende Folgen hatte, fiel ins Jahr 1931. Am 6. Juni wurde der Glaspalast Opfer eines Großfeuers. Das Gebäude brannte restlos aus und wurde so schwer beschädigt, daß es abgerissen werden mußte. 110 Gemälde der deutschen Romantik wurden durch den Brand vernichtet. Für die Münchner Künstlerschaft, die im Glaspalast regelmäßig große Verkaufsausstellungen durchgeführt hatte, war die Brandkatastrophe ein schwerer wirtschaftlicher Schlag. Auch auswärtige Künstler waren betroffen. Cuno Amiet z.B. verlor den größten Teil seines Œuvres.

Musik und Film

Auch das Musikleben verzeichnet einen Vorgang, der sich in das bisher entstandene Bild fügt. Bruno Walter (1876–1962), der 1913 aus Wien nach München gekommen war, wo er nicht zuletzt wegen seiner jüdischen Abstammung immer wieder Angriffen ausgesetzt gewesen war, verließ die Stadt 1922 wieder. Bruno Walter war ein hochbegabter Dirigent, zugleich ein sehr guter Pianist, der mit neun Jahren sein erstes Konzert gegeben hatte. 1933 ging er nach Österreich, und nach dem Einmarsch der deutschen Truppen emigrierte er – wie so viele – nach Kalifornien. Sein Nachfolger als Generalmusikdirektor war Hans Knappertsbusch, auch er später ein Unterzeichner des »Protestes der Richard-Wagner-Stadt München«.

Lichtspieltheater am Sendlingertor

1919 war die Geburtsstunde einer neuen Kunst in München, der Filmkunst. In Geiselgasteig, dem Standort der »Münchner Lichtspielkunst«, wurde der erste Film hergestellt. Verschiedene Ateliers wurden noch im gleichen Jahr gegründet, so in Nordschwabing das Glashaus Bavaria. Schon 1920 gab es 55 Kinos mit fast

20 000 Sitzplätzen, die rege frequentiert wurden. Es begann die große Zeit des deutschen Films mit Friedrich Wilhelm Murnau, Ernst Lubitsch und vielen anderen. Die wichtigste Filmstadt war Berlin, aber auch München war ein bedeutender Produktionsort. Alfred Hitchcock drehte hier 1925/26 seine beiden ersten Filme als Regisseur. Der deutsche Film erlangte rasch Weltgeltung. Die Nazis machten dem nach der sogenannten Machtergreifung konsequent ein Ende und vertrieben Schauspieler, Regisseure und Produzenten nach Hollywood.

Niedergang der Kultur in München

Der Niedergang Münchens als Kunst- und Kulturzentrum blieb nicht unbemerkt. Ihren Höhepunkt erreichte die Diskussion darüber im Jahre 1926. In den MNN wurde das Für und Wider in einer langen Artikelserie erörtert. Eine Reihe von kleingeistigen Entscheidungen wie z.B. das Auftrittsverbot für Josephine Baker wegen Gefährdung des öffentlichen Anstands machten das Schlagwort von der »dümmsten Stadt Deutschlands« populär[14]. Steinicke rief sogar eine »Münchner Gesellschaft von 1926« ins Leben, zu deren Gründung Thomas Mann eine Rede hielt. Das wichtigste Ereignis dieses bewegten Jahres war aber eine Versammlung, zu der die Deutsche Demokratische Partei am 30. November in die Tonhalle rief. Führende Vertreter des geistigen München kamen zusammen, um die Traditionen einer liberalen, weltoffenen Stadt zu verteidigen. »Kampf um München als Kulturzentrum« hieß das Thema der Reden, die Thomas und Heinrich Mann, Leo Weismantel, Willi Geiger, Walter Courvoisier und Paul Renner in der rettungslos überfüllten Tonhalle hielten. Nach der Eröffnung durch Thomas Mann sprachen die anderen über Theater, Bildungswesen, Musik, bildende Kunst und Kulturpolitik. Thomas Mann führte in seiner Eröffnungsrede aus:

»Wir haben uns des renitenten Pessimismus geschämt, der von München aus der politischen Einsicht Berlins, der politischen Sehnsucht einer ganzen Welt entgegengesetzt wurde; wir haben mit Kummer sein gesundes und heiteres Blut vergiftet gesehen durch antisemitischen Nationalismus und Gott weiß welche fin-

steren Torheiten. Wir mußten es erleben, daß München in Deutschland und darüber hinaus als Hort der Reaktion, als Sitz aller Verstocktheit und Widerspenstigkeit gegen den Willen der Zeit verschrien war, mußten hören, daß man es eine dumme, die eigentlich dumme Stadt nannte.« [15]

Dagegen sollte die Versammlung ein »starkes Zeichen« setzen, »daß ein liberales, d.h. ganz einfach ein geist- und bildungsfreundliches München in beträchtlicher Stärke vorhanden ist, welches den von der Presse gewarteten Vulgär-Faszismus satt hat und berücksichtigt zu werden wünscht.« [16]

In den November 1926 fiel auch die Hundertjahrfeier der Münchner Univerisität. Der neugewählte Rektor Karl Vossler (1872–1949) warnte in seiner Jubiläumsansprache vor »Provinzialismus als einer geistigen Gefahr« [17]. Zum erstenmal wurde, auf Vosslers Geheiß, an der Universität die schwarz-rot-goldene Reichsfahne aufgezogen. Wenig später kam es zum Konflikt mit der stark nationalistischen Studentenschaft. Vossler forderte den Korporationsausschuß auf, die ausgeschlossenen jüdischen Verbindungen wieder aufzunehmen [18]. Andernfalls erklärte er ein Verbot des Farbentragens bei künftigen offiziellen Anlässen. Der Ausschuß entschied sich nach längerer Debatte für letzteres. Die Münchner Studentenschaft war ein Hort des Nationalismus und Nationalsozialismus. Schon 1920 hatte ein Vortrag Albert Einsteins wegen angedrohter »judengegnerischer Auftritte« abgesagt werden müssen. 1925 legte der Nobelpreisträger Richard Willstätter seine Professur nieder mit Verweis auf den »triebhaften« Antisemitismus der »beschränkten, intoleranten und verfassungsfeindlichen« Studenten [19].

Ein Mann nach dem Geschmack der Studenten war dagegen der Privatgelehrte Oswald Spengler (1880–1936), der 1911 nach München gekommen war. Der Titel seines erfolgreichsten Werkes »Der Untergang des Abendlandes«, dessen erster Band im September 1918 erschienen war, wurde zum geflügelten Wort. Spengler wurde zum populärsten Philosophen seiner Zeit und mit seiner antidemokratischen Geschichtsphilosophie einer der geistigen Wegbereiter des Nationalsozialismus. Im Dezember 1919 erschien sein Essay »Preußentum und Sozialismus«, »eine der ersten und publizistisch erfolgreichsten Kampfansagen an die Republik« [20]. Spengler sah nicht in der militärischen Niederlage im Ersten Weltkrieg, sondern in der ihr folgenden Republik das eigentliche Unglück der deutschen Geschichte. Spengler wurde zu einem der einflußreichsten Ideologen der Konservativen Revolution, einer radikal-reaktionären Intellektuellenbewegung mit Zentrum in Berlin, und war auch Leiter von deren Münchner Dependance im Hotel Union in der Barerstraße 7. Er wirkte in verschiedenen vaterländischen Verbänden, kämpfte mit Paul Nikolaus Cossmann gegen die »Kriegsschuldlüge«, konspirierte mit Großindustriellen und versuchte, seinen Freund Forstrat Escherich, den Landeshauptmann der bayerischen Einwohnerwehren, bei seiner Propagandaarbeit zu unterstützen[21]. Außerdem versuchte er, mit Cossmann und anderen ein geheimes reaktionäres Pressekartell aufzubauen. Noch 1932 bekannte Spengler noch stolz, NSDAP gewählt zu haben. Schon bald nach der »Machtergreifung« kam die Ernüchterung, mit tragischer Verspätung und nun zur Wirkungslosigkeit verurteilt. Wie so viele Angehörige des Bürgertums hatte Spengler die Nazis sträflich unterschätzt. Zudem hatte er mit seiner haßerfüllten Polemik gegen die parlamentarische Demokratie und seiner Propagierung des Führerprinzips dazu beigetragen, die Nazis hoffähig zu machen. 1919 war auch der Soziologe Max Weber nach München gekommen, einer der bedeutendsten deutschen Gelehrten dieses Jahrhunderts, der, wie sich auch in der direkten Konfrontation zeigte, Spengler geistig weit überlegen war. Seine Vorlesungen wurden von Studenten gesprengt, weil er die Begnadigung des Eisner-Mörders Graf Arco kritisiert hatte. Im Juni 1920 starb Weber, was von vielen als entscheidender Verlust für die Weimarer Demokratie angesehen wird.

München war eine Stadt, in der nationalistische Studenten die Straße, antisemitische Radaubrüder die Biersäle und reaktionäre Geister die Presse beherrschten. Man verharrte in einer traditionalistisch-aggressiven Weltabgewandtheit, die Leute wie Ludwig Thoma als Gemütlichkeit bezeichneten. Die deutsche Hauptstadt der Roaring Twenties dagegen war eindeutig Berlin. Gewagtes wurde in München noch am ehesten im Fasching gezeigt, der ab 1928, im Zuge der wirtschaftlichen Stabilisierung, auch wieder offiziell mit einem Faschingszug gefeiert wurde. München war eine mehr oder weniger provinzielle Landstadt, die sich allem Neuen mit einiger Konsequenz verschloß und die für alle antidemokratischen, nationalistischen und revanchistischen Bestrebungen den denkbar günstigsten Nährboden bot. Wirklichen Eifer legte man allenfalls bei der Austreibung des Geistes an den Tag. Als die Schauspielerin Erika Mann im Januar 1932 bei einer pazifistischen Frauenversammlung auftrat, schrieb der Völkische Beobachter:

»Das Kapitel ›Familie Mann‹ erweitert sich nachgerade zu einem Münchner Skandal, der auch zu gegebener Zeit seine Liquidierung finden muß.« [22]

Große öffentl. Frauenversammlung

Mittwoch den 13. Januar, abends 8 Uhr
im großen Saal des Hotels **Union,** Barerstr.

Weltabrüstung oder Weltuntergang

Referentin: **Marcelle Capy – Paris**
(Der französische Vortrag wird ins Deutsche übertragen)

Erika Mann spricht aus **„Die deutsche Zukunft"** zur **Abrüstung.**

Internationale Frauenliga für Frieden und Freiheit – München
Frauenweltbund für Internationale Eintracht – München
Weltfriedensbund der Mütter und Erzieherinnen – München

Frauen aller Richtungen und Parteien – aller Konfessionen und Klassen! Auf jede Einzelne kommt es an! **Erscheint in Massen!**

Konstanze Hallgarten
Paula Noris
Edith Hoereth-Menge

Eintritt: 20 Pfg. zur Unkostendeckung,
Mitglieder 10 Pfg.
Erwerbslose haben freien Eintritt

G. Birk & Co. m. b. H., München

Flugblatt der Münchner Frauenverbände zum 13. Januar 1932

Gott sei Dank gelang die physische Liquidierung in diesem Fall nicht. Thomas Mann befand sich zur Zeit der »Machtergreifung« im rettenden Ausland, sein Bruder Heinrich folgte ihm zwei Wochen später nach. Erika Mann, die noch im Januar 1933 mit Therese

Giehse und anderen das Kabarett »Die Pfeffermühle« gegründet hatte, konnte ihre Arbeit in Zürich fortsetzen.

Über München brach die Nacht nationalsozialistischen Wahns herein. Der Boden war bereitet.

XVIII. Der Aufstieg der NSDAP

Die Anfänge

Vor der Betrachtung der düsteren Jahre der Münchner Geschichte soll der Blick noch einmal zurückgelenkt werden auf die frühen Jahre der Weimarer Republik. Damals war München der Ort eines Geschehens, das ebenso münchnerisch war wie seine späten Folgen weltweite Auswirkungen hatten. Gemeint ist der sogenannte Hitler-Putsch, so wie das, was ihm vorausging und das, was ihm folgte.

Nach der blutigen Unterdrückung der Rätebewegung wurde München zum Sammelbecken für alle reaktionären, antidemokratischen, militärischen und nationalistischen Elemente. Oder, um es in den Worten einer nationalsozialistischen Darstellung jener Zeit zu sagen: »Bayern wurde die Hoffnung aller nationalen Kreise, München das Asyl aller verfolgten Freiheitskämpfer.«[1] In diesem Sumpf aus Okkultismus, Rassenwahn, nationalistischer Hysterie und dumpfer Aggressivität gedieh auch jene Bewegung, die Deutschland, zu dessen Rettung sie sich auserkoren sah, in die größte Katastrophe seiner Geschichte führte.

Doch die ersten Nationalsozialisten waren im Gewimmel der Grüppchen, Zirkel und Bünde kaum wahrzunehmen. Am 17. August 1918 hatte ein Mann, der sich Rudolf Freiherr von Sebottendorf nannte, die alldeutsch und antisemitisch orientierte Thule-Gesellschaft ins Leben gerufen, die an der Zerschlagung der Räterepublik sehr aktiv beteiligt war. Am 5. Januar 1919 gründete der Werkzeugschlosser Anton Drexler, der im Kriege für den Volksbund Deutsche Vaterlandspartei aufgetreten war, die Deutsche Arbeiter-Partei (DAP). Hauptförderer der Thule-Gesellschaft war der Verleger Lehmann, der auch einer der Führer der Alldeutschen in München war. Die nach der sagenhaften Insel Thule benannte Gesellschaft war die Tarnorganisation des 1913 entstandenen Germanenordens. In der Bruderschaft, die großen Wert auf okkulte Riten legte, konnte nur Mitglied werden, wer seine arische Abstammung über drei Generationen nachweisen konnte. Getagt wurde im Hotel Vier Jahreszeiten, dessen Inhaber der Loge auch angehörten. Andere Mitglieder waren der Landtagsbibliothekar Rudolf Buttmann, später Fraktionsvorsitzender der NSDAP im Bayerischen Landtag, Ernst Pöhner, Karl Fiehler, Alfred Rosenberg und Dietrich Eckart, ausnahmslos später prominente Nationalsozialisten. Im September 1919 wurde der Deutschvölkische Schutz- und Trutzbund gegründet, ein Honoratiorenverein, der bald zum wichtigsten Zentrum der antisemitischen Propaganda wurde. Der Erste Vorsitzende war Wilhelm Rohmeder, der auch Vorsitzender des Deutschen Schulvereins und bei Thule aktiv war. Weitere Mitglieder des Trutzbundes waren der unvermeidliche Lehmann, der Verleger Ernst Boepple, Erich Kühn, der die Zeitschrift »Deutschlands Erneuerung« herausgab, Paul Tafel, der Leiter des Bayerischen Ordnungsblocks sowie Unternehmer, Anwälte und andere Angehörige des völkisch gesinnten Bürgertums.

Seit kurzem befand sich auch der Österreicher Adolf Hitler wieder in München, der 1913 auf der Flucht vor dem Militärdienst hierhergekommen war, 1914 dann in die deutsche Armee eingetreten war und vier Jahre lang am Krieg teilgenommen hatte. Zunächst wurde er als Spitzel gegen revolutionäre Soldaten eingesetzt. Im Sommer 1919 erhielt er eine Ausbildung als V-Mann. Hitlers Führungsoffizier war Hauptmann Karl Mayr, der Leiter der Nachrichten- und Aufklärungsabteilung des Münchner Gruppenkommandos der Reichswehr. Am 12. September 1919 erteilte Mayr Hitler den Auftrag, eine Versammlung der DAP zu observieren, die im Sterneckerbräu stattfand. Vier Tage später besuchte Hitler erneut eine Versammlung und schloß sich der DAP an, die damals noch keine 100 Mitglieder hatte. Er trat als siebtes Mitglied in den Arbeitsausschuß ein und war dort für Propaganda zuständig. Für die nächste Versammlung, die im Hofbräukeller stattfand, annoncierte Hitler im Völkischen Beobachter, und tatsächlich kamen 111 Zuhörer[2]. Hauptredner war Erich Kühn, aber auch Hitler sprach; er hielt an diesem Abend seine erste öffentliche Rede.

Am 7. Januar 1920 veranstaltete der Deutschvölkische Schutz- und Trutzbund, der zur wichtigsten Organisation der völkischen

Bewegung geworden war, die erste antisemitische Großkundgebung, zu der 7000 Menschen in den Münchnerkindl-Keller kamen. Hitler war unter den Zuhörern, beteiligte sich auch an der Diskussion und sah vor allem, auf welch beachtlichen Zuspruch die Hetze gegen die Juden rechnen durfte. Wenig später organisierte auch Hitler seine erste Massenversammlung. Am 24. Februar 1920 verkündete er 2000 Zuhörern im Festsaal des Hofbräuhauses das neue, 25 Punkte umfassende Parteiprogramm der DAP[3]. An der Abfassung dieses Programmes, das für immer das offizielle Parteiprogramm der Nazis blieb, haben verschiedene Autoren mitgewirkt, mit einiger Sicherheit Drexler, Tafel, Eckart und Feder[4]. Auch Hitler wird den Text redigiert haben. Das Programm polemisierte gegen Parlamentswirtschaft, Ausländerzuzug, Zinsknechtschaft, Kriegsgewinne, Pressefreiheit, Warenhäuser und das Römische Recht. Punkt 4 lautete:

> *»Staatsbürger kann nur sein, wer Volksgenosse ist. Volksgenosse kann nur sein, wer deutschen Blutes ist, ohne Rücksicht auf Konfession. Kein Jude kann daher Volksgenosse sein.«* [5]

Von allen Programmpunkten war dies in der Realität gewiß der folgenschwerste.

In jener Zeit entwickelte sich auch das endgültige Erscheinungsbild der Nazipartei. Hitler kopierte bewußt die kommunistische Propaganda mit leuchtend roten Plakaten und schwarzer Schrift. Auch die Fahne wurde rot wie die kommunistische, mit einem schwarz-weißen Innenfeld, so daß die alten deutschen Farben verwendet waren. Das Hakenkreuz, das viele völkische und antisemitische Ideologen als »nordisches Heilszeichen« propagierten und das damals viele rechtsradikale Organisationen verwendeten, wurde als offizielles Parteizeichen eingeführt und der Begriff »nationalsozialistisch« dem Parteinamen vorangestellt. NSDAP war seit dem 20. Februar 1920 die offizielle Abkürzung. Hitler trat als Redner immer mehr in den Vordergrund, da er mit seinen ebenso platten wie fanatisch vorgetragenen Tiraden viele Menschen in seinen Bann zu ziehen vermochte. Anfang März wurde sein Name erstmals plakatiert. Kurz darauf benannte er seine Mission schon ganz deutlich:

> *»Wir sind zwar klein, aber einst stand auch ein Mann auf in Galiläa, und heute beherrscht seine Lehre die ganze Welt. Ich*

kann mir Christus nicht anders vorstellen als blond und mit blauen Augen, den Teufel aber nur in der jüdischen Fratze.«[6]
Und am 13. August plädierte Hitler im Hofbräuhaus erstmals direkt für die Tötung des »Parasitenvolkes« der Juden[7].

Anzeige des antisemitischen »Deutschen Schutz- und Trutzbundes« im Völkischen Beobachter Nr. 2 (1920)

Der Antisemitismus, der sich 20 Jahre vor der Judenvernichtung gewissermaßen noch in traditionellen Bahnen bewegte, war damals außerordentlich populär, besonders unter den Studenten. Ihre Vereinigungen schlossen mehr und mehr jüdische Kommilitonen aus. Am 5. Dezember 1919 wurde Maximilian Spaeth, der im Ersten Weltkrieg als Freiwilliger gekämpft und hohe militärische Auszeichnungen errungen hatte, wegen seiner nichtarischen Abstammung aus der studentischen Verbindung, deren Vorstand er angehörte, ausgestoßen. Diese Schmähung traf ihn so tief, daß er in ein Nebenzimmer des Vereinslokals ging und sich erschoß[8]. Der Vorfall erregte einiges Aufsehen. Gleichwohl konnte sich die Mehrheit des Stadtrates aus Kostengründen nicht entschließen, die damals bereits verbreiteten Hakenkreuzschmierereien von den öffentlichen Gebäuden entfernen zu lassen.

Fünf Tage nach der tragischen Selbsttötung rief die DAP zu einer Versammlung in die Gaststätte »Deutsches Reich«. Redner der Abends war Adolf Hitler. Es war dies sein zweiter öffentlicher

Auftritt. Sein Vortrag endete mit den Worten: »Ich stehe auf dem Standpunkt: Deutschland den Deutschen!«[9] Die Hauptfeinde waren, neben den Alliierten, die Juden, die »allein die Geschäfte machen und zum Bruderkrieg hetzen«[10]. In Wahrheit schürten die Nazis den Bruderkrieg, vor allem auch durch Angriffe auf ihre jüdischen Mitbürger. Die Synagoge in der Herzog-Rudolf-Straße wurde besudelt. Schlägertrups störten Veranstaltungen des Jüdischen Kulturbundes und randalierten in koscheren Restaurants; jüdische Bürger wurden auf offener Straße überfallen. Allein im Sommer 1922 wurde in 62 Fällen gegen Nationalsozialisten Anzeige wegen Ausschreitungen erstattet[11]. Diese Anzeigen verliefen jedoch schon damals zumeist im Sande.

Bald verschaffte sich die neue Bewegung auch eine eigene Zeitung. Der »Münchner Beobachter« erschien schon seit 1887. 1900 übernahm ihn der Verleger Franz Eher. Nach dessen Tod im Jahre 1918 verkaufte seine Witwe das Blatt an die Thule-Gesellschaft, die neben der lokalen eine Reichsausgabe unter dem Titel »Völkischer Beobachter« herausbrachte. Im Dezember 1920 übernahm die NSDAP den Verlag, wobei die Hälfte des Kaufpreises von 120 000 Reichsmark Ritter von Epp aus einem Reichswehrfond beisteuerte. Der »Völkische Beobachter« residierte nun im Münchner Buchgewerbehaus in der Schellingstraße, ab November war Adolf Hitler alleiniger Eigentümer, im Februar 1923 gelang die Umwandlung zur Tageszeitung.

Geschäftsführer des Völkischen Beobachter war Max Amann, der während des Krieges Feldwebel in Hitlers Regiment gewesen war. Amann (1891–1957), der wie viele Nationalsozialisten von der Thule-Gesellschaft kam, wurde so Chef eines Verlages, der für eine Reihe von Jahren mit großen finanziellen Schwierigkeiten zu kämpfen hatte, doch später als »Zentralverlag der NSDAP Frz. Eher Nachf.« zu einem bedeutenden Konzern heranwuchs. Als Mitglied der Reichsleitung der NSDAP war Amann für die gesamte nationalsozialistische Presse verantwortlich, im November 1933 wurde er auch erster Präsident der Reichspressekammer. 1942, nach der ersten kriegsbedingten Stillegungsaktion, gehörten mehr als drei Viertel der verbliebenen Zeitungen zu Amanns Firmenkonglomerat, was ihn zu einem der reichsten Männer der Partei machte. Nach Kriegsende wurde er als »Hauptschuldiger« zu zehn Jahren Arbeitslager verurteilt; der Eher-Verlag, in dem nicht nur »Mein Kampf«, sondern der größte Teil des gesamten Propagandaschrifttums erschienen war, ging in den Besitz des Freistaates Bayern über.

Chefredakteur des Völkischen Beobachter war zunächst Dietrich Eckart (1868–1923). Eckart hatte 1918–21 auf eigene Kosten das reaktionär-antisemitische Kampfblatt »Auf gut Deutsch« herausgebracht, das auch Feder und Rosenberg zu seinen Mitarbeitern zählte. Alle drei gehörten zu den frühen Weggefährten Hitlers und beeinflußten die Ausformung seines Weltbildes. Eckart war Alkoholiker und Morphinist. Trotzdem verfügte er über beachtliche gesellschaftliche Beziehungen und ebnete Hitler manchen Weg. Er sorgte auch dafür, daß dieser sich besser pflegte, verbesserte sein Deutsch, lieh ihm häufig sein Auto und schenkte ihm einen Regenmantel. Sein extrem aggressiver Antisemitismus hat Hitler sicher beeinflußt. Vor allem aber, daß der viel ältere und arrivierte Eckart ihn als den kommenden Führer pries, wird Eindruck auf ihn gemacht haben. Auch als Geldbeschaffer spielte er eine wichtige Rolle. Der Balte Alfred Rosenberg (1893–1946) war zunächst zweiter, ab 1923 dann alleiniger Chefredakteur des Völkischen Beobachters. Er lebte seit 1919 in München, kam von der Thule-Gesellschaft und war durch Eckart zur NSDAP gekommen. Rosenberg war ein mystischer Antisemit, der gern vom jüdischen Weltherrschaftsstreben faselte und die Unterordnung von Wahrheit und Recht unter den Nutzen der germanischen Rasse propagierte. Sein Buch »Der Mythos des 20. Jahrhunderts« (1930) gewann weite Verbreitung, erhielt aber nie die höheren Weihen parteiamtlicher Anerkennung.

Der dritte, der Hitler ideologisch beeinflußte, war Gottfried Feder (1883–1941). Er galt als der Wirtschaftsexperte der Partei. Von ihm stammte die Formel von der »Brechung der Zinsknechtschaft«. Von 1924 bis 1936 vertrat Feder die NSDAP im Reichstag. Nachdem der an die Macht gekommene Hitler sich mit der Großindustrie arrangiert hatte, war von der Brechung der Zinsknechtschaft nicht mehr die Rede, und Feder wurde auf eine Professur abgeschoben. Feder war die erste politische Bekanntschaft Hitlers, denn er war der Redner gewesen, als Hitler erstmals eine Versammlung der DAP besuchte. Feder sprach damals über die Beseitigung des Kapitalismus, der in seinen Augen ein Produkt des internationalen

Judentums war. Zunächst hatte er seine Erkenntnisse erfolglos der Regierung Eisner angedient und sich dann der Thule-Gesellschaft angeschlossen. 1927 erschien seine Schrift »Das Programm der NSDAP und seine weltanschaulichen Grundlagen«, die sechs Jahre später bereits das 475. Tausend erreicht hatte. Ein Mann gänzlich anderen Schlages war Hermann Esser (1900–1981), den Hitler schon von seiner Zeit bei der Nachrichtenabteilung der Reichswehr kannte. Esser galt bei den Nazis als bester Redner nach Hitler. Der »Demagoge übelster Sorte« (Otto Strasser) war in den frühen Jahren als Propagandist unentbehrlich. Wie Hitler sympathisierte er zunächst mit den Sozialdemokraten und war dann durch Röhm zur DAP gekommen.

Ernst Röhm (1887–1934), der schwerverwundet aus dem Ersten Weltkrieg zurückkam, hatte sich zunächst dem Freikorps Epp angeschlossen. Er hatte auch gute Beziehungen zur Brigade Ehrhardt und wurde bald zur Schlüsselfigur zwischen den paramilitärischen Verbänden und den Nazis. Nach der Zerschlagung der Räterepublik war Röhm Stabschef beim Münchner Stadtkommandanten geworden. Er gehörte zu einer Gruppe von Konterrevolutionären, die jetzt in Schlüsselstellungen gesetzt wurden und, gedeckt durch das Ausnahmerecht, einen gut organisierten, antirepublikanisch gesinnten Überwachungsapparat aufbauten. Röhm war für die »Säuberung« und Reorganisierung der Sicherheitskräfte zuständig. Als »Waffenreferent« der Brigade Epp stattete er die Einwohnerwehren mit militärischem Material aus. Schließlich war Röhm auch für die Umsetzung der Versailler Entwaffnungsbestimmungen zuständig. Durch die Auflösung der drei bayerischen Zeugämter kam eine ungeheure Menge von Waffen unter Röhms Kontrolle, was ihm den Spitznamen »Maschinengewehrkönig« einbrachte. Es gelang ihm der Aufbau einer geheimen Feldzeugmeisterei, wodurch die Waffen nicht in die Hände der Alliierten kamen, vielmehr zum guten Teil heimlich verkauft wurden.

Unter den Käufern war auch Adolf Hitler, begleitet von Göring. Hermann Göring (1893–1946), der aus Rosenheim stammte, war im Ersten Weltkrieg ein erfolgreicher Kampfflieger gewesen. 1921 war er nach München gekommen und hatte sich an der Universität eingeschrieben. Im Oktober 1922 begegnete er erstmals Hitler bei einer Kundgebung auf dem Königsplatz. Das Göringsche Haus in

Obermenzing wurde bald zur Anlaufstelle für pflegebedürftige SA-Kämpfer, aber auch für Hitler und seine engsten Vertrauten. Im Gründungsaufruf der SA vom 3. August 1921 hatte es geheißen:

> *»Die NSDAP hat im Rahmen ihrer Organisation eine eigene Turn- und Sportabteilung gebildet. Sie soll unsere jungen Parteimitglieder besonders zusammenschließen, um als eiserne Organisation ihre Kraft der Gesamtbewegung als Sturmbock zur Verfügung zu stellen. Sie soll Trägerin des Wehrgedankens eines freien Volkes sein. Sie soll den Schutz stellen für die von den Führern zu leistende Aufklärungsarbeit.«* [12]

Die SA (Sturmabteilung) war die Hauptträgerin des braunen Terrors, der sich in Saal- und Straßenschlachten und Angriffen aller Art auf Andersdenkende artikulierte. Im November 1921 umfaßte die Schlägertruppe etwa 300 Mann, die in 21 Gruppen über das ganze Stadtgebiet verteilt waren. Die SA-Leute waren fast alle zwischen 17 und 24 Jahre alt und entstammten einem kleinbürgerlich-mittelständischen Milieu [13]. Den Aufbau der SA übernahmen Offiziere der Brigade Ehrhardt. Ihr erster Führer war der Leutnant Hans-Ulrich Klintzsch, unter dessen Leitung die SA eine militärische Ausbildung erhielt und im Ruhrkampf sogar in die Landesverteidigung einbezogen wurde. Göring, der 1923 als erster Gefolgsmann Hitlers die SA-Führung übernahm, behielt diese militärische Ausrichtung bei.

Hitlers Aufstieg in der Partei

Hitler, der sich rasch als Versammlungsleiter unentbehrlich gemacht hatte, gewann mehr und mehr eine dominierende Stellung in der NSDAP. Von Februar 1920 bis Jahresende veranstaltete die Partei nicht weniger als 46 öffentliche Versammlungen. Hitler selbst sprach mehr als 50 mal in- und außerhalb Münchens. Sein Erfolgsrezept bestand in einer pausenlosen Propagandajagd, die dem politischen Gegner keine Zeit zum Nachdenken ließ. Hitlers demagogische Begabung übertraf die aller anderen Redner jener Zeit. Seine Fähigkeit, Massenversammlungen auf seine Parolen einzuschwören, trug zu dem bald sich entwickelnden Führerkult bei. Seine Hetzreden bedienten sich eingängiger Formeln und boten immer eindeutige Schuldzuweisungen an: die »Novemberverbrecher«, das

»Weltjudentum« usw. Diese Massenagitation führte der Partei viele Mitglieder zu. Hatte zunächst für die Versammlungen ein Hinterzimmer ausgereicht, so betrug die Mitgliederzahl Ende 1920 schon 2000 und drei Jahre später sogar 55 000.

Gleichzeitig war die ideologische Ausrichtung, trotz des verabschiedeten Programms, noch unklar. Es gab starke Kräfte, die für ein Zusammengehen mit den Völkischen eintraten, was Hitlers Einfluß entscheidend geschmälert hätte. Auf dem Höhepunkt der Auseinandersetzung trat Hitler am 14. Juli 1921 aus der NSDAP aus und knüpfte an seinen Wiedereintritt die Bedingung des »Postens des I. Vorsitzenden mit diktatorischer Machtbefugnis«[14], was ihm die kopflose Partei nolens volens gewährte. Drexler wurde Ehrenvorsitzender, Hitler Vorsitzender, dessen Alleinverantwortlichkeit im neugefaßten Statut klar festgeschrieben war. In Hitlers Ultimatum war auch festgelegt, daß »Sitz der Bewegung München ist und für immer bleibt«[15], sowie daß jede weitere Veränderung des Parteinamens oder des Programms zu unterbleiben habe.

Hitler ging als eindeutiger Sieger aus den Richtungskämpfen der sich nun auch über München hinaus ausdehnenden Partei hervor. Konsequent scharte er seine Gefolgsleute um sich. Hermann Esser wurde Propagandaleiter, Max Amann Geschäftsführer und Philip Bouhler war als Verlagskaufmann für den Völkischen Beobachter verantwortlich. Die NSDAP wurde planmäßig in Bezirks-, Gau- und Landesverbänden organisiert. Hitlers Hauptinteresse galt aber nach wie vor der Propaganda. Dabei war München eine zentrale Rolle zugedacht. Im August 1921 notierte sich Hitler als ersten Punkt seines Konzeptes:

> *»Konzentration der gesamten Arbeit zunächst auf einen einzigen Ort: München. Heranbildung einer Gemeinde von unbedingt verläßlichen Anhängern und Ausbildung einer Schule für die spätere Verbreitung der Idee. Gewinnung der notwendigen Autorität für später durch möglichst große sichtbare Erfolge an diesem einen Ort.«*[16]

In jener Zeit begannen Hitlers engste Vertraute, insbesondere Esser, Amann, Eckart und Heß, planmäßig, den Mythos von der schicksalsmäßigen Berufung Hitlers zur Führung zu propagieren, der später im »Führerkult« kulminierte.

Der propagandistische Erfolg – einmal sprach Hitler vor 60 000 Menschen – schlug sich auch in steigenden Zuwendungen der Industrie nieder. Nicht nur Verleger Bruckmann und Klavierfabrikant Bechstein, alle Hitlerverehrer, auch der Lokomotivenproduzent Borsig und andere spendeten Geld, allen voran Fritz Thyssen. Im Oktober 1923 kam Thyssen nach München, um sich über den geplanten Putsch unterrichten zu lassen, für den er sofort 100 000 Goldmark bereitstellte[16a].

Dadurch, daß Hitler 1921 innerhalb der NSDAP die Macht an sich riß, verhinderte er, daß die Partei von der breiten Bewegung der vaterländischen Organisationen aufgesogen und er selbst zum Trommler reaktionär-traditionalistischer Kräfte degradiert wurde. In der Folge spalteten sich diese Kräfte in die Vereinigten Vaterländischen Verbände Bayerns, die in sieben Untergruppen eine Unzahl von alldeutschen, königstreuen u. a. Vereinen, Akademiker-, Offiziers-, Jugend- und Wirtschaftsverbänden zusammenfaßten, und in die Arbeitsgemeinschaft der Vaterländischen Kampfverbände. Diese Arbeitsgemeinschaft unterschied sich von ihrer Konkurrenzorganisation nicht nur durch einen scharfen Antisemitismus. Sie wurde auch sehr bald von den Nazis dominiert. Den »aktivistischen Kern«[17] der Arbeitsgemeinschaft, in der auch die frühere Münchner Einwohnerwehr aufgegangen war, bildeten die SA, die »Reichsflagge«, deren stellvertretender Vorsitzender wiederum Ernst Röhm war, und der Bund Oberland. Geschäftsführer der Arbeitsgemeinschaft war Christian Roth, der unter Kahr Justizminister gewesen war und sich 1924 der NSDAP anschloß. Militärischer Führer wurde Hermann Kriebel, früherer Stabschef der Einwohnerwehren und ein enger Vertrauter Ludendorffs.

Die Eingliederung der SA in diese Arbeitsgemeinschaft förderte erheblich ihren Ausbau zum paramilitärischen Wehrverband. Sie löste sich nun ganz von der Brigade Ehrhardt und erhielt unter Görings Leitung ein eigenes generalstabsmäßiges Oberkommando, schließlich lösten sich die zum aktiven bewaffneten Kampf gegen die »Novemberverbrecher« entschlossenen Gruppen – SA, Bund Oberland und Reichsflagge – aus der Arbeitsgemeinschaft und bilden den »Deutschen Kampfbund«. Diese Neugründung am 1./2. September 1923 auf dem »Deutschen Tag« in Nürnberg hatte vor allem Ludendorff betrieben, der sich nun offen an die Seite Hitlers stellte. Aus ihrem Willen zum Staatsstreich machten beide Männer keinen Hehl. Die politische Führung lag nach dem 26. September allein bei Hitler.

Der Hitler-Putsch 1923

Das Jahr 1923 war das große Krisenjahr der Weimarer Republik, in dem ihre Weiterexistenz ernstlich in Frage gestellt war. Am 11. Januar waren die Franzosen ins Ruhrgebiet einmarschiert. Zwei Tage später verkündete Reichskanzler Cuno den »passiven Widerstand«, der angesichts der galoppierenden Inflation und der katastrophalen Wirtschaftslage von vornherein aussichtslos war. Vom 27. bis 29. Januar 1923 fand in München der erste Reichsparteitag der NSDAP statt. Am Vorabend sprach Hitler auf allen zwölf öffentlichen Kundgebungen. 6000 SA-Männer standen bereit, jede abweichende Meinung sofort blutig zu unterdrücken. Der mit den Nazis sympathisierende Historiker Karl Alexander von Müller wohnte dem Schauspiel bei:

> *»Eigne Kampflieder, eigne Fahnen, eigne Symbole, ein eigner Gruß..., militärähnliche Ordner, ein Wald grellroter Fahnen mit einem schwarzen Hakenkreuz auf weißem Grund, die seltsamste Mischung von Soldatischem und Revolutionärem, von Nationalistischem und Sozialem – auch in der Zuhörerschaft: überwiegend der herabgleitende Mittelstand, in all seinen Schichten – wird er hier neu zusammengeschweißt werden? Stundenlang ununterbrochen dröhnende Marschmusik, stundenlang kurze Reden von Unterführern, wann würde er kommen? War doch noch ein Unerwartetes dazwischengetreten? Niemand beschreibt das Fieber, das in dieser Atmosphäre um sich griff. Plötzlich, am Eingang hinten, Bewegung, Kommandorufe. Der Sprecher auf dem Podium bricht mitten im Satz ab. Alles springt mit Heilrufen auf. Und mitten durch die schreienden Massen und die schreienden Fahnen kommt der Erwartete mit seinem Gefolge, raschen Schritts, mit starr erhobener Rechten zur Estrade.«* [18]

Der Parteitag war genehmigt worden, nachdem Hitler sein Ehrenwort gegeben hatte, keinen Putschversuch zu unternehmen. Was davon zu halten war, zeigte sich schon am 1. Mai, als die SA mit aus

Kasernen entwendeten Waffen versuchte, die sozialistischen Maifeiern mit Gewalt zu zerschlagen, was freilich am Widerstand der Reichswehr scheiterte.

Der Sommer 1923 war von großer sozialer Unruhe gekennzeichnet. Mehrfach kam es zu Zusammenrottungen unzufriedener Bürger. Unter dem Druck wirtschaftlicher Not wurden die Menschen immer gereizter, worauf die Stadt mit Verstärkung der Polizeikräfte reagierte[19]. Als Reaktion auf die krisenhafte Entwicklung gab es Versuche, die beiden getrennt marschierenden Fraktionen des rechtsradikalen Lagers wieder an einen Tisch zu bringen. Im August gewann der Führer der Alldeutschen, Helmut Class, die Vaterländischen Verbände für ein bayerisches Direktorium mit Kahr, Pöhner und Hitler, ein Plan, der freilich nicht weiterverfolgt wurde.

Am 26. September mußte der neue Reichskanzler Stresemann das Ende des »passiven Widerstandes« verkünden. Noch am selben Tag verhängte die bayerische Landesregierung den Ausnahmezustand und ernannte mit Billigung des Kronprinzen Kahr zum Generalstaatskommissar. Damit übernahm Kahr die gesamte vollziehende Gewalt; er war gewissermaßen ein bayerischer Diktator. Kahr verbot zahlreiche linksgerichtete Zeitungen, brach die diplomatischen Beziehungen zur sozialistisch geführten Regierung von Sachsen ab und hob die bayerische Durchführungsverordnung für das Republikschutzgesetz auf. Auf der anderen Seite weigerte sich Kahr, dafür Sorge zu tragen, daß das vom Reichswehrminister verfügte Verbot des Völkischen Beobachters, der den Reichskanzler in maßloser Weise angegriffen hatte, durchgeführt wurde. Als der Reichswehrminister den bayerischen Wehrkreiskommandeur von Lossow deshalb seines Postens enthob, wurde dieser von Kahr wieder eingesetzt. Zugleich wurde der bayerische Teil der Reichswehr bis zur Wiederherstellung des Einvernehmens zwischen Bayern und Reich von Kahr feierlich in die Pflicht genommen. Außerdem gab es intensive Kontakte zwischen den Kräften um Kahr und Lossow, den norddeutschen antidemokratischen Kräften, den Radikalen Hitler und Ludendorff und der Schwerindustrie, wobei der Stinnes-Vertaute Minoux eine entscheidende Rolle spielte. Dabei bevorzugten die ersteren den »Kalten Staatsstreich«, der erfolgen sollte, nachdem die Industrie und Landwirtschaft die Reichsregierung durch ökonomische Pressionen zur Strecke gebracht hatten. Hitler war lediglich die Rolle eines Propagandisten zugedacht, Ludendorff wollte man ganz ausschalten[20]. Eine Einigung kam nicht zustande.

Als am 2. November die Sozialdemokraten das Kabinett Stresemann verließen, nahmen die Spannungen weiter zu. Viele erwarteten eine Militärdiktatur unter dem Reichswehrchef General von Seeckt. In Bayern sammelten sich bereits Verbände an der Grenze zu Thüringen zum Marsch auf Berlin. Immer mehr Stimmen forderten jetzt loszuschlagen. Kahr setzte nach wie vor auf eine bayerische Rechtsdiktatur zur Restitution der Monarchie sowie ein dem bayerischen Modell folgendes Direktorium im Reich, während die Nazis nach dem Sturz der Reichsregierung die neue Führung selbst stellen wollten. Noch am 6. November nahm Kahr Hitler das Versprechen ab, nichts auf eigene Faust zu unternehmen. Schon am Tag darauf kamen die Führer des »Deutschen Kampfbundes« unter Hitlers Vorsitz zusammen und beschlossen zu putschen. An dieser Zusammenkunft in der Wohnung Hermann Kriebels nahmen außer diesem selbst und Hitler noch fünf Männer teil: General Ludendorff, der Major Hans Streck, der Vorsitzende des Bundes Oberland, der Tierarzt Friedrich Weber, der der elitär-reaktionären Akademischen Gilde angehörte und mit der Tochter des Verlegers Lehmann verheiratet war, sowie als Vertraute Hitlers Max Erwin von Scheubner-Richter und Hermann Göring. Die Führer des Kampfbundes träumten von einem Marsch auf Berlin nach Mussolinis Vorbild. Der Putsch sollte in München erfolgen, die Machtübernahme gleichzeitig in allen großen bayerischen Städten. Frick, nach wie vor Chef der Politischen Abteilung der Münchner Polizeidirektion, sollte dafür sorgen, daß die Polizei nicht intervenierte, Oberleutnant Roßbach sollte die Infanterieschule besetzen. Zur Niederhaltung der Bevölkerung waren Standgerichte vorgesehen.

Für den Abend des 8. November hatte Kahr eine Kundgebung im Münchner Bürgerbräukeller angesetzt, die von den vaterländischen Verbänden und der BVP getragen wurde. Fast das gesamte bayerische Kabinett sowie viele führende Vertreter des Münchner öffentlichen Lebens waren anwesend. Kahr hatte gerade erst mit seiner Rede zur politischen Lage begonnen, als bewaffnete Nationalsozialisten den hoffnungslos überfüllten Saal abriegelten. Hitler drang bis zur Rednertribüne vor und nötigte Kahr, Lossow und Seißer in einen Nebenraum. Die drei widersetzten sich anfangs dem Putschplan, und Hitler kehrte allein in den Saal zurück, wo er nur einen kleinen Teil des Publikums auf seiner Seite hatte:

Eine gefährliche Welle der Erregung brandete zu ihm auf, als er wieder das Podium bestieg. Sie schwoll nicht ab, als er ansetzte zu reden. Ich sehe noch deutlich seine Bewegung, wie er den Browning hinten aus der Tasche zog und ... einen Schuß gegen die Decke abfeuerte. Wenn nicht Ruhe wird, rief er zornig, lasse ich ein Maschinengewehr auf der Galerie aufstellen. Was dann folgte, war ein rednerisches Meisterstück ... Er begann völlig ruhig, ohne jedes Pathos. Was geschehe, richte sich in keiner Weise gegen Kahr. Dieser habe sein volles Vertrauen und solle Landesverweser Bayerns werden. Gleichzeitig aber müsse eine neue Regierung gebildet werden: Ludendorff, Lossow, Seisser und er. Ich kann mich nicht erinnern, je in meinem Leben einen solchen Umschwung der Massenstimmung in wenigen Minuten, fast Sekunden erlebt zu haben. Sicher gab es noch viele, die nicht bekehrt waren. Aber die Stimmung der Mehrheit hatte völlig umgeschlagen. Hitler hatte sie mit einigen Sätzen umgedreht, wie man einen Handschuh umdreht.« [21]

Wenig später kehrten Kahr und die anderen Seite an Seite mit Hitler auf die Rednertribüne zurück. Die Leitung der Reichspolitik beanspruchte Hitler für sich selbst, Ludendorff wurde zum Führer einer »Nationalarmee« ausgerufen, Lossow zum »militärischen Diktator«, Seißer zum »Reichspolizeiminister«. Kahr wurde zum Verweser der bayerischen Monarchie deklariert, Poehner zum Ministerpräsidenten [22]. Der amtierende Ministerpräsident Knilling wurde zusammen mit den anwesenden Ministern verhaftet.

Kahr, Lossow und Seißer – von Hitler in Gnaden entlassen – begaben sich zur Kaserne des Infanterieregiments I/19 und widerriefen sofort ihre Teilnahme an dem Putsch, so daß der Marsch auf Berlin, der am Morgen des 9. November begann, an der Feldherrnhalle, wo die Landpolizei wartete, schon wieder zu Ende war. An der Spitze der bunt zusammengewürfelten Schar, die aus einigen tausend Mann verschiedener paramilitärischer Verbände und einigen wenigen Reichswehroffizieren bestand, marschierten Hitler, Ludendorff, Göring, Scheubner-Richter, Kriebel, Weber, Streck, Rosenberg, der eben zum Finanzminister ernannte Feder und

Julius Streicher spricht am Morgen des 9. November 1923 auf dem Marienplatz

Heinrich Himmler, der 1929 »Reichsführer-SS« und nach der »Machtergreifung« Münchner Polizeipräsident wurde. Auch Julius Streicher war dabei, der aus Nürnberg gekommen war und am Morgen auf dem Marienplatz vor einer großen Menschenmenge eine seiner berüchtigten antisemitischen Hetzreden gehalten hatte. Andere Naziführer nahmen nicht am Marsch auf die Feldherrnhalle teil. Röhm hielt mit 400 Mann der »Reichskriegsflagge« das Wehrkreiskommando besetzt. Heß bewachte in der Villa Lehmann das gefangengesetzte Kabinett.

Bei dem Schußwechsel an der Feldherrnhalle kamen drei Polizisten und 16 Putschisten ums Leben. Unter ihnen war Theodor von der Pfordten, Richter am Obersten Bayerischen Landgericht, in dessen Tasche man den Entwurf für eine neue Verfassung fand, der dem, was nach 1933 über Deutschland hereinbrach, recht nahe kam[22a]. Von Hitler selbst hieß es, er sei verwundet worden. Tatsächlich hatten ihm seine eigenen Leute, als sie ihn aus der Schußlinie zerrten, den Arm verrenkt. Hitler floh in die Villa von Ernst Hanfstaengl in Uffing am Staffelsee, wo er sich im Kleiderschrank versteckte, aber trotzdem verhaftet wurde. Auch Ludendorff und andere ereilte dasselbe Schicksal. Einige Putschisten flohen ins Ausland, vornehmlich nach Österreich. Außerhalb Münchens blieb die Lage, abgesehen von einem kurzen Erhebungsversuch in Regensburg, ziemlich ruhig, weil die SA und der Bund Oberland nur über so begrenzte Kräfte verfügten, daß sie fast die gesamten Mannschaften in München zusammenziehen mußten.

Trotz des kläglichen Scheiterns des Putsches, das ihn im nachhinein als Farce erschienen ließ, war Hitler für viele ein Held. Die Führer des vaterländischen Flügels, die sich erst mit ihm verbündet und dann wieder von ihm losgesagt hatten, galten als Verräter. (Die Nazis verziehen Kahr diesen Verrat nicht und ermordeten ihn 1934.) Allenthalben hörte man in den Straßen Rufe: »Nieder mit Kahr, hoch mit Hitler!« Immer wieder kam es zu tätlichen Angriffen auf Polizeikräfte und zu Zusammenrottungen. Die Anhänger der Nazibewegung schworen mehr als je zuvor auf ihren »Führer«[23]. Hitler selbst bemerkte später: »Es war das größte Glück für uns Nationalsozialisten, daß dieser Putsch gescheitert ist.«[24] Die Gründe, die er angibt, sind zutreffend: 1. Eine Zusammenarbeit mit Ludendorff wäre auf Dauer unmöglich gewesen. 2. Die NSDAP war noch viel zu schwach, um die politische Herrschaft im ganzen Deutschen Reich zu übernehmen. 3. Die »Vorgänge ... mit ihren Blutopfern« waren die »wirksamste Propaganda«[25].

Der Prozeß gegen die Putschisten fand 1924 vor dem bayerischen Volksgericht in München statt, nicht vor dem eigentlich zuständigen Staatsschutzsenat des Reichsgerichts in Leipzig, da die bayerische Regierung den gegen Hitler erlassenen Haftbefehl einfach ignoriert hatte. Der Prozeß steigerte die Hitler-Begeisterung nur noch weiter. Typisch ist ein Lied, das Weiß Ferdl damals Abend für Abend unter donnerndem Applaus zum besten gab und in dem es hieß:

»Deutsche Männer stehen heute
vor den Schranken des Gerichts,
mutig sie die Tat bekennen,
zu verschweigen gibt's da nichts!
Sagt, was haben die verbrochen?
Soll es sein gar eine Schand,
wenn aus Schmach und Not will retten
man sein deutsches Vaterland!«[26]

Die Münchner Neuesten Nachrichten schrieben: »Wir machen keinen Hehl daraus, daß unsere menschlichen Sympathien auf Seiten der Angeklagten in diesem Prozeß und nicht auf Seiten der Novemberverbrecher vom Jahre 1918 stehen.«[2] In dieser Atmosphäre war eine entschiedene, die Verbrechen in ihrer Schwere ergründende Verhandlungsführung fast unmöglich. Sie lag wohl auch von vornherein gar nicht in der Absicht des Oberlandgerichtsrates Georg Neithardt. Neithardt war nach der Niederwerfung der Räterepublik zum Vorsitzenden des Volksgerichts berufen worden und hatte unter anderem das skandalöse Urteil über den Eisner-Mörder Arco zu verantworten. Während des Hitlerputsch-Prozesses gingen nicht nur Emissäre des Justizministeriums, sondern auch die Anwälte der Angeklagten im Richterzimmer ein und aus[28]. In dieses Bild paßt die bevorzugte Beförderung Neithardts nach der Machtergreifung 1933. Am 1. April 1924 erging das Urteil gegen Hitler und die Mitangeklagten, das die Karikatur einer Entscheidung nach einem rechtsstaatlichen Verfahren war. Hitler, Weber, Kriebel und Pöhner wurden als Haupttäter eingestuft und erhielten eine fünfjährige Haftstrafe, nicht Gefängnis, sondern die als ehren-

Die Angeklagten im Hitler-Prozeß präsentieren sich stolz vor der Kriegsschule (Blutenburgstraße/Pappenheimstraße), wo die Verhandlung stattfand (Photo 1924)

voll angesehene Festungshaft. Brückner, Röhm, Pernet, Wagner und Frick erhielten je ein Jahr und drei Monate Festungshaft. Ludendorff wurde freigesprochen und verließ unter Ovationen das Gerichtsgebäude.

Mit den verhängten Strafen ging das Gericht an die unterste Grenze des Strafrahmens. Zusätzlich bewilligte es aus »all den zugunsten der Verurteilten sprechenden Gründen«[29] Bewährungsfristen, so daß Brückner, Röhm und Frick als freie Männer aus dem Gerichtssaal gingen. Schließlich setzte sich der Gerichtshof über das Republikschutzgesetz hinweg und sah von der zwingend vorgeschriebenen Ausweisung des Ausländers Hitler ab, denn:

»Auf einen Mann, der so deutsch denkt und fühlt wie Hitler ... kann nach Auffassung des Gerichts die Vorschrift ... des Republikschutzgesetzes ihrem Sinne und ihrer Zweckbestimmung nach keine Anwendung finden.«[30]

Festungshaft

Fünf Tage nach dem Urteil, am 6. April 1924, fanden Wahlen zum Bayerischen Landtag statt, die schlagartig zeigten, wie weit der Erosionsprozeß des Fundaments der Weimarer Demokratie schon fortgeschritten war. Die BVP fiel von 65 auf 46 Mandate zurück, die SPD von 26 auf 23 und die Demokraten von 13 auf drei. Den übrigen Parteien verblieben von ihren 54 Sitzen noch 34. Der einzige und zugleich große Gewinner war die erstmals angetretene Nazibewegung, die als »Nationale Sozialistische Freiheitsbewegung (Völkischer Block)« auftrat und auf Anhieb mehr als 500 000 Stimmen (17,1 %) errang. Damit fielen ihr 23 Mandate zu, genauso viele wie den Sozialdemokraten. In München erreichte dieser Völkische Block sogar 50 % der Stimmen!

Hitler war inzwischen mit seinen Mitkämpfern in der Feste Landsberg eingetroffen, wo sich bald ein reges, jede Besucherregelung ignorierendes Kommen und Gehen entfachte. Ein Polizeibericht vom September 1924 vermerkte, Hitler sei »heute mehr denn je die Seele der Bewegung«[31]. Die Tatsache, daß Hitler die Parteiführung formell für die Dauer seiner Haft niedergelegt hatte, stand dem nicht entgegen. Am 30. September war die Sechsmonatsfrist vorüber, nach deren Ablauf das Gericht die Entlassung auf Bewährung in Aussicht gestellt hatte. Sofort setzten die entsprechenden Bemühungen ein. In der Stellungnahme der Staatsanwaltschaft hieß es freilich, Hitler, Weber und Kriebel hätten »die ihnen gewährten außergewöhnlichen Freiheiten, insbesondere die Besuchsfreiheit ohne Überwachung, dazu mißbraucht, die Verbände, die sie am 8. und 9. November 1923 zu ihrem hochverräterischen Unternehmen benützt hatten, neu zu organisieren«[32]. Doch auch diese Erkenntnis, die sich nicht zuletzt auf nationalsozialistische Publikationen stützte, focht das Gericht nicht an. Das Landgericht und, nach Beschwerde der Staatsanwaltschaft, auch das Oberste Landesgericht verfügten die vorzeitige Freilassung, und am 20. Dezember 1924 war Adolf Hitler wieder ein freier Mann.

Hitler hatte die kurze Haftzeit nicht nur dazu genutzt, seine Bewegung zu reorganisieren. Er hatte auch den ersten Band seines Buches »Mein Kampf« diktiert, der im darauffolgenden Sommer im Franz-Eher-Verlag erschien. Außerdem war Hitler inzwischen klar geworden, daß Berlin nicht von München aus zu erobern war. Die Nazis begannen nun, sich auch außerhalb der bayerischen Landeshauptstadt planmäßig zu organisieren. Besonders folgenreich war in diesem Zusammenhang die Entsendung des Propagandachefs Joseph Goebbels als Gauleiter in die »rote« Reichshauptstadt im Herbst 1926.

Hitler in München: Freunde und Verehrerinnen

Für Hitler selbst blieb immer die »Hauptstadt der Bewegung« das primäre Aktionsfeld. Hier fühlte er sich zu Hause, hier fand er gesellschaftliche Anerkennung. Der Name, der hier zuerst genannt werden muß, ist der des Verlegers Hugo Bruckmann (1863–1941). Bruckmann war zunächst alldeutsch orientiert, trotzdem erwarb er sich »um die nationalsozialistische Bewegung von Beginn ihres Kampfes an unschätzbare Verdienste«[33]. Bruckmann war unter anderem der Verleger des rassistischen Schriftstellers Houston Stewart Chamberlain, der 1908 die Tochter Richard Wagners geheiratet hatte. Bruckmann war es, der Hitler im Haus Wahnfried eingeführt hatte. Winifred Wagner gehörte zu den ersten Parteimitgliedern; sie beherbergte ihn in den 20er Jahren häufig[33a]. Nach 1933 bekleidete Bruckmann zahlreiche Ehrenämter. Als er starb, ordnete Hitler ein Staatsbegräbnis an. Bruckmanns Frau Elsa stammte aus einem verarmten rumänischen Fürstengeschlecht. Der Soldatentod ihres Neffen im Ersten Weltkrieg hatte sie sehr deprimiert; selbst war sie kinderlos und empfand von Anfang an eine starke, schwärmerische Verehrung für Adolf Hitler. Die Bruckmanns wohnten am Karolinenplatz 5, in »einer Art fürstlicher Kaufmannsresidenz«, ihr Haus war für München »jahrzehntelang ein einzigartiger geistiger Mittelpunkt«[34]. Hier verkehrten die bedeutendsten Künstler, Musiker, Schriftsteller und Wissenschaftler. Man konnte Furtwängler, Wölfflin, Hofmannsthal, George oder Rilke hier treffen, aber eben auch Chamberlain, Schuler, Heß und Rosenberg. Hier wurde der sich zur politischen Bewegung formierende Rassenwahn im wahrsten Sinne des Wortes salonfähig.

Eine andere leidenschaftliche Verehrerin Hitlers war die Frau des Berliner Klavierfabrikanten Bechstein. Carl und Helene Bechstein, die Hitler durch Dietrich Eckart kennenlernten, residierten im Winter regelmäßig im Hotel Vier Jahreszeiten. Frau Bechstein, die sich Hoffnungen machte, Hitler werde ihre Tochter heiraten, unterstützte ihn nicht nur finanziell, sondern kümmerte sich auch um eine standesgemäße Garderobe. Als besonders wertvoll erwies sich auch die Verbindung zu Ernst Hanfstaengl, der aus einer angesehenen Kunsthändlerfamilie stammte und Hitler Zutritt zu vielen Häusern des alteingesessenen Bürgertums verschaffte. Hanfstaengl, der für die Öffentlichkeitsarbeit der NSDAP verantwortlich war, trug auch maßgeblich dazu bei, daß es der Partei finanziell zunehmend besser ging. Wie die DNVP und DVP erhielten auch die Nazis großzügige Spenden »interessierter Rechtskreise und einflußreicher Industriekapitäne«[35]. Hitler wohnte nun nicht mehr zur Untermiete, sondern residierte in einer Neunzimmerwohnung am Prinzregentenplatz 16. Sein Stammtisch war im Café Heck in der Galeriestraße.

Der Weg zur Macht

Im Februar 1925 war das formelle Verbot der NSDAP aufgehoben worden, am 27. Februar wurde die Partei im Bürgerbräukeller wiedergegründet. Vor 4000 Zuhörern erklärte Hitler unmißverständlich: »Ich führe die Bewegung allein«[36]. Doch Hitler wurde im Laufe des Abends so ausfallend, daß ihn die bayerische Staatsregierung mit einem zweimonatigen Redeverbot belegte, dem sich auch Preußen und andere Länder anschlossen. In dieser Zeit wurden die Vorträge im Hause Bruckmann vor geladenen Gästen von außerordentlicher Bedeutung für Hitlers Propagandaarbeit. Wenn auch noch eine Menge Putschisten in der Nazibewegung aktiv waren, so setzte Hitler doch seinen Weg durch, der die Mittel der parlamentarischen Demokratie nutzte, um die Macht im Staate zu erringen. Die SA wurde zu einer Parteigruppe zurückgestutzt, deren Aufgabe einerseits im unverändert brutal ausgeübten Saalschutz und anderseits im Straßenterror bestand. Hitler suchte die Anerkennung des Bürgertums und der gesellschaftlichen Öffentlichkeit sowie Verbindungen zur Wirtschaft, schwor aber seiner Gewaltbereitschaft keineswegs ab. Am 14. April 1926 sagte er anläßlich eines Strafverfahrens vor Gericht über die Ziele der NSDAP:

> *»Zum Unterschied der bestehenden bürgerlichen Parteien begnügte sie sich nicht damit, dem Marxismus etwa die Macht aus der Hand zu nehmen, sondern erklärte als notwendig die Vernichtung des Marxismus an sich, d.h. mithin dessen restlose und tatsächliche Ausrottung.«*[37]

Damals hatte die NSDAP in München etwa 1600 Mitglieder, davon ein gutes Drittel in Schwabing. Bei den Kommunalwahlen blieben den Nazis große Erfolge versagt, was sie durch rüpelhafte Auftritte bei den Stadtratssitzungen zu kompensieren suchten. Auch bei den Landtagswahlen kam die NSDAP 1928 nur auf 6,3 %. Doch die nach dem Schwarzen Freitag an der New Yorker Börse am 24. Oktober 1929 sich rasch mit Macht entfaltende Weltwirtschaftskrise schuf für Hitlers Demagogie den entscheidenden Wirkungshintergrund. Bei den Reichstagswahlen am 14. September 1930 wuchs die Zahl der NSDAP-Abgeordneten von 12 auf 107. Bei den Reichspräsidentenwahlen am 13. März 1932 erhielt Adolf Hitler 11,3 Millionen Stimmen und erreichte damit den zweiten Platz nach dem amtierenden Präsidenten Hindenburg. Bei den Wahlen zum bayerischen Landtag am 24. April 1932 steigerte sich die NSDAP auf 32,5 %, was mehr als das Fünffache des letzten Ergebnisses war, und erhielt nur etwa 1000 Stimmen weniger als die BVP. Der von vielen erwartete Putsch, der diesmal ungleich erfolgreicher gewesen wäre als achteinhalb Jahre zuvor, blieb aus. Im November 1932 mußten die Nazis bei den Reichstagswahlen Verluste hinnehmen. Dennoch berief Hindenburg am 30. Januar 1933 Adolf Hitler zum Reichskanzler. Die erste deutsche Demokratie hatte sich am Ende selbst aufgegeben.

XIX. Hauptstadt der Bewegung

Machtergreifung und Terror

Drei deutschen Städten galt Hitlers besondere Aufmerksamkeit bei seinen Umgestaltungsplänen nach der »Machtergreifung«: der Reichshauptstadt Berlin, Nürnberg, der »Stadt der Reichsparteitage«, und München, jenem »am meisten geliebten Fleck der Erde«, wie es in »Mein Kampf« hieß[1]. 1935 erhielt München den offiziellen Beinamen »Hauptstadt der Bewegung«, der an die »Kampfzeit« erinnern sollte. Schon am 15. Oktober 1933, bei der Grundsteinlegung für das »Haus der deutschen Kunst«, erhielt es seinen anderen nationalsozialistischen Ehrentitel: »Hauptstadt der deutschen Kunst«. München hatte für Hitler persönlich und für die strategischen Überlegungen der Nazis immer einen sehr hohen Stellenwert gehabt. Hier hatte sich Hitler 1914 als Kriegsfreiwilliger gemeldet, hier hatte er nach dem Krieg gelebt, hier war seine Freundin Eva Braun geboren, hier wollte er begraben sein. Die NSDAP war nicht nur in München gegründet worden, hier residierte auch die Reichsleitung der Partei – zunächst im damaligen Photoatelier Heinrich Hoffmanns in der Schellingstraße und seit 1931 im »Braunen Haus«, dem mit Hilfe von Industriespenden erworbenen und von Troost umgebauten Barlow-Palais in der Briennerstraße 45. München war ein ideales Aktionsfeld für die Nazis. Hier kulminierten in ganz besonderer Weise reaktionäre Traditionen, klerikale Aufklärungsgegnerschaft, aggressive Weltabgewandtheit, bürgerlicher Opportunismus und die Mobilisierung antimoderner Ressentiments. 1937 stellte Adolf Dreßler mit einiger Berechtigung fest:

> *»Das Volksleben Münchens wird nicht vom Verstand, sondern vom Gemüt beherrscht, und so konnte München am besten den Nährboden für eine Bewegung abgeben, die sich in erster Linie an das Gemüt und an den Glauben wendet.«* [2]

Seite 354 Illustrierter Beobachter 1930 | Folge 23

Nur wenige Um- und Einbauten werden das an sich schon repräsentable Gebäude zu einer der Bewegung würdigen Reichsgeschäftsstelle machen

Das neue Parteiheim der N.S.D.A.P.

Blick in das Vestibül

(Bild links unten:) Der künftige große Konferenzsaal mit Reliefs von Thorwaldsen

Lesen Sie dazu den Aufruf Adolf Hitlers auf der übernächsten Seite!

Das »Braune Haus« in der Briennerstraße

Seit dem 30. Januar 1933 war Adolf Hitler Reichskanzler. Am 5. März fanden die letzten relativ freien Wahlen zum Reichstag statt. Die NDSDAP war nun die dominierende politische Kraft. Sie kam auf für sie enttäuschende 43,8 % der Stimmen, verfügte aber zusammen mit den Deutschnationalen über die einfache und, nach der Verhaftung aller KPD- und etlicher SPD-Abgeordneter und der Kapitulation der bürgerlichen Parteien, auch über die für das Ermächtigungsgesetz notwendige Zweidrittelmehrheit. Mit dieser »Machtergreifung« war die erste deutsche Demokratie zu einem unrühmlichen Ende gekommen.

Auch in Bayern ging alles sehr schnell. Alle Voraussetzungen für die staatsstreichartige Machtübernahme der Nationalsozialisten waren geschaffen. Die Idee, Bayern durch die Ernennung des entschieden antinationalsozialistischen Kronprinzen Ruprecht einen gewissen Schutz gegen den Zugriff aus Berlin zu schaffen, hatte zwar viele Anhänger, mußte aber gleichwohl als völlig unrealisierbar schnell wieder fallengelassen werden. Schon am 1. März befahl Hitler den Ministerpräsidenten Held zu sich nach Berlin und verwarnte ihn scharf. Für den Fall bayerischer Widersetzlichkeit drohte er mit dem Einmarsch der Reichswehr[3].

Am 9. März war es soweit. Röhm und Adolf Wagner, Gauleiter in München-Oberbayern, forderten Held ultimativ zum Rücktritt auf, was dieser nach Rücksprache mit dem Ministerrat ablehnte. Daraufhin schritten die Nazis zur Selbsthilfe. Die Stadträte Amann und Weber entrollten die Hakenkreuzfahne vom Rathausbalkon und gaben der erwartungsvollen Volksmenge die Machtübernahme durch Epp bekannt. Am späten Abend kam das langerwartete, aus Vorsicht erst nach Dienstschluß aufgegebene Telegramm vom neuen Reichsinnenminister Frick, der Epp unter dem Vorwand der Erhaltung von Sicherheit und Ordnung zum Reichskommissar ernannte. Wagner wurde Beauftragter für die Führung des Polizeireferats im Innenministerium. Vier Wochen später, Held war inzwischen zurückgetreten, wurde Epp zum Reichsstatthalter ernannt, was er bis zum Ende des Dritten Reiches blieb. Hans Frank, der Leiter des Rechtsamts der NSDAP, wurde Justizminister, Ludwig Siebert aus Lindau, der einzige deutsche Oberbürgermeister, der der NSDAP angehörte, wurde Finanzminister, der »Reichswalter« des NS-Lehrerbundes, Hans Schemm aus Bayreuth, bekam das Kultusministerium. Hermann Esser und Ernst Röhm, die sich beide schon 1919 Hitler angeschlossen hatten, wurden Staatssekretäre. An die Spitze der Polizeidirektion München trat Heinrich Himmler. Der politisch starke Mann im Kabinett war Adolf Wagner, der 1936 zusätzlich das Kultusministerium übernahm. Seit 1930 stand er an der Spitze des »Traditionsgaus München-Oberbayern« und galt in späteren Jahren als der mächtigste Gauleiter des Dritten Reiches. Er war ein fanatischer Antisemit. Häufig völlig betrunken, übte er ein willkürliches und brutales, ganz auf seine Person orientiertes Regiment aus. Gleich 1933 ließ er über 100 Lebensmittelhändler wegen überhöhter Butterpreise ins Konzentrationslager Dachau bringen und sorgte für die Entfernung der Kruzifixe aus den Schulen. Seit 1936 residierte Wagner in der vom Büro Troost restaurierten Kaulbachvilla, von wo aus er auch seine politischen Geschäfte führte. Neben anderen Nazigrößen kam auch Hitler selbst oft dorthin[4].

Bei den Wahlen vom 9. März war die NSDAP in München nur auf 37,8 % der Stimmen gekommen, was ihr 20 von 50 Stadtratssitze einbrachte (1928: 8 Sitze). Die Bayerische Volkspartei erhielt 11 Sitze (12), die SPD nur noch 10 (17), die Kampffront Schwarz-Weiß-Rot drei Sitze. Die KPD steigerte sich von drei auf sechs Mandate, die sie faktisch aber nicht mehr wahrnehmen konnte. Dennoch hatten die Nazis zunächst keine sichere Mehrheit im Stadtrat, was aber kaum noch eine Rolle spielte. Rollkommandos der SA verwüsteten am 9. März die Redaktionsräume der »Münchner Post« (SPD), des »Bayerischen Kuriers« (BVP) und der katholischen Wochenzeitung »Der gerade Weg«. Deren Leiter Fritz Gerlich, der 1920 bis 1928 Chefredakteur der MNN gewesen war, wurde von SA-Männern zusammengeschlagen, nach Dachau verschleppt und dort trotz internationaler Proteste am 1. Juli 1934 ermordet. Am Tag darauf wurden etwa 50 Redakteure und Angestellte der Münchner Neuesten Nachrichten, der Münchner Illustrierten und der Süddeutschen Sonntagspost, die alle im Verlag Knorr & Hirth erschienen, entlassen. Unter ihnen waren Eugen Roth, Ernst Heimeran, Paul Nikolaus Cossmann und Werner Friedmann.

Wenige Tage nach der symbolischen Münchner »Machtergreifung«, am 20. März 1933, wurde Karl Fiehler von Gauleiter Wagner

Oberbürgermeister Karl Fiehler bei der Grundsteinlegung der Ludwigsbrücke (27. April 1935)

zum kommissarischen Bürgermeister ernannt, nachdem die Nazis Scharnagl zum Rücktritt gezwungen hatten. Zwei Wochen später kassierte Fiehler die Mandate der KPD, so daß die Stimmenmehrheit für seine offizielle Wahl durch den Stadtrat am 26. April gesichert war. Außerdem befanden sich zwei der SPD-Stadträte bereits in »Schutzhaft«, einer von ihnen war Thomas Wimmer.

Karl Fiehler (1895–1969) war zunächst bei den Völkischen aktiv gewesen und erst am 5. November 1923 der NSDAP beigetreten, hatte aber am Marsch auf die Feldherrnhalle teilgenommen und gehörte zu den »alten Kämpfern«, die mit Hitler zu Landsberg eingesessen waren. Er war einer der ganz wenigen, mit denen Hitler per Du war. 1924 wurde der »Durchschnittsbeamte«, wie es in der dienstlichen Beurteilung hieß, durch den Stadtrat aus dem Dienst entlassen, weil er nicht nur bei der Verwüstung der Redaktionsräume der »Münchner Post«, sondern auch bei der Verhaftung von

Stadträten mitgewirkt hatte. Er wurde aber am 29. November rechtzeitig aus der Haft entlassen, um zehn Tage später zu einem der ersten drei nationalsozialistischen Stadträte gewählt zu werden. Vier Jahre später stieg er in die Reichsleitung der Partei auf und wurde Leiter des »Amtes für Kommunalpolitik«, hatte aber keinen besonders großen Einfluß innerhalb der Partei, für die er zu sehr akademisch-distanzierter Verwaltungsfachmann war. Dafür war ihm eine gewisse kommunalpolitische Sachkunde nicht abzusprechen, so daß München mit ihm noch besser dran war als manche andere Stadt. Am 23. Mai 1933 wurde Fiehler mit dem neuen Titel eines »Oberbürgermeisters« versehen, was er bis zum 29. April 1945 blieb[5].

Fiehlers zurückhaltend-zögerndem Temperament genau entgegengesetzt war das Gemüt von Christian Weber[6]. Weber war im Krieg Troßknecht gewesen, danach Schwarzhändler, schließlich Hausknecht und Fuhrunternehmer. Er trat häufig als Anführer von Schlägertrupps der SA auf und war allein in den Jahren bis 1925 in über 150 Gerichtsverfahren verwickelt. Er galt als einer der engsten Mitarbeiter Hitlers und hatte als in jedem Sinne des Wortes tatkräftiger Fraktionsvorsitzender eine Schlüsselrolle bei der Machtübernahme im Rathaus. Weber war berühmt für seine Saufgelage und ausschweifenden Festlichkeiten, z.B. die zuletzt im Juli 1939 mit gewaltigem Pomp aufgeführte »Nacht der Amazonen« im Nymphenburger Park, dafür, daß er einen »nach Dachau bringen« könne, für seinen Geschäftssinn und seine Vorliebe für den Reitsport. Er war Präsident des Rennvereins München-Riem und des Kuratoriums für das »Braune Band«, eine von den Nazis neu geschaffene Trophäe. Weber kontrollierte das Benzinmonopol, Omnibus- und Straßenbahnlinien und zahlreiche Gestüte. Er verfügte über eine fast unerschöpfliche Sammlung von Ehrentiteln und trat, zu Hitlers Mißfallen, selbst bei offiziellen Anlässen lieber im Frack auf als in seiner SS-Uniform. Bei seinem gewaltsamen Tod im Mai 1945 hinterließ er ein Millionenvermögen und gewaltige Steuerschulden.

Schon am Tage von Fiehlers Berufung zum kommissarischen Bürgermeister erklärten die Referatsleiter dem neuen Regime ihre Loyalität. Wenig später begann die »Neuordnung des Stadtrats«[7]. Im Juni bzw. Juli 1933 wurden SPD und BVP verboten. Nach der

»Säuberung im nationalsozialistischen Sinne« feierte der neugebildete Stadtrat am 25. Juli »die Übernahme der alleinigen Verantwortung«[8]. Trotz ihrer Loyalitätsbekundung wurden drei der berufsmäßigen Stadträte gezwungen, ihre Versetzung in den Ruhestand zu beantragen. Die anderen acht blieben zunächst im Amt, darunter nicht weniger als sechs, die schon vor 1918 in der Stadtverwaltung tätig gewesen waren. Zweiter Bürgermeister blieb zunächst der deutschnationale Hans Küfner, der 1934 ohnehin das Ruhestandsalter erreichte. Sein Nachfolger wurde Karl Tempel, der sich 1919 – damals war er erst 15 Jahre alt gewesen – einem Freikorps angeschlossen hatte und auch am Marsch auf die Feldherrnhalle teilgenommen hatte. Er war Rechtsanwalt und Vertreter des Gauleiters. Ab Juli 1933 wurde er auch Personalreferent und sorgte als solcher, entschiedener als Fiehler selbst, für die nationalsozialistische Ausrichtung der Stadtverwaltung. Tempel gab in seinem eigenen Rechenschaftsbericht die Zahl von 970 Entlassungen aus dem städtischen Dienst an, tatsächlich sind offenbar nur 333 Entlassungen wirklich erfolgt[9]. Sie betrafen in etwa zwei Drittel der Fälle Kommunisten, die anderen »national Unzuverlässigen« waren überwiegend Sozialdemokraten. In jedem Fall war die Zahl der Gemaßregelten groß genug, um die gewünschte Atmosphäre der Einschüchterung und Gesinnungsschnüffelei zu verbreiten.

Dazu trug auch bei, daß immer mehr Menschen Opfer der »Schutzhaft« wurden. Eine solche »Schutzhaft« hatte es auch schon in der Weimarer Republik gegeben. Doch war sie bisher auf höchstens 24 Stunden begrenzt gewesen, so galt nun: »Die Dauer bemißt sich nach der vom Verhafteten ausgehenden Gefahr für den Aufbau des Staats und für die öffentliche Ruhe und Sicherheit.«[10] Für diese Gefangenen wurde am 22. März 1933 bei Dachau, nordwestlich von München, das erste offizielle Sonderlager eröffnet.

Dieses »Konzentrationslager Dachau« spielte in der offiziellen Selbstdarstellung des Naziregimes eine wichtige Rolle und wurde zum Vorbild für ein ganzes System von Arbeits- und Vernichtungslagern. Es unterstand dem Müchner kommissarischen Polizeipräsidenten Heinrich Himmler, der wenige Tage später, am 1. April, auch zum Politischen Polizeikommandeur für ganz Bayern ernannt wurde. Die Bayerische Politische Polizei (BayPoPo) war eine Sonderbehörde, die bald auch räumlich aus der Münchner Polizeidirektion ausgegliedert wurde. Sie kam in das Wittelsbacher Palais in der Brienner Straße. Schnell entwickelte sie umfassende Aktivitäten unter ihrem ehrgeizigen Leiter Reinhard Heydrich (1904–1942)[11]. 1934 war Heydrich der führende Kopf bei der Liquidierung von Ernst Röhm und anderen unbequem gewordenen SA-Führern, dem sogenannten »Röhm-Putsch«. Anschließend übernahm er die Leitung der neugeschaffenen Gestapo und wurde 1940 Präsident der Internationalen Kriminalpolizeilichen Kommission, der Vorläuferorganisation von Interpol.

Kaum im neuen Amt, unterstellte sich Himmler am 2. April das Konzentrationslager Dachau in seiner Eigenschaft als Chef[12] der politischen Hilfspolizei, die aus SA- und SS-Leuten bestand. So war das Lager der Zuständigkeit der regulären Landpolizei entzogen. Damit waren die letzten Hoffnungen auf irgend eine Art von Rechtsstaatlichkeit dahin. Die Lagerinsassen waren Himmlers Terrorregime völlig schutzlos ausgeliefert. Im Juni befanden sich bereits 1800 Menschen in dem für 5000 Gefangene angelegten KZ. Neben den gefürchteten Folterungen und Verhören im Wittelsbacher Palais war die exzessiv angewandte »Schutzhaft« das wichtigste Terrorinstrument, mit dessen Hilfe sich bald die Gefängnisse und das neugeschaffene Konzentrationslager in Dachau füllten. Am 24. März 1933 war auch für den Bereich des OLG München ein Sondergericht gebildet worden, das für alle Fälle zuständig war, die unter die drei Tage zuvor erlassene »Verordnung zur Abwehr heimtückischer Angriffe« fielen. Dieses sogenannte Heimtückegesetz stellte nicht nur kleinste Vergehen, vom unberechtigten Tragen des Parteiabzeichnes (ein Jahr Haft) bis zur Störung der Übertragung einer Führerrede (zwei Monate), unter Strafe, sondern sogar das gesprochene Wort, vom Flüsterwitz bis zu mündlichen Berichten, z.B. über die Zustände im Lager Dachau. Bis zu seinem unrühmlichen Ende 1945 führte das Sondergericht München etwa 10 000 politische Strafverfahren durch, wobei elementare Grundsätze eines rechtsstaatlichen Verfahrens von vornherein außer Kraft gesetzt waren.

Partei und Kultur

Nachdem Bürgermeister Küfner und Kulturreferent Hörburger 1934 in den Ruhestand traten, wurde ein selbständiges, Fiehler direkt unterstelltes städtisches Kulturamt geschaffen. Dieses Amt sollte bei der Nationalsozialisierung des Kulturbetriebs helfen. Fiehler erklärte in aller Offenheit:

»Es ist mir im gegenwärtigen Augenblick viel wichtiger, absolut innerlich überzeugte Nationalsozialisten an diesen Stellen zu haben als irgendwelche Koryphäen, die vielleicht einen großen Namen als Künstler haben.« [13]

Leiter des Kulturamts wurde Hans Zöberlein, Freikorpskämpfer, Blutordensträger und SA-Standartenführer. Als Schriftsteller hatte er vor allem zur Dolchstoßlegende einen Beitrag geleistet. Für sein Buch »Ein Glaube an Deutschland« hatte er 1933 den Literaturpreis der Stadt München erhalten. Leiter der Abteilungen für Literatur und Theater, Bildende Kunst und Musik und Film wurden der ehemalige Offizier Max Reinhard, der Maler Hans Flüggen und der arbeitslose Kapellmeister Franz Adam. De facto waren die Möglichkeiten des städtischen Kulturamtes sehr begrenzt.

Das zeigte auch das Beispiel der Kammerspiele. Zwar bedeutete das Jahr 1933 einen entschiedenen Einbruch für das Ensemble dieser angesehenen Bühne. Einige der bedeutendsten Mitglieder, vor allem die jüdischen wie z.B. Julius Gellner, Therese Giehse, Kurt Horwitz, emigrierten sofort. Auch konnte man sich der Forderung, keine Juden mehr zu beschäftigen, auf die Dauer kaum entziehen. Zwar war das weiterhin unter der Leitung Otto Falckenbergs stehende Theater schon vor 1933 von der konservativen Presse immer wieder angegriffen worden, doch erwiesen sich die Kammerspiele als unentbehrlich, wenn die »Hauptstadt der deutschen Kunst« auf dem Theatersektor einen Stich gegen Berlin machen wollte. Man rettete sich bei der Spielplangestaltung zunehmend in die unpolitische Unterhaltung, ausgesprochene NS-Dramatiker wurden kaum gespielt. Selbst der Forderung, zum 70. Geburtstag von Dietrich Eckart ein Stück von ihm auf den Spielplan zu setzen, entzog man sich halbwegs, indem man lediglich seine »Peer Gynt«-Bearbeitung inszenierte. Weitaus stärker in den Dienst des Regimes stellte sich das Bayerische Staatsschauspiel, dessen Intendant ab

1938, Alexander Golling, sich schon früh zum Nationalsozialismus bekannt hatte. Gefährdet wurde die relativ ruhige Position der Kammerspiele erst 1938, als auf Druck Fiehlers Christian Weber Präsident des Verwaltungsrates wurde und den SS-Sturmbannführer Paul Wolfrum zum Geschäftsführer machte. Das Wirken der neuen Herren war aber derart dilletantisch, daß sie schon bald, auf persönliche Initiative Hitlers, wieder abgelöst wurden. Die Kammerspiel-GmbH wurde überhaupt aufgelöst und das Theater im Januar 1939 den »Bühnen der Hauptstadt der Bewegung« eingegliedert. Der auch von Goebbels für Berlin umworbene Falckenberg hatte weiterhin einen gewissen Handlungsspielraum, zu Hitlers 50. Geburtstag wurde er zum Staatsschauspieldirektor ernannt. Trotz dieser Anerkennung blieben die Kammerspiele nationalsozialistischer Programmatik vergleichsweise fern, Dramatiker, die nach 1933 für ihre nationalsozialistische Gesinnung mit Direktionsposten, Aufführungen und Nationalen Buchpreisen belohnt wurden, traten im Spielraum der Kammerspiele so gut wie gar nicht in Erscheinung.

Das städtische Kulturamt war in Hitlers Augen kein Erfolg und wurde in der Folge mehr und mehr auf administrative Angelegenheiten beschränkt. Zöberlein und Flüggen mußten 1935 ihren Hut nehmen, weil sie den Fehler gemacht hatten, in der Frage der künstlerischen Ausgestaltung der Ludwigsbrücke eine von Hitler abweichende Meinung zu vertreten. Alleiniger Leiter des Kulturamtes wurde Max Reinhard. Neu in den Stadtrat berufen wurden auf besonderen Wunsch Hitlers Ferdinand Liebermann, Richard Klein und Leonhard Gall, die gewissermaßen seine offiziellen Interessenvertreter in Architekturfragen waren. Adolf Hitler intervenierte in allen Bereichen des Münchner Kultur- und Geisteslebens immer wieder persönlich. So gingen z. B. auch die Berufung des »alten Kämpfers« Rudolf Buttmann zum Direktor der Bayerischen Staatsbibliothek[12] und die Hochstufung des Staatsopernorchesters in die »Sonderklasse der deutschen Kulturorchester«[13] auf seinen Wunsch zurück.

Generalintendant der Staatsoper wurde im September 1934 der nationalsozialistische Funktionär und SS-Standartenführer Oskar Walleck. Im Frühjahr 1936 wurde Clemens Krauss als Nachfolger von Knappertsbusch zum Staatsoperndirektor berufen. Krauss

(1893–1954) machte unter den Nazis, für die er unverhohlene Sympathien hegte, eine große Karriere; unter anderem spielte er eine führende Rolle bei der »Entjudung der Musik«[14]. Der Intendant Walleck erwies sich als allzu unbedarft, und nach relativ kurzer Zeit übernahm der ehrgeizige Krauss seine Aufgabe noch zusätzlich.

Der frühere Generalintendant Clemens von Franckenstein (1875–1942), der die Oper seit 1912 mit Unterbrechungen geleitet hatte, hatte im Juni 1934 seinen Abschied eingereicht, nachdem seine Frau, die Sängerin Marie Nezbeda, schon im April 1933 wegen ihrer ausländischen Staatsangehörigkeit von ihrem Engagement entbunden worden war. 1934 wurde auch ein Schauspieler wegen seiner jüdischen Ehefrau nicht weiterbeschäftigt.

Der Kartenverkauf lag nun fast völlig in der Hand der NS-Kulturgemeinde und der Organisation »Kraft durch Freude« (KdF). 1935 beanspruchte KdF für seine Mitglieder im Nationaltheater etwa 72 000 Plätze, im Residenztheater 12 000 Plätze und im Gärtnerplatztheater über 90 000 Plätze. Hauptziel der KdF-Aktivitäten aber war das Prinzregententheater. In der Spielzeit 1935/36 entfielen 286 720 Plätze auf KdF, 37 800 Plätze auf die NS-Kulturgemeinde und ganze 11 280 Karten wurden frei verkauft[15]. Über der Kasse mußte ein Schild hängen:

> *»Zu Schauspielvorführungen im Prinzregententheater, die von der Organisation ›Kraft durch Freude‹ und der NS-Kulturgemeinde beschickt werden, haben Juden keinen Zutritt*[16]*.«*

Auch in der Münchner Universität machte sich der Ungeist der »Machtergreifung« bald bemerkbar. Bereits im April 1933 bestimmte ein neues Gesetz, daß nur 1,5 % der Studenten »Nichtarier« sein dürften, und das Gesetz über die Wiederherstellung des deutschen Berufsbeamtentums zwang zur Kündigung aller jüdischen Beamten. Davon waren in München sechs aktive und zwei emeritierte Professoren betroffen. Mit Ausnahme des Juristen Karl Neumeyer, der sich das Leben nahm, gelang allen die Emigration. 1937 wurde auch der »jüdisch versippte« Pädagoge Aloys Fischer entlassen. Er starb im Jahr darauf, seine Familie wurde im KZ ermordet. Der Versuch, den Nobelpreisträger Werner Heisenberg als Nachfolger des bedeutenden Physik-Ordinarius und Lehrers Arnold Sommerfeld nach München zu berufen, scheiterte 1937 am

Widerstand der Nazis, denen Heisenberg als Gegner der von ihnen erfundenen »Deutschen Physik« bekannt war.

Wegen eines Berufungskonfliktes wurde 1938/39 die Theologische Fakultät von dem von den Nazis neu geschaffenen, weisungsbefugten Reichsministerium für Wissenschaft, Erziehung und Volksbildung geschlossen.

Im Jahr darauf wurde mit Rücksicht auf die Erfordernisse der Kriegsführung die Tiermedizinische Fakultät geschlossen, während die anderen Abteilungen der Universität bis zum Kriegsende weiterarbeiteten. Das Amt des Rektors hatte von 1941 bis 1945 Walter Wüst inne, Dekan der Philosophischen Fakultät und Professor für arische Kultur- und Sprachwissenschaften.

Hitlers Vorliebe für die Architektur

Die besondere Aufmerksamkeit Hitlers galt dem Gebiet der Architektur. Einer der renommiertesten modernen Architekten war Robert Vorhoelzer gewesen, der zunächst für die Reichsbahn und ab 1920 für die Post tätig war. 1930 wurde er Professor an der Technischen Hochschule München. Die von Vorhoelzer erbauten Postämter und das Paketzustellamt, der berühmte Rundbau am Marsfeld, wurden 1933 kurzerhand zu »kommunistischen Postbauten« erklärt[15] und Vorhoelzer nach einer intensiven Hetzkampagne im Oktober 1933 aus seiner Professur vertrieben, da seine Kunstgesinnung, wie das Bayerische Kultusministerium verlauten ließ, »im Widerspruch zu den Grundsätzen, die im neuen Deutschland allein Geltung haben können und die bekanntlich durch den Mund des Führers selbst festgelegt worden sind«[16], stehe. Noch im gleichen Jahr, erfahren wir von Kunstreferent Lösche vom Ministerium, erwies es sich auch als notwendig, den Bildhauer Karl Knappe, der einen Lehrauftrag für Plastik an der TH hatte, »auszumerzen«[17]. Dafür wurden bewährte konservative Architekten und Gegner des »neuen Bauens« wie Roderich Fick, Friedrich Gablonsky, Alexander von Senger und – auf besonderen Wunsch Hitlers – Julius Schulte-Frolinde, zum Teil ohne ordentliches Verfahren, zu Professoren gemacht.

Ein besonderes Prestigeobjekt war das »Haus der Deutschen

Kunst«, für das am 15. Oktober 1933 am südlichen Ende des Englischen Gartens der Grundstein gelegt wurde. Dieses Ausstellungsgebäude, nach Meinung der Nazis das größte und schönste der Welt[20], war der einzige repräsentative Museumsbau, der nach 1933 entstand. Am 18. Juli 1937 wurde er mit der ersten »Großen Deutschen Kunstausstellung« eingeweiht, die von nun an jährlich einen repräsentativen Überblick über die von den Nazis geduldete Kunst bot. Einen Tag später wurde in den Hofgartenarkaden die zur Abschreckung gedachte Ausstellung »Entartete Kunst« eröffnet[21]. In einem Bildersturm ohnegleichen war der Fundus der öffentlichen Sammlungen um etwa 17 000 Werke der »deutschen Verfallskunst seit 1910«[22] geschädigt worden. Der von Goebbels eingesetzten Raubkommission gehörten unter dem Vorsitz des Präsidenten der Reichskammer der bildenden Künste, des Malers Adolf Ziegler, sowohl Museumsleute als auch nationalsozialistische Kunstschriftsteller an, unter ihnen Franz Hofmann. Er war seit 1931 hauptamtlich Kunstkritiker beim »Völkischen Beobachter« gewesen und war im Juni 1934 zum neuen Leiter der Städtischen Galerie im Lenbach-Haus berufen worden. Wie so viele der neuen Amtsinhaber war er fachlich nur schwach qualifiziert, dafür war er Mitglied des Freikorps Epp gewesen und hatte auch am Marsch auf die Feldherrnhalle teilgenommen[23].

Hitler hatte große Pläne für die bauliche Umgestaltung Münchens. Er, der visionäre Planer und Neuschöpfer Großdeutschlands, hatte eine ganz besondere Affinität zur Architektur und Stadtplanung. Vor allem der erste Teil seines Programms, die Zerstörung des Alten, wurde Realität, zuerst im Frieden, später durch den von ihm angezettelten Krieg. Das klassizistische Herzog-Max-Palais fiel der Spitzhacke ebenso zum Opfer wie Münchens bedeutendste Jugendstilfassade, die des Studios Elvira in der Von-der-Tann-Straße. Die beiden von Karl von Fischer erbauten Palais an der Ostseite des Königsplatzes mußten den sogenannten Ehrentempeln weichen, der Platz selbst wurde mit einem Plattensee überschwemmt. (Während die »Ehrentempel« schon 1947 gesprengt wurden, nahm die Entfernung der Platten und die Wiederherstellung der Platzbegrünung merkwürdigerweise mehr als 45 Jahre in Anspruch.) Die erste protestantische Kirche Bayerns, die Matthäuskirche in der Sonnenstraße, wurde auf Befehl des, wie

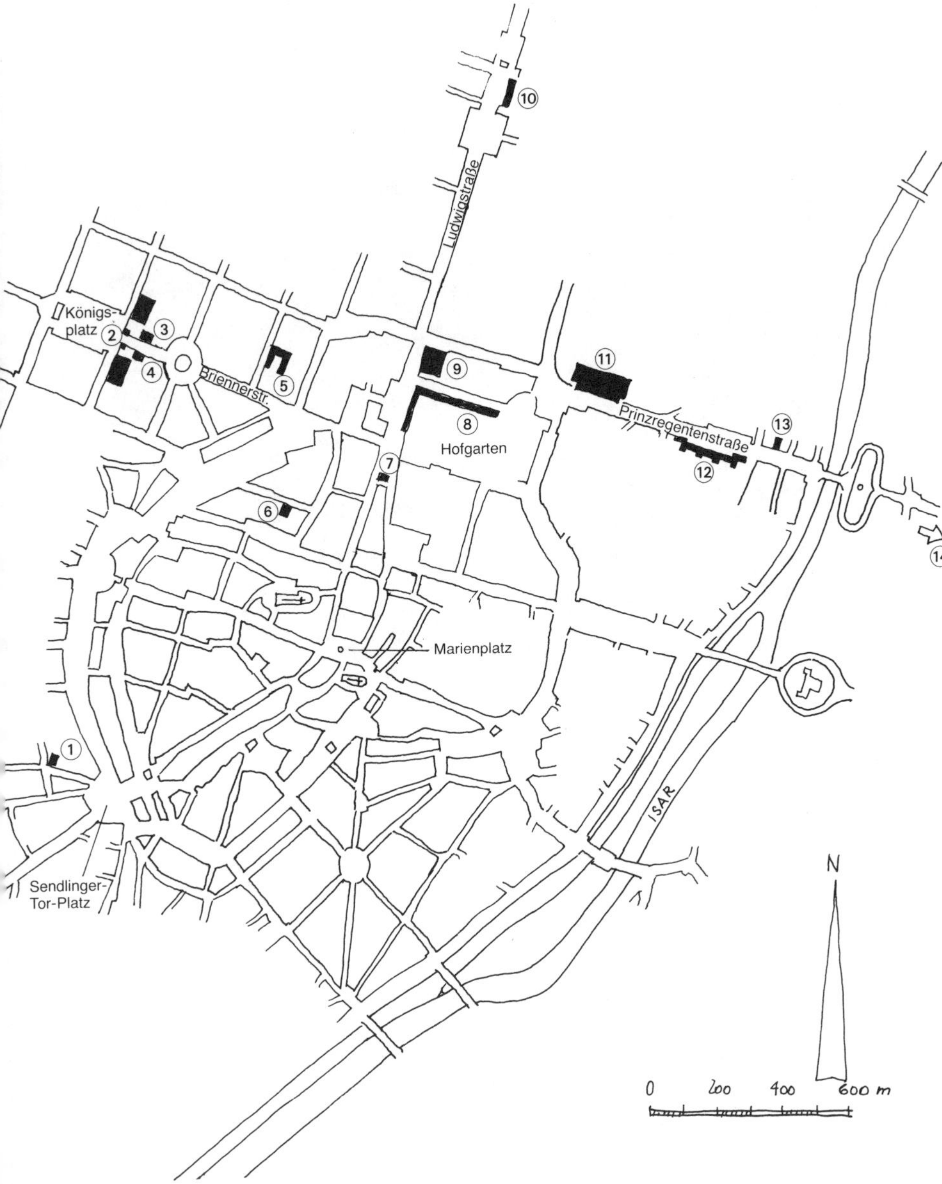

1. Rassenpolitisches Amt
2. Führer- und Verwaltungsbau der NSDAP
3. Braunes Haus, Reichsleitung NSDAP
4. ehemalige päpstl. Nuntiatur, Sitz des Führerstellvertreters Heß
5. Wittelsbacher Palais, Sitz der Gestapo und der Bayer. Politischen Polizei
6. NSDAP-Gauleitung München
7. Mahnmal für die »Gefallenen der Bewegung« von 1923
8. Ausstellung »Entartete Kunst« 1937
9. Landesministerium, Sitz des Gauleiters
10. Haus des deutschen Rechts
11. Haus der deutschen Kunst
12. Luftgaukommando Süd
13. Sitz für den Reichsstatthalter in Bayern (Ritter von Epp)
14. Wohnung Hitlers

Aufmarsch vor den »Ehrentempeln« am Königlichen Platz zum Gedenken an die »Blutzeugen der Bewegung« (Photo Heinrich Hoffmann, 1935)

meist, betrunkenen Gauleiters Wagner abgerissen, der seinem Führer eine Freude machen wollte. Am meisten litt unter den Nazis die Ludwigstraße, die von Ludwig I. im Stil der Neorenaissance planmäßig angelegte Prachtstraße, die von der Feldherrnhalle (Kopie der Loggia dei Lanzi in Florenz) und dem Siegestor (nach dem Konstantinsbogen in Rom) großartig eröffnet bzw. abgeschlossen wurde. Die Bauten links und rechts der Straße waren italienischen Stadtpalästen nachgebaut, so wie auch die Residenz am Max-Joseph-Platz dem Vorbild des Florentiner Palazzi Pitti und Rucellai folgte. Vier solcher Paläste mußten weichen für ein »Zentralministerium«, einen jener »hypertrophen und doch so spießbürgerlichen ängstlichen Klötze«[24], wie sie für den Baustil der Nazis typisch waren. Auch das Karl-Theodor-Palais, »eine der kostbarsten Architekturen der Münchner Klassik«[25], wurde zerstört, um für das Projekt eines Hauses für die Reichsbank Platz zu machen.

Der Drang zur Größe machte auch an den Stadtgrenzen nicht

Halt. Nach langen Auseinandersetzungen verloren am 1. April 1938 die Stadt Pasing sowie die Gemeinden Feldmoching und Großhadern ihre Selbständigkeit. Im Herbst wurden auch Ludwigsfeld, Allach, Unter- und Obermenzing Teil der »Hauptstadt der Bewegung«.

Das Münchner Abkommen

Die Bedeutung, die München für Hitler hatte, wird auch dadurch deutlich, daß der Staatsbesuch, den Benito Mussolini im September 1937 dem Deutschen Reich abstattete, ihn hierher führte. Hier kam es, wieder unter Mussolinis Mitwirkung, ein Jahr später zum größten außenpolitischen Erfolg Hitlers. Am 30. September 1938 wurde von Deutschland und Italien einerseits und Großbritannien und Frankreich andererseits das sogenannte Münchner Abkommen unterzeichnet, das die Tschechoslowakei zur Abtretung erheblicher Gebiete an das Deutsche Reich zwang. Schon im Frühjahr 1938 waren die deutschen Truppen in Österreich einmarschiert. Dieser »Anschluß« wurde nicht nur von einer riesigen Menschenmenge auf dem Wiener Heldenplatz begeistert gefeiert, auch in München versammelten sich am 2. April Hunderttausende, um den »Schöpfer Großdeutschlands« zu begrüßen[26]. Aus dem gleichen Anlaß wurde im selben Jahr aus dem traditionellen Oktoberfest ein um eine Woche verlängertes »Großdeutsches Volksfest«.

Judenverfolgung

Sofort, nachdem die Nationalsozialisten die Macht im Staat errungen hatten, begannen sie ihren antisemitischen Hetztiraden und Morddrohungen zentral organisierte Taten folgen zu lassen. Bereits am 1. April 1933 wurden im ganzen Reich jüdische Geschäfte, die ohnehin steigenden Drangsalierungen ausgesetzt waren, boykottiert. Der Völkische Beobachter berichtete über die Durchführung der Aktion in München:

»Heute mittag punkt 12 Uhr zogen vor allen größeren jüdischen Geschäften und Kaufhäusern, vor allem in der Innenstadt, SA-Posten auf. Wie das Zentralkomitee zur Abwehr jüdischer Greuel- und Boykotthetze für München mitteilt, wurde der vorzeitige Beginn durch die Unvernunft eines Teiles des Publikums notwendig, das sein sauer verdientes Geld den Volksfeinden und hinterlistigen Verleumdern geradezu aufdrängte. Vor den Geschäften, an denen SA-Posten mit Karabinern standen, kam es zu Ansammlungen des Publikums, das jedoch der Aufforderung der SS zum Weitergehen sofort Folge leistete... Einige jüdische Geschäfte zogen es vor, freiwillig zu schließen. Das Rosental, wo sich die beiden großen Ramschgeschäfte Epa und Uhlfelder befinden, war von einer dichten Menschenmenge belagert. Fast ausnahmslos verzichteten die Volksgenossen, nachdem sie von den SA-Posten in höflichster Weise über die Gefährlichkeit und Niedertracht des Juden aufgeklärt wurden, auf einen Einkauf in diesen Warenhäusern.« [27]

Auch wenn dies zunächst nur eine einmalige Aktion war, wurde der Terror gegen die jüdische Bevölkerung ständig fortgesetzt. Vor allem die als Hilfpolizei fungierende SA gefiel sich in willkürlichen Verhaftungen, tätlichen Angriffen auf bekannte jüdische Persönlichkeiten, Bedrohung der Kunden jüdischer Geschäfte. Im Mai 1935 kam es zu erheblichen Ausschreitungen randalierender SA-Trupps, die sogar versuchten, eine Polizeiwache zu stürmen[28].

Dem »Gesetz über die Wiederherstellung des deutschen Berufsbeamtentums« folgten 1935 die Nürnberger Gesetze, die sogenannte rassische Mischehen verboten. Und am 27. Juli 1938 wurde verfügt, daß »sämtliche nach Juden und jüdischen Mischlingen I. Grades benannten Straßen oder Straßenteile unverzüglich umzubenennen« seien. So wurde aus der Hermann-Levi-Straße die Brangänestraße und aus der Hofmannsthalstraße die Meier-Helmbrecht-Straße, während Paul Heyse geschont wurde. Er war zwar Halbjude, doch das wurde durch den Literatur-Nobelpreis aufgewogen[29].

Eine ganz neue Qualität erreichten die Judenverfolgungen in der »Reichskristallnacht« vom 8. zum 9. November 1938. Die gesamte Prominenz der NSDAP war zur Erinnerung an den Marsch auf die Feldherrnhalle im Münchner Alten Rathaussaal versammelt, als

Eingang zum Bibliotheksbau des Deutschen Museums, in dem die antisemitische Propagandaschau »Der ewige Jude« eröffnet wurde (November 1937)

bekannt wurde, daß ein deutscher Diplomat in Paris seinen bei einem Attentat erlittenen Verletzungen erlegen war.

Das war das Signal zu einem großangelegten und gut organisierten Pogrom im ganzen Land, das an Brutalität alle bisherigen antisemitischen Ausschreitungen weit übertraf und die Phase des offenen Terrors einleitete.

In ganz Deutschland wurden jüdische Wohnungen geplündert, etwa 7500 Geschäfte zerstört, 171 Synagogen niedergebrannt, etwa 100 Juden wurden ermordet und mehrere Zehntausend verhaftet, von denen viele in den Konzentrationslagern verschwanden.

Auch in München wüteten die notdürftig als Zivilisten getarnten Einsatzgruppen der Partei. Fast 1000 Menschen wurden verhaftet. Die orthodoxe Synagoge in der Herzog-Rudolf-Straße brannte ebenso nieder wie die ostjüdische in der Reichenbachstraße. Die Hauptsynagoge in der Herzog-Max-Straße war schon im Juni 1938 abgebrochen worden.

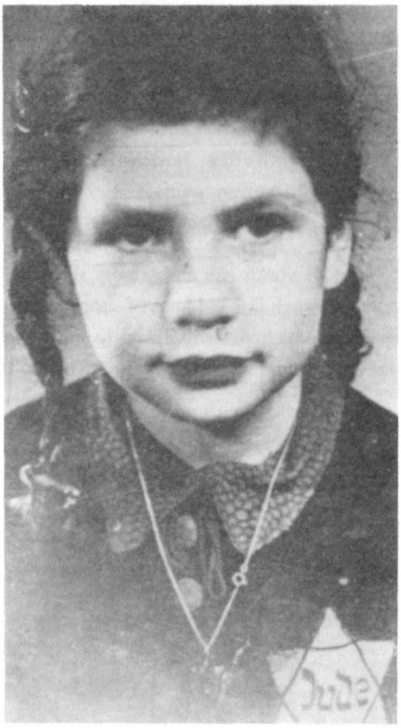

Chana Lerner.
Eine junge Münchnerin, 1940

Nach der »Reichskristallnacht« hagelte es Erlasse, die die gesellschaftliche Diskriminierung der Juden weiter vorantrieben und ihre Existenz in Deutschland immer mehr unmöglich machten. Der Besuch kultureller Veranstaltungen wurde ihnen verboten, ihre Kinder durften keine öffentlichen Schulen mehr besuchen, nach und nach wurde ihnen die Benutzung von öffentlichen Verkehrsmitteln, Grünanlagen, Parkbänken, aber auch das Halten von Brieftauben, der Besitz von Radios, das Fahren von Kraftfahrzeugen und vieles andere verboten. In München ging man dabei oft über das von den neuen Vorschriften Gebotene noch hinaus. Erlaubte das Reichsgesetz Juden die Benutzung der Straßenbahn immerhin, wenn Wohnung und Arbeitsstätte mehr als sieben Kilometer voneinander entfernt waren, war sie ihnen in München durch Gauleiter Wagner grundsätzlich untersagt. In München durften Juden auch seit dem 5. November ihre mit dem Aufdruck »Jude« gekennzeichneten Lebensmittelmarken nur noch in einem ganz bestimmten, oft weit entfernten Geschäft einlösen. Die »Entjudung des deutschen Kulturlebens« hatte, wie überall, auch in München schon 1933 begonnen, wurde aber nun noch intensiviert[30]. Dasselbe galt für die Ausschaltung der Juden aus dem Wirtschaftsleben, die in München seit dem Frühjahr 1938 gezielt und zentral vorbereitet worden war[31].

Die Arisierung bedeutete in der Praxis eine fast völlige Enteignung des jüdischen Bevölkerungsteils durch scheinlegale Verkäufe, erzwungene Schenkungen, Zwangsliquidierungen und die Verhängung brutaler konfiskatonischer Steuern und Abgaben.

In der ersten Phase der »Entjudung des deutschen Wirtschaftslebens« bis 1938 waren die Mittel »freiwillige« Verkäufe, die zum Teil unter massivem Druck zustande kamen. So übernahm schon im Dezember 1933 Georg Eidenschinck die Aktienmehrheit an der Münchner Export-Malzfabrik von der Familie Weißenfeld und verkaufte sie mit erheblichem Gewinn an die Firma Maizena weiter. Eidenschinck, der ein wirtschaftlich völlig unbedeutendes Bankgeschäft führte, trat in einer großen Zahl von Fällen als Arisierungsprofiteur auf[32]. Daß sein Vetter Hans Rattenhuber Adjutant von Himmler war, gereichte ihm zum Vorteil. Sein Rechtsbeistand war Dr. Josef Müller, der nach dem Krieg gern auf seine Rolle im katholischen Widerstand hinwies[33]. In einem anderen Fall begannen 1935 offizielle Stellen, Druck auf den Verlag Piper auszuüben, weil in der Firma »nichtarisches Kapital« arbeite[34], der jüdische Teilhaber Robert Freund mußte schließlich ausscheiden und emigrierte 1937. Schon im Vorjahr war das Bankhaus Feuchtwanger geschlossen worden. Ingesamt gab es damals etwa ein Dutzend jüdische Banken in München, von denen heute nur noch das Bankhaus Aufhäuser existiert, wobei auch hier die ursprünglichen Besitzer 1938 zum Verkauf gezwungen wurden. Auch die Bayerische Vereinsbank mußte das letzte jüdische Aufsichtsratsmitglied, einen Vertreter des Bankhauses Mendelssohn, ersetzen[35].

Nach der »Reichskristallnacht« traten an die Stelle dieser »freiwilligen« Arisierungen nun durch die »Verordnung zur Ausschaltung der Juden aus dem deutschen Wirtschaftsleben« vom 12. November 1938 gesteuerte Zwangsarisierungen. Noch am selben Tag errichteten der Gau München-Oberbayern der Deutschen Arbeitsfront (DAF) und der Kreis München der NSDAP die »Vorbereitungsstelle für die Liquidation der jüdischen Betriebe«[36]. Zehn Tage später folgte die »Vermögensverwertung München« unter Vorsitz von Gauleiter Wagner als »Auffanggesellschaft des jüdischen Besitzes«[37].

Bereits am 10. November waren 196 jüdische Geschäfte von den Behörden geschlossen worden, einen Tag später wurden alle Bankkonten von Juden gesperrt.

Am 15. November wurden auf Weisung des Oberbürgermeisters Juden von den Betreuung durch die öffentliche Fürsorge ausgeschlossen. Bald war eine jüdische Existenz in München mehr oder weniger unmöglich:

»Die Münchner Arisierungsstelle wurde für diesen Exodus der Dreh- und Angelpunkt, welcher die Hauptstadt der Bewegung zum traurigen kommunalen Vorbild in der Endlösung der Judenfrage erhob«[38].

Unter den arischen Betrieben waren viele Geschäfte des normalen und gehobenen Bedarfs wie Eichengrün und Cohen (Stoffe), Levinger (Zigarren), Mayersohn (Schirme), Troplonik (Optik), Silbermann (Kaffee), Wallach (Kunsthandel) oder Guggenheim (Immobilien), aber auch die traditionsreichen Kaufhäuser Bamberger & Hertz und Uhlfelder, die von der Treuhand liquidiert wurden, oder das Einrichtungshaus Bernheimer, das der Verein Kameradschaft der Künstler übernahm, deren Präsident Gauleiter Wagner war. Bei der Maschinenfabrik Michaelis verfuhr man so, daß man den Besitzer verhaftete und ins KZ Dachau einlieferte, wo man ihn zwang, einen der mit der Arisierung beauftragten Nazirechtsanwälte zu bevollmächtigen. Ganz besonders lukrativ für den Staat war die Arisierung des Immobilienbesitzes:

»Die Vermögensverwertung München G.m.b.H. wurde vom Gauleiter mit der Liquidierung der Judenfrage im Gaugebiet München-Oberbayern beauftragt. Sie hatte sämliche jüdischen Vermögenswerte zum vertretbar billigsten Preis zu erwerben und zugunsten des Reiches zum höchstmöglichen Verkehrswert zu verwerten«[39].

Für die von den jüdischen Verkäufern zu entrichtende »Vermögensabgabe« (20%) und die »Reichsfluchtsteuer« (25%) wurde der Verkehrswert der Grundstücke zugrunde gelegt, für den Verkaufspreis der viel niedrigere Einheitswert. Waren die Grundstücke belastet, stand der Verkäufer auf diese Weise hinterher oft als

Schuldner da. Selbst wenn vom Verkaufserlös etwas übrigblieb, kam das Geld auf ein Sperrkonto, über das der Verkäufer nicht verfügen konnte. Anfang 1938 waren in München noch über 500 Grundstücke in jüdischem Besitz gewesen. Durch die Zwangsarisierung kassierte das Regime viele Millionen. Die DAF übernahm in der »Reichskristallnacht« sofort 470 Gewerbebetriebe und beschlagnahmte alle Konten. »Der Jude war ausgeschaltet«[40].

Bau des Zwangsarbeitslagers für Juden in Milbertshofen (Photo 1941)

Bis zur physischen Vernichtung war der Weg nicht mehr weit. Aus den etwa 1400 »Judenwohnungen« wurden die Bewohner vertrieben[41], sie wurden statt dessen an Nazis, hohe Beamte oder Prominente vergeben. Die Juden wurden zunächst in ihnen zugewiesene »Judenhäusern«, später in Ghettos untergebracht. Das erste wurde ab März 1941 in Milbertshofen (Knorrstr. 148, Ecke Troppauer Straße) errichtet. Mehrere hundert Juden wurden »in den Arbeitsprozeß ... eingereiht«[42], d.h. zwangsweise zu Bauarbeiten herangezogen, wobei sie außerdem noch die Kosten für das Barackenlager übernehmen mußten, das ihre neue Zwangsheimat war. Die »Judensiedlung Milbertshofen«, die den Nazis als vorbildlich galt, wurde bald zum Auffang-, Kontroll- und Durchgangslager für die Vernichtungstransporte in den Osten[43]. 1941 nahm auch die »Heimanlage für Juden in Berg am Laim«[44], wie das Barackenlager auf dem Klostergelände der Barmherzigen Schwestern beschönigend genannt wurde, ihre Arbeit auf, die die gleiche Funktion hatte.

Im November 1941 wurden erstmals 971 Menschen von Milbertshofen aus in den Tod geschickt. Von den 35 Juden, die im gleichen Monat in München starben, war bei 23 die Todesursache Selbstmord. Insgesamt mußten etwa 3000 Menschen die Reise in den Osten antreten; kaum einer kehrte lebend zurück. 1933 hatten etwa 19 000 Juden in München gelebt. Anfangs wurde ihre Auswanderung gefördert. Viele gingen nach Palästina, wie z. B. der berühmte Theologe Schalom Ben-Chorin, der seine »Jugend an der Isar« in dem gleichnamigen Buch beschrieben hat. Andere blieben zurück, was viele von ihnen das Leben kostete, denn im Juli 1941, mit Beginn der systematischen Judenvernichtung, wurde die Auswanderung verboten. Im April 1945, als die ersten amerikanischen Panzer durch München rollten, lebten noch 84 Juden in der Stadt.

Krieg und Zerstörung

Der Beginn des Zweiten Weltkrieges mit dem Einmarsch der Wehrmacht in Polen am 1. September 1939, den die Münchner am Radioempfänger verfolgen konnten, hatte keinen Jubel ausgelöst. Die Stimmung war gedämpft und gefaßt gewesen. Die Kriegsvorbereitungen waren schon lange getroffen, Vorräte angelegt, der Zivilschutz organisiert[46]. Der Krieg machte sich anfangs hauptsächlich dadurch bemerkbar, daß man Lebensmittel und andere Artikel des täglichen Bedarfs nur noch auf Marken bekam. Gewarnt durch die Hungerkatastrophe im Ersten Weltkrieg, hatte man besser vorgesorgt. Erst gegen Ende des Krieges, als die Vorräte erschöpft und die Versorgungswege zerbombt waren, traten bedrohliche Mangelsituationen ein.

Von den rund 700 000 Wehrpflichtigen im Raum München wurde schon am Beginn des Krieges über die Hälfte einberufen, knapp 200 000 waren unabkömmlich, da sie in der Rüstung, Landwirtschaft oder anderen wichtigen Bereichen arbeiteten[47]. Um die Produktion zu erhöhen, wurde teilweise die 60-Stunden-Woche eingeführt und der Urlaub eingeschränkt. Auch die schlechtere Bezahlung und die zunehmend schwierigere Versorgungslage drückten auf die Stimmung der Bevölkerung. Die wiederholte Herabsetzung der Lebensmittelrationen förderte die Ausbreitung von Krankheiten. Zudem war das Regime gezwungen, auch Frauen, die man bis dahin aus ideologischen Gründen lieber als Gebärerinnen und Hausfrauen sah, in die Fabriken zu schicken[48].

Der Wirtschaftsbetrieb in München, besonders in der Rüstungsindustrie, konnte während des Krieges nur durch den massiven Einsatz von Zwangsarbeitern aufrechterhalten werden. Für die nationalsozialistischen Machthaber waren ausländische Arbeitskräfte eine Waffe, die »bei denkbar sparsamstem Einsatz die größtmögliche Leistung hervorbringen« sollte. Als Zwangsarbeiter wurden in München Angehörige aus 25 Nationen, darunter befreundeten Staaten wie Italien, Kroatien oder Rumänien, »Feindstaaten« wie Frankreich, Polen und der Sowjetunion, Kriegsgefangene und KZ-Häftlinge eingesetzt[49]. Die Unterbringung, die Versorgung und die Arbeitsbedingungen waren unterschiedlich, aber vielfach unmenschlich. Die meist jungen Ausländer mußten bei minimaler Ernährung, primitivster Unterbringung, ohne medizinische Versorgung und oft völlig ungenügend bekleidet die gefährlichsten, anstrengendsten und schmutzigsten Arbeiten erledigen. Im Herbst 1944 waren in Münchner Unternehmen weit über 40 000 Zwangsarbeiter eingesetzt, allein bei BMW fast 17 000, bei Krauss-Maffei etwa 3000, bei Dornier fast 2000 und bei der Stadtverwaltung etwa 1700. Demgegenüber ging die Zahl der deutschen Arbeiter laufend zurück, obwohl zunehmend Frauen zur Rüstungsarbeit gepreßt wurden.

Über eine der zahlreichen Ostarbeiterinnen schreibt die im Arbeitsdienst eingesetzte, damals 21jährige, spätere Widerstandskämpferin Sophie Scholl im Juli 1942[50]:

»Neben mir arbeitete eine Russin, ein Kind in ihrem arglosen rührenden Vertrauen, selbst den deutschen Vorarbeitern gegenüber, deren Fäusteschütteln und brutalem Geschrei sie nur ein nichtverstehendes, beinahe fröhliches Lachen entgegensetzt. Wahrscheinlich muten sie diese Menschen komisch an, und sie hält

ihre Drohungen für Spaß. Ich freue mich, daß sie neben mir arbeitet, und versuche, das Bild, das sie von den Deutschen erhalten könnte, ein bißchen zu korrigieren. Aber auch viele der deutschen Arbeiterinnen erweisen sich freundlich und hilfreich, erstaunt darüber, auch in den Russen Menschen vorzufinden, und noch dazu solche Unverbildeten, denen Mißtrauen etwas Fremdes ist«.

Viele Zwangsarbeiter kamen zu Tode oder wurden in ihrer Gesundheit geschädigt. Ohne ihren massiven Einsatz wäre die Kriegsmaschinerie zusammengebrochen und der Zuwachs, der in der Wirtschaft erreicht wurde, nicht möglich gewesen. Die konzentrierten Anstrengungen des nationalsozialistischen Terrorregimes waren so gewaltig, daß, trotz der umfangreichen Zerstörungen durch den Luftkrieg, die Produktion im Jahr 1945 noch denselben Umfang hatte wie 1939.

Zerstörte Werkhallen von BMW nach einem Luftangriff am 9. Oktober 1943

Die NS-Führung war sich der Gefahren eines Luftkrieges schon seit der »Machtergreifung« bewußt gewesen und führte seit 1933 Luftschutzwerbetage in München durch. Hierbei fanden z.B. am

5./6. August 1933 Kundgebungen im Mathäser- und im Löwenbräu, Sammlungen, Ausstellungen und simulierte Bombenabwürfe auf die Innenstadt statt[51]. München hatte bereits im Ersten Weltkrieg am 21. November 1916 einen ersten Angriff erlebt, bei dem ein französischer Fliegeroffizier sechs Bomben auf die Stadt geworfen hatte, von denen vier explodiert waren; allerdings entstand damals nur Sachschaden[52]. Trotz des großen Rummels um den Luftschutz mit vielen Übungen waren bei Kriegsausbruch erst wenige Schutzräume fertig. In der ersten Phase des Krieges war die Bedrohung nur gering. Im Juni 1940 fielen dann die ersten Bomben auf das Stadtgebiet, wobei die Trichter und Sachschäden zunächst vor allem Objekte der Neugier waren. Die großen Angriffe der Alliierten, zunächst vor allem der englischen Luftwaffe, begannen erst im September 1942[53].

München war nicht nur die »Hauptstadt der Bewegung«, hier war auch ein wichtiges Rüstungszentrum. Die Bombenangriffe der Alliierten galten in erster Linie den Rüstungsbetrieben, die in der Stadt verteilt waren, und dem Verkehrsnetz, besonders den Bahnhöfen. Aber Zivilbauten und die Bevölkerung wurden natürlich ebenfalls in Mitleidenschaft gezogen.

Während anfangs die Flugzeuge nur nachts kamen, war die Abwehr ab dem Frühjahr 1943 so schwach geworden, daß die Amerikaner auch tagsüber ihre Bombenlasten abwerfen konnten.

Bis zum 29. April 1945 legten dann Engländer und Amerikaner in 73 Angriffen mit über dreieinhalb Millionen Bomben die Stadt in Schutt und Asche. Etwa 45 % der Stadt wurden zerstört, über 6000 Menschen kamen bei den Angriffen ums Leben. Die meisten erstickten oder verbrannten in den Kellern ihrer Häuser. Da die Schutzmaßnahmen ungenügend waren, unterstützte die Gauleitung die Evakuierung der Stadt, viele Münchner konnten sich im Umland in Sicherheit bringen[54]. Die Wohnbevölkerung in der Stadt sank bis 1945 gegenüber dem Zeitpunkt des Kriegsbeginns um fast die Hälfte auf 470 000 Personen. Rund 20 000 Münchner fielen als Soldaten im Krieg. Durch die Zerstörung von 81 500 Wohnungen wurden 300 000 Menschen obdachlos[55]. Die anders gemeinte Prophezeihung des »Führers«, man werde die Städte bald nicht mehr wiedererkennen, war traurige Wirklichkeit geworden.

Widerstand

Auch Widerstand gegen das Naziregime hat es in München gegeben. Die katholische Kirche, die durch das nach der »Machtergreifung« eilig geschlossene Reichskonkordat mit der neuen Regierung ihren Frieden geschlossen hatte, verteidigte ihr Terrain, wenn es um Glaubensfragen ging. So verhinderte Faulhaber die Durchführung des erwähnten Erlasses, der die Entfernung der Kruzifixe aus den öffentlichen Gebäuden vorsah[56].

Einzelne Geistliche, wie der 1986 seliggesprochene kriegsversehrte Jesuitenpater Rupert Mayer (1876–1945) oder der spätere Weihbischof Johannes Neuhäusler stellten sich offen gegen das Regime und wurden dafür mit KZ-Haft bestraft.

Mayer wurde 1937 zu sechs Monaten Gefängnis verurteilt, weil er in mehreren Predigten die Kirche gegen Angriffe der Nazis verteidigt hatte. Eine Aussetzung der Strafe zur Bewährung scheiterte daran, daß Mayer es ausdrücklich ablehnte, künftig anders zu predigen[57].

Auch Teile der evangelischen Christen, die sich in der »Bekennenden Kirche« formiert hatten, konnten nicht gleichgeschaltet werden. Verschiedene Pfarrer wie Georg Lanzenstiel und auch der Landesbischof Hans Meiser (1871–1956) wurden deswegen abgesetzt und inhaftiert.

Der schwäbische Tischler Georg Elser versuchte am 8. November 1939, bei der jährlichen Gedenkfeier für den Marsch auf die Feldherrnhalle im Bürgerbräukeller, Hitler mit einer selbstgebastelten Bombe in die Luft zu sprengen. Da dieser mit seinem Anhang das Lokal unerwartet früh verließ, waren die Opfer nur einige gewöhnliche Parteigänger. Elser, der ein links orientierter Einzelgänger war, wurde am 5. April 1945 von der SS im KZ Dachau ermordet[59].

Der Widerstand kleiner sozialistischer und kommunistischer Gruppen war damals, meist durch Verhaftungen oder Militäreinsatz, bereits erstorben. Hier sind z.B. zu nennen Bebo Wager, Ludwig Koch, Ludwig Linsert und Albert Lörcher, die ihre Haltung meist mit dem Leben oder KZ-Haft bezahlen mußten[60].

Seit dem Sommer 1942 hatte sich an der Universität eine Widerstandsgruppe gebildet, die sich »Weiße Rose« nannte. In der Bevölkerung machte sich, vor allem seit der Niederlage von Stalingrad im

Januar 1943, mehr und mehr Kriegsverdrossenheit breit. Bei einer Rede des Gauleiters mit »erfrischendem Kampfgeist« am 13. Januar 1943 vor Studierenden im Kongreßsaal des Deutschen Museums kam es erstmals zu Unruhen. Giesler griff dabei die anwesenden Studenten an und empfahl den Studentinnen, lieber dem Führer Kinder zu schenken, statt sich an der Universität herumzudrücken. Falls sie nicht hübsch genug seien, einen Freund zu finden, werde er ihnen gerne einen Adjudanten zuweisen und er verspreche ein erfreuliches Erlebnis. Die SS schritt gegen die darauf folgenden lautstarken Proteste ein. Der Gauleiter drohte mit Schließung der Universität und Abkommandierung zur Front oder zum Rüstungseinsatz[61].

Am 4. Februar war an den Mauern der Universität und Häusern in der Umgebung erstmals in großen schwarzen Buchstaben zu lesen »Nieder mit Hitler« und »Freiheit!« Die Mitglieder der Weißen Rose, die Studenten Hans und Sophie Scholl, Christoph Probst, Willi Graf und Alexander Schmorell und der Philosophieprofessor Kurt Huber, verfaßten und verbreiteten mehrere Flugblätter. Sie wollten die lähmende Lethargie ihrer Landsleute überwinden und kämpften für eine »Erneuerung des schwerverwundeten deutschen Geistes von innen«[62]. Das letzte Flugblatt wurde am 18. Februar 1943 im Lichthof der Universität in zahlreichen Exemplaren von der Balustrade geworfen. Eine Denunziation des Hausmeisters führte zur Verhaftung der Gruppe.

Die meisten Mitglieder wurden vom Volksgerichtshof unter Vorsitz des eigens aus Berlin angereisten Roland Freisler zum Tod verurteilt und wenig später hingerichtet. Es folgte eine Serie von Prozessen gegen »Unterstützer und Freunde der Weißen Rose«. Noch am 29. Januar 1945 wurde der Chemiestudent Hans Konrad Leipelt hingerichtet[63].

In den letzten Kriegstagen schließlich, als die Hitlersche Politik der verbrannten Erde auch vor den Isarbrücken nicht halt machen wollte, bildete sich unter Leitung des monarchistisch gesinnten Hauptmanns Rupert Gerngroß die »Freiheitsaktion Bayern«[64]. Die Gruppe besetzte am 28. April 1945 Rundfunkstationen und rief zur Kapitulation auf. Die Aktion scheiterte, und einige Soldaten wurden zwei Tage vor dem Einmarsch der Amerikaner von fanatischen SS-Schergen umgebracht. Zu Ehren dieser Widerstandsgruppe bekam der zentrale Platz in Schwabing, der erst Feilitzschplatz geheißen hatte und 1936 von den Nazis zu *Danziger Freiheit* umbenannt worden war, nach dem Krieg den Namen *Münchener Freiheit.*

XX. Wiederaufbauzeit

Ruinenstadt

Als die Amerikaner am 30. April 1945 in die Stadt einzogen, stießen sie nur im Norden bei der SS-Kaserne und beim Maximilianeum auf leichten Widerstand[1]. Für München begann ein neues Zeitalter, die Ausgangslage war aber katastrophal: Die City war ein, wie Thomas Wimmer es nannte, »lebendiger Schutthaufen«[2], in dem nur noch etwa 10 % der Gebäude benutzbar waren. Nur 2,5 % der Häuser im gesamten Stadtgebiet waren ohne Kriegsschäden. Die Einwohnerzahl hatte sich fast halbiert und lag bei rund 470 000.

Deutsche Kriegsgefangene werden beim Schutträumen in der Georgenstraße von amerikanischen GIs bewacht

Schätzungsweise 120 000 Wohnungen fehlten[3], da die Bevölkerung trotz Zuzugssperre und -kontingentierung in Windeseile anwuchs. Auf der einen Seite konnten Zigtausende evakuierter Münchner jahrelang nicht in ihre Heimat zurück. Auf der anderen Seite strömten Flüchtlinge aus den Ostgebieten in die Stadt und wurden vorübergehend in Luftschutzbunkern und Lagern untergebracht. Verschärft wurde die Lage noch dadurch, daß die Amerikaner für ihre Angehörigen Häuser räumen ließen, z. B. in Harlaching, Laim oder Freimann, und Tausende auf die Straße setzten[4].

Der Schriftsteller Walter Kolbenhoff aus Berlin, der 1946 in die Stadt kam, beschrieb seine Eindrücke in der Trümmerwüste[5]:

»Ich ging zögernd durch ein paar Pfade, die freigeschaufelt waren, in Richtung einer Kirche und eines großen gotischen Bauwerks, das wohl einmal das Rathaus gewesen sein mochte. Mal konnte man kilometerweit sehen, dann wieder ging man durch Schluchten, zu beiden Seiten ragten die Trümmerhaufen hoch. Wären die leeren Fensterhöhlen nicht gewesen, hätte man glauben können, irgendwo auf dem Balkan zu marschieren. [...] *Ich hatte nur die Stadt sehen wollen. Aber es gab keine Stadt. Es gab nur diese den Geist betäubende Wüste. Die Wesen in dieser Wüste glichen Gespenstern. Männer in zerschlissenen Uniformen, Frauen in abgetragenen Kleidern und Mänteln. Die Gesichter waren ohne Ausdruck, die Augen tiefliegend und ohne jegliche Regung. Kinder sah ich nicht. Mich ergriff eine ungeheure Einsamkeit und Verzweiflung. Weg von dieser Stätte, nichts wie weg!«*

Über allem lag eine Wolke von gelbem Ziegelstaub.

Als der in München geborene Dichter und spätere Kultusminister der DDR Johannes R. Becher im Juni 1946 wieder seine Vaterstadt besuchen konnte, schrieb er: »München – Du einst so schön gebaute Stadt«[6]. Dem Schriftsteller Karl Korn gelang es bei einer Besichtigung sogar, neue Reize zu erkennen[7]:

»Ja, manche der Bombenlücken gibt Durchblicke frei, die einem früher verstellt waren. Da wird der Trakt eines alten gotischen Speicherhauses mit Treppengiebeln und hohem Dach und sehr langem First sichtbar, dort schaut man auf behäbig geschwungene Fassaden aus der Zeit des Fürstenbarock. Freilich ist hinter den hohen Mauern das Haus eingestürzt, und der blaue Himmel sieht durch die Fenster herein [...] *wer München nie zuvor sah, wird es*

immer noch schön finden und das Flair der Kunststadt von einst empfinden«.

Bei einem Ausflug nach Gauting und zum Starnberger See wurde ihm bewußt, daß hier die bessergestellten Leute wohnten: »Wie alle bombardierten Städte lebt auch München vom Rand her auf das einstige Zentrum hin.«

Bereits am 12. August 1944 hatte der Gelehrte und Diplomat Wilhelm Hausenstein über einen Wiederaufbau nachgedacht[8]:

»Der Eindruck ist grausig. Ich kann mir nicht denken, wie München je wieder zur Repräsentation dessen, was es gewesen ist, wiederhergestellt werden soll. [...] *Allein schon das Aufräumen, das Abtragen! Wird man wesentliche Ruinen stehen lassen und anderwärts, außerhalb Neues bauen? Wird man? Und wann? Werden Generationen zwischen, neben Trümmern leben? Der Untergang der Stadt ist im großen ganzen so radikal, daß ich mir eine Erneuerung nicht vorstellen kann, in technischer wie in wirtschaftlicher Hinsicht.«*

Anfangs wurden ernsthafte Überlegungen angestellt, die Stadt als Ruine zu belassen, wie z. B. das Forum Romanum, und am Starnberger See ein neues München zu errichten. Dies wäre aber unwirtschaftlich gewesen, denn die unterirdische Infrastruktur wie Leitungen und auch die Straßen waren noch weitgehend intakt. Man begann also sofort nach Kriegsende, den Schutt beiseite zu schaffen und sich, soweit es möglich war, einzurichten. Anfangs wohnten noch viele Menschen in Ruinen, und immer wieder gab es Tote durch einstürzende Mauern.

Um den Räum- bzw. Wiederaufbauwillen der Münchner zu demonstrieren, wurde auf Initiative der Tageszeitung »Münchner Merkur« mit Unterstützung der Amerikaner am 29. Oktober 1949 vor dem Marienplatz ein großes »Rama dama« veranstaltet. Unter der tatkräftigen Anleitung von Bürgermeister Wimmer, mit dessen Namen die Münchner die Schutträumung besonders verbanden, räumten an diesem Tag 7000 Menschen 15 000 Kubikmeter Trümmer beiseite[9]. Wenn dieser Erfolg auch eher bescheiden war, insgesamt ging die Räumung wesentlich schneller vonstatten, als man ursprünglich erwartet hatte. Ein Kleinbahnnetz von rund 50 km in den Straßen der Stadt erleichterte den Transport. Nur die Schuttberge auf dem Olympiagelände, am Scheidplatz und bei Neuhofen im Süden der Stadt sind noch heute sichtbare Zeugen der Leiden und Zerstörungen, die die Bomben angerichtet hatten. Bereits Ende der 50er Jahre gab es kaum noch Lücken in den Straßenfronten.

Studentinnen beim Schutträumen in der Universität, 1945

Da auch die Ludwig-Maximilians-Universität großenteils zerstört war, wurden die Studenten verpflichtet, vor dem Studium 100 Stunden beim Schutträumen mitzuhelfen. Als am 1. April 1946 der Lehrbetrieb wieder aufgenommen werden konnte, standen den 6000 Studierenden nur 12 Hörsäle zur Verfügung. Bei der Technischen Hochschule waren 2376 Studenten eingeschrieben. Von den rund 10 000 im Sommersemester 1947 in München Studierenden waren etwa ¼ Frauen[10].

Not

Auch nach dem Zusammenbruch des Naziregimes gab es Lebensmittel nur auf Marken zu kaufen. Plünderungen, Diebstähle, Morde und Vergewaltigungen waren an der Tagesordnung. Befreite KZ-

Häftlinge, Zwangsarbeiter, Kriegsgefangene, Flüchtlinge und andere durch den Krieg entwurzelte Menschen drängten in die Stadt. Die von den Besatzern offenbar geduldete Plünderung von Lebensmittellagern verschärfte die Situation[11]. Die Not war größer als während des Krieges, wo die Zwangsbewirtschaftung streng geordnet war und unterworfene Länder systematisch ausgebeutet worden waren. Bedingt durch die Mangelsituation und das Zusammenleben auf engstem Raum traten häufig ansteckende Krankheiten wie z.B. Krätze auf. 5% der Bevölkerung waren zeitweise als geschlechtskrank registriert. Zudem gab es eine Rattenplage, bedingt durch die unzureichende Müllbeseitigung[12].

Im Winter 1946/47, der wochenlang extrem kaltes Frostwetter brachte, herrschte zudem ein großer Brennstoffmangel. Ein Hauptverdienst von Thomas Wimmer war die Organisation der Verteilung von Holz, Kohle und Torf seit 1945[13]. Der trockene und heiße Sommer 1947 brachte eine Mißernte und verstärkte den Nahrungsmangel noch. Wer es sich leisten konnte, verkaufte seine Habseligkeiten und erhielt dafür Zigaretten, die die stabilste Währung in dieser Zeit waren. Tauschhandel und Schwarzmarkt blühten. Studenten und Arbeiter fühlten sich hintergangen und mit ihrer Not allein gelassen. So versammelten sich am 23. Januar 1948 Zigtausende Demonstranten auf dem Königsplatz[14]. Die Gewerkschaften mit ihren Führern Lorenz Hagen, Gustav Schiefer und Max Wönner hatten zur Großkundgebung aufgerufen. Es wurde dabei u.a. eine gerechte Verteilung der Lebensmittel und eine »Schließung aller Schlemmer- und Luxusgaststätten und Maßnahmen gegen Schwarzhändler verlangt.«[15] Die mindestens erforderlichen 2500 Kalorien pro Tag wurden von der Mehrheit der Menschen nicht erreicht; die Amerikaner sahen dann 1500 Kalorien für den »Normalverbraucher« vor[16].

Ein wie schon im Oktober 1945 im Frühsommer 1947 erlassenes Bierbrauverbot, mit dem man die Brotversorgung verbessern wollte, brachte die Gewerkschaften noch mehr auf die Barrikaden, da das Volksgetränk als unentbehrlich angesehen wurde. Bei Kraus-Maffei gab es deswegen sogar Streiks[17]. Wegen des durch den Kalorienmangel bedingten Kräfteverfalles der Arbeiter sahen sich viele Betriebe gezwungen, statt 48 Stunden in der Woche nur 40 Stunden arbeiten zu lassen. Auch im Mai 1948 kam es zu Streiks und zu einer Hungerdemonstration von 10 000 Frauen vor der Feldherrnhalle[18].

Walter Kolbenhoff erinnerte sich[19]:

> [...] *das war der Geruch dieser Jahre: Ganz München, oder das, was von ihm übrig geblieben war, stank nach aufgewärmtem Sauerkraut. Ging man von der Briennerstraße kommend auf der rechten Seite der Türkenstraße – die linke war von Mauerresten, von Sand und Dreck verschüttet, hier standen etwas weiter zurück auf dem löcherigen Gelände die Reste einer Kaserne –, kam es einem wie eine Wolke entgegen. Die meisten Gaststätten hatten nur ein Stammgericht, wie es genannt wurde. Es bestand aus aufgewärmtem Sauerkraut, ein wenig fader Blutwurst und ein paar blauen Kartoffeln. Für diese Mahlzeit brauchte man keine Lebensmittelmarken abzugeben. Alles andere war markenpflichtig* [...] *Wenn man Glück hatte, gab es das sogenannte Molkebier.«*

Um für Marken und Geld wirklich etwas zu bekommen, mußte man an Verkaufsstellen langes Warten in Schlangen in Kauf nehmen. Nur Schieber und Schwarzhändler, die Zugang zu Beständen der Amerikaner hatten, machten gute Geschäfte. Der Schwarzhandel konzentrierte sich auf einige Plätze und Straßen wie die Gegend um den Hauptbahnhof, den Pasinger Bahnhof und das Deutsche Museum oder die Möhlstraße in Bogenhausen. Es gab auch viele Stellen wie z.B. am Rotkreuzplatz in Neuhausen, wo man Zettel anheftete, wenn man etwas anzubieten hatte oder etwas suchte. Auch nach Angehörigen, die man in den Kriegswirren aus den Augen verloren hatte, wurde auf diesen Zetteln gesucht.

Die schlechte Versorgungslage und Arbeitsmarktsituation bewirkten teilweise auch eine Stimmung, die gegen Ausländer und »Preißn« gerichtet war. Gegen die Stimmen der Bayernpartei, die meinte, daß »die Ausländerei endlich in Ordnung gebracht werden«[20] sollte, genehmigte der Stadtrat am 26. Juli 1948 die Eröffnung eines chinesischen Restaurants in der ehemaligen Gaststätte »Zum Schwanenhof« in der Nymphenburger Straße. Ein Antrag der Bayernpartei im Stadtrat, Nichtbayern (ihr Anteil bei Beamten 1,5 %, Angestellten 8 % und Arbeitern 3,8 %) aus dem städtischen Dienst zu entlassen, wurde am 18. August abgelehnt[21]. Der Direktor der amerikanischen Militärregierung in München, Gouverneur

Kelly, wohnte der Sitzung bei und bat um Nachsicht mit der BP, aber er »fühle sich auch bereits als Münchner Bürger«.

Die amerikanischen GIs erschienen der darbenden deutschen Bevölkerung, als würden sie im Überfluß schwelgen. Der Dramatiker Carl Zuckmayer, der schon vor dem Krieg in München gelebt hatte, beobachtete[22]:

> *»Immer lungerten Scharen von hungrigen Kindern, auch solchen, denen die Bomben ein Bein weggerissen hatten und die auf einem Stumpf hüpften, vor den amerikanischen Hotelquartieren herum, in der Hoffnung auf etwas Schokolade, Kaugummi oder Kekse, die ein mitleidiger Soldat ihnen zuwerfen mochte.«*

Um der chronischen Unterernährung von Kindern entgegenzuwirken, richteten die Amerikaner 1946 eine Schulspeisung ein. Hilfsorganisationen in den USA sandten »Care-Pakete«, die neben Nahrung auch Zigaretten und Seife enthielten und die ein wichtiger Bestandteil des Lebens wurden. Für viele Münchner sicherten aber nur Beziehungen zum Land und Hamsterfahrten das Überleben.

Eine entscheidende Veränderung der Lage brachte die an einem Sonntagmorgen, am 20. Juni 1948, durchgeführte Währungsreform. Pro Kopf wurden 40,– DM ausgegeben, das übrige Altgeld und Guthaben wurden später im Verhältnis 1 : 10 umgetauscht. Die kleinen Leute büßten ihre Ersparnisse ein, Schulden waren überwiegend getilgt, Sachwerte hatten Bestand. Die Zahl der Arbeitslosen nahm dafür stark zu[23]. Die Organisation war schlecht, so daß man teilweise bis zu 10 Stunden in der Schlange stehen mußte, um an sein Geld zu kommen. Auf einen Schlag gab es die meisten Waren zu kaufen, die Zwangsbewirtschaftung konnte teilweise aufgehoben werden. Mit der Verbesserung des Warenangebots ging aber auch die Nachfrage nach kulturellen Darbietungen zurück.

Obwohl es Fleischwaren sowie andere Lebensmittel offiziell noch auf Marken gab und kein Vollbier ausgeschenkt werden durfte, war es ein deutliches Zeichen der Normalität, daß am Samstag, den 11. September 1948, auf der Theresienwiese ein Herbstfest eröffnet wurde. Es gab wieder Hendl und Steckerlfisch und die »illegale« Maß Bier kostete 1,20 DM[24]. Im nächsten Jahr hieß es »Wies'n«, dann auch wieder offiziell Oktoberfest.

Überfüllte Trambahn mit Trittbrettfahrern vor dem Alten Rathaus

Das öffentliche Verkehrssystem wurde schnell wieder aufgebaut. Bereits am 28. Mai 1945 verkehrte die erste elektrische Trambahn auf der Strecke Sendlinger-Tor-Platz – Stachus – Barerstraße – Hohenzollernstraße. Im Oktober wurden auf einem Streckennetz von 88 km 500 000 Fahrgäste befördert, diese Zahl ging aber zurück, da viele Wägen durch den starken Gebrauch unbenützbar wurden und kein Ersatz zu beschaffen war[25]. Die Züge, die bald wieder in der ganzen Stadt fuhren, waren häufig so überfüllt, daß 1946, obwohl das »Mitfahren auf Trittbrettern, Pufferstangen und dergleichen« verboten war, 31 Trittbrettfahrer tödlich verunglückten[26]. Ab Juli 1945 verkehrte die Bahn auch wieder regelmäßig zu den Vororten im weiteren Umkreis. Einen privaten Kfz-Verkehr gab es in der Stadt erst wieder ab 1946. Nur 10 000 private Kraftfahrzeuge waren 1948 in der Stadt zugelassen, 35 000 Genehmigungen wurden nicht erteilt. Es gab in diesen Jahren, trotz der wenigen Autos, jährlich aber über 200 Verkehrstote und viele Schwerverletzte[27]. Wichtige Straßen waren für den Fahrradverkehr gesperrt.

Entnazifizierung

Die Amerikanische Militärregierung übte seit dem April 1945 die Macht in Bayern aus. Die Alliierten hatten sich vorgenommen, die vom Nationalsozialismus geprägte Bevölkerung umzuerziehen und begannen mit einer strengen Entnazifizierung. Als äußeres Zeichen wurden Straßen, die nach Personen des Systems benannt worden waren, umbenannt. So wurde aus dem *Ritter-v.-Epp-Platz* wieder der *Promenadenplatz* oder die *Hermann-Göring-Straße* in der Lerchenau erhielt den Namen *Azaleenstraße*[28]. Die Angehörigen der Stadtverwaltung wurden auf NSDAP-Zugehörigkeit und -Tätigkeit überprüft und gegebenenfalls rigoros entlassen. Am 5. März 1946 erließ die Militärregierung das im Saal des Neuen Rathauses in München unterzeichnete »Gesetz zur Befreiung vom Nationalsozialismus und Militarismus«[29]. Bürgermeister Scharnagl beschwerte sich, daß er kaum eine funktionierende Verwaltung aufrechterhalten konnte, weil 3000 der erfahrensten Mitarbeiter wegen bloßer NSDAP-Mitgliedschaft entfernt wurden[30].

Für die Spruchkammern blieb es schwierig, das, was in der NS-Zeit geschehen war, wirklich gerecht zu beurteilen. So fielen die Ergebnisse ihrer Tätigkeit oft unbefriedigend aus. Es wurden Menschen zu den gleichen hohen bzw. niedrigen Strafen verurteilt, deren Art der Verwicklung in die Unrechtstaten der NS-Zeit oft nicht miteinander vergleichbar war. So wurde ein prominenter Mann des Systems, der sich selbst nur als »Diener der Kunst« verstanden hatte, Hitlers Leibphotograph, der Altnazi Heinrich Hoffmann, zu 10 Jahren Zwangsarbeit verurteilt, und sein Vermögen von 10 Millionen wurde bis auf 3000 Mark eingezogen[31]. Im Arbeitslager beim Nordfriedhof traf er auf den Nazi-Oberbürgermeister Fiehler, der die gleiche Strafe erhalten hatte. Besser erging es anderen Parteigenossen wie dem Bankier August von Finck und dem Volkssänger Ferdinand Weisheitinger, alias »Weiß Ferdl«. Sie wurden beide als Mitläufer eingestuft und hatten nur jeweils einen Sühnebetrag von 2000 Mark zu zahlen[32]. Die rigorose Entnazifizierung fand im Zuge des aufkommenden kalten Krieges schon bald ein Ende: Es gab eine Amnestie; man hatte nun andere Feindbilder.

Politische Strukturen

Der Nazi-Bürgermeister Karl Fiehler war mit dem Einzug der Amerikaner abgesetzt worden, und die Besatzer standen vor dem Problem, neue politische Strukturen schaffen zu müssen. Sie ließen daher den letzten demokratisch gewählten Bürgermeister Karl Scharnagl (BVP) aus Glonn kommen, wohin er sich nach der Inhaftierung im KZ Dachau zurückgezogen hatte, und setzten ihn am 4. Mai 1945 als Oberbürgermeister ein. 2. Bürgermeister war Dr. Otto Hipp und ab 15. Juni Dr. Franz Stadelmayer. Dieser war früher Oberbürgermeister von Würzburg gewesen und versah dieses Amt in München kommissarisch vom 2. bis zum 4. Mai 1945. Als aber seine frühere NSDAP-Mitgliedschaft öffentlich bekannt wurde, mußte er als 2. Bürgermeister zurücktreten[34]. Er wurde später Intendant beim Bayerischen Rundfunk. Auf den neu geschaffenen Posten des 3. Bürgermeisters wurde auf Drängen des amerikanischen Stadtkommandeurs Eugene Keller am 16. August Thomas Wimmer berufen, der sich besonders um den Wiederaufbau kümmern sollte[35]. Er rückte dann am 1. Dezember zum 2. Bürgermeister auf. Wimmer war von 1924 bis 1933 im Münchner Stadtrat und seit 1919 auch Vorsitzender der SPD gewesen. Im KZ Dachau war er dem Mitgefangenen Scharnagl näher gekommen, und man hatte sich vorgenommen, gemeinsam für die neue Demokratie zu arbeiten. Nachfolger als 3. Bürgermeister wurde der konservative Dr. Carljörg Lacherbauer, der später zum Justiz-Staatssekretär ernannt wurde. Scharnagl konnte im Auftrag der Amerikaner 36 Stadträte berufen, die ihm beratend zur Seite standen[36]. Bei der Eröffnungssitzung im Rathaus am 1. August 1945 war die Verwaltung in 15 Referate aufgeteilt. Von den berufsmäßigen Stadträten der ersten Stunde wirkten Dr. Erwin Hamm (Wohlfahrts- und Stiftungsrat) und Dr. Anton Fingerle (Schul- und Kultusreferat) lange prägend in der Stadt[37]. Anton Weiß (SPD) war 1945 noch ehrenamtlicher Stadtrat, konnte sich aber schon im Jahr darauf als Ernährungs- und Wirtschaftsreferent verdient machen und war dann bis 1967 Kommunalreferent.

Die erste Stadtratswahl nach der Naziherrschaft fand am 26. Mai 1946 statt. Die CSU wurde stärkste Partei und erhielt 20 von 44 Sitzen, die SPD 17, die KPD 2 und die wirtschaftliche Aufbauvereinigung (WAV) einen Sitz[38]. Scharnagl und Wimmer wurden vom Stadtrat in ihren Ämtern als 1. bzw. 2. Bürgermeister bestätigt. Ein Schlaglicht auf die Moral der Zeit gibt eine »Affäre«, über die Oberbürgermeister Scharnagl im August 1947 fast gestürzt wäre. Kollegen seiner CSU-Fraktion erfuhren, daß er als Förderer des Vereins für Körperkultur »Osiris« an einer Veranstaltung im Nordbad teilgenommen und anschließend mit den Vereinsmitgliedern ohne die vorgeschriebene Bekleidung gebadet habe. Sie forderten deshalb seinen Rücktritt vom Amt; er machte diesen zuerst von der »Stellungnahme kirchlicher Behörden abhängig«, ließ sich aber, ohne diese abzuwarten, von den im Stadtrat vertretenen Fraktionen das Vertrauen aussprechen und blieb Oberbürgermeister[39]. Scharnagl war aber über diese Vorgänge enttäuscht, und sie erleichterten ihm den baldigen Rückzug aus der Politik.

Parteien und Gewerkschaften

Die eigentlichen Herren der Stadt, die Amerikaner, hielten am 28. Mai 1945 ihre Siegesparade mit dem General und späteren Präsidenten der USA, Dwight D. Eisenhower, über die Ludwigstraße und Briennerstraße zum Königsplatz[40]. Sie hatten am 25. Mai 1945 die erste bayerische Nachkriegsregierung in München installiert. Als Ministerpräsident wurde der alte BVP-Führer und von den Nazis abgesetzte bayerische Finanzminister Dr. Fritz Schäffer eingesetzt, der spätere Bundesfinanzminister. Bereits am 28. September 1945 wurde er aber, da er den Amerikanern zu konservativ war, durch den aus dem Exil in der Schweiz zurückgekehrten Sozialdemokraten Wilhelm Hoegner, der vorher Justizminister war, als Ministerpräsident abgelöst[41]. Wirtschaftsminister wurde der damals noch parteilose Ludwig Erhard aus Fürth. Bei den ersten freien Wahlen am 1. Dezember 1946 errang die CSU die Mehrheit im neuen Bayerischen Landtag, und man wählte nach einigen Turbulenzen in einer großen Koalition Hans Ehard als Ministerpräsidenten[42].

Der »Christlich Sozialen Union« war am 5. Dezember 1945 die politische Betätigung von den Besatzern erlaubt worden. Sie war ein Zusammenschluß von Mitgliedern der ehemaligen katholischen »Bayerischen Volkspartei« und evangelischen, sozialen und konservativen Kräften. Vorsitzender wurde der Rechtsanwalt Dr. Josef Müller, genannt »Ochsensepp«, in dessen Wohnung in der Schwabinger Gedonstraße auch die ersten Treffen der Partei stattfanden[43]. Gründungsmitglied war auch sein Mitarbeiter, der spätere Bundesminister und Ministerpräsident Franz-Josef Strauß, ein Metzgersohn aus der Schellingstraße in München. Als erste Partei war die KPD (Kommunistische Partei Deutschlands) zugelassen worden, die am 11. November 1945 unter Beisein der Spitzen der Gesellschaft und mit musikalischer Umrahmung des Staatsorchesters im Prinzregentenstadion ihre erste Kundgebung abhielt; bald darauf, am 17. November, erhielt auch die SPD eine Lizenz, die im gleichen Rahmen am 25. November Großkundgebungen veranstaltete[44].

Eine Konferenz von deutschlandweiter politischer Bedeutung führte die Ministerpräsidenten der Länder am 6. Juni 1947 nach München. Die letzte gesamtdeutsche Ministerpräsidentenkonferenz vor der Einheit von 1990 endete aber nach hoffnungsvollem Beginn mit der von Moskau befohlenen vorzeitigen Abreise der Teilnehmer aus der Ostzone. Am 9. Juni sprach noch der spätere Partei- und Staatsratsvorsitzende der DDR Walter Ulbricht auf einer öffentlichen Kundgebung vor der Feldherrnhalle und forderte, ein sozialistisches Deutschland unter zentraler Verwaltung zu errichten[45].

In einer Aufbruchsstimmung, die zum Teil auch durch gemeinsame Leiden im KZ beeinflußt war, schloß man sich in München wie anderswo über alte politische Gräben hinweg zusammen und gründete Einheitsgewerkschaften. Am 28. September 1945 erteilte die Militärregierung der »Allgemeinen Freien Münchner Gewerkschaft« die Erlaubnis, ihre Tätigkeit aufzunehmen, nachdem schon vorher Betriebsräte gebildet worden waren[46]. Gewerkschafter nahmen die Organisation des Versorgungs- und Sozialsystems in die Hand.

Die Amerikaner ließen zwar anfangs Industrielle verhaften und ihre Verstrickungen im System überprüfen; sie kamen aber bald wieder frei, und in der Privatwirtschaft blieben die alten Strukturen erhalten. Die bewußt zur Schwächung der Wirtschaft geplanten Demontagen von Industriebetrieben wurden in München nur zum geringen Teil (z.B. bei BMW) durchgeführt[47]. So konnten die meisten Unternehmen, behindert allerdings durch Rohstoffmangel und Transportprobleme, weiter produzieren. Der Mangelsituation wurde vielfach durch Improvisation begegnet.

Von den 1947 gezählten 752 000 Einwohnern Münchens waren 472 000 erwerbstätig, davon standen 90 000 im öffentlichen Dienst; rund 1/4 der Münchner lebten von der öffentlichen Hand. Da 51 000 Pensionisten (ohne Rentner) in der Stadt wohnten, nannte man sie scherzhaft »Pensionopolis«[48].

Die Arbeiterbewegung zeigte hauptsächlich bei den Kundgebungen am 1. Mai ihre Stärke; so kamen am 1. Mai 1953 immerhin 80 000 Menschen zum Königsplatz[49]. Anschließend wurden Demonstranten von der Polizei verfolgt, wobei ein Demonstrant starb. Ein ausgedehnter Metallarbeiterstreik im Sommer 1954 brachte zwar Verbesserungen für die Arbeiter, hatte aber auch ungünstige Auswirkungen: »Die friedlichen Bürger, die seit Jahrzehnten keinen Streik mehr erlebt hatten, waren durch die Begleiterscheinungen erschreckt«[50]. An der im November folgenden Landtagswahl nahmen viele Arbeitnehmer deswegen nicht teil. Doch konnte die SPD zusammen mit der Bayernpartei (BP), der FDP und dem BHE (Bund der Heimatlosen und Entrechteten) als »Viererkoalition« eine Regierung bilden. Wilhelm Hoegner wurde nochmals Ministerpräsident, 1957 aber durch Hanns Seidel mit der CSU wieder abgelöst, die seitdem mit Alfons Goppel, Franz Josef Strauß, Max Streibl und Edmund Stoiber alleine die Regierung stellt[51].

Oberbürgermeister Thomas Wimmer

Bereits am 30. Mai 1948 wurde erneut ein Stadtrat gewählt. Diesmal wurde der inzwischen populäre Thomas Wimmer im zweiten Wahlgang mit 33 Stimmen Oberbürgermeister, da die SPD nun mit 15 Sitzen im Stadtrat die stärkste Fraktion stellte. Die konservativen Stimmen hatten sich durch das Aufkommen der mit der CSU verfeindeten Bayernpartei auf diese (13) und die CSU (10) aufgeteilt. Die KPD hatte 6 Mandate, daneben zog auf einen der beiden Sitze der FDP die junge Chemikerin und Journalistin Hildegard (Hamm-) Brücher ins Rathaus ein. Dr. Walther von Miller von der CSU wurde 2. und Adolf Hiebler von der Bayernpartei, der Inhaber einer

Musikalienhandlung, 3. Bürgermeister. Der »Wimmer Dammerl« wurde noch 1952 (60,9 %) und 1956 (58,3 %) in der nun eingeführten Direktwahl des Oberbürgermeisters mit absoluter Mehrheit vom Volk wiedergewählt, und seine Partei hatte jeweils die Mehrheit (38,7 % bzw. 43,1 %) im Stadtrat[52]. Wimmer war ein Mann aus dem Volk. Der gelernte Schreiner, ein »Holzwurm«, wie er sich scherzhaft nannte, hatte, besonders in der Nazizeit, viel gelitten. Er war bereits 61 Jahre alt, als er das Amt des Oberbürgermeisters übernahm. Er konnte praktische Dinge gut organisieren, aber Planungen und Theorien stand er skeptisch gegenüber, und seine Taktik war das Abwarten und Verzögern. Akademikern, besonders Juristen, mißtraute er grundsätzlich. Er war leutselig und stolz darauf, im Rechenschaftsbericht am Ende seiner Amtszeit darauf verweisen zu können, 61 800 Personen persönlich geholfen zu haben und »342 600 Ausläufe ohne Anwendung eines Faksimiles bewältigt« zu haben[53]. Sein Humor, der sich in kernigen Aussprüchen entlud, und seine Schlitzohrigkeit brachten ihm viel Sympathie ein.

Wimmer führte 1950 den Brauch ein, daß der Münchner Oberbürgermeister beim Oktoberfest das erste Faß anzapft und »Ozapft is!« ausruft. In den letzten Jahren seiner Amtszeit kam zunehmend Kritik an der Amtsführung des »obersten Anzapfers« auf[54]. Der Oberbürgermeister, der bereits 1954 einen Herzinfarkt erlitten hatte, ließ sich nicht beirren und blieb überzeugt von seiner Unentbehrlichkeit. Daß er seit 1958 von der SPD langsam von seinen Ämtern abgelöst wurde, nahm er unwillig, aber solidarisch hin. Thomas Wimmer starb am 18. Januar 1964, nach noch fast 4 Jahren Ruhestand als »Altoberbürgermeister«, zuletzt gezeichnet von schwerer Krankheit. Er war eine markante Erscheinung, der die Stadt München ihren Charakter, wie er in der Nachkriegszeit entstand, wesentlich verdankt.

Architektur und Stadtgestalt

In den Trümmern machten sich Öffentlichkeit und Politiker kaum grundsätzliche Gedanken über die Stadtgestalt. Oberbürgermeister Scharnagl war schon in der Weimarer Zeit Neuerungen gegenüber wenig aufgeschlossen; so formulierte er jetzt die Devise: »München

Umbauarbeiten am Bahnhofsplatz, 1955

will stark am alten Stadtbild und seiner Behaglichkeit festhalten«[55]. Es soll so wiedererstehen, wie es sich selbst und wie die Welt es gekannt hat. Man plante allerdings nicht systematisch, sondern »wurschtelte« sich von Fall zu Fall durch. Kahlschläge und Neubaukomplexe aus Beton blieben so der Innenstadt immerhin weitgehend erspart. Der Wiederaufbaureferent München , Stadtrat Helmut Fischer, hielt den Wiederaufbau der Stadt 1947 für eine »Angelegenheit von 30 bis 50 Jahren«[56]. Hauptanliegen von Stadtrat und Staatsregierung war »Die Wiederherstellung der kulturellen Wahrzeichen der Stadt«[57]. Die vom Architekten Hans Döllgast vertretene Auffassung, Ruinenelemente einzuplanen, konnte nur bei einigen Bauten wie der Alten Pinakothek realisiert werden[58]. Die meisten öffentlichen Gebäude wurden mehr oder weniger originalgetreu restauriert. Nur wenige, wie der Hauptbahnhof oder die Neue Pinakothek, wurden, da sie als künstlerisch weniger wertvoll eingestuft waren, abgetragen[59]. Auch weitgehend zerstörte Kirchen wie der »Alte Peter« – ein Wahrzeichen der Stadt – wurden wiedererrichtet. Der dreiapsiale Chor des einzigen teilweise erhaltenen romanischen Bauwerks, der Kirche St. Jakob am Anger (Jakobsplatz), wurde aber von dem Orden der Armen Schulschwestern Mitte der 50er Jahre abgerissen und durch einen öden Neubau ersetzt[60].

Die meisten Adelspaläste der Stadt bzw. ihre Fassaden, die den Krieg überstanden hatten, wurden dagegen, um das auf den Grundstücken ruhende höhere Baurecht auszunützen, abgetragen und durch Betonklötze mit mehr Stockwerken abgelöst. Dies war eine Verhöhnung des Mottos »München wird schöner«, das lange auf Bautafeln zu lesen war[61]. Wegen des Umgangs mit Baudenkmälern in der Stadt prägte der Architekt Erwin Schleich in seinem gleichnamigen Buch den Begriff »Die zweite Zerstörung Münchens«[62]. »Zerstörung durch Bedenkenlosigkeit, durch Vorsatz, durch Skrupellosigkeit ist Dauerzustand«[63].

Die von den Nazis errichteten Bauwerke – wie das Haus der (deutschen) Kunst, Führerbauten, Haus des deutschen Rechts oder Zentralministerium (heute Ministerium für Ernährung, Landwirtschaft und Forsten) – überstanden den Bombenkrieg relativ gut und wurden weiter verwendet. Nur die den »Blutzeugen der Bewegung« geweihten Ehrentempel am Königsplatz wurden von den Amerikanern gesprengt.

Am Karlstor, dessen Abbruch auch schon erwogen war, erinnert eine vom Stadtrat angebrachte Gedenktafel an Professor Max Jensen, den Schöpfer des Jensen-Plans. Dieser Plan griff Ideen von Stadtbaurat Otto Meitinger, die bereits in der Nazizeit entwickelt worden waren, auf und wurde 1963 vom Stadtrat verabschiedet[64]. Er sah vor, die Altstadt von Umbauten und Straßenverkehr möglichst zu verschonen, Ringe für den Autoverkehr um den Stadtkern anzulegen und die Stadt sonst den Bedürfnissen von Verkehr und Wirtschaft freizugeben. Der Altstadtring wurde angelegt, und man schlug bedenkenlos Breschen in die alte Bausubstanz; besonders an der Maximilianstraße wurde das Stadtbild empfindlich gestört. Erst Ende der 60er Jahre begann man sich kritische Gedanken zu machen. Der Stolz, mit dem Stachus den verkehrsreichsten Platz Europas zu haben, wich der Bedrückung, von der Autolawine überrollt zu werden[65].

»Wohnhochhaus« Theresienstraße/Türkenstraße. Geplant vom Architekten Sepp Ruf, bezogen 1951

Kultur

Wichtigster Mann im Kulturgeschehen Münchens war Hans Ludwig Held (1886–1954), der schon in der Zeit von 1921–1933, zuletzt als Stadtbibliotheksdirektor, gewirkt hatte. Vom September 1945 bis zum August 1953 war er im Rathaus »Kulturbeauftragter«[66] und hatte als solcher unter vielen anderen auch die Aufgabe, Künstler und Intellektuelle an die Isar zu ziehen, was aufgrund des Wohnraummangels anfangs nicht einfach war.

Ab Juli 1945 gaben die Münchner Philharmoniker mit ihrem Generalmusikdirektor Eugen Jochum wieder Konzerte; man mußte im Prinzregententheater, in der Aula der Universität oder ab 1953 im Herkulessaal der Residenz spielen. Auch Wilhelm Furtwängler und Hans Knappertsbusch wirkten hier als Dirigenten[67].

Die Münchner Oper hatte durch die Kriegszerstörungen das Cuvilliéstheater in der Residenz und das Nationaltheater verloren, man konnte aber bald im Prinzregententheater auftreten. Hier fanden seit Oktober 1945 unter Leitung des Komponisten Karl Amadeus Hartmann Sonntags-Matineen des Bayerischen Staatstheaters statt[68]. Einen Skandal gab es 1948 um das Faust-Ballett »Abraxas« von Werner Egk nach Texten von Heinrich Heine. Der katholische bayerische Kultusminister Alois Hundhammer ließ das Werk über die »Erzbuhlin des Teufels«, da es so heikle Bereiche wie die menschlichen Triebe und Magie ansprach, vom Spielplan absetzen[69].

Das Staatstheater am Gärtnerplatz wurde im gleichen Jahr mit einer Johann-Strauß-Operette wieder eröffnet[70]. Man arbeitete seit 1952 auch am Wiederaufbau des Nationaltheaters, das aber erst am 21. November 1963 in alter Schönheit vollendet war und eröffnet werden konnte[71]. Das »Phantom der Oper« schlug zu Beginn der 90er Jahre zu: Durch Defekte in der erneuerten Hydraulik entstanden Kosten in zweistelliger Millionenhöhe, und das Haus ist nun für Jahre unbespielbar.

Auch bildende Künstler aller Richtungen etablierten sich seit 1943 wieder frei in München. Internationales Aufsehen erregte die von Fritz Winter gegründete avantgardistische Künstlervereinigung ZEN 49, sie stieß in der Stadt aber auf wenig Beachtung[72]. Eine Kunsteinrichtung besonderer Art entstand im südlichen Führerbau in der Arcisstraße (jetzt Meiserstraße): Im »Central Art Collecting Point« war zwei Jahrzehnte lang eine internationale Expertengruppe damit beschäftigt, etwa eine Million in der Nazizeit erworbene oder geraubte Kunstwerke zu identifizieren, um sie den rechtmäßigen Eigentümern zurückzugeben[73]. In unmittelbarer Nachbarschaft wurde das »Amerika-Haus« eingerichtet, das durch Veranstaltungen und seine Bibliothek eine prägende kulturelle und politische Anziehungskraft, besonders auf die Jugend, ausübte[74].

Eine Symbolfigur der Nachkriegskultur Münchens war der Schriftsteller Erich Kästner, den es 1945 in die Stadt verschlagen hatte[75]. Er galt den Amerikanern als politisch vertrauenswürdig, durfte publizieren und Kabaretts veranstalten. Von 1945 bis 1948 wirkte er mit Alfred Andersch, Walter Kolbenhoff, Hans Habe, Hans Wallenberg und Hildegard (Hamm-) Brücher u. a. führend an

Tagung des Deutschen PEN-Zentrums am 17. Oktober 1949. In das Präsidium werden Prof. Ernst Friedmann (links), Erich Kästner und Johannes R. Becher gewählt. Dahinter stehen Rudolf Schneider-Schelde, Wilhelm Hausenstein, Hans W. Eppelsheimer, Horst Lange (halbverdeckt), Hermann Kesten und Günther Weisenborn

der von den Amerikanern im Buchgewerbehaus (Schellingstraße 39) anstelle des Völkischen Beobachters eingerichteten und am 18. Oktober 1945 erstmals erschienenen »Neuen Zeitung« mit[76]. Es herrschte eine Aufbruchsstimmung, und viele der in der Nazizeit Unterdrückten glaubten, durch ihren Einsatz ein neues, besseres Deutschland schaffen zu können. Sein Engagement für die neue Demokratie zeigte Kästner besonders überzeugend in seiner Rede anläßlich des Ostermarsches 1961 auf dem Königsplatz[77]. Für das intellektuelle Leben in Deutschland war die von Alfred Andersch und Hans Werner Richter herausgegebene Zeitschrift »Der Ruf« bedeutungsvoll. Den Herausgebern wurde aber bereits nach 17 Ausgaben von den Amerikanern wegen Linkstendenzen die Lizenz entzogen[97]. Aus dem Umfeld der Autoren bildete sich unter der

Leitung des in München lebenden Richter dann die »Gruppe 47«, die die deutsche Nachkriegsliteratur nachhaltig prägte[78].

Die wichtigste überregionale Zeitung wurde die »Süddeutsche Zeitung«, die erstmals mit einer Probenummer am 24. August und dann regulär am 6. Oktober 1945 erschien, gegründet von sozialen, liberalen bzw. katholisch eingestellten Herausgebern[79]. Sie entstand in den Räumen der »Münchner Neuesten Nachrichten«, und zum Bleisatz der ersten Ausgabe wurden die Druckplatten von Hitlers »Mein Kampf« eingeschmolzen, der vorher von gleicher Stelle verbreitet worden war[80]. Papiermangel ließ anfangs nur einen Umfang zwischen 4 und 8 Seiten zu. Als Gegengewicht erschien ab 13. November 1946 der »Münchener Mittag«, seit 2. Januar 1948 der »Münchner Merkur«, heute die zweitauflagenstärkste Tageszeitung der Stadt[81]. Die »Süddeutsche« wurde am Dienstag, Donnerstag und Samstag ausgeliefert, der »Mittag« am Montag, Mittwoch und Freitag. Daneben entstanden in der Stadt seit 1948 illustrierte Zeitschriften wie die »Quick«, die bald eine millionenstarke Auflage erreichte[82].

Einer der bedeutendsten Gelehrten an der Münchner Universität war der Theologe und Philosoph Romano Guardini. Er charakterisierte am 20. November 1953 die politische Entwicklung resignierend in seinem Tagebuch:

> *»Der Widerstand gegen die Restauration wird sich verlaufen, und auch hierin werden die Dinge wieder werden, wie sie waren – d. h. eben deshalb schlimmer, als sie waren, denn die zwölf Jahre, der Krieg und der Nachkrieg liegen dazwischen. Man hat nichts gelernt und fühlt nicht die Kraft zum neuen Beginn.«*[83]

Am 26. Dezember:

> *»Heute in St. Ludwig waren wieder viele Mützen zu sehen. Wie ich höre, ist in Bonn entschieden worden, das Farbentragen sei erlaubt. Jetzt kommt wieder eins nach dem anderen. Restauration in allem. Nichts ist gelernt worden.«*[84]

Oskar Maria Graf kam 1958 zur 800-Jahr-Feier besuchsweise aus dem Exil in New York in seine »geliebte Stadt München«, die ihn eingeladen hatte, zurück. Seine Eindrücke, die den Geist dieser Zeit widerspiegeln, schilderte er in Briefen. Er fand, daß das »offizielle München« sich zu ihm »saumäßig benimmt«[85]. Man fuhr ihn in einem »städtischen Lieferwagen« herum und bot ihm kein Quartier an, so daß er bei seiner Tochter in Berg am Starnberger See übernachten mußte. Kulturreferent Herbert Hohenemser verweigerte Graf anfangs die vereinbarte Lesung im Cuvilliéstheater für 1000 DM Gage, weil er nicht im schwarzen Anzug auftreten wollte. Der Bayer lief stets, auch in New York, in seiner bayerischen Lederhose herum. Er vermutete, daß die Münchner ihn nie eingeladen hätten, wenn nicht Druck aus den USA gekommen wäre. Der Münchner Merkur schrieb, er sei Kommunist, und Graf urteilte über seine Kollegen, die zu Lesungen eingeladen waren: »Die Herren Autoren dort hab ich gründlich kennengelernt – lauter kriechende Betbrüder und gewesene Nazis, die jetzt nichts mehr wissen[86].« Erst Grafs Asche kehrte 1968 wieder nach München zurück, zur letzten Ruhe in einem Ehrengrab auf dem Bogenhausener Friedhof.

Am meisten angesehen waren in München neben den großen Künstlern wie Thomas Mann, der 1952 ein letztes Mal besuchsweise aus dem Exil in seine alte Heimat kam, lokale Größen. Beliebt war beispielsweise der Dichter der Traumstadt Schwabing, Peter Paul Althaus, oder Sigi Sommer alias Blasius der Spaziergänger. Mit dem 1956 erschienenen hochmoralischen Entwicklungsroman »Meine 99 Bräute«, in dem er das amoröse Leben eines Vorstadtstrizzis schilderte, eckte dieser zwar bei den puritanischen Zeitgenossen an, versöhnte sie aber mit seinen Streiflichtern in der »Abendzeitung«.

Am 15. Dezember 1957 wurde in Pasing Thomas Seehaus geboren, der das Glück hatte, zum einmillionsten Bürger der Stadt erklärt zu werden; Münchner war »Millionendorf«[87]. Im Jahr darauf feierte man in Erinnerung an die erste Erwähnung Münchens im Jahr 1158 das 800ste Stadtgründungsjubiläum. Die wichtigsten Bauten waren bereits wiedererstanden. Man war stolz auf die Erfolge und blickte hoffnungsvoll in die Zukunft. Johann Lachner formulierte in dem offiziellen Festkatalog »800 Jahre München. Festwochen 14. 6.–31. 8. 1958«:

»Es ist an der Zeit und wir sind dabei, München gewaltig zu loben [...]; die Lage im Herzen von Europa und am Scheitelpunkt des bayerischen Alpenvorlands, die Vielfalt der Bauten, den Reichtum der Museen und Bibliotheken, das Angebot an Theater, Musik und Ausstellungen, die Anmut der Gärten und Anlagen; der Sinn für Maß und Schönheit, die Gelassenheit des Geistes und die

unaufdringliche Herrschaft des Gemüts – ja, das alles steht zu Diensten, wenn man München seine Referenzen erweisen will.« [88]

Einen Höhepunkt der Feierlichkeiten bildete ein Festzug mit Kerzenbeleuchtung durch die Straßen der Stadt, bei dem

»in geheimnisvoll-traumhafter Vision [...] *Bilder aus der Geschichte Münchens, aus der Entwicklung der Stadt, aus ihrer Baukunst, Zeitprobleme, ihren Höhen und Tiefen, ihrem Brauch und ihrem Volksleben* [...]«

vorüberzogen[89].

Solche Umzüge hatten in der Stadt Tradition. In seiner Festrede huldigte auch der Physiker und Nobelpreisträger Werner Heisenberg seiner Vaterstadt, die

»sich auch im Herzen aller Europäer einen Platz erobert hat. Wir brauchen am 800. Geburtstag dieser Stadt nicht um ihre Zukunft besorgt zu sein. Die konservative und fromme Stadt wird weiterhin allem Neuen aufgeschlossen bleiben, sie wird die Früchte der Toleranz ernten, die immer eine ihrer Haupttugenden gewesen

Blick vom Rathausbalkon auf den Marienplatz beim Empfang der deutschen Fußball-Nationalmannschaft nach dem Gewinn der Fußball-WM 1954

ist; und wenn sich das neue Bild auch immer wieder wandeln kann, wenn Naturwissenschaft und Technik das Leben in ihr umgestalten, so wird doch in anderer Weise auch alles beim alten bleiben [...]«[90]

Wichtige Impulse für das Leben in der Stadt, die ein bedeutendes Fremdenverkehrszentrum wurde, gaben auch Großveranstaltungen wie der Deutsche Evangelische Kirchentag 1959 oder der 37. Eucharistische Weltkongreß 1960[91], der Hunderttausende Katholiken aus aller Welt nach Müchen zog. Die Weltoffenheit forderte aber auch ihren Preis; durch ihre Attraktivität wurde die Stadt immer lauter und teurer.

XXI. Heimliche Hauptstadt oder Provinz?

Die Ära Vogel

Als Nachfolger des legendären Thomas Wimmer stellte die SPD den jungen Rechtsreferenten der Stadt auf: Dr. Hans-Jochen Vogel (geb. 1926) erreichte 1960 auf Anhieb zur allgemeinen Überraschung 64,3 % und zog seine Partei auf 53,4 % mit[1]. Sein Gegenspieler Dr. Josef Müller (22 %), genannt »Ochsensepp«, und die CSU wurden deutlich geschlagen. Auf deren Vorschlag wurde der Jurist Georg Brauchle Zweiter Bürgermeister. Die Ära Vogel wurde 1966 mit einem Traumergebnis von 78 % (SPD 58,4 %) fortgesetzt[2]. In den zwölf Jahren von Vogels Amtszeit wurde im Stadtrat nie eine Entscheidung gegen seine Stimme gefällt. Sein hartnäckigster Widersacher war der konservative Dr. Ludwig Schmid vom Münchner Block, einer Gruppe, die den lokalen Mittelstand repräsentierte.

Der Münchner Oberbürgermeister erreichte einen Bekanntheitsgrad, der den von manchen Regierungschefs übertraf. Das Hamburger Wochenblatt Spiegel titulierte die Isarmetropole als »Heimliche Hauptstadt« Deutschlands. München nannte sich auch gerne »Weltstadt mit Herz«[3].

Die illustrierte Monatszeitschrift Bayerland brachte 1968 eine Ausgabe mit dem Titel »München – auf dem Weg zur Weltstadt« heraus und dem Bild des Oberbürgermeisters auf dem Umschlag. Vogel stellte hier die Ziele der Stadtpolitik dar. Er sah die

> *»überragende Aufgabe der Stadtverwaltung«* darin, *»durch Ordnung und Koordination der Kräfte« zu wirken. »Andernfalls müßte die fast ungestüme Lebenskraft Münchens* [...] *an sich selbst zugrunde gehen* [...] *Das Ziel ist nicht etwa eine ›Allerweltsstadt‹, eine zwar technisch perfekte, aber seelenlose ›Stadtmaschine‹. Das Ziel ist vielmehr eine sinnvolle Synthese, die die*

Oberbürgermeister Hans-Jochen Vogel und sein Vorgänger Thomas Wimmer

historisch gewachsene Stadt mit ihrem kulturellen Reichtum bewahrt und sie mit dem modernen München in einem gut gegliederten Organismus zu einer neuen »Einheit verflicht und verwebt. [...]

Das Entstehen neuer geschlossener Stadtviertel mit allen notwendigen Gemeinschaftseinrichtungen zeigt, daß mit dem Wohnungsbau der Stadtkörper zugleich klar gegliedert wird. Und der Plan, wesentliche Teile der Altstadt in reine Fußgängerbereiche zu verwandeln, beweist, daß gerade im Herzstück der Stadt der

Mensch und nicht der Verkehr das ›Maß der Dinge‹ sein soll. München wächst weder planlos, noch nach einem vom kühl rechnenden Verstand ausgeklügelten Konzept, sondern nach einer Idee. Das entspricht seinem althergebrachten Wesen, seiner ›Stadtpersönlichkeit‹, die immer Intimität, Liberalität, Überschaubarkeit, menschliches Maß und damit Spielraum für ein kräftiges, farbiges Leben zu wahren wußte.«[4]

Die 60er Jahre waren eine Zeit dynamischer Entwicklungen, deren Richtung heute teilweise kritisiert wird. In einem Artikel mit dem Titel »Sünden des Fortschritts« wurden 1989 die Baufrevel gebrandmarkt:

»Dort, wo die Stadt sich am elegantesten, am verführerischsten gibt, wo Modegeschäfte, Luxushotels, Theater und Kunstgalerien sich um die besten Plätze streiten und der Münchner Werbeslogan ›Weltstadt mit Herz‹ für einen Augenblick in Erfüllung zu gehen scheint, dort ist man der Barbarei am nächsten.«[5]

Gemeint ist der Altstadtring, der die Maximilianstraße rigoros durchschneidet. Die anderen Hauptbausünden, die in den 60er Jahren begangen wurden, sind die Fassade des Kaufhofs am Marienplatz, die Untertunnelung des Prinz-Karl-Palais und der »Schwarze Riese« an der Münchener Freiheit. Dieses Hertie-Hochhaus wurde zu Beginn der 90er Jahre in der Höhe erheblich verringert und in der Fassade völlig umgestaltet.

Trabantenstädte

Eine der größten Herausforderungen an die Stadtverwaltung war meist die Wohnungsnot. Trotz aller Anstrengungen und beachtlicher quantitativer Erfolge beim Wiederaufbau blieben in München auch am Ende der 50er Jahre Wohnungen Mangelware; es fehlten über 60 000 Wohneinheiten, um eine ordnungsgemäße Unterbringung der Menschen zu sichern. Von 1960 bis 1972 nahm die Bevölkerung der Stadt außerdem um 300 000 Personen zu[6]. Bereits 1955 wurde daher von der Gesellschaft »Neue Heimat« die Parkstadt Bogenhausen mit knapp 2000 Wohnungen errichtet, die durch Lage und Ausstattung einem gehobenen Interessentenkreis entsprachen. Die durchschnittlichen Kosten pro Wohneinheit im sozialen

Im Jahr 1964 setzte das Hertie-Hochhaus an der Münchener Freiheit einen neuen, umstrittenen Akzent in Schwabing; 1991/92 wurde es umgestaltet

Wohnungsbau waren in München 1960 noch vergleichsweise gering. Sie stiegen, besonders durch die Explosion der Bodenpreise, pro qm Wohnfläche von 602,– DM bis 1972 auf 1485,– DM und bis 1993 auf über 5000,– DM[7]. Hauptsächlich durch die damals noch gewerkschaftseigene Neue Heimat, die städtische Gemeinnützige Wohnungsbau Gesellschaft und andere Bauträger wurden am Beginn der 60er Jahre große Neubauviertel mit Sozialwohnungen errichtet, so Fürstenried, Hasenbergl, Blumenau, Am Lerchenauer See oder Neuaubing. Diese Siedlungsmaßnahmen linderten die größte Wohnungsnot, hatten aber anfangs gravierende Mängel. Besonders wurde die fehlende Infrastruktur beklagt: Massenverkehrsmittel, Kindergärten, Schulen und Einkaufsmöglichkeiten. Für die vielfach aus der Innenstadt vertriebenen Neubewohner dieser Schlafstädte war zunächst der schnellste Weg in die Stadt das Wichtigste. Sie waren einfach froh, ein Dach über dem Kopf zu haben und dazu eine Zentralheizung. Die Problematik monotoner Sozialghettos drang erst im Laufe der Jahre ins Bewußtsein einer breiteren Öffentlichkeit. Besonders in die Schlagzeilen gerieten das Hasenbergl im äußersten Norden der Stadt und Neuperlach im

Die neuerbaute Siedlung am Hasenbergl (Luftbild um 1965)

Osten. Die Stadt hatte Alexander Mitscherlich, den Autor des Buches »Die Unwirtlichkeit der Städte«, als Berater gewinnen können.

Durch den natürlichen Bevölkerungwandel, Infrastrukturverbesserungen und Grünanlagen haben aber auch diese Viertel an Wohnwert und Image zunehmend gewonnen. Ihre Bewohner haben im Lauf der Jahre ein starkes Heimatgefühl entwickelt. Es ist ein Geflecht von Nachbarschaften und Vereinen entstanden, das teilweise an dörfliche Strukturen erinnert. Besucher sind überrascht über die ausgedehnten Grünanlagen und die Ruhe, die den Wohnwert in diesen Randlagen heben.

Mitte der 70er Jahre, nach dem durch die Olympischen Spiele ausgelösten Bauboom, gab es zeitweise einen Überhang an teuren Wohnungen. Seitdem spitzt sich die Lage auf dem Wohnungsmarkt immer weiter zu. Trotz größter Anstrengungen kann mit den Bedürfnissen nicht mehr Schritt gehalten werden. Für die 90er Jahre sind kleinere Siedlungsmaßnahmen mit 1000–3000 Wohnungen besonders im Norden der Stadt, größere Siedlungseinheiten in Freiham (9400) und in Riem (6000) in Planung. Dann sind alle wesentlichen Grundstücke, deren Bebauung vertretbar erscheint, verbraucht. In den 80er Jahren wurden noch große Freiflächen bebaut, es entstanden Mietwohnungsareale u. a. in Schwabing »am See« und in Freimann (Heidemannstraße). Begonnen wurde in den 80er Jahren, z. B. am Hasenbergl, mit der baulichen Verdichtung von Wohngebieten, besonders auf Autoabstellflächen[8]. Das Stadtgebiet Münchens, das seit dem Zweiten Weltkrieg – im Gegensatz zu dem der meisten anderen Großstädte – keinen Zuwachs durch Eingemeindungen mehr hatte, ist damit für größere Wohnbaumaßnahmen nicht mehr einzuplanen. Die weitere Entwicklung weist damit hauptsächlich in die Region.

Im Jahr 1950 hatte München 755 000 Einwohner, 1957 wurde die Millionenmarke erreicht und 1972 der Höchststand von 1 338 924. Seitdem geht die Zahl der Menschen mit Erstwohnsitz in der Stadt langsam zurück, während die Bevölkerung in der Region stetig wächst. Grund sind einerseits die hohen Kosten für Grundstücke, Wohnraum und Mieten, andererseits der höhere Lebens- und Freizeitwert im grünen Umland. Dazu kommt, daß der Pro-Kopf-Anspruch an Wohnraum jährlich um ½ qm wächst. Hauptgrund hierfür sind die Single-Haushalte, von denen München in Deutschland am meisten aufweist – mit zunehmender Tendenz. Ein Ergebnis dieser Entwicklung ist, daß die Wohnungspreise in einem Umkreis von 50 km teilweise schon das Niveau der Landeshauptstadt erreicht haben oder sogar darüber liegen.

Eine zunehmende Mobilität ist durch die wachsende Bedeutung von München als Ausbildungs-, Dienstleistungs-, Beamten- und High-Tech-Industrie-Stadt festzustellen. So zogen zwischen 1957 und 1967 in München 1 Million Menschen zu, 750 000 zogen weg und 100 000 wechselten innerhalb der Stadtgrenze ihren Wohnsitz[9]. Der Anteil der Ausländer an der Stadtbevölkerung nahm zu. 1993 lebten rund 260 000 Menschen (20 % der Bevölkerung) ohne deutschen Paß mit Erstwohnsitz in München; viele von ihnen sind bereits hier geboren. In manchen Stadtvierteln bilden die »deutschen« Kinder in den Grundschulklassen bereits eine Minderheit.

Demonstrationen

In München haben Unruhen und Demonstrationen eine wechselhafte Tradition: Bis zum Anfang der 50er Jahre gingen noch viele Menschen gegen Hunger und für höhere Löhne auf die Straße. In der Zeit des Wirtschaftswunders wurden solche Äußerungen, außer zu Maikundgebungen, Ostermärschen oder Demonstrationen gegen den Atomtod, unüblich. Aber im Sommer 1962 flammten in München die ersten Unruhen unter Jugendlichen seit Bestehen der Bundesrepublik auf. Sie sollten später als »Schwabinger Krawalle« in die Geschichte eingehen[10]. Der auslösende Anlaß war nichtig: In einer Sommernacht am 20. Juni fühlte sich ein Anlieger durch Straßenmusikanten am Wedekindplatz in Schwabing belästigt und rief die Polizei. Diese kam und nahm die drei jungen Männer im Streifenwagen mit. Daraufhin empörten sich die umstehenden Passanten, blockierten die Straße und wurden handgreiflich gegen die Polizei, die Verstärkung herbeirief, um die Straße für den Verkehr zu räumen. Schließlich kam es mehrere Abende zu Auseinandersetzungen, bei denen die unerfahrenen Polizisten hart gegen Demonstranten vorgingen. Es gab zahlreiche Verletzte, aber zum Glück keine Toten. Die Presse griff die Verantwortlichen wegen der brutalen Vorgehensweise scharf an. Der junge Chef der Kriminalpolizei, Manfred Schreiber, der im Jahr darauf zum Polizeipräsidenten ernannt wurde und es später bis zum Staatssekretär in Bonn brachte, konnte sich hier erste Sporen verdienen. Die damals noch städtische Polizei lernte aus den Krawallen und wurde psychologisch für Demonstrationseinsätze geschult. Die sogenannte »Münchner Linie« wurde entwickelt, die später Vorbild für andere Städte werden sollte und am Ende der 60er Jahre Schlimmeres verhüten half. München wurde die erste deutsche Stadt, die einen Polizeipsychologen einstellte. So wurde ein verständnisvolles und flexibles Verhalten erreicht.

Da bei den »Schwabinger Krawallen« kaum politische Meinungen geäußert wurden, vermutete Oberbürgermeister Vogel im Rückblick auf seine Amtszeit als Grund für die Unruhen:

»Wahrscheinlich war es aber – wenn man von den reinen Rowdies absieht – zumindest bei den Jüngeren doch schon ein unartikulierter Protest gegen die Wohlstandsgesellschaft und das Wirtschafts-

Schwabinger Krawalle 1962

wunder: das Bedürfnis, gegen irgend etwas, das allzu glatt und problemlos zu laufen schien, Widerstand zu leisten. Überspitzt könnte man es einen Aufstand der Individualität gegen die Straßenverkehrsordnung nennen, einen ersten vehementen Hinweis darauf, daß eine Stadt nicht nur für den Verkehr, sondern auch zum Flanieren, zum Musizieren, zum Tanzen da ist. Ja vielleicht wird man später einmal sagen, in Schwabing habe zum ersten Mal die humane Stadt gegen die ökonomische Stadt rebelliert.«[11]

Nun kehrte wieder Ruhe ein, und erst 1967 kam es zu einem Protestumzug der DGB-Jugend mit den Studenten der Technischen Hochschule (TH) gegen Preiserhöhungen bei der Straßenbahn. Es entstand die »Rote-Punkt-Aktion« und der »Nulltarif« wurde gefordert. Merklich angespannter war die Stimmung, als im selben Jahr der Schah von Persien nach Berlin auch München besuchte. In Berlin war bei dem Protest gegen den Schah der Student Benno Ohnesorg von der Polizei getötet worden. Nur mit Mühe gelang es einem großen Polizeiaufgebot, den Gast in München zu schützen. Seitdem fanden häufiger relativ friedliche Demonstrationen statt, gegen den Vietnamkrieg, gegen die Diktaturen in Spanien und Griechenland, aber auch gegen die Mißstände an den Universitäten. Als allerdings am 11. April 1968 in Berlin der Studentenführer Rudi Dutschke von einem Bildzeitungsleser bei einem Attentat lebensgefährlich verletzt wurde (er starb 1979 an den Spätfolgen), belagerten junge Leute das Buchgewerbehaus zwischen Schelling-, Barer- und Theresienstraße, wo Redaktion und Druckerei der Bildzeitung ihren Sitz haben. Der Fotoreporter Klaus Frings und der Student Rüdiger Schreck starben dabei unter bis heute ungeklärten Umständen[12]. Bei einer Kundgebung mit über 10 000 Menschen am 23. April 1968 auf dem Königsplatz erreichten die dort sprechenden Politiker und Studenten, daß die Gewaltbereitschaft zurückging. Doch anläßlich der Verabschiedung der Notstandsgesetze durch den Deutschen Bundestag am 24. Juni 1968 gab es überall wieder große Protestaktionen[13].

Und auch in den folgenden Jahren gingen bei über 50 Demonstrationen zu verschiedenen Anlässen Menschen auf die Straße. So gab es im Jahr 1970 Verletzte bei der Störung einer Feier zu Ehren der griechischen Militärjunta und bei einer Demonstration gegen den Einmarsch der Amerikaner in Kambodscha. 1971 gelang es aufrührerischen Studenten, die vergeblich für eine wirklich demokratische Hochschulreform gekämpft hatten, die Wahlversammlung für das Amt des Rektors der Ludwig-Maximilians-Universität München zweimal gewaltsam zu sprengen. Der dritte Wahlversuch, diesmal in der Residenz mit einem Aufgebot von 1200 Polizisten durchgeführt, war schließlich erfolgreich[14]. »Teach-ins« und »Sit-ins« fanden hauptsächlich innerhalb der Universitäten statt, wo die Studenten gegen den »Muff von tausend Jahren unter den Talaren« aufbegehrten. Nach dem Motto Willy Brandts »Mehr Demokratie wagen!« veränderten sich Universität und Gesellschaft in diesen Jahren.

München wurde mit über 100 000 Studierenden nach Berlin die größte Universitätsstadt Deutschlands. Auch als Arbeitgeber sind die Münchner Hochschulen für den ganzen Großraum von Bedeutung[15].

Ende der 60er Jahre schrieb der Verleger Klaus Piper im »Merian«-Heft zum Thema »In München leben«:

»Der Föhn trägt den Malzduft der Brauereien aus der Hauptbahnhofgegend bis weit hinaus in die nördlichen Stadtteile. Junge Revolutionäre läßt er bedenklich zwischen Kaderarbeit und Lebensgenuß am ›Boulevard Leopold‹ schwanken. Der Magnetismus Münchens – das bedeutet Leichtigkeit der menschlichen

Kontakte. Der Norddeutsche oder Ausländer, der hierher kommt, hat es nicht schwer, gleichgesinnte Freunde zu finden. Ein lockeres, vorurteilsloseres Miteinander-Umgehen der Menschen als anderswo, eine Neugierde auch für Dinge, die man selbst nicht betreibt [...].
Ein Hauptzug der Anziehungskraft Münchens war und ist seine Liberalität, eine Bereitschaft für Neues, Kühnes, auch ›Verrücktes‹.«[16]

Olympiastadt

Das für die Entwicklung Münchens bedeutendste Ereignis in der Amtszeit Hans-Jochen Vogels waren die Olympischen Spiele 1972. Am 28. Oktober 1965 war der Vorsitzende des Nationalen Olympischen Komitees, Willy Daume, an den Oberbürgermeister mit dem Vorschlag herangetreten, München solle sich als Olympiastadt bewerben. Vogel gelang es nach Sondierungen der Verwaltung, sowohl die Staatsregierung mit Ministerpräsident Alfons Goppel (CSU) als auch die Bundesregierung unter Bundeskanzler Ludwig Erhard (CDU) für das Vorhaben zu gewinnen, bevor er an die Öffentlichkeit trat. Mit Billigung des Nationalen Olympischen Komitees beschloß der Münchner Stadtrat einstimmig am 20. Dezember 1965, sich um die Ausrichtung der Spiele zu bemühen. Am 25. April 1966 fiel bei der Sitzung des IOC in Rom im zweiten Wahlgang die Entscheidung mit absoluter Mehrheit für München gegen die Konkurrenten Detroit, Madrid und Montreal[17]. In Anbetracht der schwierigen politischen Verhältnisse (Erinnerung an die Spiele in Berlin und Garmisch 1936; Spannungen in den Ost-West-Beziehungen, besonders im Verhältnis zur DDR) war dieses Ergebnis überraschend. Willy Brandt, 1965 noch Regierender Bürgermeister von Berlin, erhoffte sich einen positiven Einfluß auf die Normalisierung des innerdeutschen Verhältnisses. Hans-Jochen Vogel kündigte an, seine Stadt »wolle Olympische Spiele der kurzen Wege, im Grünen und der Einheit von Körper und Geist bieten«[18].

Nun waren gewaltige Bau- und Organisationsaufgaben zu lösen. Neben der beschleunigten Durchführung von Baumaßnahmen im Verkehrsbereich, die gerade erst in der Planungsphase standen –

U- und S-Bahn, Teile des Mittleren Rings, Altstadtring und Fußgängerzone –, mußten alle für den Sport nötigen Bauten errichtet werden. Dies war die Chance, mit Hilfe von Bund, Land und anderen Geldgebern in sonst nicht möglicher Eile wichtige Infrastrukturmaßnahmen und Wohnungen zu erstellen. Man wählte als Standort der Olympiabauten das Oberwiesenfeld, ein etwa 300 ha großes Gelände, ungefähr 4 km nordwestlich vom Stadtmittelpunkt. Das ehemalige Truppenübungsgelände, auf dem sich vor dem Krieg der Verkehrsflughafen befand, war im Besitz von Stadt, Land und Bund. Am Rand des Geländes waren bereits Fernsehturm und Eissporthalle im Bau.

Der damalige Bundesfinanzminister und CSU-Vorsitzende Franz Josef Strauß wurde Vorsitzender der neugegründeten Olympia-Baugesellschaft. Über 60 Objekte mußten im Stadtgebiet errichtet werden, u. a. das Stadion, eine Mehrzweckhalle, die Schwimmhalle, die Radrennbahn, das Pressezentrum, die Pressestadt und das Olympische Dorf. Außerhalb des Olympiageländes entstanden Basketball- und Ringerhalle, Reit- und Schießanlage (Riem bzw. Hochbrück) sowie die Ruder- und Kanuregattastrecke (Feldmoching-Oberschleißheim).

Für die Planung des zentralen Bereiches wurde 1967 bundesweit ein Wettbewerb ausgeschrieben, zu dem 101 Entwürfe eingereicht wurden. Nach langen Diskussionen fiel am 13. Oktober 1967 die Wahl der Jury auf das Zeltdachprojekt der Architektengruppe Günter Behnisch mit ihrer landschaftlichen Gesamtlösung. Oberbürgermeister Vogel, der sich für das Zeltdach besonders stark gemacht hatte, stand auch im Rückblick zu seiner Entscheidung:

> *»Eine Gesellschaft muß auch einmal die Kraft aufbringen, einen großen Geldbetrag für ein im engen Sinn zweckfreies Vorhaben, für ein architektonisches Kunstwerk aufzuwenden. Es muß Freiräume geben, die von ökonomischen Prinzipien und den landläufigen Nützlichkeitserwägungen ausgenommen sind.«*[19]

Außerdem wurden diese Anlagen im wesentlichen vom Verkauf der 10-DM-Silber-Olympiamünzen an Sammler in aller Welt finanziert, der rund 700 Mio. DM erbrachte[20].

Nachdem die Gesamtinvestitionskosten für die Olympischen Spiele von ursprünglich veranschlagten 520 Mio. auf 760 Mio. DM stiegen, erklärte sich 1969 die neue sozial-liberale Bundesregierung

Olympiaturm mit Zeltdach während der Olympischen Spiele 1972

unter Willy Brandt bereit, 50% des Betrages zu übernehmen. Der Rest wurde zu gleichen Teilen auf Land und Stadt aufgeteilt[21]. Die Stadt München hatte schließlich nur 170 Mio. DM zu zahlen und erhielt dafür u.a. zwei U-Bahn-Linien, 6000 Wohnungen, 1800 Studentenwohnplätze, 3 Schulen, viele Sportstätten und den Olympiapark. Nach den Spielen übernahm die Olympiapark GmbH unter dem Vorsitz von Werner Göhner im Auftrag der Stadt die Verwaltung der Anlagen. Göhner hatte den Bau schon zuvor kaufmännisch geleitet.

Die 20. Olympischen Spiele, die vom 26. August bis 11. September 1972 in München stattfanden, erhöhten das Ansehen der Stadt in aller Welt. Die »heiteren Spiele« verliefen in einer freundlich-gelösten Atmosphäre – bis zum 5. September: An diesem Tag überfielen palästinensische Terroristen im Olympischen Dorf die Mannschaft aus Israel, töteten zwei Sportler und nahmen neun Personen als Geiseln. Der Versuch, die Israelis zu befreien, endete am 6. September auf dem Militärflughafen Fürstenfeldbruck mit dem Tod aller israelischen Geiseln, eines Polizisten und fünf der arabischen Terroristen. Noch am selben Tag fand die Trauerfeier mit 80 000 Teilnehmern im Olympiastadion statt, danach gab es eine große Kundgebung auf dem Königsplatz. Die Spiele wurden dann aber fortgesetzt[22].

Die meisten der für die Olympischen Spiele errichteten Bauten wurden weiter genutzt. Im Radstadion etablierte sich das jährlich stattfindende 6-Tage-Rennen, die Olympiahalle bot Platz für viele Konzerte, Tagungen und Sportereignisse, wie z. B. die Eishockey-Weltmeisterschaft 1993. Das Olympiagelände wurde zu einer der wichtigsten Freizeit- und Erholungsstätten Münchens. Hierzu trug u. a. die modellhafte Einrichtung eines »Gesundheitsparks« der Münchner Volkshochschule in den unteren Räumen des Olympiastadions bei. Beim benachbarten Theatron am künstlich geschaffenen Olympiasee können Tausende Freilichtaufführungen beiwohnen. Auch der Festplatz auf der anderen Seite des Olympiaberges wurde ein beliebter Veranstaltungsort. Zum Beispiel etablierte sich dort mit dem Tollwood-Festival für 14 Tage im Sommer eine alternative kulturelle Attraktion mit buntem Musikangebot, vielen Darbietungen und kulinarischen Spezialitäten.

Auch das Olympiastadion wurde seither zum Schauplatz vieler wichtiger Veranstaltungen. Deutsche Meisterschaften, Tagungen und Kundgebungen füllten ebenso wie große Fußballspiele das Rund. Im Gedächtnis blieb vielen Sportfans die Fußball-Weltmeisterschaft 1974. Sie endete am 7. Juli mit dem Titelgewinn der deutschen Mannschaft, in der u. a. die »Münchner« Franz Beckenbauer, Paul Breitner, Uli Hoeneß, Sepp Maier, Gerd Müller und Georg Schwarzenbeck spielten. Im Endspiel wurde die niederländische Nationalmannschaft mit 2 : 1 Toren geschlagen.

Das Olympiastadion war auch Schauplatz der Erfolge der beiden Fußballmannschaften »TSV 1860 München« und »FC Bayern München«. Die »Bayern« wurden hier deutscher Rekordmeister und mehrfacher Europapokalsieger. Der auch finanziell erfolgreichste deutsche Verein wurde ein Wahrzeichen für München in der Welt.

Der MVV und der »Stachus-Skandal«

Bereits in der Nazizeit hatte man unter der Lindwurmstraße beim Sendlinger-Tor-Platz mit dem Bau einer S-Bahn begonnen. Und schon 1945 wurde die Errichtung von Massenverkehrsmitteln – unterirdische Straßenbahn, städtische U-Bahn oder S-Bahn – wieder öffentlich diskutiert. Rechtliche Probleme, die Finanznot und die noch nicht so große Problematik des Individualverkehrs verhinderten aber damals eine zukunftsweisende Lösung[23].

Als man nach einem Besuch von Vogel mit einer Stadtratsdelegation in Los Angeles einsah, daß die einst angestrebte »autogerechte Stadt« ein Chaos bedeuten würde, richtete der Stadtrat auf Betreiben des Oberbürgermeisters 1964 ein U-Bahn-Amt (ab 1966 U-Bahn-Referat) ein. Um den Verkehrsproblemen Münchens zu begegnen, wurde am 1. Februar 1965 mit dem Bau der ersten Linie (U6 Schwabing-Freimann) begonnen[24]. Durch die Entscheidung, die Olympischen Spiele 1972 in München zu veranstalten, konnte auch die Bundesbahn dazu gebracht werden, sich mit dem Ausbau des S-Bahn-Netzes für die Region an einem umfassenden öffentlichen Nahverkehrssystem zu beteiligen. Der Münchner Verkehrsverbund (MVV) konnte schließlich im Oktober 1971, planmäßig vor den Olympischen Spielen, in Betrieb gehen.

Zu einem Skandal entwickelte sich 1967 der Umbau am Stachus. Statt der 1965 genehmigten Kostensumme von 93,5 Mio. DM sollte das unterirdische Bauwerk plötzlich 145 Millionen kosten[25]. Die Presse prangerte diese Steigerung u. a. mit der Überschrift »Stachus-Baugrube – ein Loch ohne Boden« (Otto Fischer in SZ vom 23. September 1967) an. Aus Reihen der CSU wurde Oberbürgermeister Vogel zum Rücktritt aufgefordert; die Oppositionspartei war aber in ihren Angriffen gespalten. Der 2. Bürgermeister und treue Vogel-Adlatus Georg Brauchle (CSU) starb am 23. April 1968 an den Folgen eines Autounfalls. Nachfolger wurde Dr. Hans Steinkohl (CSU), der nun die Ermittlungen um den »Stachusskandal«

In der Fußgängerzone vor der Michaelskirche

führen mußte. Im März 1969 wurde Stadtbaurat Edgar Luther wegen Verletzung seiner Informationspflicht vom Personalausschuß des Stadtrates die Mißbilligung ausgesprochen. Als am 26. November 1970 das Stachusbauwerk unter Beisein von viel Prominenz der Öffentlichkeit übergeben wurde, verglich Vogel es mit der Cheopspyramide und Julius Kardinal Döpfner in der Dimension gar mit Babylon oder Jerusalem[26].

Die von hier bis zum Marienplatz reichende »Fußgängerzone« war über München hinaus richtungsweisend. In der Stadt wurden weitere Bereiche für Autos gesperrt oder verkehrsberuhigt ausgebaut.

Kulturelle Impulse

Entscheidende Impulse für das kulturelle Leben der Stadt gingen von dem 1956 in das neu geschaffene Amt gewählten Kulturreferenten Dr. Herbert Hohenemser aus, der bis 1976 im Amt blieb. Er galt anfangs als »stürmischer Neuerer« und förderte Experimente wie die sog. Kunstzone am St.-Jakobs-Platz[27]. Es wurden auch erste Ansätze einer Stadtteilkulturarbeit erkennbar. Personal und Etat des Kulturreferats waren freilich bescheiden, so daß die von einer unabhängigen Kommission empfohlene »Verleihung des kulturellen Ehrenpreises der Stadt« lange Zeit das herausragende Kulturereignis des Jahres war[28].

Stadtmuseum und Stadtbüchereien expandierten stark. Ein Experiment des Kulturreferenten war die Berufung des Schriftstellers Carl Amery als Direktor der Städtischen Bibliotheken im Jahr 1967. Dieser brachte neue Gedanken ein und erarbeitete einen Bibliotheksentwicklungsplan, zog sich aber schon 1971 wieder aus dem Amt zurück[29]. Ein flächendeckendes Netz von Stadtbüchereien wurde in der Stadt aufgebaut.

Ein weiterer Schwerpunkt der Arbeit war die Erwachsenenbildung: Bei der Münchener Volkshochschule, der größten in Deutschland, konnten Teilnehmerzahlen und Qualität der Kurse beachtlich gesteigert werden.

Die Münchner Kammerspiele, das renommierteste Theater der Stadt und eines der herausragendsten im deutschsprachigen Raum, wurde bis 1963 von Hans Schweikart als Intendant geleitet. Ihm folgte der vorherige Schauspieldirektor August Everding. Regie führte hier u.a. Fritz Kortner. Daß Ende der 60er Jahre Stücke »linker« Autoren wie Edward Bond, Franz Xaver Kroetz oder Harald Mueller gespielt wurden, mißfiel konservativen Kritikern[30]. 1970 wurde der Schauspieler Hans Reinhard Müller, der vorher Leiter der Otto-Falckenberg-Schauspielschule war, zum Intendanten gewählt. Wirbel gab es um den im selben Jahr verpflichteten Chefdramaturgen Heinar Kipphardt. Weil er das Stück »der DRA-DRA« von Wolf Biermann aufführte und im Programmheft als zu bekämpfende Drachen neben anderen Politikern auch Vogel karrikiert war, wurde sein Vertrag im Jahr darauf nicht verlängert[31]. Die künstlerische Qualität der Kammerspiele wurde durch den 1982 zum Intendanten ernannten Dieter Dorn stetig weiterentwickelt, was auch durch häufige Wahl zum »Theater des Jahres« dokumentiert ist.

Im Münchner Volkstheater am Stiglmaierplatz pflegt man seit 1985 unter der Intendanz von Ruth Drexel neben bayerischem Repertoire auch die kritische Münchner Tradition.

Bereits 1969 hatte die Stadt das 1953 von Sigfrid Jobst (1906–1989) gegründete und seit 1954 von der Gesellschaft der Münchner Jugendbühne e.V. mit maßgeblicher finanzieller Hilfe der Kommune getragene Theater der Jugend in der Reitmorstraße im Lehel übernommen[32]. 1977 zog das heute älteste Theater für Kinder und Jugendliche in den alten Bundesländern in die ehemalige »Schauburg« am Elisabethplatz in Schwabing, deren Generalsanierung 1991–1993 sich die Stadt runde 15 Millionen Mark kosten ließ.

Ein Markenzeichen Münchens war seit 1956 das Kabarett »Die Lach- und Schießgesellschaft« in Schwabing mit Hans Jürgen Diedrich, Sammy Drechsel, Klaus Havenstein, Ursula Herking, Klaus Peter Schreiner und Dieter Hildebrandt[33]. Letzterer wurde zum bekanntesten Mitglied der Gruppe, vor allem durch seine satirische Fernsehsendung »Scheibenwischer«, deren Ausstrahlung in Bayern bei brisanten Themen anfangs öfters unterbunden wurde.

Nach dem Krieg wurde München zur »Verlagshauptstadt« der Bundesrepublik; nur in New York werden mehr Bücher verlegt. Neben Publikumsverlagen wie Beck, Bertelsmann, Droemer, Hanser und Piper und den drei größten deutschen Taschenbuchverlagen dtv, Goldmann und Heyne haben sich auch viele Unternehmen in der Stadt angesiedelt, die Sach-, Fach-, Schul-, Kunst- und Kinderbücher veröffentlichen.

In den 60er Jahren war die Isarmetropole Ausgangspunkt für den »Neuen deutschen Film«. Regisseure wie Werner Herzog, Alexander Kluge, Edgar Reitz oder Volker Schlöndorff kamen von hier aus zu weltweiter Beachtung[34]. München prägte auch das Werk von Rainer Werner Fassbinder (1945–1982), mit dem er in den 70er Jahren Filmgeschichte machte[35]. Trotz der Bedeutung, die Kino und Film in München hatten und haben, blieb die Stadt nicht vom allgemeinen Kinosterben verschont, dem zahlreiche, vor allem kleinere Lichtspieltheater zum Opfer fielen. In den 80er Jahren hatten die in München entstandenen satirischen Filme von Hans-Christian Müller mit Gisela Schneeberger und dem Schauspieler und Kabarettisten Gerhard Polt großen Erfolg. Das Team trat außerdem in mehreren Produktionen mit der Musikgruppe Biermösl-Blosn in den Kammerspielen auf, immer vor ausverkauftem Haus.

Seit 1984 zieht das Münchner Filmfest jährlich viele Prominente in die Stadt und lockt Zigtausende in die Kinos.

Geistelgasteig im Süden der Stadt mit dem Bavaria-Filmgelände wurde das wichtigste Zentrum der Filmindustrie in Deutschland. Neben Fernsehkrimis werden hier viele Spielfilme (z. B. »Das Boot« oder »Schtonk«) gedreht. Auch zahlreiche Fernsehserien haben einen direkten inhaltlichen Bezug zu München; erinnert sei hier an Helmut Dietls »Kir Royal«, an die »Grandauers«, die »Löwengrube«, die »Wiesingers« oder schließlich an »Die zweite Heimat« von Edgar Reitz. Die wöchentliche »Lindenstraße« spielt zwar angeblich in München, wird aber nicht hier gedreht. Eine wichtige Dokumentationsstelle für das Medium Film ist das »Filmmuseum«, eine Abteilung des Stadtmuseums. Unter der Leitung von Enno Patalas entwickelte es sich zu einer Institution von internationaler Bedeutung.

In der Mitte der 70er Jahre beschloß der Stadtrat auf Anregung von Hohenemser, ein großes Kulturzentrum mit Volkshochschulzentrale, Stadtbibliothek und Konzertsaal am Gasteig zu errichten. Es gab kritische Stimmen und Widerstände gegen das »Mammut-Glashaus«. Der 1978 begonnene Bau wurde 1985 mit der Eröffnung des Carl-Orff-Saales und der Philharmonie vollendet. Nun hatte München wieder einen adäquaten Konzertsaal, nachdem das Odeon im Weltkrieg zerstört worden war. Die Kosten von 370 Mio. DM waren gegenüber dem Voranschlag um 350% gestiegen[36]. 1979 hatte der Kulturausschuß des Stadtrates den damals 67jährigen Rumänen Sergiu Celibidache zum Generalmusikdirektor der Landeshauptstadt und Leiter der Münchner Philharmoniker berufen, der nach dem Tod von Bernstein und Karajan, als bedeutendster lebender Dirigent gilt.

Im Jahr 1986 wurde in München erstmals die »Biennale für neues Musiktheater« unter der Leitung des Komponisten Hans Werner Henze veranstaltet. Dieses Festival ist von internationaler Bedeutung für die zeitgenössische Musik[37].

Die bildende Kunst fand besonders im Zusammenhang ihres materiellen Wertes öffentliches Interesse. Großen Wirbel gab es 1979 um den Ankauf der Installation »Zeige Deine Wunde« von Joseph Beuys für die Städtische Galerie im Lenbachhaus. Der Sammler Christof Engelhorn hatte das Objekt für 270 000,– DM erworben und überließ es der Galerie für 135 000,– DM[38]. Das wichtige Stück aus dem Spätwerk des Künstlers ist eines der zentralen Exponate des Museums.

Mehr Begeisterung in der breiten Bevölkerung löste 1981 die (Wieder-)Eröffnung der von Alexander von Branca entworfenen »Neuen Pinakothek« durch den damaligen Landesvater Franz Josef Strauß aus. Das beeindruckende Gebäude enthält Malerei des 19. und frühen 20. Jahrhunderts.

Ein Museumsneubau ist auf dem benachbarten Platz der ehemaligen Türkenkaserne geplant, der sowohl der Staatsgalerie Moderner Kunst (bisher provisorisch im Haus der Kunst untergebracht) Platz bieten, als auch die Architektursammlung der TU und einen Teil der Neuen Sammlung beherbergen soll, die beide bisher ihre bedeutenden Bestände in Depots verbergen müssen[39]. Neben den staatlichen und städtischen Museen veranstalteten seit den 80er Jahren auch private Träger wie die »Hypo-Kunsthalle« vielbeachtete Ausstellungen. Neben von der Stadt bereitgestellten Ateliers bieten viele kleine Galerien und die große Kunstakademie einen Nährboden für die moderne Kunst in der Stadt. Die Defizite Münchens im internationalen Kontext sollen aber nicht verschwiegen werden. Sie liegen an einer höchst mangelhaften Infrastruktur; es fehlen in erster Linie akzeptable und erschwingliche Arbeitsräume für Künstler, weshalb manche in andere Städte abwanderten[40].

Stadtteil- und Volkskultur

An Stätten der Hochkultur herrscht im Zentrum der Stadt kein Mangel. Zur Förderung einer bürgernahen Stadtteilkultur wurden am Ende der 80er Jahre neue Konzepte in die Wege geleitet. In der Pasinger Fabrik oder der Seidl-Villa in Schwabing entfaltete sich eine vielseitige Aktivität, weitere Bürgerhäuser sind für die Stadtteile Freimann, Moosach, Neuperlach, Neuhausen und Milbertshofen geplant[41]. Stadtteilkulturwochen mit vielfältigem Programm werden jährlich in wechselnden Bezirken veranstaltet. Diese Kultur soll zum Mitmachen animieren und Kontakte zwischen den Bewohnern fördern.

Blaskapelle in Feldmoching

Auch bei der Pflege der gerade in München wie in keiner anderen deutschen Großstadt vielfältigen und traditionsreichen Laienkultur trat 1979 mit der Berufung von Volker D. Laturell zum Volkskulturpfleger im städtischen Kulturreferat eine Wende ein. Die Bedeutung der Volkskultur liegt vor allem in ihrer sozial-psychologischen Funktion und der Eigeninitiative der Bürger zu musischer Betätigung als Gegenpol zum passiven Kulturkonsum. Aufgabe der »Volkskulturpflege« ist es einerseits, historische Grundlagenforschung und gegenwärtige Bestandsaufnahme zu betreiben und andererseits Information und praktische Hilfe zu eigener musischer Betätigung oder zur Pflege entsprechender Traditionen zu geben. 1993 gab es allein über 240 Laienchöre und Gesangvereine, über 50 Laienorchester, Zitherclubs usw., über 50 Bläserensembles und Blaskapellen, rund 250 Volksmusik-Instrumental-Gruppen und -Solisten, rund 100 Volksmusik-Gesangs-Gruppen und -Solisten, über 40 Tanzlmusiken, rund 100 Volkstanz- und Amateurtanzgruppen, über 140 Volks- bzw. Amateurtheater, Laienspielgruppen u. ä., 60 Trachtenvereine und 25 Heimat- und Brauchtumsvereine (ohne Landsmannschaften).

In verhältnismäßig kurzer Zeit gelang es Laturell, wieder ein Bewußtsein für die in den 29 zwischen 1854 und 1942 einverleibten Städten und Gemeinden höchst unterschiedliche lebendige Volkskultur (städtisch-bürgerlich einer- und ländlich-bäuerlich andererseits) mit den bodenständigen Trachten, der traditionsreichen musikalischen Volkskultur und dem Reichtum an nichtprofessionellem Kulturgeschehen zu wecken.

Streit in der SPD

Die SPD stellte in München von 1948 bis 1978 den Oberbürgermeister, und sie bestimmte mit ihrer Mehrheit die Stadtpolitik. Diese Partei und die Auseinandersetzungen mit und in ihr haben daher das Leben der Stadt nachhaltig geprägt. Mitte der 60er Jahre war die SPD überaltert. In den Jahren von 1967 bis 1972 änderte sich dies schlagartig. Viele junge Leute, besonders auch Frauen, traten in die SPD ein. Die neuen Mitglieder waren vielfach akademisch ausgebildet und sehr engagiert. Sie setzten sich daher vielfach bei innerparteilichen Wahlen durch.

Ab 1970 gab es erste Konflikte, denn Jungsozialisten (SPD-Mitglieder bis 35) mischten sich in die Kommunalpolitik ein. Sie machten unbequeme Vorschläge, z.B. zur Reform des Bodenrechts, zum Nulltarif bei den öffentlichen Verkehrsmitteln oder zur Erhaltung von Altbauten, die zu ständigen Meinungsverschiedenheiten mit Oberbürgermeister Vogel führten, der Widerspruch aus den eigenen Reihen nicht gewohnt war. Es wurden daraus innerparteiliche Auseinandersetzungen, die sich über Jahre hinzogen und ein deutschlandweites Echo fanden. Besonders skurril war eine Demonstration von Mitarbeitern der Großmarkthalle für Vogel. Die Bilder waren selbst im »Spiegel« zu sehen: Mit Transparenten wie »Jusos, bleibt auf dem Teppich!« wollte man dem Oberbürgermeister den Rücken stärken[42].

Nach einigem Hin und Her beschloß Hans-Jochen Vogel 1972, nicht mehr als Oberbürgermeister zu kandidieren; er setzte durch, daß der Landtagsabgeordnete aus Pfaffenhofen an der Ilm, Georg Kronawitter (Jahrgang 1928), ein gelernter Bäcker und Lehrer, als sein Nachfolger aufgestellt wurde.

Die SPD erreichte bei den Kommunalwahlen 1972 noch einmal mit 52 % die absolute Mehrheit, und Georg Kronawitter wurde mit 55,9 % Oberbürgermeister. Aber es kam zu ständigen Auseinandersetzungen zwischen dem SPD-Vorstand und der SPD-Stadtratsfraktion. Wichtige Entscheidungen wurden von einer knappen Mehrheit der Fraktion meist gegen die große Mehrheit der Partei durchgesetzt. Es begann bei der Bürgermeisterwahl – der Parteitag wählte den Juristen Max von Heckel und den Wirtschaftswissenschaftler Dr. Dietmar Keese, die Fraktion setzte den bisherigen Stadtkämmerer Helmut Gittel und den Rechtsanwalt Eckhart Müller-Heydenreich durch. Überwältigende Mehrheiten in der Partei z.B. gegen Zerstörung von Wohnraum, gegen Atomkraftwerke oder gegen Berufsverbote wurden von der Stadtratsfraktion und dem Oberbürgermeister mißachtet. Diese offenen Konflikte wirkten sich nun auch bei Wahlen aus: 1974 verlor die SPD auf einen Schlag alle Landtags- und Bezirkstags-Direktmandate an die CSU. Da OB Kronawitter nicht zu Kompromissen mit seiner Partei bereit war, ließ er sich von der SPD nicht mehr aufstellen. Teile der Stadtratsfraktion traten aus der SPD aus und bildeten eigene Gruppen oder schlossen sich anderen Parteien an.

Weltstadt mit provinziellen Zügen

Bei den Kommunalwahlen 1978 unterlag die SPD (37,6%) mit ihrem Oberbürgermeisterkandidaten, dem Stadtkämmerer Max von Heckel (39,2%), und die CSU errang mit 42 Sitzen im 80-köpfigen Stadtrat die absolute Mehrheit; der bisherige Staatssekretär im bayerischen Innenministerium, Erich Kiesl, wurde mit 51,4% Oberbürgermeister[43]. Als 2. Bürgermeister wurde vom Stadtrat der Oberstudienrat Dr. Winfried Zehetmeier (CSU) gewählt, als 3. Bürgermeister Helmut Gittel. Dieser war auf einer eigenen Liste (Sozialer Rathaus-Block) wieder ins Rathaus gekommen und schloß sich dann der CSU an.

In der Zeit der absoluten CSU-Mehrheit herrschte eine gemäßigt konservative Grundstimmung vor. Um die ökologischen Probleme besser erkennen zu können, richtete die Stadt 1981 ein eigenes Umweltreferat ein, das mit Rüdiger Schweikl besetzt wurde, der vorher im Bayerischen Umweltministerium tätig gewesen war. Die vom Stadtrat beschlossene Beteiligung der Landeshauptstadt München am Atomkraftwerk Ohu II nördlich von Landshut sollte die Energieversorgung gewährleisten. Bei einem Wandel der Meinung nach »Tschernobyl« und der Änderung der Mehrheitsverhältnisse stellte sich heraus, daß ein Ausstieg aus diesem Projekt sehr schwierig zu bewerkstelligen ist.

Das Wort Oberbürgermeister Kiesls machte die Runde, daß München nicht »Hinterpfuideifi« sei – das heißt, Repräsentation und Stolz auf die Stadt hatten einen hohen Stellenwert. Skandale wie das Scheitern des Plans von Internationalen Filmwochen, die enormen Kostensteigerungen für das 1982 wiedereröffnete »Deutsche Theater« an der Schwanthalerstraße als Stätte für die leichte Muse oder das umstrittene »Baulandgeschenk« an den Unternehmer Josef Schörghuber schadeten der Stadtspitze im Ansehen der Öffentlichkeit.

Am 26. September 1980 wurden auf dem Oktoberfest 13 Menschen bei einem Sprengstoffattentat getötet, darunter auch der rechtsextremistische Täter; 219 Personen wurden schwer verletzt[44]. Zu Beginn des Jahres war die neonazistische »Wehrsportgruppe Hoffmann« verboten worden, zu ihren Mitgliedern gehörte der Wiesn-Attentäter. Bis dahin und auch danach war ein militanter

Rechtsextremismus in München kaum augenfällig geworden. Es gibt die Vermutung, daß Drahtzieher dieser Szene in der Stadt, in der die Führer der »Deutschen Volks-Union« oder der »Republikaner« ihr Zentrum haben, besonders vorsichtig agieren. Man will hier Verbote meiden, um ungestörter im Land operieren zu können.

Grünanlagen

In der Amtszeit Georg Kronawitters lag ein Schwerpunkt in der Planung von großen Grünanlagen, die auch unter der CSU-Mehrheit fortgeführt wurden. Neben dem Ausbau der Drei-Seen-Platte (Lerchenauer-, Fasanerie- und Feldmochinger See im Nordwesten der Stadt) entstanden der Ostpark und schließlich der Westpark, in dem die Internationale Gartenschau 1983 stattfand. Ein riesiger Nordpark von der Panzerwiese beim Hasenbergl bis Garching ist geplant[45].

München hat bereits seit 1790 mit dem »Englischen Garten« weltweit eine der größten innerstädtischen Grünanlagen. Für viele Münchner ist er das Stück Natur, das die Stadt besonders lebenswert

Sommer am Eisbach im Englischen Garten

macht. Einige verbringen im Sommer jeden regenfreien Nachmittag im Biergarten unter dem Chinesischen Turm. Dort haben schon viele Kinder das Laufen gelernt – oder zumindest das Karussellfahren. Auch ein Beispiel für den moralischen Wandel in der Stadt ist hier zu beobachten. Früher war es ein Park mit strengen Sitten. Mitte der 60er Jahre wurde man noch von der Polizei angehalten und verwarnt, wenn man im Englischen Garten ein Fahrrad auf einem Gehweg schob (selbst das war durch die Anlagenverordnung verboten!). Seit den 70er Jahren fahren die Pedalritter auf allen Wegen und Wiesen, ob erlaubt oder nicht. Der Münchner Romancier Uwe Timm schildert, wie Münchner Polizisten Ende der 70er Jahre gegen »Nackerte« im Englischen Garten vorgingen:

»Sie forderten alle auf, sich anzuziehen. Jemand habe sich beschwert. Die beiden blieben bei den Mädchen stehen und kontrollierten, ob sie auch alles gut verpackten. Bis jemand von der anderen Seite die Polizisten naßspritzte. Und da immer mehr Nackte aufstanden und auf sie zukamen und lachten, lachten sie schließlich zögernd mit und sagten, sie könnten zu zweit ja nicht alle zwingen, die Höschen anzuziehen. So zogen sie ab.«[46]

Da das Sonnenbaden ohne Kleidung immer mehr um sich griff und die Beschwerden sich häuften, regelte man die Sache durch Verordnung. Die Stadt wies »Toleranzzonen« aus. In diesen (und deren Nähe) braucht keine Kleidung getragen werden. Seitdem gibt es deswegen keinen Ärger mehr, und München ist, wenn die Sonne scheint, um eine »Attraktion« reicher.

Kronawitter kommt wieder

Nach einigen Jahren aktiver Arbeit an der Basis seiner Partei, trat Georg Kronawitter bei der Oberbürgermeisterwahl 1984 noch einmal als SPD-Kandidat gegen Erich Kiesl an. Er schaffte es schließlich im zweiten Wahlgang, eine Mehrheit von 58,1% der Stimmen zu erreichen. Die CSU erhielt 35 Stadtratsmandate, ebenso die SPD, die Grünen 6 und die F.D.P. 4[47]. In einer Art großer Koalition wurde Dr. Winfried Zehetmeier von der CSU wieder 2. Bürgermeister und der durch Peter Gauweiler abgelöste frühere Kreisverwaltungsreferent Klaus Hahnzog (SPD) 3. Bürgermeister. Unter schwierigen Mehrheitsverhältnissen bemühte man sich, eine Politik der Konsolidierung zu betreiben. Bei der Wahl der Referenten und bei vielen Sachentscheidungen gelang es dem CSU-Fraktionsvorsitzenden Walter Zöller mit Hilfe von zwei 1987 aus der SPD ausgetretenen Stadträten, wegen ihrer damaligen privaten Verbindung auch »Sofa-Fraktion« genannt, eine konservative Mehrheit zu bilden. Diese Verhältnisse wurden in der Öffentlichkeit vielfach kritisiert.

Im März 1990 wurde Georg Kronawitter mit 61,2% gegen den Pressesprecher der Bundesregierung, Hans Klein (CSU), als Oberbürgermeister wiedergewählt. Bei der Stadtratswahl errang die SPD eine klare Mehrheit. Eine »Koalition« von SPD (36), Grünen (7) und dem Oberbürgermeister, wie es der letztere selbst genannt hat, gestaltete nun die Stadtpolitik. Die CSU erhielt 26 Sitze, die REP 6 und die F.D.P. 4, einen Stadtrat stellte die Umweltschutzliste »David gegen Goliath«[48]. 2. Bürgermeister wurde der Rechtsanwalt Christian Ude (SPD), 3. Bürgermeisterin mit Sabine Csampai von den Grünen erstmals eine Frau. Wie schon in den Amtsperioden zuvor war der Münchner Stadtrat das Gremium einer deutschen Großstadt mit dem höchsten Anteil an weiblichen Mitgliedern. Mit Christiane Thalgott (Stadtbaurätin) wurde 1992 erstmals eine Frau auch auf die Referentenbank in München gewählt.

Die neue Mehrheit bemühte sich um andere Akzente im sozialen, ökologischen und kulturellen Bereich. Die Finanzmisere, die sich im Zuge von Einheit und Solidarpakt dramatisch verschärfte, ließ hier allerdings wenig Spielräume offen. Der Versuch einer Stärkung der Rechte der Bezirksausschüsse auf Stadtviertelebene, der eine Neueinteilung der Stadtbezirke vorausging, scheiterte 1992 am bayerischen Landtag. Die nach langen Verhandlungen erzielte Aufwertung wurde durch ein von der CSU-Mehrheit erlassenes Gesetz teilweise beseitigt. Nach genau 15 Jahren Amtszeit trat Kronawitter mit 65 Jahren am 30. Juni 1993 als Oberbürgermeister zurück, um 1994 unbelastet für den Bayerischen Landtag kandidieren zu können.

Großbauten und Image

Bereits 1960 hatte ein Flugzeugabsturz im Wies'nviertel, bei dem 53 Menschen starben, die Bevölkerung aufgeschreckt. Dies bestärkte die Absicht, den Flughafen von Riem (am östlichen Stadtrand) wegzuverlegen. Es begann eine lange Standortsuche, die nach vielen Gerichtsverfahren schließlich zum Bau des Großflughafens München »Franz Josef Strauß« zwischen Erding und Freising führte, 40 Kilometer vom Stadtzentrum in nordöstlicher Richtung entfernt. Erst im Jahr 1992 konnte die neue Anlage in Betrieb gehen, die zwar große Teile der Stadt von Fluglärm und Gefahr entlastet, andere Gebiete aber bedroht und zerstört[49].

Ein Jahr davor hatte die Bundesbahn gegen den Widerstand der Stadt ein anderes Großprojekt in Betrieb genommen. Der bereits in der Zeit des Nationalsozialismus geplante Rangierbahnhof München-Nord zwischen Allach und der Lerchenau, von vielen als »Schienenmonster« angesehen, das die Stadt zerschneidet, zerstörte durch seinen Bau natürlichen Lebensraum. Andererseits konnte nun der Güterverkehr der Bahn reibungsloser abgewickelt werden[50] und die zentral in der Stadt gelegenen, technisch veralteten Rangierbahnhöfe München-Ost und Laim aufgelassen werden.

Der Freistaat Bayern war stets um eine sichtbare Repräsentation in seiner Landeshauptstadt München bemüht. Offizieller Sitz des Ministerpräsidenten war das kleine Prinz-Carl-Palais, die Staatskanzlei befand sich in der ehemaligen Preußischen Gesandtschaft in der Prinzregentenstraße. Von 1984 bis zur Fertigstellung des umstrittenen Bauwerkes im Jahr 1993 gab es Diskussionen um den Neubau der Bayerischen Staatskanzlei am Ostrand des Hofgartens[51]. Den Kritikern erschien die Planung des »Straußoleums« um die Kuppel des 1905 errichteten, ehemaligen Armeemuseums herum zu wuchtig. Nach dem Tod von Ministerpräsident Franz Josef Strauß wurde der Umfang des Baus zwar reduziert, fand aber trotzdem keine allgemeine Zustimmung. Die Süddeutsche Zeitung titelte zur Eröffnung: »Walhall der Gartenzwerge. Eine Architektur der falschen Gesten«[52]. Ministerpräsident Max Streibl konnte das Gebäude zwar noch einweihen, mußte aber wenige Tage darauf wegen der »Amigo«-Affäre zurücktreten, um Edmund Stoiber als seinen Nachfolger einziehen zu lassen.

Die Ruine des Armeemuseums (Photo 1972). Die Kuppel wurde in die 1991–1993 errichtete Bayerische Staatskanzlei integriert

Im Sommer 1992 war München auf den Bildschirmen in aller Welt zu sehen. Die Bundesregierung hatte die bayerische Metropole, wohl zu Ehren des Finanzministers und CSU-Vorsitzenden Theo Waigel, zum repräsentativen Tagungsort des Weltwirtschaftsgipfels erkoren. Die Münchner bezahlten die Tage der weltweiten Aufmerksamkeit damit, daß die Stadt über zwei Wochen einem Heerlager glich. Zigtausende von Polizisten aus ganz Deutschland durchkämmten die Straßen. Demonstranten wurden zusammengeschlagen und zu Hunderten eingekesselt und inhaftiert. Sie mußten allerdings noch am selben Tag wieder freigelassen werden, da sie keine strafbaren Handlungen begangen hatten. Das vom Polizeipräsidenten und vom damaligen Innenminister Edmund Stoiber angeordnete rücksichtslose Vorgehen der Polizei wurde von Ministerpräsident Max Streibl mit dem Hinweis auf die »bayerische Art hinzulangen« gerechtfertigt.

Ein deutschland-, ja weltweites positives Aufsehen erlangte München am 6. Dezember 1992. Geschockt durch ausländerfeindliche Ausschreitungen in Deutschland organisierten vier junge Leute mit vielen freiwilligen Helferinnen und Helfern eine Lichterkette.

Am 6. Dezember 1992 demonstrierten mehr als 400 000 Münchner mit einer über 50 Kilometer langen Lichterkette gegen Ausländerhaß und Rassismus, hier vor der Feldherrnhalle und der Theatinerkirche

Unter dem Motto »München – eine Stadt sagt nein« gingen mehr als 400 000 Menschen mit Lichtern auf die Straße, um ihre Solidarität mit ausländischen Mitbürgern zu zeigen. In vielen anderen Städten folgten Menschen in den nächsten Wochen diesem Beispiel. Das politische Klima wandelte sich durch diese Geste der sonst schweigenden Mehrheit erheblich.

Wirtschaft – Leben und leben lassen

Der Satiriker Joseph von Westphalen meinte im »Merian«-Heft:

»München ist die Diva unter den deutschen Metropolen. Keine andere Großstadt ist so selbstverliebt und setzt sich so gern in Szene. [...] Münchens sagenhafte Lebensfreude ist notorisch [...]« [53]

Dieses Image, bedingt auch durch das Kultur- und Freizeitangebot, machte die Isarmetropole lange zur beliebtesten Stadt Deutschlands. Sie zieht die meisten Touristen an, und 1990 wurde in einer Befragung festgestellt, daß die Mehrzahl aller Deutschen am liebsten in München leben würde[54]. Die Stadt öffnete sich seit den 60er Jahren neuen Industriezweigen; sie wurde ein High-Tech-Zentrum für Europa[55].

München wurde daneben auch eine Schaltstelle des Handels und eine Hochburg der Wissenschaft. Während Einrichtungen wie Hochschulen, Museen, Max-Planck-Institute, die Zentrale des Goethe-Instituts oder Deutsches und Europäisches Patentamt sichere Arbeitsplätze gewährleisten, gibt es in der Industrie in den 90er Jahren Probleme. Dies gilt besonders für die Autoindustrie, von der in Deutschland jeder dritte Arbeitsplatz abhängt. Bisher hat sich die Münchener Firma BMW sehr erfolgreich behauptet. Heute denkt man, auch in Zusammenarbeit mit der Stadt, über neue Konzepte für den Personennahverkehr nach. Da der frühere Ministerpräsident Strauß besonders die Konzentration der Rüstungsindustrie in und um München förderte, schlägt die Reduzierung der Bundeswehr jetzt auf den Arbeitsmarkt durch. Nachdem die Arbeitslosenquote in München traditionell niedrig war, wird jetzt allein aus diesem Bereich mit 30 000 Arbeitslosen gerechnet.

Um München als Messeplatz auch bis in das 21. Jahrhundert hinein attraktiv zu halten, soll in den 90er Jahren ein neues großes Terrain hierfür in Riem erschlossen werden. Das alte, seit 1904 bestehende Ausstellungsgelände oberhalb der Theresienwiese kann dann anders genutzt werden. Anlässe wie die hier veranstaltete »Internationale Verkehrsausstellung – Erste Weltausstellung des Verkehrs« (1965), der 25. Evangelische Kirchentag (1993) und die jährlichen Fachmessen (z. B. BAUMA, ELECTRONICA, HEIM + HANDWERK, ISPO, MODE-WOCHE oder VISODATA) zogen Millionen von Besuchern nach München[56].

Das Hofbräuhaus am Platzl ist weltweit eines der bekanntesten Gebäude – es steht für das traditionelle München. In seiner Schwemme kann man zu volkstümlichen Preisen den Gerstensaft mit Begleitung von Blasmusik trinken und mit den Maßkrügen zu »Ein Prosit der Gemütlichkeit« und »Gsuffa is!« anstoßen. Auf Gäste aus Japan oder den USA scheint diese Art Münchner Gemütlichkeit eine magische Anziehungskraft auszuüben. Die Weißwürste, die mit süßem Senf verzehrt werden, gehören ebenso dazu wie der Rettich und die Brezeln. Die Altmünchner Bierseligkeit erlebte allerdings anfangs der 80er Jahre einen schweren Schock. Es stellte sich heraus, daß in dem Traditionswirtshaus Donisl beim Rathaus die Gäste systematisch von Kellnern ausgeraubt worden waren. Daraufhin wurde die Pächterin entlassen und die Gaststätte aufwendig renoviert.

Auf der anderen Seite der Isar liegt das Feinkostimperium Käfer. Käfer beliefert die in der Fernsehserie »Kir Royal« so überzeugend karikierte Schwabinger Halbwelt ebenso souverän wie Spitzen der Gesellschaft; außerdem hat er exklusive Lieferverträge für die meisten staatlichen Einrichtungen wie Opern und Theater. Sein Sohn betreibt eine Diskothek im Hitlerschen Haus der Kunst, die immer wieder in die Schlagzeilen kommt. München hat heute von allen deutschen Städten die meisten mit Sternen ausgezeichneten Restaurants im Guide Michelin. Gleichzeitig nehmen die Ausgaben für Sozialhilfe, die die ohnehin strapazierte städtische Finanzkraft weiter beschneiden, dramatisch zu. Immer mehr Bettler sind, insbesondere in der Innenstadt, zu sehen.

Nach der deutschen Vereinigung im Jahr 1990 wurde viel über die neue Stellung Münchens diskutiert. Man befürchtete nicht nur, daß Unternehmen wie Siemens, die nach dem Krieg ihre Hauptverwaltung in die Isarmetropole verlegt hatten, in die alte und neue Hauptstadt Berlin zurückkehren würden. Man sah auch einen drohenden kulturellen Abstieg kommen. München galt vor der Wende als kulturelle Hauptstadt der Bundesrepublik, ein Rang, den die Stadt nun wohl wieder an Berlin zurückgeben muß[57].

In der SZ wurde unter der Überschrift »Berlin das Zentrum – München ähnelt einem Bierbauch« ein Artikel aus der schwedischen Zeitung »Dagens Nyheter« aufgegriffen, in dem ein Infarkt Münchens wegen der explodierenden Boden- und Mietpreise vorausgesagt wird. Tatsächlich ist ein zentrales Problem Münchens heute, wie schon so oft in seiner Geschichte, die endemische Wohnungsnot. Immer mehr Menschen werden durch die explodierenden Mieten aus der Stadt vertrieben.

Heute hat München, aller Millionendorf-Nostalgie zum Trotz, alle Probleme einer modernen Großstadt: leere Stadtkassen, soziale Probleme, eine modernisierungsbedürftige Infrastruktur, zu wenige Wohnungen, Personalprobleme bei den sozialen Einrichtungen und bei der Polizei, die sich immer stärker etablierende organisierte Kriminalität. Die Frage ist, ob die Stadt ihren Bürgern auch weiter die Vorteile einer modernen Großstadt bieten kann, z. B. Urbanität, Weltoffenheit, eine Kulturszene von internationalem Rang oder eine leistungsfähige Infrastruktur für Wirtschaft und Wissenschaft.

Nachwort

Städte sind historische Kulminationspunkte sozialer, wirtschaftlicher und politischer Veränderungen. Wie durch ein Vergrößerungsglas kann man hier oftmals Entwicklungen verfolgen, deren Konsequenzen weit über den Ursprungsort hinausreichen. Dies begründet unser besonderes Interesse an der Stadtgeschichte.

Während die 1992 von Richard Bauer herausgegebene »Geschichte der Stadt München« die Entwicklung der Bürgerstadt in den Mittelpunkt stellt, ist Gegenstand der vorliegenden Darstellung das Geflecht der sozialen, wirtschaftlichen, politischen und kulturellen Verhältnisse. Deshalb wurde politischen Ereignissen, die weit über München hinaus von Bedeutung waren, wie beispielsweise der Hitlerputsch von 1923, entsprechend mehr Platz eingeräumt.

Dieses Buch versucht, die Stärken wie die Schwächen der Stadtpersönlichkeit Münchens gleichermaßen plastisch werden zu lassen. Dabei wird neben der Stadt auch der geographische Ort einbezogen, so daß die Darstellung bis in die Vor- und Frühgeschichte zurückreicht. Die besondere Geschichte der ehemals selbständigen Gemeinden, die, wie etwa Schwabing, zum Teil erheblich älter sind als München, konnte dabei nur im Gesamtzusammenhang berücksichtigt werden.

Ziel der Autoren war nicht eine fachwissenschaftliche Monographie, sondern eine lesbare Darstellung des lebendigen Flusses der Geschichte. Wer tiefer in ihn eintauchen will, sei auf die in der Bibliographie und in den Anmerkungen aufgeführte Literatur verwiesen.

Möge dieses Buch etwas von der Faszinationskraft des Gegenstandes vermitteln, die die Autoren bei ihrer Arbeit geleitet hat.

Danksagung

Neben den auf Seite 4 genannten Mitautoren danken wir den Mitarbeitern der benutzten Archive und Bibliotheken, sowie insbesondere Ingrid Bauer, Holger Forssman, Monika Heffels, Elisabeth Hielscher, Klaus Koop, Volker D. Laturell, Wilhelm Liebhart, Roswitha Ludwig, Ralf-Peter Märtin, Ulrich Münchhoff, Ursula Münchhoff, Ulrich Petzold, Bettina Raab, Daniela Riedl, Marion Sedelmayer und Hermann Staub, schließlich Ulrich Wank für die außerordentlich sachkundige und engagierte Betreuung dieses Buches.

Anmerkungen

I. Der Münchner Raum

1 Joseph Mayer, Was das Münchner Kindl erzählt. Eine Stadtchronik in Geschichten, Gedichten, Sagen, Charakter- und Geschichtsbildern, München 1992, S. 114.
2 Stadtbild, S. 2
3 Richard Höfling, Der Hachinger Bach – ein geologisches Phänomen, in: Perlach, S. 24–30.
4 Karl Brunnacker, Die Entstehung der Münchner Schotterfläche zwischen München und Moosburg, in: Geologica Bavarica 55 (1965), S. 341–359.
5 Brunnacker (wie Anm. 4) und Ludger Feldmann, Die Entwicklung der Münchner Schotterebene seit der Rißzeit, in: Mitteilungen der Geographischen Gesellschaft in München 67 (1991), S. 23–38. Vgl. H. Frank, W. Jung, W. Werner, Geologie rechts und links der Isar. Ein Streifzug durch die Jahrmillionen, in: Die Isar, S. 15–32. In den tertiären Schichten sind auch Überreste von Pflanzen und Tieren aus einer Zeit mit subtropischem Klima abgelagert. Vgl. Lutz, S. 14f. So fanden sich Stoßzähne von Urelefanten aus der Zeit vor rund 10 Millionen Jahren in Schwabing (Laturell/Mooseder, S. 10) und Untergiesing (Süddeutsche Zeitung vom 14./15. März 1992).
6 Walter Jung, Die Entstehung des Hachinger Tales, in: Perlach, S. 11–16.
7 Vgl. Sand, Kies und Knochen. Aus Münchens Erdgeschichte, hg. v. »Freunde der Bayerischen Staatssammlung für Paläontologie und historische Geologie München e.V.«, München [2]1981, S. 29.
8 Diese Geländekonturen sind sehr gut in einem überhöhten »Modell der Bodenoberfläche Münchens« in der Stadtbildausstellung des Münchner Stadtmuseums zu erkennen. Vgl. Stadtbild, S. 19, Nr. 2.1.
9 Lutz, S. 47ff.
10 Gottfried Keller, Briefe an die Mutter, in: Der junge Gottfried Keller, hg. v. Franz Hammer, Weimar o.J., S. 39, Brief v. 27. Juni 1840.
11 Georg Kaspar Nagler, Acht Tage in München, 10. Auflage,Teil 2, München 1863, S. 3f.
12 Vgl. Biller/Rasp, S. 7.
13 Statistisches Jahrbuch München 1991, hg. v. Statistischen Amt der Landeshauptstadt München, München 1991, S. 15f.
14 Die Isar, S. 298. Vgl. Hilble, S. 75ff.
15 Dazu ausführlich die Anthologie von Hannes S. Macher, Föhn. Ein literarischer Trostspender für Wetterfühlige. Pfaffenhofen 1988.
16 Martin Gregor-Dellin, Föhn, München 1974, S. 8:
»Seit Wochen herrschte ein starkes Hoch, das mit einem Fallwind aus Süden trockene Luft heranführte. Man litt tagsüber unter einer Schmutzglocke, die sich von den Randgebieten und Vororten aus deutlich über der Stadt beobachten ließ. Sie hatte morgens eine goldorangene Mitte, betäubend wie aus den Träumen eines verwirrten Königs. An den Rändern schillerte sie bläulich, so sahen Schlangenschuppen oder Giftfliegen aus. Gegen Mittag wechselte das Gebilde in ein Schwefelgelb hinüber und verdichtete sich nach außen hin zu einem grauen Polster. Dieses Kissen drückte derFallwind der Stadt auf den Mund. Wer sich genau darunter befand, nahm es seltsamerweise nicht wahr: es löste sich auf in ein gläsernes Blau, die Täuschung war vollkommen.
Der Smog aus Staub, Ruß und Abgasen konnte nicht abziehen, denn nachts kühlte der Boden aus, und wenn sich am Tage die darüberliegenden Schichten erhitzten, verhinderten sie den Luftaustausch. [...]«
17 Vgl. Laturell/Mooseder, S. 106ff. und 13ff.

18 So finden wir nordöstlich von Herrsching am Ammersee den Flurnamen *»Weinberg«*. Das Bayerische Flurnamenarchiv des Verbandes für Orts- und Flurnamenforschung in Bayern e.V. enthält zahlreiche weitere Belege.
19 Lutz, S. 56f. und 74ff. Josef Sturm, Die Rodungen in den Forsten um München, München 1941. Richard Plochmann, Aufgabe und Bedeutung des Waldes im Ballungsraum München, in: Jahrbuch des Vereins zum Schutz der Alpenpflanzen und -tiere 38 (1973). Vgl. Georg Kossack, Südbayern: Mensch und Umwelt in vor- und frühgeschichtlicher Zeit, in: OA 103 (1978), S. 332–354.
20 Lutz, S. 47 ff.

II. Vorgeschichte

1 Einen guten Überblick über die Vor- und Frühgeschichte im Münchner Raum mit Fundkarten geben Weinzierl, Winghart, S.16ff.
2 Ebd., S. 17 und Wagner, S. 12.
3 Weinzierl/Winghart, S. 17f. Vgl. auch Großer Historischer Weltatlas, hg. v. Bayerischen Schulbuch-Verlag, I. Teil: Vorgeschichte und Altertum, München 1953, S. 3.
4 Weinzierl/Winghart, S. 18 und Laturell/Mooseder, S. 20f.
5 Großer Historischer Weltatlas I. (wie Anm. 3), S. 3.
6 Wagner, S. 13.
7 Hans Krahe, Unsere ältesten Flußnamen, Wiesbaden 1964.
8 Bitterauf, Nr. 8.
9 Reitzenstein, S. 195.
10 Bitterauf, Nr. 52.
11 Reitzenstein, S. 421.
12 Wagner, S. 30 und 34f. Vgl. Laturell/Mooseder, S. 21f. und Franz Weber, Neue Beiträge zur Vorgeschichte von Oberbayern, in: Altbayerische Monatsschrift 11 (1912), S. 146–162, hier 152ff.
13 Weinzierl/Winghart, S. 22.
14 Wagner, S. 14.
15 Wagner, S. 15. Vgl. Georg Kossack, Südbayern während der Hallstattzeit (Römisch-Germanische Forschungen 24), Berlin 1959.
16 Wagner, S. 16. Vgl. Rupert Gebhard, Andrea Lorenzen, Die Kelten in Bayern, München 1993.
17 Walter Torbrügge, Vorzeit bis zum Ende der Keltenreiche, in: Handbuch I, S. 4–44, hier 38f.
18 Ebd. 38.
19 Klaus Schwarz, Atlas der keltischen Viereckschanzen Bayerns, Pläne und Karten, Kallmünz 1959.
20 Ebd., Beilage 5.1., Torbrügge (wie Anm. 17), S. 40 und Klaus Schwarz, Ein Bezirk keltischer Heiligtümer an der mittleren Isar bei Holzhausen und Deisenhofen, in: Führer zu vor- und frühgeschichtlichen Denkmälern, Mainz [2]1971, S.258–283. Felix Müller, Kultplätze und Opferbräuche, in: Das keltische Jahrtausend, S. 177–188, hier 178ff.
21 Sabine Rieckhoff, Überlegungen zur Chronologie der Spätlatènezeit im südlichen Mitteleuropa, in: Bayerische Vorgeschichtsblätter 57 (1992), S. 103–121, hier 120f.
22 Reitzenstein, S. 44ff.
23 Hans-Jörg Kellner, Die Römer in Bayern, München 197f., vgl. auch: Die Römer in Schwaben. Jubiläumsausstellung 2000 Jahre Augsburg (Bayerisches Landesamt für Denkmalpflege, Arbeitsheft 27), München 1985, besonders S. 79ff.
24 Kellner (wie Anm. 23), S. 35. Vgl. Wagner, S. 19ff. und Maier 6ff.
25 Reinhard Bauer, Ortsnamen im Raum des oberen Würmtales und ihre Aussagen für die Siedlungsgeschichte, in: Schmidt, S.67*–75*, hier 68* mit genauen Nachweisen.
26 Wolfgang Czysz, Der römische Gutshof in München-Denning und die römerzeitliche Besiedlung der Münchner Schotterebene (Kataloge der Prähistorischen Staatssammlung 16), Kallmünz 1974.
27 Thomas Fischer, Römer und Germanen an der Donau, in: Die Bajuwaren, S. 39–45.
28 Heinz Dopsch, Zum Anteil der Romanen und ihrer Kultur an der Stammesbildung der Bajuwaren, in: Die Bajuwaren, S. 47–54
29 Reitzenstein, S. 47.
30 Wolf-Armin Frhr. v. Reitzenstein, Römische Ortsnamen auf *-anum* in Bayern, in: Blätter für oberdeutsche Namenforschung 14 (1975/77) S. 3–25, hier 8.

III. Frühes Mittelalter

1 Wilfried Menghin, Kelten, Römer und Germanen, Archäologie und Geschichte, München 1980, S. 231 ff. Vgl. Manfred Menke, Die bairischen besiedelten Landschaften im 6. und 7. Jahrhundert nach den archäologischen Quellen, in: Die Bajuwaren, S. 70–78.
2 Hermann Dannheimer, Auf den Spuren der Baiuwaren. Archäologie des frühen Mittelalters in Altbayern, Ausgrabungen, Funde, Befunde, Pfaffenhofen 1987: Das Gräberfeld von Aubing, S. 11–40.
Hermann Dannheimer/Günther Ulbert, Die bajuwarischen Reihengräber von Feldmoching und Sendling. Stadt München (Materialhefte zur bayerischen Vorgeschichte 8), Kallmünz 1956.
3 Kurt Reindel, Herkunft und Stammesbildung der Bajuwaren nach den schriftlichen Quellen, in: Die Bajuwaren, S. 56–60.
4 Ebd. (S. 58), Photographie der Belege: 551 *Báioras* (Gotengeschichte von Jordanes), 565/571 *Baiouarius* (Vita S. Martini von Venantius Fortunatus).
5 Konrad Beyerle (Hg.), Lex Baiuvariorum. München 1926. Vgl. Wilfried Hartmann, Das Recht, in: Die Bajuwaren, S. 266–272.
6 Zusammenfassung mit Literatur bei Reinhard Bauer, Die ältesten Grenzbeschreibungen in Bayern und ihre Aussagen für Namenkunde und Geschichte (Die Flurnamen Bayerns 8), Diss. München 1988, S. 160.
7 Walter Sage/Hermann Dannheimer, Kirchenbau, in: Die Bajuwaren, S. 293–304.
8 Wilhelm Störmer, Die agilolfingerzeitlichen Klöster, 1. Das Zeugnis der schriftlichen Quellen, in: Die Bajuwaren, S. 305–310.
9 Bauer (wie Anm. 6), S. 160.
10 Bayerisches Hauptstaatsarchiv HL Freising, Nr. 3a, Druck bei Bitterauf Nr. 106, Photographie bei Dombart, S. 18.
11 Bitterauf, Nr. 65. Vgl. 1200 Jahre Allach, hg. v. Hanns Vogel, München 1974, S. 5ff.
12 Bitterauf, Nr. 900. Vgl. Knauer-Nothaft, Kasberger, S. 60f.
13 Bitterauf, Nr. 301. Vgl. Knauer-Nothaft, Kasberger, S. 11f.
14 Weißthanner, Nr. 3. Vgl. Bogenhausen. Vom bäuerlichen Pfarrdorf zum noblen Stadtteil, hg. v. Willibald Karl, München 1992, S. 17.
15 Bitterauf, Nr. 634. Vgl. Fritz Lutz, Daglfing, Denning, Englschalking, Johanneskirchen, 50 Jahre bei München 1930–1980, München 1982.
16 Bitterauf, Nr. 135. Vgl. Volker D. Laturell, Feldmoching. Die Entstehungs- und Entwicklungsgeschichte eines Münchner Stadtteils, München 1970, S. 23f., 31f.
17 Bitterauf, Nr. 5. Vgl. Fritz Lutz, Oberföhring, Buchendorf 1988, S. 15ff.
18 Bitterauf, Nr. 1138. Vgl. Marion Maurer, Freimann, eine Gemeinde im Schatten der Großstadt, Buchendorf 1985, S. 20.
19 Bitterauf, Nr. 336. Vgl. Maurer (wie Anm. 17), S. 13f.
20 Bitterauf, Nr. 138. Vgl. Giesing. Vom Dorf zum Stadtteil, hg. v. Thomas Guttmann, München 1990, S. 16.
21 Bitterauf, Nr. 270. Vgl. Walter Heerde, Haidhausen. Geschichte einer Münchner Vorstadt (OA 98) München 1974, S. 18ff.
22 MB 6, S. 194. Vgl. Lutz (wie Anm. 15).
23 Bitterauf, Nr. 1125.
24 Bitterauf, Nr. 824. Vgl. Fritz Schaehle, Die Geschichte der Gemeinde Obermenzing, Obermenzing 1927.
25 Bitterauf, Nr. 254. Vgl. Laturell/Mooseder I, S. 45ff.
26 Bitterauf, Nr. 19. Vgl. 763–1963. 1200 Jahre Pasing, hg. v. d. Landeshauptstadt München [München 1963], S. 4ff. Vgl. auch Richard Bauer, Gerhard Bauer, Eva Graf, Monika Schubhart, Pasing. Stadt vor der Stadt. Die Entwicklung von 1800 bis 1938. München 1984, S. 11.
27 Bitterauf, Nr. 134. Vgl. Perlach, S. 89ff.
28 Bitterauf, Nr. 1183.
29 Bitterauf, Nr. 106. Vgl. Dombart, Schwabing, S. 18ff.
30 MB 7, S. 337. Vgl. Wolfgang Peschel, Sendling, Freising 1992, S. 90.
31 Bitterauf, Nr. 49. Vgl. Josef Brückl, 1200 Jahre Trudering [München 1972], S. 19ff.
32 Monumenta Germaniae Historica Diplomata, Heinrich II., Nr. 212.

33 Eduard Wallner, Zur Platzwahl der südbayerischen Pfarrdorfnamen mit dem Suffix *-ing*, in: Blätter für oberdeutsche Namenforschung 3/4 (1960/1961), S. 1–16.

34 Bitterauf, Nr. 69. Vgl. Oberschleißheim. Gemeindechronik, Oberschleißheim 1985, S. 14ff. und 1200 Jahre Unterschleißheim 785–1985. Eine Ortschronik, Unterschleißheim 1985, S. 22f.
Alte bajuwarische Siedlungszonen mit Ortsnamen auf -ing liegen auch im Westen von München (z.B. *Gauting, Germering, Gräfelfing*. Vgl. Reinhard Bauer, in: Schmidt, S. 69*f.) und im Osten (z.B. *Anzing, Poing, Erding*. Vgl. Karl Puchner, Landkreis Ebersberg (Historisches Ortsnamenbuch von Bayern, Altbayern 1), München 1951, S. IXf. und Cornelia Baumann, Altlandkreis Erding (Historisches Ortsnamenbuch von Bayern, Altbayern 3), München 1989, S. 12*ff.).

35 Weißthanner, Nr. 135.

36 Reinhard Bauer, Ortsnamen und Siedlungsentwicklung in Neuhausen und Nymphenburg, in: 100 Jahre Eingemeindung Neuhausen, hg. v. Michael Lotterschmid [München 1990], S. 9–16.

37 Weißthanner, Nr. 45. Vgl. Theodor Dombart, Milbertshofen. Entwicklungsgeschichte eines Münchner Stadtteils, München 1956, S. 17ff.
Im folgenden seien auch noch kurz die Namen von ehemals selbständigen Gemeinden in der Landeshauptstadt aufgeführt, die ebenfalls nach dem Jahr 1000 erstmals urkundlich erwähnt sind:
Au – 1289 *Aw* (MB 18, S. 8) »Land am Wasser«. Au, Giesing, Haidhausen. S. 87.
Forstenried – 1160 *Vorstersriet* (Monumenta Germaniae Historica Diplomata, Heinrich I., Nr. 71) »Rodung eines Försters«.
(Groß-, Klein-)Hadern – um 1080 *Harderun* (Das Cartular des Klosters Ebersberg, hg. v. Friedrich Hector Grafen Hundt, in: Abh. d. hist. Classe d. kgl. bayer. Akademie der Wissenschaften 14,3, 1879, S. 115–196, hier 129.) »Bei den Leuten, die am/im (Weide)wald wohnen«. Vgl. Josef Filser, Fritz Mayer, 900 Jahre Hadern, München 1965.
Laim – um 1150 *de Laimen* (Bitterauf, Nr. 1453) (»Ort am) Lehm(igen Boden)«. Vgl. Matthias L. Auer, Laimer Chronik I., München 1983, S. 13f.
Langwied – 1269/71 *Lanquat* (MB 36a, S. 275) »Lange Furt«.
Ludwigsfeld – 1802 *Ludwigsfeld* (Laturell [wie Anm. 16], S. 151ff.) Moorkolonie, benannt nach dem Kronprinzen Ludwig (I).
Ramersdorf – 1006/1022 *Rumoltesdorf* (Bitterauf, Nr. 1381) »Dorf des Rumolt«. Vgl. Christl Knauer-Nothaft, Das Dorf und seine Bewohner bis zur Säkularisation, in: 125 Jahre Ramersdorf bei München [München 1989], S. 11–23, hier 11.
Solln – 11. Jh. *Solen* (MB 7, S. 337) »Bei der (den) (Wildschwein)Suhlen«. Vgl. Aenne Atzenbeck, Solln wie es war. Eine Chronik des Dorfes Solln, München 1970, S. 1.
Thalkirchen – 1268 Talkirchen (MB 18, S. 1) »Bei der Kirche im (Isar)tal«. Vgl. Josef Bogner, Thalkirchen und Maria Einsiedel, in: OA 107 (1982), S. 235–288, hier 236.

38 Herwig Wolfram, Tassilo III. und Karl der Große – Das Ende der Agilolfinger, in: Die Bajuwaren, S. 160–166.
Zur Geschichte des Münchner Raumes im frühen Mittelalter vgl. Ludwig Holzfurtner, Der Raum und seine Geschichte, in: Perlach, S. 73–88 und Laturell/Mooseder, S. 64f.

39 Günther Kapfhammer, Sagenhafte Geschichte. Das Bild Karls des Großen durch die Jahrhunderte [München 1993], S. 15ff. Vgl. Schmidt, bes. S. 46ff.

40 Kurt Reindel, in: Handbuch I, S. 200ff.

41 Ebd., S. 208ff.

42 Ebd., S. 220.

43 Ebd., S. 207ff. und Friedrich Prinz in Handbuch I, S. 295ff.

44 Reindel (wie Anm. 40), S. 227ff.

45 Ebd., S. 246ff.

46 Ebd., S. 259ff.

47 Ebd., S. 266f.

48 Andreas Kraus, Das Herzogtum der Wittelsbacher. Die Grundlegung des Landes Bayern, in: Wittelsbach und Bayern I, 1, S. 165–200.

49 Pankraz Fried, Die Geschichte der Grafen von Dießen-Andechs, in: Die Grafen von Dießen-Andechs (Große Kunstführer 149), München, Zürich 1988, S. 3–15.

50 Karl Bosl, Europäischer Adel im 12./13. Jh. Die internationalen Verflechtungen des bayerischen Hochadelsgeschlechtes der Andechs-Meranier, in: ZBLG 30 (1967), S. 20–52.
Herzöge und Heilige. Das Geschlecht der Andechs-Meranier im europäischen Hochmittelalter

(Veröffentlichungen zur bayerischen Geschichte und Kultur 24), hg. v. Joseph Kiermeier und Evamaria Brockhoff, Regensburg 1993.

51 Maier, S. 451f.

52 Max Spindler, Die Auseinandersetzungen mit Landesadel, Episkopat und Königtum unter den drei ersten wittelsbachischen Herzögen, in: Handbuch II, S. 11–51, hier besonders 34f. und 44ff.

IV. Gründung und Aufstieg Münchens

1 Michael Schattenhofer: Aus der Geschichte der Isarflößerei, in: Die Isar, S. 64–78. Solleder, S. 30, Anm. 1 und S. 148ff.

2 Heinrich Wanderwitz, Studien zum mittelalterlichen Salzwesen in Bayern (Schriftenreihe zur bayerischen Landesgeschichte 73), besonders S. 231ff.

3 Bayerisches Hauptstaatsarchiv, Kaiserselekt, Nr. 498, Druck: Schaffer, S. 72ff. und Dirr, Denkmäler I, S. 3ff.

4 Vg. Romuald Bauerreiß, »München – Altheim« Studien zur frühesten Geschichte der Landeshauptstadt München, in: Monachium, S. 87–118.
Einen interessanten Vorschlag macht Helmuth Stahleder (Haus- und Straßennamen, S. 225ff.): Er führt gute Gründe an, daß die im Namen München erscheinenden Mönche im ältesten Kloster der Stadt, St. Jakob am Anger, angesiedelt waren. Dieses hätte dann schon vor 1158 bestanden.

5 Ebd., S. 108ff.; vgl. auch Maier, S. 37ff. und Stahleder, Haus- und Straßennamen, S. 55ff.

6 Bayerisches Hauptstaatsarchiv, Kaiserselekt, Nr. 535, Druck: Dirr, Denkmäler 1, S. 5–8 Nr. 2; vgl. ebd., S. 46* und S. 108*f.; Solleder, S. 5–8; Maier, S. 309–402.

7 Der Text dieses »Regensburger Schieds« vom 13. Juli 1180 lautet im rechtlichen Kern:
»[...] *Es mögen daher in Gegenwart und Zukunft alle Getreuen des Reiches wissen, daß unser geliebter Adilbert, Bischof von Freising, vor unserer Majestät erschienen ist und untertänig vor uns Klage geführt hat, daß der Edelmann Heinrich von Braunschweig, vormals Herzog von Bayern und Sachsen, den Markt mit der Brücke in Föhring, den seine Kirche seit uralten Zeiten ungestört in Besitz gehabt hatte, zerstört und ihn gewaltsam nach dem Ort Münchens verlegt hat. Die Wahrheit dieses Sachverhaltes stand zwar unserer Hoheit bereits fest, er hat sie aber auch noch vor unserem Gericht durch sieben gesetzliche Zeugen bewiesen. Diese sind: Konrad Erzbischof von Salzburg, Kuno Bischof von Regensburg, Bertold Markgraf von Istrien, Gebhard Graf von Sulzbach, Otto der Ältere Pfalzgraf und sein Bruder Otto der Jüngere sowie Friedrich der Burggraf.*
Infolgedessen wurde, da ein Urteil von den Fürsten unseres Hofgerichtes gefordert worden war, in dieser Sache entschieden, daß die kaiserliche Autorität die vermessene Tat des genannten Heinrich unwirksam zu machen habe. Wir widerrufen daher gemäß dem Wortlaut des Rechtsspruches die Verlegung des genannten Marktes, geben ihn samt der erwähnten Brücke unserem getreuen Bischof von Freising und seinen Nachfolgern zurück und bestätigen dies ihnen und ihrer Kirche für immer durch diesen Freibrief. [...]« (Schaffer, S. 84ff.).

8 Vgl. Maier, S. 217ff.

9 Dirr, Denkmäler 1, S. 61, Nr. 34; vgl. Solleder, S. 123; vgl. auch Maier, S. 221, 399f. und 403.

10 Dirr, Denkmäler 1, S. 8f., Nr. 3; vgl. Maier, S. 405.

11 Dirr, Denkmäler 1, S. 10, Nr. 4 und S. 34f., Nr. 18.

12 Dirr, Denkmäler 1, S. 35–37, Nr. 19; vgl. Maier, S. 217–221 und Dirr, Grundlagen, S. 138f.

13 MB 36/1 S. 284f.; vgl. Maier, S. 220.

14 Maier, S. 303f.; vgl. Solleder, S. 9.

15 MB 36/2, S. 572; vgl. Maier, S. 221f.; vgl. außerdem die Auflistung der herzoglichen Einnahmen in der Stadt München im bayerischen Herzogsurbar des Viztumamtes München von ca. 1343 (Bayerisches Hauptstaatsarchiv, Kurbayern, Äußeres Archiv, Nr. 4744/9); Druck in: MB 36/2, S. 558; erwähnt in: Maier, S. 221f. und 402f. Zum Verzeichnis von um 1340 und zum Herzogsurbar von um 1343 selbst vgl. Moser, S. 106f.

16 MB 36/2 S. 572 und 558; vgl. Maier, S. 403.

17 Dirr, Denkmäler 1, S. 32f., Nr. 16; vgl. Kronegg, S. 20.

18 Dirr, Denkmäler 1, S. 83–85, Nr. 51; vgl. Solleder, S. 192.

19 Dirr, Denkmäler 1, S. 21f., Nr. 9; vgl. Kronegg, S. 23, und Maier, S. 406.

20 Dirr, Denkmäler 1, S. 160f., Nr. 104. Zur Steuerfreiheit des Kirchenbesitzes vgl. Solleder, S. 199f.

21 Dirr, Denkmäler 1, S. 48f., Nr. 23; vgl. ebd., S. 52*; vgl. Maier, S. 205f. Solleder, S. 80f. und Kronegg, S. 30f.
22 Vgl. Kronegg, S. 19.
23 Dirr, Denkmäler 1, S. 22–24 Nr. 10; siehe auch ebd., S. 26f., Nr. 12; vgl. Kronegg, S. 20 und Dirr, Denkmäler 1, S. 49*.
24 Dirr, Denkmäler 1, S. 24–26, Nr. 11 und Hubert Vogel (Hg.), Die Urkunden des Heiliggeistspitals in München 1200–1500 (Quellen und Erörterungen zur bayerischen Geschichte NF 16,1), München 1960, S. 8f., Nr. 4.
Dirr, Denkmäler 1, S. 13–17, Nr. 7 und H. Vogel, S. 1–4, Nr. 1; Bestätigung dieser Rechte durch Papst Gregor X. mit Urkunde vom 29. März 1273, gedruckt in: Dirr, Denkmäler I, S. 30f., Nr. 14, und in: H. Vogel, S. 9f., Nr. 5; vgl. Solleder, S. 383, vgl. H. Vogel, S. 27*f.; Dirr, Denkmäler 1, S. 49*.
25 Vgl. Solleder, S. 358f. Dirr, Denkmäler 1, S. 49*.
26 Dirr, Denkmäler 1, S. 56, Nr. 29; vgl. Solleder, S. 359.
27 Dirr, Denkmäler 1, S. 98–100, Nr. 61; vgl. Solleder, S. 359.
28 Dirr, Denkmäler 1, S. 85f., Nr. 52; vgl. Solleder, S. 359.
29 Dirr, Denkmäler 1, S. 40–48, Nr. 22; vgl. ebd., S. 50*, 59* und Kronegg, S. 34.
30 Druck mit Übersetzung bei Schaffer, S. 164ff.
31 Dirr, Denkmäler 1, S. 303–372; Photographie der Einleitung des Stadtrechtsbuchs von 1340 (erste Seite): siehe ebd., Tafel 6; vgl. Otto Riedner, Die Rechtsbücher Ludwigs des Bayern (Untersuchungen zur äußeren Geschichte der bayerischen Landesgesetzgebung), in: Deutschrechtliche Beiträge (Forschungen und Quellen zur Geschichte des Deutschen Rechts), hg. v. Konrad Beyerle, Band VI, Heft 3, Heidelberg 1911, S. 253–268 und S. 274–316; vgl. Dirr, Denkmäler 1, S. 54*, 59*, 82* und 90*–96*; vgl. Wilhelm Volkert, Das spätmittelalterliche Städtewesen, in: Handbuch II, S. 516–528, hier S. 525f.
32 Vgl. Heinz Angermeier, Bayern in der Regierungszeit Kaiser Ludwigs IV. (1314–1347), in: Handbuch II, München 1969, S. 141–181, hier S. 142.
33 Dirr, Denkmäler 1, S. 87f., Nr. 54; vgl. ebd., S. 52*.
34 Vgl. Solleder, S. 10 und Dirr, Denkmäler 1, S. 54*; siehe auch ebd., S. 174f., Nr. 113.
35 Vgl. Martin Berg, Das Itinerar Kaiser Ludwigs des Bayern von der Königswahl bis zum Ende des Romzuges (1314–1330) (Diss. masch. München 1983), Anlage I: Der Kalender des chronologischen Itinerars (1314–1347), S. 190–224.
36 Ebd.
37 Dirr, Denkmäler 1, S. 74f., Nr. 44; vgl. Solleder, S. 357f., Kronegg, S. 42.
38 Ebd.
39 Vgl. Solleder, S. 397f.
40 Dirr, Denkmäler 1, S. 157f., Nr. 101; vgl. Solleder, S. 358 und 398; vgl. Kronegg, S. 45.
41 Dirr, Denkmäler 1, S. 80f., Nr. 48; vgl. ebd., S. 53*.
42 Dirr, Denkmäler 1, S. 81f., Nr. 49; vgl. Solleder, S. 130.
43 Stadtarchiv München, A I a (= Privilegien), Nr. 123; Druck: Dirr, Denkmäler 1, S. 139–142, Nr. 87; vgl. Kronegg, S. 43f. und Solleder, S. 30 und S. 151f.
44 Dirr, Denkmäler 1, S. 72f., Nr. 42; vgl. Kronegg, S. 42.
45 Dirr, Denkmäler 1, S. 106f., Nr. 67 bzw. 68; vgl. Solleder, S. 30 und 184f.; vgl. Kronegg, S. 43.
46 Dirr, Denkmäler 1, S. 107–110, Nr. 69 bzw. 70; vgl. Solleder, S. 184f.
47 Freundlicher Hinweis von Herrn Dr. Reinhard Heydenreuter, München.
48 Vgl. Solleder, S. 10 und Dirr, Denkmäler 1, S. 53*.

V. Politik und Wirtschaft im mittelalterlichen München

1 Max Spindler, in: Handbuch II, § 9, S. 69ff.
2 Theodor Straub, Bayern im Zeichen der Teilungen und Teilherzogtümer (1347–1450), in: Handbuch II, S. 185–268, hier 186f.
3 Ebd., S. 188.
4 Solleder, S. 499.
5 Ebd., S. 500.

6 Ebd.
7 Böhmer, S. 21. Auf die Landesteilungen kann hier nicht im einzelnen eingegangen werden.
8 Solleder, S. 155; vgl. Maier, S. 377ff., Schattenhofer (Patrizier) und Karaisl.
9 Schattenhofer, Patrizier, 26.
10 Ebd., S. 29.
11 Ebd., S. 30.
12 Solleder, 14ff., Döbereiner, 67ff.
13 Schultheiß, S. 43.
14 Ebd.
15 Solleder, S. 315ff.
16 Ebd., S. 316.
17 Ebd., S. 318ff.
18 Ebd., S. 323f., Maier, 262ff.
19 Böhmer, S. 20.
20 Ebd.
21 Ebd., S. 26ff.
22 Ebd., S. 29.
23 Ebd., S. 29f.
24 Ebd., S. 33.
25 Ebd., S. 34ff.
26 Jörg Kazmair, Denkschrift über die Unruhen zu München in den Jahren 1397–1403, hg. v. Karl August von Muffat, in: Chroniken der deutschen Städte XV, Leipzig 1894, S. 411–553.
27 Böhmer, S. 36ff.
28 Ebd., S. 36.
29 Ebd., S. 38f.
30 Ebd., S. 41. Die »roten Räder« wurden wahrscheinlich am Kleid getragen. Sie sind als ein ehrverletzendes Polizeistrafmittel zu verstehen.
31 Ebd., 47f.
32 Solleder, S. 517f., vgl. Böhmer, S. 49ff.
33 Solleder, S. 520f.
34 Böhmer, S. 53, vgl. Dirr, Denkmäler I, S. 604–609.
35 Böhmer, S. 55.
36 Dirr, Denkmäler I, S. 405, Nr. 312: *»umb paw der velder«*. Es folgt eine Anweisung zur Dreifelderwirtschaft und Umzäunung. Hier wird deutlich, daß es in München viele Ackerbürger gab. Die Landwirte in der Stadt konnten aber immer nur einen kleinen Teil des Lebensmittelbedarfs decken.
37 Michael Schattenhofer, Wein und Weinwirte im alten München, in: Derselbe, Von Kirchen, Kurfürsten & Kaffeesiedern etcetera. Aus Münchens Vergangenheit, München 1974, S. 367–387.
38 Fritz Sedlmayr, Lore Grohsmann, Die »prewen« Münchens seit 1363 bis zur Aufhebung der Lehensverleihung durch den Landesfürsten, Nürnberg 1969, S. VIIff.
39 Helmuth Stahleder, Bierbrauer und ihre Braustätten. Ein Beitrag zur Gewerbetopographie Münchens im Mittelalter, in: OA 107 (1982), S. 1–164, hier 153, 163.
40 Solleder, S. 151ff.
41 1195 *mercatores de Munichen* als Tuchlieferanten für das Kloster Schäftlarn. Vgl. Weißthanner, Nr. 320. Grundsätzlich dazu: Schattenhofer, Wirtschaftsgeschichte.
42 Stahleder, Haus- und Straßennamen, S. 323.
43 Solleder, S. 31.
44 Hollweck, Stadtgeschichte, S. 24.
45 Solleder, S. 458f. und 483. Über das Kriegswesen der Stadt: ebd. 423ff.
46 Ebd., S. 41f.
47 Schattenhofer, Märkte, S. 79ff.
48 Ebd., S. 80.
49 Ebd., S. 81.
50 Ebd., S. 74f. Stahleder, Haus- und Straßennamen, S. 293.
51 Schattenhofer, Märkte, S. 95ff.
52 Ebd., S. 65ff.
53 Ebd., S. 69.

54 Stahleder, S. 265, Schattenhofer, Märkte, S. 81f.
55 Stahleder, S. 270.
56 Schattenhofer, Märkte, S. 81f. Solleder, S. 252ff.
57 Schattenhofer, Märkte, S. 82f. und 87.
58 Ebd., S. 89f. Rambaldi, S. 119.
59 So auch auf der Ansicht der Stadt von Osten in der Weltchronik des Hartmann Schedel aus dem Jahr 1493. Rambaldi, S. 152.
60 Schattenhofer, Märkte, S. 90.
61 Werner Kohl, Recht und Geschichte der alten Münchner Mühlen (MBM 15), München 1969, S. 8ff. und 45ff.
62 Ebd. und Kleemaier, S. 79–93. Zu den Namen der Stadtbäche: Stahleder, Straßen- und Hausnamen, S. 666ff. und Hilble.
63 Kohl (wie Anm. 61).
64 Ebd., S. 39.
65 Kleemaier, S. 81, Solleder, S. 396, Münch, S. 126.
66 Solleder, S. 274ff.
67 Ebd., S. 225.
68 Ebd., S. 226.
69 Ebd., S. 228.
70 Schattenhofer, Die geistliche Stadt, S. 25f.
71 Solleder, S. 396.
72 Ebd.
73 Ebd., S. 391ff.
74 Solleder, S. 115f. Vgl. auch: Heinrich Rubner, Die Landwirtschaft in der Münchner Ebene und ihre Notlage im 14. Jahrhundert, in: Vierteljahrsschrift für Sozial- und Wirtschaftsgeschichte 51 (1964), S. 433–453.
75 Larsen, S. 72ff.
76 Solleder, S. 99ff.
77 Ebd., S. 102ff.
78 Ebd., S. 397ff.
79 Schrott, S. 43.
80 Solleder, S. 402. Schattenhofer, Henker, S. 135.
81 Solleder, S. 403. Schattenhofer, Henker, S. 137.
81 Solleder, S. 403. Schattenhofer, Henker, S. 137.
82 Solleder, S. 533.
83 Selig, Synagogen, S. 11. Dazu grundsätzlich: Geschichte und Kultur der Juden in Bayern, hier besonders S. 95–101: Josef Kiermeier, Aufnahme, Verfolgung und Vertreibung. Zur Judenpolitik bayerischer Herzöge im Mittelalter.
84 Selig, Synagogen, S. 12. Solleder S. 495 und 532.
85 Solleder, S. 131.
86 Leo Baerwald, Juden und jüdische Gemeinden in München vom 12. bis 20. Jahrhundert, in: Vergangene Tage, S. 10–30, hier 20.
87 Ebd., S. 496.
88 Selig, Synagogen, S. 17.
89 Solleder, S. 229.
90 Baerwald (wie Anm. 86).
91 Selig, Synagogen, S. 24, Solleder, S. 131.
92 Selig, Synagogen, S. 33, Solleder, S. 130ff. und 522ff.
93 Selig, Synagogen, S. 20ff., Solleder, S. 523, Stahleder, Haus- und Straßennamen, S. 144.

VI. Kulturelle Blüte

1 Solleder, S. 71.
2 Ebd., S. 74.
3 Kleemaier, S. 79. Vgl. Dieter Oestereich, Die Entstehung des Stadtgrundrisses von München und

seine Entwicklung bis zur Mitte des 13. Jahrhunderts, Diss. München 1950, Gustav Schneider, Der Werdegang des ältesten Münchener Stadtkernes, in: OA 112 (1988), S. 181–195, und Maier, S. 55f.
4 Solleder, S. 361. Maier, S. 53f.
5 Solleder, S. 358f.
6 Ebd., S. 397f.
7 Erwin Schleich, Die St. Peterskirche in München. Ihre Baugeschichte und ihre Beziehungen zur Stadt im Mittelalter (OA), München 1958, hier besonders S. 42ff. Maier, S. 25ff.
8 Hartig, S. 27ff.
9 Wilhelm Kücker, Das alte Franziskanerkloster in München. Baugeschichte und Rekonstruktion, in: OA 86 (1963), S. 5–158.
10 Lieb, S. 25.
11 Josef Hemmerle, Geschichte des Augustinerklosters in München, München-Pasing 1956. Brigitte Herrbach, Die Baugeschichte der Münchner Augustinerkirche, in: OA 111 (1986), S. 7–45.
12 Hartig, S. 12ff.
13 Christl Karnehm, Die Münchner Frauenkirche. Erstausstattung und barocke Umgestaltung (MBM 113), München 1984, hier besonders S. 4ff.
14 Solleder, S. 372ff. Karnehm (wie Anm. 13), S. 18ff.
15 Solleder, S. 334ff.
16 Ebd., S. 336.
17 Ebd., S. 370ff. Vgl. Schattenhofer, Das Alte Rathaus.
18 Solleder, S. 336.
19 Lieb, S. 22.
20 Lieb, S. 20.
21 Lieb, S. 23.
22 Lieb, S. 22. Vgl. Hartig, S. 74f.
23 Lieb, S. 29.
24 Ebd.
25 Ebd.
26 Ebd.
27 Wittelsbach und Bayern I, 2, S. 233ff., Nr. 355 (mit Abb.). Vgl. Heinz Lieberich, Eine zeitgenössische Darstellung Kaiser Ludwigs des Bayern, in: ZBLG 23 (1960), S. 128–136.
28 Lieb, S. 23.
29 Lieb, S. 34ff.
30 Lieb, S. 45ff.
31 Solleder, S. 362. Vgl. Schattenhofer, Die geistliche Stadt, S. 26.
32 Solleder, S. 8f. Vgl. Morenz, S. 3ff.
33 Solleder, S. 61ff. Vgl. Morenz, S. 8 (mit Abb. 16).
34 Solleder, S. 61.
35 Ebd., S. 63f.
36 Ebd., S. 44
37 Karl Bosl, Die »Geistliche Hofakademie« Kaiser Ludwigs des Bayern in alten Franziskanerkloster zu München, in: Der Mönch im Wappen, S. 97–129. Alois Schütz, Der Kampf Ludwigs des Bayern gegen Papst Johannes XII. und die Rolle der Gelehrten am Münchner Hof, in: Wittelsbach und Bayern I, 1, S. 388–397. Mit ausführlichen Literaturangaben zu den einzelnen Gelehrten.
38 Siegmund Riezler, Kaiser Ludwig der Bayer, Meister Ulrich der Wilde und Meister Ulrich der Hofmaier von Augsburg, in: Forschungen zur deutschen Geschichte 15 (1974), S. 1–17.
39 Solleder, S. 46.
40 Ebd., S. 47. *Wilhelm von Ockam* war neben *Marsilius von Padua* Vorbild für die Gestalt des *William von Baskerville* in dem Roman »Der Name der Rose« von Umberto Ecco. Vgl. Klaus Ickert, Ursula Schick, Das Geheimnis der Rose – entschlüsselt, München 1987, S. 48ff.
41 Solleder, S. 47.
42 Ebd., S. 46.
43 Ebd., S. 52.
44 Ebd., S. 53f.
45 Ebd., S. 52: *»Ich von Pairn Hainreich, von Münichen aus der werden stat«.*
46 Ebd., S. 54.

47 Ebd., S. 48.
48 Ebd., S. 49.
49 Ebd.
50 Fridolin Solleder, Zu Münichen im Baierland, in: Lechner, S. 16–37, hier 31.
51 Solleder, S. 59 und 371, vgl. Hellmut Rosenfeld, Der Münchner Maler und Dichter Ulrich Fuetrer (1430–1496) in seiner Zeit und sein Name (eigentlich »*Furtter*«), in: OA 90 (1968), S. 128–140.
52 Ebd., S. 346ff. Vgl. Dieter Harmening, Johann Hartlieb. Die Übersetzung des Dialoges Miraculorum, in: Bayerische Literaturgeschichte in ausgewählten Beispielen. Mittelalter, hg. v. Eberhard Dünninger, Dorothee Kiesselbach, München 1965, S. 368–383.
53 Leonhard Koester, Albert Lesch. Ein Münchner Meistersinger des 15. Jahrhunderts. Diss. München 1933. Christoph Petzsch, Albrecht Lesch. Münchner Liedautor und Salzsender im Spätmittelalter, in: OA 109 (1984) H. 2, S. 291–310.
54 Solleder, S. 65. Vgl. Pius Dirr, Buchwesen und Schrifttum im alten München 1450–1800, München 1929.
55 Solleder, S. 65, 201 Anm. 3. Karl Schottenloher, Der Münchner Buchdrucker Hans Schobser 1500–1530, München 1929.
56 Solleder, S. 66.
57 Ursprung, S. 11.
58 Ebd., S. 20ff. Henzel, S. 18.
59 Leo Söhner, Die Musik an der Münchner Frauenkirche, München 1934, S. 11.
60 Solleder, S. 55. Vgl. Theo Göllner, Mehrstimmige Musik im mittelalterlichen Bayern, in: Wittelsbach und Bayern I, 1, S. 512–519.
61 Solleder, S. 340f. Henzel, S. 18f.
62 Odilo Lechner, Das katholische München heute, in: Der Mönch im Wappen, S. 533–547, hier 533.
63 Maier, S. 104.
64 Ebd., S. 103.
65 »*Cum igitur populus baptismalis ecclesie sancti Petri in Monaco adeo per dei graciam excreverit in inmensum* [...]«. Dirr, Denkmäler 1, S. 23.
66 Ebd., S. 22ff., Nr. 10. Vgl. die Bestätigung der Erhebung der Marienkapelle zur Pfarrkirche durch Papst Gregor X. im Jahr 1273, ebd., S. 26ff., Nr. 12.
67 Solleder, S. 384ff.
68 Ebd., S. 534ff.
69 Ebd., S. 382ff. Rädlinger, Armenwesen, S. 20ff.
70 Solleder, S. 388. Vgl. Adalbert Mischlewski, Die Antoniter: Eine unbekannte Beziehung München-Memmmingen, in: OA 97 (1973) 480–487, hier 482, mit Text aus Ratsprotokoll Nr. 2.54 A.1469–1482, fol. 77 v. Michael Schattenhofer, Die Rennsau, in: Münchner Stadtanzeiger 1964, Nr. 22, S. 7.
71 Solleder, S. 384.
72 Solleder, S. 409. Eine interessante Darstellung der Vorgänge gibt Falk Ohorn, Das Gnadenjahr lockte alle nach München, in: Münchner Stadtanzeiger 23. Juli – 13. August 1992.
73 Der Schatz vom Heiligen Berg Andechs, Bayerisches Nationalmuseum München, Kloster Andechs 1967, S. 17f.
74 Solleder, S. 409f.
75 Ebd., S. 410.
76 Ebd.
77 Ebd., S. 486f.
78 Ebd., S. 372f.

VII. München in der Frühen Neuzeit – Die Residenzstadt

1 Schattenhofer, München. S. 11.
2 Wolf, Das kurfürstliche München, S. X.
3 Schattenhofer, Mariensäule, S. 4.
4 Schattenhofer, München, S. 16.
5 Schremmer, S. 169.

6 Schwab, Teuerung, S. 177ff.
7 »Die Stadt ist berühmt wegen der besten Lautensaiten in ganz Deutschland« – zitiert nach Dussler, S. 30.
8 Er schrieb von »*Gran copia die pelle et di corde di lauto*«, (zitiert nach Dussler, S. 32).
9 Die folgenden Angaben zu den Stadtvierteln nach Elisabeth Lukas-Götz, Zur sozialen Struktur Münchens im 16. Jahrhundert. Eine Auswertung des Münchner Häuserbuchs, (Mag.arbeit, unveröff.) München 1987.
10 Störmer, Residenzen, S. 21.
11 Der Name Hackenviertel weist u. U. auf eine ursprüngliche Umzäunung mit Hecken hin (Hag, Gehag = Einfriedung).
12 Dazu: Hans Glöckle, Ein Gipfel, der München teuer zu stehen kam. Der Einzug Kaiser Karls V. an der Isar, in: Münchner Stadtanzeiger v. 11. Juni 1992, S. 16.
13 Lieb, S. 73.
14 Turnierbuch Herzog Wilhelms IV., aufgezeichnet 1544 von Hanns Schrenck, heute: Staatsbibliothek; Angabe nach Heinz Biehn (Hg.), Feste und Feiern im alten Europa, München o. J. [1962], 184f.
15 Otto Hartig, Die Kunsttätigkeit in München unter Wilhelm IV. und Albrecht V. 1520–1579, in: Münchner Jb. d. bild. Kunst X/3–4 (1933), S. 147–225, 148.
16 Dieser Gedanke wurde im 19. Jahrhundert im Zuge der Neogotik wieder aufgegriffen.
17 S. dazu Reinhard Heydenreuter, Der landesherrliche Hofrat unter Herzog und Kurfürst Maximilian I. von Bayern (1598–1651), München 1981, S. 94 und 301–363 sowie Maximilian Lanzinner, Fürst, Räte und Landstände. Die Entstehung der Zentralbehörden in Bayern 1511–1598, Göttingen 1980, S. 289–421.
18 Johann Andreas Schmeller, Bayerisches Wörterbuch, München 2. Ausg. 1872–1877 (Nachdruck 1985), Sp. 313ff.
19 Lechner, S. 18.
20 S. dazu Schmid, Stadt und Humanismus, S. 239–278.
21 Ebd., S. 268f.
22 Fridolin Solleder, »Zu Münichen im Bayernland« ..., in: Lechner, S. 21 (ohne Quellenangaben).
23 S. dazu auch Hecker und Heydenreuter, in: Geschichte der Stadt München, 1992.
24 Vgl. die Bestimmungen im Rudolfinum, Kap. IV, S. 40, im vorliegenden Band.

VIII. Stadt in der Gegenreformation

1 Hierzu Elisabeth Killy-Schultheiss, Wittelsbachische Hochzeitsfeste 1474–1574. Festorte: Residenzstädte – Festorganisationen – Feiern, (Mag.arbeit, unveröff.) München, 1985.
2 Rößler, S. 20.
3 Roepke, S. 14ff.
4 Schattenhofer, München, S.25.
5 Ebd.
6 Zitiert nach Destouches, Säkularbild, S. 496.
7 Ebd., S. 438.
8 Zahlen errechnet aus den Angaben des Münchner Häuserbuchs, Bd. II: Kreuzviertel; s. a. Elisabeth Lukas-Götz, Zur sozialen Struktur Münchens im 16. Jahrhundert. Eine Auswertung des Münchner Häuserbuchs, (Mag.arbeit, unveröff.) München 1987, S. 137, Anm. 128.
9 Biller/Rasp, S. 143.
10 S. das Ausgabenbuch des Grafen Preysing, der 1632 den Kauf von Parmesankäse aus dem Gut Schleißheim notiert; vgl. Josef Sturm, Johann Christoph von Preysing. Ein Kulturbild aus dem Anfang des 30jährigen Kriegs, München 1923, S. 275.

IX. München – Hauptstadt des Kurfürstentums Bayern

1 Horst Leuchtmann, Die Maximilianeische Hofkapelle, in: Wittelsbach und Bayern II/1, 364–375, besonders S. 373, Anm. 6.

2 Kurt Pfister, Kurfürst Maximilian I. von Bayern, München 1980, S. 79.
3 Teilweise abgedruckt: ebd., S. 314ff.
4 Ebd., S. 79.
5 Leuchtmann (wie Anm. 1), S. 374, Anm. 11.
6 Heydenreuther, S. 196.
7 Nach Dorothea Diemer, Bronzeplastik in München um 1600. Neue Quellen und Forschungen II (Jb. d. Zentralinst. f. Kunstgesch. II) 1986, S. 107ff., besonders 144ff.
8 Das Berühren der Goldknöpfe der Schilde, die die Löwen halten, soll Glück bringen – wie die blankgeputzten Goldknöpfe zeigen, glauben daran auch heute noch sehr viele Menschen.
9 Huse, S. 37.
10 Schattenhofer, Mariensäule, S. 6.
11 Ebd., S. 9: 9. November.
12 Biller/Rasp, S. 131.
13 Wolf, Das kurfürstliche München, S. 12.
14 Roeck, S. 439f.
15 Nach Destouches, Urkundliche Beiträge, S. 39–70.
16 Maximilian Gf. Topor Morawitzky, Fragmente aus der Zeit des dreißigjährigen Krieges, in: Verh. d. hist. Vereins Niederbayern 16 (1871), S. 197–229, besonders 202.
17 Horst Leuchtmann, Zeitgeschichtliche Aufzeichnungen des Bayerischen Hofkapellaltisten Johannes Hellgemayr aus den Jahren 1595–1633, in: OA 100 (1975) S. 142–221, hier 212.
18 Ebd., S. 204f.
19 Laturell/Mooseder, S. 172.
20 Zitiert nach Dussler, S. 34ff.

X. Zwischen Absolutismus und Aufklärung, Barock und Rokoko

1 Andreas Kraus, in: Handbuch II, S. 413.
2 Lieb, S. 125. Nösselt, S. 57.
3 Nösselt, S. 58ff.
4 Ebd., S. 57.
5 Ebd., S. 58ff. Rall, Zeittafeln, S. 39.
6 Lieb, S. 125f.
7 Lieb, S. 120ff., 140; vgl. Huse, S. 54f. Biller/Rasp, S. 27.
8 Lieb, S. 216f.
9 Heimers, S. 233.
10 Heimers, S. 236f.; vgl. Kraus, S. 280ff.
11 Dies diente wohl der Vorbereitung von Zensurmaßnahmen; vgl. Fichtl, S. 174; Hollweck, Stadtgeschichte, S. 72.
12 Kraus, S. 272; vgl. Hager, S. 9ff. Bauer-Wild.
13 Reinhard Bauer, Ortsnamen und Siedlungsentwicklung in Neuhausen und Nymphenburg, in: 100 Jahre Eingemeindung Neuhausen, hg. v. Michael Lotterschmid [München 1990], S. 9–14, hier 13.
14 Ebd.
15 Hüttl, Max Emanuel, S. 15f.
16 Ebd., S. 21.
17 Ebd., S. 572, Anm. 129.
18 Ebd., S. 122.
19 Ebd., S. 132ff., 143ff.
20 Ebd., S. 156.
21 Ebd., S. 157.
22 Ebd., S. 196ff.
23 Ebd., S. 257ff.
24 Ebd., S. 573f.
25 Ebd., S. 367.
26 Kraus, S. 311. Vgl. Henric L. Wuermeling, Volksaufstand. Die Geschichte der bayerischen Revolution von 1705 und der Sendlinger Mordweihnacht, Berlin, Wien 1983, S. 223ff.

27 Hüttl, Max Emanuel, S. 455f.
28 Ebd., S. 526ff.
29 Huse, S. 72ff. Vgl. Hojer, besonders S. 146ff.
30 Heidrun Kurz, Schloß Dachau (Schriften aus dem Institut für Kunstgeschichte der Universität München 30, München 1988, S. 77ff. Gabriele Imhof, Der Schleißheimer Schloßgarten des Kurfürsten Max Emanuel von Bayern. Zur Entwicklung der barocken Gartenkunst am Münchner Hof (MBM 82), München 1979.
31 Diese dienten, wie auch die Schlößchen im Lehel und in Neuhausen Jagdzwecken (Bauer, S. 213). Max Emanuel ließ ein Kanalnetz zwischen den Schlössern im Münchner Norden errichten, um besser Baumaterial transportieren lassen zu können. Die Kanäle dienten auch für Lustfahrten mit venezianischen Gondeln (Volker D. Laturell, Wie aus der Moosach der Feldmochinger Mühlbach wurde. Das Gewässernetz im Münchner Norden [= Feldmochinger Hefte 2], München 1978, S. 12ff.).
32 Hager, S. 22ff. und 30ff.; vgl. Hojer, S. 158ff.
33 Dombart, Schwabing, S. 98ff.
34 Zwei Münchner Adelspalais. Palais Porta, Palais Preysing, hg. v. Elfi M. Haller, München 1984.
35 Schattenhofer, Häuserbuch II, S. 5. Huse, S. 55. Lieb, S. 143, 174f., 188f.
36 Wolf, Das kurfürstliche München, S. 173.
37 Kraus, S. 317.
38 Huse, S. 79. Friedrich Wolf, François de Cuvilliés (1695–1768), Der Architekt und Dekorschöpfer (OA 89), München 1967, hier besonders S. 37ff.
39 Huse, S. 82; vgl. Heimers, S. 221.
40 Huse, S. 60ff.
41 Huse, S. 68ff. Knauer-Nothaft, Kasberger, S. 37ff.
42 Huse, S. 64.
43 Lieb, S. 176ff.
44 Kraus, S. 320f.
45 Heimers, S. 216.
46 Bayerisches Hauptstaatsarchiv, Tagebuch Kaiser Karls VII. Vgl. Bayern, S. 138ff.
47 Bauer, S. 248.
48 Hollweck, Stadtgeschichte, S. 66. Gebele, S. 40ff.
49 Ernst von Destouches, Das ehemalige Spital und die Kirche St. Max vor dem Sendlingerthore, in: OA 29 (1889/70), S. 273–292. Derselbe, Das ehemalige Spital und die Kirche der Elisabethinerinnen zu den hl. fünf Wunden vor dem Sentlingerthore, in: OA 29 (1869/70), S. 293–322.
50 Kraus, S. 338f.
51 Veronika Baur, Kleiderordnungen in Bayern vom 14. bis zum 19. Jahrhundert (MBM 62), München 1975, S. 66ff.
52 Ludwig Hammermayer, in: Handbuch II, S. 1074ff.
53 Huse, S. 94ff.
54 Huse, S. 101ff.
55 Nösselt, S. 102f. und 116ff.
56 Andreas Kraus, in: Handbuch II, S. 787f.
57 Ebd., S. 787.
58 Hollweck, S. 58.
59 Cornelia Baumann, Wie wenige sind, die dieses wagen! Franz von Kohlenbrenner (Traunstein 1728 – München 1783). Ein bayerischer Wegbereiter ins 19. Jahrhundert, Grabenstätt 1985.
60 Andres Kraus, in: Handbuch II, S. 1025. Vgl. Karl von Reinhardstöttner, in: Forschungen zur Kultur- und Literaturgeschichte Bayerns, I, München, Leipzig 1893, S. 121–226.
61 Professor Westenrieder, Beschreibung der Haupt- und Residenzstadt München (im gegenwärtigen Zustande), München 1782 (Faksimile-Nachdruck München 1984). Seine sämtlichen Werke erschienen 1831ff. in 32 Bänden. Vgl. Hans Pörnbacher, Lorenz von Westenrieder, in: Bayerische Literaturgeschichte, hg. v. Eberhard Dünninger, Dorothee Kiesselbach, Bd. 2, München 1967.
62 Dirrigl, Ludwig I., S. 538f.
63 Hammermayer, Illuminaten, S. 146ff.
64 Ebd., S. 150ff.
65 Heimers, S. 242.
66 Ebd., S. 237ff.

67 Friedrich H. Hofmann, Geschichte der Bayerischen Porzellan-Manufaktur Nymphenburg, 3 Bände, Leipzig 1921/1923.
68 Puschner, S. 355 ff.
69 Puschner, S. 407 ff.; vgl. Heimers, S. 241.
70 Rall, Hausvertäge, S. 38 ff.
71 Kraus, S. 358.
72 Wahrer Überblick der Geschichte der baierischen Nation, oder das Erwachen einer Nation nach einem Jahrtausend, Straßburg 1800, S. 57.
73 Luise Paluch, Lorenzo Quaglio, in: OA 108 (1983), S. 1–217.
74 Richard Messerer, Georg von Dillis. Leben und Werk, in: OA 84 (1961), S. 7–186.
75 Nösselt, S. 104 und 111 ff.
76 Ebd., 112 ff. Über die kulturellen Anstöße Karl Theodors informiert: Stephan Pflicht, Kurfürst Carl Theodor von der Pfalz und seine Bedeutung für die Entwicklung des deutschen Theaters. Die Begründung des Mannheimer und des Münchner Nationaltheaters im Zusammenhange wittelsbachscher Kultur- und Bildungspolitik im Zeitalter der Aufklärung, Reichling 1976.
77 Bauer, S. 246 f.
78 Ebd., S. 248 f.
79 Larsen, S. 10 ff.
80 Ebd., S. 60.
81 Ebd., S. 68 ff.
82 Ebd., S. 74 ff.
83 Ebd., S. 83 ff. und 88. Vgl. Bauer, S. 254 f. Möhl, S. 32 ff. Baumann, S. 406 ff. Rädlinger, Armenwesen, S. 93 ff. Armenfürsorge, S. 37 f.
84 Larsen, S. 112. Zum Schulwesen der Stadt München vgl. Gebele, S. 105 ff.
85 Larsen, S. 90 ff.
86 Ebd., S. 90 und 182 ff.
87 Ebd., S. 170 ff.
88 Dombart, Englischer Garten, S. 27; vgl. Bauer, S. 252.
89 Larsen, S. 95; Dombart, Englischer Garten, S. 28.
90 Dombart, Englischer Garten, S. 33 f.
91 Pankraz Frhr. v. Freyberg, Die »Geburtsurkunde« des Englischen Gartens vom 13. August 1789 – eine Neuentdeckung, in: 200 Jahre Englischer Garten München 1789–1989, [München 1989], S. 77 f.
92 Larsen, S. 108.
93 Ebd., S. 115.
94 Michael Schattenhofer, Der Kniefall des Münchner Rats vor dem Kurfürsten Karl Theodor, in: ZBLG 27 (1964), S. 302–330. Zusammenfassend zu Hintergründen und Auswirkungen des Kniefalls: Bauer, S. 255 ff.
95 Larsen, S. 117 und 143 ff.
96 Bauer, S. 261.
97 Larsen, S. 147.
98 Lehmbruch, S. 63 ff.
99 Ebd., S. 243.
100 Heimers, S. 211. Dazu die Bemerkungen von Johann Pezzl (wie Kap. XI, Anm. 33, S. 110) etwa zum Jahr 1780: *»Der Umkrreis von München beträgt 5800. gemeine Schritte. Die Stadt hat mit ihren Vorstädten 1676 Häuser und Gebäude. Ich sehe nicht wie man die Gebäude von Nymphenburg, und von dem noch weiter entfernten Schleißheim und Fürstenried dazu rechnen könne wenn es schon kurfürstliche Lustschlösser sind. Will man sie aber in diesem Betracht zu München zählen, so hat es 1700 Häuser, und diese haben 8829 Feuerstellen. – Die Strassen sind zu Nachts mit 600 Laternen beleuchtet; Aber manchmal steht es mit dieser Beleuchtung, wie mit der Aufklärung im Lande. Es giebt grosse weite Lücken, und tieffe Finsternissen.«*
101 Heimers, S. 212.
102 Ebd., S. 215 f.
103 Huse, S. 110.
104 Lehmbruch, S. 43 ff. Vgl. Peter Grobe, Die Entfestigung Münchens (MBM 27), München 1970.
105 Zerback, S. 286.
106 Rambaldi, S. 133. Stahleder, Haus- und Straßennamen, S. 171.

107 Lehmbruch, S. 58, mit Bildern S. 59.
108 Hans Lehmbruch, Der Wettbewerb für die Anlage der Maxvorstadt, in: Klassizismus, S. 199ff.
109 Thinesse-Demel, S. 60ff.

XI. Das neue München

1 Rall, Hausverträge, S. 41ff. Adalbert Prinz v. Bayern, Max I. Joseph von Bayern. Pfalzgraf, Kurfürst und König, München 1957, S. 359ff. Das Interesse von Max I. galt besonders den Wissenschaften, die er sehr förderte. Vgl. Laetitia Boehm, Bildung und Wissenschaft im Zeitalter Maximilian Josephs, in: Wittelsbach und Bayern III, 1, S. 186–220.
2 Kraus, S. 364ff. Eberhard Weis, Montgelas 1759–1799. Zwischen Revolution und Reform, München 1971.
3 Eberhard Weis, Das neue Bayern – Max I. Joseph und die Entstehung und Ausgestaltung des Königsreichs 1799 bis 1825, in: Wittelsbach und Bayern III, 1, S. 49–64, hier S. 52.
4 Kraus, S. 368f.
5 Weis (wie Anm. 3), S. 52f.
6 Roger Dufraisse, Napoleon und Bayern, in: Wittelsbach und Bayern III, 1, S. 221–229, hier 224. Kobell, S. 68ff.
7 Rainer Braun, Die Bayern in Rußland 1812, in: Wittelsbach und Bayern III, 1, S. 260–271, hier 269.
8 Klassizismus, S. 199–207. Florian Zimmermann, Wohnbau in München 1800–1850 (MBM 129), München 1984, S. 6 ff.
9 Oswald Hederer, Karl von Fischer, München 1973. Ilse Springorum-Kleiner, Karl von Fischer 1782–1820, hg. v. Winfried Nerdinger (MBM 105), München 1982, S. 33 ff., 43 ff., 52 ff.
10 Oswald Hederer, Leo von Klenze, Persönlichkeit und Werk, München [2]1981.
11 J. B. Dornhofer's Merkwürdigkeiten von München vom Jahre 1788–1806, S. 74. Arndt-Baerend, S. 188.
12 Arndt-Baerend, S. 6, 163 ff., Der Anteil der Geistlichen in der Stadt sank dann von 1802 (270 auf 10.000 Einwohner) und 1850 (40/10.000) bis 1973, einschließlich Protestanten (5/10.000). Ebd., S. 199, Anm. 27.
13 Ebd., S. 39 ff. Dirrigl, Ludwig I., S. 382: »1802/03 waren alle Abteien in München aufgelöst bis auf die Englischen Fräulein, die Elisabethinerinnen, die Barmherzigen Brüder und die Nonnen von Notre-Dame in Nymphenburg (deren Aufhebung 1807/09 erfolgte).«
14 Arndt-Baerend, S. 76 ff.
15 Ebd., S. 116 ff.
16 Morenz, S. 10 f. mit Abb. Nr. 35.
17 Fentsch, S. 105.
18 Kitzmann, S. 55, 63.
29 Ebd., S. 66.
20 Ebd., S. 67, 82.
21 Ebd., S. 68, 84 ff. Vgl. Geschichte der ersten Bürgeraufnahme eines Protestanten in München. Ein Beitrag zur Charakteristik der Baierischen Landstände mit Urkunden, 1801 (Nachdruck München 1976).
22 Roepke, S. 336 ff.
23 Kitzmann, S. 90 ff. Ausführlich über Grundlagen, Personen und Alltagsleben der evangelischen Gemeinde: Ludwig Turtur, Anna Lore Bühler, Geschichte des Protestantischen Dekanates und Pfarramtes München 1789–1852. Ein Beitrag zur Religionspolitik des 19. Jahrhunderts, Nürnberg 1969.
24 Kitzmann, S. 119.
25 Ebd., S. 94 f.
26 Ebd., S. 107.
27 Ebd., S. 183, 195 ff.
28 Selig, Synagogen, S. 35.
29 Ebd., S. 47. Zur Situation der Juden in München, besonders auch im Zusammenhang mit der Revolution von 1848/49: Hummel, S. 299 ff.

30 Selig, Synagogen, S. 47 ff.
31 Ebd., S. 38.
32 Ebd., S. 58 ff., 81 ff.
33 Johann Pezzl, Reise durch den Baierischen Kreis 1784 (Faksimileausgabe der 2. Ausgabe, München 1973). Als Anhang: Josef Pfennigmann, Johann Pezzls Leben und Werk, S. 284–260.
34 Ebd., S. 174.
35 Ebd., S. 154. Es wird aber auch betont: »*München ist die schönste Stadt Deutschlands; dieß gesteht ihr jedermann zu*« (S. 110) oder »*Man lebt hier sehr wohlfeil, sehr bequem und sehr frei*« (S. 119) und weiter »*Die hiesigen Bürger sind, im Ganzen genommen, noch sehr wohlhabende Leue, ob sie es schon nicht gestehen wollen. Es läßt drollig, wenn ein Bauer, ein Wirth, ein Bäcker, Fleischhacker etc. dessen Körper anderthalb Klafter in der Peripherie hat, und dem ein dreifaches von Fette triefendes Unterkinn bis an die Brust herunter hängt, über schlechte Zeiten, viele Abgaben und Nahrungsmangel klagt; und wenn ihn seine werthe Hälfte, die noch um vier Spannen dicker ist, und eine dritthalb Pfund schwere silberen Kette an der Schnürrbrust trägt, in seinen Klagen unterstützt. Das dünnbeinichte, unbewadete, leichte Volk der Schneider, Perückenmacher, Goldarbeiter etc. widerlegt zwar durch seine Körpermasse seine erkünstelten Klagen nicht; aber der Kleiderpracht dieser Zünftlinge der sie von Grafen und Ministern bloß durch den Mangel eines goldenen Sterns oder Schlüssels unterscheidet, zeugt von dem Ungrund ihrer Winseleien.*
Ein großer Theil Pöbels ist zwar sehr arm; aber er findet doch immer Gelegenheit, sich so viel zu verdienen, oder zu erbetteln, daß er sich einen Krug Bier anschaffen kann; und bei diesem ist er sich in seinen eignen Augen reich genug.«
36 Richard J. Brunner, Johann Andreas Schmeller, Sprachwissenschaftler und Philologe, Innsbruck 1981. Vgl. Schmeller.
37 Schmeller, S. 25.
38 Armenfürsorge, S. 95.
39 Ebd., S. 50. Heydenreuter (wie Anm. 47), S. 23.
40 Armenfürsorge, S. 52 ff. Heydenreuter (wie Anm. 47), S. 23 ff.
41 Zerback. S. 298.
42 Ebd. 298 f.
43 Schmeller, S. 239. Hummel, S. 175 ff.
44 Hummel, s. 253 ff. Müller, S. 14 ff.
45 Müller, S. 81 ff.
46 Im Dunst, S. 51.
47 Reinhard Heydenreuter, Gesetze gegen das Elend – staatliche Regelungen zur Ansässigmachung und Eheschließung, in: Biedermeiers Glück und Ende, S. 23–43, hier 27 ff. Zu bedenken ist auch, daß etwa ein Drittel der Stadtbevölkerung um 1800 aus Dienstboten bestand (Armenfürsorge, S. 93). Ausführlich auch über die Entwicklung im 17. und 18. Jahrhundert: Hesse, S. 18 ff.
48 Heydenreuter (wie Anm. 47), S. 28 ff.
49 Ebd., S. 30 f., 33.
50 Armenfürsorge, S. 50 ff. Heydenreuter (wie Anm. 47), S. 39 ff.
51 Heydenreuter (wie Anm. 47), S. 34 ff.
52 Die Landwirtschaft in Bayern, Denkschrift, nach amtlichen Quellen bearbeitet, München 1890, S. 14. Schmeller, S. 190 ff. Baier, S. 31 ff.
53 Schmeller, S. 190ff.
54 Baier, S. 45 ff. Ausführlich dazu: Siegfried Wichmann, Carl Spitzweg, Herrsching 1985, S. 44 ff.
55 Baier, S. 138 ff.
56 Schmeller, S. 318.
57 Münch, S. 128 ff.
58 Kobell, S. 201.
59 Gollwitzer, S. 56.
60 Ebd., S. 59.
61 Ebd., S. 90 ff.
62 Ebd., S. 95 ff.
63 Gollwitzer, S. 99 ff. Ludwig verfaßte, wie viele in dieser Zeit, Gedichte und Dramen. Er hielt sich für einen bedeutenden Poeten und schrieb:
»*Aus dem Gewühl der ew'gen Arbeit drängt*
Es meine Seele zu den Musen hin.

Erheitert wird das ernste Leben durch
Die hohe Kunst ... [...]« (Vorwärts, S. 396)
Als Heinrich Heine in München keine Anstellung bekam, verfaßte er ein Spottgedicht:
»[...] *Herr Ludwig ist ein großer Poet,*
Und singt er, so stürzt Apollo
Vor ihm auf die Knie und bittet und fleht:
Halt ein! ich werde sonst toll, o! [...]« (Dirrigl, Ludwig I., S. 691).

64 Hüttl, Ludwig I. S. 50 ff.
65 Raimund Wünsche, Ludwigs Skulpturenerwerbungen für die Glyptothek, in: Glyptothek, S. 23–83, hier 30 f.
66 Birgit Angerer, Die Münchner Kunstakademie zwischen Aufklärung und Romantik. Ein Beitrag zur Kunsttheorie und Kunstpolitik unter Max I. Joseph (MBM 123), München 1984. Zerback, S. 283. Zu den von Ludwig besonders geschätzten und geförderten Künstlern zählten noch die romantischen Maler Peter von Cornelius (1783–1867) und Wilhelm von Kaulbach (1805–1874) sowie der Bildhauer Ludwig von Schwanthaler (1802–1848). Vgl. Ludwig I. von Bayern. Der königliche Mäzen (Bayerische Staatsbibliothek, Ausstellungskatalog 38), München 1968, S. 23 ff.
67 Adolf Bayersdorfer, Carl Rottmann, München, Berlin 1871.
68 Moritz von Schwind, Briefe 1822–1870, hg. v. Hannelore Gärtner, Leipzig 1986, S. 226 ff.
69 Hermann Uhde-Bernays, Carl Spitzweg, Des Meisters Leben und Werk, München [10]1938.
70 Ute Immer, Die deutsche Genremalerei im neunzehnten Jahrhundert. Diss. Heidelberg 1987, S. 141 ff.
71 Gollwitzer, S. 146 ff.
72 Gerda Möhler, Das Münchner Oktoberfest. Brauchformen des Volksfestes zwischen Aufklärung und Gegenwart (MBM 100), München 1980, S. 4 ff. 175 Jahre Oktoberfest, S. 11 ff.
73 Romantik, S. 122. Das Zitat ist zwar nicht wörtlich verbürgt, drückt aber die erkennbare Absicht des Königs gut aus.
74 Ludwig Richter, Lebenserinnerungen eines deutschen Malers, hg. v.Erich Marx, Leipzig 1944, S. 126.
75 Hederer, Ludwigstraße, S. 15 ff. Hüttl, Ludwig I., S. 107 ff.
76 Hederer, Ludwigstraße. Vgl. Romantik, S. 125 ff.
77 Hüttl, Ludwig I., S. 109.
78 Elfi M. Haller, Hans Lehmbruch, Palais Leuchtenberg. Die Geschichte eines Münchner Adelspalais und seines Bauherren, München 1987.
79 Romantik, S. 369 ff.
80 Hederer, Ludwigstraße, S. 44.
81 Ebd., S. 45. Zu Wohnungsnot und Bauspekulation vgl. Zimmermann (wie Anm. 8), S. 28 ff.
82 Hederer, Ludwigstraße, S. 52.
83 Ebd., S. 54.
84 Ebd.
85 Zerback, S. 285, Romantik, S. 257 ff. Oswald Hederer, Friedrich von Gärtner 1792–1847, München 1976.
86 Romantik, S. 372 ff. Schmeller, S. 183 f. Vgl. Bayerische Staatsbibliothek, Johann Andreas Schmeller 1785–1852. Gedächtnisausstellung zum 200. Geburtsjahr, München 1985, besonders S. 155 ff.
87 Romantik, S. 396 ff., 434 f., 436 ff.
88 Ebd., S. 352 ff.
89 Hüttl, Ludwig I., S. 67 ff. Handbuch IV, 1, S. 121 ff. Laetitia Boehm/Johannes Spörl (Hg.), Ludwig-Maximilians-Universität Ingolstadt-Landshut-München, Berlin 1972.
90 Hüttl, Ludwig I., S. 234 ff.
91 Ebd., S. 230 ff.
92 Ramboldi, S. 7 f.
93 Romantik, S. 208 ff., 221 ff. Eva-Maria Wasem, Die Münchener Residenz unter Ludwig I. Bildprogramm und Bildausstattung in den Neubauten (MBM 101), München 1981.
94 Romantik, S. 216 ff. Günther-Alexander Haltrich, Leo von Klenze. Die Allerheiligen-Hofkirche in München (MBM 115), Münchem 1983. Heinrich Breyer, Die letzte Kriegswunde schließt sich. Im Herbst soll mit der Wiederherstellung der Allerheiligen-Hofkirche begonnen werden. Vor 24 Jahren drohte der Abbruch, in: Süddeutsche Zeitung vom 23. 2. 1987.

95 Romantik, S. 269 ff. Uwe Schatz, Johann Joseph Daniel Ohlmüller (1791–1839). Leben und Werk. Diss. München 1991.
96 Romantik, S. 263 ff. Dirrigl, Ludwig I., S. 400–405.
97 Gollwitzer, S. 472 ff. Dirrigl, Ludwig I., S. 148 ff., 191 ff. Kobell, S. 121 ff.
98 Klassizismus, S. 229: Glyptothek. Romantik, S. 384 f.
99 Romantik, S. 126 ff.
100 Ebd., S. 362 ff. Dirrigl, Ludwig I., S. 258–266.
101 Romantik, S. 386 ff. Werner Mittlmeier, Die Neue Pinakothek in München 1843–1854. Planung, Baugeschichte und Fresken (Studien zur Kunst des 19. Jahrhunderts 16), München 1977. Dirrigl, Ludwig I., S. 267–277.
102 Huse, S. 118. Münchner Landschaftsmalerei, S. 128 f.
103 Hederer, Klenze, S. 340. Romantik, S. 172 ff.
104 Braun (wie Anm. 7), S. 260.
105 Romantik, S. 243 f.
106 Zerback, S. 288.
107 Friedrichs-Friedländer, S. 111. Klassizismus, S. 84 ff. Romantik, S. 256 f.
108 Gollwitzer, S. 515. Ludwig war stolz darauf, vom Heiligen Stuhl als großer Wohltäter, »wenn nicht der größte« anerkannt zu werden. Er verstand sich als »Schutzherr der deutschen Katholiken« (ebd., S. 578).
109 Dirrigl, Ludwig I., S. 615 ff.
110 Spindler, Handbuch IV, 1, S. 201 f.
111 Turtur, Bühler (wie Anm. 23), S. 252.
112 Schmeller, S. 243.
113 Turtur, Bühler (wie Anm. 23), S. 255 ff.
114 Ebd., S. 169 ff.
115 Biedermeiers Glück und Ende, S. 717–725. Wilhelm Lukas Kristl, Lola, Ludwig und der General, Pfaffenhofen 1979.
116 Wolf, Ein Jahrhundert, S. 273. Kobell, S. 156 ff. Gollwitzer, S. 67: »Der König ›brannte lichterloh‹«.
117 Schmeller, S. 250.
118 Ebd., S. 256.
119 Ebd. Derartige Vorkommnisse regten die Phantasie der Öffentlichkeit an, was sich auch in Karikaturen widerspiegelte: Waltraud Pulz, Lola-Montez-Darstellungen als Indikator für Sexualstrukturen im bayerischen Alltagsleben der Mitte des 19. Jahrhunderts, in: OA 107 (1982), S. 303–330.
120 Hans Arthur Thies, König Ludwig I. und die Schönheiten seiner Galerie, München 1954.
121 Gerhard Hojer, Die Schönheitsgalerie König Ludwigs I., München 1978, S. 15.
122 Gollwitzer, S. 675 ff.
123 Ebd., S. 678. Kraus, S. 468 f.
124 Gollwitzer, S. 684.
125 Kraus, S. 487. Nur Joseph Görres und der Mediziner Johann Nepomuk v. Ringseis, die dem König geistig sehr nahe standen, wurden wegen ihres hohen Alters von der Absetzung verschont.
126 Hummel, S. 24 f. Kraus, S. 488.
127 Kraus, S. 489. Hüttl, Ludwig I., S. 103.
128 Hüttl, Ludwig I., S. 104.
129 Kraus, S. 490 f.
130 Veit Valentin, Geschichte der deutschen Revolution 1848–1842, 2 Bde. Berlin 1930/31.
131 Hüttl, Ludwig I., S. 105. Ausführlich dazu: Gollwitzer, S. 716 ff. Wichtig waren Ludwig besonders seine künftigen Bezüge. Aus der »Zivilliste« erhielt er für seine Aufwendungen jährlich 500.000 Gulden, was ihm eine Fortführung seines Mäzenatentums ermöglichte.
132 Zerback, S. 297.
133 Über die politischen Vereine und Wahlen 1848/49: Hummel, S. 209 ff.
134 Im Dunst, S. 47–50. Ausführlich über soziale Hintergründe: Hummel, S. 253 ff.
135 Gollwitzer, S. 718.
136 August Hahn, Der Maximilianstil in München. Programm und Verwirklichung, München 1982. Der Maximilianstraße mit den Maximiliansbrücken kam auch eine wichtige Bedeutung für den Verkehr zu. Sie verband die Stadt mit den östlich der Isar gelegenen Gebieten (Zerback,

S. 301). Lothar Altmann, Das Maximilianeum in München (Schnell Kunstführer 1860), München 1991.

137 Romantik, S. 228 ff.

138 Künftig: Christian Lankes, München als Garnison im 19. Jahrhundert, Herford 1993.

139 Liebhart, S. 9. Rainer Braun, Der König und die Armee, in: König Maximilian II., S. 163–174, hier 160.

140 Wilberforce, S. 161.

141 München. Ein Lesebuch, S. 73.

142 Volker Hütsch, Der Münchner Glaspalast 1854–1931. Geschichte und Bedeutung, München 1981, S. 11 ff.

143 Harald Dickerhoff, »Es soll eine neue Ära in München begründet werden ...«. Zur Rolle der »Nordlichter« in der Modernisierung der bayerischen Universität, in: König Maximilian II., S. 271–284.

144 Kraus, S. 499.

145 Alckens, Forscher, S. 111–122. Hans Rall, Die Symposien Maximilians II., in: König Maximilian II., S. 63–70, 64 ff.

146 Münch, S. 128 f. Alckens, Forscher, S. 125–134.

147 Rall (wie Anm. 145), S. 65.

148 Dirrigl, Maximilian II., S. 569 ff., 604 f. Simhart (wie Anm. 160), S. 75 ff.

149 Ebd., S. 524 ff., 531 ff., 1381 ff. Rall, Symposien, S. 65.

150 Brockhoff (wie Anm. 154), S. 217 f. Christoph Heilmann, Schack-Galerie München, München 1923.

151 Dirrigl, Maximilian II., S. 1025 ff.

152 Ebd., S. 1078 ff. Kobell, S. 31 ff.

153 Rall, Symposien (wie Anm. 145). Dirrigl, Maximilian II., S. 551 ff.

154 Evamaria Brockhoff, »... ob sie geneigt wären, nach Bayern und zwar nach München umzusiedeln ...« Maximilian II. und die Literatur, in: König Maximilian II., S. 211–224, hier 221. Theodor Fontane und München. Briefe und Berichte, hg. v. Werner Pleister [München 1962].

155 Kobell, S. 203 ff. Dirrigl, Maximilian II., S. 1185 ff. Brockhof (wie Anm. 154), S. 221.

156 Flugschrift von 1855 nach Brockhoff (wie Anm. 154), S. 221.

157 Ebd.

158 Ebd.

159 Schmeller, S. 240. Die Haltung des großdeutsch gesinnten Königs zu Nation, Volk und Heimat: Dirrigl, Maximilian II., S. 573 ff.

160 Dirrigl, Maximilian II., S. 504 ff. Über die Bedeutung Riehls für die Volkskunde: Günter Wiegelmann, Matthias Zender, Gerhard Heilfurth, Volkskunde. Eine Einführung, Berlin 1977, S. 16 ff. Florian Simhart, Bürgerliche Gesellschaft und Revolution. Eine ideologiekritische Untersuchung des politischen und sozialen Bewußtseins in der Mitte des 19. Jahrhunderts. Dargestellt am Beispiel einer Gruppe des Münchner Bildungsbürgertums (Studien zur bayerischen Verfassungs- und Sozialgeschichte IX), München 1978, S. 79 ff., 148 ff. (Riehls »Wissenschaft vom Volke«).

161 Bavaria. Landes und Volkskunde des Königreiches Bayern, 5 Bde., München 1860–1867, Einleitung.

162 Eduard Fentsch, Bavaria. Land und Leute im 19. Jahrhundert. Die kgl. Haupt- und Residenzstadt München, hg. v. Paul-Ernst Rattelmüller, München 1989.

163 Zerback, S. 286 f.

164 Hans Glöckle, Das waren Zeiten. München im Spiegel der Bildreportagen von einst 1848–1900, Dachau 1983, S. 138 ff. Derselbe, München, Bier, Oktoberfest. Acht Jahrhunderte Bier- und Stadtgeschichte, Dachau 1985, S. 37 ff. Laturell/Mooseder, S. 256 ff. (Das Eisfahren).

165 Bauer, S. 269. Zerback, S. 275.

166 Zerback, S. 276 f.

167 Ebd., S. 284. Zu Person und Politik des I. Bürgermeisters Dr. Jakob Bauer: Hummel, S. 53–65.

168 Die konservative Reformpolitik des II. Bürgermeisters Kaspar von Steinsdorf im Frühjahr 1848: Hummel, S. 66–88.

169 Hummel, S. 89 ff.

170 Zur Funktion des bayerischen Landtags: Hesse, S. 71 ff. Liebhart, S. 7 ff.

171 Zerback, S. 308.

172 30 Jahre Münchner Bezirksausschüsse 1947–1977, hg. v. Matthias Auer [München 1977], S. 183 ff. In den »Allgemeinen Dienstvorschriften für Bezirksinspektoren« werden 1877 erstmals Bezirksausschüsse erwähnt. Seit 1869 konnten nach der Gemeindeordnung vom Magistrat Distriktsvorsteher für die 120 Distrikte ernannt werden. Diese waren ehrenamtlich und beratend tätig und bildeten, wie sonst die Gemeindebevollmächtigen, eine Art zweite Kammer in den Stadtbezirken.

173 Ingo Tornow, Das Münchner Vereinswesen in der ersten Hälfte des 19. Jahrhunderts, mit einem Ausblick auf die zweite Jahrhunderthälfte (MBM 75), München 1977. Dirrigl, Maximilian II., S. 1233: Münchner Kulturgeselligkeit. Uwe Puschner: »Museum« und »Harmonie«. Zwei gesellig-literarische Vereine in München im frühen 19. Jahrhundert, in: Biedermeiers Glück und Ende, S. 213–220. Zerback, S. 280 ff. Hier sei auch erwähnt, daß der Historische Verein von Oberbayern in dieser Zeit gegründet wurde. Bald folgen Sportvereine (wie TSV München 1860) und 1866 die Freiwillige Feuerwehr (125 Jahre Freiwillige Feuerwehr München [München 1991], S. 69). Im Dunst, S. 39 f.

174 Liebl, S. 5: Das Gedicht von König Ludwig I. von Bayern
DIE DAMPFWAGEN
Aufgeh'n wird die Erde in Rauch, so steht es geschrieben,
Was begonnen bereits; überall rauchet es schon.
Jetzo lösen im Dampf sich auf die Verhältnisse alle,
Und die Sterblichen treibt jetzo des Dampfes Gewalt,
Allgemeiner Gleichheit rastloser Beförd'rer. Vernichtet
Wird die Liebe des Volk's nun zu dem Land der Geburt.
Ueberall und nirgends daheim, streift über die Erde
Unstät, so wie der Dampf, unstät das Menschengeschlecht.
Seinen Lauf, den umwälzenden, hat der Rennwagen begonnen
Jetzo erst, das Ziel lieget dem Blicke verhüllt.
Vgl. Dirrigl, Ludwig I., S. 1063 ff.

175 Liebl, S. 258 ff. Biedermeiers Glück und Ende, S. 631 ff.
176 Romantik, S. 147 ff.
177 Im Dunst, S. 15.
178 Zerback,S. 301.
179 Kraus-Maffei, S. 15 ff. Im Dunst, S. 16 f.
180 Laturell/Mooseder, S. 287 ff. Im Dunst, S. 17.
181 Kraus-Maffei, S. 70 ff. Im Dunst, S. 17 f.
182 Hollweck, Stadtgeschichte, S. 78, 98.
183 Müller, S. 23.
184 Rall (wie Anm. 145), S. 63.
185 Ebd., S. 68 f.
186 Armenfürsorge, S. 98.
187 Ebd., S. 103 f.
188 Müller, S. 63.
189 Ebd., S. 69.
190 Armenfürsorge, S. 104 f.
191 Handbuch IV, 1, S. 262.
192 Hesse, S. 45 ff., 137 ff.
193 Wilberforce, S. 152–155.
194 Heinrich Hirschfelder, Die Bayerische Sozialdemokratie, 2 Teile, Erlangen 1979, S. 232. Im Dunst, S. 56 ff.
195 Ignaz Auer, Nach 10 Jahren. Material und Glossen zur Geschichte des Sozialistengesetzes, Nürnberg [2]1913.
196 Quartalsberichte des Vollzugsbehörden des Stadtmagistrats an das Innenministerium (zit. nach Hirschfelder, wie Anm. 194) vom 15.9.1879.
197 Paul Kampffmeyer/Bruno Altmann, Vor dem Sozialistengesetz. Krisenjahre des Obrigkeitsstaates, Berlin 1928, S. 148.
198 In Vollzug des oben aufgeführten vom Reichstag beschlossenen »Gesetzes gegen die gemeingefährlichen Bestrebungen der Sozialdemokratie« (Armenfürsorge, S. 115 f). Hirschfelder (wie Anm. 194), S. 245.
199 Kampffmeyer/Altmann (wie Anm. 197), S. 147.

200 Ebd., S. 250 ff.
201 Ulrich Heß, Louis Viereck und seine Münchner Blätter für Arbeiter 1882–1889 (Dortmunder Beiträge zur Zeitungsforschung 6), Dortmund 1961.
202 100 Jahre Sozialdemokraten, S. 33. Viereck gab ab 1.1.1888 die »Münchner Post« heraus.
203 Hirschfelder (wie Anm. 194), S. 238.
204 Reinhard Jansen, Georg von Vollmar. Eine politische Biographie. Düsseldorf 1958, S. 21 ff.
205 Dietrich Thränhardt, Wahlen und politische Strukturen in Bayern 1848–1953, Düsseldorf 1973, S. 69.
206 Josef Erumwe (=Wurm), Die Königs-Schlösser. Ein Dichtertraum, Romantische Erzählung, München 1875.
207 Gottfried von Böhm, Ludwig II. König von Bayern. Sein Leben und seine Zeit, Berlin [2]1924, S. 770.
208 Alexander Pache, König Ludwig II. im Spiegel der Deutschen Dichtung, in: Deutschlands Erneuerung 21 (1937), S. 330.
209 Kobell, S. 245.
210 Blunt, S. 82. Der König und Wagner wechselten über 600 Briefe und Telegramme »viele sehr lang und so überschwenglich gefühlvoll, daß die Lektüre fast unerträglich ist« (ebd., S. 34).
211 König Luwig II. und Richard Wagner. Briefwechsel. Hg. v. Otto Strobel, 5 Bde., Karlsruhe 1936–1939, Bd. 1, S. 83.
212 Werner Richter, Ludwig II. König von Bayern, München 1973, S. 92 ff. Am 21. April 1865 schrieb Ludwig an Wagner *»Ich liebe kein Weib, keine Eltern, keinen Bruder, keine Verwandten, niemand innig und von Herzen, aber Sie!«*
213 Prinzregenten-Theater, S. 11 f. Blunt, S. 31 ff.
214 Wolf, König Ludwig II., S. 105.
215 Blunt, S. 110 ff. Louise von Kobell, König Ludwig II. von Bayern und die Kunst, München 1900.
216 Rupert Hacker (Hg.), Ludwig II. von Bayern in Augenzeugenberichten, München [2]1986, S. 280 f.
217 Wolf, König Ludwig II., S. 73 ff. Wagner galt in der Öffentlichkeit als Verschwender, Freigeist und Revoluzzer mit schlechtem Einfluß auf den jungen König. Das palaisartige Gebäude Briennerstraße 21 hatte Ludwig Wagner geschenkt (Blunt, S. 30).
218 Hacker (wie Anm. 216), S. 109.
219 Liebhart, S. 36 ff. Handbuch IV, 1, S. 338. Bayern und die deutsche Einigung 1870/71, hg. v. Hermann-Joseph Busley (Ausstellungskataloge der bayerischen staatlichen Archive 6), München 1971, S. 177 ff.
220 Liebhart, S. 51 f.
221 Selig, Stadtgestalt, S. 17.
222 Zerback, S. 298. Heerde, S. 42.
223 Au, Giesing, Haidhausen, S. 20 ff. Mit Text der Vereinigungs-Entschließung.
224 Wolfgang Dölker, Das Herbergsrecht in der Münchner Au (MBM 18), München 1969. Biedermeiers Glück, S. 302 ff.
225 Heerde, S. 259. Das anfangs »Athenäum« genannte Bauwerk diente ursprünglich nur der Unterbringung »talentvoller bayerischer Jünglinge«.
226 Selig, Stadtgestalt, S. 46 ff. Ebd., S. 88 ff.: Vier Jahrzehnte später wurde dann nach Plänen von Baurat Voit auf dem östlichen Teil der Theresienwiese das »Wiesenviertel« errichtet.
227 Hermann Friess, Achtzig Jahre Krisen und Erfolge, Aus der wechselvollen Geschichte des Theaters am Gärtnerplatz zwischen 1865 und 1945, in: 100 Jahre Theater am Gärtnerplatz München, München 1965, S. 9–27.
228 Selig, Stadtgestalt, S. 74 ff. Hermann Wilhelm, Haidhausen. Münchner Vorstadt im Lauf der Zeit, München 1991, S. 117 f.
229 Im Dunst, S. 27 ff. Angermair, S. 309 f.
230 Im Dunst, S. 26.
231 Dagmar Bäuml-Stosiek, Großstadtwachstum und Eingemeindungen. Städtische Siedlungsplanung zwischen Vorsicht und Vorausschau, in: Musenstadt, S. 60–68.
232 Ebd., S. 68.
233 Selig, Stadtgestalt, S. 152 ff. Ausführlich dazu: Fisch.
234 Münch, S. 123 ff.
235 Angermair, S. 316.
236 Münch, S. 186 ff.

237 Ebd., S. 217 ff. Über die Abfallbeseitigung: ebd. S. 227 ff.
238 Robert Münster, Das Musikleben in der Max-Joseph-Zeit, in: Wittelsbach und Bayern III, 1, S. 456–471, hier 456.
239 Nösselt, S. 124 f. Henzel, S. 80.
240 Dirrigl, Residenz, S. 358–369.
241 Wolf, Die Münchnerin, S. 225.
242 Oswald Hederer, Karl von Fischers Nationaltheater in München, in: Wittelsbach und Bayern III, 1, S. 395–402, hier 400 f. Nösselt, S. 132.
243 Henzel, S. 81, Ursprung, S. 219 f.
244 Nösselt, S. 143 f.
245 Felix Mendelssohn Bartholdy, Briefe aus den Jahren 1830 bis 1842, hg. v. Paul Mendelssohn Bartholdy, Carl Mendelssohn Bartholdy, Leipzig, [7]1988, S. 13 f.
246 Nösselt, S. 146 ff.
247 Ebd. S. 153.
248 Ebd., S. 162.
249 Ebd., S. 164 ff.
250 Ebd., S. 179.
251 Henzel, S. 85.
252 Ebd., S. 97.
253 Ebd. S. 100.
254 Gunther Joppig, Biedermeierliches in der Musik, in: Biedermeiers Glück und Ende, S. 223–229.
255 Volksmusik in Bayern. Ausgewählte Quellen und Dokumente aus sechs Jahrhunderten (Bayerische Staatsbibliothek, Ausstellungskatalog 32), München 1985, S. 147.
256 Ebd., S. 153. Henzel, S. 88. Franzpeter Messmer, Musikstadt München. Konstanten und Veränderungen, in: München – Musenstadt, S. 284–290, hier 287.

XII. Industrialisierung und Modernisierung

1 Zit. Münchner Moderne, 1990, S. 156.
2 Wolfgang J. Mommsen, Das Zeitalter des Imperialismus, Frankfurt/M. 1969 (= Fischer Weltgeschichte Bd. 28), S. 44.
3 Pohl, 1992, S. 50
4 Zit. Prinz, in: Musenstadt, 1988, S. 12.
5 Bernhard Gajek, Nachwort in: Ludwig Thoma, Münchnerinnen, Textrevision und Nachwort von B. G., München 1984, S. 194ff.
6 Münchner Moderne, 1990, S. 98.
7 Vgl. z. B. die Erinnerungen des sozialdemokratischen Rechtsanwalts Philipp Löwenfeld, in: Bürger auf Widerruf. Lebenszeugnisse deutscher Juden 1780–1945, hg. v. Monika Richarz, München 1990, S. 298ff.
8 Vgl. Eva-Maria Tiedemann, Die frühe politische Formierung des Antisemitismus, in: Musenstadt, 1988, S. 304ff.
9 Marielouise Janssen-Jurreit, Sexualreform und Geburtenrückgang. Über die Zusammenhänge von Bevölkerungspolitik und Frauenbewegung um die Jahrhundertwende, in: Frauen in der Geschichte. Frauenrechte und die gesellschaftliche Arbeit der Frauen im Wandel, Düsseldorf 1980, S. 58f.
10 Hardtwig, München 1990, S. 83.
11 Zit. Gerhard Neumaier, Königlich-bayerisch Wohnen?, in: Musenstadt, 1988, S. 119.
12 Pohl, 1992, S. 80.
13 Marita Krauss, Schwabingmythos und Bohèmealltag, in: Musenstadt, 1988, S. 293. Der von Pohl analysierte Schreinerhaushalt wandte im Jahr 1910 222 Markt für Wohnen auf, ein Metallarbeiterhaushalt im Jahr 1911 286 Mark (Pohl, 1992, S. 131 u. S. 140). Die von Else Conrad besuchten Arbeiterfamilien gaben für das Wohnen zwischen 180 und 3000 Mark im Jahr aus. Vgl. Else Conrad, Lebensführung von 22 Arbeiterfamilien Münchens, München 1909 (= Einzelschriften des Statistischen Amtes der Stadt München, Heft 8).

14 Krauss (Anm. 13), ebd.
15 Neumaier (Anm. 11), S. 121; Pohl, 1992, S. 123.
16 Neumaier (Anm. 11), S. 122.
17 Pohl, 1992, S. 129.
18 Im Dunst, 1989, S. 87.
19 Karl Valentin, Gesammelte Werke in einem Band, hg. v. Michael Schulte, München 1990, S. 536.
20 Ruth Dörschel u. a., Wohnreform – mehr als Luft, Licht und Sonne, in: Musenstadt, 1988, S. 127.
21 Merith Niehuss, Parteien, Wahlen, Arbeiterbewegung, in: Musenstadt, 1988, S. 44.
22 Ebd., S. 47.
23 Janssen-Jurreit (Anm. 9), S. 65.
24 München – Stadt der Frauen, 1991, S. 33f.
25 Ebd., S. 72ff.

XIII. Kulturelles und geistiges Leben vor dem Krieg

1 Joachim Riedl, Das Geniale, das Gemeine, München 1992
1a Zit. Münchner Moderne, 1990, S. 590.
2 Michael Bauer, Oskar Panizza, München 1984, S. 117.
3 Heft 1 vom 1. 11. 1889, zit. Adalbert von Hanstein, Das jüngste Deutschland, Leipzig [3]1905, S. 198.
4 So jedenfalls Bauer (Anm. 2), S. 120.
5 Max Halbe, zit. Münchner Moderne, 1990, S. 151.
6 Zit. Münchner Moderne, 1990, S. 459.
7 Zit. Klaus Schöffling, Die ersten Jahre des Insel Verlages 1899–1902, Frankfurt/M. 1981, S. 18.
8 Heinrich F. S. Bachmaier, Der Verlag Heinrich F. S. Bachmair, in: Hansjörg Viesel, Literaten an die Wand, Frankfurt/M. 1980, S. 647.
9 Erich Mühsam, Namen und Menschen. Unpolitische Erinnerungen, ND Berlin 1977, S. 170.
10 Jelavich, 1985, S. 48.
11 Zit. Rainer Otto/Walter Rösler, Kabarettgeschichte, Berlin [2]1981, S. 49.
12 Vgl. Licht und Schatten. Scherenschnitt und Schattenspiel im Zwanzigsten Jahrhundert, München 1982.
13 Vgl. Ernst Piper, Majestätsbeleidigung, Neues Forum, Heft 293/294, 1978, S. 26ff.
14 Zit. Münchner Moderne, 1990, S. 368.
15 Zit. Wolfgang Frühwald, Zwischen Arkadien und Babylon. Münchner Literatur in der Zeit des Prinzregenten Luitpold, in: Musenstadt, 1988, S. 265.
16 Kakuwo, Die Pappeln hinterm Siegestor, Pfaffenhofen 1969, S. 30f.
17 Jules Huret, Bayern und Sachsen (In Deutschland, Vierter Teil), München [1909], S. 93.
18 Zit. Franz Carl Endres, Georg Hirth. Ein deutscher Publizist, München 1921, S. 54.
19 »Tag« vom 13. 4. 1901. Vgl. Kirsten Schrick, Berlin der Kopf – München das Herz, Literatur in Bayern, Heft 9, 1987, S. 41–46.
20a Sonja Mehl, Franz von Lenbach in der Städtischen Galerie im Lenbachhaus München, München 1980.
20 Rudolf Oldenbourg, Malerei, in: Jahrbuch der Münchner Kunst, 1. Jg. 1917/1918, München 1918, S. XII.
21 Otto Julius Bierbaum, Aus beiden Lagern. Betrachtungen, Karakteristiken und Stimmungen aus dem ersten Doppel-Ausstellungsjahre in München 1893, München 1893, S. 36.
22 Frühwald (Anm. 15), S. 258.
23 Münchner Neueste Nachrichten vom 10. 9. 1910
24 Zit. Jugendstil-Musik, 1987, S. 28.
25 Vgl. ebd., S. 25f.
26 Ebd., S. 45.
27 So Thomas Mann im Beitrittsaufruf. Ebd., S. 47.
28 Ebd., S. 118.
28a Die Villa Stuck in München. Inszenierung eines Künstlerlebens, München 1992.
29 Thomas Mann, Doktor Faustus, Frankfurt/M. 1980, S. 273.

XIV. München im Ersten Weltkrieg

1 Vgl. z. B. Hans Weigel/Walter Lukan/Max D. Peyfuss, Jeder Schuß ein Ruß jeder Stoß ein Franzos. Literarische und graphische Kriegspropaganda in Deutschland und Österreich 1914–1918, Wien 1983.
2 Albrecht, 1968, S. 89.
3 Zit. Münch, 1969, S. 328.
4 Ähnlich in anderen Städten. Vgl. Kielmannsegg, 1980, S. 161.
5 Mühsam, 1984, 1152. Vgl. Albrecht, 1968, S. 148.
6 Albrecht, 1968, S. 163ff., Albrecht, 1969, S. 283f., Münch, 1969, S. 332.
7 Joachim Reimann, Der politische Liberalismus in der Krise der Revolution, in: Bayern im Umbruch. Die Revolution von 1918, ihre Voraussetzungen, ihr Verlauf und ihre Folgen, hg. v. Karl Bosl, München 1969, S. 183.
8 Lutz, 1962, S. 482.
9 Albrecht, 1968, S. 132.
10 Kielmannsegg, 1980, S. 198 bzw. 165ff.
11 Olaf Gulbransson. Werke und Dokumente, München 1980, S. 72.
12 Vgl. [Hans Erich Blaich], Ausgewählte Werke des »Simplicissimus«-Dichters Dr. Owlglass. Mit sämtlichen Briefen an Kurt Tucholsky, hg. v. Volker Hoffmann, Kirchheim/Teck 1981, S. 313.
13 Albrecht, 1968, S. 287.
14 Ausgabe vom 15. 1. 1921, zit. Bernhard Gajek, Nachwort: in: Ludwig Thoma, Der Ruepp. Roman, Textrevision und Nachwort von B. G., München 1987, S. 218.
15 Zit. Ay, 1968, S. 137.
16 Hofmiller, 1939, S. 14.
17 Revolution und Räterepublik, 1978, S. 35f.
18 Ay, 1968, S. 72.
19 Revolution und Räterepublik, 1978, S. 52.
20 Albrecht, 1968, S. 304.
21 Albrecht, 1968, S. 343.
22 Kielmannsegg, 1980, S. 671.

XV. Kriegsende und Räterepublik

1 Appelle einer Revolution, 1968, Anhang 4.
2 Die Regierung Eisner, 1987, S. XXVI, Anm. 31.
3 Vgl. Joachim Reimann (wie Kap. XIV, Anm. 7), S. 186.
4 Die Regierung Eisner, 1987, S. 123.
5 Albrecht, 1968, S. 422.
6 Münchner Neueste Nachrichten v. 16. 11. 1918.
7 Vgl. Rahel Straus, Wir lebten in Deutschland. Erinnerungen einer deutschen Jüdin 1880–1933, Stuttgart 1961, S. 224ff.
8 Gustav Mayer, Erinnerungen. Vom Journalisten zum Historiker der deutschen Arbeiterbewegung. Wien-Zürich 1949, S. 368.
9 Hofmiller, 1939, S. 153.
10 Münchner Post v. 17. 1. 1920.
11 Ebd.
12 Friedrich Hitzer, Anton Graf Arco. Das Attentat auf Kurt Eisner und die Schüsse im Landtag, München 1988, S. 314f.
13 Vgl. Oskar Maria Graf, Wir sind Gefangene. Ein Bekenntnis aus diesem Jahrzehnt, Berlin 1928, S. 275ff.
14 Stenographischer Bericht über die Verhandlungen des Kongresses der Arbeiter-, Bauern- und Soldatenräte vom 25. Februar bis zum 8. März 1919, (München 1919) Nachdr. 1974, S. 1ff.
15 Breuer, 1919, S. 9.
16 Zit. Gerstl, 1919, S. 10.

17 Richard Müller, Der Bürgerkrieg in Deutschland, Nachdr. Berlin 1974, S. 194.
18 Zit. Gerstl, 1919, S. 58.
19 Zit. Wolfram Wette, Gustav Noske. Eine politische Biographie, Düsseldorf 1987, S. 434.
20 Zit. Gerstl, 1919, S. 62.
21 Ebd., S. 107.
22 Ausführlich diskutiert diese Frage Wette (Anm. 19), S. 439ff.
23 Vgl. Heinrich Hannover/Elisabeth Hannover-Drück, Politische Justiz 1918–1933, Frankfurt/M. 1966, S. 54ff.
24 Wette (Anm. 19), S. 442.

XVI. Die Jahre der Weimarer Republik

1 Joachim Ringelnatz, München, Die Weltbühne Nr. 21 v. 26. 5. 1921, S. 579.
2 Hennig, 1990, S. 232.
3 Ebd., S. 231.
4 Die Not in München. Einige Tatsachen. Nach amtlichen Tatsachen zusammengestellt von Stadtrat Michael Gasteiger, München 1923.
5 Ebd., S. 24.
5a Auch später beschränken sich die Erfolge der USPD auf die Städte. Vgl. Georg Kalmer, Die »Massen« in der Revolution 1918/19, ZBLG, 1969, S. 331ff.
6 Zum folgenden Steinborn, 1968, S. 172ff. In anderen bayerischen Städten kam es zu einer ähnlichen Wählerwanderung von der MSPD zur USPD: Hennig, 1990, S. 355. Nur in sehr viel schwächerem Maße war das auf dem Land der Fall.
7 Hans Engl, Zur Geschichte der Münchner Stadtbibliothek, in: Festschrift für Hans Ludwig Held. Eine Gabe der Freundschaft und des Dankes, München 1950, S. 49ff.
8 Zit. Hennig, 1990, S. 416.
9 Zit. ebd., S. 319.
10 Wolfram Wette, Gustav Noske. Eine politische Biographie, Düsseldorf 1987, S. 444f.
11 Rudolf Kanzler, Bayerns Kampf gegen den Bolschewismus. Geschichte der bayerischen Einwohnerwehren, München 1931, S. 125.
12 Müller, 1966, S. 138.
13 Thoss, 1978, S. 89.
14 Auch die bayerischen Einwohnerwehren verweigerten dem Kapp-Putsch ihre Unterstützung. Vgl. Georg Heim, Bayern um die Kapp-Wende, Münchner Neueste Nachrichten v. 10. 11. und 11. 11. 1928.
15 Hennig, 1990, S. 437.
16 Schwarz, 1979, S. 458.
17 Wilhelm, 1989, S. 137.
18 Ludwig Thoma, Sämtliche Beiträge aus dem »Miesbacher Anzeiger« 1920/21, kritisch ediert und kommentiert von Wilhelm Volkert, München [2]1990, S. 222.
19 Ebd., S. 117.
20 Vgl. Gertrud Rösch, Ludwig Thoma als Journalist. Ein Beitrag zur Publizistik des Kaiserreiches und der frühen Weimarer Republik, Frankfurt/M. 1990, S. 297–318.
21 Simplicissimus Nr. 28 v. 4. 10. 1936, S. 326f.
22 Piper, [2]1989, S. 151ff.
23 Fünfzig Jahre J. F. Lehmanns Verlag 1890–1940, München-Berlin 1940, S. 43.
24 Ebd., S. 10.
25 Gary D. Stark, Der Verleger als Kulturunternehmer: Der J. F. Lehmanns Verlag und Rassenkunde in der Weimarer Republik, Archiv für Geschichte des Buchwesens 16, 1976, Sp. 309f.
26 Zu Günther Gary D. Stark, Entrepreneurs of Ideology. Neoconservative Publishers in Germany 1890–1933, o.O. 1981, Sp. 197f.
27 Fünfzig Jahre (Anm. 24), S. 89.
28 Vgl. ebd., S. 87ff. und S. 108ff. sowie Friedrich Lehmann, J.F. Lehmann 1864–1935, in: Adreßbuch des Deutschen Buchhandels, 98. Jg., 1936, S. V und Stark (Anm. 26), Sp. 307f.
29 Schwarz, 1979, S. 458.

30 Zu Mathilde von Kemnitz Hans Kopp, Geschichte der Ludendorff-Bewegung, Erster Band: Die Jahre 1913–1939, o. O. 1975, S. 19ff.
31 Das Ehepaar Ludendorff war der wichtigste Vertreter dieser Verschwörungstheorie. Vgl. Justus H. Ulbricht, »Die Quellen des Lebens rauschen in leicht zugänglicher Fassung ...« Zur Literaturpolitik völkischer Verlage in der Weimarer Republik, in: Von Göschen bis Rowohlt. Festschrift Heinz Sarkowski, hg. v. Monika Estermann u. Michael Knoche, Wiesbaden 1990, S. 192.
32 Michael Kardinal Faulhaber. 25 Bischofsjahre, hg. v. Priesterverein der Erzdiözese München-Freising, München 1936, S. 39.
33 Ebd., S. 46.
34 Otto Gritschneder, Adenauer widerspricht Kardinal Faulhaber, Münchner Stadtanzeiger v. 13. 7. 1984.
35 Zit. ders., Adenauer widerspricht Kardinal Faulhaber, Teil II, Münchner Stadtanzeiger v. 17. 7. 1984.
36 Zit. Georg Denzler, Widerstand oder Anpassung? Katholische Kirche und Drittes Reich, München 1984, S. 13.
37 Ebd., S. 14.
38 Wie Anm. 35.
39 Wie Anm. 36.
40 Wie Anm. 36.
41 Zit. Greiner, 1979, S. 31.
42 Ebd., S. 32.
43 Müller, 1966, S. 91.
44 MNN, zit. Greiner, 1979, S. 32.
45 Steinhorn, 1968, S. 349f.
46 Zit. Die Zwanziger Jahre in München, hg. v. Christoph Stölzl, München, 1979, S. 390.

XVII. Kultur- und Geistesleben in den Weimarer Jahren

1 Lion Feuchtwanger, Erfolg. Drei Jahre Geschichte einer Provinz, München-Wien 1980, S. 32.
2 Thomas Mann, Reden und Aufsätze II, Frankfurt/M. 1965, S. 9–52.
3 Ebd., S. 61–82.
4 München, 1968, S. 260ff. Dort ist auch eine vollständige Namenliste der Unterzeichner abgedruckt.
5 Ebd., S. 260.
6 Bericht an den Reichsstatthalter in Bayern, Ritter von Epp, vom 12. 7. 1933. Wiedergegeben in: Kolbe, 1987, S. 411.
7 Wie Anm. 2, S. 744.
8 Die anderen Mitglieder der Jury waren Peter Dörfler, Hans von Gumppenberg (ab 1929 Benno Rüttenauer), Katharina Godwin, Hans Ludwig Held, Emil Preetorius und Wilhelm Weigand sowie der Erste und der Zweite Bürgermeister und der Kulturreferent.
9 Whetten-Indra, 1979, S. 48.
10 Nerdinger, 1979, S. 101.
11 Ebd., S. 106.
12 Ebd.
13 Vgl. Meißner, 1979.
14 Nerdinger, 1979, S. 102.
15 Thomas Mann, in: Kampf um München als Kulturzentrum, München o. J., S. 9.
16 Ders., Vorwort, in: ebd., S. 5.
17 Nerdinger, 1979, S. 103.
18 Karl Vossler, Ansprache an die im Korporationsausschuß vereinigten studentischen Verbindungen, in: Vergangene Tage, 1982, S. 420ff.
19 Arno Seifert, In den Kriegen und Krisen des 20. Jahrhunderts, in: Ludwig-Maximilians-Universität 1462–1972, hg. v. Laetitia Boehm und Johannes Spörl, Berlin 1972, S. 351.
20 Detlef Felken, Oswald Spengler. Konservativer Denker zwischen Kaiserreich und Diktatur, München 1988, S. 95.
21 Ebd., S. 135ff.

22 Zit. Helga Keiser-Hayne, Beteiligt euch, es geht um eure Erde. Erika Mann und ihr politisches Kabarett die »Pfeffermühle« 1933–1937, München 1990, S. 8.

XVIII. Der Aufstieg der NSDAP

1 Rudolf Schricker, Rotmord über München, Berlin o. J., S. 192.
2 Maser, 1965, S. 170; Auerbach, 1977, S. 11.
3 Der Aufstieg der NSDAP, 1974, S. 108ff.
4 Maser, 1965, S. 206f.; Auerbach, 1977, S. 12f.
5 Der Aufstieg der NSDAP, 1974, S. 108.
6 Zit. Auerbach, 1977, S. 29.
7 Ebd., S. 15f.
8 Richardi, 1991, S. 84ff.
9 Deuerlein, 1959, Dokument 16, S. 211.
10 Ebd.
11 Der Hitler-Putsch, 1962, S. 706.
12 Der Aufstieg der NSDAP, 1974, S. 144.
13 Longerich, 1989, S. 26.
14 Zitat Maser, 1965, S. 269.
15 Ebd.
16 Zit. ebd., S. 278.
16a Fritz Thyssen, I paid Hitler, London 1941, S. 114.
17 Longerich, 1989, S. 33.
18 Müller, 1966, S. 144f.
19 Tenfelde,, 19, S. 51.
20 Thoss, 1978, S. 336ff.
21 Müller, 1966, S. 164f.
22 Albert Schwarz, Die Zeit von 1918 bis 1933, in: Handbuch der bayerischen Geschichte, Bd. IV, 1, München 1979, S. 479.
22a Benedikt Weyerer, Der Primus als geistiger Killer, Münchner Stadtanzeiger vom 15. 4. 1993.
23 Horn, 1980, S. 155ff., Gordon, 1971, S. 369f.
24 Zit. Gordon, 1971, S. 367.
25 Ebd.
26 Zit. Sabine Sünwoldt, Weiß Ferdl. Eine weißblaue Karriere, München 1983, S. 83.
27 Münchner Neueste Nachrichten vom 2. 4. 1924.
28 Gritschneider, 1990, S. 65f.
29 Der Hitler-Prozeß. Auszüge aus den Verhandlungsberichten. Mit den Bildern der Angeklagten nach Zeichnungen von Otto von Kursell, München 1924, S. 272.
30 Ebd.
31 Zit. Gritschneder, 1990, S. 102.
32 Zit. ebd., S. 106.
33 Völkischer Beobachter vom 5. 9. 1941.
33a Friedrich Wagner, Nacht über Bayreuth, Bern o. J., S. 558.
34 Müller, 1966, S. 299.
35 Hanfstaengl, 1970, S. 217.
36 Zit. Der Aufstieg der NSDAP, 1974, S. 246.
37 Zit. Gritschneder, 1990, S. 135.

XIX. Hauptstadt der Bewegung

1 Adolf Hitler, Mein Kampf. Zwei Bände in einem Band, [181]1936, S. 138f.
2 Zit. Der Königsplatz 1812–1988, hg. v. Klaus Vierneisel, München o. J., S. 41.

3 Peter Jakob Kock, Die Königs-Karte sticht nicht. Wie Bayern vor 50 Jahren die Diktatur erspart bleiben sollte, Münchner Stadtanzeiger v. 29. 7. 1983.
4 Martin Broszat, Der Despot von München. Gauleiter Adolf Wagner – eine Zentralfigur der bayerischen NS-Geschichte, Süddeutsche Zeitung v. 30. 3. 1985.
5 Benedikt Weyerer, Der Oberbürgermeister für 1000 Jahre, Münchner Stadtanzeiger vom 17. 10. 1991.
6 Neben Hanko, 1981, S. 339f., vgl. Spitz, Der Bonzen-König von München, Süddeutsche Zeitung v. 26. 4. 1946, Richardi, 1991, S. 304ff.
7 München baut auf, o.J., S. 17.
8 Ebd., S. 15.
9 Hanko, 1981, S. 397f.
10 Zit. Ernst Piper, Nachwort, in: Alexander Spoerl, Die braunen Dreißiger, München 1988, S. 98.
11 Zit. Hanko, 1981, S. 429.
12 Fridolin Dressler, Die Bayerische Staatsbibliothek im Dritten Reich. Eine historische Skizze, Bibliotheks-Forum Bayern, hg. v. der Generaldirektion der Bayerischen Staatsbibliotheken, Jg. 16, 1988, H. 3, S. 219.
12 Piper, 1989, S. 148.
14 Piper, 1989, S. 147ff.
15 Bayerisches Hauptstaatsarchiv, MK 40975.
16 Bayerisches Hauptstaatsarchiv, MK 40968.
17 Zit. Arndt, 1981, S. 489.
18 Zit. ebd., S. 495.
19 Zit. ebd., S. 496.
20 Völkischer Beobachter v. 19. 7. 1937.
21 Beide Ausstellungen sind umfassend domumentiert in dem ausgezeichneten Katalog Die »Kunststadt« München 1937, 1987.
22 Franz Roh, »Entartete« Kunst, Hannover 1962, S. 230.
23 Vgl. Piper, 1989, S. 142.
24 Schleich, 1981, S. 21.
25 Wilhelm Hausenstein, Liebe zu München, München [7]1979, S. 100.
26 E. Hr., München grüßt den Schöpfer Großdeutschlands, Völkischer Beobachter v. 2. 4. 1938, Text in: München. Ein Lesebuch, 1987, S. 287ff.
27 Zit. Heinrich Uhlig, Die Warenhäuser im Dritten Reich, Köln/Opladen 1956, S. 83.
28 Longerich, 1989, 227.
29 Benedikt Weyerer, Selbst auf dem Schild drohte Vernichtung, Münchner Stadtanzeiger vom 14. 11. 1991.
30 Vgl. Piper, 1989, S. 130ff.; Hanke, 1967, S. 119ff.; Josef Wulf, Die bildenden Künste im Dritten Reich, ND Berlin 1983, S. 330ff.
31 Vgl. Hanke, 1967, S. 202ff.
32 Kontinentale Treuhandgesellschaft M.B.H., Gutachten vom September 1947 im Verfahren gegen die Herren Georg Eidenschink und Dr. Adolf Fischer auf Grund des Gesetzes zur Befreiung von Nationalsozialismus und Militarismus. Für den Einblick in dieses unveröffentlichte Gutachten danke ich Herrn Johannes Ludwig, Bonn.
33 Vgl. Johannes Ludwig, Boykott Enteignung Mord. Die Entjudung der deutschen Wirtschaft, Hamburg 1989, S. 87ff.
34 Schreiben der Reichsschrifttumskammer vom 14. 11. 1935, Archiv des Piper Verlages.
35 Franz Steffen, Bayerische Vereinsbank 1868–1969. Eine Regionalbank im Wandel des Jahrhunderts, München, 1969, S. 286f.
36 Bericht über die Prüfung der Rechnungslegung vom 7. 11. 1940, Staatsarchiv München, NSDAP 37.
37 Bericht über die Prüfung der Rechnungslegung vom 16. 11. 1940, ebd.
38 Hanke, 1967, S. 219 Anm. 4.
39 Schlußbericht über die Tätigkeit der Vermögensverwertung München G.m.b.H. vom 25. 1. 1939, S. 5, Staatsarchiv München, NSDAP 37.
40 Ebd., S. 6.
41 Vgl. allgem. Jörg Friedrich, »Die Wohnungsschlüssel sind beim Hausmeister abzugeben«, in: Jörg

Wollenberg, »Niemand war dabei und keiner hat's gewußt«. Die deutsche Öffentlichkeit und die Judenverfolgung 1933–45, München [2]1989, S. 187ff.

42 Bericht des Beauftragten des Gauleiters für Arisierung an den Gauschatzmeister vom 15. Juli 1941, Staatsarchiv München, NSDAP 37.

43 Vgl. Gernot Breuer/Dirk Reinartz, Milbertshofen. Ein Portrait aus dem Münchener Norden, München 1991, S. 120f.

44 Ausführlich beschrieben bei Behrend-Rosenfeld, 1988, S. 108ff.

45 Hanke, S. 295.

46 Domarus, S. 55 ff. Haerendel, S. 390 f.

47 Im Dunst, S. 262.

48 Ebd., S. 263. München – Stadt der Frauen, S. 141 ff.

49 Heusler, S. 11 ff.

50 Klaus Drobisch, Wir schweigen nicht!, Berlin 1969, S. 77 f.

51 Richard Bauer, Fliegeralarm. Luftangriffe auf München 1940–1945, München 1987, S. 10.

52 Ebd., S. 9.

53 Ebd. S. 18. Berthold, Matern, S. 32 ff.

54 Bauer (wie Anm. 51), S. 20.

55 Preis, S. 251.

56 Ebd., S. 123 ff., 168 ff.

57 Otto Gritschneder, Pater Rupert Mayer vor dem Standgericht München, Sonderdruck, München 1974.

58 Unser München, S. 240 f. Georg Lanzenstiel, Dem Regime im Wege, in: Denk ich an München. Ein Buch der Erinnerung, hg. v. Hermann Proebst, Karl Ude, München 1966, S. 212 ff.

59 Ulrike Albrecht, Das Attentat, München 1987.

60 Im Dunst, S. 265 f., 276 ff. Vgl. Bretschneider.

61 Preis, S. 190 ff.

62 Bretschneider, S. 179 ff.

63 Inge Scholl, Die Weiße Rose, Frankfurt a. M. 1982.

64 Hildebrand Troll, Aktionen zur Kriegsbeendigung im Frühjahr 1945, in: Bayern in der NS-Zeit IV, München, Wien 1981, S. 645–689.

XX. Wiederaufbauzeit

1 Seeberger, Rauchwetter, S. 7.

2 Thomas Wimmer, S. 35. Unser München, S. 259.

3 Chronik, S. 43. Unser München, S. 265 f. Marita Krauss, »Deutsche sind Deutsche ... gleichgültig, aus welchem Teil Deutschlands sie stammen«, Flüchtlinge und Vertriebene im Trümmermünchen, in: Trümmerzeit, S. 320–328.

4 Chronik, S. 156, 230. Marita Krauss, »Vee gayt ess ee-nen?«. Lebenssplitter aus dem Umgang mit Besatzern, in: Trümmerzeit, S. 333–338, hier 336. Unser München, S. 261 f.

5 Walter Kolbenhoff, Schellingstraße 48. Erfahrungen mit Deutschland, Frankfurt a. M. S. 16f.

6 Johannes R. Becher, München in meinem Gedicht, Starnberg 1946, S. 7.

7 Karl Korn, Die Kulturfabrik, Wiesbaden, 1953.

8 Wilhelm Hausenstein, Liebe zu München, München 1975, S. 126f.

9 Nina A. Krieg, »Rama dama« – »Munich at work«. Eine Trümmerräumaktion der Nachkriegszeit, in: Trümmerzeit, S. 330ff.

10 »Die jungen Mädchen werden aufgefordert, den Entschluß, ein langes und kostspieliges Studium zu beginnen, reiflich zu überlegen« (25. Februar 1946), Chronik, S. 142. Ursula Huber, Die Universität München – ein statistischer Bericht über den Fortbestand nach 1945, in: Trümmerzeit, S. 156–160.

11 Hans H. Wacker, Kommunalpolitik nach 1945 - Nachlaßverwaltung oder demokratische Erneuerung, in: Trümmerzeit, S. 39–59, hier 55. Thomas Niederreuther, Hinter dem Rücken der Bavaria. Ein Münchner Leben, München 1979, S. 216 f.

12 Chronik, S. 235, 360.

13 Thomas Wimmer, S. 22 ff. Nach Erhebungen des Stadtjugendamtes hatten noch 1947 23% der Münchner Kinder kein eigenes Bett und 83% keine geeigneten Schuhe (Chronik, S. 269).
14 Chronik, S. 335, 377, 408 f.
15 Bericht eines deutschen Informanten an die Amerikaner. Bayerisches Hauptstaatsarchiv OMGBY 10/110–2118. Freundliche Mitteilung von Günther Gerstenberg.
16 Margot Fuchs, »Zucker, wer hat? Öl, wer kauft?«. Ernährungslage und Schwarzmarkt in München 1945–1948, in: Trümmerzeit, S. 312–319.
17 Chronik, S. 266. Das am 30. Mai 1947 von Landwirtschaftsminister Baumgartner bekanntgegebene totale Brauverbot der Militärregierung galt für ganz Deutschland. Kraus-Maffei, S. 230 ff.
18 Chronik, S. 361 ff., 367.
19 Kolbenhoff (wie Anm. 5), S. 288 f. Zum Schwarzhandel: Fuchs (wie Anm. 16), S. 316 ff.
20 Chronik, S. 393.
21 Ebd., S. 405, 434.
22 Carl Zuckmayer, Als wär's ein Stück von mir. Horen der Freundschaft. Frankfurt a.M. 1977, S. 620. Vgl. Krauss (wie Anm. 4).
23 Unser München, S. 272 f.
24 Chronik, S. 413. Bereits zwei Jahre vorher wurde gefeiert: Sybille Spiegel, Das Herbstfest 1946 im Trümmermünchen: kein Oktoberfest, aber eine richtige Wies'n, in: Trümmerzeit, S. 339–344.
25 Seeberger/Rauchwetter, S. 14. Chronik, S. 89.
26 Chronik, S. 81, 226. Seeberger/Rauchwetter, S. 91.
27 Chronik, S. 235, 326, 455.
28 Krieg, S. 400. Vgl. Chronik, S. 229.
29 Chronik, S. 146.
30 Wacker (wie Anm. 11), S. 41. Krieg, S. 399.
31 Chronik, S. 237, 415. Herz/Halfbrodt, S. 288.
32 Chronik, S. 206, 453. Albert Lörcher, Alpdrücken bei der Entnazifizierung, in: Michael Schröder (Hg.), Auf geht's: Rama dama! Frauen und Männer aus der Arbeiterbewegung berichten über Wiederaufbau und Neubeginn 1945 bis 1949, Köln 1984, S. 191–203, hier 198 ff.
33 Chronik, S. 453. Benedikt Weyerer, Der Oberbürgermeister für 1000 Jahre, in: Münchner Stadtanzeiger vom 17. 10. 1991.
34 Chronik, S. 43, 58, 67, 103.
35 Chronik, S. 69.
36 Chronik, S. 109, 54, 67.
37 Ebd., S. 67. Trümmerzeit, S. 428.
38 Chronik, S. 168, 170 f.
39 Ebd., S. 291 f.
40 Henric L. Wuermeling (Hg.), München. Schicksal einer Großstadt, München, Wien 1986, S. 133 f.
41 Chronik, S. 80, 83, 84. Unser München, S. 258 f.
42 Chronik, S. 233 f. Gleichzeitig mit den Wahlen wurde auch die neue Bayerische Verfassung durch Volksentscheid mit großer Mehrheit angenommen. Ebd., S. 217.
43 Chronik, S. 110, 128. Wacker (wie Anm. 11), S. 48 f.
44 Chronik, S. 95, 100; 103, 106. Wacker (wie Anm. 11), S. 44 f.
45 Chronik, S. 269.
46 Chronik, S. 78, 83.
47 Chronik, S. 84 f., 306f.
48 Seeberger, Rauchwetter, S. 97.
49 Münchner Merkur Nr. 106 vom 4.5.1953: *»Kolbenstöße wurden ausgeteilt, wenn sich Passanten betont langsam fortbewegten. Das Publikum sparte nicht mit Schmährufen.«*
50 Wilhelm Hoegner, Der schwierige Außenseiter. Erinnerungen eines Abgeordneten, Emigranten und Ministerpräsidenten, München 1959, S. 318. Kraus-Maffei, S. 244 ff. 90 Jahre Gewerkschaft Metall München 1891–1981, München 1981, S. 83 f.
51 Die Hintergründe des Zerbrechens der Koalition und die Rolle der CSU können hier nicht dargestellt werden. Ernst Deuerlein/Wolf D. Gruner, in: Handbuch IV, S. 633 f.
52 Chronik, S. 370, 384 f. Thomas Wimmer, S. 27 f., 31.
53 Thomas Wimmer, S. 45.
54 Ebd., S. 31. Hanko, Wimmer, S. 183 ff.
55 Seeberger/Rauchwetter, S. 98.

56 Ebd.
57 Ebd., S. 98 f.
58 Schleich, S. 68 ff. Denkmalpflege. Deutsche Texte aus drei Jahrhunderten, hg. v. Norbert Huse, München 1984, S. 186 f.
59 Schleich, S. 158 ff., 70 f. Seeberger/Rauchwetter, S. 99.
60 Schleich, S. 171 f.
61 Ebd., S. 9.
62 Ebd., S. 7.
63 Ebd., S. 2.
64 Ebd., S. 7. Unser München, S. 346 f., 346.
65 Seeberger/Rauchwetter, S. 236. Unser München, S. 327f. Vogel (S. 18) über Thomas Wimmer: »[...] *unvergeßlich ist mir, wie er mich einmal nach einer Sitzung an das Fenster führte, auf den von Autos verstopften Marienplatz zeigte und sagte: ›Weißt du, da bau'n mir gar nichts, wenn s' nicht mehr fahren können, dann bleiben die Stinkkarren halt stehen, und dann werden die Leut' endlich gescheiter.‹ Damals habe ich widersprochen.*«
66 Krauss, S. 23 ff. Ebd. ausführlich über die städtische Kulturpolitik in München 1945–1954.
67 Franzpeter Messmer, Münchner Tradition und klassische Moderne – Der musikalische Neuanfang, in: Trümmerzeit, S. 173–184.
68 Chronik, S. 90.
69 Unser München, S. 297 f. Franzpeter Messmer, Werner Egk, in: Trümmerzeit, S. 198f.
70 100 Jahre Theater am Gärtnerplatz, München 1965, S. 50.
71 Nationaltheater München. Festschrift der Bayerischen Staatsoper zur Eröffnung des wiederaufgebauten Hauses, München 1963.
72 Gerhard Finckh, ZEN 49, in: Trümmerzeit, S. 117–122.
73 Trümmerzeit, S. 437.
74 Chronik, S. 347, 363, 388. Krauss, S. 166 ff.
75 Arens III, S. 822–844. Als bedeutende Literaten dieser Zeit in München seien noch erwähnt Alfred Andersch und Ernst Penzoldt.
76 Dagmar Wiedenhorn-Schnell, Medien an der Longe. Deutsche Lizenzpresse in München 1945–1949, in: Trümmerzeit, S. 252–260, hier 259 f. Gustav René Hocke, Drehscheibe München, in: Trümmerzeit, S. 269–272, hier 271 f. Gerhard Hay, Literatur und Medien, in: Trümmerzeit, S. 209–219, hier 211 ff.
77 Teilabdruck mit Bild in: München, Ein Lesebuch, S. 344 ff.
78 Heinz Ludwig Arnold (Hg.), Die Gruppe 47 (Text und Kritik, Sonderband), München 1980.
79 Chronik, S. 71 f., 84, 87 f. Wiedenhorn-Schnell (wie Anm. 76), S. 254 ff. Immanuel Birnbaum, Achzig Jahre dabeigewesen. Erinnerungen eines Journalisten, München [2]1973, S. 208 f.
80 Chronik, S. 87.
81 Felix Buttersack, Münchner Merkur 1948/49, in: Trümmerzeit, S. 279 ff. Chronik, S. 329.
82 Georg Böhringer, Die Zeitschriften-Landschaft Münchens 1945–1949, in: Trümmerzeit, S. 261–268.
83 Romano Guardini, Wahrheit des Denkens und Wahrheit des Tuns. Notizen und Texte 1942–1964. hg. v. Felix öMesserschmid, Paderborn, München, Wien, Zürich 1980, S. 71.
84 Ebd., S. 74.
85 Oskar Maria Graf in seinen Briefen, hg. v. Gerhard Bauer, Helmut F. Pfanner, München 1984, S. 283: Brief an Hugo Hartung vom 30.7.1958.
86 Ebd., S. 285: Brief an Ernst Waldinger vom 12.2.1959.
87 Sigi Sommer, Sommer-Zeit. Mein buntes, komisches Leben als Lohnschreiber, Starnberg 1984, S. 108. Über die Literatur der Nachkriegszeit: Krauss, S. 182 ff. Trümmerzeit, S. 209 ff.
88 800 Jahre München. Festwochen 14.6.-31.8.1958, Offizieller Festkatalog, München 1958, S. 11.
89 Unser München, S. 333.
90 Ebd., S. 334 ff.
91 Ebd., S. 360 ff.

XXI. Heimliche Hauptstadt oder Provinz

1 Vogel, S. 17.
2 Ebd., S. 89.
3 Schleich, S. 9.
4 Hans-Jochen Vogel, Münchens Weg in die Zukunft, in: Bayerland 70 (1968) 7: München – auf dem Weg zur Weltstadt, S. 41 ff.
5 Gottfried Knapp, Sünden des Fortschritts. Gedankenloser Umgang mit großartiger Bausubstanz, in: PAN. Zeitschrift für Kunst und Kultur 7/1989, S. 42 ff.
6 Vogel, S. 53.
7 Ebd., S. 55.
8 Christiane Thalgott, Riem und Freiham. Wohnen in neuen Siedlungen, in: Münchner Projekte, S. 33–46. Ursula Ammermann/Christine Scheiblauer, Neues Wohnen im Hasenbergl. Chancen für eine alternde Siedlung, in: Ebd., S. 61–75. Über die Anlage der Siedlungen Hasenbergl, Parkstadt Bogenhausen und Fürstenried-Ost und -West: Katrin Zapf/Karolus Heil/Justus Rudolph, Stadt am Stadtrand. Eine vergleichende Untersuchung in vier Münchner Neubausiedlungen, Frankfurt am Main 1969.
9 Hans Fehn, in: Handbuch IV, 2, S. 700, Münchener Statistik 1993, 1, S. 56.
10 Vogel, S. 43 ff.
11 Ebd., S. 51 f.
12 Vogel, S. 182. Dokumentation über die Demonstrationen in München Ostern 1968 (Veröffentlichungen der Rechtshilfe der Außerparlamentarischen Opposition 1), München 1968, München 1991, S. 42 ff.
13 Vogel, S. 187 f. Günther Gerstenberg, Hiebe, Liebe und Proteste. München 1968, München 1991, S. 42 ff.
14 Vogel, S. 192.
15 Robert Geipel, Probleme der Universitätsstadt München, in: Die Landeshauptstadt München im Jahr der Olympischen Spiele 1972, hg. von Hans Fehn (Landeskundliche Forschung 44), München 1972, S. 7–50.
16 Klaus Piper, In München leben, in: Merian 24 (1971) 12: München, S. 23–28, hier 23.
17 Vogel, S. 107.
18 Ebd., S. 106.
19 Ebd., S. 123.
20 Ebd., S. 129 f.
21 Ebd., S. 129.
22 Hannes Burger, Terror und Tod – Trauer und Trotz, in: Harry Valerien, Olympia 1972, München o. J., S. 28–35.
23 Chronik, S. 104.
24 Vogel, S. 85. Zum weiteren Ausbau des MVV: U-Bahn für München. U-Bahn-Linie 8/1. Eine Dokumentation, hg. v. einer Firmengruppe u. d. U-Bahn-Referat der Lh. München, München 1980.
25 Zimniok, S. 118 ff. Vgl. Vogel, S. 80 ff.
26 Zimniok, S. 131.
27 Vogel, S. 165.
28 Ebd., S. 166.
29 Ebd., S. 168. Über die Entwicklung der städtischen Kulturarbeit in allen Bereichen: Stadtkultur in München, hg. v. Kulturreferat der Lh. München, München 1987. Kritisch zum Kulturzustand München: Soblau.
30 Vogel, S. 174 f.
31 Ebd., S. 175 f. Zur Situation in den 90er Jahren: Manuel Brug, Theater in München, in: Soblau, S. 126–135.
32 Volker D. Laturell, Theater und Jugend in München. Eine Zusammenstellung aus 500 Jahren Theatergeschichte, München 1970, S. 135 ff.
33 Klaus Budzinski, Das Kabarett (Hermes Handlexikon), Düsseldorf 1985, S. 177 ff.
34 Robert Fischer/Joe Hembus, Der neue deutsche Film 1960–1980, München 1981.

35 Bernd Eckhardt, Rainer Werner Faßbinder. In 17 Jahren 42 Filme – Stationen eines Lebens für den deutschen Film, München 1982.
36 Christoph Hackelsberger, Das Kulturschiff am Gasteig, in: Hackelsberger, Ein Architekt, S. 55–59.
37 1. Münchner Biennale. Internationales Festival für neues Musiktheater. Impressionen, hg. v. Kulturreferat der Lh München [München 1988].
38 Unser München, S. 392. Zur Situation der Bildenden Kunst: Kunst in München, hg. v. Gert Gliewe, München 1980.
39 Wolf-Dieter Dube, Zur Baugeschichte und Konzeption der Neuen Pinakothek, in: Neue Pinakothek München, Braunschweig 1981, S. 10–15. Friedrich Köllmayr, Zwischen Protz, Zeitgeist und Ängstlichkeit, in: Soblau, S. 95–99, Stephan Braunfels, Die neuen Museen. Neben Alter und Neuer Pinakothek, in: Münchner Projekte, S. 143–158.
40 Michael Langer, Zur materiellen Lage der Künstler, in: Soblau, S. 108–118.
41 Christian Ude, Neue Räume für die Kultur. Hallen, Häuser, Ateliers, in: Münchner Projekte, S. 116–142, hier 135ff.
42 Eine subjektive Darstellung der Ereignisse bei: Vogel, S. 213ff., eine Analyse bei: Sylvia Streek/Wolfgang Streek, Parteiensystem und Status quo, Frankfurt a. M. 1972, S. 55–107.
43 Hollweck, Stadtgeschichte, 1978, S. 7. Zur Programmatik und Kritik der Kiesl-Zeit: München Mosaik 6 (1980) 3, S. 10ff. und ebd. 7 (1981) 7/8, S. 42f.
44 Ulrich Chaussy, Oktoberfest. Ein Attentat, Darmstadt 1985.
45 Günther Wolfbauer, 150 Jahre Stadtgärtnerei in München [München 1991]. Mosbauer/Valentien.
46 Uwe Timm, Kerbels Flucht, München 1980, S. 147.
47 Hollweck, Stadtgeschichte, 1984, S. 4f.
48 Handbuch des Münchner Stadtrats, hg. v. Direktorium, Presse- und Informationsamt der Lh. München, München 1991, S. 6. Kronawitters Hauptziel war »Eine solidarische Stadtgesellschaft« (Münchner Perspektiven, S. 226).
49 Vogel, S. 268ff.
50 Burkhard Bleyer/Jürgen Pohl, Wachstums- und Umweltprobleme im Münchner Norden: Der Rangierbahnhof München Nord, in: München. Ein sozialgeographischer Exkursionsführer, S. 577ff.
51 Paulhans Peters, Ein halbes Jahrhundert: Zerstörungen – Korrekturen – Pläne, in: Butlar, S. 46–67.
52 Gottfried Knapp, in Süddeutsche Zeitung von 8. 5. 1993, S. 13.
53 Joseph von Westphalen, Gegendarstellung. Warum in München doch nicht alles glänzt, in: Merian 43 (1990)1: München, S. 46–52, hier 52.
54 Gernot Ruhl, Das Image von München als Faktor für den Zuzug (Münchner Geographische Hefte 35), Kallmünz, Regensburg 1971.
55 Detlev Klingbeil, Münchens Wirtschafts- und Bevölkerungsentwicklung nach dem II. Weltkrieg, in: München. Ein sozialgeographischer Exkursionsführer, S. 43–66.
56 Werner Marzin, Messe München International ... ein leistungsbezogener Wettbewerb. Mit der Wirtschaft die Zukunft zeigen, in: Vom Ausstellungspark, S. 88–91.
57 Robert Geipel, Das Image von Städten: München, das neue Berlin?, in: Blicke auf die deutsche Metropole, hg. v. Gerhard Brunn, Jürgen Reulecke, München 1989, S. 147–177.

Literaturverzeichnis

Abkürzungen:

OA	Oberbayerisches Archiv
MB	Monumenta Boica
MBM	Miscellanea Bavarica Monacensia
ZBLG	Zeitschrift für bayerische Landesgeschichte

1875 bis 1975. 100 Jahre Städtestatistik in München. Statistisches Handbuch der Landeshauptstadt München, München 1975

Adalbert Prinz von Bayern Als die Residenz noch Residenz war, München 1967

Albrecht, Willy Landtag und Regierung in Bayern am Vorabend der Revolution von 1918. Studien zur gesellschaftlichen und staatlichen Entwicklung Deutschlands von 1912–1918, Berlin 1968

Alckens, August Münchner Forscher und Erfinder des 19. Jahrhunderts, München 1965

Alckens, August München in Erz und Stein. Gedenktafeln. Denkmäler. Gedenkbrunnen, Mainburg 1973

Angerer, Birgit Die Münchner Kunstakademie zwischen Aufklärung und Romantik. Ein Beitrag zur Kunsttheorie und Kunstpolitik unter Max I. Joseph (MBM 123) München 1984

Angermair, Elisabeth München als süddeutsche Metropole – die Organisation des Großstadtausbaus 1870 bis 1914, in: Geschichte, S. 307–335

Angermair, Elisabeth/Haerendel, Ulrike Inszenierter Alltag. »Volksgemeinschaft« im nationalsozialistischen München 1933–1945, München 1993

Appelle einer Revolution. Das Ende der Monarchie. Das revolutionäre Interregnum. Die Rätezeit, hg. von Karl-Ludwig Ay, München 1968

Arens, Hanns Unsterbliches München. Streifzüge durch 200 Jahre literarischen Lebens der Stadt, München-Esslingen 1968

Armenfürsorge und Daseinsvorsorge. Dokumente zur Geschichte der Sozialgesetzgebung u. d. Sparkassenwesens in Bayern (Ausstellungskatalog der Staatlichen Archive Bayerns 31) München 1992

Arndt, Karl Die Münchner Architekturszene 1933/34 als ästhetisch-politisches Kraftfeld, in: Bayern in der NS-Zeit, hg. von Martin Broszat, Bd. III, München 1981, S. 443–512

Arndt-Baerend, Sabine Die Klostersäkularisation in München 1802/03 (MBM 95) München 1986

Au, Giesing, Haidhausen. Seit 125 Jahren bei der Stadt München, München 1979

Auerbach, Hellmut Hitlers politische Lehrjahre und die Münchner Gesellschaft 1919–1923, in: Vierteljahreshefte für Zeitgeschichte 1977, S. 1–45

Aufbauzeit. Planen und Bauen München 1945–1950, hg. von Winfried Nerdinger, München 1984

Vom Ausstellungspark zum internationalen Messeplatz München 1904 bis 1984, München 1984

Ay, Karl-Ludwig Die Entstehung einer Revolution. Die Volksstimmung in Bayern während des Ersten Weltkriegs, Berlin 1968

Baier, Johann Armut, Not und Hoffnung am Rande einer Stadt. Haidhausen im Jahrhundert der Cholera-Epidemien, München 1988

Die Bajuwaren. Von Severin bis Tassilo 488–788, hg. von Hermann Dannheimer und Heinz Dopsch [München-Salzburg] 1988

Bärmann, Johannes Die Verfassungsgeschichte Münchens im Mittelalter, München 1938

Bary, Roswitha v. Verfassung und Verwaltung der Stadt München (1158–1560), 3 Bde, (Ms.masch. im Stadtarchiv) München 1956

Bastert, Bernd Der Münchner Hof und Fuetrers »Buch der Abenteuer«. Literarische Kontinuität im Spätmittelalter (Mikrokosmos 33) Frankfurt/M. u.a. 1991

Bauen in München. 1960–1970, hg. v. Baureferat der Landeshauptstadt München, München 1970

Bauer, Richard Fliegeralarm. Luftangriffe auf München 1940–1945, München 1987

Bauer, Richard Stadt und Stadtverfassung im Umbruch – Niedergang, Ende und Neubeginn der kommunalen Eigenständigkeit 1767 bis 1818, in: Geschichte, S. 244–273 (*zit.* Bauer)

Bauer, Richard/Graf, Eva Stadt im Überblick. München im Luftbild 1890–1935, München 1986

Bauer-Wild, Anna Die erste Bau- und Ausstattungsphase des Schlosses Nymphenburg 1663–1680 (Schriften aus dem Institut für Kunstgeschichte der Universität München 7) München 1986

Baumann, Angelika »Armuth ist hier wahrhaft zu Haus ...«. Vorindustrieller Pauperismus und Einrichtungen der Armenpflege in Bayern um 1800 (MBM 132) München 1984

Bayern im Umbruch. Die Revolution von 1918, ihre Voraussetzungen, ihr Verlauf und ihre Folgen, hg. von Karl Bosl, München 1969

Behrend-Rosenfeld, Else R. Ich stand nicht allein. Leben einer Jüdin in Deutschland 1933–1944, Nachdr. München 1988

Behringer, Wolfgang Löwenbräu. Von den Anfängen des Münchner Brauwesens bis zur Gegenwart, München 1991

Beiträge zur Münchner Volkskunde (Bayerisches Jahrbuch für Volkskunde 1958), München 1958

Beiträge zur Stadtgeographie von München, hg. von Hans Fehn (Landeskundliche Forschungen 38) München 1958

Berthold, Eva/Matern, Norbert München im Bombenkrieg, Düsseldorf 1983

Betz, Walther Die Wallbefestigung von München (Neue Schriftenreihe des Stadtarchivs 9) München 1960

Biedermeiers Glück und Ende ... die gestörte Idylle 1815–1848 (Ausstellungskatalog Stadtmuseum München), hg. von Hans Ottomeyer u.a., München 1987

Biller, Josef H./Rasp, Hans-Peter München. Kunst- und Kulturlexikon, München (Neuaufl.) 1985

Birnbaum, Michael Das Münchner Handwerk im 19. Jahrhundert (1799–1868). Beiträge zu Politik, Struktur und Organisation des städtischen Handwerks im beginnenden Industriezeitalter, München 1984

Bitterauf, Theodor (Hg.), Die Traditionen des Hochstifts Freising 744–1283, 2 Bde (Quellen und Erörterungen zur deutschen und bayerischen Geschichte NF 4/5) München 1905–1909

Bleek, Stephan Quartierbildung in der Urbanisierung. Das Münchner Westend 1890–1933, München 1991

Blunt, Wilfried Ludwig II. König von Bayern, aus dem Englischen von Ursula von Wiese, München 1970

Bock, Manfred Die Verfassung der Stadt München von 1818 bis 1919, (Diss.) München 1967

Böhmer, Rudolf Die Vierherzogzeit in Oberbayern-München und ihre Vorgeschichte (Kultur und Geschichte. Freie Schriftenfolge des Stadtarchivs 11) München 1937

Bosl, Karl München – Bürgerstadt, Residenz, heimliche Hauptstadt Deutschlands, Stuttgart-Aalen 1971

Braunfels, Wolfgang Das bürgerliche und das kurfürstliche München, in: Ders., Die Kunst im Heiligen Römischen Reich Deutscher Nation, Bd. 1, München 1979, S. 161–209

Breiter, Otto Das kirchliche München (Neue Schriftenreihe des Stadtarchivs 4) München 1951

Breitling, Peter Die großstädtische Entwicklung Münchens im 19. Jahrhundert, in: Städteforschung A: Darstellungen 5, Köln u.a. 1978, S. 178–196

Brennpunkt der Moderne. Der Blaue Reiter in München, Einführung und Bildauswahl von Rosel Gollek, München 1989.

Bretschneider, Heike Der Widerstand gegen den Nationalsozialismus in München 1933 bis 1945 (MBM 4) München 1968

Breuer, Hugo Hubert Das blutige Fiasko der Räte-Republik, München (1919)

Bruch, Rüdiger vom/Müller, Rainer A. Erlebte und gelebte Universität. Die Universität München im 19. und 20. Jahrhundert, Pfaffenhofen 1986

Brunner, Max Die Hofgesellschaft. Die führende Gesellschaftsschicht Bayerns während der Regierungszeit König Maximilians II. (MBM 144) München 1987

Bürger schreiben für Bürger, hg. vom Institut Bavaricum Elfie Zuber, München 1984ff., Bd. 1: Das

Hackenviertel 1984, Bd. 2: Das Kreuzviertel 1987, Bd. 3: Das Graggenauer Viertel 1989, Bd. 4: Das Angerviertel 1991
Buttlar, Adrian v./Bierler-Rolly, Traudl (Hg.), Der Münchner Hofgarten. Beiträge zur Spurensicherung, München 1988

Chronik der Stadt München 1945–1948, bearb. von Wolfram Selig u.a., München 1980

Demmel, Walter G. Feiertagsschule und Fortbildungsschule. Ein Beitrag zur Schulgeschichte Münchens im 19. Jahrhundert (MBM 70) München 1978
Destouches, Ernst v. Urkundliche Beiträge zur Geschichte Münchens, in: OA 31, 1871, S. 39–70
Destouches, Ernst v. Ein Säkularbild aus Münchens Vergangenheit (1587), in: Jahrbuch für Münchner Geschichte 1, 1887, S. 423–504
Deuerlein, Ernst Hitlers Eintritt in die Politik und die Reichswehr, in: Vierteljahreshefte für Zeitgeschichte 1959, S. 177–227
Diehl, Walter Die Künstlerkneipe »Simplicissimus«. Geschichte eines Münchner Kabaretts 1903 bis 1960, München 1989
Dirr, Pius Buchwesen und Schrifttum im alten München 1450–1800 (Kultur und Geschichte. Freie Schriftenfolge des Stadtarchivs München 3) München 1929
Dirr, Pius Denkmäler des Münchner Stadtrechts, Bd. 1: 1158–1403 (Bayerische Rechtsquellen 1) München 1934
Dirr, Pius Grundlagen der Münchner Stadtgeschichte, München 1937
Dirrigl, Michael Residenz der Musen. München, Magnet für Musiker, Dichter und Denker. Studien zur Kultur- und Geistesgeschichte Münchens, München 1968
Dirrigl, Michael Ludwig I. König von Bayern 1825–1848, München 1980
Dirrigl, Michael Maximilian II. König von Bayern 1848–1864, 2 Teile, München 1984
Dischinger, Gabriele Die Jesuitenkirche St. Michael in München. Zur frühen Planungs- und Baugeschichte, in: Wittelsbach und Bayern II/1, S. 152–166
Döbereiner, Manfred Residenz- und Bürgerstadt – Münchens Weg zur relativen Selbständigkeit 1294 bis 1365, in: Geschichte, S. 61–96
Dombart, Theodor Schwabing, Münchens älteste und schönste Tochter, München 1967
Dombart, Theodor Der Englische Garten zu München. Geschichte seiner Entstehung und seines Ausbaues zur großstädtischen Parkanlage, München 1972
Dorn, Ernst Der Sang der Wittenberger Nachtigall in München. Eine Geschichte des Protestantismus in Bayerns Hauptstadt in der Stadt der Reformation und Gegenreformation des 16. Jahrhunderts, München 1917
30 Jahre Münchner Bezirksausschüsse 1947–1977, hg. von Matthias Auer [München 1977]
Im Dunst aus Bier, Rauch und Volk. Arbeit und Leben in München von 1840 bis 1945, hg. von Reinhard Bauer, Günther Gerstenberg und Wolfgang Peschel, München-Zürich 1989
Dussler, Hildebrand Reiseberichte über München und Oberbayern vom 16. bis 19. Jahrhundert, in: OA 93, 1971, S. 29–45

Edlin-Thieme, Margareta Studien zur Geschichte des Münchner Handelsstandes im 18. Jahrhundert (Forschungen zur Sozial- und Wirtschaftsgeschichte 11) Stuttgart 1969
Eisner, Freya Kurt Eisner. Die Politik des libertären Sozialismus, Frankfurt/M. 1979
Eisner, Kurt Sozialismus als Aktion. Ausgewählte Aufsätze und Reden, Frankfurt/M. 1975
Die Epitaphien an der Frauenkirche zu München, hg. v. d. Messerschmitt Stiftung, München 1986
Erdmannsdörfer, Karl Das Bürgerhaus in München (Das deutsche Bürgerhaus 17) Tübingen 1972

Fentsch, Eduard Bavaria. Land und Leute im 19. Jahrhundert. Die Kgl. Haupt- und Residenzstadt München, hg. von Paul Ernst Rattelmüller, München 1989
Fichtl, Wilhelm Aufklärung und Zensur, in: Wittelsbach und Bayern III/1, S. 174–185
Fisch, Stefan Stadtplanung im 19. Jahrhundert. Das Beispiel München bis zur Ära Theodor Fischer, München 1988
Fischer, Anton Die Verwaltungsorgane Münchens im 16. und 17. Jahrhundert mit Fortsetzung für das 18. Jahrhundert, (Diss.masch.) München 1951

Fischer, Anton Zur Geschichte des Münchner bürgerlichen Braugewerbes, in: Jahrbuch der Gesellschaft für die Geschichte und Bibliographie des Brauwesens 1958, S. 1–183
Föringer, E. Anordnungen über den Hofhalt in München während des 16. Jahrhunderts, in: OA 9, 1848, S. 97–138
Friedrichs-Friedlaender, Carola Architektur als Mittel politischer Selbstdarstellung im 19. Jahrhundert. Die Baupolitik der bayerischen Wittelsbacher (MBM 97) München 1980

Gallas, Klaus München – Von der welfischen Gründung Heinrichs des Löwen bis zur Gegenwart, Köln 1979
Gastfreundliches München. Das Antlitz einer Stadt im Spiegel ihrer Gäste, hg. von Wilhelm Zentner, München ³1972
Gebele, Joseph Das Schulwesen der königl. bayer. Haupt- und Residenzstadt München in seiner geschichtlichen Entwicklung, (München 1896), Nachdr. 1989
Geidel, Heinrich Münchens Vorzeit (Kultur und Geschichte. Freie Schriftenfolge des Stadtarchivs 4) München ²1938
Geiß, Ernest Geschichte der Stadtpfarrei St. Peter in München, München 1867
Gerstl, Max Die Münchener Räte-Republik, München 1919
Geschichte der Stadt München, hg. von Richard Bauer, München 1992
Geschichte und Kultur der Juden in Bayern. Aufsätze, hg. von Manfred Treml, Josef Kiermeier und Evamaria Brockhoff (Veröffentlichungen zur Bayerischen Geschichte und Kultur 17) München 1988
Giesing, Au, Haidhausen. Seit 125 Jahren bei München, hg. v. d. Bezirksausschüssen Giesing, Au, Haidhausen, München 1979
Gleibs, Yvonne Juden im kulturellen und wissenschaftlichen Leben Münchens in der zweiten Hälfte des 19. Jahrhunderts (MBM 76), München 1981
Glyptothek München 1830–1980. Jubiläumsausstellung zur Entstehungs- und Baugeschichte, hg. von Klaus Vierneisel und Gottlieb Leinz, München 1980
Gollwitzer, Heinz Ludwig I. von Bayern. Königtum im Vormärz. Eine politische Biographie, München 1986
Gordon, Harold Der Hitlerputsch, Frankfurt/M. 1971
Greiner, Klaus Die Münchner Neuesten Nachrichten 1918–1933, in: Die Zwanziger Jahre in München, S. 29–34
Gritschneder, Otto Bewährungsfrist für den Terroristen Adolf H. Der Hitler-Putsch und die bayerische Justiz, München 1990

Habel, Heinrich u. a., Münchner Fassaden. Bürgerhäuser des Historismus und des Jugenstils, München 1974
Hackelsberger, Christoph Ein Architekt sieht München, München 1981
Hackelsberger, Christoph München und seine Isar-Brücken, München 1981
Haenert, Franziska Preispolitik im Handwerk vom 16. bis 18. Jahrhundert unter besonderer Berücksichtigung der Münchner Verhältnisse, München 1956
Haerendel, Ulrike Das Rathaus unterm Hakenkreuz – Aufstieg und Ende der »Hauptstadt der Bewegung« 1933 bis 1945, in: Geschichte, S. 369–393
Hager, Luisa Nymphenburg. Schloß, Park und Burgen, München o. J.
Ein halbes Jahrhundert Münchner Kulturgeschichte, erlebt mit der Künstlergesellschaft Allotria, München 1959
Hammermayer, Ludwig Illuminaten in Bayern. Zu Geschichte, Fortwirken und Legende eines Geheimbundes, in: Wittelsbach und Bayern III/1, S. 146–173
Handbuch der bayerischen Geschichte, hg. von Max Spindler, 4 Bde, München 1967–1975; Neuaufl. 1981 ff., hg. von Andreas Kraus
Hanke, Peter Zur Geschichte der Juden in München 1933–1945 (MBM 3) München 1967
Hanko, Helmut M. Thomas Wimmer 1887–1964 (MBM 73) München 1977
Hanko, Helmut M. Kommunalpolitik in der »Hauptstadt der Bewegung«, in: Bayern in der NS-Zeit, hg. von Martin Broszat, Bd. III, München 1981, S. 91–173
Hanko, Helmut M. Münchner Kulturpolitik seit 1919, in: Münchner Stadtanzeiger vom 8. 3. 1985 und 12. 3. 1985
Hartig, Michael Bestehende mittelalterliche Kirchen Münchens. Mit Ausnahme der Frauenkirche (Deutsche Kunstführer 21) Augsburg 1928

Hartig, Otto Münchner Künstler und Kunstsachen, München 1926–1933
Häuserbuch der Stadt München, hg. v. Stadtarchiv München, 5 Bde, München 1958–1977
Hecker, Hans-Joachim Um Glaube und Recht – Die »fürstliche« Stadt 1505 bis 1561, in: Geschichte, S. 148–165
Heckhorn, Evelin/Wiehr, Hartmut München und sein Bier. Vom Brauhandwerk zur Bierindustrie, München 1989
Hederer, Oswald Die Ludwigstraße in München (Neue Schriftenreihe des Stadtarchivs 1) München 1942
Heerde, Walter Haidhausen. Geschichte einer Münchner Vorstadt (OA 98) München 1974
Hefner, Otto Titan v. Münchner Bilder aus dem 14. Jahrhundert, München 1850/51
Heimers, Manfred Peter Die Strukturen einer barocken Residenzstadt – München zwischen Dreißigjährigem Krieg und dem Vorabend der Französischen Revolution, in: Geschichte, S. 211–243
Henning, Diethard Johannes Hoffmann. Sozialdemokrat und bayerischer Ministerpräsident, München 1990
Hentzen, Kurt Der Hofgarten zu München. Entwicklungsgeschichte einer historischen Gartenanlage (Kunstwissenschaftliche Studien 29) München 1959
Henzel, Christoph München. Münchens Musik und Musikleben in Geschichte und Gegenwart, Laaber 1990
Hepp, Corona Avantgarde. Moderne Kunst, Kulturkritik und Reformbewegungen nach der Jahrhundertwende, München 1987
Herz, Rudolf/Halfbrodt, Dirk Revolution und Fotographie München 1918/19, Berlin 1988
Hesse, Horst Die sogenannte Sozialgesetzgebung Bayerns Ende der sechziger Jahre des 19. Jahrhunderts (MBM 33) München 1971
Heusler, Andreas Zwangsarbeit in der Münchener Kriegswirtschaft 1939–1945, München 1991
Heydenreuter, Reinhard Der Magistrat als Befehlsempfänger – Die Disziplinierung der Stadtobrigkeit 1579 bis 1651, in: Geschichte, S. 189–210
Hilble, Fritz Die alten Münchner Mühlen und ihre Namen, in: OA 90, 1968, S. 75–113
Hillmayr, Heinrich München und die Revolution von 1918/1919, in: Bayern im Umbruch, S. 453–504
Der Hitler-Putsch. Bayerische Dokumente zum 8./9. November 1923, hg. von Ernst Deuerlein, Stuttgart 1962
Hitzer, Friedrich Lenin in München [München 1977]
Hof-Atelier Elvira 1887–1928. Ästheten, Emanzen, Aristokraten, hg. von Rudolf Herz und Brigitte Bruns, München 1985
Hofmann, Hanns Hubert Der Hitlerputsch. Krisenjahre deutscher Geschichte 1920–1924, München 1961
Hofmiller, Josef Revolutionstagebuch 1918/19. Aus den Tagen der Münchner Revolution, hg. von Hulda Hofmiller, Leipzig ³1939
Hojer, Gerhard Die Münchner Residenzen des Kurfürsten. Max Emanuels Stadtresidenz München – Lustheim – Schleißheim – Nymphenburg, in: Kurfürst Max Emanuel, S. 142–169
Hollweck, Ludwig Stadtgeschichte in Jahresportraits, München 1968 (mit jährlichen Fortsetzungen bis 1990)
Hollweck, Ludwig München. Liebling der Musen (Eine Stadt erzählt 5) Wien-Hamburg 1971
Hollweck, Ludwig 350 Jahre Buchhandel in München, München 1975
Hörl, Irmgard Die Zusammensetzung und Schichtung der ältesten Münchner Bevölkerung, (Diss.) München 1952
Horn, Adam/Hollweck, Ludwig (Hg.), München vor 100 Jahren, vornehmlich nach Lithographien von Gustav Wilhelm Kraus und Carl August Lebschée, Hanau 1972
Horn, Wolfgang Der Marsch zur Machtergreifung. Die NSDAP bis 1933, Königstein/Ts. 1980
Hoser, Paul Die politischen, wirtschaftlichen und sozialen Hintergründe der Münchner Tagespresse zwischen 1914 und 1933, 2 Bde, Frankfurt/M. u.a. 1990
Huber, Gerdi Das klassische Schwabing. München als Zentrum der intellektuellen Zeit- und Gesellschaftskritik an der Wende des 19. zum 20. Jahrhundert (MBM 37) München 1973
Hübner, Lorenz Beschreibung der kurbayerischen Haupt- und Residenzstadt München, 2 Bde, München 1803–1805
Hufnagel, Max Joseph Berühmte Tote im Südlichen Friedhof zu München, München 1969
Hummel, Karl-Joseph München in der Revolution von 1848/49 (Schriftenreihe der Historischen Kommission bei der Bayerischen Akademie der Wissenschaften 30) Göttingen-Zürich 1987

100 Jahre Münchner Straßenbahn 1876–1976. Vom Groschenwagen zur Untergrundbahn (Neue Schriftenreihe des Stadtarchivs 60) München ²1976
100 Jahre Münchner Wasserversorgung 1883–1983, Stadtwerke München, München 1983
100 Jahre Sozialdemokraten in München, hg. v. SPD-Unterbezirk München [München 1969]
100 Jahre Stadtentwässerung München 1885–1985, München 1985
100 Jahre Städtisches Vermessungsamt 1889–1989, (Festschrift) München 1989
Huse, Norbert Kleine Kunstgeschichte Münchens, München 1990
Hüttl, Ludwig Max Emanuel. Der Blaue Kurfürst 1679–1726. Eine politische Biographie, München 1976
Hüttl, Ludwig Ludwig I. König und Bauherr, München-Zürich 1986

Die Inschriften der Stadt und des Landkreises München, bearb. von Rudolf M. Kloos (Die deutschen Inschriften 5) Stuttgart 1958
Irrlicht im leuchtenden München? Der Nationalsozialismus in der Hauptstadt der Bewegung, hg. von Björn Mensing u. a., Regensburg 1991
Die Isar. Ein Lebenslauf (Ausstellungskatalog Stadtmuseum München), hg. von Marie-Louise Plessen, München 1983

Jelavich, Peter Munich and Theatrical Modernism. Politics, Playwriting, and Performance 1890–1914, Harvard 1985
Joachimthaler, Anton Hitler in München 1908–1920, Frankfurt/M.-Berlin 1992
Jugendstil-Musik? Münchner Musikleben 1890–1918, Wiesbaden 1987

Kandinsky und München. Begegnungen und Wandlungen 1896–1914, hg. von Armin Zweite, München 1982
Karaisl, Franz Frhr. v. Zur Geschichte des Münchner Patriziats, in: Schriften des Bayerischen Landesvereins für Familienkunde 5, 1938, S. 3–19
Karl, Willibald Jugend, Gesellschaft und Politik im Zeitraum des Ersten Weltkriegs. Zur Geschichte der Jugendproblematik der deutschen Jugendbewegung im ersten Viertel des 20. Jahrhunderts (MBM 48) München 1973
Das keltische Jahrtausend, hg. von Hermann Dannheimer und Rupert Gebhard (Ausstellungskataloge der Prähistorischen Staatssammlung 23) Mainz 1993
Kielmansegg, Peter Gf. Deutschland und der Erste Weltkrieg, Stuttgart ²1980
Kilian, Hendrikje Die jüdische Gemeinde in München 1813–1871. Eine Großstadtgemeinde im Zeitalter der Emanzipation (MBM 145) München 1989
Kitzmann, Armin Rudi Das offene Tor. Aus der Geschichte der Protestanten in München, München 1990
Klassizismus in Bayern, Schwaben und Franken. Architekturzeichnungen 1775–1825, hg. von Winfried Nerdinger, München 1980
Kleemaier, Horst Zur Geschichte der Münchner Stadtbäche, in: Die Isar, S. 79–93
Klein, Dieter Stadtplanung und Architektur in München seit der Mitte des 19. Jahrhunderts, in: Schönere Heimat 73, 1984, S. 434–432
Knauer-Nothaft, Christl/Kasberger, Erich Berg am Laim. Von der Hofmark zum Stadtteil Münchens, München 1987
Luise von Kobell und die Könige von Bayern. Historien und Anekdoten 1790–1890, hg. Kurt Wilhelm, München 1980
Koenig, Helmut München im Wiederaufbau, München ²1956
Kohl, Werner Recht und Geschichte der alten Münchner Mühlen, München 1969
Kolbe, Jürgen Heller Zauber. Thomas Mann in München 1894–1933, Berlin 1987
König Maximilian II. von Bayern 1848–1864, hg. v. Haus der Bayerischen Geschichte, Rosenheim 1988
Kramer, Ferdinand Adelige Hofmarken und Sitze im Münchner Umland in der frühen Neuzeit, in: Amperland 26, 1990, S. 571–573
Kramer, Karl-Sigmund Altmünchner Handwerk. Bräuche, Lebensformen, Wanderwege, in: Bayerisches Jahrbuch für Volkskunde 1958, S. 111–137
Kraus, Andreas Geschichte Bayerns. Von den Anfängen bis zur Gegenwart, München 1983 (*zit.* Kraus)
Kraus, Andreas Die Residenz und ihre geistigen, künstlerischen, sozialen und wirtschaftlichen

Auswirkungen im 19. Jahrhundert, dargestellt am Beispiel Münchens, in: Blätter für deutsche Landesgeschichte 123, 1987, S. 83–125
Krauss, Marita Nachkriegskultur in München 1945–1954, München 1985
Krauss-Maffei. Lebenslauf einer Münchner Fabrik und ihrer Belegschaft, hg. von Alois Auer (Schriftenreihe des Archivs der Münchner Arbeiterbewegung 1) Kösching 1988
Krieg, Nina »Solang' der Alte Peter ...« – Die vermeintliche Wiedergeburt Alt-Münchens nach 1945, in: Geschichte, S. 394–412
Krieg, Nina Die »Weltstadt mit Herz« – Ein Überblick 1957 bis 1990, in: Geschichte, S. 413–421
Kritzer, Peter Die bayerische Sozialdemokratie und die bayerische Politik in den Jahren 1918 bis 1923, München 1969
Die Krokodile. Ein Münchner Dichterkreis, hg. von Johannes Mahr, Stuttgart 1987
Kronegg, Ferdinand Illustrierte Geschichte der Stadt München, München 1903
Kücker, Wilhelm Das alte Franziskanerkloster in München, in OA 86, 1963, S. 5–158
Die Kunstdenkmale des Regierungsbezirkes Oberbayern, 4. Teil: Stadt München, Bezirksamt Erding, (München 1902), Nachdr. München-Wien 1982
Die »Kunststadt« München 1937. Nationalsozialismus und »Entartete Kunst«, hg. von Peter-Klaus Schuster, München 1987
Kuppelmayr, Lothar Die Tageszeitungen in Bayern (1849–1972), in: Handbuch IV/2, [2]1979, Revolution und Räteregierung, Weimarer Zeit 1918–1933, S. 1146–1173, bes. S. 1156–1159
Kurfürst Max Emanuel. Bayern und Europa um 1700, Bd. 1, hg. von Hubert Glaser, München 1976

Landeshauptstadt München. Ensembles, Baudenkmäler, Archäologische Geländedenkmäler, bearb. von Heinrich Habel u. a. (Denkmäler in Bayern I/1) München [3]1991
Die Landeshauptstadt München im Jahr der Olympischen Spiele 1972, hg. von Hans Fehn (Landeskundliche Forschungen 44) München 1972
Langendorf, Ernst/Wulffius, Georg In München fing's an. Presse, Parteien, Rundfunk, München 1985
Larsen, Egon Graf Rumford. Ein Amerikaner in München, München 1961
Laturell, Volker D./Mooseder, Georg Moosach. Entstehungs- und Entwicklungsgeschichte eines Münchner Stadtteils, 3 Bde, München 1980–85
Lechner, Korbinian (Hg.), Die Münchnerin, Stuttgart 1940
Lehmbruch, Hans Ein neues München. Stadtplanung und Stadtentwicklung um 1800. Forschungen und Dokumente, Buchendorf 1987
Lesebuch zur Geschichte des Münchner Alltags (Geschichtswettbewerb 1985/86ff.), Bd. 1ff., hg. v. d. Landeshauptstadt München, München 1985/86ff.
Leuchtmann, Horst Orlando di Lasso. Musik der Renaissance am Münchner Fürstenhof (Ausstellungskatalog München) Wiesbaden 1982
Lieb, Norbert München. Die Geschichte seiner Kunst, München [3]1982 ([1]1971)
Liebhart, Wilhelm Bayern zur Zeit König Ludwigs II., in: Ludwig II. zwischen Wirklichkeit und Verklärung, hg. v. d. Katholischen Akademie Augsburg (Akademie-Publikation 79) Augsburg 1986, S. 5–67
Liebl, Toni Auf geh'n wird die Erde in Rauch. Geschichte der ersten privaten Eisenbahnen in Bayern, München 1985
Liedke, Volker Die Münchner Tafelmalerei und Schnitzkunst der Spätgotik. Teil I: Von den Anfängen bis zum Pestjahr 1430 (Ars Bavarica 17/18) München 1980
Literaten an der Wand. Die Münchner Räterepublik und die Schriftsteller, hg. von Hansjörg Viesel, Frankfurt/M. 1980
Longerich, Peter Die braunen Bataillone. Geschichte der SA, München 1989
Ludwig, Horst Kunst, Geld und Politik um 1900 in München. Formen und Ziele der Kunstfinanzierung und Kunstpolitik während der Prinzregentenära (1886–1912), Berlin 1986
Lutz, Fritz Von der Naturlandschaft zum modernen Wirtschaftsraum (Land um die Großstadt 1) München 1962
Lutz, Heinrich Deutscher Krieg und Weltgewissen. Friedrich Wilhelm Foersters politische Publizistik und die Zensurstelle des bayerischen Kriegsministeriums 1915–1918, in: ZBLG 25, 1962, S. 470–549

Maier, Lorenz Stadt und Herrschaft. Ein Beitrag zur Gründungs- und frühen Entwicklungsgeschichte Münchens (MBM 147) München 1989

Mauersberg, Hans Wirtschafts- und Sozialgeschichte zentraleuropäischer Städte in neuerer Zeit. Dargestellt an den Beispielen von Basel, Frankfurt/M., Hamburg, Hannover und München, Göttingen 1960
Megele, Max Baugeschichtlicher Atlas der Landeshauptstadt München (Neue Schriftenreihe des Stadtarchivs 3) München 1951
Möhl, Friedrich Karl Die Vorläufer der heutigen Organisation der öffentlichen Armenpflege in München, insbesondere: Das Armeninstitut des Grafen Rumford, Bamberg 1903
Monachium. Beiträge zur Kirchen- und Kulturgeschichte Münchens, hg. von A. W. Ziegler, München 1958
Der Mönch im Wappen. Aus Geschichte und Gegenwart des katholischen München, München-Zürich 1960
Mönnich, Horst BMW. Eine deutsche Geschichte, 2 Bde, München-Zürich [2]1991
Monumenta Boica: Bd. 35/2, München 1849, Bd. 36/1, München 1852, Bd. 36/2, München 1861
Morenz, Ludwig Das Münchner Stadtsiegel und Stadtwappen. Geschichte und Gestaltung, in: OA 90, 1968, S. 1–13
Mosbauer, Amrei/Valentien, Christoph Die Kommunale Grünentwicklung in München, in: OA 115, 1991, 205–282
Moser, Peter Das Kanzleipersonal Kaiser Ludwigs des Bayern in den Jahren 1330–1347 (Münchener Beiträge zur Mediävistik und Renaissance-Forschung, hg. von Gabriel Silagi 37) München 1985
Maser, Werner Die Frühgeschichte der NSDAP. Hitlers Weg bis 1924, Frankfurt/M.-Bonn 1965
Mühsam, Erich Von Eisner bis Leviné. Die Entstehung der bayerischen Räterepublik, Nachdr. Berlin 1976
Mühsam, Erich Kriegstagebuch, in: Sinn und Form 6, 1984, S. 1129–1155
Müller, Günther König Max II. und die soziale Frage (Politische Studien, Beiheft 1) München 1964
Müller, Karl Alexander v. Im Wandel einer Welt. Erinnerungen III. 1919–1932, hg. von Otto Alexander v. Müller, München 1966
Müller, Richard Der Bürgerkrieg in Deutschland, Nachdr. Berlin 1974
Müller-Faßbender, Gerd-Bolko Das Apothekenwesen der bayerischen Haupt- und Residenzstadt München von seinem Anfang bis zum Ende des bayerischen Kurfürstentums (MBM 22) München 1970
Münch, Friedrich Die agitatorische Tätigkeit des Bauernführers Heim. Zur Volksernährungsfrage aus der Sicht des Pressereferates des bayerischen Kriegsministeriums während des Ersten Weltkrieges, in: Bayern im Umbruch, S. 301–334
Münch, Peter Stadthygiene im 19. und 20. Jahrhundert. Die Wasserversorgung, Abwasser- und Abfallbeseitigung unter besonderer Berücksichtigung Münchens (Schriftenreihe der Histor. Kommission bei der Bayerischen Akademie der Wissenschaften 49) Göttingen-Zürich 1993 (*zit.* Münch)
München. Dichter sehen eine Stadt. Texte und Bilder aus vier Jahrhunderten, hg. von Hans-Rüdiger Schwab, Stuttgart 1990
München. Ein Lesebuch, hg. von Reinhard Bauer und Ernst Piper, Frankfurt/M. 1986
München. Musenstadt mit Hinterhöfen. Die Prinzregentenzeit 1886–1912, hg. von Friedrich Prinz u. a., München 1988
München. Ein sozialgeographischer Exkursionsführer, hg. von R. Geipel und G. Heinritz (Münchener Geographische Hefte 55/56) Kallmünz 1987
München – Stadt der Frauen, hg. von Eva Maria Volland und Reinhard Bauer, München–Zürich 1991
München. Weltstadt in Bayern, hg. von J. Birkenhauer, Kallmünz 1987
München baut auf. Ein Tatsachen- und Bildbericht über den nationalsozialistischen Aufbau in der Hauptstadt der Bewegung, hg. von Karl Fiehler, München o. J.
München im Buch. Auswahl-Katalog der Stadtbibliothek München – Monacensia-Abteilung, hg. von Ludwig Hollweck, München 1958, Nachtrag September 1958, Auswahl 1963–1976, München 1977
München im Wandel der Jahrhunderte. Bilder aus der Sammlung Proebst, München 1957
München und seine Bauten, hg. v. Bayerischen Architekten- und Ingenieur-Verein, München 1912, Nachdr. 1978
München und seine Bauten nach 1912, hg. v. Bayerischen Architekten- und Ingenieur-Verband, München 1984
München von A bis Z. Stadtlexikon der bayerischen Landeshauptstadt, hg. von Walter Beitry und Joachim F. Richter, 2 Bde, München 1966, Berg 1968
Münchens Straßennamen, München 1983

Die Münchner Frauenkirche. Restaurierung und Rückkehr ihrer Bildwerke (Diözesanmuseum für christliche Kunst des Erzbistums München und Freising. Kataloge und Schriften 10) München 1993
Münchner Jahrbuch. Kalender für Bureau, Comptoir und Haus, München 1888ff.
Münchner Landschaftsmalerei 1800–1850. Städtische Galerie im Lenbachhaus, hg. von Armin Zweite, München 1979
Münchner Maler im 19. Jahrhundert, 4 Bde (Bruckmanns Lexikon der Münchner Kunst) München 1981–1983
Die Münchner Moderne. Die literarische Szene in der »Kunststadt« um die Jahrhundertwende, hg. von Walter Schmitz, Stuttgart 1990
Münchner Perspektiven. Wohin treibt die Weltstadt mit Herz?, hg. von Christian Ude, München-Zürich 1990
Die Münchner Philharmoniker von der Gründung bis heute, hg. von Regina Schmoll, gen. Eisenwerth, München 1985
Münchner Projekte. Die Zukunft einer Stadt, hg. von Christian Ude, München-Zürich 1993
Münchner Räterepublik. Stenographischer Bericht über die Verhandlungen des Kongresses der Arbeiter-, Bauern- und Soldatenräte vom 25. Februar bis 8. März 1919 in München, Nachdr. München 1974
Das Münchner Zeughaus, hg. von Rudolf H. Wackernagel, München-Zürich 1983
Die Münchner Zünfte. Dokumente und Bilder zu ihrer Geschichte seit 1290 (Ausstellung Stadtarchiv München) München 1970
Musenstadt, s. München. Musenstadt

Neubauer, Helmut München und Moskau 1918/19. Zur Geschichte der Rätebewegung in Bayern (Jahrbuch für Geschichte Osteuropas, Beiheft 4) München 1958
Die Niederwerfung der Räteherrschaft in Bayern 1919, im Auftrag des Oberkommandos der Wehrmacht bearb. u. hg. von der kriegsgeschichtlichen Forschungsanstalt des Heeres, Berlin 1939
Nösselt, Hans-Joachim Ein ältest Orchester 1530–1980. 450 Jahre Bayerisches Hof- und Staatsorchester, München 1980

Das Oktoberfest. 175 Jahre Bayerischer National-Rausch. Jubiläumsausstellung im Münchner Stadtmuseum, München 1985
Otto, Kornelius Erasmus Grasser und der Meister des Blutenburger Apostelzyklus. Studien zur Münchner Plastik des späten 15. Jahrhunderts (MBM 150) München 1988

Perlach 1200 Jahre. Entstehungs- und Entwicklungsgeschichte eines Münchner Stadtteils mit den Ortsteilen Perlach, Fasangarten, Michaeliburg, Waldperlach und Neuperlach, hg. von Georg Mooseder, München 1990
Petzet, Wolfgang Theater. Die Münchner Kammerspiele 1911–1972, München 1973
Pfister, Peter (Hg.), Marienwallfahrten im Erzbistum München und Freising, Regensburg 1989
Pfister, Peter/Ramisch, Hans Die Frauenkirche in München. Geschichte, Baugeschichte und Ausstattung, München 1983
Piper, Ernst Nationalsozialistische Kulturpolitik und ihre Profiteure. Das Beispiel München, in: »Niemand war dabei und keiner hat's gewußt«. Die deutsche Öffentlichkeit und die Judenverfolgung 1933–1945, hg. von Jörg Wollenberg, München ²1989, S. 129–157
Pohl, Karl Heinrich Die Münchner Arbeiterbewegung. Sozialdemokratische Partei, Freie Gewerkschaften, Staat und Gesellschaft in München 1890–1914, München 1992
Preis, Kurt München unterm Hakenkreuz. Die Hauptstadt der Bewegung: Zwischen Pracht und Trümmern, München 1980
Preußler, Susanne Hinter verschlossenen Türen. Ledige Frauen in der Münchner Gebäranstalt 1832–1853 (Münchner Beiträge zur Volkskunde 4) München 1985
Prinz, Friedrich Gestalten und Wege bayerischer Geschichte, München 1982
Das Prinzregenten-Theater in München, hg. von Klaus Jürgen Seidel, Nürnberg 1984
Die Prinzregentenzeit (Ausstellungskatalog Stadtmuseum München), hg. von Norbert Götz u.a., München 1988
Puschner, Uwe Handwerk zwischen Tradition und Wandel. Das Münchner Handwerk an der Wende

vom 18. zum 19. Jahrhundert (Göttinger Beiträge zur Wirtschafts- und Sozialgeschichte 13) Göttingen 1988

Rädlinger, Christine Armenwesen und Armenanstalten in München vom 14. bis zum 18. Jahrhundert, in: OA 116, 1992, S. 15–106

Rädlinger, Christine Die große Krise – Finanzielle Probleme und Verfassungskämpfe 1365 bis 1403, in: Geschichte, S. 97–119

Rall, Hans Die Hausverträge der Wittelsbacher. Grundlagen der Erbfälle von 1777 und 1799, in: Wittelsbach und Bayern III/1, S. 13–48

Rambaldi, Karl Gf. von Die Münchner Straßennamen und ihre Erklärung, München 1894

Rasp, Hans-Peter Eine Stadt für tausend Jahre. München – Bauten und Projekte für die Hauptstadt der Bewegung, München 1981

Reber, Franz Bautechnischer Führer durch München, München 1876, Nachdr. Mittenwald 1978

Die Regierung Eisner 1918/19. Ministerratsprotokolle und Dokumente, bearb. von Franz J. Bauer, Düsseldorf 1987

Reinecke, Günther Münchner Privatrecht im Mittelalter. Beiträge zur Entwicklungsgeschichte des Stadtrechts (Kultur und Geschichte. Freie Schriftenfolge des Stadtarchivs 9) München 1936

Reise Textbuch München. Ein literarischer Begleiter auf den Wegen durch die Stadt, hg. von Albert von Schirnding, München 1988

Reiser, Rudolf Alte Häuser – große Namen. München, München [2]1988

Reitzenstein, Wolf-Armin Frhr. von Lexikon bayerischer Ortsnamen, München [2] 1991

Revolution und Räteherrschaft in München. Aus der Stadtchronik 1918/19 (Neue Schriftenreihe des Stadtarchivs 29) München 1968

Revolution und Räterepublik in München 1918/19 in Augenzeugenberichten, hg. von Gerhard Schmolze, München 1978

Richardi, Hans-Günter Schule der Gewalt. Die Anfänge des Konzentrationslagers Dachau 1933–1934, München 1983

Richardi, Hans-Günter Hitler und seine Hintermänner. Neue Fakten zur Frühgeschichte der NSDAP, München 1991

Roeck, Bernd Bayern und der Dreißigjährige Krieg. Demographische, wirtschaftliche und soziale Auswirkungen am Beispiel Münchens, in: Geschichte und Gesellschaft 17, 1991, S. 434–458

Roepke, Claus-Jürgen Die Protestanten in Bayern, München 1972

Romantik und Restauration. Architektur in der Zeit Ludwigs I. 1825–1849, hg. von Winfried Nerdinger, München 1987

Rößler, Hans Wiedertäufer in und aus München 1527–1528, in: OA 85, 1962, S. 42–58

Rößler, Hans Geschichte und Strukturen der evangelischen Bewegung im Bistum Freising 1520–1571, München 1966

Rost, Hans Bevölkerungs- und Gewerbestatistik Münchens im 17. Jahrhundert, (Diss.) Wörishofen 1902

Rost, Hans Die Bevölkerung Münchens im 17. Jahrhundert, München 1904

Roth, Eugen Der Glaspalast in München. Glanz und Elend 1854–1931, München 1971

Rudloff, Wilfried Notjahre – Stadtpolitik in Krieg, Inflation und Weltwirtschaftskrise 1914 bis 1933, in: Geschichte, S. 336–368

Ruhl, Gernot Das Image von München als Faktor für den Zuzug (Münchner Geographische Hefte 35) Kallmünz-Regensburg 1971

Schaffer, Reinhold An der Wiege Münchens (Neue Schriftenreihe des Stadtarchivs 2) München 1950

Schattenhofer, Michael München. Ein Streifzug durch seine Geschichte, in: München im Wandel, S. 8–35

Schattenhofer, Michael Die Mariensäule in München, München-Zürich [2]1971

Schattenhofer, Michael Das alte Rathaus in München. Seine bauliche Entwicklung und seine stadtgeschichtliche Bedeutung, München 1972

Schattenhofer, Michael Von Kirchen, Kurfürsten & Kaffeesiedern etcetera. Aus Münchens Vergangenheit, München 1972

Schattenhofer, Michael Das Münchner Patriziat. Ein Beitrag zur Bevölkerungsgeschichte, in: ZBLG 38, 1975, S. 877–899

Schattenhofer, Michael Beiträge zur Geschichte Münchens (OA 109) München 1984
Schattenhofer, Michael Henker, Hexen und Huren, in: OA 109/1, 1984, S. 113–142
Schattenhofer, Michael Die alten Münchner Märkte und Dulten, in: OA 109/1, 1984, S. 66–98
Schattenhofer, Michael Aus der Münchner Wirtschaftsgeschichte, in: Festgabe für Max Spindler, Bd. 1 (Schriftenreihe zur bayerischen Landesgeschichte 78) München 1984, S. 447–464
Schleich, Erwin Die zweite Zerstörung Münchens, Stuttgart [2]1981
Schlosser, Hans Braurechte, Brauer und Braustätten in München. Zur Rechts- und Sozialgeschichte des spätmittelalterlichen Brauwesens, Ebelsbach/M. 1981
Schmeller, Johann Andreas »Lauter gemähte Wiesen für die Reaktion«. Die erste Hälfte des 19. Jahrhunderts in den Tagebüchern Johann Andreas Schmellers, hg. von Reinhard Bauer und Ursula Münchhoff, München-Zürich 1990
Schmid, Alois Stadt und Humanismus. Die bayerische Haupt- und Residenzstadt München, in: Humanismus und höfisch-städtische Eliten im 16. Jahrhundert, hg. von Klaus Malettke und Jürgen Voss, Bonn 1989, S. 239–278
Schmidt, Hans H. 6000 Jahre Ackerbau und Siedlungsgeschichte im oberen Würmtal bei München [München 1991]
Schneider, Ludwig M. Die populäre Kritik an Staat und Gesellschaft in München 1886–1914. Ein Beitrag zur Vorgeschichte der Münchner Revolution von 1918/19 (MBM 61) München 1975
Scholl, Inge Die Weiße Rose, Frankfurt/M. 1982
Schönes altes München, hg. vom Kreis der Freunde Alt-Münchens, München 1965
Schremmer, Eckhard Die Wirtschaft Bayerns, München 1970
Schricker, Rudolf Rotmord über München, Berlin o. J.
Schrott, Ludwig Münchner Alltag in acht Jahrhunderten, München 1969
Schultheiß, Werner Die Münchner Gewerbeverfassung im Mittelalter (Kultur und Geschichte. Freie Schriftenfolge des Stadtarchivs 10) München 1936
Schumann, Klaus Kommunalpolitik in München zwischen 1918 und 1933, in: Die Zwanziger Jahre in München, S. 1–7
Schwab, Ingo Städtische Kassenführung und revolutionäre Rechnungsprüfung. Überlegungen zu Kammerrechnungen und Steuerbüchern im Spätmittelalter, in: Archiv für Diplomatik, Schriftgeschichte, Siegel- und Wappenkunde 36, 1990, S. 169–186
Schwab, Ingo Zeiten der Teuerung – Versorgungsprobleme in der zweiten Hälfte des 16. Jahrhunderts, in: Geschichte, S. 166–189
Schwabing. Ein Lesebuch, hg. von Oda Schaefer, München [2]1985
Schwarz, Albert Die Zeit von 1918 bis 1933, in: Handbuch IV/1, [2]1979, S. 387–517
Seeberger, Kurt/Rauchwetter, Gerhard München 1945 bis heute. Chronik eines Aufstiegs, München 1970
Selig, Heinz Stadtgestalt und Stadtbaukunst in München 1860 bis 1910, München 1983
Selig, Wolfram Richard Seligmann. Ein jüdisches Schicksal, München 1983
Selig, Wolfram Synagogen und jüdische Friedhöfe in München, München 1988
Soblau. Kulturzustand München, hg. von Köllmayr, Liegl, Sréter, München 1993
Solleder, Fridolin München im Mittelalter. München-Berlin 1938
Spindler, Max Dreimal München, in: Max Spindler. Erbe und Verpflichtung, hg. von Andreas Kraus, München 1966, S. 24–39
Stadtbild München. Ansichten, Modelle und Pläne aus fünf Jahrhunderten. Katalog der Schausammlung [im Münchner Stadtmuseum], hg. von Volker Duvigneau, München 1990
Stadtsparkasse München seit 1824. Eine historische Bilanz, Text von Helga K. Ettenhuber, München 1992
Stahleder, Helmuth Bierbrauer und ihre Braustätten. Ein Beitrag zur Topographie Münchens im Mittelalter, in: OA 107, 1982, S. 1–164
Stahleder, Helmuth Beiträge zur Geschichte Münchner Bürgergeschlechter im Mittelalter. Die Astaler, Katzmair, Scharfzahn, Tulbeck, in: OA 113, 1989, S. 195–230; Die Wilbrecht, Rosebusch, Pütrich, in OA 114, 1990, S. 227–281; Die Ridler, in: OA 116, 1992, S. 115–180
Stahleder, Helmuth Haus- und Straßennamen der Münchner Altstadt, München 1992
Stahleder, Helmuth Konsolidierung und Ausbau der bürgerlichen Stadt – München im 15. Jahrhundert, in: Geschichte, S. 120–147
Stalla, Robert Die kurkölnische Bruderschafts-, Ritterordens- und Hofkirche St. Michael in Berg am Laim. Ein Hauptwerk des süddeutschen Rokoko, Weißenhorn 1989

Steinborn, Peter Grundlagen und Grundzüge Münchener Kommunalpolitik in den Jahren der Weimarer Republik. Zur Geschichte der bayerischen Landeshauptstadt im 20. Jahrhundert (MBM 5) München 1968
Stenger, Birgit Fürstliche Stadt München (1530) – fürstliche Hauptstadt (1575), in: Blätter für deutsche Landesgeschichte 123, 1987, S. 127–136
Stimmelmayr, Johann Paul München um 1800. Die Häuser und Gassen der Stadt, hg. von Gabriele Dischinger und Richard Bauer, München 1980
Störmer, Bettina/Störmer, Wilhelm Der Marienplatz, München 1990.
Störmer, Wilhelm Wirtschaft und Bürgertum in den altbayerischen Städten unter dem zunehmenden absolutistischen Einfluß des Landesfürsten, in: Die Städte Mitteleuropas im 17. und 18. Jahrhundert, hg. von Wilhelm Rausch, Linz 1981, S. 237–266
Störmer, Wilhelm Die oberbayerischen Residenzen der Herzöge von Bayern unter besonderer Berücksichtigung von München, in: Blätter für deutsche Landesgeschichte 123, 1987, S. 1–24
Straub, Eberhard Repraesentatio Maiestatis oder churbayerische Freudenfeste. Die höfischen Feste in der Münchner Residenz vom 16. bis zum Ende des 18. Jahrhunderts (MBM 14) München 1969
Sutner, Georg von Über die Verfassung der älteren städtischen Gewerbs-Polizey in München von ihrem Entstehen bis zum XVI. Jahrhundert, in: Abhandlungen der Königlich-bairischen Akademie der Wissenschaften 2, 1813, S. 461–548

Tenfelde, Klaus Stadt und Land in Krisenzeiten. München und das Münchener Umland zwischen Revolution und Inflation 1918 bis 1923, in: Soziale Räume in der Urbanisierung. Studien zur Geschichte Münchens im Vergleich 1850 bis 1933, München 1990, S. 37–57
Thinesse-Demel, Jutta Münchner Architektur zwischen Rokoko und Klassizismus (MBM 90) München 1980
Thomas Wimmer und sein München. Eine Stadt im Aufbau 1948–1960, zus.gestellt und ausgew. von Elisabeth Angermair, München 1989
Thoss, Bruno Der Ludendorff-Kreis 1919–1923. München als Zentrum der mitteleuropäischen Gegenrevolution zwischen Revolution und Hitler-Putsch (MBM 78) München 1978
Toussaint, Angela Der Münchner Hauptbahnhof, Stationen seiner Geschichte, Dachau 1991
Trümmerzeit in München. Kultur und Gesellschaft einer deutschen Großstadt im Aufbruch 1945–1949, hg. von Friedrich Prinz, München 1984
Turtur, Ludwig/Bühler, Anne Lore Geschichte des protestantischen Dekanats und Pfarramtes München 1799–1852 (Einzelarbeiten aus der Kirchengeschichte Bayerns 48) München 1969

Unser München. Ein Lesebuch zur Geschichte der Stadt im 20. Jahrhundert, hg. von Ludwig Hollweck, München 1980
Ursachen, Verlauf und Lehren der Münchner Revolution November 1918 bis Mai 1919, von einem Münchner, München 1919
Ursprung, Otto Münchens musikalische Vergangenheit. Von der Frühzeit bis zu Richard Wagner (Kultur und Geschichte. Freie Schriftenfolge des Stadtarchivs 2) München 1927

Verdunkeltes München. Die nationalsozialistische Gewaltherrschaft, ihr Ende und ihre Folgen (Geschichtswettbewerb 1985/86) hg. von der Landeshauptstadt München, Buchendorf 1987
Vergangene Tage. Jüdische Kultur in München, hg. von Hans Lamm, München ²1982
Vietzen, Hermann Der Münchner Salzhandel im Mittelalter 1158–1587 (Kultur und Geschichte. Freie Schriftenfolge des Stadtarchivs München 8) München 1936
Vogel, Hans-Jochen Die Amtskette. Meine 12 Münchner Jahre, München 1972
»Vorwärts, vorwärts sollst du schauen ...« Geschichte, Politik und Kunst unter Ludwig I., Aufsätze, hg. von Johannes Erichsen und Uwe Puschner (Veröffentlichungen zur Bayerischen Geschichte und Kultur 9) München 1986

Wagner, Friedrich Denkmäler und Fundstätten der Vorzeit Münchens und seiner Umgebung, Kallmünz 1958
Wagner, Karl/Keller, Albert (Hg.), St. Michael in München, München-Zürich 1983
Walz, Tino/Meitinger, Otto/Beil, Toni Die Residenz zu München. Entstehung, Zerstörung, Wiederaufbau, München 1987

Weinzierl, Peter/Winghart, Stefan Lebensraum seit der Steinzeit, in: Lebensraum Landkreis München, hg. v. Landkreis München, ²1991, S. 8–41

Weis, Eberhard Das neue Bayern – Max I. Joseph, Montgelas und die Entstehung und Ausgestaltung des Königreichs 1799–1825, in: Wittelsbach und Bayern III/1, S. 49–64

Weisthanner, Alois (Hg.), Die Traditionen, Urkunden und Urbare des Klosters Schäftlarn, 2 Bde (Quellen und Erörterungen zur bayerischen Geschichte NF 10/1,2) München 1953, 1957

Weltstadt München meine Heimat, hg. v. Schulreferat [...] u. Münchner Stadtarchiv, München 1991

Wenng, Gustav Topographischer Atlas von München in seinem ganzen Burgfrieden, München 1849–1851

Weschenfelder, Klaus Die Borstei in München. Ein konservatives Siedlungsmodell der zwanziger Jahre (MBM 99) München 1980

Wetzel, Sieglinde Die Ämter der Stadt München um die Wende des Spätmittelalters zur Neuzeit (1459–1561), (Diss.masch.) München 1951

Whettin-Indra, Gabriele Literarisches Leben in München 1918–1933, in: Die zwanziger Jahre in München, S. 37–51

Wieninger, Karl In München erlebte Geschichte, München 1985

Wilberforce, Edward Ein Snob in München. Die erstaulichen Beobachtungen ... in München, hg. von Gerhart Wiesend, (London 1863), Nachdr. München 1990

Wilhelm, Hermann Dichter, Denker, Fememörder. Rechtsradikalismus und Antisemitismus in München von der Jahrhundertwende bis 1921, München 1989

Wilhelm, Hermann Die Münchner Bohème. Von der Jahrhundertwende bis zum Ersten Weltkrieg, München 1993

Wittelsbach und Bayern, hg. von Hubert Glaser, 4 Bde, München 1980

Wolf, Georg Jacob König Ludwig II. und seine Welt, München 1922

Wolf, Georg Jacob Die Münchnerin. Kultur- und Sittenbilder aus dem alten und neuen München, München 1924

Wolf, Georg Jacob Das Kurfürstliche München 1620–1800. Zeitgenössische Dokumente und Bilder, München 1930

Wolf, Georg Jacob Ein Jahrhundert München 1800–1900. Zeitgenössische Bilder und Dokumente, (Leipzig ³1935), Nachdr. Frankfurt/M. 1980

Wolf, Georg Jacob Münchener Kunst. Münchener Künstlergenossenschaft und Secession, München o.J.

Wolf, Sylvia/Kurowksi, Ulrich Das Münchner Film- und Kinobuch, Ebersberg 1988

Die Zeichen der Zeit. Alltag in München 1933–1945, hg. von Marita Krauss und Bernhard Grau, Berlin 1991

Zenger, Max Geschichte der Münchner Oper, München 1923

Zerback, Ralf Unter der Kuratel des Staates – Die Stadt zwischen dem Gemeindeedikt von 1818 und der Gemeindeordnung von 1868, in: Geschichte, S. 274–306

Zimniok, Klaus Eine Stadt geht in den Untergrund. Die Geschichte der Münchner U- und S-Bahn im Spiegel der Zeit, München 1981

Die Zwanziger Jahre in München (Ausstellungskatalog Stadtmuseum München), hg. von Christoph Stölzl, München 1979

Zwei Münchner Adelspalais. Palais Portia. Palais Preysing, München 1984

Personenregister

Abbildungsnachweis

S. 22: Wagner, S. 16; S. 30: Hermann Dannheimer/Günther Ulbert, Die bajuwarischen Reihengräber von Feldmoching und Sendling. Stadt München, Kallmünz/Opf. 1956, Tafel 10; S. 32: Rundgang durch das mittelalterliche München, hg. v. Museumspädagogischen Zentrum, München 1987, S. 16; S. 36: Uwe Steffen, Heinrich der Löwe und Ratzeburg, o.O. o.J., S. 31; S. 44f.: Dirr, Grundlagen, Karte; S. 48: Solleder, S. 41, 109, 107; S. 55: Gemälde v. Heinrich Adam 1842 (Münchner Stadtmuseum Nr. IIb/7); S. 64: Hartmann Schedel, Liber chronicarum de temporibus mundi, Nürnberg 1493, Blatt CCXXVI: S. 66: Solleder, S. 125: S. 68: Ebd. S. 7; S. 73: Ebd. S. 57; S. 76f.: München, Ein sozialgeographischer Exkursionsführer, S. 82, Karte 3.1; S. 83: Bayerisches Nationalmuseum München; S. 85: Ebd.; S. 88: Schattenhofer, Altes Rathaus, S. 82; S. 90: Lieb, S. 84; S. 91: Lieb, S. 79; S. 96: Lieb, S. 72 (Münchner Stadtmuseum); S. 99: Matthäus Merian, Topographia Bavariae, Frankfurt 1644, S. 48; S. 101: Lieb, S. 86; S. 106: Matthias Disel, Kurbayerische Schlösser. Nach einer Vedutenfolge um 1720, hg. v. Peter Volk, Dortmund 1981, S. 13; S. 109: Wittelsbach und Bayern II,2, S. 458, Nr. 740 (Münchner Stadtmuseum); S. 112: Wolfgang Schwarze, Alte Münchner Stadtansichten, Wuppertal 1978, S. 23; S. 120: Lieb, S. 128; S. 122: Schönes Altes München, hg. v. Kreis der Freunde Alt-Münchens, München 1965, S. 166; S. 128f.: München. Ein sozialgeographischer Exkursionsführer, S. 84, Karte 3.2; S. 131: Lieb, S. 192; S. 142: Weltstadt München, S. 60; S. 143: Larsen, S. 63; S. 148: Staatliche Graphische Sammlung, München, Nr. 14969; S. 152: Michael Wening, Historico-topographica descriptio Bavariae 4 Bde., München 1701–1726, Bd. 1, M 14; S. 155: Kitzmann, S. 197; S. 158: Kobell, S. 45; S. 164: Weltstadt München, S. 68; S. 166: München im Wandel der Jahrhunderte. S. 167; S. 167: Lieb, S. 297; S. 169: München, Kunstdrucke (Sammlung Elisabeth Lukas-Götz); S. 170: Malerische Topographie des Königreiches Bayern, gezeichnet von Carl Lebschèe, München 1830; S. 177: München, Kunstdrucke (Sammlung Elisabeth Lukas-Götz); S. 177: Postkarte um 1910, in: Heinrich Horn/Willibald Karl. Neuhausen. Geschichte und Gegenwart, hg. v. Richard Bauer, München ²1990, S. 28; S. 178: Sammlung Elisabeth Lukas-Götz; S. 185: Kobell, S. 322; S. 191: Ebd., S. 300; S. 193: Gsell Fels, München, München 1899, S. 131; S. 195: Kobell, S. 359; S. 197: Gsell Fels, München, München 1899, S. 221; S. 198f.: München. Ein sozialgeographischer Exkursionsführer, S. 136, Karte 45; S. 205: Hitzer, Lenin, S. 141; S. 208: Kronegg, S. 169; S. 214: Hof-Atelier Elvira, S. XIV; S. 215: Ebd. S. 205; S. 218: Postkarte (um 1910), Sammlung Ernst Piper; S. 224: Karl Valentin. Volks-Sänger? DA DA ist? München 1982, S. 27; S. 228: Wilhelm, Bohème, S. 100; S. 231: Lemp, S. 104, Nr. 154; S. 234: München in alten Photographien. Album der Zeit von 1850–1914, hg. v. Ludwig Hollweck, München/Wien 1972, S. 142; S. 235: Roth, S. 61; S. 238: Wilhelm, Bohème, S. 135; S. 240: Sepp Hödl, Die Türkenstraße gestern und heute, [München 1990], S. 30; S. 242: Licht und Schatten. Scherenschnitte und Schattenspiel im zwanzigsten Jahrhundert, München 1983, S. 23; S. 244: Richard Bauer, Prinzregentenzeit. München und die Münchner in Fotografien, München 1988, S. 323, Nr. 365; S. 247: Mönnich, 2 (Bildband), S. 34; S. 254: Postkarte 1919 (Sammlung Reinhard Bauer); Mühsam, S. 314; S. 260: Schricker, S. 53, Nr. 30; S. 263: Sammlung Ernst Piper; S. 265: Ebd.; S. 267: Ebd.; S. 269: Die Zwanziger Jahre, S. 318, Nr. 223; S. 272: Schricker, S. 201, Nr. 118; S. 277: Ebd., S. 80, Nr. 45; S. 288: Die Zwanziger Jahre, S. 305, Nr. 202; S. 290: Ebd., S. 394, Nr. 348; S. 295: Kolbe S. 80; S. 298: Die Zwanziger Jahre, S. 206, Nr. 933; S. 302: Kolbe, S. 380; S. 306: Helga Keiser-Heyne, Beteiligt euch, es geht um eure Erde. Erika Mann und ihr politisches Kabarett die »Pfeffermühle« 1933–1937, München 1990, S. 7; S. 311: Völkischer Beobachter 2, 1920; S. 322: Gordon, S. 273; S. 324: Volker Hentschel, So kam Hitler. Schicksalsjahre 1923–1933, Düsseldorf 1980, S. 18; S. 329: Schricker, S. 174; S. 331: Illustrierter Beobachter, 1930, Nr. 23, S. 354; S. 334: Die Zeichen der Zeit, S. 53; S. 343: Sammlung Ernst Piper; S. 344: Die Zeichen der Zeit, S. 122; S. 347: Angermair/Haerendel, S. 134; S.

348: Itzhak Tatelbaum, Through our eyes. Children witness the Holocaust, Chicago, [3]1993, S. 59; S. 351: Brauer/Reinartz, S. 122, Nr. 246; S. 354: Berthold/Matern, S. 45; S. 359: Richard Bauer, Ruinen-Jahre: Bilder aus dem zerstörten München 1945–1949, München 1983, S. 151; S. 362: Seeberger/Rauchwetter, S. 53; S. 366: Ebd., S. 78; S. 373: Thomas Wimmer, S. 149; S. 375: Seeberger/Rauchwetter, S. 139; S. 377: Ebd., S. 125; S. 380: Thomas Wimmer, S. 103; S. 383: Ebd., S. 47; S. 385: Seeberger/Rauchwetter, S. 264; S. 386: Lufbildaufnahme Max Prugger; S. 389: Seeberger/Rauchwetter, S. 243; S. 393: Photo Bernd Raebel, Berlin (1972); S. 396: Photo Bernd Raebel, Berlin (1972); S. 401: Photo Volker D. Laturell, München; S. 405: Photo Reinhard Bauer; S. 409: Photo Bernd Raebel, Berlin (1972); S. 410: Photo Regina Schmeken, in: München eine Stadt sagt Nein. Die Lichterkette. Eine Dokumentation, hg. in Zusammenarbeit mit der Süddeutschen Zeitung.
Vorderes Vorsatzblatt: Stadtmodell des Jakob Sandtner von 1572 (Bayerisches Nationalmuseum München).
Hinteres Vorsatzblatt: Neuester Plan von München aus der Vogelschau, gezeichnet und gestochen von C. Seitz, München 1871.

Umschlag

Mittelbild: Marienplatz mit Schranne, Blick auf Altes Rathaus und Peterskirche (Gemälde Heinrich Adam »Das Alte München (I)« 1839, Münchner Stadtmuseum, Nr. 28/561)
Dann von links oben im Uhrzeigersinn:
Schloß Nymphenburg (Photo Reinhard Bauer, 1985)
Nationaltheater (Photo Reinhard Bauer, 1980)
Glyptothek am Königsplatz (Photo Reinhard Bauer, 1980)
Maximilianeum (Photo Reinhard Bauer, 1980)
Monopteros im Englischen Garten (Photo Reinhard Bauer, 1980)
Theatinerkirche (Heinrich Adam, wie oben)
Ludwigskirche (Ausschnitt einer Lithographie v. Gustav Kraus, 1842, Münchner Stadtmuseum)
Olympiagelände (Photo Raimund Kutter)
Karlsplatz mit Kriegszerstörungen (Stadtarchiv München)
Synagoge und Künstlerhaus (Weltstadt, S. 85)
Alte Matthäuskirche in der Sonnenstraße (Weltstadt, S. 67)
Rathaus mit Hakenkreuzfahnen (Sammlung Reinhard Bauer)
Frauenkirche (Heinrich Adam, wie oben)
Michaelskirche (Heinrich Adam, wie oben)

MÜNCHEN

Ein Lesebuch
Herausgegeben von Reinhard Bauer
und Ernst Piper
insel taschenbuch

Münchner Leben

Im Dunst aus Bier, Rauch und Volk

Arbeit und Leben in München von 1840 bis 1945
Ein Lesebuch. Herausgegeben von Reinhard Bauer,
Günther Gerstenberg und Wolfgang Peschel.
320 Seiten. Serie Piper 1017

Die Geschichte des Alltags rückt immer mehr in den Blickpunkt des Interesses: Wie lebten die Menschen früher wirklich? Im vorliegenden Lesebuch sind am interessanten Beispiel München informative und zugleich oft spannende Texte über Arbeit und Leben zusammengetragen. Durch die überwiegend unveröffentlichten Bild- und Textdokumente entsteht ein ebenso dichtes wie authentisches Bild der »guten alten Zeit«, die für breite Bevölkerungsschichten so gut nicht war.

Lauter gemähte Wiesen für die Reaktion

Die erste Hälfte des 19. Jahrhunderts
in den Tagebüchern Johann Andreas Schmellers
Herausgegeben von Reinhard Bauer und Ursula Münchhoff.
323 Seiten mit 12 Abbildungen. Serie Piper 884

Johann Andreas Schmeller war nicht nur der neben Jacob Grimm bedeutendste Sprachforscher des 19. Jahrhunderts, sondern auch ein hellsichtiger politischer Beobachter seiner Zeit. In seinen Tagebüchern, die er rund fünfzig Jahre lang führte, hielt er die großen Ereignisse – von den Befreiungskriegen 1813/15 bis zur Märzrevolution 1848 – ebenso fest wie das Alltags- und Gesellschaftsleben des Biedermeier in München.

München – Stadt der Frauen

Kampf für Frieden und Gleichberechtigung 1800–1945
Ein Lesebuch. Herausgegeben von Eva Maria Volland und Reinhard Bauer.
224 Seiten mit 20 Abbildungen. Serie Piper 1006

Dieses Buch beleuchtet anhand authentischer Texte das Leben der Münchnerinnen aller Schichten von der Mitte des 19. bis zur Mitte des 20. Jahrhunderts. Das vorliegende Buch bringt Frauengeschichte, die weitgehend vergessen wurde, ans Tageslicht.

PIPER

Nördlicher Gottesacker
K. Turnschule
Hess-Strasse
Neue Pinakothek
Alte Pinakothek
Königl. Erz-Giesserei
Nymphenburger-Str.
Stieglmayer Platz
Glyptothek
Marsfeld
Obelisk Platz
Karls-Strasse
Glas-Palast
Salz-Strasse
Kaserne
Ostbahn v. Landshut
Ostbahn-Güterhalle
Ostbahnhof
von Ingolstadt
v. Augsburg u. Starnberg
Staatsbahn
Güter-Halle
Staats-Bahnhof
Güter-Expedition
Elisen-Strasse
Elysium
Bayer-Strasse
Karls-Thor-Platz
Neuhauser-Strasse
Schommer-Strasse
Herzogspital
Aufsere und innere Schwanthaler-Strasse
Aufsere und innere Landwehr-Strasse
Theresien-Wiese
Rennbahn
Sendlinger Thor-Platz
Blumen-Strasse
Krankenhaus